Hilmar Hoffmann

Generation Hitlerjugend

Hilmar Hoffmann

Reflexionen über eine Verführung

Generation
Hitlerjugend

axel dielmann – verlag

© axel dielmann – verlag
Kommanditgesellschaft in Frankfurt am Main, 2018
Alle Rechte vorbehalten.

Autor und Verlag bedanken sich herzlich
für die freundliche Unterstützung durch die
Georg und Franziska Speyer'sche
Hochschulstiftung, Frankfurt am Main
und die
Adolf und Luisa Haeuser-Stiftung, Frankfut am Main

Gestaltung: Urs van der Leyn, Basel
Satz: Dagmar Mangold, Frankfurt am Main
Texterfassung: Angela Berlet, Frankfurt am Main
Bildbearbeitung: Margret Werner, Mainz
Recherche, Korrektorat: Dr. Peter Brinkemper, Velbert
Korrektorat: Hannelore Apelt-Celebi, Mainhausen
© Titel-Foto: Wilhelm Himmermann (rechts)
und Familienarchiv Hilmar Hoffmann (links)
© Bildrechte: mit freundlichem Dank,
siehe Seite 597
Gesamtherstellung: OOK-Press, Veszprém
www.dielmann–verlag.de

ISBN 978 3 86638 229 9

TEIL III

ANHANG

EINLEITUNG

Eine Altersweisheit Goethes in Anspruch nehmend sind wir in unserer lebendigen Existenz zwar endlich und irgendwann zum Tode bestimmt. Destoweniger empfiehlt uns der Dichter, uns in der „Betrachtung irdischer Nichtigkeit nicht zu verlieren". Wir sind jederzeit dazu aufgerufen, in gültiger und angemessener Form Bilanz zu ziehen. Deshalb sind wir ja eben da, „um das Vergängliche unvergänglich zu machen" (Maximen und Reflexionen). Dies setzt eine ständige lebensgeschichtliche Reflexion voraus, die Wesentliches von Unwesentlichem trennt, den Blick aber auch vor dem Missliebigen und Belastenden nicht verschließt und der Wahrheit und Einsicht zugänglich bleibt. So möchte dieses Buch meine eigene Geschichte gegen eine notorische Geschichtsvergessenheit erzählen.

Goethes Gedanke hat mich bei der Beschäftigung mit diesem Buch geleitet: Es handelt von der „Generation Hitlerjugend", von meinem Jahrgang 1925. Meine Altersgenossen und ich waren bei der Machtergreifung acht Jahre alt – und am Kriegsende, falls noch am Leben, 19 Jahre. Wir Kinder dieser Generation waren für Hitler keine im toten Winkel zu vernachlässigende Mängelwesen. Wir wurden mit dem pompösen Begriff, stolze Erben und Zukunft zugleich eines tausendjährigen Reiches zu sein, die standhafte Säule des Großdeutschen Reiches. Diese geglaubte Überhöhung unserer selbst hat uns pochenden Herzens geschmeichelt. Den freundlichen Imperativ „Kinder schafft Neues" hatte Goebbels von Richard Wagner ausgeborgt. Im Kontext der verbrecherischen Politik des Dritten Reiches aufgewachsen, war ich davon in besonders fataler Weise geprägt. Mit dieser Generationserfahrung eng verbunden ist meine frühe reale und geistige Biographie von Umbrüchen meiner jeweiligen Gegenwart geprägt. Die Rückschau auf die Fieberkurve der

Geschichte hat den komplexen, aber eindeutigen Zusammenhang von kollektiv organisierter Jugend, Relativierung und Aushöhlung schulischer und akademischer Bildung, instrumentalisierter Alltagskultur und Demokratie-Feindlichkeit, Rassismus und Antisemitismus, Propaganda und Größenwahn freizulegen, über den eigenen Erfahrungshorizont hinaus: Mitten in der Geschichte der zweiten Hälfte des so arg malträtierten und sich ins Verderben stürzenden zwanzigsten Jahrhunderts begann unsere Sozialisation. Es gilt nun im besten Hegelschen Sinn meine eigene „Zeit in Gedanken zu fassen".

In Thomas Manns Roman „Lotte in Weimar" (1939), antwortet Goethe weise mahnend, als sein Sohn August ihn danach fragte, ob er an seiner Biographie arbeite oder an einem dichterischen Werk: „Lebensgeschichte ist's immer"; gleichgültig also, ob Dichtung oder erinnerte Begebenheit, beide haben immer einen lebensgeschichtlichen Kontext in gestalteter Form. Aber wie eindringlich und vor allem wie aufschlussreich lässt sich die dunkle Zeit als ein Stück eigener und selbst zu verantwortender Lebensgeschichte vergegenwärtigen, in der das noch junge unbeschwerte Bewusstsein besonders effektiv unter der großen Glocke von Propaganda, Verführung und Einschüchterung geprägt wurde? Die Frage lautet also, ob man sich in subjektiver Perspektive nur in die Reproduktion längst abgefragter Lebensläufe begibt und in die unoriginelle Vertiefung des damals massenweise gefährlich eskalierenden Nationalismus, einer in Gewalt und Aggression gedrehten Mischung aus Ergebenheit, Denkfaulheit und im Sinne Immanuel Kants „selbstverschuldeter Unmündigkeit". Als ich noch sehr jung war, folgten wir blindlings schon dem unsere Epoche prägenden schwarzen Symbol des Hakenkreuzes, dem wir jetzt zu folgen hatten. „Die Jugend ist die einzige Zeit", befindet Marcel Proust, „in der man etwas lernt"; wir mussten Gehorsam lernen und unter der Projektionsfläche des Hakenkreuzes eine inhumane Ideologie.

Als Jugendlicher im Reich des „Führers" von Kindesbeinen an als „Pimpf" aufgezogen und bewusstseinstechnisch als „Pimpf" auch in den reiferen Jugendjahren und der frühen Erwachsenenzeit im Herdentrieb mit dem stolzen Gefühl gebraucht zu werden weiter sozialisiert. Dieses oktroyierte Bewusstsein dauerte jedenfalls für mich bis zu Beginn meines Überlebenskampfes als Fallschirmjäger in der Schlacht um die Normandie, einer „Zeit in der Hölle" (Arthur Rimbaud). Heute fühle ich mich – dicht am Rande der eigenen Endlichkeit – verpflichtet, zurückzublicken und über den biografischen Wert hinaus auch öffentlich ein Zeugnis unserer Generation in seiner ganzen zerrissenen Ausführlichkeit zu geben.

Als einer, dessen Kindheit schon sehr lange her ist und als einer der wohl letzten Zeitzeugen meiner Generation möchte ich die Wege und Irrwege, das riskante Gefangensein im Prokrustesbett der Propaganda und Ideologie, exemplarisch am eigenen Fallbeispiel des Changierens zwischen den noch nicht erkennbaren Welten zwischen Gut und Böse aufzeigen, weil einer „das Gegenwärtige nicht ohne das Vergangene erkennen kann" (Goethe 1787). Aber eben auch das Vergangene ist ohne die kritische Einschätzung aus einer hoffentlich vernünftigeren und humaneren Gegenwart als Konsequenz aus einer solchen Gemengelage heraus kaum nachvollziehbar und nicht vollends begreifbar.

Meine „Selbstvermessung" anhand des eingeimpften falschen Bewusstseins, der vielen Fakes und der folgenden Umwälzungen, die tief in mein Leben ihre ungemütlichen Volten geschlagen hatten, möchte ich versuchen, zusammenhängend mit den jeweils zeitgebundenen Einflüssen, Reaktionen und den bitteren Folgen der Überidentifikation zu Papier bringen. Die mittlerweile historisch gewordenen und von der Geschichtswissenschaft immer detaillierter durchleuchteten „Lehrpfade" des kurzen, aber gleichwohl prägenden und verfestigten Mustern des „tausendjährigen Reiches" gilt es kritisch den Nebel zu lüften und zu durchleuchten, gerade aus der subjektiven Perspektive der damaligen Verführung und der heute möglichen Distanz. In der Dissonanz der Betrachtungspunkte lassen sich Erkenntnisse einkreisen, die in der offiziellen Forschung oft noch nicht thematisiert sind oder nur marginalen Anklang fanden.

Während nach dem Krieg die Aufarbeitung der NS-Vergangenheit und ihrer totalitären Ideologie zunächst verdrängt wurde und die Verfolgung von teils noch in Staatsdiensten beschäftigten Tätern ad calendas graecas vertagt worden war – beispielsweise Konrad Adenauers Rechte Hand Hans Globke im Rang eines Staatssekretärs –, setzte im Nachkriegsdeutschland ein wachsendes kritisches Bewusstsein ein mit Hinsicht auf den Holocaust, der die Vernichtung von Abermillionen Menschen in ganz Europa zur deutschen Schande gebrandmarkt wurde. Hans Globke war schon als Referent für Rassefragen und für die Formulierung antisemitischer Regeln zu Werk gegangen. Er hat schließlich den letalen Kommentar zu den „Nürnberger Gesetzen" verfasst und das „Blutzeugengesetz". Der von Hitler gespeiste Vernichtungswille aus rassistisch biologistischen Grundannahmen hat der Kanzler Adenauer kaltschnäuzig ignoriert.

Der allgemein werdende Konsens der kritischen Aufarbeitung ab Ende der 1960er und in den 70er Jahren, gerade als Bestandteil der Identität einer zwischen West- und Osteuropa vermittelnden Bundesrepublik Deutschland und ihrer Staatsbürger, wurde in den 80er Jahren im beginnenden Historikerstreit zunächst verteidigt: gegen unzulässige Vergleiche zwischen Hitlerismus und Stalinismus und gegen nivellierende Betrachtungen, die eine überfällige Reflexion von Schuld und Verantwortung wieder abzuschwächen hofften, wie der Historiker Ernst Nolte. Nach der Wiedervereinigung hat er die Diskussion entfacht um die Berliner Bewerbung um die Olympischen Sommerspiele 2000. Dabei ging es gerade auch um die Aufarbeitung des Umgangs mit faschistisch codierten Sportstätten der Olympischen Spiele von 1936 mit vehementen Debatten um das Denkmal für die ermordeten Juden Europas (2005). Diese so eindringlich geführte Auseinandersetzung von Politikern und einer engagierten Bevölkerung im nationalen Umgang mit der Vergangenheit hat das Bewusstsein der Ignoranten wachgerüttelt. Bald schon nach der deutsch-deutschen Wiedervereinigung mit ihrem sozialen und wirtschaftlichen Spannungsgefälle erkeimten jedoch wieder ganz neue rechtsradikale Gesinnungen als handfeste kollektive Neurosen nicht nur der Kriegsteilnehmer. 2017 wird die AfD ein Drittel der Stühle des Deutschen Bundestages besetzen.

DEN BEGRIFF HOLOCAUST KANNTE
MEINE GENERATION NOCH NICHT

Vom Regierenden Bürgermeister Eberhard Diepgen als Verant-
wortlicher für den Kulturteil der Berliner Olympia-Bewerbung
2000 berufen, wurde ich Zeuge der heftigen Diskussionen um die
Entwürdigung der Olympischen Idee durch die rassistischen Vor-
bildplastiken von Breker, Thorak und Kolbe, die dort im Olympiastadion Hitlers teuflische Rassenideologie weiter verkörpern.
Der sorgsame Umgang mit der Geschichte des Holocaust galt
mehr denn je als ein Schlüsselmodus für eine tolerante politische
Zukunft. Laienhistoriker wurden, spätestens seit den 1980er
Jahren, nicht nur verdienstvoll aktiv, sie sondierten lokal und
regional nach Spuren und Dokumenten von NS-Tätern und Opfern. Deren Basisnarrative wurden mit den immer wieder von
Historikern neubeleuchteten Großerzählungen der politisch
und militärisch Mächtigen abgeglichen. Zuvörderst behandelte
Joachim C. Fest mit geschliffener Feder in seinen Biographien
„Hitler" (1973) und der über Albert Speer als Persönlichkeiten
mit weitgehender eigener Deutungskompetenz, die auch historische Glorifikationen und, besonders im Gespräch mit dem noch
lebenden Albert Speer jun., Mythen und Fälschungen zu ihren
Gunsten zuließen. Joachim Fest nahm offensichtlich Maß bei
Alan Bullock, der in seiner Biographie „Hitler: A Study in Tyranny" (London 1952) die Nürnberger Gerichtsprotokolle ver-
wendete, um zunächst das opportunistische Machtspiel des Diktators und seine fanatische Ideologie herauszuarbeiten.
   Ian Kershaw wiederum nahm Anleihen bei Martin Broszat und
dessen struktureller Analyseperspektive: Die Alltagsgeschich-
te im Dritten Reich, Joseph Goebbels' Indienstnahme des Alltagsbewusstseins für den Hitler-Kult sowie die Unterscheidung
zwischen einem gemäßigten Antisemitismus in der Bevölkerung,
der die Gleichgültigkeit gegenüber der Judenverfolgung erklären sollte. Kershaw betonte die Divergenz der Ansätze: die funk-
tionale Betrachtung der NS-Politik stehe im Gegensatz zur in-
tentionalen Hypothese, die Judenvernichtung sei von Anbeginn
an das beabsichtigte Ziel des Nationalsozialismus gewesen. In

Kershaws Buch „Höllensturz" darf die Auflösung Europas quasi
als Subtext mitgelesen werden.

Hans Mommsen und Martin Broszat suchten die Diskussion
um die Historiographie zu versachlichen, indem beide die funk-
tionale Struktur des NS-Regimes stärker akzentuierten und damit der Verantwortung jedes einzelnen als Bürger, Soldat oder
Funktionär im NS-Apparat einen systematischen Ort gaben, bei
den nach ihrer Ansicht erst schrittweise radikalisierten Maßnahmen gegen Juden und politische Systemgegner. Zwar wurde die
verständliche moralische Empörung über den Holocaust damit
zum Teil wieder ausgebremst. Die rasche Entsorgung persönlicher Vergehen im Verweis auf den übermächtigen Befehlshaber
Hitler sollte so wohl vermieden werden.

Saul Friedländer betonte in seinem stärker literarischen Dar-
stellungsstil die untrennbare Einheit von elitärer Todesverbun-
denheit, Kriegsbereitschaft und Antisemitismus als spezifisches
Charakterbild eines alle Grenzen der Moral überschreitenden Nationalsozialismus. Als Friedländer vom Angeklagten Karl Dönitz
dessen Ehrenwort darüber einfordert, von der Judenvernichtung
nichts gewusst zu haben, lautete die gelogene Antwort: „Ich gebe
Ihnen mein Ehrenwort als deutscher Großadmiral, daß ich von
nichts wußte". Daniel Goldhagen unterstellte mit seinem umstrittenen Buch „Hitlers willige Vollstrecker" (1996) dem gesamten
deutschen Volk monokausal eine Tendenz zum „eliminatorischen
Antisemitismus" im Rückgriff auf die Entwicklung von massiven
Vorurteilen im 19. und im 20. Jahrhundert. Peter Longerich verteidigt in seiner „Hitler"-Biographie (2015) die Ansicht, die Mehrheit der deutschen Bevölkerung sei zunächst eher kriegs- und dis-
kriminierungsunwillig gewesen, hätte aber bei Verteidigung und
Schutz von Verfolgten in großem Ausmaß versagt. Und schließlich
leistet Nikolaus Wachsmann in „KL: A History of the Nazi Concentration Camps" (deutsch 2016) die bisher eindringlichste und
streng individualisierte Schilderung der Vernichtungsmaschinerie
der KZ-Lager sowie der auswärtigen Tötungsorte in ihrer konkreten Grausamkeit und gewissenlosen Bösartigkeit. Er bringt sie
in Verbindung mit Hitlers früh belegter antisemitischer Schmäh-
Rhetorik in „Mein Kampf" (1923/24). In diesem Kursbuch wird

der kriminelle Charakter Hitlers überzeugender offenbart, als in den vielen Kommentaren mit voluminösem Buchumfang.

Als erster nach dem Krieg hat Eugen Kogon gleich 1946 über das KZ-System als ubiquitären „SS-Staat" mit eigenen Regeln der tödlichen Gesetzlosigkeit, Enthumanisierung und Entrechtung den Deutschen die Augen geöffnet, und Timothy Snyder verschob auf ähnlich hohem homogenen Niveau in „Bloodlands" (2010) die Perspektive von Mitteleuropa nach Osteuropa. In detaillierter Quellenarbeit legt er die Spaltung und die Leiden der Bevölkerung unter dem Druck des nationalsozialistischen Vernichtungskrieges frei: als schreckliche Form der Entstaatlichung und Entrechtung. Der erste Bundeskanzler Konrad Adenauer hielt es offensichtlich für opportun, in keiner seiner Reden den Zivilisationsbruch der Shoah auch nur marginal zu thematisieren.

Mein Buch „Generation Hitlerjugend" konzentriert sich sowohl auf die alltagsgeschichtliche und die subjektive Perspektive: Von der eigenen Kindheit, über die Jugend bis zum jungen Soldaten, der als Kriegsgefangener der Alliierten zwei Jahre hinter Stacheldraht im US-Staat Colorado und ein Jahr in Schottlands Highlands seine Zeit dazu nutzte, über ein dämonisch instrumentalisiertes Leben in der Nazidiktatur tiefer nachzudenken und besonders über den unvorstellbaren Genozid an sechs Millionen europäischer Juden. Statt zu versuchen, dem traumatischen Lodern meiner eigenen Vergangenheit einfach durch Vergessen oder Verdrängen zu entrinnen, geht es mir darum, mich der Wahrheit zu stellen und mich der eigenen Wurzeln und Voraussetzungen oder keineswegs erfreulichen Phasen und Zustände von vermeintlicher Freiheit und falschem Bewusstsein selbstkritisch zu versichern: Selbstvermessung also nicht im flüchtigen Schlendern den neuralgischen Punkt zu streifen, sondern vorzüglich aus der Distanz eines Menschenalters gelingen zu lassen. Sondierung der Fabrikation eines gelenkten Alltagsbewusstseins und reduzierten Weltverständnisses, von der Kindheit bis zum Jungvolkführer. Dazu kommen später die unverhofft glücklichen Fügungen des Überlebens und Weiterlebens durch strategische Fehler unseres Militärs oder eine humane Behandlung der überlegenen feindlichen Soldaten im Krieg um die Normandie. Man müsse ein wenig übertreiben, „um die Wahrheit zu treffen" – ja, auch wenn sich Goebbels mit diesem Zitat Franz Kafka für seinen schillernden Propagandamodus zu eigen machte. Ich darf hier ein Zitat des politisch wankelmütigen und von der Macht zeitweilig auch korrumpierten Gottfried Benn aus „Der Ptolemäer" (1947/49) anführen: „Denn alles ist wie es sein wird, und das Ende wird gut!" Ein Zitat, das in seiner Einkapselung und Rotation um sich selbst ambivalent klingt, zwischen Welteröffnung und Weltentzug und Verdrängung und Hoffnung. „Was darf ich hoffen", war für den Existenz-Philosophen Ernst Bloch eine der allgemeinverständlichen Grundmaximen seiner Philosophie und nicht nur bei den Linken.

DER EINFLUSS DER NAZIPÄDAGOGEN ERNST KRIECK UND ALFRED BAEUMLER

Hier soll nicht allzu vorschnell eine Verständnis heischende Erklärung abgegeben werden über eine erst beim Schreiben zu leistende, möglichst nüchterne und offene Durchmusterung meiner „Generation Hitlerjugend" und ihrer Verstrickung in die Ideologie des Dritten Reiches. Vielmehr habe ich versucht, für mich und meine Generation durch Alltagsbeschreibung und Bewusstseinsschilderungen die Ursachen und Folgen zu ergründen, wie es geschehen konnte, dass die weit überwiegende Schar unserer Jungvolk- und Hitlerjugend-Generation sich dieser Zeit als einer angeblich unbeschwerten Jugend erinnert. Wir hatten also vieles nur selektiv wahrgenommen, inmitten einer inhumanen und bald völkermordenden Diktatur, die mit der Shoa und den diversen Wehrmachtsverbrechen und vielen anderen unerhörten, nie geahnten Ereignissen Deutschlands Ansehen in der Welt so tief erschüttert hat.

Dabei war besonderes Augenmerk auf Joseph Goebbels Medienverbund der allseitigen Ablenkung und Verführung zu legen, auf „Durchformung" und Gleichschaltung, in der nivellierenden Verzahnung von Schule, Bildung, Propaganda, Medien und Jugendarbeit durch das Reichsministerium für Propaganda und Volksaufklärung. Unter der bürokratischen Leitung des Reichsministeriums für Wissenschaft, Erziehung und Volksbildung haben wir im entfesselten Zustand die Folgen selber erlebt, ausgereizt von Innenminister Wilhelm Frick und später von Bernhard Rust. Unter dem Einfluss führender ideologischer Pädagogen wie Ernst Krieck und Alfred Baeumler und nicht zuletzt in der Hitlerjugend-Arbeit Baldur von Schirachs, die scheinbar zivil, aber doch paramilitärisch den am Ende millionenfach befohlenen Opfertod der Jugend vorbereitete. Alles was vorher gut und wert war, wurde weggefegt, besonders die Kultur der Sprache und die verblassenden kulturellen und ästhetischen Standards.

Goebbels' programmatische und tagespolitische Reden, deren Wirkmächtigkeit im sprachlichen Reichtum mit den sinnlichen Zwischentönen von Syntax und Lexik die Jugend auf den Leim führte, ist mir in zweifelhafter Erinnerung geblieben. Auch die von Goebbels zensierten und inhaltlich gelenkten Unterhaltungsfilme und der exemplarische Kanon der Schulbücher enthüllen bei meiner jetzt kritischen Aufarbeitung ihr raffiniertes Maß der Verführung. Auch die gemeinschaftsstiftende Kameraderie von Jungvolk und Hitlerjugend in Zeltlagern bei Klampfe und Mundharmonika mit ihren verlogen-sentimentalen Liedern und Märschen werden im Buch als Hauptfaktoren massiver Oberflächenreize dargestellt und als zusammenhängende Bewusstseins-Partitur des Jungnazitums analysiert. Siegfried Kracauer fasst die Momente der Einflussnahme in dem Essay „Das Ornament der Masse" (1922) zusammen: „Der Ort, den eine Epoche im Geschichtsprozess einnimmt, ist aus der Analyse ihrer unscheinbaren Oberflächenäußerungen schlagender zu bestimmen, als aus den Urteilen der Epoche über sich selbst." Um es in den Worten von George Tabori zu sagen, „ist jeder Jemand" und nichts weniger als ein Individuum eigenen Rechts.

Wer die entsprechenden Kapitel zur Wirkungsgeschichte des NS gerade der beiden Überrumpelungs-Medien Film und Literatur genauer nachliest, wird die subtile Vereinnahmung jugendlicher Gemüter durch pseudokulturelle und angeblich sozialisierende Medien mit all ihren affektiven Tendenzen und effektiven Mitteln der propagandistischen Faszination besser nachvollziehen können. Ich musste Teile meiner eigenen Erinnerungen überlisten, um die Manipulation des damaligen Bewusstseins hier aus heutiger Sicht und nach neuerlichem Lesen meiner Schullektüre angemessen zum Ausdruck bringen zu können.

Um nach Goethe und Benn auch noch einen dritten Lieblingsautor beim Wort zu nehmen, zitiere ich eine Thomas Mann zugeordnete Sentenz, der wohl auf sich selbst bezogen fand „Wir alle sind, was wir geschrieben". Damit könnte er, im Sinne Goethes, eine Biographie gemeint haben, die zwischen Schriftstellerexistenz und realem politisch-gesellschaftlichem Dasein nicht einfach kategorisch unterschied. Schließlich sind seine Tagebücher, Briefe und Werke die Ankerplätze anspruchsvoller Reflexionen und Einsichten der Entwicklung vom konservativen Staatsbürger und Schriftsteller bis zum späteren sozial engagierten Humanisten und Weltbürger, der sein Bruder Heinrich Mann längst geworden war. Es gibt Zitate, die sollten erfunden werden können, gerade wenn sie sich nicht nachweisen lassen. Golo Mann formulierte im Geiste seines Vaters Thomas Mann: „Wir alle sind, was wir gelesen." Das bedeutete nicht nur buchstabengetreue Historie oder Historismus als Methode. Er empfahl die Erweiterung des Bewusstseins durch umfassende Bildung. „Bewusstsein als dem eigentlichen Gegenstand der Historie" (Patrick Bahners). Und zwar durchaus abweichend gegenüber der romantischen Position Joseph von Eichendorffs, der sich nach der gedruckten Schriftlichkeit der zeitgenössischen Literatur zurücksehnte: „Wer wär nicht einst auch Robinson gewesen. / In unsrer gedruckten Bücher Zeit, / wir alle sind, was wir gelesen, / Und das ist unser größtes Leid." Wie Karl-Heinz Bohrer bei Goethe fündig wurde, der einst meinte, „wer seine Erinnerungen aufschreibt, ist meist „weit in Jahren vor", wie auch ich mit meinem 50. und letzten Buch.

Meine Bücher geben auch darüber eine aus Erfahrung gespeiste zeitdiagnostische Selbstauskunft. Sie waren immer zugleich Autobiographie, Werkstattbericht, Kunst- und Medienanalyse, gesellschaftliche Reflexion und Kritik sowie kulturpolitisches Programm für alle. Sie münden nun ein in dieses Buch über die fast schon ausgestorbene Generation Hitlerjugend. Eine schier endlos lange Reise ins bejahrte Ich. Zwischen Rettung und Verfehlung, Erklärung und Selbstkritik, Erinnerung und Warnung. Bücher schreiben: Das war für mich ein wundersames Rezept ei ner lebenslangen Vita – denn wir alle sind, was wir geschrieben. Und darin liegt letztlich auch ein wenig Glück.

Ich danke meinem hilfsbereiten Verleger Axel Dielmann und meinen Freunden Norbert Abels und Claudia Dillmann sehr herzlich, die sich dem Gegenlesen jeweils relevanter Texte angenommen haben, und besonderer Dank geht an Peter Brinkemper für einen intensiven Dialog. Angela Berlet danke ich für die Sisyphusarbeit der Transkription meiner Handschrift in eine perfekte Computerform. Der Speyer'schen Hochschulstiftung und Adolf und Luisa Haeuser-Stiftung sowie Nikolaus Hensel und Claus Wisser danke ich für die Förderung dieser Erinnerungen. Für die Beschaffung des Fotomaterials danke ich Ines Bayer und André Mieles (Deutsches Filminstitut) und Tobias Picard (Institut für Stadtgeschichte).

Dieses Buch versucht immer auch eine Spiegelung und Abrechnung mit der eigenen Lebenszeit zu sein, die sich im Habitus der handelnden Zeitfiguren niederschlugen.

In politischer Verantwortung wurde dieses Buch auch dafür geschrieben, um die Ewiggestrigen am Beispiel eines eliminatorischen Nationalsozialismus daran zu erinnern, wohin diese Reise mit dem Wiedererstarken eines aggressiven rechten Populismus in Europa führen könnte. In Sachsen hat die rechtspopulistische AfD bei der letzten Bundestagswahl 2017 die CDU und SPD schon überflügelt: Deren Gründerin wurde bei ihrer Direktwahl mit 35,5 Prozent Vertrauensvorschuss in den Deutschen Bundestag gewählt.

Die wachsende weltanschauliche Disposition einer neuen rechten Bewegung und ihres aggressiven Populismus darf nicht zum Menetekel einer menschenverachtenden Nachhut des Nationalsozialismus werden und ein weiteres Mal im großen Weltschmerz enden: „Der Schoß ist fruchtbar noch …!" – „Jede Form von Nachsicht führt hier unweigerlich in den Abgrund" (Andreas Voßkuhle, Präsident des Bundesverfassungsgerichts im Oktober 2017).

TEIL 1

KAPITEL 1

KAPITEL 1

ELTERNHAUS UND SCHULE

So nah und doch so fern laufen Lebensläufe leicht Gefahr, in der fugatosen Rückschau idealtypisch gedeutet zu werden. In einer biografischen Selbsterkundung verlaufen die Pfade entfernter hin, je älter einer wird. 1925 in der Hansestadt Bremen auf der Sonnenseite des Lebens auf die Welt gekommen, ist mir meine Kindheit in schöner Erinnerung geblieben. Den Gehorsam habe ich nicht erst im Jungvolk geübt: Diese Tugend hat als hanseatische Mitgift meinen Lebensweg begleitet, eine im heutigen Modus des antiautoritären Umgangs kaum mehr nachvollziehbare Loyalität, Gehorsam und Ergebenheit gegenüber den Eltern. Diese drei autobiografisch grundierten Werte als Impetus meiner Herkunft haben meine Sozialisation im Dritten Reich begleitet. Die Hitlerjugend kassierte diese Werte als „Ethos der Pflichterfüllung bis hin zum Heldentod".

Man muss die Semantik des Begriffs Loyalität für heutige Generationen erklären, weil es uns darum ging, den Eltern auch dann zu gehorchen, wenn einem selbst aufgrund eigener Einschätzung die Situation und die Entscheidungen der anderen gerade mal nicht konvenierten. Mit Loyalität war also immer die paradoxe Bereitschaft zur Einwilligung in Pflicht und Gehorsam gemeint, manchmal sogar bei mangelnder Begründung, Einsicht und Freiwilligkeit. Aus der Sicht der Nazis war das Bürgertum daher eine soziologisch amorphe und leicht angreifbare Schicht, die dem Führerstaat nicht von vornherein ablehnend gegenüberstand. Die diabolischen Führer des Nationalsozialismus waren sich dessen gewiss, dass die soziale Gemeinschaft der Pimpfengeneration eine viel stärkere Bindekraft entwickeln konnte als ihre biologische Herkunft.

Für die Ehe meiner Eltern Felix und Louise Hoffmann, geborene Wilke-Hellemann, widersprach das „verflixte siebte Jahr" dieser triftigen Spruchweisheit. Entlang der Geburten von drei

Söhnen in zehn Jahren schien die eheliche Welt noch gut zu funktionieren, wenn auch mit gelegentlich auftretenden Dissonanzen. Scheitern sollte sie schließlich mehr oder weniger an politischen Dissensen und Meinungsverschiedenheiten. Jedenfalls haben wir Kinder der notwenigen Nestwärme auch in dieser Zeit politischer Gärungen nicht entbehrt. Franz Kafka hätte diese Kinderjahre als „alles in leidlicher Ordnung" genannt, wie er es ironischerweise zum Turmbau zu Babel in seiner Fabel „Das Stadtwappen" für die ganze daran beteiligte Gesellschaft vermerkte. Diese Reminiszenzen werden mich aber keineswegs dazu verleiten, in den Erinnerungen an meine eigenen Lebensumstände einen nostalgischen Weg einzuschlagen.

Außer dem populären Bremer Freimarkt gehört zu den schönen Erinnerungen an meine kindliche hanseatische Herkunftswelt und zu den betörenden Sinneseindrücken ganz entscheidend das idyllische Künstlernest Worpswede im Landkreis Osterholz bei Bremen. Ein nachhaltiger, zutiefst symbolträchtiger Gedächtnisort, anrainend an das berühmte gruselige Teufelsmoor. **Im geschäftseigenen Horch (oben)** wurden wir drei Söhne mit Freunden an den Wochenenden und später während der ganzen Ferienzeit zu unserem Opa mütterlicherseits, Wilhelm Hellemann, in die Gefilde seiner riesigen Baumschulplantage nach Worpswede chauffiert. Mit leeren, aber tragfähigen Kartoffelkisten haben wir unsere manchmal nicht ganz geheuren Abenteuer auf den weitverzweigten, verwunschenen Moorgräben im Schatten weißstämmiger Birkenbäume gesucht. Meine Mutter hatte darauf bestanden, dass wir auch Kinder aus dem Armenhaus dazu einluden. Abends im urigen Gehege unserer Wochenendbaracke am Holzfeuerkamin haben wir besonders gern romantisch schön verkitschte Lieder in ihrer geselligen Funktion bis zur Atemlosigkeit herunter gesungen. Dieses unverlierbare Kindheitsglück hat meine ersten Lebensjahre begleitet. Ernst Bloch befindet in seinen „Verfremdungen II": „wie in der Welt etwas entsteht, das allein in die Kindheit scheint und worin noch niemand war: Heimat". „Heimat" wurde bald ein Mythosbegriff, der von den Nazis genährt und mit dem Präfix „politische Heimat" entfremdet wurde, ohne diesen Mythos damit ins Humane zu wenden.

Im Hause des Großvaters verkehrten so berühmte Maler wie Otto Modersohn und Paula Modersohn-Becker, Karl Krummacher, Clara Rilke-Westhoff, Heinrich Vogeler, Hans am Ende, *Fritz Overbeck (unten eine seiner Birkenlandschaften)* aus der legendären Worpsweder Malerkolonie oder der Schriftsteller Diederich Speckmann. Auch Rainer Maria Rilke hat dort zeitweise gelebt und mit seiner wunderbar verfeinerten Aufmerksamkeit für die Details in Gottes schöner Natur ein elysisch verlockendes Buch über Worpswede verfasst: „Monographie einer Landschaft und ihrer Maler" (1903) – In der Obhut meines Großvaters im Künstlerdorf Worpswede schnupperte ich den Geist des Künstlertums; es war Rilke gewesen, der bei diesem genius loci mit seiner innigen Natur-Verbundenheit irgendwie seinen ätherischen Genius im Spiel gehabt hatte.

„Junge Menschen aber schließen nicht gerne die Augen, zumal wenn sie Maler sind: Sie wenden sich an die Natur und, indem sie das Großartige suchen, finden sie sich selber. Es ist interessant zu sehen, wie auf jede Generation eine andere Seite der Natur erziehend und fördernd wirkt; meine rang sich zur Klarheit durch, indem sie in Wäldern wanderte … um sich zu finden. Unsere Seele ist eine andere als die unserer Väter … aber wir kommen nicht weiter dabei. Unsere Empfindung gewinnt keine Nuance hinzu, unsere Gedanken vertausendfachen sich nicht, wir fühlen uns wie in etwas altmodischen Zimmern, in denen man sich keine Zukunft denken kann … Wo sie den Mund auftaten, um zu gähnen, da tun wir die Augen auf, um zu schauen; denn wir leben im Zeichen der Ebene und des Himmels. Das sind zwei Worte, aber sie umfassen eigentlich ein einziges Erlebnis: die Ebene … da ist uns alles bedeutsam: der große Kreis des Horizontes und die wenigen Dinge, die einfach und wichtig vor dem Himmel stehen. Und dieser Himmel selbst, von dessen Dunkel- und Hellwerden jedes von den tausend Blättern eines Strauches mit anderen Worten zu erzählen scheint … Ihr danken sie, was sie geworden sind und noch viel mehr: ihrer Unerschöpflichkeit und Größe danken sie, daß sie immer noch werden." Mit dieser klaren lyrischen Sprache hat Rilke meine Erinnerung an meine Kinderträume wachgehalten.

Schon damals ohne große Berührungsängste, ist mir die Ehre widerfahren, großen Malern zu begegnen. Ich hatte den Künstlern fröhlich unbefangen die Hand entgegengestreckt, freilich ohne zu ahnen, wer jeder ist und wie bedeutend jeder war. Weil jedoch meine Mutter gerne aushalf, die Künstler zu bewirten, habe ich unbewusst das Flair des Künstlertums absorbiert. Lediglich den **Maler Fritz Mackensen** erinnere ich genauer, weil **mein Großvater (rechts)** ihm an mehreren Tagen Modell gesessen hatte und ich dem Maler dabei über die breiten Schultern schauen durfte. Sein Porträt in meinem alten Forsthaus am Frankfurter Scheerwald erinnert mich an die herrlichen Zeiten im Lichte der Trefflichkeit einer unbeschwerten glücklichen Kindheit, an ein romantisches Milieu und eine Welt der Behaglichkeit und Unschuld **(unten „Kartenspielende Bauern" von Karl Krummacher)**. In dem, was die Vergangenheit für mich später ans Licht beförderte, wurde mir erst bewusst, dass Otto Modersohn sich schon 1911 als einziger für den Erwerb von Van Goghs „Mohnfeld" als ein Werk internationaler moderner bildender Kunst für die Kunsthalle Bremen gegen konservative nationalistische Bedenken stark gemacht hatte. Oder auch dass Fritz Mackensen ab 1933-35 eine NS-gestützte Karriere als Leiter der Nordischen Kunsthochschule in Bremen verfolgte. Sein Malstil kam wie der der Künstlerkolonie insgesamt dem neuen Ideal von Blut-und-Boden-Kunst entgegen.

Großspurig gesagt: eine unbewusst empfangene musische Legierung schon in der wohlbehüteten alten „guten Kinderstube", wo

das Staunen noch zuhause war, und eine Orientierung, die Wilhelm von Humboldt wohl als notwendigen Teil einer „Nation der Gemeinschaft gebildeter Bürger" zugerechnet hätte. Obwohl ich Rilke erst sehr viel später lesen konnte, habe ich unbewusst seit dem Ausgang meiner Kindheit seinen Rat beherzigt: „Du musst Dein Leben ändern." Wir vom Zauber der Versprechen verblendeten Pimpfe waren überzeugt, dass diese anscheinend planlose, sorgenfreie und unbeschwerte Kindheit schon bald fast selbstverständlich eine gezielte Zukunft finden würde.

Die sogenannte Kampfzeit mit Polizeiwillkür und Arbeitslosigkeit, die die Weimarer Republik durchschüttelten, war Hitlers Machtergreifung vorausgegangen. In dieser Zeit ereigneten sich unmittelbar auf der Außentreppe unseres efeuumwucherten Hauses in der Bremer Bornstraße 71, Ecke Wandgraben, handgreifliche politische Händel zweier rivalisierender Schlägertrupps: braune SA-Männer gegen Rote Garde. Hitlers Verheißungen erlegen, wollte meine Mutter 1932 einem uniformierten SA-Mann Erste Hilfe leisten, der niedergestochen *auf unserer Außentreppe (oben)* Zuflucht gesucht hatte. Mein Vater, ein von der eifrigen Lektüre sozialistischer Klassiker motivierter Salon-Marxist, verwehrte meiner Mutter energisch ihren Samariterdienst an seinem Klassenfeind. Als ein an der Wohlfahrtsfrage orientierter Linker telefonierte er aber eilig einen Rettungsdienst herbei.

Mein Vater als „Nobel-Linker" wollte mithelfen, ein neues, das alte Weimar ablösendes System zu schaffen. Nach der sogenannten Systemzeit gedachte der Apothekersohn aus Göttingen mit seinen marxistischen Genossen eine ganz andere, eine neue „Linke Republik" entstehen zu lassen. Er sah in der hilflosen lebensrettenden Aktion meiner Mutter eine einseitige Parteinahme. Es war wohl diese mit den blutigen „Nächten der langen Messer" einhergehende Auseinandersetzung zwischen zwei starken, hochintelligenten Eltern, die schließlich den Anfang vom Ende ehelicher Harmonie bewirkte. Der soziale Anspruch meines Vaters als studierter Apotheker war aber größer als sein politischer Einfluss.

Zum mählichen Dauerzwist kamen unglücklicherweise die Geldsorgen angesichts der bevorstehenden Pleite unseres Textilgeschäfts hinzu, das *meine Mutter (rechts)* aus dem beträchtlichen Erbe meines Großvaters in die Ehe eingebracht hatte. Mein Vater war, als kaschierter Gesellschafter ohne Prokura, in Wirklichkeit ein bezahlter höherer Angestellter meiner Mutter. Unser Textilexportgeschäft wurde mit der seit 1933 beginnenden Arisierung und einer um sich greifenden wirtschaftlichen Insolvenz in den Strudel der Enteignung auch unseres Kreditgebers gezogen, einer einst mächtigen Wollfirma. Als alles noch von Harmonie beseelt zu sein schien, waren meine animistisch geprägten Kindertage plötzlich zu Ende, und mein Leben folgte ab nun einem beschleunigten Erfahrungswandel in einer schnell verfließenden Zeit.

Als meine Eltern sich bald nach 1933 trennten, oder genauer, als mein Vater spurlos untergetaucht war, bedeuteten diese zwischenmenschlichen Kümmernisse aber kein Melodram für die Gefühlslage eines achtjährigen Kindes, das noch nicht alles begriff, was des Lebens unbarmherzige Mächte betrifft, und auch nicht weiter nachdachte über die Zukunft. Mit ihrer Prägekraft war meine Mutter mein Universum der Güte, der Liebe und der Geborgenheit. Mein Vater sprach viele Sprachen perfekt. In welches Land er sich selber ausgebürgert hatte, wohin ihn der Scheideweg geführt hatte, ahnen wir bis heute nicht.

Jetzt mussten wir am eigenen Leibe erfahren, was man heute
die Mühsal einer alleinerziehenden Mutter zu nennen pflegt. Ihre
eingeborene Herzensbildung und ererbte preußische Disziplin
hatten sie aber gelehrt, mit ihren Sorgen und Nöten andere nicht
zu behelligen *(Mutter im Bild unten in der Mitte, ihre Schwes-
ter links von ihr, ich zweiter von rechts, außen meine Cousine
und mein Cousin).* Sie hat uns jedenfalls nichts vorgejammert,
und weil sie immer gute Laune versprühte, blieb die Welt für mich
noch in Ordnung. Ihre unglaubliche Energie war ansteckend. Von
meinem Vater, von Natur aus ein unterkühltes Wesen, ist mir nur
eine matte Erinnerung geblieben. Mein damals noch beschränkter Wahrnehmungshorizont eines Achtjährigen hat das Drama
der Scheidung nicht als tragisches Verhängnis wahrgenommen.
Gewisse Traditionsmomente der bürgerlichen Sittlichkeit sind mir
aber wohl schon in der frühen Kindheit mit meinem Vater als Anpassungsleistung, die ein Kind erbringen muss, zur zweiten Natur
geworden, eben auch der Inbegriff einer bürgerlichen Lebenswelt,
an die im Relaunch an das zeitlich entfernte Echo einer vegetati-
ven Lebensqualität hanseatisch geprägter Jugendzeit wieder anzuknüpfen erst nach 1945 gelingen sollte, nach der wiedergewonnenen Freiheit als elementarstem Lebensgut.

Aus der Konkursmasse war offenbar genügend Kapital übriggeblieben, womit meine Mutter im westfälischen Lünen und in Dortmund mehrere Tankstellen erwerben konnte. *Mit ihren drei Söhnen (rechts)* ist sie dafür 1934 nach Lünen-Gahmen umgezogen, erst in eine viel zu große Luxusvilla auf dem Areal eines Rittergutes. Damals konnte ich meine angeborene Energie in die Arbeit auf dem Rittergut stecken, die

Kühe auf die Weide zu führen und sie abends peitschenknallend wieder einzufangen. Das war ein Vorgriff auf meine Feldarbeit später als Kriegsgefangener auf horizontweiten amerikanischen Plantagen und Äckern. Meine Brüder Joachim und Felix gingen aufs Lünener Gymnasium, ich besuchte dort noch zwei Jahre die Volksschule. Dann wandelten sich die Verhältnisse über Nacht zur familiären Katastrophe. Der Geschäftsführer unserer Tankstellen-GmbH, ein gewisser Herr Grieme, hatte mehr in seine eigene Tasche gewirtschaftet als der Firma guttat, und meine buchhalterisch naive Mutter musste schon nach zwei Jahren ein weiteres Mal Konkurs anmelden.

Goethes romantische Inbrunst für Realitätstüchtigkeit hatte meine Mutter bisher nicht im Stich gelassen, wenigstens für mein Schulgeld hätte diese Inbrunst noch eine Weile halten sollen. Weil nach dieser Heimsuchung für mich aber kein Schulgeld fürs Gymnasium mehr übrig blieb, musste ich mich mit anderen Kindern armer Leute einer Prüfung für die Gewährung eines Stipendiums unterziehen – ich hatte Glück, einen der fünf Stipendienplätze zu ergattern.

Die existentiellen Verstörungen meiner Mutter musste ich am eigenen Leibe nachvollziehen. Ohne ins Melodramatische abzugleiten, wurde die Entfaltung ungewöhnlicher Lebenstüchtigkeit meiner Mutter schon früh auf die Probe gestellt. Aufgrund unserer wirtschaftlichen Kalamität hatte sie die fürstliche Wohnung längst aufgeben müssen. Insgesamt sind wir in Lünen dreimal umgezogen in immer kleiner dimensionierte und unwirtlichere Räume. Das Ausmaß der Frustration hatte schließlich den Pegel eines sozialen Showdowns erreicht, der sich tief in unseren Alltag gefressen hatte. Als meine Mutter dafür sorgte, dass ich mich bei einer Metzgerfamilie mittags ein Jahr lang sattessen durfte, habe ich mich dafür bis zum letzten Gastmahl dort geschämt. Schon in Bremen war es mir immer peinlich gewesen, sooft ich in die abgetragenen Klamotten meiner älteren Brüder steigen musste.

Unsere in einem bürgerlich deutschnationalen Milieu aufgewachsene Mutter war, vom fürsorglichen Ehrgeiz besessen, darauf eingeschworen, ihre drei Söhne Offiziere werden zu lassen. Der ältere Bruder Felix hat schon in Friedenszeiten die **Offiziersuniform stolz getragen, Bruder Joachim erst mit Beginn der Kriegszeit (unten die drei Brüder in ihren Uniformen 1941)**. Aber eine Kultur, die mit dem Hakenkreuz ihre Identität entsorgte, hatte sich selber abgeschafft. Auch ich war wohl auf die Welt gekommen, um wie meine älteren Brüder etwas Besonderes zu leisten. Ich habe es allerdings später bei den Fallschirmjägern nur zum Fahnenjunker gebracht. Als späterer

Gastarbeiter in amerikanischer Kriegsgefangenschaft in Colorado konnte man nicht weiter befördert werden.

Mein älterer Bruder Felix überredete unsere Mutter eher scherzhaft mit dem sonst oft von ihr verwendeten Stereotyp „wenn das der Führer wüsste", ihre langjährige Pateimitgliedschaft einmal nützlich für sich selber einzusetzen. Und tatsächlich sollte ihr die von Westfalens Gauleiter Josef Wagner an die richtige Stelle adressierte Bewerbung Glück bescheren: Als gelernte Kindergärtnerin mit guten Zeugnissen blieb sie bis zum ruhmlosen Ende der Hitlerdiktatur Leiterin eines Waisenhauses in Oberhausen-Osterfeld.

In diesen Kontext gehört das Zwiegespräch zwischen Martin Walser und Jakob Augstein. In ihrem gemeinsamen Buch „Das Leben wortwörtlich" antwortet Martin Walser im Zwiegespräch mit seinem leibhaftigen Sohn Jakob Augstein auf dessen Frage: „Du hast gesagt, dass deine Mutter 1932 in die NSDAP eingetreten ist." Walser: „Du fragst das so, dass ich glaube, in deinem Tonfall bereits eine große Verurteilungsbereitschaft zu hören. Ist das so?" Jakob Augstein erwidert: „Nein. Neugierde. Aber natürlich wäre man aus heutiger Sicht glücklicher, wenn die eigene Großmutter im Widerstand gewesen wäre." Daraus schlussfolgert Walser: „Das heißt, Du möchtest eine Identität geschenkt bekommen, eine hochkorrekte, opportune, nach heutigem Urteil und Geschmack. Und das ohne jede Anstrengung. Ich warne davor, von der Schuld zu reden wie der Blinde von der Farbe. Meine Mutter war keine Nationalsozialistin." Sie sei deshalb in die Partei eingetreten, um als Inhaberin einer Gastwirtschaft über die Runden zu kommen. Also aus rein opportunistischen Gründen. Sohn Jakob erbittet Vater Walser doch zumindest ein Wort der Distanzierung. Aber dieser ist dazu nicht bereit. An anderer Stelle verheißt er dem Leser „nie eine Autobiografie zu schreiben, das zwingt zu einer mir unangenehmen Art von Lüge. Die Lüge im Roman ist wunderbar. Sie ist eine Variation der Wahrheit. Aber die Lüge in den Memoiren, die möchte er nicht" schreiben. Jedenfalls den letzten Satz könnte er unterschreiben.

1935 sind wir von der Lippe an die Emscher nach Oberhausen umgezogen. Die Sorgen meiner Mutter als Fürsorgeempfängerin hatten auch für den Sohn ein kommodes Ende gefunden.

Meine Bremer Kindheit war im Gefühl der Geborgenheit einer
damals noch intakten, sorgenlosen Familie eine vom Glück gesegnete Lebensphase, eine ungezwungene Zeit zunächst in einer
noch kapitalistisch strukturierten hanseatischen Kaufmannswelt,
die auch ihrer gesellschaftlichen Relevanz entsprach. Als deren
begüterte Nutznießer des Systems galten auch meine Eltern. In
unserem häuslichen „Klavierzimmer" wartete ein Steinway auf
meine Etüden allerdings vergebens, nur ein Jahr lang hat meine
Mutter es geschafft, mich zu meinem Glück zu zwiebeln. Da Musik in ihrem Leben ein unverzichtbares Lebenselixier war, hat sie
nach Geschäftsschluss sich selber oft und gern zum Gesang begleitet, sooft sie zum Beispiel mit Liedern und Texten der „Schönen Müllerin" oder aus des alten „Knaben Wunderhorn" oder der
Schubert'schen Winterreise nicht nur pädagogisch, sondern auch
künstlerisch als quasi beiläufige musische Erziehung um meine
Aufmerksamkeit bat. Die Texte von Goethe und den Romanti-
kern mitzulesen, hat schon früh mein damals noch unbewusstes
Interesse an Literatur geweckt. Beide Eltern hatten mir abends
abwechselnd Geschichten aus „Grimms Märchensammlung" vor-
gelesen oder Hans Christian Andersens „Das kleine Mädchen mit
den Schwefelhölzern". Weil Karl May nie selbst in Amerika war,
empfand ich die Indianergeschichten für mich als reine Fiktionali-
sierung der indianischen Schicksalsspuren. Gleichwohl haben wir
die Indianerspiele in den geheimnisvollen Gefilden von Worpswede immer wieder gerne neu erfunden. Karl Mays Bücher erzielten
im Dritten Reich eine Hundertmillionen-Auflage, gefördert von
Goebbels, der Winnetou als Sinnbild des Edelmenschen (wie den
Hitlerjungen Quex) unter die Leute bringen wollte.

In unserem vornehmen Viertel an den Bremer Wallanlagen
haben wir unbeschwert unsere kindliche Freiheit ausgelebt, ich
selbst mit zwei älteren Brüdern als lockerem Vaterersatz. Weil
wir oft mit meiner Mutter Quartett spielten, haben sich uns berühmte Namen und Gesichter von Dichtern und Komponisten
sozusagen spielerisch eingeprägt, wie Kleist und Mörike oder
Beethoven und Bach. Die Texte auf den Rückseiten der Spiel-
karten mit ihrem Rätselgeflecht haben mich ganz nebenbei lese-
und bildungshungrig gemacht.

Ab 1935 war ich in der Bergmannstadt Oberhausen **Schüler des Horst-Wessel-Gymnasiums (unten ein Klassenfoto aus dem Jahr 1938)**, und mit zehn Jahren wurde ich wie mein ganzer Jahrgang 1925 ins Deutsche Jungvolk eingemeindet. Das Deutsche Jungvolk, eine Jugendorganisation für Jungen von zehn bis vierzehn Jahren, wurde 1930 in Deutschland und Österreich gegründet und ein Jahr später der Hitlerjugend angegliedert. Seit 1933 wurden andere Jugendverbände in das Deutsche Jungvolk zwangsweise integriert. Damit wurde neben Schule und Elternhaus eine dritte Säule der Erziehung im Dritten Reich etabliert. Der meiner Schule verliehene Name Horst Wessel stand für einen jungen Berliner SA-Führer, der 1930 von Kommunisten erschossen wurde und zur Märtyrerfigur der Nationalsozialisten hochstilisiert worden war. Von Wessel selbst stammt das propagandistische Gedicht „Die Fahne hoch, die Reihen dicht geschlossen" (1929 im Berliner „Der Angriff" erschienen), das zur Grundlage des späteren Horst-Wessel-Liedes wurde, der Parteihymne der Nationalsozialisten.

In Oberhausen galt ich schon nicht mehr als einer aus einem verarmten Elternhaus unter Mitschülern meist bürgerlicher Familien, sondern als gleicher unter ihresgleichen. Schülermützen

als Distinktionsmerkmal hatte der Reichsjugendführer ohnehin abgeschafft: Im Jungvolk sollte es keine äußerlich stigmatisierenden sozialen Unterschiede geben.

Aufgewachsen ohne die starke Hand eines Vaters, sind mit dieser frühen Verlusterfahrung auch meine eigenen Kräfte gewachsen. Von früh auf musste ich lernen, in verschiedenen Situationen alleine meinen Mann zu stehen. In dieser entscheidenden Phase des Übergangs vom Elternhaus ins Jungvolk bildeten sich nach und nach bestimmte individuelle Eigenschaften aus. Damals in der Phase der Pubertät ist mir eine gewisse Robustheit zu eigen geworden, mich von nichts und niemandem unterkriegen zu lassen. So habe ich mich schon früh durchgeprügelt, wenn mir einer „an die Wäsche" wollte, meistens bin ich mit meiner Länge als Sieger vom Platz gegangen. Mitgewachsen ist auch mein unbedingter Vorsatz, zum eigenen Urteil zu finden. Bei den sogenannten Heimabenden des Jungvolks bin ich dem Fähnleinführer durch meine Bereitschaft aufgefallen, ihm beim Einpauken des schlichten Liedgutes der Bündischen Jugend und dem Vorbereiten der Geländespiele zu helfen. Die trivialen Melodien gefielen uns Jungs vom Jungvolk gut, besonders im flackernden Schein eines Lagerfeuers auf den nahen Lippe-Wiesen oder an den grünen Ufern der Ruhr. Zum Dank wurde ich mit zwölf schon Jungzugführer mit „Befehlsgewalt" über 20 Pimpfe.

„Pimpf", das war zunächst eine scherzhafte Bezeichnung für unfertige Jungen, zugleich exakt der unterste Dienstgrad für 10- bis 14-jährige Mitglieder des Jungvolks. Später aber wurde dies auch eine Redensart für das unfertige und dabei manipulierbare Bewusstsein der Jugend im Dritten Reich. „Das Sein bestimmt das Bewußtsein" (Karl Marx).

Diese vier Pimpfen-Jahre haben meine Selbstbehauptung stark befeuert. Mein idealistischer Überschuss fand seine Befriedigung in den diversen Freizeitaktivitäten des deutschen Jungvolks und folgte den gefühlten Lebensimpulsen meiner Generation, ohne diese als solche schon benennen und kritisch reflektieren zu können. Aufgeputscht hat mich jedenfalls auch jenes Verlangen, es meinen älteren Brüdern gleichzutun und den Wunsch meiner Mutter zu erfüllen, ihren drei Söhnen eine auskömmliche soldatische Zukunft im Reich des „Führers" zu sichern. Mit diesem Ziel im Hinterkopf liebäugelnd, habe ich meine „Karriere" bereits im Jungvolk früh geplant. Bis in welch tiefe Abgründe Propagandaminister Joseph Goebbels und vor allem Baldur von Schirach, der Leiter aller gleichgeschalteten Jugendverbände seit 1933, uns Pimpfe damals in die Pflicht nahmen und in die neue Jugendbewegung hineinmanipulierten, wussten wir erst gegen Ende der Diktatur zu beurteilen. Im Rückblick auf meine Adoleszenz waren der determinierende Hintergrund meines gerade erst beginnenden Lebens, meine Mutter nicht zu enttäuschen und auch nicht meine beiden zackigen Brüder, denen ich es unbedingt gleichtun wollte.

In der Schule wurde ich bald Klassensprecher und in meiner eigenen Folgerichtigkeit ab der Obertertia auch Schulsprecher. Als solcher musste ich alle Klassen und alle Pauker zu Ferienbeginn auf dem Schulhof „antreten" lassen, und mit dem gemeinsam gesungenen „Deutschlandlied" wurde das Horst-Wessel-Gymnasium in die Ferien entlassen. Das Deutschlandlied, aus der Tradition des Jungen Deutschland und liberalen Vormärz ab 1830, war seit 1922 in seinen drei Strophen zur Nationalhymne der Weimarer Republik erklärt worden. Wir aber sangen gemäß nationalsozialistischer Anordnung nur die erste Strophe: „Deutschland, Deutschland, über alles" statt „Einigkeit und Recht und Freiheit" wie in der dritten Strophe. Dabei wurde an den propagandistischen Mythos aus dem Ersten Weltkrieg und der Schlacht bei Langemarck angeknüpft, wobei für beide Seiten verlustreiche Frontgefechte durch jene Story kaschiert wurden, wonach angeblich nur idealistische blutjunge deutsche Soldaten mit dem patriotischen Lied auf den Lippen einen siegreichen Vorstoß gegen den „Franzmann" im November 1914 unternommen hätten.

So hatte ich mich für später vermeintlich größere Aufgaben quasi warm gelaufen. Das war ein erstes mir bewusst gewordenes Gefühl, das mein Selbstbewusstsein nährte. Eine Erfahrung, die im Folgenden zur beginnenden „Ich-Werdung" verlängert wurde (Wilhelm Dilthey). Erst nach der Schlacht in der Normandie im Sommer 1944 begann ich Hitlers krude Feldherrnkünste mit ersten ernsten Zweifeln zu hinterfragen.

Die Kapazitäten unseres Erkenntnishungers und unserer Aufmerksamkeit für alles Neue waren schier unerschöpflich. Wie viele andere opferte der geisteswissenschaftliche Philosoph und Pädagoge Eduard Spranger schon in Weimarer Zeiten den Gedanken eines zivilen Humanismus und propagierte stattdessen eine neue, ausdrücklich soldatische Erziehung auch in Friedenszeiten. Diese edukatorischen Bezüge waren im realen Staat und im deutschen Nationalismus auf eine praktische militaristische Gesinnung ausgerichtet. In der schulischen Bildung verschmolzen diese mit aggressiver Propaganda. Der junge, hingebungsvoll-unbewusste „Krieger" sollte zum Modell jedes loyalen Staatsbürgers und Gesellschaftsmitgliedes generieren. „Der Krieger, der das Dasein opfert, tut es nicht um des Krieges und des bloßen Opfers willen; sondern: ‚Deutschland muss leben, und wenn wir sterben müssen'." Eduard Spranger zitierte diese Zeile aus Heinrich Lerschs Gedicht „Soldatenabschied" (1914), das später zum kämpferischen Motto der Politik wurde. Auf vielen Kriegerdenkmälern sowie als Inschrift auf dem Soldatenfriedhof in Langemarck sind sie heute noch zu finden.

HILTLERS LEITMYTHOS

Als unser Reichsjugendführer setzte Baldur von Schirach auf Emphase statt auf Skepsis. Entsprechend bezog er sich mit dem Mythos von Langemarck auf die Vorstufe der neuen nationalsozialistischen Bewegung: die empathische Aufwertung eines fragwürdigen und später verlorenen Krieges durch den Enthusiasmus und die Opferbereitschaft der Jugend, wie sie sich gerade in der Schlacht um Langemarck durch ein angeblich rein jugendliches Korps und dabei siegreich manifestiert haben sollte. Aus heutiger Sicht zur Legende verblasst, sprechen die Fakten dagegen: Die vier deutschen Reservekorps in der ersten großen Flandernschlacht und Ypernschlacht 1914 (inklusive Langemarck) mit ihren 120000 Mann bestanden keineswegs zum großen Teil aus Notabiturienten, Schülern, Lehrlingen, Studenten und Lehrern, die schon als Vorboten einer verjüngten zukünftigen soldatischen Volksgemeinschaft hätten herhalten können. Vielmehr sind die rund 40000 Studenten, die sich 1914/15 insgesamt im Wehr- und

Kriegsdienst befanden, auch auf alle anderen Regimenter verteilt gewesen.

Mit diesem Versuch einer romantischen Ideologisierung des Schützengrabenmilieus von Langemarck sollte die Sehnsucht der mannhaften Mitglieder schon im Jungvolk und in der Hitlerjugend nach Kampf und Krieg entfacht werden. Als parteihistorisch exponierter Lernort wurde die historische Dimension des realen Massensterbens und Blutvergießens unter dem mythischen Begriff Langemarck subsumiert, als der Beginn eines kulturell und individuell geschönten Bemühens, an einer großen heroischen Erzählung früherer deutscher Heldenlegenden weiterzuschreiben. Mit systemischem Zynismus sollten der jungen Generation neuere hehre soldatische Vorbilder sowie ältere Muster der Studenten- und Jugendbewegung als gefällige Mixtur ans offene Herz gelegt werden. Die Bonität des reaktionär-romantisierenden Begriffs „Kameradschaft" wurde in den Schützengräben des Ersten Weltkrieges in Verdun und an der Somme geboren und sollte den Markstein setzen für die nationalsozialistische Ethik und deren moralischen Imperativ für den Ausbau einer gleichgeschalteten NS-Volksgemeinschaft.

Die Schlachten an der Marne, um Verdun, an der Somme und die vier Flandernschlachten waren durchwegs statische Stellungs- und Grabenkriege, unpersönliche menschenverachtende Materialschlachten, die zunehmend vom Schrecken der Gasangriffe und Flammwerfer gekennzeichnet wurden. Vorstöße wurden zwar von allen Militärs befohlen, scheiterten aber militärisch oft nach wenigen Kilometern an der Wachsamkeit auch der anderen Seite. In der ersten Flandernschlacht gab es als numerische Evidenz allein 100 000 deutsche Tote, oft grässlich Verwundete und Vermisste sowie 150 000 Opfer auf französischer, belgischer und britischer Seite.

Aus meiner Generation waren wir noch bis in den 1939 beginnenden Krieg hinein Schüler. 1940 waren die Bombenangriffe aufs Ruhrgebiet zunächst noch auf einzelne symbolische Ziele konzentriert. 1941/42 änderte sich die Situation mit der Ausweitung zu Flächenbombardements britischer Geschwader auf deutsche Städte. Wir glaubten schon vorbildlich zu handeln, wenn wir während unserer Nachtdienste in der Penne bei der immer häufigeren Konzentrierung des heraufziehenden Bombenkrieges auf Ruhrgebietsstädte verpflichtet wurden, um den unterm Dachfirst gelandeten Brandsätzen der britischen Lancaster-Bombern zu Leibe zu rücken. Hierzu haben wir uns gern auch freiwillig gemeldet, auch weil wir mit den Mädels vom benachbarten Elsa-Brandström-Gymnasium bis zum nächsten Fliegeralarm in amüsanter Gesellschaft verbrachten und uns auch gegenseitig geholfen haben, so oft es gegenseitiger Hilfe bedurfte. Ohne solche Nachtwachen an allen Schulen des Ruhrgebietes wären tatsächlich noch sehr viel mehr ausgebrannte Ruinen in deutschen Städten zu beklagen gewesen.

Parallel zu unserem Wohnortwechsel nach Oberhausen begann meine Sozialisation im ubiquitären Klima der Hitlerdiktatur. Die von der Mutter geerbte Begeisterungsfähigkeit für alles Neue hatte ich als leichtes Gepäck aus der Weserstadt ins Ruhrgebiet mitgebracht. Unter der Rußglocke einer Großstadt der Hochöfen und Fördertürme, der Schlackenhalden und Bergmannssiedlungen gab es viele neue Lebensfelder zu entdecken. Meine spätere Frau Brunhild war die Tochter eines Bergmanns aus Bochum-Linden und Schauspielerin an den Theatern Bochum und Oberhausen. Ihr Vater hat mich in die heile Welt der Taubenzüchter eingeweiht. Er hat mich animiert, Bücher über Brieftauben und über die Kultur der Taubenzüchter und Halter zu schreiben und über ihre faszinierende Kultur im Winkel trostloser Hinterhöfe der Bergarbeitersiedlungen mit ihren Karnickeln, „Bergmannsziegen" und am blauen Himmel mit ihren kostbaren Brieftauben: Alles Tiere mit weichem Fell oder Federn als Kontrastmittel zur harten Steinkohle tief unten im zappendusteren Pütt.

Bei dem Versuch einer Selbstvermessung meiner Kindheit bis zum mittleren Mannesalter ist mir vieles erst viel zu spät gründlicher bewusst geworden: vor allem wie leicht Kinderherzen zur fetten Beute der Teufel in brauner Verkleidung werden konnten. Wie hat meine Generation der gerade neu propagierten braunen „Wertegemeinschaft" ohne jeglichen Widerstand erliegen können, dem Kult der Fahnen, der Beschwörung von „Blut und Eisen"? Wo sogar der Tod ohne Wenn und Aber als letzte heroische Konsequenz auf ihre Fahne geschrieben wurde? Die zehntausend Angehörigen der blutjungen SS-Hitlerjugend-Division sind in der Normandie nicht „Auge in Auge" im Kampf „Mann gegen Mann" als „Helden" gefallen. Im anonymen Kollektiv sind sie auf einen Schlag durch Myriaden von Luftminen elendig verreckt. Ihr wesenloser Anblick hat jenen, wie auch mir, die ihre Leichen mit offenen blicklosen Augen bergen mussten, den Atem verschlagen und die Überlebenden zweifach traumatisiert

Die spätere Entmythologisierung sollte bei mir kein langwieriger Prozess werden: Das einschneidende Erlebnis in der Schlacht um die Normandie im Sommer 1944, wo zehntausend milchgesichtige Hitlerjungen, in Uniformen mit SS-Runen am Halskragen gezwängt und für den „Führer" in einer einzigen Woche sinnlos geopfert, alarmierte meinen Wirklichkeitssinn. Dieser wurde schließlich zum Katalysator der neuen Erkenntnisse und zum Nexus bisher getrennter Segmente und ließ auch ältere Erfahrungen, die nun meine erst kurze biographische HJ-Vita und die Versiegelung dessen, was wir verdrängt hatten, in einem kritischen Licht erscheinen. Angesichts dieser hautnahen Erfahrung des massenweisen Sterbens und der völlig absurden Rhetorik über eine ganz real existierende und wie selbstverständlich abverlangte Pflicht zum „Heldentod", vollzog sich die Kehre meines Lebens. Ich erfuhr so hautnah, wie die Identität, zwischen Realität und Illusion, Verklärung und Aufklärung ein wandelbarer Modus sein kann – und zwar schneller als du denken und reagieren kannst.

Wie einst Robert Musil möchte auch ich meiner Familie und den Nachgeborenen meine „Geschichte erzählen, um zu erfahren, ob sie wahr ist". Die Macht der damals geraubten und nun zurückgewonnenen Erinnerung ist der paradoxe Impuls, noch mit über 90 Jahren aus einer gewissen historischen Distanz und deutlichen Selbstkritik heraus als einer der letzten Zeitzeugen die Motive der Handelnden und Behandelten zu verifizieren und darüber dieses Buch zu schreiben, ohne die Zeichnung meines Lebensweges zum Rührstück missraten zu lassen. Mit meiner Reise tief in meine Jugenderinnerungen wollte ich mit meinem heutigen Wissen herausfinden, wie ich wurde, was ich bin.

Nach einer berühmten Wendung Bertolt Brechts – „Die Wahrheit ist konkret" – werde ich versuchen, die Signatur dieser einzigartig extremen Epoche zu skizzieren, die nach zwölf Jahren im Kriegsmodus schlagartig aufhörte eine Epoche zu sein. „Epoche" verstanden als grausame Hypothek des Nationalsozialismus, in ihrem bösartigsten und machthungrigen Sinne. Dann ab dem 8. Mai 1945 schlug die Katharsis ihre erste große Stunde vom Ende.

Um es pathetisch auszudrücken: Dem Trompetensolo aus Ludwig van Beethovens „Fidelio" gleich, ertönte das schönste Motiv der Errettung in der Musik: La Liberté: „Freiheit! Ein schönes Wort, wer's recht verstände" (Goethe, Egmont). Sie wurde von einem anderen Klanggebilde überlagert: „Erlösung" durchwirkte als zentrales und zutiefst ambivalentes Motiv und Thema nicht nur den „Parsifal", sondern das gesamte Schaffen Richard Wagners. Tatsächlich kann man sagen, „dass Wagners Kunst ein mit höchster Willenskraft und Intelligenz monumentalisierter und ins Geniehafte getriebener Dilettantismus ist" (Adorno: Versuch über Wagner).

Ich habe mich immer wieder gefragt, warum bei aller Kindheitsverdrängung die „Macht des Schicksals" es mehrfach gut mit mir gemeint hat.

KAPITEL 2

UNSERE SOZIALISATION IM DRITTEN REICH

Auf dem Hochplateau des Alters mit der eigenen Endlichkeit konfrontiert, bietet sich dieser Moment als Anlass, bis in die Anfänge meiner Kindheit und Jugend zurückzuschauen, ein überfälliger Akt der eigenen Vergangenheitserkundung und der retrospektiven Selbstfindung. In meinem bewegten Leben kommentieren sich Vergangenheit und Gegenwart durchgehend wechselseitig. Dabei gilt es zwischen dem damaligen Bewusstsein und der späteren Vernunft eine provisorische Brücke kritischer Selbstbetrachtung zu schaffen.

Wer seine Erinnerungen aufschreibe, zitiert Karl Heinz Bohrer Goethe, ist meist „weit in Jahren vor". Was anfänglich Antizipation ist, würde später kritische und aufhellende Rückschau. Die Lebensbeschreibung verläuft zwischen Gunst und Auftrag: „Ich darf mich nicht mehr säumen", damit „der babylonische Turm" des Geschriebenen nicht „unvollendet" bleibe.

Der Nationalsozialismus hat unser Leben von früher Kindheit an gefärbt. Er hat uns schon von Kindesbeinen an auf jene Wege verwiesen, wo wir Steppkes unsere Geistesnahrung gefälligst zu suchen hatten. Die Sozialisation im Hitler-Deutschland zog sich als Tour d'horizon durch meine eigene Geschichte. Gleichwohl wage ich zu behaupten, dass à la longue betrachtet mein Leben doch schon relativ früh eine andere lebensentscheidende Wendung nahm.

DER TAG VON POTSDAM

Adolf Hitlers Machtergreifung am 30. Januar 1933 war ein tollkühner Griff nach den Sternen. Mit Hitler im beerdigungs-schwarzen lächerlichen Cut, die Hand am Zylinder, statuenhaft ungelenk, mit ehrerbietendem *Diener vor dem Reichspräsidenten*

Paul von Hindenburg (links) in seinem orden-strotzenden General-feldmarschallsgepränge, wurde am schicksalsträchtigen „Tag von Potsdam", symbolisch per Handschlag über dem Sarkophag Friedrichs des Großen, die Gründung eines neuen Führerstaates besiegelt. Mit diesem von Joseph Goebbels und seinen subordinierten Medien hochkarätig vorbereiteten sakrilegischen Akt des „neuen politischen Denkens" wurde die Einführung einer Diktatur höchstoffiziell nobilitiert. Beim feierlichen Glockengeläut der Garnisonskirche zitterten manchem die „morschen Knochen" beim „Üb' immer Treu und Redlichkeit bis an dein kühles Grab, und weiche keinen Finger breit von Gottes Wegen ab."

Die gefühlte Wahrnehmung diktatorischer Momente im künftigen Alltagsleben hat bei nur wenigen die Freude über das Ende von Weimar überlagert oder gar geschmälert, auch nicht bei der ansonsten in allen möglichen Angelegenheiten notorisch unzufriedenen und kritischen Masse.

Hitler wird 1945 durch Selbstmord enden, Hindenburg starb, wie die Bibel weissagt, „alt und lebenssatt" kurz nach der Machtübergabe, im Jahre 1934. Mit ihm erlosch auch das Amt des Reichspräsidenten. Jetzt hatte Hitler niemanden mehr über sich außer dem Allmächtigen, den die Agnostiker und er selbst verschämt die personifizierte „Vorsehung" nannten. Allmächtig auf seine perfide Weise war aber nur Hitler selbst. Mit Hindenburg war jener Potsdamer Geist nicht ausgestorben, den Theodor Fontane als eine „unheilvolle Verquickung von Absolutismus, Militarismus und Spießbürgertum" zu geißeln pflegte.

„Neulich, als ich noch Kind war" (so der Autobiographie-Titel von Hilmar Thate), als frisch eingeschulter dritter Sohn einer hanseatischen Kaufmannsfamilie, erinnere ich noch deutlich, wie auch meine Mutter anders als mein Vater mit bremerisch gespitzter Zunge in den allgemeinen Jubel einfiel, ohne dass sie, wie auch Millionen anderer Bürger, schon hätte vermuten können, wie rapide sich das bisher alltägliche Leben, bis dato noch unter dem aufgeklärten Motto „jeder nach seiner Façon", radikal verändern würde. Ein beschleunigter Paradigmenwechsel hatte mit einem sukzessive fester geschnürten Korsett aus Reglements und Verordnungen, Geboten und Verboten, Tabus und Prinzipien und ganz neuen Signalwörtern über Nacht auch unsere Kindheit in Geiselhaft genommen. Wir konnten noch nicht ahnen, welche Folgerungen aus den verflüssigten Inhalten und Formen selbst von uns Kindern erzwungen werden sollten. Sich in die versteckten Winkel unserer harmlosen Seelen einzunisten, war trotz des unseren Familien geschuldeten Bildungshorizontes für die Maschinerie des Propagandaministers und der ihm zuarbeitenden Institutionen kinderleicht. Diese Indizienkette ließe sich leicht verlängern. Denn die Befunde lagen aus heutiger Sicht auf der Hand. Was allerdings wir damaligen Kinder im blauäugigen Zustand unserer Adoleszenz noch nicht als unheilträchtige Ambivalenz zu erkennen in der Lage waren. Die Rituale der Ausgrenzung und der Zuordnung mit einer vorangepeitschten Ideologie und einseitig sozialisierter Mentalität waren uns noch nicht bewusst.

Nur wenige werden 1933 die große Katastrophe der bedrohten Freiheit der Zivilgesellschaft vorausgeahnt haben. Otto Wels und die SPD, die 1933 mutig gegen das Ermächtigungsgesetz stimmten, das Hitlers Diktatur vollends entfesseln sollte, stellten die Ausnahme dar. Der Ausschluss der Kommunisten aus dem Reichstag und ihre politische Verfolgung und Verhaftung wurden einfach hingenommen. Gottfried Benns Ausrufezeichen „Erkenne die Lage", selbst wenn wir sein Wort schon gekannt hätten, wäre folgenlos geblieben, weil die wirkliche Situation zu erkennen uns einfach noch der Grips fehlte. Als kleine Schüler hatten wir in unserem intellektuell beschränkten Kreis jedenfalls nicht das Gefühl, entmündigt zu werden. Diesen Begriff kannten wir auch gar nicht. Max Piccolomini forderte, „Nicht das Große, nur das Menschliche geschehe", ein Wort, das auf der Bühne im Ritardando versickerte.

„Geprägt vom Gestus des Neuanfangs", wie Jürgen Kaube das
Jahr genannt hat, erkannten wir damals erst allmählich Abstriche,
die am Ideal der scheinbaren Selbstbestimmung und am Prinzip
der falschen Inszenierungen und trügerischen Illusionen uns erwarteten. Gerade mal den Kinderschuhen entwachsen, erkannten
wir als erstes einen deutlichen Bruch der Tradition landschaftlich
geprägter Grußformen. Nun sagten alle wie schlafwandlerisch aus-
gespuckt statt „Grüß Gott", „Moin Moin" oder „Servus" stereotyp
„Heil Hitler". Gruß und Name des „Großen Bruders" (Orwell)
in einem, erwarteten wir bei der Verwendung dieser Sprachhül-
se nicht schon implizit Bedrohliches. Im puren Überschwang war
„Heil Hitler" bald zur Konjunktur abgeflacht, nachdem der „Völkische Beobachter", die seit 1920 publizierte Parteizeitung der
NSDAP, den Lesern erklärt hatte, wie sehr der „deutsche Gruß"
mit offener Hand ausgerechnet ein Zeichen des waffenlosen Vertrauens unter freien Menschen sei. Der Hitlergruß habe alles Un-
terwürfige der bisherigen Zivilisation und Höflichkeit abgestreift.
Dieser Gruß war für meine Generation normative Lebenswirklichkeit und damals nicht weiter der Rede wert.

Dass der dauerpräsente Name Hitler wiederum eine Art Frei-
heitsberaubung für die Kommunikation der vor Ort Beteiligten
darstellte, kam uns nicht in den Sinn. Das Stereotyp „Heil Hitler" hatte man schon bald so oft gehört und selber gesagt, dass
man es für eine ganz natürliche Umgangsform hielt. Unser pen-
sionsreifer Klassenlehrer in Oberhausen, dem bald schon einige
in Jungvolk-Uniform gegenübersaßen, begrüßte uns vorsichtshalber zwar immer mit zum Gruß angewinkeltem rechten Arm,
aber ausdrücklich beredt stumm. Den Namen Hitler brachte der
Altphilologe Josef Schäfer sein Leben lang nicht über die Lippen. Aber mit der Hitlerjugend-Uniform drang der militärische
Look auch in seine Schulklasse ein. Der zum Emblem gewordene Name Hitler hatte sich ins moralische Gefüge unserer Kindheit eingemausert. Frisch wie Bergbachkiesel folgten wir neuen
Pimpfe dem zündenden Strom der Marschlieder mit den kämpferischen Texten auf den Lippen, um die neue Bewegung und
uns selber zu befeuern. Als domestizierte Hitlerjungen ist uns ein
ganzes Schülerleben lang bis zum Notabitur der schematisch ge-

wordene Hitlergruß als eine uns stets begleitende Mitgift unserer Sozialisation zur zweiten Natur geworden. Als Kinder haben wir uns darüber nicht einmal länger Gedanken gemacht. Zunächst noch in homöopathischer Dosierung, wurde uns der Mentalitätswandel schmerzfrei und ohne einpeitschende Rhetorik vermittelt. Als Bindemittel war es zunächst das Vertrauen in unseren „Führer", das unsere Generation zu einer Art erzwungener Wahlverwandtschaft zusammenfügen sollte. Die Hitlerjugend-Hymne war rasch als Ostinato in unseren Ohren ins Ewige erhoben.

Es war Gustav Mahler, von dem die Nazis hätten lernen können, warum „das Beste in der Musik nicht in den Noten steht". Das Eindringlichste waren für die Nazis demnach die Liedertexte, die zusammen mit den posaunigen Tönen den moralischen Gleichklang zwischen Hirn und Bein im Rhythmus der Marschmusik erzeugten. Auch böse Menschen singen gern schöne Lieder. Weil unselbständiges Denken bei uns Schülern damals die Regel war, fanden Goebbels' und von Schirachs Erweckungstexte schnell Resonanz in einer neuen, unbekümmerten Begeisterung, die unsere labilen Herzen erfreute. Im Singen sentimentaler Lieder haben wir die Welt des braunen Alltags, irgendwie staatsfromm geworden, gar nicht als bedrohlich empfunden. Permissive und liberale Ideenwerkstätten im Namen der geschändeten und eingesperrten Humanität blieben wegen Inventur geschlossen.

DIE JUNGVOLKZEIT

Als wir zehn Jahre alt gewordene arglose Schüler endlich in der schmucken Jungvolk-Uniform steckten und uns damit zu etwas scheinbar Besonderem aufgewertet fühlten, fanden wir auf dem Schulhof bei der Verabschiedung in die Sommerferien erstmals mehr Klassenkameraden in Pimpfen-Uniform oder HJ-Jacken als anders bekleidete. Nicht der Direktor unserer inzwischen in Horst-Wessel-Gymnasium umgetauften Penne an der Schwarzstraße verabschiedete uns in die Ferien, sondern der uniformierte Schulsprecher mit seiner grünweißen Fähnleinführer-Kordel.

Er intonierte auf dem Schulhof auch das Horst-Wessel-Lied der Hitlerjugend, in das aber die meisten unserer Pauker nicht

einstimmten, und wohl nicht nur, weil sie den Text nicht kannten oder diesen einfach nicht über die Lippen brachten. Damals kam mir erstmals der verwegene Gedanke, auch einmal selber als Schülersprecher mich von der Masse abzuheben, weil ich irgendwie etwas „Besonderes" darzustellen hoffte. In der Sekunda angekommen, wurde ich tatsächlich vom Schülerforum meiner Penne als deren Schulsprecher dafür ausgewählt. Jetzt durfte ich selbst auf dem Schulhof das Kommando „Ab in die Ferien" geben. Das Selbstwertgefühl wurde so schon früh „irgendwie ganz schön gepäppelt".

Bevor einer als Mitglied des Jungvolks akzeptiert wurde, musste er die „Pimpfen-Probe" bestehen: das Horst-Wessel-Lied begeistert auswendig aufsagen, Gepäckmarsch absolvieren, Mutprobe mit einem Köpper vom Dreimeterbrett bestehen usw. Als Statussymbol und greifbare Auszeichnung galt das begehrte Fahrtenmesser am Koppel. Wie rapide die Zahl der Pimpfe und Hitlerjungen anstieg, belegt die Statistik: Von Ende 1932 bis Ende 1934 wuchs die Zahl der in der Hitlerjugend organisierten Jugendlichen von 107 956 auf 3 577 565. Im Jahr 1939 war die Zahl auf 8,7 Millionen hochgeschossen.

Ich werde nicht vergessen, wie ich das erste Mal in der Gleichschritt-Formation eines Fähnleins als zehnjähriger Pimpf der schwarzen Jungvolkfahne mit der weißen Rune hinterher marschierte und ich die Passanten auf den Trottoirs bewusst wahrnahm, wie sie stehen blieben, um ehrfurchtsvoll und mit erhobener rechter Hand unsere Fahne zu grüßen. Jetzt waren wir wer! Sieg der Kindheit? Wohl kaum. Die Bedeutung der Fahnen glich dem zu salutierenden *Gesslerhut (oben in einer Zeichnung von unbekannter Hand)* im „Wilhelm Tell" von Friedrich Schiller, dessen sämtliche Werke der Wind der

Freiheit durchweht. „Die Trompeten durchziehender Truppen klangen hell, ihre Fahnen verdeckten die Häuser und den Himmel." Mit diesen Worten antizipierte Rainer Maria Rilke die künftige deutsche Fahnenflut. Uns gutgläubige Pimpfe befiel ein gewisser Stolz, vorneweg in eine schönere Zukunft mitzumarschieren, die mitzugestalten uns mit gefühligen Phrasen versprochen war.

Die auf den Straßen bei den Passanten beobachtete Reaktion zeigte: Wir Jugendlichen in Uniform hatten aktiven Anteil an der neuen Macht und ihren Ritualen.

Noch ohne bewussten Bezug zu den politischen Realien galt uns aber das schiere Dabeisein und alles mitmachen und mitgestalten zu dürfen im großen Biotop einer neu entstehenden Volksgemeinschaft als Privileg. Diese als die „neue Zeit" proklamierte Bewegung gab vielen von uns noch unschuldigen jungen Gemütern mit offenen Herzen jenes undefinierbare neue Lebensgefühl zwischen Pflicht und Kür. Der so entwickelte Drang zur Selbstbestätigung fand reichlich Nahrung im Angebot einer hierarchischen Stufenleiter im Jungvolk, beginnend als Jungenschaftsführer, dem zwölf Pimpfe unterstanden, bis herauf zum Jungzugführer und Fähnleinführer mit grünweißer Kordel als Schmuckagraffe. Ihm gehorchten 300 subordinierte Kameraden. Die Exekution der NS-Imperative als unermessliches Raster der Realität fiel uns damals kinderleicht, denn, wie man weiß, „wächst der Mensch mit seinen größer'n Zwecken." (Schiller, Prolog zu Wallenstein). Ihren Freundinnen gegenüber pries meine Mutter mich als ein „aufgewecktes Kerlchen", das sich wie seine Brüder zum Offizier bestens fortentwickle.

Aus heutiger Perspektive ist zu konstatieren: Die damaligen Jugendjahre ließen für uns allzu willfährige Pimpfe nur frohgemute Stimmung zu. Diese scheinbare Unbekümmertheit ist mir genau in Erinnerung geblieben, aber längst in eine kritische Distanz entrückt. Denn die Naivität und der Leichtsinn, die Verantwortungs- und die Sorglosigkeit wurden ja von der Funktion der vernunft-einschläfernden Propaganda und des Drills in Beschlag genommen, um darüber hinaus den politischen Sinn für wichtige Entwicklungen mit unerhörten Folgen von Unrecht und Verbrechen einzunebeln. Wir waren bereits in die Falle gegangen, fühlten uns aber unter der ideologischen Glocke sicher und wohl aufgehoben. Für uns Pimpfe stillte Goebbels gleichwohl das romantische Urbedürfnis nach Mythen.

JUGENDFILMSTUNDEN ALS SONNTAGSKULT

So freuten wir uns besonders auf das Kino in den Jugendfilmstunden am Sonntagmorgen, Filme, die spannender waren als der versäumte Gottesdienst mit Oma und Opa. Mit drei parteiprogrammatischen Ausnahmen im Produktionsjahr 1933 waren die meisten späteren Spielfilme noch Inseln der Gemütsstärkung und damit vordergründig frei von ideologischem Beiklang, frühe audiovisuelle Unterhaltung, die manchen von uns in die Bilderfluten der Filme versinken ließ. Goebbels propagierte dabei seine eigene Spezies der Ästhetik des Seichten und Trivialen, in der er hintergründig propagandistische Mythen einträufelte. Das betraf nicht die dem Spielfilm jeweils vorgeschalteten Deutschen Wochenschauen. Diese waren zugleich prätentiös und gewaltig dröhnend mit NS-Ideengut bis zum Überdruss getränkt. Mit unseren geistig unbewaffneten Augen und Ohren empfanden wir auch die selektierte und zusammenmontierte „Information" auf der Leinwand damals als so gut wie echt, wie soeben aus der prallen Fülle des Lebens gegriffen. Ein bilderwirksames Kino wurde uns zum Ort der im Alltag reglementierten Lebenserfahrung.

Wir freuten uns auf die abenteuerlichen Geländespiele auf den Lippe-Wiesen oder auf den Kuhweiden am Niederrhein und auf die Zeltlager, am liebsten am Diemelsee. Die sogenannten Heimabende mittwochs mit Vorträgen über die Heldenstücke von verwegenen U-Bootfahrern oder verwundeten Helden der Lüfte oder der mutigen Landser an vorderster Front. Sie ließen manchen von uns bedauern, noch zu jung zu sein, um endlich das eigene Leben an der Front aufs Spiel zu setzen „für Führer, Volk und Vaterland". An diese verhängnisvolle Alliteration erinnere ich mich auch, weil ich diese Worttriade als Fähnleinführer selber oft als abundantes Motto heruntergerasselt habe.

MIT KAPITÄNLEUTNANT GÜNTHER PRIEN
ZUM WEHRBEZIRKSKOMMANDO

Voll der neugierigen Bewunderung waren wir Schüler von dem mit Eichenlaub und Schwertern hoch dekorierten Kapitänleutnant Günther Prien besonders beeindruckt. Prien tauchte eines schönen Tages um 1940/41 in unserer Aula auf, um den oberen Schulklassen von seinem Husarenstück unter Wasser zu berichten. Gleich zu Kriegsbeginn hatte er mit seinem U-Boot 47 im Oktober 1939 vor der Bucht von Scapa Flow als Naturhafen des schottischen Orkney Archipels den dort operierenden Britischen Panzerkreuzer Royal Oak in einer Neumondnacht durch eine sorgfältige Abfolge von Torpedoschüssen auf die Sandbänke des Ozeans befördert.

In seiner schmucken blauen Ausgehuniform forderte Prien in unserer Aula am Ende seiner Rede all jene Schüler auf, mal nach vorn zu kommen, die älter als 15 Jahre alt waren. Als wir gleichsam automatisch zackig in Reih und Glied vor dem Schülerpublikum angetreten waren, meinte Prien mit sarkastischem Unterton munter, dass diejenigen, die zu feige seien, sich jetzt freiwillig für den Endsieg zu melden, sich wieder hinsetzen dürften. Selbst unter den „Weicheiern" wollte sich angesichts ihrer Kameraden und der Gegenwart eines leibhaftigen, von der NS-Propaganda-Maschinerie noch vergrößerten Helden keiner mit dem Odium eines Feiglings umgeben. Im Gleichschritt-Marsch sind wir dann mit dem Fahnenlied auf den Lippen und mit Prien an der Spitze putzmunter zum Wehrbezirkskommando marschiert. Im Anfall patriotischen Überschwangs haben wir uns alle „unbekümmert" freiwillig gemeldet. Wir Pimpfe hatten noch kein unglückliches Bewusstsein. Ja, soweit ist damals unsere „Unbekümmertheit" gegangen, dass wir unsere Bewährung an der Front geradezu herbeisehnten, bevor der Krieg zu Ende gehen würde.

Ich hatte die Waffengattung „Fallschirmjäger" angekreuzt, da ich mit meinem Gardemaß von 1,91 m und blauen Augen und trotz einwandfreier Jungvolkführervita nicht zur Waffen-SS eingezogen werden wollte. Die jugendliche Begeisterung hielt sich also doch, je nach Informationsstand und Flüsterdienst, an gewisse Grenzen gezogen.

Wer sich mit der SS nicht identifizieren mochte, dem blieben nur zwei Alternativen, beide als „Himmelfahrtskommandos" bei den Volksgenossen gut beleumundet: U-Boot oder Fallschirmjäger. Meine fünf respektive zehn Jahre älteren Brüder Felix und Joachim waren als Berufsoffiziere schon lange an der Front und hatten mir ultimativ davon abgeraten, mich von der Waffen-SS rekrutieren zu lassen. „Das sind allesamt Galgenvögel und alles andere als richtige Soldaten alter preußischer Façon." Mit geschwisterlichem Stolz begabt, imponierte mir damals, dass Felix so jung schon Major im Generalstab von General von Rundstedt geworden war, dem Befehlshaber des Polenfeldzuges 1939 und später einem der Generäle des Angriffs auf Frankreich von 1940. Felix ermahnte mich: „Ich weiß, wovon ich spreche. Auch der Dir imponierende U-Bootkommandant Prien wäre nie zur Waffen-SS gegangen", fügte er unter dem Nicken meines anderen Bruders hinzu: Joachim war zuletzt Hauptmann der Infanterie. Beide waren stolz auf ihr Eisernes Kreuz I. Klasse, und ihr kleiner Bruder Hilmar war stolz auf die beiden Älteren mit ihren silbernen Verwundetenabzeichen. Ich hoffte, es ihnen bald gleich zu tun, um als Dritter im Bunde unsere Mutter stolz auf ihre drei Söhne zu machen.

Auch an anderen Oberschulen hatte der Besuch zum Beispiel vom Fliegerhelden Werner Mölders Furore gemacht, der mit dem Abschussrekord von 115 britischen und russischen Maschinen sich schließlich die Brillanten zum Ritterkreuz mit Eichenlaub und Schwertern erkämpft hatte. Er hatte zunächst in der Legion Condor gedient, der verdeckten Operation der Wehrmacht und Luftwaffe, mit der Hitler den Caudillo General Franco im spanischen Bürgerkrieg 1936/37 unterstützte. – Mölders Name zierte noch nach dem Krieg bei der Bundeswehr einen Lenkwaffenzerstörer der Marine, Kasernen und Straßen, bis Verteidigungsminister Peter Struck 2004 „nach kritischer Prüfung" den Namen aus der Öffentlichkeit tilgte.

Die gerade flügge gewordene Pimpfengeneration mit ihren ergreifend schlichten Gemütern hatte für das Erlernen des ideologischen Einmaleins der Nazis ihre idealistischen Ohren und Herzen weit geöffnet. Die Generation Hitlerjugend ist mit dem Dezisionismus des Dritten Reichs aufgewachsen und sozialisiert worden, mit blindem Gehorsam und unbedingtem Glauben, ohne die menschenverachtende Evidenz zu vermuten oder gar in Goebbels'scher kasuistischer Dialektik den implantierten Weltfrevel zu erkennen. Die meisten Eltern waren nach der im politischen Desaster endenden Weimarer Republik eher froh, dass sich seit der großen Wirtschaftskrise und der Inflation samt ihren verlorenen Illusionen endlich an die Spitze des Reiches ein starker Mann „hart nach oben durchgekämpft" hatte, um für „Ruhe und Ordnung" und für „Sicherheit" zu sorgen. Außerdem hatten Hitler und Goebbels die Zahl der sechs Millionen Arbeitslosen stark zu dezimieren versprochen. Hitler, Goebbels und dem engeren Zirkel der Ermächtigten war es in kürzester Zeit gelungen, ihre ideologische Wahlverwandtschaft mit einer mächtigen Allianz von Millionen Volksgenossen in Ergebenheit zur großen, starken und alleinigen Volkspartei (mit allerdings 5,3 Millionen relativ eng selektierten älteren Parteimitgliedern) zu verschmelzen. 1939 zählte die Hitlerjugend bereits 8,7 Millionen gesetzlich verpflichtete Mitglieder und übertraf damit die Mitgliederzahl der NSDAP. Die enorme Zahl unserer jungen Gemeinschaft verpasste unserem „Leitstern" Baldur von Schirach ein starkes Ego.

Hitlers hemmungslose Hegemonialgelüste wurden mit der Machtergreifung 1933 von allen geduldeten oder kooperierenden Seiten unterstützt. Mit der so zementierten Diktatur vollzog sich der rasche Ausbau und die Expansion einer bereits vorhandenen Ideologie. In neuer Form in alle Poren des Alltagslebens und des politischen Handelns sickernd, wurde zunächst der Antikommunismus aus dem Propaganda-Arsenal als einigendes Schreckgespenst reaktiviert.

Dass auch ich selber diesem politisch-ideologischen Umsturz in verhältnismäßig kurzer Frist erlag, „verdankte" ich zwei Faktoren: den einschmeichelnden Reden des Joseph Goebbels, dem intellektuellen Flammenwerfer der neuen Ideale, die bei uns leicht verfingen. Vor allem aber war es der mitreißende Drive und die bildnerische Inspiration der Filme Leni Riefenstahls, stilprägend

wie die keines anderen Regisseurs. Zwischen Hitlers und Goebbels' unterschiedlichen Sympathien und Interessen changierend,
konnte Leni Riefenstahl ihr eigener Kontinent werden. Goebbels
wollte sie als dienende Propagandistin von freilich außergewöhn-
lichem Wert vereinnahmen, als Hitlers Größe spiegelnde große
Künstlerin, als Vorzeigefigur in seiner unerbittlichen Werkstatt,
in der aus Propaganda große Kunst werden sollte.

VOLKSEMPFÄNGER UND NS-DAUERBERIESELUNG

Auch der Volksempfänger vermittelte uns den Eindruck, auf dem
richtigen Pfad der Tugend mitzumarschieren. Ein Wesir der Propaganda, beherrschte Goebbels wie kein anderer das Hexen-Ein-
maleins der medialen Verführung. Ohne ihn hätte Hitler diesen
fundamentalen Terrorstaat nicht so schnell errichten und noch
in Krise und Untergang verteidigen können: Das Jahrhundert
der Extreme trägt neben Hitlers Signatur die fürchterliche Handschrift des Propagandaministers. Als professioneller Katalysator
wusste er alle potentiellen Gegensätze mit schillernder Dialektik
in einem vermeintlichen common sense scheinbar dienstbar auf-
zulösen. Wie kein anderer verstand er es, die repressive Kehrseite
der von ihm verachteten Utopie der ‚Freiheit' in seine Propaganda umzumünzen. Die Welt bis ins Utopische auszuschreiten,
hätte er von Walter Benjamin lernen können, wenn er ihn denn je
gelesen hätte, bevor er 1933 auch dessen Bücher verbrennen ließ.
  Bis 1935 war der Vertrauensvorschuss bei der großen Mehrheit der Volksgenossen noch stabil. Zwar hatte es schon massive politische Spaltung und Polarisation gegeben. Aber erst mit
dem Erlass der letalen „Nürnberger Gesetze" vom 15. September 1935 „zum Schutze des deutschen Blutes und der deutschen
Ehre" ließ Hitler eindeutig seinem Judenhass nun auch ex officio freien Lauf. Mit menschenverachtender Zuspitzung hat er
der von ihm legitimierten Judenhatz, der die Juden wie Freiwild
gesetzlos machte, einen gesetzlich-legalen Rahmen verliehen. Der
inkriminierende Begriff „jüdisch" wurde zum offiziellen Hass-
wort imprägniert, nun implizit als befristete Existenz der Juden
auf deutschem und bald auch dem von Deutschland eroberten

Territorium. Wer vom „tragischen Jahrhundert" spricht, gedenkt damit nicht nur der Millionen gefallenen Soldaten auf den vielen Soldatenfriedhöfen, sondern auch der Shoah mit sechs Millionen Opfern in Himmlers industrialisierten Tötungslagern. Die fanatisierte Schar der Braunhemden fühlte sich nach den Nürnberger Gesetzen animiert, ihren jeweils auch ganz persönlich gefühlten Antisemitismus durch tägliche und tätliche Schikanen, Randale und rigoroseste Verleumdungen straffrei auszuleben.

DIE ERSTEN PROPAGANDA-SPIELFILME

Gleich im Jahr der Machtergreifung 1933 hat der NS-Regisseur Hans Steinhoff in seinem Film „Hitlerjunge Quex", nach der Romanvorlage von Karl Aloys Schenzinger, einen paradigmatischen Kinohelden aufgebaut und diesen als Held wie als Opfer zur nachahmenswerten Schau gestellt. Dessen filmische Vergegenwärtigung und Überhöhung bedeutete eindeutige Parteinahme mit Hilfe der Filmkunst. Vor allem mit den perfiden Propaganda- und Hetz-Spielfilmen „Der ewige Jude", „Jud Süss" und „Die Rothschilds" wurde ab 1940 auch im Kino die letzte kulturelle Grenze eines mäßigenden Humanismus sträflich übertreten. Durch das Präfix „Kultur" sollte Goebbels gelingen, negative Begriffe ins Positive umzumünzen, auf dass sie vertrauensbildend um so leichter geschluckt werden konnten. Berühmte Mimen und Darsteller wurden zu Trägern von unberechenbaren Gefühlslagen ideologisch missbraucht, um Affekte der blinden Empörung gegen politische und ethnische Minderheiten aufzustacheln.

DER ANTISEMITISCHE FILM

Im Jahre 1933 galten noch nicht die Juden, sondern die Kommunisten als die Bösen, die den Prototyp des neuen blonden Gutmenschen in der idealisierten Figur des Hitlerjungen Quex ermordeten. Erst ab 1940, nach Hitlers Eroberung Westeuropas und der für Deutschland verlorenen Luftschlacht um England, noch vor der Kriegserklärung der USA 1941, wurde Großbritannien mit dem alten französischen und später wilhelminischen

Verdikt des „perfiden Albion" belegt, zumal die Britische Regierung in Palästina das konfliktreiche Projekt des neu zu gründen-
den „Judenstaates" (Theodor Herzl) verfolgte. Nun durften im
Dritten Reich ungebremst antisemitische Filme produziert und
auf die verunsicherte Menschheit losgelassen werden.

Im Bremer Elternhaus begriff ich den Zwist meiner Eltern noch
nicht und ebenso wenig, worum es inhaltlich eigentlich ging, sooft
beide mal laut wurden. Das partei- und staatsfromme Gedankengut meiner politisch naiven Mutter ist mir als solches erst richtig
bewusst geworden, als sie sich so banniglich wünschte, alle ihre
drei Söhne sollten Offiziere werden, „um unser schönes deutsches
Vaterland zu beschützen".

Wir Schüler der Hitlerjugend-Generation hatten unterschiedliche Erfahrungen mit Versuchen der Lehrer gemacht, uns die
NS-Indoktrination schmackhaft zu machen. Im Oberhausener
Horst-Wessel-Gymnasium hatten wir fast nur Pädagogen, die das
Soldatenalter hinter sich hatten, also zumeist keine gelernten Nationalsozialisten waren. Gleichwohl gaben sie der Schulbehörde
wenig Anlass zur Abmahnung. In anderen Schulen, auch in Volks-
schulen mit jüngerem Lehrpersonal, deren nicht wenige Leib und
Leben in Hitlers Krieg schon zu Markte getragen hatten und nicht
mehr „kriegsverwendungsfähig" waren, haben viele „trotz schwerer Blessuren an Leib und Seele" die kompassgenordete Gedankenwelt des Nationalsozialismus auch im Unterricht vertreten.

Sie vermittelten die Essenz der Leitartikel des Staatsorgans
„Der Völkische Beobachter" oder des antisemitischen Hetzblat-
tes „Der Stürmer" von Julius Streicher in der ereignisbedingten
Lesart weiter. Streicher hatte für die ABC-Schützen das Bilder-
büchlein „Der Giftpilz" herausgegeben, das den Antisemitismus-
gedanken schon im Kindesalter auf der Ebene von Märchen und
Naturerfahrungen einpflanzen sollte. Wie in den Räumen des
Frankfurter Helmholtz-Gymnasiums prangten auch bei uns in
Oberhausen selbstfabrizierte Plakate mit dem Imperativ „Diese
Klasse steht geschlossen hinter dem Führer". So gab es ähnlich
selbstgebastelte Ergebenheitsadressen in vielen Klassen und
pädagogischen Lehranstalten.

Ohne zu ahnen, dass die tägliche Zeitungslektüre einmal „Der

Völkische Beobachter" sein würde, hatte schon der Philosoph Hegel die journalistische Morgenlektüre ironisiert. Für Hegel galt: „Das Zeitungslesen des Morgens als eine Art von realistischem Morgensegen." Aus Hegels Wundermittel, Politik als die „List der Vernunft" zu verkaufen, hat Goebbels Honig gesaugt, aber mit einer diametral gegenteiligen Tendenz. Aus den gedruckten Texten haben viele den Eindruck gewonnen, diese seien der Weisheit letzter Schrei und deckten noch ganz ohne aufkeimenden Arg die Maßgaben des „Führers".

Viel hat auch die jeweilige Empathie des Paukers zur Glaubwürdigkeit ihres nationalsozialistischen Approaches beigetragen, die wir schon deshalb für bare Münze hielten, weil wir sie aus dem Munde eines Akademikers als der Wahrheit letzten Schluss zu vernehmen glaubten. Heute nennen die Soziologen diese Methode „Aneignung durch sinnlich erzeugte Neugier". Im heutigen Verständnis von Emanzipation sind wir aber erst als Soldaten, im unmittelbaren Angesicht der todbringenden Front, mündige Menschenkinder geworden.

Als feindliche Bomber durch die Intensivierung der Angriffe begonnen hatten, nächtens die Bewohner deutscher Städte das Fürchten zu lehren, mit Tausenden von Sprengbomben, mit 1,4 Tonnen schweren Luftminen vom Typ HC 4000 und Brandbomben, so pro Nacht allein in Berlin und Hamburg seit 1940, und bald auch an Rhein und Ruhr, wurden viele Schüler in die „Kinderlandverschickung", etwa in den Bayrischen Wald oder in die Slowakei, in Sicherheit geschickt. Dort hatten Hitlerjugend-Führer gleichberechtigt mit Paukern das Sagen. Dies bedeutete für 800 000 Kinder die unpopuläre Trennung von verbliebenen Familienmitgliedern und für die Schüler keinen Wissenszuwachs; für eine erfolgreiche Bildung waren es verlorene Monate. Ich wurde nach Bratislava kinderlandverschickt, wir wohnten bei slowakischen Gastfamilien über die ganze Stadt verstreut. Ich wurde in eine Metzgerfamilie einquartiert und half aus lauter Langeweile gern öfter in der Schlachterei aus. Weil Schule nicht stattfand, war meine „Lebensschule" drei Monate lang ein Schlachthaus. Seit ich gelernt habe, was alles aus Abfällen mitverwurstet wurde, schmeckt mir keine Blutwurst mehr.

Das Gymnasium und ein couragierter Pauker

Mein Klassenlehrer „Jüppken" Schäfer stand kurz vor seiner Pensionierung. Er geizte nicht mit ironischem Unterton, sooft er mich als „den Jungzugführer Hoffmann" nach vorne winkte, wann immer es darum ging, der kalendarischen Feiertage wie „Führers Geburtstag", der 9. November-Toten des Hitler-Ludendorff-Putsches 1923 oder des Mythos Langemarck zu gedenken. Weil „Sie das doch alles viel besser wissen als ihr alter Studienrat", erteilte Dr. Schäfer mir das Wort. Er lehnte sich erleichtert in seinem Sessel zurück mit gelegentlich eingeworfenen ironischen Interventionen, falls er – nicht immer, noch nicht einmal meistens – sogar zugehört hatte, wie ich mich am jeweiligen Stoff abgemattet habe. Um mich nicht zu blamieren, habe ich mich jedes Mal mit Hilfe einschlägiger Broschüren gut vorbereitet, wie sonst für eine Klassenarbeit. Mit diesem akkumulierten Fremdwissen habe ich mich schlau gemacht für meine Karriere im Jungvolk. Ich habe sogar bewirkt, dass ich für mein „Einspringen" jedes Mal eine Zensur bekam, aber stereotyp immer nur eine Drei plus.

Mit der Wahrheit dabei nicht immer alles mathematisch genau nehmend, habe ich in Kurzfassung den Klassenkameraden von den Zielen unseres „Führer" genannten „Messias" erzählt, der nach dem „Versailler Schanddiktat", unterzeichnet am 28. Juni 1919, Deutschland wieder an die Spitze der Welt zu führen versprach. Mit dieser polemischen Bezeichnung wurden die Ergebnisse des Versailler Friedensvertrages am Ende des Ersten Weltkriegs angeprangert, vor allem die Feststellung der alleinigen Kriegsschuld Deutschlands und seiner Verbündeten relativiert und der sich hieraus ergebenden Reparationsleistungen an die Alliierten. Auf unseren Heimabenden zündeten schwadronierende höherrangige HJ-Führer gern ihre Nebelkerzen und ließen ihren Hass über Hitlers „Todfeinde" von der Leine: die Juden. Juden in der Wirtschaft, Kunst, Wissenschaft, Justiz und Verwaltung.

ANTISEMITISMUS IN FILM UND WIRKLICHKEIT

Als instinktiver Antisemit hat Goebbels die antijüdische Stimmung propagandistisch auch für den Unterricht geschürt und angeheizt. Juden gab es im Sprachgebrauch des Dritten Reichs übrigens nur im Plural oder im kollektiven Singular („der Jude"). Hitler hatte den Begriff „Finanzjudentum" und dessen angeblichen Willen zu einem erneuten Weltkrieg in seiner Rede vom 30. Januar 1939 als sein ureigenes „Copyright" behauptet und als Auslöser für die Ankündigung „der Vernichtung der jüdischen Rasse" bevorzugt. Hitlers „antisemitische Prophetie" war nur die Camouflage des satanischen Ausmerzungsprogramms, das parallel mit seinen Angriffs- und Eroberungskriegen rasch und hemmungslos eine europäische Dimension umfing.

Wir Pimpfe und Hitlerjungen in Oberhausen bekamen Juden nur als Karikaturen im „Stürmer" oder in Filmen wie „Jud Süss" oder „Der ewige Jude" zur „Ansicht". In der Stadt meiner ersten Sozialisationsstufe, in der grauen Oberhausener Berg- und Hüttenarbeiterstadt, wohnten um 1933 nur rund 600 jüdische Mitbürger. Bis 1937 waren hier mehr als 70 Prozent jüdischer Geschäfte liquidiert oder arisiert worden. Im November 1938 brannten die beiden Synagogen in Oberhausen-Mitte und in Holten. Die berüchtigten Rollkommandos der Hitlerjugend spielten dabei keine Rolle in den Ruhrrevierstädten. 1941 wurde im Deutschen Reich durchgesetzt, dass Juden den Davidstern als Kainszeichen am Revers tragen mussten. Damit waren sie sogleich als „unerwünschte Personen" öffentlich stigmatisiert. Umgekehrt waren wir als uniformierte Mitglieder von Jungvolk und HJ bestens gekennzeichnet, um für jüdische Kinder und Jugendliche ein warnendes Schreckbild ihres kommenden Unheils zu sein. Im Nazijargon existierten die Juden als „die Anderen". In unserer Kinderfantasie waren sie wie fremde Wesen von einem anderen Stern, zumal wir von dem, was in den Konzentrationslagern an staatlich geplantem Mord und zunehmend industrieller Vernichtung passierte, nicht die mindeste Ahnung hatten. Dass die europäischen Juden einmal dem Fortschrittsgedanken der Aufklärung ihre offizielle Gleichberechtigung und gleiche Bürgerrechte verdankten, dass Europa auch durch jüdische Intellektuelle und Künstler maßgeblich aufklärerisch mitgestaltet worden war, verschaffte ihnen bei den Nazis keinen moralischen oder humanitären Rabatt. Viele jüdische Bürger hatten im Ersten Weltkrieg wegen „Tapferkeit vor dem Feinde" das Eiserne Kreuz Erster Klasse erhalten, das ihnen später von den Nazis abgenommen wurde. Der Reichsbund jüdischer Frontsoldaten mit 55000 Mitgliedern stellte nach 1919 heraus, dass 85000 jüdische Soldaten im Ersten Weltkrieg gekämpft und 12000 für Deutschland gefallen waren. Spätestens 1938 wurde der um Assimilation und Gleichstellung bemühte jüdische Reichsbund als lästige Stimme ausgeschaltet.

Was uns auf Geheiß von Goebbels als NS-Schrifttum zur „Erbauung" als „gültiges" Meinungsgut zum Zwecke der obligaten Gleichschaltung und Anpassung in die Hand gedrückt wurde – in der Schule, beim Jungvolk oder bei der Hitlerjugend und in deren Schulungslagern – darin fanden wir wenig Griffiges. Die NS-Bewegung in ihrer vollen Breite war mehr eine analphabetische moderne „Praxis" denn eine ernsthaft literaturgestützte „Theorie" mit Einsicht. Dröge Texte weckten wenig große Lust, sich beim Lesen zu langweilen oder den Inhalt der Lektüre gar zu verinnerlichen. Meine früh opportunistisch entfaltete Lebensklugheit ließ mich bestimmte Texte dennoch lesen, um im Jungvolk Karriere zu machen.

Öfter als vielleicht andere Schüler haben wir den häuslichen „Volksempfänger" VE301 eingeschaltet, den Goebbels bereits auf der Berliner Funkausstellung im August 1933 aus der Taufe gehoben hatte. Besonders liebten wir die Sendung „Schatzkästlein" mit guter Musik, die mit Lesungen poetischer Literatur umrahmt wurde. Der Volksempfänger war die einzige allen Volksgenossen zugängliche, aber apokryphe Quelle, der Lautsprecher des Staates, den Goebbels als „allerwichtigstes Massenbeeinflussungsinstrument" und als aufsaugenden Resonanzboden entsprechend hochschätzte. Sonntagmorgens zu Beginn einer Jugendfilmstunde hat Goebbels seine anbiedernde Rede an die Jugend über den Volksempfänger als Hochamt des Nationalsozialismus zelebriert und quasi als „Morgengebet" vieltausendfach an die versammelten jungen Hörer ausgestrahlt.

Der Volksempfänger kostete zunächst 78 Reichsmark, ab 1938 der neue Typ DKE38 nur noch 35 Reichsmark. Diesen konnte sich jeder leisten. Die quasi direkte staatliche Informationsbörse und Unterhaltungsquelle symbolisierte täglich das große Dementi des alten Traums der Aufklärung: Freiheit, Gleichheit, Brüderlichkeit. Für Goebbels war das Radio das ubiquitäre Medium für seine Verlautbarungen und romantisch geschönten Verklärungsansprachen: seine Flucht in die vorgetäuschte Transzendenz. Goebbels als Proteus, das war die Bombenbesetzung Hitlers. Und nicht zu vergessen, es war Goebbels, der die Segel setzte auch für die „Reichskristallnacht" und die Novemberpogrome (9./10. November 1938 bzw. 7. bis 13. November). Menschen ohne gültigen Ahnenpass wurden in aller Öffentlichkeit in den Tod getrieben, Wohnungen, Geschäfte, Friedhöfe verwüstet und Synagogen wurden von der Feuerwehr kontrolliert niedergebrannt. Ab dem 10. November 1938 wurden 30000 Juden inhaftiert und in Konzentrationslagern ermordet. Die bisherige Politik der Boykottierung, Enteignung, Diskriminierung, Entrechtung der jüdischen Bürger erreichte ein neues existenzbedrohendes Höchstmaß. Viele begüterte Juden sahen sich gezwungen, Vermögenswerte weit unter Wert zu verkaufen und ihre Emigration, falls überhaupt noch möglich, einzuleiten. Viele ältere Bürger fanden jetzt doch erste Zweifel an der so ungeniert sichtbar gewordenen Gräuel-Politik gegen die jüdische Bevölkerung, jedoch ohne sich gegen diese schauderhaften Aktionen öffentlich groß zu erregen.

Die Informationen und Appelle des BBC mit wöchentlichen Botschaften von Thomas Mann seit 1940 aus seinem Asyl in Pacific Palisades verhallten im Äther oder wurden nur von wenigen Mutigen abgehört, da in der Diktatur nur Botschaften von Hitler, Goebbels und ihrer Satrapen anzuhören erlaubt war. Bei nachgewiesener Zuwiderhandlung gegen das Verbot, „Feindsendern" zu lauschen, drohten brutal ausgetüftelte Repressalien. Das KZ, das Konzentrationslager, wurde uns Pimpfen damals als eine Art verschärftes Gefängnis für Nazigegner und Staatsfeinde verkauft. Gefühlte Angst vor medialer Hinrichtung oder vor negativen beruflichen Konsequenzen hielt potentielle Opponenten davon ab, sich öffentlich abschätzig über die mediokre Riege der NS-Potentaten zu äußern. Unter Hitlers langem Arm konnte ein falsches Wort bereits ein Strick für den Henker sein. „Vor allem in der Judenfrage sind wir ja so festgelegt, dass es für uns gar kein Entrinnen gibt." (Goebbels, Tagebücher)

Elektrisierend waren fast immer die gesprochenen Leitartikel des Ministers für Volksaufklärung und Propaganda Goebbels, der mit anscheinend volkstümelnder Banalität und rheinisch gefärbter Rhetorik und seiner sprachlichen Vermittlungskunst mühelos in der Lage war, die Visionen der neuen Zeit auf einen sinnlich nachvollziehbaren Begriff zu bringen. In seinen Memoiren findet sich ein Satz, der Goebbels' große Gesten nach außen auf ein Minimum von Persönlichkeit schrumpfen lässt: Hier wird die restlose Hingabe an den „Führer" erklärt und geradezu masochistisch entblößt: „Hitler, ich liebe Dich, weil Du groß und einfach bist." Goebbels geriert sich hier als intellektueller Psalmodist der elementaren Diva Hitler.

Herman Claudius hatte für die Arbeiterbewegung 1914 das Lied „Wann wir schreiten Seit' an Seit'" gedichtet. Dieses populäre Lied wurde von vielen sozialen, politischen und kirchlichen Bewegungen aufgegriffen und im Refrain „Mit uns zieht die neue Zeit" mal katholisch, kommunistisch oder nationalsozialistisch modifiziert: „Christus, Herr der Neuen Zeit"; „mit uns zieht Karl Liebknechts Geist", „mit uns zieht das Dritte Reich" usw. Das Wissenswerte an dieser späten Wander-Metapher ist, dass die Zukunft gleich parallel mitreist, auf dem Nebengleis oder sogar im eigenen Gepäck. Diese Mischung von verräumlichter Bewegung und sich in den Raum bewegendem Futur strahlte auch auf Vertreter anderer Weltbilder und Wertegemeinschaften aus.

MYTHOS LANGEMARCK

Mit einer die Jugend begeisternden Leitidee der „Bewegung", des Wanderns in eine neue Zukunft: „Mit uns zieht die neue Zeit" assoziiert der nie langweilige Joseph Goebbels schwärmerisch als Zielpunkt den Mythos „Langemarck", jene berühmt gewordene Schlacht aus dem Ersten Weltkrieg im November 1914.

Den Schülern heute ist Langemarck nichts als ein geografischer Ort und ein Ereignis unter vielen anderen. Uns damaligen Pennälern wurde diese Schlacht als angewandte Philosophie erklärt und zur neuen Staats- und Sozialethik verklärt. In der von Granaten aufgewühlten westflandrischen Schützengrabenlandschaft rund um Ypern waren deutsche Regimenter, angeblich komplett aus Jugendlichen und jungen Soldaten gebildet und „vorbildlich mit dem Deutschlandlied auf den Lippen sterben gegangen", wie Goebbels mit gnadenlosem Zynismus das Sterben zum Ideal der Jugend stilisierte. Da auch Hunderte von nur notdürftig ausgebildeten Studenten und Schülern unter den Toten von Langemarck waren, hat der machtsüchtige Reichsjugendführer Baldur von Schirach seinen eigenen Senf zur Ideologisierung der im Schützengraben rund um Langemarck verreckten Jugend beigesteuert. Im Dienst am deutschen Volk sei die Metapher Langemarck „größer als wir selbst". Aus der eindimensionalen Naziperspektive fließen Schlachtfelder und Mythen ineinander. Mythen sind oft vieldeutiger als die Assoziationen, die sie hervorrufen. Angesichts der 45 000 Gräber auf dem deutschen Soldatenfriedhof Langemarck nördlich von Ypern bedauerte der im Dritten Reich beliebte Staatsschauspieler Mathias Wieman öffentlich, „nicht in Langemarck gefallen" zu sein. Im Kriegsmelodram „Unternehmen Michael", 1937, fordert Mathias Wieman als Major zur Linden im Frühjahr 1918 deutsches Feuer auf seine eigene Position an, um sich und die auf ihn einstürmenden Briten auszulöschen und mit seinem Opfer dem eigenen Land einen strategischen Vorteil an der Front zu verschaffen. Hier wurde die krasse Wechselbeziehung zwischen Krieg und Kunst auf die Spitze getrieben.

Langemarck, das war ein von der Propaganda durch und durch ideologisiertes Sinnbild für die einzufordernde Opferbereitschaft der neuen, von Kritik und Erfahrung, Politik und eigenem Denken unbelasteten deutschen Jugend. Wer die allerletzte Stufe geschafft hatte, den freiwillig dargebrachten Heldentod, der hatte im Dritten Reich „ein ruhmreiches Ende seines Lebens" gefunden. Kein Wunder, dass der „Führer" die Erziehung der Jugend unter „die Idee von Langemarck" gestellt hatte.

Wenn Schopenhauers Satz richtig ist, dass die Vollkommenheit des Mannes unter anderem daran zu erkennen sei, wie er zu sterben verstehe, so waren diese Jünglinge mit 50 kg Marschgepäck am Leibe vollkommene Männer.

Nur vier Wochen nach Beginn der Schlacht um Stalingrad 1943 gab Goebbels den Jugendfilmstunden den Auftrag, im Sinne des „Führers" aus den Hitlerjungen „vollkommene Männer" zu machen und ihnen Filme vor Augen zu führen, die durch das Vorbild der Kinohelden auf den frühen Soldatentod einstimmten. Filmstunden, die das Heldenopfer feiern, wurden in diesem feierlichen Ambiente emotional gestützt durch poetisch-kitschige Verklärungen in Lyrik und Liedgut, die helfen sollten, das enigmatische Wesen der Dinge des Nationalsozialismus lesbar zu machen, etwa von der folgenden „Qualität" des Nazibarden Hans Baumann. Goebbels hatte schnell begriffen, wie sehr subkutan wirkende Affekte zur Grundausstattung des Menschen gehören, die es dienstbar zu machen galt, wie mit kitschig aufgeplusterter Lyrik:

Nun lasst die Fahnen fliegen
in das große Morgenrot,
das uns zu neuen Siegen
leuchtet oder brennt zum Tod.

Denn mögen wir auch fallen –
wie ein Dom steht unser Staat.
Ein Volk hat hundert Ernten
und geht hundertmal zur Saat.

Deutschland, sieh uns, wir weihen
dir den Tod als kleinste Tat,
grüßt er einst unsere Reihen,
werden wir die große Saat.

Diese Reimerei war mitnichten Heinrich Heines „Nachtigallen der Poesie" gewidmet. Im Ton der dumpfen Affirmation wurde hier Lyrik an den Propagandajargon verraten. Romantik und Volkslied kamen auf den propagandistischen Hund einer todesversessenen Teenager-Schwärmerei, die jederzeit abrufbar bleiben sollte. „Poesie aber bleibt nur sich selbst verpflichtet und dem schöpferischen Geist, der in ihr wirkt" (Ludwig Börne). Texte wie die handwerklich biedere Laubsägearbeit Baumanns sollten uns Pimpfe in gruppendynamischen Bindungen unreflektiert zu virtuellen Helden konditionieren. Wie wir heute wissen, wurden solche Fiktionen im Handumdrehen real.

Für uns noch in den Flegeljahren, waren es aus heutiger Sicht nicht nur die mitreißenden Marschlieder, deren Rhythmen unsere Seelen berührten. Vor allem waren es die Brillanz des Rhetors Goebbels und Leni Riefenstahls fesselnde Filme zwischen Tanz, Sport und Aufmarsch, die viele von uns Halbwüchsigen auf Hitlers Ideen neugierig machten. All dies wurde in meinem Fall wohlwollend bekräftigt von meiner „völkisch" denkenden Mutter. Irgendwann folgte ich der Logik eigener Interessen und habe mich mit dem Medium Film als solchem früh vertraut gemacht und keine Jugendfilmstunde versäumt, wie ich sie später als Fähnleinführer auch selber zu organisieren hatte. Das Kino war unter Goebbels Fittichen, bei aller ideologischen Durchdringung, eine vergleichsweise privilegierte Zone und Fluchtnische, in der wir die qualifizierte Affekt-Darstellungen in Ton, Bild und Montage bestaunen, aber nicht reflektieren konnten.

Joseph Goebbels beherrschte die große, mit moralischen Faltenwürfen drapierte Kunst, Kompliziertes mit äußerster Simplizität im bebenden Enthusiasmus zu vermitteln. Er wusste die Schwächen des Inhalts zu kaschieren und zu überspielen mit Hilfe von aus seinem Arsenal ausgewählten Adjektiven und Attributen. Für Goebbels war Sprache das ideale Werkzeug und Medium für die Vermittlung von Hitlers Weltanschauung und für die Manipulation des abgehängten Präkariats, der angeblich einfach denkenden Massen.

Während Sprache für die europäischen Juden zum intellektuellen und spirituellen Bildungsideal gehörte, hatte Goebbels mit seinen Methoden eine neue Qualität der Erregung, Manipulation und Vereinnahmung von Neugier und Aufmerksamkeit geschaffen. Korrumpiert durch die Macht der suggerierten Gefühle folgten wir in unübersehbarer Zahl „ihrem einzigartigen Sog in die Bewegung". Ich selber war wohl einer von denen, welche die Soziologen einen „angenehmen lern- und prüfungstauglichen Schüler" zu nennen pflegen.

Hitler zufolge „wird nur nach einer tausendfachen Wiederholung einfachster Begriffe" die begriffsstutzige Masse einer Botschaft „endlich ihr Gedächtnis schenken". Dazu hat der Volksempfänger wesentlich beigetragen, weil Nachrichten immer von musikalisch eingängigen Melodien umrauscht waren. Die Musik vermittelte ein Gefühl von fröhlicher, behaglicher Resonanz. Goebbels zeigte ein flammendes Interesse an dem tieferen Zusammenhang von Propaganda und Unterhaltung, um den Hörer bei Laune und bei der Stange zu halten. Der Volksempfänger übertrug seine Melange gebührenfrei in die Wohnzimmer der Leute und hielt die Massen besonders im Krieg mit systematischer Vertuschung der bitteren Realität auf dem Laufenden und auf Trapp. Zugleich verband er die Hörer daheim und an der Front in einem imaginären Hörspiel und Theater der Fernverbindung und verstrahlte bis zum allerletzten Funkspruch Optimismus: Im Volksempfänger-Lügenjargon waren das Grob-Unwahre der „Goebbelsschnauze", wie das Radio auch gern genannt wurde, und die quinquilierende, singvogelartige Täuschung als Prinzip etabliert. Als die Sterne dem „Führer" längst nicht mehr günstig standen, wurde er im Radio wörtlich „bis zum letzten Atemzuge gegen den Bolschewismus kämpfend für Deutschland gefallen" gemeldet und wurde damit „als sich opfernder Held im Kampf um Deutschland" auch noch ehrenvoll gebenedeit.

Über das Erbe der Hitlerdiktatur verfügte der „Führer" am 29. April 1945 testamentarisch Karl Dönitz und Joseph Goebbels als Nachfolger in den Ämtern Reichspräsident und Reichskanzler. Dass das historisch singuläre Schreckenskonto seines fanatischen Judenhasses mit sechs Millionen unschuldiger, gemordeter Menschen bilanziert werden musste, verschlug dem zuvor redseligen Volksempfänger endgültig die Sprache. Die hybride, todesverachtende Weltanschauung war nach der Erfahrung ständiger Todesangst an den Fronten im Trommelfeuer um Berlin endgültig zusammengebrochen. Jetzt begann deutschlandweit die große Flucht, auch aus den eigenen Biografien mit dem verzweifelten Griff nach dem verlorenen Selbstbewusstsein. Ein Griff ins Leere? Oder ein Griff, der einen Rest von Menschlichkeit zutage förderte? Schon eine Woche später war der amerikanische Nachrichtensender die erste Quelle, die den traumatisierten, von der Diktatur endlich befreiten deutschen Landsern und Landsleuten die Wahrheit erstmals auch über den Holocaust berichtete. Schnell lernten die Nachkriegsdeutschen, allen eingehämmerten „Gewissheiten" der Diktatur zu entsagen, der entropischen Weltanschauung eines NS-Denkens, mit Heldenverehrung und Ahnenkult, mit Rassenideologie und Judenhass.

Vieles davon war in sprachlichen Sumpfblüten und überdehnten Metaphern versteckt worden. Die große Verführung durch erbaulich parfümierte Sprache betäubte die Ohren. Am Ende unserer staatsfrommen Sozialisation waren wir mit der Entzauberung unserer Träume aber längst noch keine normalen Menschen geworden, sondern vollgepumpte und nun allzu rasch entleerte, ausgekotzte Produkte einer repressiven Ideologie. Wir hatten einen extremen Entindividualisierungsprozess durchlaufen, zunächst mit einer Infusion Nibelungentreue noch unbegriffen im beginnenden Dritten Reich und dann noch mal, allzu handgreiflich, in der Gegenbewegung an seinem trostlosen Ende: Von der Saat des Aufbruchs bis zur bitteren Ernte war der Einzelne unter Hitler nur eine Laus. Im Unterbewussten schmorte diese Erkenntnis bereits lange vorher, von einem Gehorsam bis zum nächsten, von einer Goebbels-Rede bis zur folgenden, eingehüllt in den Dunst falscher kollektiver Ekstase.

Von heute auf morgen waren Hitlers „Mein Kampf" und dessen über zehn Millionen Exemplare Makulatur. Auf den Wipfeln ihres politischen Lebensbaums endeten die fürchterlichen Dioskuren Hitler und Goebbels als monumentaler historischer Irrtum. Auf der Suche nach uns selbst wurden wir rasch individuell zur Entwicklung einer eigenen Meinung angespornt. Weit und breit kein Phönix, der aus Hitlers Asche stieg, dieser personifizierten Urkatastrophe unseres tragischen Jahrhunderts. Ohne Weihrauch wurde mit Hitlers Asche auch das Urböse in alle Winde verweht. Auch Goebbels und der eitel bis zum Ende um seine imperiale Bedeutung ringende Hermann Göring, wohlgeboren und mäßig gebildet, hatten ihre Adressen gewechselt: Nirgendwo ein Grab als Pilgerstätte für die Unverbesserlichen. „Alles was ist, endet" singt Erda in Wagners Rheingold im angemessen grollenden Moll.

Eine Erklärung für die opulente Erinnerungsleistung unserer Generation verdanke ich Otto Böhmers Hinweis auf Marcel Proust und sein Epos „Auf der Suche nach der verlorenen Zeit". Proust bedient sich in seinen Erinnerungen eines Fährschiffs, das in die eigene Vergangenheit geleitet: „Vergebens versuchen wir sie wieder heraufzubeschwören, unser Geist bemüht sich umsonst. Sie verbirgt sich außerhalb seines Machtbereichs und unverkennbar für ihn in irgendeinem stofflichen Gegenstand."

Nur durch die Regeneration der Sinne und des Denkens im Strudel neuer Erkenntnisse bei offener Erfahrung konnte aus den Ruinen ein neues, freies Leben erwachsen. Es ist der Versuch dieser meiner Erinnerungen, gerade in den „stofflichen" Indizien fündig zu werden. Unerklärlich scheinende Kinderjahre mitten in einer Diktatur des Wahnsinns. „Der Mensch ist der Ort des Unmenschlichen", resümiert André Glucksmann die Nazidiktatur. „Ach, welcher Wechsel herrscht in meiner Seele!" (Die Entführung aus dem Serail)

Kapitel 3

Die verlorene Generation

Die Klaviatur eines gestohlenen Lebens durchzieht wie ein roter Faden die Jahre der Generation Hitlerjugend! Diese traurige Gewissheit vergegenwärtigte meine Generation wirklich bewusst und in vollem Ausmaß aber erst nach dem blutigen und von außen erzwungenen Ende der Hitlerdiktatur. Ohne es zu merken, waren wir einst widerspruchslos dem neuen System ausgeliefert, während uns massiv eingeredet wurde, als Hitlerjugend für eine neue Zukunft privilegiert zu sein.

Meine Altersklasse wird von Soziologen pauschal als „die verlorene Generation" apostrophiert. Dies ist freilich zunächst nur eine Metapher von Ernest Hemingway für die internationalistische, geistig unabhängige Generation, die im ersten Weltkrieg kämpfte und das Vertrauen in den Nationalismus rasch verlor, sich später aber im Kampf gegen den Faschismus verbündete. Die „verlorene Generation" auf die jüngeren Deutschen unter Hitler anzuwenden, bedeutet eine Verschiebung von zwei Jahrzehnten in Kauf zu nehmen und eine völlig andere Kohorte in den Blick zu fassen, die gerade zur Beute des Faschismus wurde. Gemeint waren damit 5,2 Millionen Soldaten, die nicht heimgekehrt sind, und 1,2 Millionen Zivilisten, die im Krieg ihr Leben verloren. Eine Statistik, die wiederum ebenso kaltschnäuzig wie engherzig in den Ohren jener klingen muss, die im gesamten Zweiten Weltkrieg 65 Millionen Kriegstote und dazu 15 Millionen Opfer durch Gewaltverbrechen allein von deutscher Seite bilanzieren.

Im Kielwasser des Reichsjugendführers Baldur von Schirach uns beschwingt über Wasser haltend, hatten wir Hitlers zynischem Marschbefehl buchstäblich bis zur letzten Patrone gehorcht und schließlich unser junges Leben aufs Spiel gesetzt. Erst nach Ende der Hitlerdiktatur haben wir begriffen, dass

es sich de facto um eine skrupellose, machtgierige und untereinander zerstrittenes Mörderkartell handelte, das in nur einem
Dutzend Jahren ein ganzes Volk und viele andere Völker in den
Abgrund von Verbrechen, Mord und Selbstmord stürzte.
In den Annalen der Geschichte wird das politische und moralische Desaster der Teufelstrias Hitler, Himmler und Goebbels
als den größten Massenmördern aller Zeiten unauslöschlich
machen. Hannah Arendts Wort von der „Banalität des Bösen"
klingt dagegen wie ein euphemistischer Aphorismus. Ihr ging es
um die Begreifbarkeit des Bösen ohne falsche Mystifikation.

Diejenigen meiner Alterskohorte, die Helmut Schelsky zur
„skeptischen Generation" zählt, waren diejenigen, die nach dem
Exodus der braunen Diktatur und den ideologischen Häutun-
gen von der Staatsräson und von deren Gleichschrittsideologie
1945 entrückt waren. Trotz bemühter politischer Selbsthygiene
konnten viele die Anschlussschritte auf dem Boden der neuen
Freiheit und Demokratie nicht finden. Sie haben entweder nicht
mehr studieren können oder hatten keine Lust mehr, von der
Pike auf einen Beruf zu erlernen. So sind manche individuelle
Hoffnungen auf der Strecke geblieben: Mit der Bürde einfül-
lender Lebenslügen im Gepäck und der Konfrontation mit der
ans kühle Licht der Aufklärung verpflichteten neuen Realität
der Demokratie wollten viele später dann eifrig mithelfen, den
menschlichen Grundwerten und einer humanen Ethik wieder
zur zivilisatorischen Normalität zu verhelfen. Nicht wenige hatten in der neuen Freiheit die eigene Orientierung zwischen gestern und morgen und damit den Anschluss verloren. Das erlitte-
ne menschliche Leid, die seelischen Abgründe und die geraubte
Zeit können nicht saldiert und abgerechnet werden. Die Freude oder wenigstens Erleichterung über das endliche Ende des
Dritten Reiches konnte über die Dürftigkeit unserer Gegenwart
nicht hinwegtäuschen. Es galt wieder einmal mehr zu Friedrich
Hölderlin und seinen Worten der Ermutigung Zuflucht zu nehmen: Von manchen müsse die Freiheit, besonders im Aufbruch,
erst gelernt und verstanden werden, „damit dieser aufbrechen
könne, wohin er will".

Alles prüfe der Mensch, sagen die Himmlischen,
Daß er, kräftig genährt, danken für Alles lern',
Und verstehe die Freiheit,
Aufzubrechen, wohin er will.

Zum Beispiel: der Aufbruch in die Diversität der freien Künste als untrüglicher, lebensdienlicher Faktor der neuen Wirklichkeit, frei von einem bildgesteuerten sezierenden politischen Denken. Für ein Studium oder eine Handwerkslehre hielten sich viele für zu alt oder für zu gut, so wie meine beiden Brüder. Als ehemalige Berufsoffiziere mussten sie sich ohne nähere Berufsqualifizierung als Handelsvertreter verdingen. Die unter Einsatz ihres jungen Lebens einmal mutig das Eiserne Kreuz erkämpft hatten, für sie war dieses mit der Hakenkreuzinsignie verzierte Stück Metall jetzt ein Muster ohne Wert. Wer nichts aus seinen Irrtümern lernte, hatte sie umsonst begangen.

Viele hatten sich in ihrer Kriegsgefangenschaft wie Samuel Becketts Wladimir und Estragon in „Warten auf Godot" damit getröstet: „Sobald man Bescheid weiß – … kann man sich gedulden … weiß man woran man sich zu halten hat… kein Grund mehr zur Unruhe … man braucht nur zu warten – …" Die sich der heillosen Warteschleife einer schöneren und besseren Welt danach geträumt hatten, und ihre Karrierechancen rechtzeitig erkannten, waren heilfroh: Sie haben nach diesem epochalen Systemwechsel wagemutig die Schritte in ein anderes Deutschland als ihre auch ganz persönliche große Chance begriffen. Von allem Phrasengedresch entwöhnt, haben sie ihr zerstörtes Land wieder mit aufbauen geholfen, und vielleicht ist ihnen sogar die damit einhergehende persönliche Sinnerfüllung gelungen. Dann hatten sie das Glück zur Gründungsgeneration der Bundesrepublik zu gehören und aus den realen und geistigen Ruinen neues Leben erblühen zu lassen. Die politische Ernüchterung hat im berauschenden Gefühl der völligen Freiheit die noch intakt gebliebenen geistigen Kräfte als Hoffnungskapital produktiv freigesetzt.

Mich selber in den Zeugenstand rufend, beurteile ich das Leben in der amerikanischen oder auch der britischen Gefangenschaft für viele junge Männer als letztlich keine nutzlos verlorenen

Jahre. Sie haben unseren Horizont geweitet und uns eine gesunde Physis erhalten. In unserem Mega-Camp in frischer Luft am Fuße der Rocky Mountains haben wir unsere harte Arbeit mit unseren Schicksalsgenossen auf den horizontweiten fruchtbaren Äckern Colorados ganz realistisch als Sport begriffen, um für ein Leben danach fit zu bleiben. Die Sehnsucht nach einem Deutschland ohne Hitler war die schönste Form der Entbehrung.

In der Talsohle unseres Lebens bewusst angekommen, hofften diejenigen nach dieser zwölfjährigen Zeit zwischen Diktatur und Gefangenschaft jetzt in neuer Freiheit ihren Platz mit sinnvollen Aufgaben zu finden. Die selber erlebte Geschichte haben wir in der großen Gemeinschaft nicht als Fatum begriffen, sondern als faktische Orientierungshilfe, um im Ungewissen eines demokratisch umstrukturierten Staatsgefüges mit grundstürzenden und wegweisenden Erkenntnissen unseren Mann zu stehen: In einem festen moralischen Standort zwischen Gestern und Morgen und einer Kultur, die sich den humanen Werten der Demokratie verpflichtet fühlte. Theodor Adornos allererster veröffentlichter Satz nach seiner Rückkehr nach Frankfurt am Main galt der „Auferstehung der Kultur in Deutschland".

Als ein Fall für Realitätsverweigerung hatte es Joseph Goebbels in seinem Schaffensrausch von der ersten Stunde an verstanden, eine gnadenlose Propagandamaschinerie zu installieren, die sich eines monströsen Instrumentariums an psychologischen, suggestiven und meist psychopathischen Einflussfaktoren zu versichern wusste. Goebbels ging es nicht allein um die Eroberung der Macht. Vielmehr ist es ihm darum gegangen, wie gut mit den gewonnenen Einflussfaktoren und Manipulationsmitteln auf die kulturelle, geistige und seelische Identität junger Menschen unter der überdehnten Metapher des Hakenkreuzes einzuwirken möglich wurde. Damit wollte er sichergehen, dass keiner mehr auf die Idee käme oder sich gar traute, von der Fahne zu gehen. Die Hakenkreuzfahne war uns zum eingeschliffenen Symbol geworden, wie für die Amerikaner die Statue of Liberty am Hudson River.

Während des Krieges dominiert mangels Fernsehen die „Wochenschau" im Kino. Neben den Verlautbarungen des Rundfunks wurde die „Wochenschau" das wichtigste Instrument der

Information, um den Siegeswillen auch in der Heimat zu festigen. Goebbels möchte damit die heillose Verlassenheit der Menschen wegretuschieren. In den Jahren 1939 bis 1942 gab es Fotostrecken nur von fröhlich siegenden Soldaten, von denen jedenfalls auf der Leinwand scheinbar kein deutscher Landser hat „dran glauben" müssen.

Sogar Ernst Jünger hat Filibuster Goebbels als „Kronzeugen" bemüht, um den „Krieg als grandiose Steigerung und Kulmination des Lebens" so wortreich zu idealisieren, gleichsam als prophetisches Vermächtnis. Hitlers perverse Passion an der Zerstörung ähnlich den archaischen Göttern der „Ilias" Homers, „über die der Hexameter kühlenden Reif über das Geschehen senkte" (Brigitte Kronauer). Die Götter des NS personifiziert anmaßend Hitlers alter ego Joseph Goebbels. Nach dem entfesselten Desaster an der Ostfront, als Generalfeldmarschall Friedrich Paulus in der Winterkrise im Januar 1943 und mit ihm 90000 schwer traumatisierte, todgeweihte Männer von der Übermacht der Sowjetarmee sich ohne Gegenwehr gefangen nehmen ließ, schäumte ein zur Trauer unbegabter „Führer" vor Wut, ohne der vielen Gefallenen an der Ostfront auch nur mit einem Wort zu gedenken. Hitler wechselte von einem „Hosianna" auf Paulus blitzesschnell in ein „Kreuziget ihn". „Ich stehe hier auf Befehl!", wird 1960 der Titel von General Paulus' Autobiographie sein. Anstatt seinen geschundenen Soldaten den gebührenden Respekt zu erweisen, ließ Hitler sofort verlauten: „Paulus hätte sich erschießen müssen." In dieser Phase des ungeheuren Bedeutungsverlustes und einer grassierenden morbiden Stimmung musste die Deutsche Wochenschau mit ihrer suggestiven Macht der Bilder eines erzwungenen Rückzugs an allen Fronten im Osten als „siegreiche" Frontbegradigung verkaufen. Spätestens als die Kongruenz von Bild und Ton in der Wochenschau nicht mehr glaubwürdig zu montieren war und 1944 auch die Schlacht um die Normandie verloren ging, glaubte nach dieser steilen Abwärtsspirale kaum noch einer an den befohlenen „Endsieg".

Unter einem geteilten Himmel wurde der 8. Mai 1945 für die in die DDR zurückgekehrten Frontkämpfer weniger ein Tag der Befreiung als der tragische Übergang von einer Diktatur zur nächsten. Subjekte dieser Äquidistanz konnten sie auch nach der Kapitulation nicht frei über sich selbst verfügen. Heute ist all das für mich schon so lange her, und doch zugleich so nah, aber wiederum so weit danach wie die sprichwörtlichen „tempi passati"!

KAPITEL 4

JUNGVOLK, HITLERJUGEND, SCHULE UND DER REICHSJUGENDFÜHRER

WARUM ICH DIESES BUCH GESCHRIEBEN HABE

Nach seiner Machtergreifung verfolgte Adolf Hitler sogleich die Umsetzung seines Programms der Umwertung aller Werte, als drakonisches work in progress, zwischen Gewalt und Propaganda, bis dem Regime von der Welt mit aller Macht Einhalt geboten wurde.

Auch in hinreichender zeitlicher Distanz ist nichts riskanter als eine Rückblende in die eigene Vergangenheit, eine Besichtigung der eigenen Kindheit, beladen mit der prinzipiellen Prämisse der Sozialisation im Nationalsozialismus. In der flirrenden Zeit des Aufbruchs in eine andere, unbekannte Zukunft sind mir als einem der letzten noch lebenden Zeitzeugen des Jahrgangs 1925 für das Wirken in der Hitlerjugend und ihrer gelebten Weltanschauung noch viele Phasen meiner Ichwerdung in lebhafter Erinnerung: Jene von heute aus bewerteten dunklen Jahre der nationalsozialistisch geprägten Zeit, die wir meisten aber im Banne der Propaganda nicht ohne weiteres schon als eine potentiell furchtbare und schreckliche Phase erinnerten. Die Erziehung und die Disziplinierung unseres Daseins unter dem Hakenkreuz zeitigte schon in zartem Alter luzide und subkutane Wirkungen. Deshalb geht es in diesem Buch auch darum, die doppelbödigen Momente und Signale des unsäglich Vergangenen zu erinnern und vom Anfang und vom Ende her kritisch zu reflektieren. Ich möchte nicht, um mit den flammenden Worten Ernst Jüngers zu sprechen, zu jenen „Zahllosen" gehören, die heute nicht mehr an das erinnert werden wollen, „was sie gestern gewesen sind". Hinsichtlich des Wunsches, die eigene Kindheit aufzuschreiben, kann ich mich ganz Durs Grünbein anschließen: „Der Wunsch ist fast so alt, wie ich selber bin." Als Pimpfe hatten wir ein noch unbegriffenes Leben gelebt.

ADOLF HITLERS „MEIN KAMPF"

Schon vor Beginn des radikalen Epochenwechsels und Umbruchs von der Weimarer Republik zur Diktatur des Dritten Reichs wurde Hitler der deutschen Jugend als Sinnbild für eine bessere Zukunft und eines bald „judenfreien" Deutschen Reiches ans Herz gelegt. Seit Hitlers Machtergreifung huldigten Kinder, die bis dahin vielleicht noch an den lieben Gott im Himmel glaubten, in braunen Uniformen ihrem neuen Messias aus Braunau am Inn, ihrem „Führer" Adolf Hitler, Jahrgang 1889. Sein kanonisches und demagogisches Buch „Mein Kampf" (1925/26) sollte ohne langes Federlesen als neue politische weihrauchfreie Bibel gelesen werden. Schon im Etikett kündigt sich wahrlich kein gottgefälliges Buch an, das uns aber in seiner ikonischen Form mit unerbittlichen Lebensmaximen bombardierte *(oben Foto von Hitler in der „Kampfzeit").*

Der erste Teil dieser Mixtur aus mündlicher Ansprachen-Rhetorik und selbstüberheblicher Autobiographie (Band I) wurde im Festungsgefängnis Landsberg am Lech geschrieben. Seine parteipolitische Pseudo-Programmatik (Band II) entstand ein Jahr später schon nicht mehr hinter Gittern. Es ging darin um extremistisch benutzte Schlagworte und demagogisch eingefärbte Versatzstücke, wobei die jeweiligen „Themen" und „Ideen" und ihre fadenscheinigen „Begründungen" und „Wertungen" – in einer Art hasserfüllter Gehirnkollision – abrupt aufeinanderstießen. Sich die Larve des Staatsmannes überstülpend, verbreitete Hitler eine in jeder Hinsicht problematische Auffassung davon, wie Bürger, Politik und Geschichte in einem durchgängigen Kriegsszenario interdependent miteinander zu verbinden seien: Verschwörungstheorie, Erster-Weltkriegs-Verklärung, Dolchstoßlegende, antizivilisatorischer Militarismus, Verfassungsfeindlichkeit und Antiparlamentarismus, Rassismus und Größenwahn, völkischer

Staat und völkische Erziehung. Es war der Beginn
einer brachialen Ideologisierung des deutschen Volkes,
das zu kampfbereiten Volksgenossen entindividualisiert
wurde.

Es gab aber auch diverse
Positionen, die nicht sogleich
als Schreckensszenario und als unheilvoll erkannt wurden. Eher
ignorant, wurden Hitlers Expansionsstreben und seine Visionen eines Eroberungskrieges wahrgenommen. Auch sein geistfeindlicher
Antiintellektualismus, sein totalitärer Antisemitismus, zugleich als
übergriffiger Kampf gegen den sogenannten „jüdischen" Kapitalismus und Antikommunismus, war als letales Ringen gegen den
sogenannten „jüdischen Bolschewismus" alles andere als schlüssig.

Unter Hitlers „hehren" Zielen war dessen Methodenlehre dagegen überdeutlich: volksverachtende Propaganda, verbunden
mit einem aggressiv personalistischen, egomanischen Führungsanspruch. Die vielen bewahrenswerten kulturellen Werte einer
liberalen Moderne wurden in den Wind geschlagen: Symptom
für den unaufhaltsamen Niedergang deutscher Kultur und deutschen Geistes im Namen der neuen völkischen Staatsräson.

Hitlers Buch war das Produkt eines wegen Hochverrats und
Einsatz paramilitärischer Gewalt viel zu milde bestraften Fanati-
kers und Häftlings, eines verhinderten Künstlers und Erster-Welt-
kriegs-Veterans im Jahre dauernden Grabenkrieg. Dass Hitler als
Gefreiter unter anderem an der großen Flandernschlacht 1914
teilnahm, zum Gefreiten befördert und mit dem Eisernen Kreuz
ausgezeichnet, wurde simsalabim als Nimbus auf seiner Habensei-
te gutgeschrieben, wie auch seine im Lazarett von Pasewalk aus-
heilende Kriegsverwundung. Die Waffenstillstandsverhandlungen
in Compiègne 1918, die Besetzung des Rheinlandes, die Novemberrevolution 1918 sowie die Verfassungsreform vom Kaiserreich zur parlamentarischen Weimarer Republik sah Hitler in der
von *General Erich F. W. Ludendorff (oben am 1. April 1924)*,
Stabschef in der letzten Obersten Heeresleitung (OHL) 1916-18,

lancierten „Dolchstoßlegende" verdichtet. Der angebliche Verrat
an deutschen Soldaten durch die deutsche und europäische Politik
gebar einen mirakulösen Mythos, der für Hitler das Hauptmotiv
seines Fanatismus und Sendungsbewusstseins darstellte: „Ich aber
beschloss nun, Politiker zu werden." So motiviert, wollte Hitler
mit dem Nimbus seiner Selbstvergötterung durchstarten in die
Zukunft seiner Vision von einem Dritten Reich.

Vor Gericht in München, wegen der Anführung des gescheiterten Putsches gegen die Bayerische Landesregierung vom 8.
und 9. November 1923, hatte sich Hitler als feuriger Verteidiger seiner selbst und der „Bewegung" profiliert. Dabei gab er
den Hochverratsvorwurf an den nur halbzivilen Staat zurück,
der sich dem „Verrat" der Politiker an den kämpfenden Soldaten durch den ungerechten Waffenstillstand und den Versailler
Friedensvertrag gebeugt habe. Hitlers Buch war der doppel-
züngige Rechenschaftsbericht und die zügellose Vision eines
Mannes, der 1925 lauthals versprach, von nun ab würden er
und die NSDAP nur noch auf legalem Wege Politik machen.
Wie drohend auch immer der Titel „Mein Kampf" sich aus-
nahm, so leitete er doch in eine Phase der beginnenden äußer-
lichen Anpassung und Mimikry auf dem Weg zur Macht über.
Hitler beabsichtigte mit einer durch Parteifunktionär Gregor
Strasser modernisierten und rundum erneuerten NSDAP von
einer Münchener Splittergruppe zur Großmacht aufzusteigen.
Mit Reden, Parteitagen, Propagandafeldzügen und Wahlkam-
pagnen sowie, dann doch wieder gewaltsam, mit Aufmärschen,
Saalschlachten und Straßenkämpfen der Sturmabteilung (SA)
wollte Hitler als Bereicherung seines Nonplusultra eine Art
„Staat im Staate" inszenieren. Der „Führer" wollte Deutschland und den Deutschen die Botschaft vermitteln, dem Diktat
der Alliierten sich nicht länger zu beugen und Nation und Volk
nicht angstgetrieben an das Ideal einer verweichlichenden permissiven westlichen Demokratie zu verraten.

Die verkürzte Haftzeit Hitlers beruhte auf der Verurteilung we-
gen Anstiftung und Teilnahme an dem Hitler-Ludendorff-Putsch.
Der gescheiterte Putschversuch war eine Aktion, die mit einem
Vorspiel schon am Vortag begann, mit jenem berüchtigten Pisto-

lenschuss Hitlers an die verrauchte Decke in Münchens Bürgerbräukeller, der dicke Schlagzeilen hatte liefern sollen.

Im grellen Licht der Öffentlichkeit am 9. November 1923 gip-
felte der Aufstand der Hitlerbewegung in ihrem „Marsch auf die
Feldherrnhalle *(unten)* in ungeahnten Höhen der plötzlichen
Aufmerksamkeit. Dabei kam es zur handfesten Konfrontation mit
der Staatsgewalt, bei der fünfzehn Putschisten als „Blutzeugen
der Bewegung" in einem unübersichtlichen Schusswechsel starben. Die NSDAP war damals, erst 1920 gegründet, eine noch junge Gruppierung. Als Hitler sich ein Jahr nach seiner Haftzeit als
Vorsitzender eines besinnungslosen Nationalsozialismus durchgesetzt hatte, konnte er in Band II von „Mein Kampf" ein für alle
Mal die Wahrheit für sich selber pachten.

DER HITLER-LUDENDORFF-PUTSCH

Der Hitler-Ludendorff-Putsch war selbst eine Art Mini-Kopie
des Kapp-Putsches von 1920. Damals rebellierten ehemalige
Reichswehrangehörige und Freikorpskämpfer unter anderem
gegen die im Versailler Vertrag diktierte Reduzierung der deutschen Armee auf mickrige 100000 Mann. Der Putschversuch
richtete sich sowohl gegen die Reichsregierung als auch gegen

die Rüstungseinschränkungen und die enormen Reparationsleistungen auf ihrer unerledigten Agenda. Die militärischen Putschisten muckten auf gegen eine sich formierende demokratische Republik und ihre noch verunsicherte Zivilgesellschaft, um alte Machtstellungen zu verteidigen. Die junge föderale und parlamentarische Weimarer Republik hatte daneben Konflikte genug: zwischen alter, noch kaiserlich nachwirkender Präsidentschaft und einem breiten Parteienspektrum mit wechselnden Koalitionen und strukturell heiklen Koordinaten. Die politische Diskussion sollte sich auf dem rechten Flügel zur Vision Hitlers und Erich Ludendorffs steigern, die beide dem legendären Marsch von München auf Berlin ganz im Sinne von Benito Mussolinis imposantem Marsch auf Rom von 1922 hinterherträumten. – Nach dem Ersten Weltkrieg schienen alle Hoffnungen sonnenklar und noch grenzenlos, wie Goethe im Vorspiel auf dem Theater zum „Faust" hellsichtig vorausahnt:

So schreitet in dem engen Bretterhaus
Den ganzen Kreis der Schöpfung aus,
Und wandelt mit bedächt'ger Schnelle
Vom Himmel durch die Welt zur Hölle.

HITLER-PROTÉGÉ: REICHSJUGENDFÜHRER BALDUR VON SCHIRACH

Schon kurz nach seiner erfolgreichen Machtergreifung am 30. Januar holte Hitler im Sturmlauf der NS-Ouvertüre den halbwegs gebildeten **Baldur von Schirach (oben, 1907-1974)** aus dem Elysium seiner Versewerkstatt und beförderte ihn am 17. Juni 1933 gleich zum Jugendführer des Deutschen Reiches. Als erste Aktion ließ von Schirach am 5. April 1933 von einem Hitlerjungen-Schlägertrupp kurzerhand die Geschäftsstelle des Reichsausschusses deutscher Jugendverbände demolieren. Es ging dem unentwegten Menschensammler zunächst vor allem um die Übernahme von Millionen junger Mitglieder diverser Verbände, die mit unbefangenen Sinnen in der Hitlerjugend ihre neue Selbstfindung am eigenen Leib als neue emotionale Heimat spüren sollten.

Baldur von Schirach entspross einer vornehmen Familie mit prominenten deutsch-amerikanischen Wurzeln. Das von seinem Vater Carl Baily Norris von Schirach geleitete Weimarer Hoftheater wurde nach dem Ersten Weltkrieg ein kulturell und politisch umkämpfter Ort. Nach einer Maria-Stuart-Aufführung musste Intendant Carl von Schirach 1918 mit seinem Faible fürs Kulinarische seine Absetzung als konservativ bildungsbürgerlicher und monarchistischer Klassik-Regisseur erdulden. Prompt nach Aufhebung ihres Verbots 1926 feierte die NSDAP am Genius loci, in Deutschlands Klassikerstadt, ihren allerersten Parteitag. Mit Novalis' Blauer Blume sollten schon bald auch alle trivialromantischen Hoffnungen verwelken.

Hitler hatte nach dem Reichsparteitag in Weimar 1926 Baldur von Schirach in dessen Familienkreis persönlich kennengelernt. Auf Empfehlung Hitlers siedelt er pflichtschuldig in die Hauptstadt der Bewegung nach München um. Er sollte die Parteiarbeit in der dortigen Zentrale umfassender kennenlernen. Parallel dazu studierte er mehr oder weniger sporadisch Anglistik, Germanistik und Kunstgeschichte. Ständig wieselig beflissen auf Achse, gelang es von Schirach, die Mitgliederzahl zwischen 1931 und 1932 von 2500 auf 8800 Mitglieder in rund 38 Hochschulgruppen zu vervielfachen, Begeisterung entpuppte sich als Anbahnung eines Massenphänomens: Mit Hitlers Autorisierung wurde von Schirach 1931 schon mit 25 Jahren Reichsjugendführer und 1932 selbständiger, allein dem „Führer" unterstellter Reichsleiter. Was er unfreiwillig an „metaphysischer Heimatlosigkeit" ausstrahlte, wollte er durch Schulung zurückgewinnen. Von Schirach versuchte sich sukzessive mit intellektuellem Habitus von den Kabinettskollegen abzuheben, die er meist, Joseph Goebbels und

Albert Speer ausgenommen, wahrscheinlich als Nullen vor dem Komma einstufte.

Im Juli 1932 erschienen die meisten Delegierten auf dem Königsberger Studententag in NS-Uniform; die „freiwillige" Gleichschaltung war erreicht. Mit der dann verordneten Gleichstellung verfügte von Schirach zunächst einen Aufnahmestopp im monopolisierten NS-Studentenbund. Die Mitgliederzahlen, auch durch Massenaustritte aus anderen, damals schon verfolgten Verbänden und Parteien, kletterten von 850000 im Frühjahr 1933 auf über 2,5 Millionen steil in den Himmel. Die Mitgliederzahl der Hitlerjugend war bereits Ende 1933 auf 3,9 und schließlich (1943) auf 7,7 Millionen hochgeschnellt.

Schon im Mai 1929 prangte von Schirach mit dem Gütesiegel seines Namens auf der Titelseite des „Akademischen Beobachters", einem Kampfblatt-Ableger des Völkischen Beobachters. Mit dem hohlen Aufruf „Zu uns!", und Worten rassistischer Würze verfolgte er die Stoßrichtung, jüdische oder pazifistische Hochschullehrer kaltzustellen. Doch der NS-Studentenbund vermochte nicht, sich allein mit der aalglatten Werbefigur des idealistischen deutsch-völkischen NS-Studenten überzeugend durchzusetzen. Die vordergründig verdrängten Studentenkorporationen, obwohl gleichfalls im rechten Milieu dümpelnd, zogen sich ohne Kooperationsbereitschaft schmollend in den Untergrund zurück.

Nach dem Vorbild von Berlin inszenierte Goebbels im Mai 1933 auch in anderen deutschen Städten die Verbrennung missliebiger Werke bekannter literarischer Autoren und renommierter Wissenschaftler. Die NS-Studentenschaft war hier wie in fast allen Universitätsstädten ganz vorn mit von der Partie. In Berlin bekam die „Veranstaltung" einen besonders makabren Beigeschmack: Professoren, Korpsstudenten, NS-Studenten, Hitlerjugend, SA, SS und berittene Polizei defilierten nach der Antrittsvorlesung des NS-Polit-Pädagogen Alfred Baeumler, den man der Berliner Universität ohne Fakultäts-Zustimmung aufs Auge gedrückt hatte, zum Scheiterhaufen auf dem Opernplatz. Diese wirkungsvolle Aktion gleich im Jahre 1933 ließ Böses für weiter unbeugsame Denker und Dichter erahnen.

Die „Zwölf Thesen wider den deutschen Geist", einem Plakat an den Litfaßsäulen und in einer Zeitungsanzeige der Deutschen Studentenschaft vom April 1933, replizierten im Ungeist der NS-Propagandisten Joseph Goebbels und Alfred Rosenberg mit folgenden abundanten Phrasen, die wegen ihrer gehässig „begründeten" Empörung zum Haareraufen waren:

–Der Jude kann nur jüdisch denken. Schreibt er deutsch, dann lügt er. Der Deutsche, der deutsch schreibt, aber undeutsch denkt, ist ein Verräter. Der Student, der undeutsch spricht und schreibt, ist außerdem gedankenlos und wird seiner Aufgabe untreu.

–Wir wollen die Lüge ausmerzen, wir wollen den Verrat brandmarken, wir wollen für den Studenten nicht Stätten der Gedankenlosigkeit, sondern der Zucht und der politischen Erziehung.

–Wir wollen den Juden als Fremdling achten und wir wollen das Volkstum ernst nehmen. Wir fordern deshalb von der Zensur: Jüdische Werke erscheinen in hebräischer Sprache. Erscheinen sie in deutsch, sind sie als Übersetzung zu kennzeichnen. […] Deutsche Schrift steht nur Deutschen zur Verfügung. Der undeutsche Geist wird aus öffentlichen Büchereien ausgemerzt […].

–Wir fordern vom deutschen Studenten den Willen und die Fähigkeit zur Überwindung des jüdischen Intellektualismus und der damit verbundenen liberalen Verfallserscheinungen im deutschen Geistesleben."

Die Geier der Dekonstruktion hatten ihren Geistesflug in die limitierte Wahrnehmungswelt der Hitlerjugend begonnen. Mit seiner manischen Eitelkeit nistete Baldur von Schirach sich auch privat in der bereits erbauten NS-Welt ein. Im Jahre 1932 heiratete er Henriette Hoffmann (1913-1992), Tochter von Hitlers Leibfotografen und Führerfreundes Heinrich Hoffmann. Hitler zollte diesem Ehebund durch seine uniformierte Anwesenheit huldvoll seine Reverenz. Jetzt konnte Baldur von Schirach sich die braune Krone des höheren gesellschaftlichen Lebens aufsetzen.

Der Doppeltitel „Reichsjugendführer" (1931) und „Jugendführer des Deutsches Reiches" (1933) klang fast identisch. Aber die Titel umfassten unterschiedliche Positionen, die im politischen Schachspiel der damaligen Zeit nicht von geringer Bedeutung waren. So wollte Parvenü Adolf Hitler den zunächst nützlichen

wie bald jedoch lästigen Straßenkämpfer **Ernst Röhm (links)** ausbremsen, der als ein „wachsendes Krebsgeschwür" galt, und dessen steigenden Einfluss durch seine übermutwillige SA-Garde, die 1932 auf einen mit der Reichswehr konkurrierenden Militärverband von 220 000 Mitgliedern und im folgenden Jahr gar auf das Doppelte angewachsen war, brachial stoppen. Bei seinem lange geplanten, immer wieder verzögerten Vorstoß hatte Hitler jetzt auf der Bühne der Macht vielerlei Rücksicht zu nehmen, auch auf die Interessen der Wirtschaft, des preußischen Adels und vor allem der traditionsgeladenen Reichswehr. Diese erhofften sich von Hitler, als pointiertem Gegner der Versailler Verträge, bald wieder militärischen und wirtschaftlichen Aufschwung durch kommende Kriege sowie die dadurch bewirkte expansive Aufrüstung.

Von Schirach ist nur eingeschränkt zugutezuhalten, dass er auftragsgemäß die Hitlerjugend aus der innenpolitischen Brisanz der SA mit ihren Prätentionen einer rechts-revolutionären Volksarmee herauszuhalten versuchte. So war die Hitlerjugend ein gleichsam neutrales Relais mit ziviler sowie vormilitärischer Bedeutung, in dem die Partei ihre eigene wilde Vergangenheit und ihre Zukunft als scheinbare Anpassungsleistung an das bisherige wirtschaftliche und militärische System Deutschlands symbolisch feierte. Dabei erweckte von Schirach den Eindruck, radikale Botschaften in verjüngter, eben nicht einschüchternder und sogar sprachlich entgegenkommender Form an den Mann zu bringen. Wir Heranwachsende bekamen allerdings manche Lektüren zu verdauen, die unsere eigene Fantasie überstiegen.

Mit Kriegsbeginn 1939 befahl Hitler im Herrschaftsmodus obsessiver Kriegsgelüste, jegliche Jugendarbeit habe „allein der Kriegsführung zu dienen". Erst noch mit dem Ziel, im Preisschießen Köpfe von Pappfiguren zu treffen, dienten ihre Schießübungen gezielt dazu, Hemmungen abzubauen, um später auf wirkliche Feinde und Menschenköpfe skrupellos drauflos ballern zu können. (Schon Anton Tschechow hatte gemutmaßt, man könne kein Gewehr auf die Bühne bringen, ohne dass am Ende damit geschossen würde.) Ohne diese Aktivitäten in einer Zwangsheimat aus Glaube und Hoffnung,

Treue und Disziplin schon zu erkennen, bekamen wir das Gefühl, in einer homogenen und dabei völlig neuen Wertegemeinschaft aufzugehen. Mit seiner Seelenmassage schien von Schirach uns Pimpfe ernst zu nehmen und uns die Option auf eine neue glückliche Lebenswirklichkeit für alle bescheren zu wollen. Manche füllten in vielerlei Hinsicht dabei schon jene Leerstellen, die ihnen ihre Väter hinterlassen hatten, als sie in den Krieg gezogen wurden. Unsere überwiegend vaterlos aufgewachsene Generation hat die Herausforderung als Chance gesehen. Um den irisierenden Preis von Ruhm und Ehre wollte sie beweisen, schon früh ihren Mann allein stehen zu können.

Von Schirach lag es fern, seine Karriere als Konkurrent Hitlers zu zimmern. Er betrachtete sich vielmehr als ein Repräsentant der jüngeren Generation und der Hitlerjugend. Er mochte noch den jüngsten Pimpfen unter uns phänotypisch nahe sein als ein an Hitlers Maß geeichtes leibhaftiges Medium, um uns als Nachwuchs und leicht Beeindruckbare und geschichtlich Unerfahrene zu beeinflussen. Mit Hilfe der schillernden Ufa-Stars, die scheinbar überzeugte Nationalisten repräsentierten, ging Schirach auf Beutefang. „Wir sind hier keine Backfische, die Filmstars anhimmeln, sondern begrüßen als Kameraden die ersten Kameraden des Reiches" (Von Schirach, Rede über die Einheit der Erziehung, 1938). Von Schirach und später Artur Axmann reizte es, meiner Generation vorzugaukeln, wie schmeichelhaft es doch für uns sei, von Hitler höchstselbst als Jugendlicher in wohlportionierten Dosierungen anerkannt zu werden, jedenfalls solange alles in unverrückbarer Loyalität wie am Schnürchen verlief.

Thomas Mann (oben) hat diese ambivalente und anfällige Beziehung zwischen Alt und Jung und ihren qualvollen Umschlag in gewalttätige Entfremdung unnachahmlich subtil in seiner Novelle „Mario und der Zauberer" (1930) charakterisiert. Damit ist das programmlose Programm der Hitlerjugend, der Verdrängungsmodus der herbeikommandierten unterschwelligen Vergötzung und der Anstau immenser psychischer Energien für beliebige Zwecke gekennzeichnet: der idealisierende Glaube an eine aus dem Nebel des Nichts auftauchende Führerfigur als unfehlbare Person, der man sofort und reflexhaft, unbedingt zu gehorchen hat, um weitere spektakuläre Befehle zu erwarten, die schon rechtzeitig eintreffen werden, sobald die Zeit dafür gekommen sei. Das Individuum wurde aufgefangen in einer repressiven massenhaften Fangemeinde, die subkutan imprägniert worden war in der Obsession von Unterwerfung, Ergebenheit und Treue.

In seiner Verteidigungsrede vor dem Nürnberger Tribunal am 23. Mai 1946, einer verlogenen Beschönigungsrede, sollte sich von Schirach mit der folgenden Mea maxima culpa vor dem Galgen bewahren: „Ich hatte ihm [Hitler] damals gesagt, man kann Jugendorganisationen nicht als Appendix einer politischen Partei führen; Jugend muß von Jugend geführt werden, und ich habe damals die Idee eines Jugendstaates entwickelt, diese Idee, die sich bei mir aus dem Erlebnis des Schulstaates ergeben hatte, und nun – 1931 – fragte mich Hitler, ob ich die Führung der nationalsozialistischen Jugendorganisation übernehmen wolle. Es waren dies Jugendzellen, dann die Hitlerjugend und die nationalsozialistische Schülerorganisation … Ich sagte zu und wurde nun Reichsjugendführer der NSDAP."

DER „RÖHM-PUTSCH"

Am Beginn einer jeden im Werden begriffenen Einheit steht die Differenz, wie auch hier auf dem Feld der politischen Rivalitäten, bis zu Röhms frühzeitigem Ende. Unter Ernst Röhms Leitung hatten die Schlägertrupps seiner SA ein gestärktes paramilitärisches Profil gewonnen. Ohne Skrupel übernahm Röhms SA die blutige politische Drecksarbeit der NSDAP. Sie inszenierte quasi mit links ihre Einschüchterungen, Mordaktionen und offenen Straßenschlachten, lieferte gegen den Rotfrontkämpferbund

oder das sozialdemokratische Reichsbanner, bürgerkriegsähn-
liche Szenarien. Die NSDAP agierte so zugleich außer- und in-
nerparlamentarisch. Legitimität und Legalität von Regierungen
und deren Koalitionen wurden missachtet. Kanzler und Reichspräsident regierten mit Minderheitskabinetten und präsidialen
Notverordnungen; dabei aber auch mit Rechtsbrüchen son-
derzahl, die bereits diktatorische Phasen erkennen ließen. Die
NSDAP wuchs von einer extremistischen Oppositionspartei
zu einer starken parlamentarischen Größe heran, die bald über
genügend Macht verfügte, Regierungskabinette je nachdem zu
dulden oder zu Fall zu bringen.

Die Ergebnisse der Reichstagswahlen kletterten 1932 für die
NSDAP so hoch wie nie zuvor: Mit 37,3 Prozent im Juli beanspruchte Hitler jetzt die Macht ungeteilt für sich. Während Hitler sich anschickte, zunächst Bündnisse auf den goldenen Tellern
der Kompromisse zu servieren, um damit die Regierungsmacht zu
schmieden, trumpfte Röhm mit massiven Forderungen auf, um
sein Machtbewusstsein rechtzeitig ins Spiel zu bringen: Ab 1930
war sein Gewaltmonopol SA auf weit über 80 000 Köpfe zur Hydra angewachsen. 1932 gab es bereits 220 000 Mitglieder in einer
mittlerweile gestrafften Massenorganisation. Als Röhm für seine
SA die Anerkennung als maßgebliche Armee und Exekutive ein-
forderte, wurde dieses monströse Projekt als Affront und Stör-
feuer gegen Reichswehr und Polizei bzw. Gestapo und vor allem
gegen Hitler selbst gewertet. Von April bis Juni 1932 wurde die
SA angesichts des Straßenkampfes und Terrors von der damaligen
Reichsregierung kurzfristig verboten. Mit einer Notverordnung
gegen Terror wurden im August die vorgesehenen Todesstrafen
im Falle weiterer Ermordungen durch Röhms Finsterlinge aus-
gesprochen, aber noch nicht vollstreckt. Weil Hitler sich mit den
Tätern öffentlich sarkastisch „in unbegrenzter Treue verbunden"
wähnte, kehrte er den Spieß einfach um, indem er von einem „ungeheuerlichen Bluturteil" der Justiz sprach.

Nach Röhms Vorstellungen sollte die traditionsreiche konservative Reichswehr aufgelöst und der Rest an die SA angedockt
werden. Röhms modernisierte SA verstand sich als eine revolutionäre, zugleich national und sozialistisch gesonnene Volksarmee. In

logischer Konsequenz hatte Röhm den Posten des Reichswehrministers reklamiert. Als anarchischer Veteran des Ersten Weltkriegs leitete Röhm den Ursprung der Bewegung mit Argumenten aus der militärischen Rüstkammer aus dem Mythos der Schützengräben ab. Als rechtsnationales Freikorpsmitglied, das gegen die etablierte Politik sowie gegen den Aufstieg durch ein Bündnis mit Banken und Konzernen war, galt aller Ehrgeiz seiner eitlen Selbstachtung.

Heinrich Himmlers SS (Schutzstaffel) hatte Röhms Kampfverband schon länger als neue schlagkräftige Institution im Nacken gespürt. Ab 1930 waren der SS schon alle polizeilichen Funktionen, zunächst horizontal innerhalb der Partei, wenig später auch reichsweit zugefallen. Röhms ungebremste Ambitionen, endlich zum Statthalter der totalen Macht aufzusteigen und damit nach dem Mantel der Geschichte zu greifen, standen Hitlers eigene Pläne entgegen, sich mit der Wehrmacht zu arrangieren.

Mit autokratischer Willkür und berechnender List erwiesen sich neben SS-Chef Himmler auch Spin-Doctor Joseph Goebbels und Polizei- und Gestapo-Chef Herman Göring als treibende Kräfte hinter dem Röhm-Putsch und für das wahrhaft kafkaeske Arkanum aus Rechtsbruch, Verfolgung und Liquidierung. Es war wiederum Goebbels, der dabei hilfreich hinter den Kulissen die Drähte spannte, um Hitlers Willen brutal zur „staatstreuen Evidenz" zu verhelfen. – Dieses folgenreiche Wirrwarr überstieg bei weitem alle Vorläufigkeit unseres Durchblicks als naive Hitlerjungen.

ROSENBERG, RIBBENTROP UND RÖHM

NS-Chefideologe *Alfred Rosenberg (oben)*, der mit seinem philosophischen Seelenbrei den biederen Horizont normaler Parteimitglieder überforderte, war weniger bekannt durch sein Buch „Mythus des 20. Jahrhunderts" (1930) mit einer Zwei-Millionen-

Auflage, einer rassegrundierten „Religion" auf antisemitischem Fundament. Wir jungen Schüler vermochten dem Text nicht jenen Sinn abzutrotzen, den der Autor seinem Werk unterstellte. In seinem düsteren, fast ausschließlich mit Skandinavien befassten Außenpolitischen Amt im Seitenflügel des Berliner Luxushotels Adlon entwickelte Rosenberg seine gierige Raubkunstorganisation für Hitler und Göring unter dem schmucklosen Decknamen „Einsatzstab Reichsleiter Rosenberg". Auch war sein Reichsministerium für die besetzten Ostgebiete zuständig, das an Deportation und Holocaust massiv beteiligt war. Parallel sollte für den zunächst als Außenpolitiker ausgebremsten, dann frisch zum SS-Mann mutierten, aber mit der NSDAP fremdelnden Joachim von Ribbentrop das ihm 1938 unterstellte Auswärtige Amt (AA) nicht seine einzige Bühne bleiben. Er konnte die Außenpolitik und die von ihm später vor Gericht in Nürnberg geleugneten „Weltherrschaftspläne" und Ostkolonisierungsvorhaben NS-konformer in der „Dienststelle Ribbentrop" vertraulich mit dem „Führer" besprechen. Ribbentrop galt im Ausland anfangs als ein irgendwie noch ganz passabler Repräsentant des diplomatischen Protokolls. Immerhin handelte er 1939 den windigen Nichtangriffspakt mit der Sowjetunion aus.

Als Hitler die Macht, in welcher Form auch immer, schon zum Greifen nahe wähnte, agierte er als ehemaliger Gefreiter spätestens seit 1931 immer vorsichtiger. Adolf Hitler trat bei der Reichspräsidentenwahl an, einer Direktwahl durch das Volk, und profitierte damit von der Öffentlichkeitswirkung, gegen den 85-jährigen Favoriten und Generalfeldmarschall Paul von Hindenburg zu kandidieren. Er blieb in zwei Wahlgängen, März und April 1932, zwar erfolglos, agierte damit gleichwohl werbewirksam. Hitler war angesichts der altradikalen nationalsozialistischen Forderungen des notorischen Straßenkämpfers Ernst Röhm auf der Hut geblieben und war Willens, dem Treiben Röhms den Garaus zu machen. Aufgrund der nachfolgenden Reichstagswahlergebnisse im Juli und November 1932 wurde die NSDAP stärkste Partei mit Regierungsanspruch. Nachdem mächtige Gegner wie Befürworter schon eingeknickt waren, willigte auch Reichspräsident Paul von Hindenburg ein. So wurde Hitler in einer erodierenden Weimarer

Republik Kanzler und Machtinhaber des bevorstehenden Dritten
Reiches. Der Reichstagsbrand in der Nacht vom 27. auf den 28.
Februar 1933 diente Hitler als willkommene Causa zur Verhaf-
tung und Ermordung politischer Gegner, vor allem der Kommu-
nistischen Partei Deutschlands KPD. In den Reichstagswahlen
im März 1933 hatte die Bevölkerung angesichts der nahenden
Einheitspartei zum letzten Mal ihre Möglichkeit vertan, mit ihren
Stimmen ein breites demokratisches Parteienspektrum zu stärken.

Hitler ließ zwischen Ende Juni und Anfang Juli 1934 in einer
als „Röhm-Putsch" und „Nacht der langen Messer" etikettier-
ten politischen Säuberungsaktion ehemalige treue Weggefährten
und weitere in Verdacht geratene Personen ins Fadenkreuz stellen: SA-Chef Ernst Röhm und NSDAP-Leiter Gregor Strasser
wurden kaltblütig liquidiert. Aber auch andere externe politische
Rivalen und Verbindungsleute wurden aus dem Weg geräumt
und hinterrücks ermordet. Diese aberwitzige Mordaktion hatte
Hitlers philiströser Spießgeselle Heinrich Himmler als Reichsführer von SS in Zusammenarbeit mit Görings Gestapo und der
Reichswehr organisiert: 100 bis 200 Tote, nicht nur SA-Unifor-
mierte, sondern auch zivile Politiker kostete der Spuk das Leben.
Die immer wieder an die Öffentlichkeit dringende Erkenntnis
von der Homosexualität Röhms, von Hitler eine Zeit lang kame-
radschaftlich gedeckt, wurde am Ende als neuralgischer Punkt
ausgeschlachtet: Ab Oktober 1934 wurde Röhms tiefer Fall zum
Agens reichsweiter Verfolgung und KZ-Inhaftierung vieler anderer männlicher Homosexueller.

BALDUR VON SCHIRACH BETRITT
DIE GROSSE BÜHNE

Angesichts der angedeuteten Konflikte mit der SA war die Hitlerjugend 1932 ausgegliedert und kurzfristig rein taktisch sogar
verboten worden. Unterdessen wurde sie mit der Bezeichnung
NS-Jugendbewegung aber weitergeführt und alsbald mit dem
NS-Schülerbund vereinigt. Die HJ behielt so ein scheinbar nor-
malisiertes Image als einer unter vielen aufstrebenden Jugend-
verbänden. Schon 1918 hatten sich in der Weimarer Republik

bekanntlich eine Vielfalt von Strukturen der katholischen, evangelischen oder jüdischen Jugend und der Arbeiterjugend sowie der nicht organisierten Jeunesse dorée zu einer vielköpfigen „Hydra" ausgebildet, die es zu einem Gebilde zu verschmelzen galt. Schon auf dem Weimarer Kongress 1932 wurde der Hitlergruß offiziell eingeführt. Nach einer feierlichen Fackelscheinparade im Morgenrot kündigte sich Hitlers Machtergreifung an.

Baldur von Schirachs spätere Rede *vor den Schranken des Nürnberger Gerichts (unten in der hinteren Reihe, zwischen Heß, links, und von Ribbentrop, rechts)* 1946 geriet eher kleinlaut und notdürftig camoufliert: „Das Recht, Jugendorganisationen zu verbieten, habe ich eigentlich de jure erst ab 1. Dezember 1936 gehabt. Daß die marxistischen Jugendorganisationen verschwinden mußten, war für mich eine Selbstverständlichkeit, und ich kann zu diesem Verbot als solchem nur sagen: Die deutsche Arbeiterjugend hat die Verwirklichung ihres sozialistischen Ideals nicht unter den marxistischen Regierungen der Republik erlebt, sondern in der Gemeinschaft der Hitlerjugend." Von Schirach verschwieg seine Verantwortung für „die Vernichtung des von

den Nationalsozialisten vollends zur Ideologie erniedrigten deutschen Geistes" (Adorno), die unser Jugendleben in brauner, auch geistiger Uniform damit vergiftet hatte. Von Kindesbeinen an gab es für uns Pimpfe und Hitlerjungen keine andere Welt als jene nivellierte Sphäre, in der wir erzogen und größer geworden sind, als wir wirklich schon waren. Andererseits betont von Schirach für sein die ersten drei Jahre nach dem 1936 erlassenen Hitlerjugend-Gesetz, dass mangels Durchführungsbestimmungen somit immer noch „faktische Freiwilligkeit" beim Beitritt in die HJ bestanden habe. Die Situation war demnach normativ zwingend, doch faktisch chaotisch und in der politischen Praxis repressiv. So belog von Schirachs Verteidiger Fritz Sauter wider besseres Wissen in Nürnberg in der Vormittagssitzung vom 23. Mai 1946 das Gericht unter Vorsitz des amerikanischen Juristen Robert Jackson mit dem beschönigenden Plädoyer: „Bis zum Jahr 1936, wenn ich das erklären darf, Herr Präsident, war die Zugehörigkeit zur HJ vollkommen freiwillig. Dann im Jahre 1936 wurde das HJ-Gesetz erlassen, das an sich vorsah, daß die Jungen und Mädels zur HJ müßten. Aber die Durchführungsbestimmungen hat der Angeklagte erst im Jahre 1939 erlassen, so daß praktisch bis zum Jahre 1939 die Mitgliedschaft trotzdem eine freiwillige war." – Dieser Entlastungsversuch war glatt gelogen.

Von Schirach hatte sein Amt bis 1940 offiziell geführt, um dann als Pluspunkt für seine Biografie kurz am Westfeldzug teilzunehmen. Die massenhafte Kinderlandverschickung der Schüler aus den bombardierten Städten koordinierte er noch solange, bis es ihn schließlich als Gauleiter und Reichsstatthalter an die schöne blaue Donau nach Wien zog. Sein Nachfolger an der HJ-Spitze wurde Artur Axmann (1913-1996), bekannt geworden zunächst als Organisator von Berufsausbildungswettbewerben. Von 1940 bis 1942 hatte er die nationalsozialistische Jugendpolitik immer stärker mit Blick auf die analogen Kriegsbedingungen getrimmt, mit eingebläutem Ethos in unseren Knochen. Erziehung war im Nationalsozialismus, wie in anderen Diktaturen auch, eine allgegenwärtige Vokabel mit wenig Theorie, aber viel diffuser Prosa.

In der Anleihe von Hitlers „Mein Kampf" wurde von einer kriegerischen Notgemeinschaft und Kameradschaft im heroisierten

Schützengraben ausgegangen. Im Kampf gegen den Feind ging es dem „Führer" vor allem darum, sämtliche universalen zivilisatorischen und kulturellen Werte, wie Völkerverständigung, Demokratie, Toleranz und Gleichberechtigung, in Bausch und Bogen zu verdammen. Die rassistisch-biologistisch begründete Reinheit einer grotesk überlegenen Herrenrasse der Deutschen sollte helfen, eine Volksgemeinschaft zu schmieden, zufrieden und klassenfrei nach innen, bösartig gegen die Feinde von außen. Diese Agenda sollte eine gemeinsame Volkserziehung generieren, weit über Elternhaus und Schulbildung hinaus als ein autoritäres „Wir". Wieder im Herrschaftsmodus, hatte Hitler in „Mein Kampf" den Leuten sein bedrohliches Credo hinter die Ohren geschrieben: „Was auf diesem Gebiete heute von allen Seiten versäumt wird, hat der völkische Staat nachzuholen. Er hat die Rasse in den Mittelpunkt des allgemeinen Lebens zu setzen. Er hat für ihre Reinerhaltung zu sorgen. Er hat das Kind zum kostbarsten Gut eines Volkes zu erklären. Er muß dafür Sorge tragen, daß nur, wer gesund ist, Kinder zeugt; daß es nur eine Schande gibt: bei eigener Krankheit und eigenen Mängeln dennoch Kinder in die Welt zu setzen, doch eine höchste Ehre: darauf zu verzichten. Umgekehrt aber muß es als verwerflich gelten: gesunde Kinder der Nation vorzuenthalten. Der Staat muß dabei als Wahrer einer tausendjährigen Zukunft auftreten, der gegenüber der Wunsch und die Eigensucht des Einzelnen als Nichts erscheinen und sich zu beugen haben. Er hat die modernsten ärztlichen Hilfsmittel in den Dienst dieser Erkenntnis zu stellen. Er hat, was irgendwie ersichtlich krank und erblich belastet und damit weiter belastend ist, zeugungsunfähig zu erklären und dies praktisch auch durchzusetzen. […] Wer körperlich und geistig nicht gesund und würdig ist, darf sein Leid nicht im Körper seines Kindes verewigen. Der völkische Staat hat hier die ungeheuerste Erziehungsarbeit zu leisten." (Adolf Hitler, Mein Kampf). Die letzte Auflage der bibelförmigen Volksausgabe von „Mein Kampf" erreichte 1944 das zehnmillionste Exemplar. Ganz nebenbei machte die Diktatur mit dieser Ware „Literatur" Geschäfte.

In grenzenloser Menschenverachtung komprimiert Hitler ein brutales Bild der Erziehung als Enteignungs-, Zucht- und

Tötungspolitik im völkischen Staat. – Eine in die Ewigkeit verlängerte Volksgemeinschaft ohne kulturellen Habitus ist aber eine zutiefst makabre Metapher eines menschenverachtenden Wahnsinns. Der (junge) Bürger wird hier sogleich dem Generalverdacht unterzogen, aufgrund seiner rassischen Merkmale überhaupt gesund, vital, zeugungsfähig, gemeinschaftsfähig und staatsnützlich zu sein. Auch der ganz normale Citoyen ist bereits Verdachtsobjekt dieser Vision einer mutwilligen Vorab-Auslese geworden. Er wird sich zukünftig hüten müssen, am System und seinen rassischen und politischen Erfordernissen in irgendeiner Art auch nur zu zweifeln. Hier bereits öffnen sich die Schleusen des faschistischen Denkens als Büchse der Pandora. Diese Art anerzogenem imperativischen Drohens bei völlig haarsträubend zusammengeklaubter Argumentation ist typisch für den Demagogen Hitler, der seinem Publikum Angst und Schrecken und eigentlich wenig Gründe zum Jubeln bereitet. Hitlers „ungeheuerste Erziehungsarbeit" des völkischen Staates, zwischen Rassismus, Biologismus, Indoktrination, Entrechtung, gerät in ihrer großen Düsterkeit zum Monstrum.

Meine Beispielswahl soll uns vergewissern, wie entschieden die systematische Verachtung der Bürger insgesamt erkauft wurde: mit Geringschätzung gegenüber körperlich Behinderten, sozial Diskriminierten, aber eben auch anders Denkenden. Wer nicht gedankenlos gehorchen, sondern im Namen von Freiheit und Gleichheit nachdenken und reden wollte, wurde unmittelbar als intellektueller Jude oder als Saboteur verdächtigt. Damit sind die Figur der Ausgrenzung und des Todes, der Selektion und der Euthanasie bereits die primitiven Signaturen einer „geschlossenen Gesellschaft" (Sartre), die alle Anderen als sie selbst keinesfalls toleriert.

Für die Diskussion eines ganzheitlichen Erziehungskonzeptes im totalitären „tausendjährigen" Reich blieb wenig Zeit. Der inflationär ausufernde Erziehungsbegriff verliert seinen alten personalen und engeren pädagogischen Bezug, wie er im Verhältnis von Eltern/Kind sowie Lehrer/Schüler als elementar- und bildungspädagogisch seit Wilhelm von Humboldt einmal definiert worden war. Er wird vermischt durch zeitgemäße Modelle von Kriegskameradschaft sowie formal-autoritären Führungsstil und (para-) militärische Schablonen.

Es war Baldur von Schirachs Paraderolle, in der Hitlerjugend einen politisch-praktischen Raum der funktionalen Vorerziehung junger Menschen zu schaffen. Auf dem Marsch durch die diversen Institutionen von Partei, Staat und Gesellschaft gilt dies unter dem Prinzip der scheinbaren Selbstführung der Jugend und der

dann doch rivalisierenden Rekrutierung von jungen Führungskadern, immer aber unter den Argusaugen der Partei. Gehorsamst folgten wir den Irrwegen des verführerischen Mythos Hakenkreuz. Wer selbst irgendwann befehlen wollte, musste zuerst Gehorsam lernen.

ERNST KRIECK, ALFRED BAEUMLER UND DIE NS-ERZIEHUNG

Ernst Krieck (oben, 1882-1947*)*, Volksschullehrer, Autodidakt und Autor einer „Philosophie der Erziehung" (1922), wurde im April 1933 ohne eine Venia Legendi als erster Nationalsozialist Rektor der Universität Frankfurt am Main. Er war es, der die Bücherverbrennung auf dem Römerberg im Mai 1933 organisierte. Für Krieck besteht die Erziehung eines jeden einzelnen in der Bündelung wechselseitiger Einflussnahme und in der konformen „Selbsterziehung" (zum Typus). Dabei gibt es zunächst einen unbewussten systembedingten Einfluss, sodann ein halbbewusstes soziales Handeln und schließlich die im engeren Sinne rationale Pädagogik. Insgesamt bezeichnet Krieck alle Dimensionen der Erziehung und Bildung mit dem Begriff der „Zucht", teils rassisch, teils sozial als Konglomerat verstanden. In seinem Buch „Nationalpolitische Erziehung" (1932) wird das Modell eher abstrakt und bedingungslos mit der Weltanschauung der völkischen Gemeinschaft verknüpft. Der Staat wird darin pau-

schal als „Zuchtmeister" charakterisiert, der die Jugend umfassend beeinflusst. Die Veranstalter der Zucht
sollten die reifen Äpfel vom Baum der
rassistischen Auslese pflücken.

Der Nietzsche-Exeget **Alfred
Baeumler (links**, 1887-1968**)** ließ
sich in seinem fanatischen Idealismus
durch seine Universitätskarriere und
seine Antrittsvorlesung „Wider den
undeutschen Geist" (1933) willig vor
den Karren der Bücherverbrennung
in Berlin spannen. Baeumler war der
Tradition eines irrational interpretierten Nietzsche und Bachofen
entstiegen. In seiner politischen Pädagogik rückt er die philosophische Anthropologie in den Mittelpunkt. In seinem irrationa-
listischen Ansatz versucht er die Definition des Menschen als ra-
tionales Wesen umzustürzen. Er hoffte so, den tradierten Typus
des Geisteswissenschaftlers, des philologisch und literarisch gebildeten Intellektuellen und des gymnasialen Schülers zu unterlaufen: Denn der junge Mensch sei primär nicht ein bewusst den-
kendes, sondern ein impulsiv-unbewusst handelndes Wesen. Das
Unbewusste könne durch Analyse und Aufklärung ins Bewusstsein gehoben werden, so auch der kindliche naive Kampf gegen
äußere Autoritäten, die Unterdrückung der eigenen Aggression
aus Angst vor dem Verlust von Liebe und Anerkennung sowie
„die Errichtung einer inneren Autorität, des Über-Ich, um sich
schließlich selbst im Denken, Fühlen und Handeln zu zensieren".
In Baeumlers Antrittsvorlesung am 10. Mai 1933 wurde deutlich, wie er zwischen Geist und Wirklichkeit, zwischen eigener
Position und Parteierwartung bis hin zur Ununterscheidbarkeit
hin- und herlaviert. Er bezieht sich auf das neue Denkmodell
des Soldaten, ordnet es aber ausdrücklich der Sphäre des Geistes
zu und damit dem eigenen Denken. Er deutet ein „symbolisches
Verständnis" für die Bücherverbrennung an, allein um damit
gleich auch den Symbolismus des Geistes dem Raub der Flammen zu überlassen.

„Die pazifistische Propaganda der letzten Jahre konnte sich nur deshalb so hemmungslos verbreiten, weil der soldatische Typus in unserem geistigen System keinen festen Ort hatte. Die eigentliche Geistigkeit des Soldaten, das Soldatentum als Lebensform schlechthin, war nicht erkannt. […] Sie ziehen jetzt hinaus, um Bücher zu verbrennen, in denen ein uns fremder Geist sich des deutschen Wortes bedient hat, um uns zu bekämpfen. Auf dem Scheiterhaufen, den Sie errichten, werden nicht Ketzer verbrannt. Der politische Gegner ist kein Ketzer, ihm stellen wir uns im Kampfe. Er wird der Ehre des Kampfes teilhaftig." So Baeumler im Original seiner Rede zur Bücherverbrennung „Wider den undeutschen Geist" am 10. Mai 1933. Der Wissenschaftler wusste sich allein schon mit seinen gehorsamen Fußnoten bei Hitler anzuschmeicheln.

Wie schnell sich sein Denken in Polaritäten zwischen Idealismus und Naturalismus breitmacht und versucht, Unabhängigkeit vorzutäuschen, und sich im Dienste der Partei drehen und wenden konnte, mag folgendes Zitat zur Logik des Hitler-Grußes beweisen: „Bis vor kurzem konnte man noch hören: es heißt Heil Deutschland, nicht Heil Hitler. Der allgemeinere Begriff: Deutschland, bedeute mehr als der individuelle Begriff: Hitler, und es sei parteiisch und engstirnig, wer nicht ‚Heil Deutschland' sage. Als ob wir nicht, wenn wir Heil Hitler sagen, Heil Deutschland meinten! Aber wir meinen es konkret, wir meinen es eindeutig, wir meinen es politisch." Und für einen Professor ziemlich pathetisch, fährt Baeumler mit seiner bedingungslosen Volte munter fort: „Hitler ist nicht weniger als die Idee. Er ist mehr als die Idee, denn er ist wirklich." Auch mit Bekenntnissen und Gefühlswallungen wie diesen sollte die Hitlerjugend in emotionale Geiselhaft genommen werden können.

Hitlers Proklamation zur Jugend und von Schirachs späte mea culpa

Hitlers vergoldete Proklamation zur Jugend von 1933 hat folgenden kryptischen Wortlaut: „Wir Alten sind verbraucht. Ja, wir sind alt. Wir sind bis ins Mark verdorben. Wir haben keine

ungebrochenen Instinkte mehr. Wir sind feige, wir sind sentimental. Wir tragen die Last einer erniedrigenden Geschichte und
das dumpfe Erinnern an Hörigkeit und Kriechertum im Blut.
Aber meine herrliche Jugend! Gibt es eine schönere in der ganzen Welt? Sehen Sie sich diese jungen Männer und Knaben an!
Welches Material. Daraus kann ich eine neue Welt formen." Im
Rückblick fällt es schwer zu glauben, wie sich Hitler überhaupt
traute, die ältere Generation und sogar sich selbst als „bis ins
Mark verdorben" und „feige" zu schelten, doch wissend, dass seine alten Kämpfer und gerade auch die alt gewordenen arbeitslosen Volksgenossen sich verunglimpft fühlen mussten.

Erst lange nach dem Ende des Dritten Reiches bekennt von
Schirach in seiner verspäteten Autobiographie von 1967, allerdings im Präteritum: „Ich glaubte an Hitler." Vor lauter „ehrgei-
ziger Verbandsarbeit" sei er in seinem schöngeistigen Studium
nicht viel weiter gekommen und teilte sein Dilemma vertrauens-
voll seinem Mentor, dem „geliebten Führer", mit. Der soll geantwortet haben: „Schirach, Sie studieren bei mir." Der Mann,
den von Schirach für den größten Politiker seit Bismarck und
für Deutschlands großen Revolutionär hielt, betrachtete ihn als
seinen Schüler. „Das bedeutete für mich mehr als eine Universität!" Ja – „Gegen große Vorzüge eines anderen, gibt es kein
Rettungsmittel als die Liebe" (Goethe).

Im fait accompli ihrer gemeinsamen „Logik" bedingungsloser
Loyalität haben von Schirach und sein Nachfolger Artur Axmann die Hitlerjugend als Jugend für den Führer geleitet und
„geformt": „Treue ist das Mark der Ehre!" Ab 1945, vor dem Internationalen Militärgerichtshof in Nürnberg gegen die Haupt-
kriegsverbrecher klang dies alles dann noch einmal ähnlich und
doch wieder ganz anders. Der Angeklagte von Schirach führte vor den **Schranken des Nürnberger Tribunals (rechts)** am
24. Mai 1946 aus: „Ich habe diese Generation im Glauben an Hitler und in der Treue zu ihm erzogen. Die Jugendbewegung, die
ich aufbaute, trug seinen Namen. Ich meinte, einem Führer zu
dienen, der unser Volk und die Jugend groß, frei und glücklich
machen würde. Mit mir haben Millionen junger Menschen das
geglaubt und haben im Nationalsozialismus ihr Ideal gesehen.

Viele sind dafür gefallen. Es ist meine Schuld, die ich fortan vor Gott, vor meinem deutschen Volk und vor unserer Nation trage, daß ich die Jugend dieses Volkes für einen Mann erzogen habe, den ich lange, lange Jahre als Führer und als Staatsoberhaupt als unantastbar ansah, daß ich für ihn eine Jugend bildete, die ihn so sah wie ich. Es ist meine Schuld, daß ich die Jugend erzogen habe für einen Mann, der ein millionenfacher Mörder gewesen ist. Ich habe an diesen Mann geglaubt, und das ist alles, was ich zu meiner Entlastung und zur Erklärung meiner Haltung sagen kann. Diese Schuld ist aber meine eigene und meine persönliche. Ich trug die Verantwortung für die Jugend. Ich trug den Befehl für sie, und so trage ich auch allein für diese Jugend die Schuld. Die junge Generation ist schuldlos. Sie wuchs auf in einem antisemitischen Staat mit antisemitischen Gesetzen. Die Jugend war an diese Gesetze gebunden, sie verstand deshalb unter Rassenpolitik nichts Verbrecherisches. Wenn aber auf dem Boden der Rassenpolitik und des Antisemitismus ein Auschwitz möglich war, dann muß Auschwitz das Ende der Rassenpolitik und das Ende des Antisemitismus sein. Hitler ist tot." (Nürnberg, Freitag, 24. Mai 1946, Vormittagssitzung)

Von Schirach argumentiert völlig anders als der generations-
nahe Adolf Eichmann (geb. 1906), der aus seinem international
längst ermittelten und auch der deutschen Nachkriegsregierung
bekannten Exil von israelischen Geheimdiensten aus seinem ar-
gentinischen Versteck zum Prozess 1961/62 spektakulär nach
Jerusalem entführt worden war. Eichmann war ein spursicherer
Technokrat des Reichssicherungshauptamtes, der die Endlösung
der Judenfrage in ihren konkreten materiellen und organisatorischen Bedingungen mitplante und wie ein professioneller Buch-
halter des Todes abwickelte. Er war für die staatlich-systemati-
sche Verfolgung und Vertreibung der Juden aus Wien, Prag und
Berlin zuständig, beginnend mit den Ausreiseverboten und dann
für die Logistik der Deportation und Ermordung aller europäischen Juden in den osteuropäischen Ghettos Warschau und Łódź
und den Vernichtungslagern von Auschwitz, Majdanek, Belzec,
Sobibor, Treblinka. Allein in Oświęcim, im Vernichtungslager
Auschwitz, war SS-Obersturmbannführer Rudolf Höß für die
Perfektionierung des industriellen Mordens und, nach eigenen
Angaben, für den Vergasungs- und Verbrennungs-Tod von weit
über einer Millionen Menschen sowie weiteren 500 000 Toten
durch Hunger und Krankheit mitverantwortlich. Höß wurde
1947 in Polen verurteilt und vor dem ehemaligen Krematorium I
gehängt.

Eichmann berief sich vor einem israelischen Sondergericht auf
„den mündlich ergangenen Führerbefehl" und die unbedingte Befehlsdurchführung als Subordinierter. Er rief sogar den
Kategorischen Imperativ Immanuel Kants zu Hilfe, indem er
versuchte, seinen nachgewiesenen eigenen Antisemitismus vor
Gericht hinter der Fassade kühler Sachlichkeit zu verschleiern.
Diese Strategie sollte ihn nicht vor der Verurteilung zum Tode
schützen. Indem er von seiner absoluten Ellenbogenfreiheit letalen Gebrauch machte outete sich Adolf Eichmann vor allem
als ausführendes Instrument eines übergeordneten Plans von
Hitlers „Willen und Vorstellung", die er angeblich nicht zu ver-
antworten hatte, obwohl er selbst einer der schillerndsten Täter
war. Dabei zeigte er sich impertinent stolz auf die fachlich-tech-
nische Eigenständigkeit seines mörderlichen Handwerks. Eich-

mann versuchte sein grausames Métier unter Herbeiziehung „triftiger Gründe" zu rechtfertigen und zu relativieren. Die Tötung von sechs Millionen europäischen Juden habe nicht einmal die auf der Wannsee-Konferenz Anfang 1942 von Eichmann vorgelegte Statistik von elf Millionen Juden erzielt. Die kalte Arroganz seiner unerschütterlichen Zielstrebigkeit war schwerlich zu ertragen. Statt seinen eigenen Beitrag zum Massenmord zu bereuen, stellte er als Handwerksmeister das Töten gemäß seiner eigenen Aussage rein technisch und funktional dar. Sein Selbstbetrug war die vergiftete Gage für den größten Henker der Geschichte.

Die amerikanische Philosophin und Soziologin Hannah Arendt ist dafür kritisiert worden, durch ihre Berichterstattung in „The New Yorker" über den Eichmann-Prozess in einer Momentaufnahme die Persönlichkeit Eichmanns verfälscht zu haben, besonders dessen sichtlich hilflose Anstrengung, eine betont emotionsfreie Fassade aufzubauen, und seine extreme Verbrechensskala als sachliches Alltagsgeschäft zu kennzeichnen. Sie habe den Massenmörder zum Typus einer modern-unterkühlten Haltung und zur „Banalität des Bösen" verallgemeinert. Wenige Jahre später, 1963 bis 1968, waren Helmut Schmidt, Martin Walser und Peter Weiss zu den quälend an der Schuld und Verantwortung vorbeiargumentierenden Frankfurter Auschwitz-Prozessen als Beobachter eingeladen. Sie erlebten, wie die Angeklagten sich verschanzten gegen Ermittlungen, Vorwürfe und Zeugenaussagen in einer zermürbenden Strategie von Leugnungen und Ausflüchten. Wolfgang Hildesheimer, der später zur „Gruppe 47" gehörte, war 1947 in Nürnberg Simultandolmetscher gewesen. Im Gegensatz zur Dämonie des Bösen und eines hasserfüllten Antisemitismus, der sich im Maßstab millionenfacher Verfolgung und Ermordung in ganz Europa als „Brandzeichen des Judentums" (Daniel Kiš) Bahn brach, hat die anklagende Staatsanwaltschaft Eichmanns eschatologische Deutungen und seine geheuchelte Harmlosigkeit aktenkundig gemacht. Der Massenmörder wurde in Jerusalem verurteilt und durch den Strang hingerichtet.

BERNHARD RUST UND DIE SCHULEN
IM DRITTEN REICH

Bernhard Rust (1883-1945, rechts ein Kalenderblatt von 1939), Gymnasiallehrer, Erster-Weltkriegs-Veteran, NSDAP-Mitglied seit 1925, krönte seine Karriere 1934 als Reichsminister für Wissenschaft, Erziehung und Volksbildung, Schule und Hochschule. Als glühender Verehrer des „Führers" setzt er die NS-orientierte Gleichschaltung und Nivellierung des schulischen Erziehungs-, Unterrichts- und Bildungssystems auf Reichs- und Länderebene durch. Er bewahrt aber an der Oberfläche noch den „sachlich-fachlich-philologischen Grundriss". Er setzt die Auslagerung der jüdischen Schüler und die Verdrängung der christlichen Schulträger aus dem Schulbetrieb durch. Mit seinen hochgestochenen Ambitionen möchte Reichsjugendführer Baldur von Schirach Erziehung und Bildung im Sinne seiner HJ ganz aus dem schulischen Feld auslagern; der Nationalsozialistische Lehrerbund will die Ausbildung der Lehrer noch stärker ideologisch reglementieren; die Parteikanzlei (Hitler, Bormann) will die Allgemeinbildung kürzen und mit Partei- und Eliteschulen völlig umkrempeln, unverdrossen von Zuversicht geprägt. Rust konnte zunächst die gesamte Schulung und Weiterbildung der Lehrer (Volks-, Haupt-und Realschule sowie Gymnasium) unter der Voraussetzung von Abitur und pädagogischem Hochschulstudium im Käfig seines konventionellen Denkens organisieren. Der einheitlich qualifizierten Lehrer- und Schulbildung entsprach ein entsprechender Bedarf an neuen Kräften im Wirtschaftsaufschwung von 1936. Spätestens ab 1940 wurden Länge und Niveau der Lehrerausbildung wieder gekappt; Parteiarbeit und Kriegseinsätze verlangten Priorität statt kognitiver Fähigkeiten.

Rust blieb im weiteren Sinne auch zuständig für die Gegenkonzepte zum Schulwesen, die NS-Schulungsburgen und Adolf-Hitler-Schulen, in denen die Symbole und Rituale des Nationalsozialismus wie „wehrhaftes Germanentum" oder „deutscher Eroberungswillen" zur zweiten Natur des jungen Menschen entwickelt werden sollten. Weil die Vermittlung der NS-Weltanschauung in den öffentlichen Schulen und in den einzelnen Fächern noch ziemlich diffus war oder auf alltäglichen Reibungsverlust stieß, gründete von Schirach in Konkurrenz zu Rusts öffentlichem Schulwesen die Adolf-Hitler-Schulen, spezielle Vorschulen zu den Ordensburgen. Die SS organisierte ihre eigenen „Nationalpolitischen Erziehungsanstalten" (Napola). Diese blieben Rust aber weiter unterstellt. Da wehte schon von Weitem her der arische Hauch von den Stammbäumen des Ahnenkults. Unter Rusts Aufsicht wurden die Lehrpläne der Nationalpolitischen Erziehungsanstalten

Gauleiter und Reichsminister Bernhard Rust

im Sinne des NS ideologisiert. Als Prinzip der Politik wurde summa summarum das „Künstlertum" ins Militärische ausgelagert.

Der Reichsminister für Wissenschaft, Erziehung und Volksbildung hatte die Entdemokratisierung der Universitäten und Schulen, die Zentralisierung und Nivellierung von Selbstverwaltung, von Forschung, Lehre, Unterricht, Bildung und Erziehung zu besorgen. Ein lästiger und zum Teil zu Unmut in den Schulen und Hörsälen führender Bildungskanon, begründet mit Maßnahmen aus dem NS-Phrasenarsenal, die gleichwohl ihre Wirkung in der Spaltung von Hochschul- und Schullehrern nicht verfehlten. Für Baldur von Schirach bedeutete die Verschwisterung der Ämter eine Art Zwangsehe mit einem ungeliebten Partner. Dieses Duett, dieser Pas des deux noir auf der Bildungsbühne gebar einen nur schwachlebigen Homunkulus zwischen den zwei einander abgeneigten Emporkömmlingen. Schon bald sollte sich der Pakt als höchst kontraproduktiv erweisen. So war es nicht der biedersinnige Bürokrat Rust, der im Diadochenstreit der beiden Minister des öfteren als Sieger aus der schweren Eichentür des „Führers" trat, es war der Schöngeist Baldur von Schirach. Der hatte uns Kindern und Jugendlichen eine große schönere Zukunft unter einem wolkenlosen freien Himmel versprochen. Für uns Pimpfe war das damals eine starke Botschaft im Lichte unserer gemeinsamen Erfahrung in der Hitlerjugend. Von heute aus betrachtet, sollte sich diese Prägung aber als eine Identitätspolitik höchst zweifelhaften

Grades entpuppen, verbunden mit einer negativ konnotierten Freiheit. Bildung und Erziehung sollten nur scheinbar lebendiger, weiträumiger und effektiver als im alten Klassenzimmer und Hörsaal wirken.

BALDUR VON SCHIRACH
ALS HITLERS POLITISCHER ZIEHSOHN

Gesinnungslyriker Baldur von Schirach veröffentlichte 1933 im Berliner Zeitgeschichte-Verlag seinen ersten Gedichtband „Die Fahne der Verfolgten". Die zweizeilige Widmung „Adolf Hitler, dem Führer" ließ an der neuen Fusion von Lyrik und Parteiprogrammatik keinen Zweifel. Das lyrische Ich sprach ein lyrisches Du an, um ein erstes lyrisches Wir zu konstituieren, den ersten noch zarten Weckruf einer bald kraftstrotzenden Volksgemeinschaft. In seinen Poemen deckte von Schirach inhaltlich und stilistisch die Bandbreite von Romantik, Jugendstil, Expressionismus im geschickt imitierenden Volksliedton ab. Neben einigen freieren thematischen Intermezzi mit sinnentleerten Signalwörtern sollte die allbekannte Parteimythologie um Adolf Hitler geeignet sein, den neuen Messias in leicht fasslichen, maßstablosen Versen überschwänglich zu bedichten:

Das ist das Größte, dass er nicht
nur unser Führer ist und vieler Held,
sondern er selbst: grade, fest und schlicht,
dass in ihm ruhn die Wurzeln unsrer Welt,
und seine Seele an die Sterne strich
und er doch Mensch blieb, so wie Du und Ich ...
(Baldur von Schirach)

Diese Verse musste ich in einer der vielen Jugendfilmmatineen auswendig hersagen.

Trivial bricht hier die Wirklichkeit in die Idylle ein. Der „Führer" als übergroße Traumgestalt, als Wotans Weltesche in der Zauberkugel der romantischen Jugend. Und zugleich davor oder dahinter als ganz normaler, sich sympathisch inszenierender Mensch, der Beziehungen unter den Zeitgenossen zu stiften in der Lage schien. Ideal und Wirklichkeit, Märchen und Realität sind in Schirachs Wesen in eins verwoben.

Baldur von Schirachs instinktives Gespür, in seiner kurzatmigen Lyrik kleine Erzählungen zwischen Impression und Symbolik, Mythos und Prophezeiung anzudeuten, erlaubt polyvalente Lesarten seiner Beredsamkeit: die psychologische, kollektive, mythologische, religiöse samt deren eindeutigster Variante, die politische. Das Muster für eine subtilere Form, den Zwischenzustand zwischen Vorgestern und Übermorgen zu schildern, und zwar in einem entchristianisierten Messianismus, sollte an einen flimmernden Opferkerzentisch, einen Fackelzug, einen Lichtdom oder eine Sonnenwendfeier erinnern. Seine intellektuell vibrierende Diktion landete im Liederbuch „Wir Mädel singen". Mit Hilfe eines großen melodischen Atems verdichtet von Schirach dazu seinen Herzenskitsch:

Siehe es leuchtet die Schwelle, die uns vom Dunkel befreit,
hinter ihr strahlet die Helle herrlich kommender Zeit.
Die Tore der Zukunft sind offen dem, der die Zukunft bekennt
und im gläubigen Hoffen heute die Fackeln entbrennt.
Stehet über dem Staube, seid ihr Gottes Gericht.
Hell erglühe der Glaube an die Schwelle im Licht.

Mit dieser Art von ziemlich schräg anbiedender Lyrik und „einfältigem Dichten" („Meistersinger") verhalf von Schirach dem Faschismus zum gesellschaftsfähigen Ausdruck, besonders auch für viele naive Jungmädchenherzen. Instinktiv habe ich persönlich damals Baldur von Schirach eher als sympathischen Dichter empfunden denn als dumpfen Ideologen.

Die niederschmetternde Erfahrung des Ersten Weltkriegs und die Grausamkeit der Straßenkämpfe in der Weimarer Republik beim Aufstieg der NSDAP mit ihrer treffsicheren Schlägerbande SA hätten aus heutiger Perspektive das vorgebliche NS-Ideal gleich als martialische politische Lüge demaskieren müssen. Das eingeredete patriotische Kriegsmärtyrertum im Weltkrieg 1914-18 und die neusachliche Brutalität in den Großstädten als angebliches Folgeereignis wurden geschickt ineinander gespiegelt. Beide Ereignisketten schamlos zu verklären und zu romantisieren war Goebbels gelungen. Auf diese Weise wurde die politische und militärische Unerfahrenheit unserer jüngeren Generation Hitlerjugend diffus und vage auf kommende Dinge hin vorbereitet, oder präziser: nervös gemacht, alarmiert und mobilisiert. Und dies steckte immanent in Hitlers Rede an die Jugend, in dem drohenden „Einst" jener Eichung, wonach das vormalige Sterben in flandrischen Schützengräben in einem zukünftigen Opferzyklus sich weiter sollte vollenden können.

Das Horst-Wessel-Lied wurde im Dritten Reich zur zweiten Nationalhymne nach dem patriotisch vorgetragenen „Deutschland, Deutschland über alles" erkoren. Entsprechend emotional angereichert sollten wir diesen Inbegriff der NS-Poesie als appellative Kraft der NS-Propaganda begreifen, insbesondere mit der tödlichen Coda:

> Kam'raden, die Rotfront und Reaktion erschossen,
> Marschier'n im Geist
> In unser'n Reihen mit

Und diesem Geist korrespondiert in Baldur von Schirachs HJ-Fahnenlied mit der finalen Zeile: „Ja, die Fahne ist mehr als der Tod". „Nach einem wunderbaren Wort Baldur von Schirachs ist in Deutschland nichts lebendiger als unsere Toten" – dies war ein demütig-devoter Hauptsatz von Günter Kaufmann aus von Schirachs Ministerbüro, wahrscheinlich eine von ihm selbst zugeflüsterte Eloge.

> Das Horst-Wessel-Lied (um 1929):
> Die Fahne hoch!
> Die Reihen fest geschlossen!
> SA marschiert
> Mit ruhig festem Schritt
> |: Kam'raden, die Rotfront und Reaktion erschossen,
> Marschier'n im Geist
> In unser'n Reihen mit :|
>
> Die Straße frei
> Den braunen Bataillonen
> Die Straße frei   ...

Dem Sturmabteilungsmann!
|: Es schau'n aufs Hakenkreuz voll Hoffnung schon Millionen
Der Tag der Freiheit
Und für Brot bricht an :|

Zum letzten Mal
Wird Sturmappell geblasen!
Zum Kampfe steh'n
Wir alle schon bereit!
|: Schon flattern Hitlerfahnen über allen Straßen
Die Knechtschaft dauert
Nur noch kurze Zeit! :|

Mit solch immer wieder eingebläuten, leicht über die Lippen fließenden Merksätzen sind viele von uns wenig später für eine mythische Geisterfigur und den unberechenbaren Machtpolitiker namens Adolf Hitler sterben gegangen (vom Überleben wird noch
die Rede sein). Die Prägekraft des Nationalsozialismus war in den
Schulen des Reiches später sehr unterschiedlich erfolgreich, nicht
nur je nach Städten und Landgemeinden, sondern auch mit Blick
auf das Lehrpersonal zwischen Anpassung, verheucheltem Mora-
lismus und geistig-kultivierter Resistenz. Ich hatte großes Glück
mit meinem monokeltragenden Klassenlehrer „Jüppken" Schäfer,
mein Addendum für Literatur und für Lyrik als Wegzehrung auf
einer ungewissen, langen Reise schließlich zu mir selbst.

DAS GESETZ ÜBER DIE HITLERJUGEND

Die Mitglieder von Jungvolk, Hitlerjugend (HJ) und dem Bund
Deutscher Mädel (BDM) sahen sich an Samstagen offiziell vom
Schuldienst befreit. Auch der Sonntag gehörte ab jetzt der to-
talitären Organisation der Jugend im Reich des „Führers". Die
Jugend sollte der Motor sein für das, was die Nazis als gesell-
schaftlichen ‚Fortschritt' auf ihre Fahnen geschrieben hatten.
Das Gesetz über die Hitlerjugend vom 1. Dezember 1936 hat
folgenden Wortlaut:
Von der Jugend hängt die Zukunft des deutschen Volkes ab.
Die gesamte deutsche Jugend muss deshalb auf ihre künftigen

Pflichten vorbereitet werden. Die Reichsregierung hat daher das folgende Gesetz beschlossen, das hiermit verkündet wird.

§1 – Die gesamte deutsche Jugend innerhalb des Reichsgebietes ist in der Hitlerjugend zusammengefasst.

§2 – Die gesamte deutsche Jugend ist außer in Elternhaus und Schule in der Hitlerjugend körperlich, geistig und sittlich im Geiste des Nationalsozialismus zum Dienst am Volk und zur Volksgemeinschaft zu erziehen.

§3 – Die Aufgabe der Erziehung der gesamten deutschen Jugend in der Hitlerjugend wird dem Reichsjugendführer der NSDAP übertragen. Er ist damit ‚Jugendführer des Deutschen Reiches'. Er hat die Stellung einer Obersten Reichsbehörde mit dem Sitz in Berlin und ist dem Führer und Reichskanzler unmittelbar unterstellt.

Mit diesem Gesetz wurde die Hitlerjugendführung zu einer „Obersten Reichsbehörde" hochgestuft. Die NS-Ideologie wurde der gesamten jungen Generation als kollektiver Besitz eingeimpft. So galt die NS-Weltanschauung als singuläre Wertorientierung der Jugend bis zum (niemals erwarteten) endlichen Ende des „Führers" und seines „Großdeutschen Reiches". Um die Zukunft zu gewinnen, sollte die nationalsozialistische Gesinnungsbildung in weichgespülter Form bereits in der niedlichen Kindheit bei den Knirpsen beginnen. Dadurch wurde die Bildung einer eigenen Urteilskraft durch die Jugend, der sich Hitler verschrieb, immer stärker eingeschränkt, ohne dass uns dies als Pimpfen durchschaubar gewesen wäre. Nach Umberto Eco ist der Faschismus weniger doktrinär gewesen, da er keine Theorie hatte. Vielleicht ist das die lockere italienische Sicht. Und es klingt sogar vorteilhafter als es in der brutalen Praxis wirklich war. Die ideologischen Versatzstücke einer Theorie nicht im akademischen, aber strategischen Sinne waren in Hitlers beiden Bänden „Mein Kampf" vor aller Welt ausgebreitet. Aber wir hatten wenig Appetit, diesen „Schmöker" mit seinen 818 Seiten zu verdauen. Ein Buch, nicht gut am Strand zu lesen.

Die völlig fragmentierte Landschaft der Jugendorganisationen aus der Weimarer Zeit, die Gesamtheit der unterschiedlich selbstdefinierten Bünde, wie „Feldwandervogel", „Jungdeutscher Or-

den", „Freischar Schilljugend", „Die Falken", „Adler", „Kolping-
jugend" und andere „bündische Umtriebe" oder die „Bibelkreise"
wurden schon seit Juni 1932 vom Reichsjugendführer Baldur von
Schirach heftig umworben, sich der Deutungshoheit der großen
braunen Gemeinschaft zu unterwerfen. Wie das Licht die Motten
zog uns der süße Honig in den Bann. Wie einst König Marke sein
Vertrauen in Tristan setzte, galt uns Baldur von Schirach als „der
freundlichste der Freunde" Hitlers.

Mit dem Gesetz über die Hitlerjugend, das seit 1930 existier-
te, wurde die Mitgliedschaft in HJ und BDM zur erzwingba-
ren Pflicht erhoben. Schon Anfang 1939 gab es 3,4 Millionen
weibliche Mitglieder. Seit 1939 wurden alle Jungen und Mädel
zwischen 10 und 18 der gesetzlichen Dienstpflicht unterworfen.
Die Männer folgten bald ihrem Ruf in den Reichsarbeitsdienst.

Im Zwang des nationalistischen Trends mussten die Mädchen
ab 1938 ein sogenanntes Pflichtjahr in Land- und Hauswirtschaft
absolvieren, meistens auf „deutscher Scholle" in frischer Luft. Damit wurden vor allem viele noch beruflich desorientierte weibliche
Personen ohne Mitgliedschaft in einer Parteiorganisation erfasst
und eingesetzt. Diese Art diktierter Gesinnungsgemeinschaften
sollte im buchstäblichen Sinne des Wortes Schule machen. Die
Jungen sollten durch technische und sportliche Spezialisierung,
wie in der Marine-HJ, Flieger-HJ, Motor-HJ, Reiter-HJ, para-
militärische Praktiken und erste professionelle Kompetenzen einüben. Es handelte sich im Grunde um nichts Geringeres als um
knallharte vormilitärische und wirtschaftliche Übungen, die mir
und den meisten sogar richtig Spaß gemacht haben. Mit funkeln-
der Eloquenz schreckte die Hassnatur Goebbels' dabei auch vor
gut kaschierten Anleihen an den kernigen preußischen Nationalismus nicht zurück, um seine Kampfbegriffe zu nähren.

Heinrich Mann erkannte im extremen Nationalismus den Höhepunkt von Hitlers Irrationalismus. Goebbels versuchte schließlich
mit einem Gedicht von Friedrich Hölderlin seine tumben Tiraden
zu beglaubigen und sich als Herold der klassischen Lyrik aufzu-
schminken: „Ich will die Brust an den Freuden der Vergangenheit
versuchen, bis sie wie Stahl wird, ich will mich üben an ihnen,
bis ich unüberwindlich bin. Ha! fallen sie doch, wie ein Schwert-

schlag, oft mir auf die Seele, aber ich spiele mit dem Schwerte, bis ich es gewohnt bin, ich halte die Hand ins Feuer, bis ich es ertrage, wie Wasser." (Hölderlin, Hyperion an Bellarmin)

NAZIBARDE HORST WESSEL

Der 1930 von linken Rollkommandos in Berlin getötete *Horst Wessel (rechts)* war kein Unschuldslamm. Jahrgang 1907, erlebte er den Ersten Weltkrieg aus der Perspektive eines noch nicht teilnahmeberechtigten Jugendlichen. Evangelischer Pastorensohn aus Bielefeld, Mitglied in traditionellen Studentencorps und der Bismarckjugend der DNVP (Deutschnationalen Volkspartei) sowie dem rechten Schlägertrupp in Berlin-Friedrichshain. Ausbildung in der Schwarzen Reichswehr, dem illegalen Sammelbecken paramilitärischer Verbände, trat Wessel auch in die NSDAP und in die SA ein. Er traute sich mit Trupps in Unterzahl mitten ins Berliner Arbeiterviertel hinein, die als „rote Hochburgen" berüchtigt waren. Bei seiner politischen Eroberung Berlins fand Goebbels Verlass auf Leute vom Politrowdy-Typus eines Horst Wessel.

Der Tod Horst Wessels 1930 in Berlin und sein in der NS-Bewegung verbreiteter Liedtext (um 1929) multiplizieren und verlängern die Motive der antistaatlichen Rebellion, des Straßenkampfes und des Opfers der SA. Sie sollten insgesamt an alle blutigen und tödlichen Auseinandersetzungen der frühen Parteikampfzeit erinnern, bis zurück zum Urdatum 1923, an die beim Hitler-Putsch durch Bayerische Landespolizei getöteten 15 Kameraden (und einen getöteten Zeugen), die zum Anlass eines alljährlichen 9.-November-Kultes an der Münchner Feldherrnhalle wurden, den alle NS-Ortsgruppen im Lande mitfeierten. Der mythische Opferkult verschleiert die Tatsache, dass die Überlebenden, Hitler und seine Mordgesellen, nach dem gescheiterten Putsch mit milden Haftstrafen in der Festung Landsberg am Lech davonkamen und die ihnen missliebigen Partei-Rivalen gleich 1934 liquidieren ließen.

Horst Wessels altbackener Liedtext mit seiner von Haus aus bänkelsängerisch-leiernden Melodiemixtur, wurde entsprechend schwungvoll konfrontativ militärisch vorgetragen. Im Vergleich zur französischen Marseillaise versinkt hier der revolutionäre Gestus des Liedes im Provinziell-Irrationalen. In der ersten Strophe der Marseillaise birgt das Solidaritäts- und Freiheitsbewusstsein gegenüber dem blutbefleckten Banner der Tyrannei eine ganz andere Qualität. Im Horst-Wessel-Lied wirken die lebendigen und toten „Kameraden, die Rotfront und Reaktion erschossen" seltsam  hölzern, wie gesteuert durch höhere Befehle, die gegen eine neusachliche Bilderwelt wie gegen einen schemenhaften Feind festen Schritt halten sollten. Der ideale Soldat ist hier beinahe nicht der lebendige Kamerad, sondern der unaufhaltsam mitmarschierende tote Wi(e)dergänger. Untote sind nicht mehr erschießbar. Ihre Wiedererweckung erlebten sie einstweilen in den drei Hitlerjugend- und NS-Propaganda-Filmen im Jahre 1933.

Von Schirach ging mit nationalsozialistischem Furor ans Werk: Derart drangsaliert, galt es für uns Pimpfe, Hitlers Lackmustest zu bestehen, indem wir als „der deutsche Junge der Zukunft" „schlank und rank" sein sollten, „flink wie Windhunde, zäh wie Leder und hart wie Kruppstahl" (so die berühmt-berüchtigte Sentenz auf dem Parteitag 1935). Mnemotechisch bleibt bei diesem Zitat hervorzuheben, dass mein Gedächtnis noch heute den Kruppstahl auf Position eins vorrücken lässt: „hart wie Kruppstahl, zäh wie Leder und flink wie die Windhunde". Es könnte durchaus sein, dass hier eine der vielen paradigmatischen Beeinflussungseffekte der Propaganda greift, die uns schon damals in elementarer Wucht den Verstand raubten. Auch die Sehnsucht nach einem kreatürlichen Subjekt mit dem bestimmten Artikel auszustatten, „die" Windhunde, um den brutalen Material-Angaben Leder und Stahl aus der Welt der Jagd und einer Waffenschmiede, dem „Land, wo die Kanonen blühn" (Erich Kästner, 1928) etwas Lebendiges entgegenzusetzen. Schließlich manifestiert dies, wie tief unser Unbewusstes durch den martialischen

Verbalstempel zwischen verdrängter Angst und verordnetem Mut geprägt wurde. Vor unserem geistigen Auge war der Windhund am Ende des Satzes ein Tier, das entkommen kann: Am Anfang läuft es in die Falle oder rennt gegen Stahl.

MARTIN BORMANN, HITLERS RECHTE HAND

Der Weltgeist hat sich einen Scherz erlaubt: Die denkwürdigste Personalentscheidung seitdem Kaiser Caligula sein Pferd zum Konsul ernannte, hatte Hitler getroffen, indem er aus heiterem Himmel *Martin Bormann (rechts)* zum Reichsleiter der NSD-AP beförderte und zwar gleich nach Rudolf Heß' absurdem Flug nach England (1941). An dessen Stelle rückte Bormann zum „Stabsleiter des Stellvertreters des Führers" auf, ein polyvalenter Begriff, wodurch seine massive Dienlichkeit als Hitlers „Rechte Hand" noch mehr Gewicht auf seinen Ehrgeiz häufte. Bormann war 1924 wegen Beihilfe zu einem Fememord in einem getarnten antisemitischen Freikorps zu einjähriger Gefängnishaft verurteilt worden, einer Tat, an der auch der spätere Auschwitz-Kommandant Rudolf Höß beteiligt war. In seinem Testament zeichnete Hitler Martin Bormann ausdrücklich als seinen „treuesten Parteigenossen" aus, als sein alter ego, das ihn in Fragen vorzüglich der Judenpolitik und ihrer „Endlösung" als persönliche Herzenssache radikal unterstützte.

Im Jahre 1944 setzte Reichsleiter Martin Bormann das Alter für das Eintrittsdatum in die NSDAP von 18 auf 17 Jahre herunter. Das entsprechende Soll für Parteieintritte aus der Hitlerjugend wurde dadurch um 30 Prozent pro Jahrgang erhöht. Auf der Ebene kollektiver Emotionen startete Bormann eine große Werbeaktion für die Jahrgänge 1925 bis 1927. Meine Klassenkameraden und mich hatte die Senkung des Eintrittsalters just an jenem Tag kalt erwischt, an dem wir unsere Notabiturzeugnisse und unsere Einberufungsbefehle an die Front erhielten. Außer den Zeugnisempfang zu quittieren, wurde uns ein örtliches Einwohneramt-Abmeldepapier zur Unterschrift und auch eine Beitrittserklärung zur Partei aufgetischt. Da wir 14 Tage später bereits unseren Arbeits- oder Wehrdienst angetreten hatten, haben wir weder je ein Parteibuch gesehen noch eine Aufforderung zur Beitragszahlung erhalten, weil wir dann ja schon längst über alle Berge in „Feindesland" waren und „heldenmütig" gefährlicheren Pflichten nachgingen als uns um Beitragsmarken zu kümmern.

In der „Ersten Durchführungsverordnung zum Gesetz über die Hitlerjugend (1936)" vom 25. März 1939 war zu lesen:

§ 1 (3) Der Jugendführer des Deutschen Reichs untersteht mit der Hitlerjugend der Finanzhoheit der Nationalsozialistischen Deutschen Arbeiterpartei.

§ 2 (1) In der Hitlerjugend besteht die Stamm-Hitlerjugend.

(2) Wer seit dem 20. April 1938 der Hitlerjugend angehört, ist Angehöriger der Stamm-Hitlerjugend.

(3) Jugendliche, die sich mindestens ein Jahr in der Hitlerjugend gut geführt haben und ihrer Abstammung nach die Voraussetzungen für die Aufnahme in die Nationalsozialistische Deutsche Arbeiterpartei erfüllen, können in die Stamm-Hitlerjugend aufgenommen werden. Die näheren Anordnungen erläßt der Reichsjugendführer der Nationalsozialistischen Deutschen Arbeiterpartei mit Zustimmung des Stellvertreters des Führers.

(4) Die Aufnahme in die Stamm-Hitlerjugend kann bei Personen über 18 Jahren, die in der Führung oder der Verwaltung der Hitlerjugend eingesetzt werden sollen, sofort erfolgen.

(5) Gliederung der Nationalsozialistischen Deutschen Arbeiterpartei ist nur die Stamm-Hitlerjugend.

MITGLIEDSCHAFTEN IN DER NSDAP

Dieses Gesetz erklärt auch, warum der Übergang von der HJ zur NSDAP immer enger wurde: Die Stamm-Hitlerjugend war der übliche Bewährungskorridor für die baldige Parteimitgliedschaft. Dieser Übergang war zwar noch mit einer gewissen Logik eines Sprungs über jene Hürde verbunden, nur unter der

Vorbedingung guter Führung und freiwilliger Zustimmung als auserwählt zu gelten.

Mir jedenfalls fehlte jede Erinnerung daran, was ich an „Führers Geburtstag" am 20. April 1944 alles unterschrieben hatte. Als mich die im investigativen Ton aber freundlich gestellte Erkundigung von Malte Herwig vom „Stern" nach über 70 Jahren mit der Frage schockierte, ob ich Mitglied der Partei gewesen sei, reagierte ich eher reflexhaft spontan mit einem überzeugten Nein. Als Malte Herwig mir aber meine Mitgliedsnummer „9.596.961" vorlas, fiel ich aus allen Wolken, zumal ich meine steile „Jungvolk-Karriere" in meinen Büchern nie verschwiegen hatte.

In Malte Herwigs Buch „Die Flakhelfer. Wie aus Hitlers jüngsten Parteimitgliedern Deutschlands führende Demokraten wurden" (München 2013) fand ich mich in einer Phalanx vieler berühmter Zeitgenossen wieder, in deren individuellen Geschichten die Logik der Begründung für ihren Parteieintritt gehörige Purzelbäume schlägt. Ich war damals das geworden, was man eine Karteileiche nennt, denn zwei Wochen später war ich nach Béziers abkommandiert worden, um mit Panzersperren den schönen weißen Strand der Côte d'Azur zu verschandeln.

Malte Herwig geht es dabei wohl auch darum, inwiefern das persönliche Eingeständnis der erfolgten Mitgliedschaft oder die Leugnung und das Nichterinnern plausibel zu verbinden waren mit einer Klärung von beschleunigten Eintrittsverfahren, pauschalen Listen, telefonischen Durchgaben oder rasch untergeschobenen Beitrittsformularen. Bei aller möglichen Kritik am Modus der Verdrängung brauner Vergangenheit, vertritt Herwig im Rekurs auf Historiker und journalistische Rechercheure die Position, dass die Irrtumsanfälligkeit des NS-Systems bei der Einfuhr von Parteieintritten unter den jüngsten Kandidaten aus der HJ völlig ausgeschlossen sei. Der Parteiapparat sei fehlerfrei, im Sinne von 100-prozentig abwesender zufälliger Willkür oder böser Absicht oder reiner Fahrlässigkeit verfahren. Das ist natürlich ein nicht immer überzeugender Befund. Der Glaube an ein perfektes System ist eben auch keiner rein wissenschaftlichen Annahme unterworfen. Roland Barthes nennt das einen „Realitätseffekt".

Als heutiger Beobachter und Interviewer von Zeitzeugen, zu denen ich selber auch gehöre, sollte man sich darauf verlassen können, dass ihr Gedächtnis nicht trügt, dass sie es mit der Wahrhaftigkeit ernst meinen, dass sie Lebens- und Sachzusammenhänge aus heutiger Sicht, auch für die Kindheit und Jugend in ideologisch belasteter Zeit, kritisch rekonstruieren bzw. nachvollziehen können. Man darf erwarten, dass sie ihre eigene Erinnerung nicht zurechtfälschen oder fragmentieren, dass sie Eindrücke, Denk- und Handlungsmuster von damals distanziert beleuchten können und dass sie bei ihrer persönlichen biographischen Aussage mit einer kritischen Selbstreflexion über eigene und fremde Ansprüche vorgehen, ohne aus purem Opportunismus auszuweichen oder zu lügen.

Diese Episode erzähle ich nicht als Rechtfertigung, sondern als Erklärung. Von heute aus gesehen war der Parteieintritt ein eindeutiger Fehltritt. Aber, um es frank und frei zu sagen, ich hätte damals wahrscheinlich sogar das Formular unter ordentlicheren Bedingungen unterschrieben. Wir Teenager waren wie die meisten meiner Alterskohorte von dem Impetus beseelt, dem „Führer" zu helfen, die Welt zu retten, und das sofort. Das offenbart nur, wie viel blinde Gesinnung und wie wenig Verstand wir 16- und 17-jährigen Kids hatten, um schon all das zu begreifen, was wir heute wissen und wovon dieses Buch handelt. Jedes noch so bizarre Detail hatte einen realen Kern wie in Richard Wagners mythisch verwabertem Diktum: „was Deutsch sei, nämlich: die Sache die man treibt, um ihrer selbst und der Freude an ihr willen (zu) treiben".

HITLER, BEWUNDERER DES RICHARD WAGNER-ERBES

Zur Vergiftung des geistigen und kulturellen Klimas wurde die politische Orientierung und die konkrete Ausstaffierung der Zukunft an eindeutigen Symbolen und Metaphern festgemacht wie „Führer", Volk und Vaterland, Hakenkreuz, Fahnen, germanischer Heraldik, Heldentod oder anderen emotional getönten Runen und Ritualen. Praktisch eingedrillt in das anheimelnde Alphabet der neuen Ideologie und ihren prägenden Eckdaten wurden wir selbst ein lebendiger Teil dieses Erscheinungskosmos, in einer

Kaskade von Wettkämpfen, Zeltlagern, Lagerfeuern, Heimabenden sowie bei Fackelläufen mit schmissigen
Kampfliedern auf den Lippen. Während der fanatische Furor weiter um
sich greift, singt es dazu frohlockend
aus Hitlers Lieblings-Wagner-Opern-
chor „Die Meistersinger von Nürnberg": „Wachet auf, es nahet gen den
Tag". Umsonst! Hitler verband mit
Richard Wagner (links) nicht nur die
dehnbare Begrifflichkeit des Antise-
mitismus, sondern die schrankenlose Sehnsucht nach dem Absoluten. Hitler reagierte auf das Ostinato endlos verzögerter Erlösung, indem er sich in die Klang- und Mythenwelt Wagners als ein
Allerheiligstes hineinsteigerte und sich persönlich schmeichelte,
in den faschistoid gewordenen Wagner-Clan aufgenommen worden zu sein. Hitlers imaginäre Sternenfreundschaft mit Richard
Wagner ließ er sich eitel gern nachsagen. Sie bezeichnet Hitlers
innerste Selbstwahrnehmung und den Kern seiner Selbstinszenie-
rung. Erlösung als zentrales und zwielichtiges Thema, zwischen
Pathos und Apathie, nicht nur im Welterlösungsdrama „Parsifal",
sondern im gesamten Œuvre Wagners, wie der Mythos der Natur
als Gegenpol zur Zivilisation im „Ring" oder die überall präsente
Sehnsucht nach dem Absoluten waren als leerer Wahn der Tenor
seiner monologisch geführten Gespräche.

Thomas Mann, von Jugend auf inniger, gleichwohl aber auch ironischer Wagner-Bewunderer, im Gegensatz zu seinem politische-
ren Bruder Heinrich Mann, dem klaren Wagner-Karikaturisten,
charakterisierte das unruhevolle Leben Richard Wagners und sein
imposantes Werk als eines „der großartigsten, fragwürdigsten und
vieldeutigsten Phänomene der schöpferischen Welt". Zwischen
Enthusiasmus und Kritik hin und her gerissen rezipierte er, ohne
der opiatischen Wirkung des Wagnerkosmos zu verfallen. Mit seinem auf Wagners Kunst gerichteten, aber auch auf Hitlers Politik
präzise zutreffenden Wort von dem „mit höchster Willenskraft
ins Monumentale getriebenen Dilettantismus" verstörte Thomas

Mann im Februar 1933 das kulturkonservative und politisch reaktionäre Publikum und provozierte mit seinem Vortrag „Leiden
und Größe Richard Wagners" massive Proteste und sogar Forderungen nach seiner Ausbürgerung. Thomas Mann griff dabei zurück auf die Kritik des späten Friedrich Nietzsche an Wagner und
nahm Walter Benjamins Einsicht in die Ästhetisierung der Politik durch den Faschismus vorweg. Bayreuth als chauvinistisches
Treibhaus mitten in Hitlers Universum? Max Horkheimer hat den
Herrenkult und andere hehre Termini wie Ehre, Treue und Todes-
ruhm als dem Preußentum entlehnte Begriffe bezichtigt.

DIE GESCHWISTER SCHOLL

Als wesentliches Mittel der Herrschaftssicherung verfolgt Reichsjugendführer Baldur von Schirach die zielführende Tendenz, die
Hitlerjugend zum attraktiven Gegengewicht des tradierten See-
lenhaushaltes der bürgerlichen Milieus und deren etablierter
Normenkodizes und moralischer Werte zu machen. Das übergeordnete Ziel: Erziehungsinstanzen wie Elternhaus, Schule und
Gottesdienst wollte von Schirach in seiner diplomatisch-uniform-
mierten Sprache, die ebenso wortreich wie oft nichtssagend klang,
auf Dauer als unliebsame Einflussfaktoren entbehrlich machen.
Seine diffuse Rhetorik zwischen Kompromissbereitschaft und
Konfrontation sollte dieses Ziel so lange wie möglich verschlei-
ern. Damit die legitimatorischen Grundgedanken dieses Ideals
der neuen Jugenderziehung auch gelingen mochten, sperrte die
Gestapo (Geheime Staatspolizei) als disziplinierende Maßnahme
besonders renitente Jungs der Bündischen Jugend und anderer
Gruppierungen für einen „Besinnungskurs" kurzerhand hinter
Schloss und Riegel und „behandelte" sie sogar gerichtsnotorisch.
Damals konnte ein unbedachtes Wort tödlich enden. Die für das
Regime als besonders gefährlich denunzierten intellektuellen,
sozial engagierten oder kirchlich oder humanistisch motivierten
Studenten sahen sich mit ihrem plötzlich als „umstürzlerisch" gel-
tenden Wagemut als Verräter stigmatisiert.

So erging es den Geschwistern Sophie und Hans Scholl, beide zunächst Mitglied im BDM bzw. in der Hitlerjugend. Schritt

für Schritt machten sich Abneigung und Unwille bemerkbar, die später in moralischem Abscheu gipfelten. In Konflikt geriet Hans Scholl zunächst durch sein Ausscheren mitten aus dem HJ-Jungvolk-Milieu, in die alternative Symbolwelt der Deutschen Jungenschaft und ihrer von der Reichsjugendführung und der HJ ab 1933 vorläufig geduldeten Version „dj.1.11". Deren Fahne schwenkte er mit seinen Getreuen demonstrativ in den Gegenwind. Ob ihrer Gradlinigkeit wurde schon 1937 gegen Hans Scholl und seine drei Geschwister ein Verfahren wegen gesetzwidriger Fortsetzung der bündischen Jugend eröffnet, das aber ein Jahr später eingestellt wurde. Hans Scholl brachte Reichsarbeitsdienst und Wehrmachtszeit hinter sich, um in München Medizin studieren zu können. Es folgte ein kurzer Kriegseinsatz an der Ostfront. *(unten im Bild links, mit Christoph Probst und Sophie 1942)*

Im Ungleichgewicht der Seele gegenüber dem Intellekt versuchte Sophie Scholl eine evangelische Kindergärtnerin zu bleiben, bis sie zum Reichsarbeitsdienst eingezogen wurde. Sie beschäftigte sich intensiv mit Augustinus, studierte sodann Biologie und Philosophie, ebenfalls in München. Die einschneidenden Erfahrungen und die vom Tageslärm abgesonderte intellektuelle Diskussion generierten Distanz und Widerstand. Mit Professor Kurt Huber

und anderen gründete sie 1942 die Gruppe „Weiße Rose". Die hier produzierten Flugblätter machten heimlich, aber an immer prominentere Adressen weiterversendet, die Runde: Auf unaufhörlicher Identitätssuche, in sprachlich subtiler Form formulierten sie humanistische Einsprüche und Denkfiguren. Sie betrieben kühne Agitation und mit ihrem politischen Aufruf zum aktiven Widerstand und zur Sabotage gegen das verhasste Regime unterschrieben die Verfasser couragiert ihr Todesurteil. Die Blätter wurden zwar anonym mit der Post versandt und mit der Aufforderung verbunden, sie im Umlauf zu halten – das sechste und letzte Blatt wurde von den Briten massenhaft über Deutschland abgeworfen. Hans und Sophie Scholl sowie andere Mitglieder der „Weißen Rose" wurden von der wahrlich ubiquitären Gestapo bald aufgestöbert, zum Tode verurteilt und 1943 durch das Fallbeil ums Leben gebracht.

Den beginnenden Kontrollverlust sogenannter „interner Chargen" wollten Hitler und von Schirach rechtzeitig den Garaus machen. Das Schicksal der Geschwister Scholl wurde zur großen Erzählung ähnlich wie das Leben und Sterben der Anne Frank.

Aus dem ersten Flugblatt der Weißen Rose: „Ist es nicht so, dass sich jeder ehrliche Deutsche heute seiner Regierung schämt, und wer von uns ahnt das Ausmaß der Schmach, die über uns und unsere Kinder kommen wird, wenn einst der Schleier von unseren Augen gefallen ist und die grauenvollsten und jegliches Mass unendlich überschreitenden Verbrechen ans Tageslicht treten?" „Leistet passiven Widerstand – W i d e r s t a n d –, wo immer Ihr auch seid, verhindert das Weiterlaufen dieser atheistischen Kriegsmaschine, ehe es zu spät ist, ehe die letzten Städte ein Trümmerhaufen sind, gleich Köln, und ehe die letzte Jugend des Volkes irgendwo für die Hybris eines Untermenschen verblutet ist. Vergesst nicht, dass ein jedes Volk diejenige Regierung verdient, die es erträgt!"

MIT ZEHN JAHREN INS JUNGVOLK

Die innerste Struktur der Mentalität einer Gruppe erfassen wir am klarsten, wenn wir versuchen, ihren Zeitbegriff im Lichte ihrer Hoffnungen, Sehnsüchte und Absichten zu verstehen (Karl Mannheim, Ideologie und Utopie, 1929).

Das Leben mit gleichaltrigen Kameraden im Jungvolk hatte mich schon fasziniert, als ich das Pimpfenalter von zehn Jahren noch gar nicht erreicht hatte. Älteren Schülern unserer Penne lauschten wir mitgerissen auf dem Schulhof, wenn sie uns von ihren Raufereien bei Geländespielen „Mann gegen Mann" erzählten. Oder angesteckt von ihren Zeltlagerabenteuern am Diemel- oder Edersee, von Lagerfeuern mit Klampfe, Quetschkommode oder Mundharmonika und gemeinsam gesungenen, lebensgemuten Liedern. Uns beeindruckte auch der sentimentale SA-Marsch im dröhnenden Gleichschritt „Als die goldene Abendsonne sandte ihren letzten Schein". Hier zogen im Geiste eines volkstümlichen Kolonialismus braune Truppen in ein „kleines Städtchen", um ihren toten Hitler-Kameraden „zu Grabe" zu tragen, mit „der Mutter in der Ferne", um sich eine rituelle Verschnaufpause im Lebenskampf zu gönnen. Ausgewähltes Liedgut und riskante Illusionen hofften unsere eigene Identität zu befördern und sollten uns an virilen Abenteuern zwischen Leben und Tod berauschen lassen. Die NS-Marschlieder haben uns Beine gemacht. Abenteuer, die wir schon bald, mit unserem ungebremsten Enthusiasmus sollten mitentscheiden können.

Alle waren wir „Noch-Nicht-Dazugehörige", eingefangen vom feierlichen Ritual der Fahnenweihe. Am meisten aber begeisterten uns damals die Berichte über die tollen Filme in den Jugendfilmstunden am Sonntagmorgen, während wir Noch-nicht-Pimpfe verdammt waren, mit den Großeltern brav den Traditionen des Kirchgangs nachzuhängen. Ich selbst bin bis zur Einberufung im Jungvolk geblieben und habe mich nicht der Hitlerjugend angeschlossen, was für Jungvolkführer sogar gewünscht war.

Auch der gemeinsame Leistungssport mit der Zielmarke, der Beste der Besten einer Disziplin zu werden, war in der Gemeinschaft reizvoll und auf der Aschenbahn der Karriere förderlich. So war ich später stolz, den 1500-Meter-Lauf mit meinen langen Beinen als Sieger des „Hitlerjugend Gau Niederrhein" zu gewinnen. Diejenigen unter uns rauflustigen Schülern, die schon als „Haudegen" länger dabei sein durften, priesen vorzüglich den Gemeinschaftsgeist mit dem Versprechen, „Einer für alle, alle für einen", jener Losung der „Drei Musketiere" von Alexandre Dumas Senior. Es waren die Engländer, die für den Sport die Regeln und deren Fairness entwickelt haben. Wir Deutschen dagegen erfanden die beliebig steuerbare Körperertüchtigung. Genau das macht den Unterschied der Mittel und Zwecke. Aber erst mit der als Privileg empfundenen *Jungvolkkluft zum 10. Geburtstag (rechts)* gehörte ich außerhalb der Familie im NS-Umfeld zu einer besonders zusammengeschweißten Lebensgemeinschaft unter einer uns alle beschirmenden Fahne. Mit deren Fetischwert empfanden wir unbefangenen Pimpfe jetzt in brauner Uniform so etwas wie ein Wohlgefühl der Zugehörigkeit, allerdings noch unbewusst. So brüllten wir sorglos in unserem gerade erst beginnenden Leben mit simplem, affektgeladenem Idealismus und heiserer Kehle die totbringende Verheißung des Fahnenliedes der Hitlerjugend: „Uns're Fahne flattert uns voran."

Es war der glänzende Rhetoriker Joseph Goebbels, der, wie wir heute wissen, seinen präpotenten menschenverachtenden Sprüchen den hohen Ton der romantischen Verklärung beizumischen verstand. Der sprachmächtige Ideologe wirkte mit seinen zündenden Reden mehr wie Mephisto denn als Mensch aus Fleisch und Blut. Endlich Pimpf geworden, packte uns ein neues Lebensgefühl des Dabeiseins in einer Gemeinschaft aus Gleichaltrigen. Auch Hitler selbst hielt den Strom der impulsiv aufgeladenen und vorgetragenen Sprache für geeigneter als die Reden, die sich übers Papier ergossen, ganz im Sinne von sinnlich aufgeladener Agitation. Affekthafte Erzählungen bedürfen einer Trägerschaft wie der Hitlerjugend, um als Resonanzboden wirksam zu werden. Quasi merklos, wie von selbst, wurde uns Hitlerjungen das deutsche Sendungsbewusstsein ins kollektive Unterbewusstsein injiziert. Gerade das Unbewusste hatte der Propaganda blindlings zu gehorchen.

Die Aufnahme als Mitglied des Deutschen Jungvolks im Sommer 1935 in der Lippestadt Lünen in Westfalen ließ mein Herz höherschlagen. Aber erst nachdem meine Mutter als Leiterin des

Waisenhauses in Oberhausen ihr Geld verdiente, gestaltete sich meine Jungvolkzeit in der Stadt zwischen Ruhrgebiet und Münsterland noch viel interessanter. Erste Momente der Mentalitätsverschiebung kündigten sich beizeiten an. „Der Mensch erkennt sich nur im Menschen, nur das Leben lehret jedem was er sey." Diese Weisheit verspricht uns Antonio in Goethes „Torquato Tasso" (II,3).

So empfand ich es fast als beleidigend, sooft ein bildungsgeschädigter Jungzugführer mit der Vollmacht einer grünen Kordel völlig schwachsinnige Befehle gab, die ich nur widerwillig befolgen mochte. In Oberhausen wollte ich lieber selber und zwar vernünftige Befehle geben. Mit diesem juvenilen Ehrgeiz avancierte ich in dichter Folge zum Jungenschaftsführer, Jungzugführer, Fähnleinführer und zu guter Letzt kurz vor der Einberufung zu den Fallschirmjägern auch noch zum Jungstammführer.

Wer die Leiter hinauf will, muss mit der untersten Sprosse beginnen. Höher ging's nicht, 600 Pimpfe hörten zuletzt auf mein Kommando. Vaterlos musste ich frühzeitig mein Selbstvertrauen aufbauen. Instinktiv und unbewusst hoffte ich wohl, mich als Individuum auch in der Masse neu erfinden zu können. Nur um eine läppische Reminiszenz zu erinnern: Ich habe mit meinen Pimpfen die Altmetallsammlung, die Altpapierentsorgung und das Winterhilfswerk in Oberhausen engagiert mitorganisiert, um als ein wirklich nützlicher Pimpf zu gelten und Beispiel gebend zu wirken – ich wollte einfach nützlich sein.

Dieser ehrgeizige Versuch der Selbstoptimierung sollte sich analog in der Hierarchie des Gymnasiums fortsetzen: Zuerst Klassensprecher ab der Quinta und am Ende Schulsprecher des Horst-Wessel-Gymnasiums. So gefiel es mir, in Uniform bei Ferienbeginn Schüler und Pauker mit dem Absingen des Deutschlandliedes auf dem Schulhof und mit schönen Urlaubswünschen in die Sommerferien zu verabschieden. Auf der Stufe meiner intelligiblen Möglichkeiten hatte ich mir eingebildet, irgendwie doch halbwegs wichtig geworden zu sein. Unsere Lust am Leben fand im damaligen Habitus ihren metaphorischen Ausdruck und in der vermeintlichen Macht der Gefühle wähnten wir uns alle wie von einem Wildbach mitgerissen. Jürgen Kaube erklärt die-

sen Habitus mit „kollektiven politischen Erregungszuständen".
Michel Foucault sieht den Menschen in der Masse verschwinden
„wie am Meeresufer ein Gesicht im Sand."

SCHULJAHRE IN OBERHAUSEN

Trotz meiner Minusfächer Mathematik und Latein machte mir
die Schule großen Spaß. Ich erinnere mich gern an den Unterricht in Deutsch und Geschichte bei unserem beliebten Klassenlehrer Joseph „Jüppken" Schäfer, der tapfer versuchte, nicht nur
mit dem Zwicker auf seiner kleinen Nase die Balance zu wahren,
sooft er in Rage kam. Der Schöngeist hatte sich wohl im Jahrhundert geirrt. Statt vom Schulamt verordnete Nazi-Literatur
abzufeiern, welche die „Macht und Einheit von Staat und Partei"
zum Gleichklang bringen sollte, hat er lieber zu den „unverdäch-
tigen" Klassikern gegriffen und schöpfte gern aus dem Brunnen
der Romantik. Mit Benn, Rilke, Hölderlin und George waren Lyriker „von ewigem Rang" in mein Leben getreten, mit klassischen
Dramen von Goethe, Grillparzer oder dem Dichter der Freiheit,
Friedrich Schiller, machte unser Klassenlehrer uns bekannt, insbesondere mit dessen „Räubern", wo der Held aus Weltverbesse-
rungswillen und böser Kabale zum Verbrecher mutiert. Sogar mit
Wilhelm von Humboldts „Gewissensbildung" machte er uns auf
gelassene Art und Weise in samtener Ironie vertraut.

Uns Schülern die Ideen der Aufklärung nahe zu bringen, hat unser Lehrer sich bei aller Liebe nicht getraut. Weil wir auch gar
nicht wussten, was Aufklärung überhaupt bedeutet, haben wir
dieses Thema auch nicht vermisst. Dr. Joseph Schäfers empha-
tisches Bekenntnis zu den literarischen Klassikern war absolut
angstfrei. Diese galten ihm einfach als Fundgruben unserer schönen deutschen Sprache, die wir gefälligst zu würdigen hatten. Er
befand die deutsche Sprache als Ausdruck der Verschiedenheit
des Denkens und der Polyvalenz der Interessen. Dr. Schäfers
Funken der Begeisterung für unsere „herrliche Muttersprache"
sprang jedenfalls auf mich und andere lernwillige Schüler nachhaltig über. Ich spürte als damaliger Pimpf ein zu Herzen gehendes
Durchdrungensein von seinem fast physisch behagenden Wissen.

Die meisten von uns haben die von ihm so leidenschaftlich rezitierten Gedichte mit Freude freiwillig auswendig gelernt. Ich kann noch heute Teile aus Goethes „Faust I" oder Gedichte von Hölderlin mühelos auswendig hersagen.

Das Examensthema für mein Kriegsabitur war eine scheinbar zeitgeistig-trendige Verszeile von **Stefan George (oben)**: „Du musst zu innerst glühn – gleich viel für wen!" Ja genau! Diese Arbeit geriet zum Ausdruck meiner damaligen Selbstidentifikation. Stefan George erhoffte sich in Wahrheit eine Erneuerung des „geistigen Deutschland" als Grundlage für ein „Reich des Geistes". Die „ordinären Diktatoren" wollten Stefan George, das Idol der Jugend, aus allen politischen und kulturellen Lagern für ihre Zwecke einspannen (eine Leitfigur auch für von Stauffenberg und die Geschwister Scholl). Überdies richteten die Nazis eine Feier für ihn aus und boten ihm Ämter an. Da George trotz ambivalenter Affinitäten mit dem neuen System nicht übereinstimmen mochte, lehnte er alle Angebote als Zumutung ab. Mit den Geschwistern Scholl wurden am 13. Juli 1943 auch der Philosophieprofessor Kurt Huber und der Student Alexander Schmorell hingerichtet.

Zu den vielen amtlich verordneten NS-Feiern pflegte unser Klassenlehrer ein betont zwiespältiges Verhältnis. Sooft auf jedem letzten Märzsonntag die „Verpflichtung der Jugend", ab 1942, gefeiert werden musste, an dem die vierzehn Jahre alt gewordenen Jungen und Mädchen feierlich „in Reih und Glied" in die Gemeinschaft der Hitlerjugend aufgenommen wurden, entledigte sich unser Jüppken Schäfer dieser oktroyierten Bürde, indem er mich wenig zimperlich, aber vertrauensfähig mit leicht ironischem Timbre als „Jungzugführer Hoffmann" aufrief, der statt seiner das Thema mal „kurz" abzuhandeln hatte. Mit dem Satz: „Darin kennen Sie sich ja besser aus als ich", schlug jedes Mal meine Stunde mit jedes Mal anderslautender ironischer Volte. „Ja, eine Stunde ist nicht nur eine Stunde; sie ist ein mit Düften, mit Tönen, mit Plänen und Klimaten angefülltes Gefäß" (Marcel Proust, „Auf der Suche nach der verlorenen Zeit", 1927).

Es gab auch noch andere gesetzlich inventarisierte nationalsozialistische Feiertage, die zu preisen während einer Schulstunde er jedes Mal mich am Kanthaken hatte: „Führergeburtstag" am 20. April, „Tag der Machtübernahme" am 30. Januar oder der 9. November. Dieses letzte Datum galt der **Heroisierung der „16 No-**

vembergefallenen" (oben), der sogenannten „Blutzeugen der Bewegung". Die rituelle Erstattung der ewigen Dankbarkeit für ihren Marsch auf die Feldherrnhalle 1923, als sie durch Salven der Bayrischen Landespolizei ums Leben gekommen waren. Dieses Datum galt als der heiligste aller heiligen nationalen Feiertage, die bei wachsender Kirchenferne wichtiger genommen wurden als Christi Himmelfahrt.

Der vom philosophischen Genie Georg Friedrich Wilhelm Hegel als „spekulativer Karfreitag" ironisierte Festtag der Auferstehung des Geistes fiel nach Meinung meines Lehrers nicht in meine „Kompetenz". Als Vertreter des Deutschen Idealismus hatte er mit Hegels Denken auch die Tendenzen der Romantik in sich aufgenommen, die uns Dr. Schäfer als Bezugsgrößen für andere Philosophen erklärte, ohne allerdings Marx oder Kierkegaard zu erwähnen. Beide hätten die romantische Aura geschätzt (Kierkegaard).

Am Genius loci, der Münchner Feldherrnhalle, wurde der Tag mit Fackelschein und großem Trommeltamtam gefeiert. Als sogenannter „Hitler-Putsch" präsentierte sich der ganze Pomp jedes Mal auch als Höhepunkt in der gleichgeschalteten Ufa-Wochenschau. Die Verherrlichung eingehämmerter Begriffe wie „Hakenkreuz", „Fahne" oder „Todesmut" gehörten inzwischen zum festen Sprachgebrauch; sie dienten als Identitätsausweis des letzten Aktes der Pflichterfüllung. Jeweils am politischen Festtag davor oder danach schlug in der Schule meine Stunde, aus heutiger

Sicht als Märchenerzähler, der ich als scheinbar überzeugter Jungvolkführer war, und damals noch glaubte, mit diesem dummen Zeug meinen Mitschülern eine Botschaft mit prätentiös geschultem Glauben weitervermitteln zu sollen: letztlich als die große Umwertung aller Werte, um ein großes Wort Friedrich Nietzsches für niedere Zwecke zu verwenden, des vehementen Kritikers des Ersten Deutschen Reiches. An diese Episoden in den ansonsten glücklichen Jahren erinnere ich mich heute aber nur schwach und mit ziemlichem Grausen *(oben in Beziers)*.

HITLERS MENSCHENVERACHTENDE REDE ÜBER DIE JUGEND

Im Dezember 1938 äußert sich Hitler in relativ entspanntem Tonfall vor ausgewählten Kreisleitern im nordböhmischen Reichenberg, frei von jedweder menschlichen Regung, um die hybride Maschinerie im Umgang mit der Jugend zu erläutern. Die Zuhörer im prallgefüllten Saal reagierten mit zynischem Gelächter. Der einzelne Mensch erscheint in Hitlers Worten immer kleiner und unwesentlicher.

„Dann kommt eine neue deutsche Jugend, und die dressieren wir schon von ganz klein an für diesen neuen Staat … Diese Jugend, die lernt ja nichts anderes als deutsch denken, deutsch handeln, und wenn nun dieser Knabe und dieses Mädchen mit ihren zehn Jahren in unsere Organisation hineinkommen und dort nun so oft zum ersten Mal überhaupt eine frische Luft bekommen und fühlen, dann kommen sie vier Jahre später vom Jungvolk in die Hitlerjugend. Und dort behalten wir sie wieder vier Jahre. Und dann geben wir sie erst recht nicht zurück in die Hände unserer alten Klassen- und Standeserzeuger, sondern dann nehmen wir sie sofort in die Partei oder in die Arbeitsfront, in die SA oder in die SS, in das NSKK (NS-Kraftfahrkorps) und so weiter. Und wenn sie dort zwei Jahre oder anderthalb Jahre sind und noch nicht ganze Nationalsozialisten geworden sein sollten, dann kommen sie in den Arbeitsdienst und werden dort wieder sechs und sieben Monate geschliffen, alles mit einem Symbol, „dem deutschen Spaten". Und was dann nach sechs oder sieben Monaten noch an Klassenbewusstsein oder Standesdünkel da oder da noch vorhanden sein sollte, das übernimmt dann die Wehrmacht zur weiteren Behandlung auf zwei Jahre. Und wenn sie nach zwei oder drei oder vier Jahren zurückkehren, dann nehmen wir sie, damit sie auf keinen Fall rückfällig werden, sofort wieder in die SA, SS und so weiter." Und dann folgt wie vom Hammer gemeisselt eine bemerkenswerte utopische Zusammenfassung: „Und sie werden nicht mehr frei ihr ganzes Leben. Und sie sind glücklich dabei" (Adolf Hitler, 1938). Der „Führer" feiert den Siegeszug jener repressiven Macht, die „seine" Jugend ein Leben lang bis zum letzten Atemzug, der ihn noch in den Tod eskortieren wird.

Im Stromkreis des Nationalsozialismus war das moralische Recht auf individuelle Unabhängigkeit unerbittlich staatlich eingehegt und somit praktisch außer Kurs gesetzt. Deutlicher kann das Totale, das Totalitäre und die massive Manipulation und Verachtung der Jugend nicht ausgedrückt werden als durch diesen verquasten Text. Nur konnte uns Pimpfen diese politische (An-) Alphabetisierung mangels Alternativen eines relativierenden Abgleichs damals noch nicht bewusst gemacht werden. Und was hätte es genutzt, bei einer teuflischen Gestapo, die wenig zimperlich mit ihrem durchorganisierten Spitzeltum alles zu wissen unternahm, was dann irgendwie unter Verdacht gestellt werden konnte, um Macht und Repression auszuüben. À la longue raubten sie uns damit Herz und Verstand, in der Kindheit, in der Jugend und im beginnenden Erwachsenenalter.

Vor dem Hintergrund einer als politisches Chaos diffamierten und destabilisierten jungen Vielparteien-Demokratie, entfaltete die vielgliedrige Jugendbewegung der Weimarer Republik Ende der zwanziger Jahre im nostalgischen Flair der sogenannten Kampfzeit ihre Aktivitäten. Auf der Suche nach der schönen Seele und der unschuldigen Natur war diese Sehnsucht noch einem verblassen-

den bürgerlichen Milieu geschuldet. Ihre Wandervogelmotive mochten eher dumpf und gefühlsmäßig als rational bestimmt gewesen sein. Auch die „Edelweißpiraten" und andere freie Gemeinschaften, sogar die „Swing-Jugend", suchten emotionalen Ersatz für die von den Eltern vermeintlich oder wirklich vorenthaltene Anerkennung und Freiheit. Immer mehr Jugendliche von noch schlichter Denkungsart und mangelnder Erfahrung betrachteten die Welt aus Sinnperspektiven, die sie bewusst oder unbewusst mit Werten der Vergangenheit romantisch verklärten. Ihre „neue Zeit" in einer Epoche strikt monokratischer Herrschaftsformen fanden sie sogar noch bei Sonnwendfeuer im Fackelschein und gemeinsam gesungenem bündischen Liedgut in der wärmenden Gemeinschaft Gleichgesinnter.

Unter den wiederaufzubereitenden Mythen aus der Asservaten-kammer des preußischen oder auch rheinisch abgemilderten Nationalismus fand die begeisterungswillige Jugend bis zum Überschwang ihre Nahrung, um vaterländisch bemalte Herzen zum Pochen zu bringen. Von heute aus kann man das überspannt und weltflüchtig finden, aber damals war es genau das, was wir für unbestrittene Wahrheit hielten. Anstatt diesen Hang der Deutschen zu einer falsch verstandenen Kontinuität mit einer längst überlebten Romantik oberflächlich zu bedienen, sollte die Jugend tief in das Arsenal der Romantik und in die Fundgrube ihrer Symbole hinabsteigen, um sie psychologisch einer kreativen Umwertung zu unterziehen. Doch dabei trafen sie auf die falschen Agenten. Auf ihrer Suche im imaginären Raum der Literatur nach immer neuer literarischer Kompensation machten die Häscher in ihrer Nivellierung und Zensur keinen Hehl daraus, wie sie mit ihrem paranoiden Kontrollwahn nicht nur die Gegenwarts-Autoren durch Verbrennung ihrer Bücher aus dem Verkehr zogen. Sogar der universal hochgebildete und lebenskluge Individualist Goethe wurde posthum in die Volksgemeinschaft virtuell eingemeindet, er konnte sich ja nicht mehr wehren. Aber auch vor dem Abschmelzen von Schillers ästhetischer und ethisch-philosophischer Dichtung bis herunter zum eindimensionalen Erziehungsmittel scheute das neue völkische Propagandapersonal nicht zurück.

Goebbels *(links)* degradierte zunächst Schillers „Wilhelm Tell" zum Nazi-Helden. Ab 1941 wurde das Stück dann eben wegen des Themas Tyrannenmord und angesichts von Attentaten auf Hitler, im Theater und als Schullektüre zurückgezogen. Das Säuberungskommando ließ auch Büchners „Dantons Tod" links liegen, das größte Drama über die Französische Revolution in deutscher Sprache. Ein kühner Diskurs über moralische Tugenden in der Phase des Terrors, auf der hauchdünnen Firnis zwischen Angst, Gewaltbereitschaft und mutigem Gewaltverzicht. Wir vermißten das Stück nicht, weil wir derlei grundsätzlich nicht kannten.

Der Umgang der Macht mit anspruchsvoller und oft widerspenstiger Literatur, Kunst und Kultur war von der Selektion durch die nationalsozialistische Ideologie geprägt. Es gab Listen mit den Hitler ergebenen Autoren, Künstlern und Schauspielern und Filmemachern, die in ihrem unverzichtbaren Können entweder geduldet wurden oder dem Parteikurs eilfertig durch zumeist dürftigste Propagandaproduktionen entgegeneiferten.

Wagners Ringoper „Die Nibelungen" galt als eine Art Nationaloper, dem Helden Siegfried stand als „Arier" Hagen von Tronje gegenüber, dem Urbild der Gefolgschaftstreue. Parsifal ist die jetzt von Juden erlöste Gralsgemeinschaft unter der Führung des „reinen Königs" Parsifal. Im Film „Apocalypse Now" von Francis Ford Coppola werden vietnamesische Gegner zu den mächtigen Klängen von Wagners Walkürenritt aus Hubschraubern hingemäht. – Walküren waren in der altnordischen Mythologie überirdische, reitende Botinnen Odins, die auserlesen waren, auserwählte Gefallene nach Walhall zu bringen.

BALDUR VON SCHIRACH VERSUCHT SICH ALS GOETHE-EXEGET

Während der Weimarer Festspiele der Deutschen Jugend 1937 hielt Baldur von Schirach im Weimarer Nationaltheater eine bemerkenswerte Ansprache über „Goethe in unserer Zeit". Dabei ging es von Schirach darum, den Klassiker Johann Wolfgang von Goethe dem Besitz der Philologen und Deutschlehrer zu entreißen, um ihn dem Volk als Botschafter im Geiste des Nationalsozialismus zu präsentieren. Dieser Vorsatz ist bei aller versuchten ideologischen Vereinnahmung zunächst deshalb bemerkenswert, weil von Schirach damit den Eindruck erweckt, die wahre Aktualität Goethes bestehe weniger im Bildungsbesitz eines privilegierten Bürgertums, als gerade in der erfolgreichen Vermittlung für Interessierte aller Schichten. Unter dem Mantel von Volk, Hitler und Jugend, propagiert von Schirach einen Goethe für alle, vor allem für die gerade von Schule und Universität nicht „verbildeten" einfachen Menschen. Damit wollte er sich Nietzsches Kritik am Bildungsphilister anschließen. Von Schirach spielt Goethe gegen den Begriff einer philologisch zergliedernden Lese- und Expertenkultur am Gymnasium aus. Er will einen neuen, volkstümlichen, vital-lebensfrohen, nationalpatriotischen Goethe freilegen, in fasslichen kleinen Häppchen und Anekdoten.

Der Kniff seiner sprachästhetisch scheinbar ambitionierten Rede besteht darin, aus Goethes Texten und seinem biographischen Kontext Zitate herauszureißen und Klischees zu bedienen, die im Extrem das Gegenteil der olympischen Entrückung des Klassikers, nämlich eine bodenständig nationale Dimension belegen sollen. Von Schirachs erstes Goethe-Zitat empfiehlt sich, isoliert betrachtet, als objektive Forderung: „„Männer', so sagte er ‚sollten von Jugend auf Uniform tragen, weil sie sich gewöhnen müssen, zusammen zu handeln, sich unter ihresgleichen zu verlieren, in Masse zu gehorchen und ins Ganze zu arbeiten.'" So der junge Gehülfe über seine Knaben-Gärtner-Truppe zu Ottilie in den „Wahlverwandtschaften" (II, 7). Das ist noch weit entfernt von militärischen Tendenzen und Tiraden.

Ein anderes Goethe-Zitat von Schirachs lautet: „Die Menschen halten sich mit ihren Neigungen ans Lebendige. Die Jugend bildet sich wieder an der Jugend." („Maximen und Reflexionen", 1826) Hier reduziert von Schirach auf den letzten Satz, der wie eine direkte Formulierung von Schirachs oder Hitlers zum „revolutionären" Prinzip der Selbstführung in der HJ anmuten soll. Aber Selbstführung ist bei weitem noch keine umfassende

Bildung. Zudem ist bei Goethe von Selbst-Bildung und einem sensiblen Prozess der Annäherung an die eigene Generation als einer Lernquelle unter anderen die Rede.

Von Schirach moniert, dass Goethes Persönlichkeit, dass dessen Leben und Werk von den rein literarischen Experten und Pädagogen „ein Jahrhundert" lang missverstanden wurde. Nun sei es an der Zeit, Goethe durch die NS-Bewegung zu entdecken, und zwar als nationale Führungsgröße. Aber wie steht es um die argumentative Genauigkeit dieses Ansatzes?

Schlagartig hintereinander folgen zwei gebührliche Worte von Zeitgenossen, die ihre Gespräche mit Goethe wiedergeben und dabei die Eigenwilligkeit von Goethes Position in vollem Umfange respektieren. Erstens: „‚Glauben sie ja nicht', fuhr Goethe darauf fort ‚dass ich gleichgültig wäre gegen die großen Ideen Freiheit, Volk, Vaterland. Nein, diese Ideen sind in uns, sie sind ein Teil unseres Wesens, und niemand vermag sie von sich zu werfen.'" Zweitens: „Deutschland ist und bleibt auf ewig das wahre Vaterland meines Geistes und Herzens." Das klingt wie aus einem Guss, ist es aber nicht. Das zweite Zitat stammt gar nicht von Goethe, wie von Schirach uns glauben machen möchte: Dies war eine Aussage von einem gewissen Karl Gustav von Brinckmann (1764-1847), einem ehemaligen deutschen Diplomaten in schwedischen Diensten. Und eben diesem empfiehlt der alterskluge Europäer und Weltbürger Goethe die Abkühlung seines Patriotismus in England. Ähnlich rät Goethe im Kontext des ersten Zitates dem feurigen Fichte-Verehrer Heinrich Luden zur publizistischen Zurückhaltung angesichts der noch nicht entschiedenen Befreiungskriege gegen Napoleon 1813. Goethes europäisch reflektierter Patriotismus will nicht so recht in von Schirachs verlogene Zitatencollage passen, die als grobe National-Fälschung angelegt war.

Unheil witternd, fragt der unbequeme Visionär Friedrich Nietzsche, gleichermaßen kritisch gegen Europa wie gegen das Deutsche Reich, wenn er den ethischen Nihilismus als Krise und Kritik heraufziehen sieht, in „Jenseits von Gut und Böse" (1886): *Wir Europäer von übermorgen, wir Erstlinge des zwanzigsten Jahrhunderts – mit aller unsrer gefährlichen Neugierde, unsrer Vielfältigkeit und Kunst der Verkleidung, unsrer mürben und gleich-*

sam versüssten Grausamkeit in Geist und Sinnen, – wir werden
vermuthlich, wenn wir Tugenden haben sollten, nur solche ha-
ben, die sich mit unsren heimlichsten und herzlichsten Hängen,
mit unsern heissesten Bedürfnissen am besten vertragen lernten:
wohlan, suchen wir einmal nach ihnen in unsren Labyrinthen! –
woselbst sich, wie man weiss, so mancherlei verliert, so mancher-
lei ganz verloren geht. Und giebt es etwas Schöneres, als nach sei-
nen eigenen Tugenden suchen? Heisst dies nicht beinahe schon:
an seine eigne Tugend glauben? Dies aber „an seine Tugend glau-
ben" – ist dies nicht im Grunde dasselbe, was man ehedem sein
„gutes Gewissen" nannte [...]? [...] in Einem sind wir dennoch
die würdigen Enkel dieser Grossväter, wir letzten Europäer mit
gutem Gewissen: auch wir noch tragen ihren Zopf. – Ach! Wenn
ihr wüsstet, wie es bald, so bald schon anders kommt! ...

Mit einer zukunftszerstörenden Präambel formulierte das Gesetz vom 1. Dezember 1936 unmissverständlich, dass die gesamte deutsche Jugend einer vom Führer definierten Zukunft
unterstellt und in der Hitlerjugend einheitlich zusammengefasst
wird. Der Totalitätsanspruch der NS-Jugenderziehung hatte
aber nicht allein für die Hitlerjugend zu gelten. Dem Elternhaus
und der Schule wird die Jugend als Adressat und Partner der
Erziehung, Fürsorge und Bildung geraubt und dafür wurde ihr
das Muster einer patriotisch-vormilitärisch codierten Ausbildung
aufgedrängt; wir erinnern uns: „Die gesamte deutsche Jugend ist
außer in Elternhaus und Schule in der Hitlerjugend körperlich,
geistig und sittlich im Geiste des Nationalsozialismus zum Dienst
am Volk und zur Volksgemeinschaft zu erziehen." Dieses von
Hitler höchstselbst mit leichter Hand postulierte Gesetz markiert
aber nichts weniger als die Verfassung einer individuell völlig
entmündigten „Staatsjugend", deren Vorgesetzte stets austausch-
bar und damit letztlich verantwortungsentkoppelt sind. „Von der
Jugend hängt die Zukunft des deutschen Volkes ab." Das klingt
nach dem Traum einer jugendlichen Freiheit. Aber dann folgt mit
indezenter Selbstüberschätzung der Satz, der den Traum in einen
Albtraum verkehrt: „Die gesamte deutsche Jugend muß deshalb
auf ihre künftigen Pflichten vorbereitet werden."

Baldur von Schirach bemüht in seiner Radioansprache 1934 an die deutsche Jugend im Ausland den Superlativ, dass etwas Gewaltiges in der Tatsache läge, „dass heute der gesamte Nachwuchs unseres Volkes sich freiwillig und unbelohnt einem Leben verpflichtet, das Dienst, Opfer und Entsagung bedeutet" und „dass diese Jugend, die von den Stürmen des Liberalismus und Marxismus heimgesucht wurde, aus sich heraus die Kraft zur Überwindung des Ich und zum Bekenntnis ihrer Gemeinschaft gefunden hat". Wir im Pimpfenalter fühlten uns gebauchpinselt.

Von Schirach betont einerseits die mehrfach codierte Freiwilligkeit der gesamten deutschen Jugend, ohne Gegenforderungen einer Kontribution an Staat und Volk. Anderseits lässt der Reichsjugendführer die Maske fallen, indem er neben den verpönten Richtungen von Bürgertum und Arbeiterbewegung die „Überwindung des Ich" als neue Konstante verspricht, also die Entindividualisierung jedes einzelnen Jugendlichen. Damit entzieht er der Freiwilligkeit der Dienste am Volk die Basis in einem anspruchsvolleren Sinn. Die konkrete Lüge folgt auf dem Fuße: „Die Hitlerjugend wurde nicht nach der Machtergreifung des Nationalsozialismus durch staatliche Dekrete zwangsmäßig geschaffen, sie war bereits Jahre vorher ein Faktor in der deutschen Politik, und zu der Stunde, als Adolf Hitler Macht und Verantwortung des Dritten Reiches auf seine Schultern nahm, hatte „seine Jugend" bereits im Kraftzentrum der kommunistischen und marxistischen Bewegung Hunderttausende von Arbeitersöhnen in ihrer Gefolgschaft.

Aus Anlass des Gesetzes über die Hitlerjugend vom 1. Dezember 1936 wandte sich Baldur von Schirach mit der Radiosendung „An deutsche Eltern!". Schon im zusammenfassenden Einleitungstext ist vom „Vertrauen der Elternschaft" als „Grundlage für eine erfolgreiche, harmonische Arbeit" der nun reichsweiten NS-Jugendbewegung die Rede. Weil die Eltern die HJ und die Begeisterung ihrer Kinder für diese Institution schon in der blutigen „Kampfzeit" der Bewegung unterstützt hätten, stehe der weiteren Solidarität in einer uniformen Gesellschaft nichts im Wege. Durch die Vokabel „Selbstführungsprinzip" (in Anlehnung an Kriecks „Selbsterziehung") wird deutlich, dass die HJ, nun als Verband aller deutscher Jugendlicher, eigenständig und gleichgeschaltet im pädagogischen

Feld zwischen Eltern-Familie, Schule, Parteiverbänden operiert. Indem er sagt, das Gesetz ratifiziere nur den bereits erreichten Stand, entwirft Goebbels ein propagandistisches Bild einer optimistisch befriedeten Volksgemeinschaft, die keine Konflikte zwischen Generationen, politischen Lagern und der Regierung mehr kennt. Er behauptet, Eltern und ihre Kinder hätten die HJ als zentrale Zukunftsinstitution gemeinsam aufgebaut. Eltern und Jugend folgten dem „Führer" widerspruchslos. Hitler vertrete nicht nur das Ideal, er selber sei das Ideal. Diese Sonnenseite des Vortrags ist überschattet im Gedenken an die jugendlichen Toten der HJ bei früheren Straßenkämpfen und angesichts der Möglichkeiten zukünftigen Missbrauchs in Lenkung und Einsatz dieser heranwachsenden Generation *(oben Hitlerjugend-Kämpfe 1943)*.

Mit appellativer Kraft macht von Schirach „die Jungen mitverantwortlich am Schicksal der Bewegung; auf ihnen ruht eine ungeheure Verpflichtung". Solche starken Bindungsketten waren das Ferment unserer Sozialisation unterm Hakenkreuz als in die Sinne eingebranntes Motto „Für Führer, Volk und Vaterland". Erst mit dem Verglühen dieses eisernen Mottos wird auch die befohlene Eigenzeit im Nationalsozialismus verronnen sein.

ARTUR AXMANN TRITT AUF DEN PLAN

Nachdem Baldur von Schirachs juveniles Feuer abgebrannt war und sein Rückzug nach Wien als Gauleiter fällig wurde, avancierte Anfang August 1940 der glühende Nationalsozialist *Artur Axmann (rechts mit seiner Frau 1958 vor der Spruchkammer Berlin Wilmersdorf)* zum Nachfolger als Reichsjugendführer. Mit seinem zupackenden Naturell tat er alles, um sich zunächst beim allmächtigen Heinrich Himmler einzuschmeicheln. So verpetzte Axmann in einem bisher unveröffentlichten Brief an Himmler vom 8. Januar 1942 die harmlose Hamburger „Swing-Jugend" mit folgender subalterner Anbiederung:

Sehr verehrter Parteigenosse Himmler!

In Hamburg hat sich in den Oberschulen bzw. in der Jugend der Kaufmannschaft eine sogenannte ‚Swing-Jugend‘ gebildet, die zum Teil eine anglophile Haltung zeigt. Dieser Kreis umfasst einige Hundert Jugendliche, zum Teil auch Personen über 18 Jahre. Da die Tätigkeit dieser ‚Swing-Jugend‘ in der Heimat eine Schädigung der deutschen Volkskraft bedeutet, halte ich die so-

fortige Unterbringung dieser Menschen in ein Arbeitslager für angebracht. Die beteiligten Dienststellen haben bereits in Hamburg die entsprechenden Maßnahmen in Betracht gezogen.

Beiliegend übermittle ich Ihnen zu Ihrer Kenntnis einige Berichte aus den Schulen. Ich wäre Ihnen für einen Hinweis an Ihre Hamburger Dienststelle sehr dankbar, daß mit den schärfsten Mitteln gegen die ‚Swing-Jugend‘ vorzugehen ist.

Heil Hitler!

Ihr Axmann

Die „Swing-Jugend", das waren modern-hedonistische Großstadtjugendliche, die nicht nur die angelsächsische Mode und den gegenüber der betulichen deutschen Unterhaltungsmusik beschwingteren und allgemein beliebten Jazz-Rhythmus bevorzugten. Mehr oder minder offen übernahmen sie Radioprogramme und Zeitungs-Informationen vom „Feind". In größerem Ausmaß wurden auch sie unter dem repressiven völkischen Druck des Dritten Reiches politisiert. Generell wurden 1940 Tanzvergnügen für Jugendliche unter 18 Jahren untersagt. Ein Jahr nach Axmanns Intervention begann die direkte Verfolgung der Swing-Jugend durch die Gestapo und den sogenannten HJ-Streifendienst, aus dem auch der SS-Nachwuchs rekrutiert wurde. Swing-Jugendvertreter landeten im Jugendkonzentrationslager Uckermark. Die Kunst bleibt im Verhältnis zum Leben aber „immer ein Trotzdem" (Georg Lukács).

Noch im Frühjahr 1945 kommandierte ein offenkundig paranoid gewordener Axmann in verzweifelt auswegloser Lage die ihm anvertrauten Jungvolkpimpfe in den tödlichen Endkampf, um die längst von der Roten Armee umzingelte Reichshauptstadt zu befreien. Der hartgesottene Axmann, der an der Ostfront den rechten Arm verlor, ließ noch zehn Tage vor dem großen Ultimo Hunderte von Hitlerjungen die strategisch unwichtige Pichelsdorfer Havelbrücke verteidigen. Bernhard Wicki wird später in der szenischen Vergegenwärtigung der erschreckenden Furchtlosigkeit und Verblendung von 15-jährigen Hitlerjungen in seinem Film „Die Brücke" (1959) dem verordneten tödlichen Idealismus von Kindersoldaten ein starkes Denkmal setzen, in einem ergreifend verständnisoffenen Psychogramm.

Reichsjugendführer Axmann ist als Begleiter des zittrig und fahrig gewordenen „Führers" am 20. März 1945 in der Wochenschau zu sehen, worin Hitler mit fahlen Gesichtszügen bei seiner wangentätschelnden Eisernen-Kreuz-Verleihung an zwanzig Hitlerjungen für ihre Verteidigung von Berlin seinen allerletzten filmischen Auftritt hatte. Der „Führer" ist hier kurz vor seinem Selbstmord zu besichtigen. In der ausführlichen Fassung dieses 1:52 minütigen Beitrags werden drei Statements im O-Ton von Hitlerjungen eingeschnitten, die Hitler ihre allerletzten militärischen Operationen schildern.

Axmann ist mit seinen Taten gegen Kriegsende durch die Maschen der amerikanischen Justiz geschlüpft, die ihn, trotz massiven Verdachts, bis auf einige Jahre Untersuchungshaft verschonte, woraufhin er im Untergrund von Zeit zu Zeit und für alle Fälle weiter alte braune Kampfkameraden kontaktierte.

Der Sportwissenschaftler Carl Diem, der sich als Chef des Organisationsbüros für die Olympischen Spiele 1936 in Berlin um Hitlers Reputation verdient machen wollte, hat mit seiner dreibändigen Sicht auf „Die olympische Flagge" (1942) auch auf die Leibesertüchtigung der Hitlerjugend brav sein hohes Lied gesungen. Als die Russen im Jahr 1945 im Kampf um Berlin vor dem Olympiastadion schwere Geschütze auffuhren, hat ihr Mentor Carl Diem „seine" Hitlerjungen auf die Endprobe gestellt und den „heiligen Ort" mit Hilfe von noch Minderjährigen bis zur letz-

ten Patrone verteidigt. Nach dem Krieg
überlebte Diem als Rektor der Kölner
Sporthochschule bis ins Jahr 1962.

In meinen frühen Jahren, der Zeit um
die Berliner Olympiade von 1936, waren
die Ferienlager besonders beliebt. In ver-
schworener gleichgesinnter Geselligkeit
sollten wir peu à peu nicht nur den Einflüssen des Elternhauses entzogen werden und einer bürgerlichen Beschaulich-
keit entraten. Auch sollten wir gefälligst lernen, die Kirche im Dorf
zu lassen. Die romantische Komponente am Lagerfeuer in freier
Natur, die mitreißend sentimentalen Lieder, von der zwangskon-
vertierten bündischen Jugend, der katholischen Quickborn-Be-
wegung oder sogar von der proletarischen Jugend übernommen,
wärmten unsere Herzen. Von Rührung ergriffen, haben wir das
Solidarität beschwörende Lied von Hermann Claudius mit aller
Leidenschaft intoniert, das heute noch auf SPD-Parteitagen mit
aller Leidenschaft und Augenblicksvergegenwärtigung gesungen
wird, wofür der Refrain einen allzu dünnen Ausblick bietet:

Wann wir schreiten Seit' an Seit'
Und die alten Lieder singen
Und die Wälder widerklingen,
Fühlen wir, es muss gelingen:
|: Mit uns zieht die neue Zeit! :|

BAYRISCHE HOCHLANDLAGER DER HITLERJUGEND

Bayern reklamierte schon 1934 eine Art typisch bajuwarischen
Sonderstatus auch für die Hitlerjugend. In ihren sogenannten
Hochlandlagern in den herrlichen bayrischen Bergen oder am eis-
kalten Riegsee, prangte weithin sichtbar in großen dreisten Lettern
an der nächtens effektvoll angeleuchteten **Ehrenwand (oben)** ihre
Devise: „Wir sind zum Sterben für Deutschland geboren!" Davor
stand bei Gelegenheit das Feldzeichen der SA-Standarte Horst
Wessel. So plakatierten sie die blinde Gefolgschaft und die

Glaubenstreue für den neuen Heilsbringer und „Führer". Die
Hochlandlager an verschiedenen Orten Bayerns (unten 1935)
wurden bis 1936 abgehalten und waren Massenlager mit bis zu
8 000 Hitlerjungen. Damit wurde auf den starken Mitgliederzu-
wachs reagiert. In „Lagerscharen" aufgeteilt nahm der Tag seinen
Lauf mit sportlichen, militärischen und ideologisch-rituellen Aktivitäten wie Morgenfeiern, Gedenkveranstaltungen für NS-„Märtyrer", Vorträgen, „Thingspielen" und Lagerfeuerrunden. Klein-
kaliberschießen,   Luftschutzwesen   und   Nachrichtentechnik
vermittelten eindeutig militärische Fertigkeiten, im Krieg ab 1942
fand das in sogenannten Wehrertüchtigungslagern Fortsetzung
(vgl. Thomas Wagner: „Zum Sterben für Deutschland geboren").
  In der „Hochlandlager-Zeitung" vom 21. August 1934 reimte
ein weinender zwölfjähriger Pimpf:

Es stehen 6 000 in dunkler Nacht,
als stünden sie um Deutschlands Wacht,
sie stehen stumm, sie stehen stille,
es hämmert in ihnen der eiserne Wille [...]

DER EINFLUSS DES PHILOSOPHEN CARL SCHMITT

Unterstützt vom faschistischen Vordenker Carl Schmitt, dessen
immenser Einfluss uns erst in der Oberstufe halbwegs bewusst

wurde, gedachte Goebbels das demokratische System zu zerstören, um danach „etwas ganz Großes" errichten zu können: eine „neue Moral". Zum Phänomen dieser politischen „Moral" gehörte untrennbar die Versuchung, sie zu missbrauchen. Gleichwohl sind uns Pimpfen und Hitlerjungen eine aufmüpfige Respektlosigkeit oder heroischer Widerspruch, auch gegen das soeben etablierte Regime, nicht in den Sinn gekommen. Uns war es gar nicht möglich, über unseren beschränkten Horizont hinauszuschauen, zumal wir nicht abzuschätzen

gelernt hatten, was uns hinter den proklamierten Texten als vielleicht erstrebenswert oder als verwerflich erwartete.

Carl Schmitt (oben, 1888-1985) versuchte aus „verfassungstheoretischer" und immer wieder neuartig opportunistischer Sicht die Vorstellung eines singulären souveränen Willens als Zentrum das Staates und seiner Souveränität zu begründen. Und zwar nicht im Normalfall einer kontinuierlich funktionierenden Demokratie, in der die Macht verbindlich auf verschiedene dialogische Institutionen, Gewalten und Prozesse verteilt wurde. Sondern vielmehr durch den diskontinuierlichen Ausnahmezustand, in dem sich die Macht des Staates auf eine diktatorische Spitze zusammenzieht, der die Verfassung (teilweise) außer Kraft setzt, um sich sogleich Sonderrechte zu zubilligen. Schmitts Terminus „Ausnahmezustand" ist fatal mehrdeutig: Er benennt damit den „Sonderfall", aber auch den „Notfall" als „Eingriff" und „Abwehr". Der Ausnahmezustand wird von oben, exklusiv von der Staatsmacht erklärt und ergibt sich nicht, wie bei Walter Benjamin oder dem Sozialismus, revolutionär und basisdemokratisch-unbefristet an der gesellschaftlichen Basis.

Für Schmitt sind der Staat und seine Verfassung zunächst ein nacktes Ordnungssystem der Macht und des zugrundliegenden Willens des Souveräns. Für ihn war das ebenso unsägliche wie folgenreiche Ermächtigungsgesetz vom 24. März 1933, wie bei einem faulen Bühnenzauber, die „vorläufige Verfassung der deutschen Revolution". Seine Sicht einer grundlegenden Tendenz zur Diskontinuität belegt, wie dubios und opportunistisch Schmitts Verfassungsbegriff zugespitzt war: Quasi als Matrize für jedwede Spielart eines nächsten Verfassungsbruchs.

Aus der Gegenposition hierzu kritisierte später die jüdische Philosophin Hannah Arendt: Die Identifikation von Freiheit und Souveränität in einem einsamen, abrupten, sich selbst totalisierenden Willen, ausgestattet mit einer mystischen, unteilbaren Macht, betrachtet sie als einen Grundfehler des neuzeitlichen politischen Denkens. Nur in der gemeinsamen Kommunikation freiwillig Versammelter würde die Macht in diesen Prozessen von allen erzeugt oder auch abgebaut, gebündelt oder auch zerstreut. Der historische Umschlagpunkt der Französischen Revolution in die Schreckensherrschaft, in den Terreur, lag für Arendt weniger in der Verdrängung der Girondisten durch die Jakobiner unter Robespierre, als vielmehr in deren Desinteresse gegenüber stabilen Staatsformen und dem verfassungsgemäßen Handeln (Hannah Arendt: Über die Revolution).

Carl Schmitt war schon am 1. Mai 1933 der NSDAP beigetreten. Noch im November desselben Jahres wurde er Präsident der Vereinigung deutscher NS-Juristen. Er verkörpert eine besonders windige Figur des fanatischen Opportunisten der Macht, der sie auf jeder beliebigen Seite zu vertreten sich im Stande sah, ideologisch wie juristisch. Er schmeichelte zwar der neuen Macht, obwohl er andererseits versuchte, Teile der alten Macht zu retten. Er ebnete gleichzeitig der neuen Macht mit seinen Umdeutungen den Weg. Und nicht selten tat er alles zugleich.

Damit folgte Carl Schmitt passgenau Adolf Hitlers Linie. Hitler hatte bereits 1919 in einem Gutachten an die Generalität der Reichswehr geschrieben: „Der Antisemitismus aus rein gefühlsmäßigen Gründen wird seinen letzten Ausdruck finden in der Form von Pogromen. Der Antisemitismus der Vernunft jedoch muß führen zur planmäßigen gesetzlichen Bekämpfung und Beseitigung der Vorrechte des Juden, die er zum Unterschied der anderen zwischen uns lebenden Fremden besitzt (Fremdengesetzgebung). Sein letztes Ziel aber muß unverrückbar die Entfernung der Juden überhaupt sein." Carl Schmitt erklärt zunächst eher unjuristisch die historische Mission des Führers als Rettung des Geistes aus dem ehemaligen Bismarck-Reich, und über den Ausnahmezustand der Weimarer Republik hinweg, im mystischen Auffangbecken des Dritten Reiches. Darin war alles in Fluss: Panta rhei!

Der gravierende Hintergrund der Sozialisation unserer Generation Hitlerjugend war die krude NS-Ideologie, wie sie in Hitlers „Mein Kampf" wahrlich im Buche steht. Die nationalsozialistischen Führungskader arbeiteten eisern daran, die latenten Sehnsüchte und Ideale meiner Generation den niederträchtigen Zwecken des „Führers" dienstbar zu machen.

Mit der „Zweiten Durchführungsverordnung" zum „Gesetz über die Hitlerjugend" vom 25. März 1939 speziell zum „Jugenddienst" wurde eine legitimierte Handhabe geschaffen, um unsere unerfüllten Sehnsüchte und Wünsche jenseits von Familie und Schule in der Form einer scheinbar freien, in Wahrheit aber vorselektierten, ideologisierten und kanalisierten Adoleszenz zu bündeln. Aus deren straffer Organisationsform in strenger Zwangsmitgliedschaft wurde schließlich die rassistisch und systemkonform gesteuerte Schule der Hitlerjugend geboren, eine Schule der gruppenförmigen Einordnung und physischen Tauglichkeit, und auch eine ideologische „Schule der höheren prophetischen Wahrheit". Um es hochtrabend zu sagen, sollten wir unbewusst in neuer Gemeinschaft den Spiegel unserer gleichgeschalteten Seele suchen. In der Rolle eines pubertierenden Lesers war Schmitts Lektüre aber eine Etage zu hoch zur Reflexion. Schmitts geistiger Horizont ist uns Pimpfen unsichtbar geblieben. Das Hitler-Konterfei überwachte als sein eigenes Abziehbild dagegen das tägliche Geschehen in jeder Schulstube, in jedem Amtszimmer, auf jedem Polizeirevier, in jeder Kaserne.

DER VOLKSEMPFÄNGER ALS MENSCHENFÄNGER

Im Vorwort zu „Inszenierung der Macht. Ästhetische Faszination im Faschismus" (Berlin 1987) wird eine Vielzahl von Faktoren und salvatorischen Klauseln in der damals üblichen Rheto-

rik dafür verantwortlich gemacht, jenes Klima entstehen zu lassen, in dem jeder Einzelne durch Einordnung in das Gefüge einer neuen gesellschaftlichen Ortung eine abstrakt normierte Wahrnehmungs-, Denk- und Handlungsfähigkeit sollte sein eigen nennen können. Der traditionelle öffentliche Raum wird aufgebrochen und im Sinne einer futuristischen Überwältigungsästhetik entgrenzt. Zum Beispiel verlangte das Medium Radio für den neuen Raum der totalen Politik eine adäquate, paradoxe Bühne der Simulation. In diesem Szenario konnte die Macht sich selbst weiter entfalten und neue Formen gebären und neue Inhalte durch die Köpfe und Herzen der mobilisierten Menschen hindurch selbstbezüglich darstellen.

Das allgegenwärtige Radio, in Form des einseitig rezipierten und gleichgeschalteten „Volksempfängers" (unten), war von Anfang an das Regierungssprachrohr für den Propagandaminister, das „allermodernste" und „allerwichtigste Massenbeeinflussungs-Instrument". Das Radio sollte die Menschen mit vorpräparierten Inhalten „so innerlich durchtränken", „dass überhaupt niemand mehr ausbrechen kann" (1933). An die hundert sogenannten Geheimsender versuchten in Europa und aus Übersee Gegenaufklärung zu betreiben. Wer die „Feind"-Sendungen aber einschaltete, den erwarteten drakonische Strafen. Auch *Bertolt Brecht (oben)* nutzte unter anderem den „Deutschen Freiheitssender 29,8" in Madrid, mit Kommentaren und Gedichten wie „An die Nachgeborenen". Einstein, die Brüder Mann und Hemingway trafen sich nicht nur hier im Äther. Die allermeisten deutschsprachigen Sendungen der BBC richteten sich gegen die Kampfmoral der Deutschen, die Verfolgung und Vernichtung der Juden wurde mit der UN-Erklärung vom 17. Dezember

1942 offiziell thematisiert und im Radio zum Kriegsmotiv erklärt.

Wir Jugendlichen sollten uns im neuen Gemeinschaftsgefühl stark fühlen: quasi als zu höheren Zwecken berufen. Diese Momente glückhafter Sinnlichkeit und gelingender kollektiver Veränderung ließen uns scheinbar in die große Bewegung hineinwachsen.

Manchem wurden sie zur zweiten Natur. Ihre systemische Abhängigkeit haben die 1939 schon 8,7 Millionen Mitglieder der Hitlerjugend, ohne es vielleicht selber zu merken, auf Heimabenden, im Schulunterricht oder in Schulungskursen verinnerlicht. Hier wurde uns in blumiger Ausdrucksweise das nationalsozialistische Gedankengut und der Wille zum gemeinsamen verwegen schönen Überlebenskampf als hehre Tugend und als Option auf eine bessere Zukunft eingeimpft. Auf der Basis eines Wortes von **Ernst Jünger (oben)**: „Ich hasse die Demokratie wie die Pest" intoniert der „Führer" auf dem Nürnberger Parteitag 1934 seine hohle imperative Grundsatzrede an die Hitlerjugend mit grotesken Wutausbrüchen: „Ihr müsst lernen, Entbehrungen auf Euch zu nehmen, ohne jemals zusammenzubrechen. Denn was wir – auch heute schaffen – und was wir tun – wir werden vergeh'n – aber in Euch wird Deutschland weiterleben – und wenn nichts von uns übrig sein wird – dann werdet Ihr – die Fahne, die wir einst – aus dem Nichts hochgezogen haben, in Euren Fäusten halten müssen. – Und ich weiß, das kann nicht anders sein, denn Ihr seid Fleisch – von unserem Fleisch und Blut – von unserem Blut – und in Euren jungen Gehirnen brennt derselbe Geist, der uns beherrscht. Ihr könnt nicht anders sein, als mit uns verbunden. Und wenn die großen Kolonnen unserer Bewegung heute – siegend durch Deutschland marschieren, dann weiß ich: Ihr schließt Euch den Kolonnen an. Und wir wissen: Vor uns liegt Deutschland, in uns marschiert Deutschland – und hinter uns kommt Deutschland."

Hitlers triumphale Stadionausfahrt (in Riefenstahls „Triumph des Willens"), vorbei an den ihn jubilierend grüßenden jugend-

lichen Massen, findet ihre tötliche Resonanz im Fahnenlied der Hitlerjugend:

Uns're Fahne flattert uns voran.
In die Zukunft ziehen wir
                    Mann für Mann
Wir marschieren für Hitler
Durch Nacht und durch Not
Mit der Fahne der Jugend
Für Freiheit und Brot.
Uns're Fahne flattert uns voran,
Uns're Fahne ist die neue Zeit.
Und die Fahne führt uns
                    in die Ewigkeit!
Ja die Fahne ist mehr als der Tod!

DIE ERSTEN DREI PARTEIFILME AUS DEM JAHRE 1933

Da alle diese Faktoren des Nationalsozialismus nur schwache Garantien waren, bedurfte es anderer, stärkerer Bindekräfte: das Massenmedium Film oder mehr beiläufig, die mitreißenden Lieder zum gefühligen Einstimmen in den jugendbeschwingten neuen Geist. Die lebensgemuten Vorbilder, denen es nachzueifern galt, sollten leibhaftig auf der Leinwand präsentiert und im Bewusstsein der Betrachter durch große Schauspieler verlebendigt werden und Haken schlagen. Das heißt: nacherlebbar in einem fortdauernden Rezeptionsprozess. Es gehört zu den Kunstregeln kluger Pädagogik, Zwang im Lernprozess nicht spürbar auszuüben. Unterhaltend belehren, das war auch Goebbels' subtilere Technik des Bösen.

Die ersten originären Parteifilme der Bewegung waren *„Hitlerjunge Quex"* (oben, 1933), *„SA-Mann Brand"* (rechts oben, 1933) und „Hans Westmar – *Einer von vielen" (rechts unten, 1933)*. Mit dieser Trias aufrüttelnder Propagandafilme wollte Goebbels Wirkungen über das ästhetische Filmerlebnis hinaus erzielen. Durch das ästhetische Ferment wurden auch Nichtparteigänger zum Kinobesuch motiviert durch Schauspielerpersönlichkeiten, die bereits vor 1933 Popularität genossen – wie Berta Drews, Heidema-

rie Hatheyer, Emil Jannings, Ferdinand
Marian, Werner Krauß, Heinrich George, Hermann Speelmans oder Hans Albers und Heinz Rühmann. Mein damaliger Lieblingsfilm „Hitlerjunge Quex"
kann als Indiz dafür gelten, wie phä-
nomenologisch bewusst die Regie von
Hans Steinhoff an die kurze Tradition
des Proletarischen Films von Weimar
anknüpfte und sich der vertrauten Erscheinung und Autorität der Filmstars
versicherte. Mit deren Beliebtheit sollte

die neue Weltanschauung satisfaktionstauglich gemacht werden.
Mit dieser hochsignifikanten Korrelation sollten die Filme dem
Zuschauer subkutan ein für alle mal unter die Haut gehen.

Parteipropaganda im Film zu verbreiten, das war eine Aufgabe,
die bereits Ende des Jahres 1933 ausschließlich den Kultur- und
Dokumentarfilmen und den Wochenschauen auferlegt wurde. Den
authentischen Bildern der sogenannten neuen Wirklichkeit traute
Joseph Goebbels die größere politische Suggestivkraft zu als dem
Sektor Spielfilm. Während der Kurzfilm mit dem neuen Gedankengut die Zuschauer knapp und knackig in Beschlag nahm, hatte
sich der Spielfilm künftig allein der Aufgabe zu widmen, dem Volk
„gute Unterhaltung" und Ablenkung oft im Modus eines Herzens-

kitsches zu bieten und dem Führer die
gute Laune seines Volkes zu sichern.
Es sollte sich alsbald als richtig erweisen, dass die ikonisierten Dokumentarfilme der Leni Riefenstahl bei den
Jugendlichen weit größeren Anklang
fanden als sogenannte Problemfilme
oder bukolisch gesättigte Heimat-
streifen, die nicht unter den Primat
der Filmkunst fielen. Goebbels wollte
damit das Vergnügungsinteresse des
breiten Publikums stimulieren, um es
entsprechend antichambrierend be-

dienen zu können. Das Massenmedium Film war für Goebbels die ideale Schmuggelware, eine Contrebande seiner Ideologie für ein Millionenpublikum.

Unter der Fuchtel von Propagandaminister Joseph Goebbels sollte schon in Friedenszeiten eine süffige Banalität zur volkstümlichen Vergnügung und zur Ablenkung von Alltagsproblemen bestens taugen, um später in Kriegszeiten den Unterhaltungsfilm zu voller Anästhesie einzusetzen. Das Kino sollte den Aggregatzustand der unberechenbaren „Militärstrategie" Adolf Hitlers für zwei Kinostunden vergessen machen. Im Reichsdeutschland haben über eine Milliarde Menschen bis zur kopernikanischen Wende 1945 zu diesem Besucherrekord beigetragen.

LENI RIEFENSTAHLS LUPENREINE PARTEITAGSFILME

Aber gerade *Leni Riefenstahls (unten mit Hitler)* Reichsparteitagsfilme (1933-35) machten uns im Pimpfenalter große Augen. Riefenstahls „Olympia"-Film, das große Propaganda-Werk über die Berliner Olympischen Spiele 1936, der erst nach komplizierter Schnitt-und-Montage-Arbeit am 20. April 1938, also zwei Jahre später in Anwesenheit von Hitler im Berliner Ufa-Palast Premiere feierte, wurde von uns ein Jahr vor Kriegsbeginn überschwenglich rezipiert. Dem emotionalen Mahlstrom ihrer brillanten und stellenweise modernistisch-formalen Filmästhetik vermochte sich kaum

einer zu entziehen. Ja, wir alle wollten gern so sein wie der soeben in Großeinstellung eingeschnittene blonde Trommler oder der sympathische Fahnenträger da oben auf der Leinwand. Oder wie die steil klimmenden Berg-Kletterer und die in den olympischen Himmel hineinfliegenden Turmspringer. Die charakteristische Faszination der Filme Riefenstahls liegt in ihrer subtil erzählenden und überhöhenden Montagekunst, deren Pointen sie

am Schneidetisch erschuf. Durch sie wurde das rituelle, sportliche und dramatische Handeln der Protagonisten auf eine Stufe der Entgrenzung gehoben, auf der die konkreten Bewegungsstudien wahlweise noch monumentaler und noch dynamischer erschienen, zwischen Zeitlupe und Schnitt um ihren Auftritt kämpfend.

Mit der magischen Welt der Riefenstahl-Filme zog uns auch das Parteiprogramm in seinen Bann. Die beide Momente vermählende Gesamtwirkung warf uns ins lustvolle Staunen. Der Kinogänger sollte durch das atemberaubende Geschehen der plastischen Verfilmung der nationalsozialistischen Welt-Anschauung überrumpelt und im Sog der Bilder mitgerissen werden. So paradox es klingen mag, Riefenstahls Regie feierte im Rausch ihrer erhitzten Geometrie den Gegensatz zur Form der abstrakten Kunst: in der Polarität von virtualisierter Architektur und konkreter Körperlichkeit lockte sie mit dem Versprechen einer konkret-sinnlichen Utopie.

In ungewöhnlichen Kadragen (Einstellungsgrößen) und Perspektiven zelebriert sie seit den Parteitagsfilm-Klassikern „Sieg des Glaubens" (1933) und „Triumph des Willens" (1934) die mediale und reale „Ästhetisierung der Politik", wie sie **Walter Benjamin (oben)** vorausgeahnt hatte: Ästhetik als Anleitung zum Untergang, als formale und immanente Entfachung eines Weltenbrandes.

Die Riefenstahl hat immer wieder den Vorwurf in den Wind geschlagen, sie habe sich als Magd von Hitlers Ideologie missbrauchen lassen. Recht hatte sie. Denn als deren wissentliche Protagonistin war sie schließlich selbst die größere metaphorische Bannerträgerin des Führers mit ihrem neuen faschistischen Film,

der nach Susan Sontag die Unterwerfung glorifiziert, den blinden Gehorsam im Verhältnis von „Hingabe" und „Rücksichtslosigkeit" feiert und letztlich in diesen Metaphern den Tod verherrlicht. Dieser Magnetismus gelingt ihr sogar ohne Versuche der Kontextualisierung von Nazisprüchen in ihren Dokumentarfilmen.

„Interessant am Verhältnis von Politik und Kunst im Nationalsozialismus ist nicht, daß die Kunst den politischen Zwecken dienstbar gemacht wurde; […] vielmehr, daß sich die Politik die Rhetorik der Kunst in ihrer spätromantischen Phase zu eigen machte. Politik ist ‚die höchste und umfassendste Kunst, die es gibt', sagte Goebbels 1933, ‚und wir, die wir die moderne deutsche Politik gestalten, fühlen uns als Künstler […] da die Aufgabe der Kunst und des Künstlers darin besteht, zu formen, zu gestalten, das Kranke auszumerzen und Freiheit für das Gesunde zu schaffen.'"

Unter dem Mantel der Kunst wollten die Riefenstahl-Filme sich in ihrer unverwechselbaren ästhetischen Façon aber weniger selber feiern. Sie sind auch nicht l'art pour l'art, sondern implizit und explizit, gerade in ihrem vitalen Formalismus, politikrelevanter Funktionsträger für Propaganda: Sie bewirken emotionale Einflussnahme und nehmen für die große Sache mit visuellen und musikalischen Botschaften und Suggestionen eindeutig Partei. Kommentierende Texte hielt Riefenstahl für obsolet. Einige Aufnahmen, auch Standardreden wie die von Robert Ley oder von der Ikone der Bedeutungslosigkeit Rudolf Hess waren offensichtlich auf dem Parteitag 1934 derart misslungen, dass Riefenstahl sie in perfekter Studiorealität nachstellen und nachsynchronisieren, also gründlich aufschminken ließ.

Siegfried Kracauer (oben), der schmiegsame Phänomenologe und Materialist, irrte, als er das Wesen des Films mit der abbildenden „Errettung der äußeren Wirklichkeit" statt mit ihrer aktiven Neu- und Umprägung verband. Nicht ganz plausibel insistiert Kracauer darauf, dass solche die widerständige Realität überspringenden Muster nichts Genaues seien, weil sie den „Eindruck des

Vakuums" verstärkten. Wenn es denn stimmt, dass die Bilder den Betrachter verwirren sollen, „um ihn auf diese Weise verführerischer Suggestionen zu unterwerfen", so bleibt aber doch Kracauers Schlussfolgerung zu widersprechen, dass „viele bildliche Darstellungen in Wirklichkeit nichts als eine leere Pause zwischen zwei propagandistischen Einflüsterungen" sind. Kracauers absolutistischer Realitätsbegriff würdigt das Medium Film in

dem Buch „Von Caligari zu Hitler" (1947) unter diesem einseitigen Aspekt, der die ästhetische Vielfalt gerade des Films bestreitet und nur gelten lässt, was den Eindruck von wirklicher Wirklichkeit hervorruft und den Zuschauer glauben lässt, Vorgänge zu erblicken, die sich im realen Leben tatsächlich zugetragen haben. Hitlers Parteitage waren keine Pseudo-Realität. Sie beruhen auf Erfahrungen und Methoden, wie Wirklichkeit durch die Rituale verführerischer Selbstverblendung besiegt werden konnte, jenseits der bloßen „Travestie". Siegfried Kracauer, den *Adorno (oben)* kritisch einen „wunderlichen Realisten" nannte, benutzt diesen Begriff der Travestie in seiner Spektralanalyse der Riefenstahl-Filme unter Berufung auf die Legende um Hitler: Der Nürnberger Parteitag von 1934 sei von Riefenstahl im Auftrag des Führers mitorganisiert worden, um als Kulisse für einen künstlerischen Film zu dienen, der selbst vortäuschte, nur ein objektiver Dokumentarfilm zu sein und den Atem der Zeitgeschichte spiegelt.

Krakauers These ist ein von vielen Filmhistorikern fortgeschriebener Irrtum. Verkannt wurde die Bedeutung der ästhetischen Dimension des Parteitages mit seinen arrangierten Ritualen und die Dialektik zwischen der Inszenierung der Parteitage und der abermals überhöhenden Inszenierung des Films mit seinen avancierten Mitteln. Beide griffen als reale und als filmische Ritualisierung ineinander, ohne völlig kongruent zu werden. Auch die Verzahnung beider Dimensionen zu einer dynamischen Wirkung strotzte freilich noch von unbemerktem propagandistischem Schein.

Die Kunst Riefenstahls bestand gerade darin, mit ästhetischen Mitteln die außerästhetische Wirklichkeit auf den medial-inszenatorischen Begriff zu bringen, in dem sich die in der faschistisch durchtränkten Realität lebenden Menschen wiedererkannten – jedes Individuum in seiner auch körperlich mobilisierten Bereitschaft als voll in die Masse eingehender Impuls. Riefenstahl war auf diese real existierende, nationalsozialistisch ritualisierte Wirklichkeit durchaus gläubig fixiert. Die unglaublichen Sichtachsen zwischen den Menschenblöcken teilen die Masse nicht in beleidigend seelenlose Fassaden, sondern bieten sie als bereits geordnete allegorische Menschenklammer für Hitler an, den numinosen Heilsbringer, von Richard Wagners und Herbert Windts weihevoll-flexibler Musikdramatik umrahmt. Riefenstahls Brennweiten sind kurz genug, um einzelne Paratypen aus der Masse herauszuschälen.

Das aus den Wolken hervorstechende Sonderflugzeug des Führers und Nürnberg unter ihm am Boden, uniformierte Individuen und armierte Masse, wehende Fahnen und starre Standarten, antretende Körper und befehlendes Geschrei, Bodenformationen und in den zum Himmel auffahrende Kameraaufzüge, immer zwei entgegengesetzte magnetische Pole im Fadenkreuz der Kamera, die als Spannungsfelder zu einer neuen Ästhetik wieder fest aneinanderrücken und voneinander abprallen. Jeder Einzelne, auch im Kinosaal, war indirekt beteiligt am Kunstwerk der politischen Macht. Riefenstahls Kamera war quasi Instrument des „Nürnberger Trichters".

Obwohl Thomas Mann als intensiver Kinobesucher bekannt war, ist seine ausführliche Rezeption der Riefenstahl Filme nicht überliefert. Allerdings hat er die herannahende zeitgenössische Ästhetik bereits in seinen „Betrachtungen eines Unpolitischen" (1915-18) antizipiert: „Ästhetizismus, der sich politisiert, wird immer radikalistisch sein, und zwar aus bellezza. Es ist sehr üblich, Radikalismus mit Tiefe zu verwechseln. Nichts ist falscher. Radikalismus als schöne Oberflächlichkeit, – ein generöser Gebärdenkult, der geradezu ins Choreographische führt [...]." Damit nimmt er weitsichtig Riefenstahls Choreographiebegriff vorweg.

Die alljährlichen Reichsparteitage der NSDAP (bis 1938) und ihre perfekte Choreographie dienten einem doppelten Zweck: der Feier der innerparteilichen und der öffentlichen Disziplinierung und der symbolischen Selbstdarstellung sowie dem energetischen Ausdruck auferlegter und freiwillig übernommener Macht. Ein choreographisches Plebiszit an die weite Welt! Die auf den Parteitagen akklamierten Beschlüsse sollten durch die Präsenz von Abertausenden von Teilnehmern bis in die kleinsten Zellen der Partei hinein unterstrichen und weitervermittelt werden. Das ideologische Potential und die kämpferischen Energien hatten sich

miteinander in ästhetischer Schubkraft „moralisch" aufzuladen.

Ernst Jünger beschrieb in „Die Totale Mobilmachung" (1930) die zu Walter Benjamin diametral entgegengesetzte Bewegung eines scheiternden ersten Weltkrieges, dessen politisch-wirtschaftliche Dynamik sich in der Zivilgesellschaft dennoch unkontrollierbar ausbreite. Dabei beginnt sich Jüngers heroisches Kampfparadigma, wie er es für seine Erwartungen und Erlebnisse an der Front pflegte, zeitdiagnostisch abzukühlen: „Die Totale Mobilmachung als Maßnahme des organisatorischen Denkens ist nur eine Ausbildung jener höheren Mobilmachung, die die Zeit an uns vollzieht. Dieser Mobilmachung wohnt eine eigene Gesetzmäßigkeit inne, mit der das menschliche Gesetz, wenn es wirksam werden soll, parallel laufen muß."

Pierre Bourdieu (oben) stellt heraus, dass in der Spannbreite zwischen individueller Körpersprache und dem Ornament der Massen, wie etwa unterm Nationalsozialismus, sich soziale Kräfte von Macht und Herrschaft manifestieren, die auch in anderen Epochen wirksam sind: „In allen Gesellschaftsordnungen wird systematisch ausgenutzt, dass Leib und Sprache wie Speicher für bereitgehaltene Gedanken fungieren können, die dadurch abgerufen werden, dass der Leib wieder in eine Gesamthaltung gebracht wird, welche die mit dieser Haltung assoziierten Gefühle und Gedanken heraufbeschwören kann, also in einem jener Induktorzustände des Leibes, der Gemütszustände herbeiführen kann, wie Schauspielern bekannt ist." Das lässt sich noch funktionalisieren: „Daher die Sorgfalt, die bei der Inszenierung großer Massenfeier-

lichkeiten nicht nur […] auf das Bemühen um feierliche Darstellung der Gruppen zurückgeht, sondern auch […] auf die sicher unbestimmte Absicht, Gedanken zu ordnen und durch strikte Regelung der Praktiken, durch regelhafte Aufstellung der Leiber und besonders durch leibliche Ausdrucksformen der Gemütsbewegung wie Lachen oder Weinen Gefühle zu suggerieren. Symbolische Wirkung dürfte auf der Macht über andere und insbesondere über deren Leib und Glauben fußen, verliehen von der kollektiv anerkannten Fähigkeit, durch die verschiedensten Mittel auf die zutiefst verborgenen verbal-motorischen Zentren einzuwirken, […], indem man sie mimetisch fungieren lässt." (Pierre Bourdieu) Bourdieu bezieht sich auf ein bekanntes Zitat von **Marcel Proust (oben)**, der im Modus der Identifikation fast noch individuell memorierend und aktivierend und doch schon kollektiv mobilisierend beschrieben hatte: „Unsere Arme und Beine sind voll von schlummernden Erinnerungen." In Bourdieus Version steigt der Abstraktionsgrad und die Dissoziation der gleichwohl aufeinander bezogenen Komponenten: Körper, Teil, Impuls, Ursprung und Wirkung, indem er knapp formuliert: „Man könnte in Abwandlung eines Worts von Proust sagen, Arme und Beine seien voller verborgener Imperative."

Als eines dieser Mittel, auf den Leib der Jugend und deren Bereitschaft zum Glauben einzuwirken, hat schon früh der russische Regisseur Wsewolod Pudowkin den Film definiert, den er als den besten Lehrer bezeichnet, denn „seine Lehren wenden sich nicht nur ans Gehirn, sondern an den ganzen Körper". Der sportlich viril getrimmte und dabei konsequent inszenierte Propagandafilm ist in diesem neurophysiologischen Sinne der beste Lehrer (vgl. Hilmar Hoffmann: „Mythos Olympia", Berlin und Weimar, Aufbau-Verlag, 1993).

DAS ALLJÄHRLICHE ZEREMONIELL
VON HITLERS PARTEITAGEN

„Was das für Menschen sind,
deren ganze Seele auf dem Zeremoniell ruht" (Goethe).

Der „Führer" hielt 1926 den Generalappell zum ersten Parteitag
der NSDAP nach ihrem zwischenzeitlichen Verbot ab. Dieser
Akt wurde im symbolträchtigen Weimarer Nationaltheater zum
Ereignis, dort, wo 1919 die Deutsche Nationalversammlung zur
Gründung der Republik tagte. Erstmals wurde die „Blutfahne"
des gescheiterten Putsches beim Marsch der braunen Kämpfer
auf die Feldherrnhalle 1923 zum „heiligen Dienst" befohlen, um
Standarten für bewährte Korps oder Fahnen von SA bzw. SS
einzuweihen. Die in Propagandafilmen und Wochenschauen
unübersehbaren Standarten und ihre Träger figurieren hier als
„ausgezeichnete Vorbilder". Sie ragen aus der Masse hervor, um
den Zuschauer zum Anschluss anzustacheln. In diesem Sinn ist
auch der zur Fahne abgelegte Treueid der in Weimar anwesen-
den SA-Männer zu verstehen. Ende 1936 wurde der direkt mit
der Flagge Kontakt herstellende Fahneneid auch in der Wehrmacht eingeführt. „Das Theater stand ganz im Zeichen der Par-
teifahne" (A. Tyrell); mit *300 Parteifahnen (unten)* im Rücken

definierte Adolf Hitler auf der Bühne deren Symbolik zum wiederholten Male; aber hier mit Betonung feiner Nuancen: „Rot = Symbol der sozialen Gesinnung; weiß = unser Nationalismus der Tat, nicht der Phrase; schwarz = der Geist der Arbeit, der immer judengegnerisch, rasseschützend sein wird." (Hitler)

Die Zeitrechnung der Parteitage begann in München im Januar 1923 mit der „großen Kundgebung von unendlicher Kraft und Zuversicht" (Hitler). Das Grundmuster des später variierten Rituals der Fahnen- und Standartenweihe, sollte über die Mobilisierung von Emotionen für die entsprechenden Inhalte motivieren. Für die Hakenkreuzfahne, und wofür sie Symbol geworden war, sollte jeder Parteigenosse mit Leib und Leben eintreten: „Ich schwöre dir, unserm Führer Adolf Hitler, bis zum letzten Tropfen Blut bei meiner Fahne auszuharren." Diese Eidesformel ist die archaische Extremversion aller anderen Führereide, auf die verschiedenste Institutionen und Personen im Dritten Reich eingeschworen wurden. Der darin offenbarte Zynismus war damals keine Hürde, die wir nicht übersprungen hätten. Die Fahrtenmesser an unseren Koppeln trugen die Inschrift „Blut und Ehre!" und ließen uns uns stark fühlen. Ich selbst war einmal zum Fahnenträger auserkoren worden, und als ein aufkommender Sturm

von der Fahne Besitz ergreifen wollte, konnte ich sie halten und gegen die Unbilden des Unwetters verteidigen. Das war für einen 13-jährigen Pimpfen ein nachhaltiges stolzes Erlebnis. Die Parteitage waren keine Beschlussgremien für Programmatisches. Was wir Pimpfe nicht begriffen, war, dass Hitler eine demokratische „Parlamentarisierung" von vornherein und ein für alle Mal zu verhindern wusste. Seine Reden und seine Programme sollten nicht durch noch so formalistische Debatten und Abstimmungen in Zweifel gezogen werden. Den Mythos Hitler als monolithischer Überfigur galt es tief in den Herzen der Gläubigen und ganz besonders der Jugend zu verankern. Die Aura der Feierlichkeiten, ja des Sakralen zu organisieren und zu erleben, waren Hitler wichtiger als sich lästigen Diskussionen auszusetzen. Die Magie der Fahnen, des Feuerzaubers und der von Albert Speer ausgeklügelten Lichtdome waren in den Parteitag fest eingesenkte Rituale. Als magischer Selbstzweck erfüllten sie zugleich Ablenkungsfunktionen. **Das Flaggenmeer (links)** flatterte immer mit, auch als parteipolitisches konstantes Statement, untermalt von dröhnenden Fahnenliedern.

Wir ahnungslosen Pimpfe waren die am leichtesten verführbare Generation des Nationalsozialismus, zu lange ahnungslos bleibend und doch bereits in der Verantwortung. In unserer angezapften und ungesättigten Neugier mutierten wir zur leichten Beute für das Management der neuen Bewegung, das mit seinen eingängigen Schlüsselworten aus dem braunen Katechismus unsere Kinderherzen verzauberte und zugleich verdarb. Das Vokabular aus preußischer Militärtradition wurde mit dem Gedanken-Repertoire der bündischen Jugend und der Kälte der Neuen Sachlichkeit zu einer neuen modern-brutalen Denk- und Gefühlsweise gekreuzt, die treffsicher den Nerv der damaligen Jugend traf. Der traditionsbezogene Religionsunterricht und die ethischen Werte, aber auch die Perspektiven moderner Kunst, waren als angeblich „entartet" tabu. Gegen sie ließ Hitler seinem notorischen Hass freien Lauf. Sie galten ihm je nachdem als entbehrliche Bagatellen oder als schnell zu beseitigende Störfaktoren.

Im Geiste ihrer kargen Rabulistik versuchten die Nazis, in Elite-Schulungsburgen und Adolf-Hitler-Schulen attraktive Erzie-

hungsalternativen anzubieten. Unsere jugendliche Begeisterungsfähigkeit und Gläubigkeit vorausgesetzt, wurde unser Blick gezielt auf Bereiche gelenkt, in denen die Jugend mit aufgekratztem Eifer, zunächst scheinbar ganz aus sich selbst, und nur behutsam gelenkt, ihre Aktivitäten entfalten und ihre aufgestauten Energien ausleben konnte. Und wo sie sich auf der sicheren Seite der Sieger wähnen durfte. Das große vereinnahmende Sentiment „Wir sind viele", „Wir sind Legion", war für die Jugend ein erhabenes Gefühl, in der eingeübten Gewissheit, auf dem rechten Weg in die Zukunft dazuzugehören.

Das HJ-Angebot kannte nur in geringer Zahl eigenständige musische und kreative Angebote. Lieder und Märsche wurden sogleich als Disziplinierungsinstrument verwendet. Auch die Bildende Kunst wurde weniger gefördert, eher vernachlässigt. Und schon gar nicht wurde auf die rigoros aus den Museen entfernte Moderne eingegangen, deren sinnlich-geistige Formsprengungen, vor allem am menschlichen Körper und im verzerrten und expressiven Porträt, vom infantilen Urteil als „entartet" und mit rassistisch-psychiatrischem Vokabular beklebt wurden. So sollte jede eigenständige Wahrnehmung, jenes suchende und explorative Schauen vereitelt werden, das wir doch in der Dunkelkammer von Fotografie und Film erahnten und als Gespenst der längst entzogenen Freiheit ergriffen. Auf diese Weise begegneten wir natürlich nicht der gesamten kreativen Spannbreite der Moderne, die unserem Anspruch entzogen wurde, die Ästhetik als die Kunst einer zugleich entfesselten und reflektierbaren Wahrnehmung kennen zu lernen. Sogar der farbintensive Expressionismus des NS-ergebenen Malers Emil Nolde blieb unserem Gesichtskreis verschlossen. Nolde erhielt anfangs noch Unterstützung durch Goebbels, wurde aber von Hitler und dem konservativen Kunsträuber Alfred Rosenberg zum entarteten Künstler gebrandmarkt. Noldes ästhetischer Horizont hätte qualitativ weit über Deutschlands neue Kunstgrenzen hinausweisen können, wäre er nicht ein bekennen-

der Freund der Berliner und Französischen Moderne gewesen.

Als Ersatz galten Hitler altbackene
naturgetreue Landschaftsbilder oder
nackte deutsche Weiblichkeiten, sche-
matisch-tote Allegorien, abgemalt vom
angeblichen „Meister des Schamhaars"
Adolf Ziegler. In der künstlerischen
Darstellung sozialistischer Heroen erkennt **Susan Sontag (links)** vor allem
kollektive Werktätige, Arbeiter, Bauern

und Soldaten in ihrer beruflichen Kluft. Die 1936 bevorzugten
NS-Skulpturen und Bilder in hohem Klassizismus lieferten dagegen einzelne nackte Gestalten für den diktatorischen Auftrag-
geber. Darin entdeckt Susan Sontag den Primat der Ästhetik im
Faschismus gegenüber der primär ethisch orientierten sozialistischen Kunst: „Hinter der faschistischen Kunst hingegen steht eine
utopistische Ästhetik – die Ästhetik der physischen Vollkommenheit." Die himmelstürmenden Skulpturen von Breker und Thorak
und die kitschig weichspülenden Schönheitsplastiken von Kolbe
und Klimsch. „Maler und Bildhauer der Nazizeit stellten häufig
den nackten Menschen dar, aber es war ihnen verboten, körperliche Unvollkommenheit zu zeigen. Ihre Akte sehen aus wie Bilder
aus Gesundheitsmagazinen für Männer: Pinup-Gestalten, die auf
eine scheinheilige Weise asexuell wirken, zugleich aber (in einem
technischen Sinne) pornographisch, da sie die Vollkommenheit
einer Phantasie haben." (Susan Sontag)

Der **Maler Adolf Ziegler (oben)** war ein vom Ordnungsfanati-
ker Hitler erkorener ausdrucksloser Nichtskönner, der so besorgt
in die Kamera schaute, als wolle er sich für sein Gesamtwerk im
voraus entschuldigen. Nationalsozialistische bildende Kunst war
meist handgemalter oder handgeformter Dilettantismus, der hinter
der fotografischen und filmischen Raffinesse der Medienpropagan-
da und den vom „Führer" geliebten frühen Zeichentrickspielfilmen
Walt Disneys weit zurückfiel. Der Verrat an den eigenen Werten
der zeitgenössischen bildenden Kunst war ähnlich schmerzlich
wie das verlorene Ringen um die Literatur. Die weltanschaulichen

Theorielawinen des Verbotenen hätten
uns das Fürchten lehren können, wenn
wir das aus dem Verkehr gezogene unvergleichliche Kunst- und Literatur-Erbe
all dessen, was Goebbels zur „entarteten
Kunst" verteufelte, zum Vergleich und
zur Selbstvergewisserung hätten heran-
ziehen können: **Döblins** *(links)* „Berlin
Alexanderplatz", **Remarques** *(rechts
oben)* „Im Westen nichts Neues", *Tucholskys (unten)* sozialpolitische Satiren
oder **Kafkas** *(rechts unten)* „Prozess". Otto Dix's Triptychon „Der
Krieg" oder Anna Seghers' Roman „Das siebte Kreuz", die Na-
zischarfrichter der Künste verunglimpften Otto Dix' Bilder über
die Flandernkämpfe und Kriegskrüppel als „gemalte Wehrsabota-
ge". Alles Autoren und Werke, welche die explosive Wucht der erbarmungslosen analytischen Zerlegung der NS-Ideologie und ihrer
tragisch-absurden deutschen Vorgeschichte in sich bargen.

Erst viel später begriffen wir, in einem ganz anderen Sinne als
erwartet, uns endlich als erwachsen und sahen uns in der Lage,
Geschichte und Geschichtlichkeit in ein reflektierendes Licht zu
rücken. Adolf Ziegler war als Vizepräsident der Reichskammer
der Bildenden Künste verantwortlich für die ästhetische De-
klassierung moderner Kunst und die räuberische Beschlagnah-
me von Tausenden Werken aus Museen und jüdischem Privat-
besitz. Nach dem Prinzip der „kreativen Zerstörung" ließ er mit

infernalischer Entschiedenheit Kräfte
walten, die das Panorama der Moderne
in Deutschland in alle Winde verwehte.
Unser beschränkter kultureller Kennt-
nishorizont und der Mangel an Alternativen zum Abgleich politischer Phrasen
und trügerischer Verheißungen machten
es im Nationalsozialismus unmöglich,
lyrische Konjunktive in den harten realistischen Indikativ zu überführen, verbrauchte Romantik durch scharfsinnigen

Realismus zu ersetzen, um endlich für die Gestaltung unserer eigenen Existenz schlauer und klüger zu werden.

Aus heutiger Sicht war es uns Hitler-jungen gar nicht möglich, Lüge und Trug zu erkennen, weder bei uns und anderen, noch direkt im Irrglauben der in der Par-tei siedelnden Lebensgefährten und Leit-figuren. Weil externe oder übergeordnete Lügen für uns alternativlose hitlergläubi-ge Kinder gar nicht als solche auszuma-chen waren, haben wir unseren Vorgesetzten vertraut und sogar komplett geglaubt; wohl auch, weil sie den akademischen Bo-nus besaßen oder weil sie erfahrener waren als wir oder einfach authentisch auf uns wirkten. Unsere Aufmerksamkeit für alles Neue, bisher Unvorstellbare wurde mit nationalsozialistischer Moral und Ökonomie in einer nur spaltbreiten Öffnung bewirt-schaftet. Ohne dies als Schüler schon zu erkennen, haben wir ahnend doch in den virtuellen Abgrund tiefgreifender Bildungs-lücken und Orientierungswüsten geschaut.

Mit welch heiligem Ernst wir Pimpfe und Hitlerjungen zu kämp-fen verstanden, darüber liefert die Deulig-Tonwoche Nr. 275 vom 7. April 1937 ein authentisches Bild unter der Ankündigung „Kriegsspiele um HJ-Banner". In der zerstrittenen Weimarer Re-publik wurden die von den Nationalsozialisten vereinnahmten Wirkungselemente, die säkularisierten Mythen und germanischen

Kultformen, von vielen sowohl aus dem Bürgertum wie aus der Arbeiterjugend als faszinierende Alternative zu ihren bisheri-gen Sozialisationsformen empfunden.

Vor dem Hintergrund einer als politisches Chaos diffamierten und bewusst destabili-sierten Vielparteien-Republik entfaltete die Jugendbewegung Ende der zwanziger Jahre ihre Aktivitäten. Die meisten der enttäuschten Jugendlichen auf der „Su-che nach der schönen Seele und der Sehnsucht nach der unschuldigen Natur", entstammten bürgerlichen Milieus. Ihre Wandervogelmotive schienen eher dumpf gefühlsmäßig als rational bestimmt. Viele suchten emotionalen Ersatz für die von den Eltern angeblich vorenthaltene Freiheit. Immer mehr Jugendliche wie auch ich selber betrachteten die Welt aus unserer schmalen Sinnperspektive, die wir eher unbewusst mit Werten der Vergangenheit altromantisch verklärten. Das Nachplappern von hehrem Gedankengut, dies alles immer im Echo der großen Gemeinschaft Gleichgesinnter, bediente aber nicht immer die eigenen Wünsche. Von den Parteigenossen wurde jene Verweigerung des „Führers" in Kauf genommen, dass er einen Diskurs als potentielle Wahrheitsschleuse für obsolet befand. Dieser Befund mag vielleicht erklären, wie eng verschwistert Schuld und Unschuld manchmal dicht beieinander liegen können, ohne, dass wir damals diesen Zwiespalt schon hätten begreifen und auflösen können.

ERNST JÜNGER BLEIBT IM REGAL

In der Oberstufe meines Gymnasiums haben wir Fahrt aufgenommen, um Ernst Jüngers „Kriegstagebuch 1914-1918" als Pflichtlektüre schnell hinter uns zu lassen. Besonders verinnerlichen sollten wir seine „wahrhaften Tugenden". Mit seinem eindeutigen Bekenntnis zum Kampf Mann gegen Mann würdigt er darin „die Schlacht als Kunstwerk, wie es Männern Freude macht". Er präsentiert die Apotheose der Tapferkeit vor dem Feind und den Durst nach Blut „als Heroischen Realismus", einem ästhetisch-martialischen Begriffsungetüm, gefeit gegen jeglichen Pazifismus der verflossenen Weimarer Republik. Hochmögende Begriffe wie Elite und Ehre sowie Jüngers Selbstdefinition als „Feldherr des Geistes" benennen einige seiner frühen imposant bellizistischen Verblendungen.

Bereits zwischen stärkerer essayistischer Reflexion und expressiver Schilderung schwankend, verherrlicht Jüngers „Der Kampf als inneres Erlebnis" (1922), immer noch den mannhaften Kampf als oberste Kategorie des Krieges: „Eine Kultur mag noch so ragend sein – erlischt der männliche Nerv, ist sie Koloß auf tönernen Füßen. Je mächtiger ihr Bau, desto fürchterlicher der Sturz. [...]

Gerade deshalb ist heilige Pflicht der höchsten Kultur, die stärksten Bataillone zu haben" (Ernst Jünger). Kriegstreiberische Imperative, wie in Jüngers Texten zu Hauf, schienen Goebbels geeignet, als zynisch totbringende Gebrauchsanweisung und ständiger Begleiter im Feldgepäck der Hitlerjugend mit dem Marschbefehl: „Stirb vor deiner Zeit, wie der Führer es befahl."

An anderer Stelle öffnet *Jünger (oben, links im I. Weltkrieg, mit seinem „Meldegänger", s. Seite 271)* sein „abenteuerliches Herz" in einer selbstberauschenden Suada: „Und die Stunde kam für jeden, wo es aufbraute, dunkel, unbestimmt aus der Tiefe, gerade wenn man am wenigsten daran gedacht. Wenn die Felder leer waren, wie an hohen Festtagen, und doch ganz anders. Wenn das Blut durch Hirn und Adern wirbelte wie vor einer ersehnten Liebesnacht und noch viel heißer und toller." Die letzte Phase seines süffisanten Schwelgens hat uns in der Pubertät, sagen wir mal, höchst irritiert und in seiner Ungewissheit erröten lassen.

In den Gärungen seiner heroischen Ideale ist der Krieg für Jünger ein kulturelles Ereignis. Was er hier literarisch geschliffen schildert, ist die sozialdarwinistisch riskante Vision, die vage Hoffnung auf die kulturelle Höherstellung des Siegers: die von der Dynamik des Werdens umtoste „Einheit von Sieg, Macht und Kultur". Auszüge von Jüngers Werken mit passender und nicht zu ambivalenter Tonlage gehörten zum Curriculum der Oberstufe. Seine Texte sollten dazu beitragen, das Soldatische in uns zur genuinen Lebensform zu erwecken und zum geistig-seelischen Habitus der Generation Hitlerjugend zu entwickeln, als nun offizielle Kultur des Heroischen. Eingeschworen in den Fahneneid, hatte das immunisierende Gift des Nationalsozialismus seine Wirkung nicht verfehlt. „Es geschah mit uns", erinnert sich Goebbels' langjährige Sekretärin Brunhilde Pomsel nachträglich in dem Interview-Film „Ein deutsches Leben" (2016).

Friedrich Nietzsche (links) hat in kluger Weitsicht schon 1878 den trügerischen Kern von Reichsparteitagen satirisch antizipiert („Menschliches, Allzumenschliches"): „Der Punkt der Ehrlichkeit beim Betruge. – Bei allen großen Betrügern ist ein Vorgang bemerkenswert, dem sie ihre Macht verdanken. Im eigentlichen Akte des Betrugs, unter all den Vorbereitungen, dem Schauerlichen in Stimme, Ausdruck, Gebärden, inmitten der wirkungsvollen Szenerie überkommt sie der Glaube an sich selbst: dieser ist es, der dann so wundergleich und bezwingend zu den Umgebenden spricht. […] Selbstbetrug muß deshalb da sein, damit diese und jene großartig wirken. Denn die Menschen glauben an die Wahrheit dessen, was ersichtlich stark geglaubt wird."

Nach der bejauchzten Grandezza seines Anfangs und seit er mit „Mein Kampf" in die politische Öffentlichkeit gedrängt war, reduzierte sich gegen Ende, in Hitlers Götterdämmerung, sein menschenfeindlicher Rausch auf ein Schreckensbrevier letzter Wahrheiten. Sein Nachruf in den Annalen der Weltgeschichte ist auf einen einzigen Satz zusammengeschmolzen: „Größter Massenmörder des 20. Jahrhunderts". Hitlers Bücher „Mein Kampf" landeten auf dem Sperrmüll der Geschichte.

Nach dem endgültigen Fall des immer brüchiger gewordenen Dritten Reichs wog Hitlers Verbrechensskala auf der Gewissenswaage von uns nun Befreiten bleischwer. „Einem bei Lebzeiten ein Monument setzen", sagt Schopenhauer in den „Aphorismen zur Lebensweisheit", „heißt eine Erklärung ablegen, daß hinsichtlich seiner der Nachwelt nicht zu trauen ist."

DER REICHSJUGENDFÜHRER VOR DEN SCHRANKEN DES NÜRNBERGER TRIBUNALS

Baldur von Schirach übernimmt im Nürnberger Prozess „die volle Verantwortung". Wofür? Er habe die Hitlerjugend als Jugendverband geleitet, beinahe unpolitisch und rein jugendimmanent als

eine Art Ausbil-
dungs-und-Aben-
teuer- sowie als
Kraft-und-Freu-
de-Terrain. Von
Schirach befindet
über sich selbst:
Er habe die Ju-
gend auf der Ba-
sis seiner eigenen,
irrtumsanfälligen

Verehrung von Hitler zum Personenkult motiviert, um den Führer als eine glaubwürdig erscheinende menschliche Figur zu präsentieren. Wie Leni Riefenstahl in ihrem filmischen Werk, beharrt
auch von Schirach auf Methoden einer begriffslos ästhetisierenden
Pädagogik. Er stellt sich schützend vor Jugend, Volk und Vaterland, drei heilige Säulen, die er nun plötzlich vor den Schranken
des Gerichts durch das demaskierte Monster Hitler bedroht sieht.
Später wird von Schirach ausführen, er habe den harmonischen
Jugendverband vor den negativen Folgen der Hetzkampagnen
eines Goebbels und den judenfeindlichen Karikaturen eines Stür-
mer-Blattes bewahrt. Er habe aber vor allem auch von der Betei-
ligung der Hitlerjugend an Pogromen abgehalten, so gut es eben
ging. Von all den Verbrechen habe das deutsche Volk und habe
auch die deutsche Jugend keine Ahnung gehabt.
   Von Schirach will erst 1944 erstmals von „Massenmorden an
Juden im Osten" und „Exekutionen an Juden durch Gaswagen"
und „Erschießungen auf russischem Boden" erfahren haben, und
zwar durch ausländische Presseberichte. Von Schirach empfin-
det sich bis zuletzt als Herrscher einer fast friedlichen Insel im
Ozean von Verbrechen und Unrecht.
   Von Schirach entging in Nürnberg wie **Albert Speer (oben
mit Hitler, Breker und anderen 1940 in Paris)** und Rudolf Heß
der drohenden Todesstrafe. Er wurde wie Speer zu 20 Jahren Einzelhaft wegen „Verbrechens gegen die Menschlichkeit"
verurteilt, konkret für die Deportation von 185000 österreichischen Juden in Konzentrationslager während seiner Gau-

leitung in Wien. Einige aus Hitlers Mörderkartell hatten sich aus den Trümmern ihrer hier offen verhandelten Schuld sogleich durch Selbstmord in die Ewigkeit verabschiedet, so Robert Ley, Leiter der Deutschen Arbeitsfront, oder **Hermann Göring (links)**, Fliegerheld und Pour le Mérite-Träger im Ersten Weltkrieg sowie Chef der Gestapo und Reichskriegsminister. ***Rudolf Heß (rechts)***, der zu lebenslanger Haft verurteilt wurde, hat sich 1987 in seiner Zelle erhängt.

Unter der Ägide Baldur von Schirachs waren Jungvolk und Hitlerjugend neben Elternhaus und Schule offiziell zum dritten und dabei dominanten Erziehungspfeiler aufgewertet worden. Von Schirach konnte bald über sechs Millionen Mitglieder seiner eleganten Knute unterwerfen. Mit melancholischer Genauigkeit gebietet er laut statistischer Beweismittel bereits 1939 über faktisch die gesamte deutsche Jugend bei einer Bevölkerungszahl von knapp über 79 Millionen Menschen.

Unter eiserner Favorisierung des Führers, war es von Schirach gelungen, „seine mitgefangene Jugend" in den Ritualen des Nationalsozialismus und den alt-neuen Regeln der Idolatrie einzuweisen. Das waren aus seiner nachträglichen Sicht rein formale „Grundtugenden", wie unbedingte Disziplin und Gefolgschaft, mit dem einstweilen noch ferngerückten Zielen von Kampf und Opfertod. Die chiliastisch-mythische Achse der zunächst in der Normalität des Alltags eingeübten Verhaltensweisen war den prophetisch intonierten Reden und Ansprachen immer schon bedrohlich immanent. Die märchenhafte Zeitangabe „Einst", das unbestimmte „Damals", „Es war einmal" oder „lange her" der Vergangenheit und der unbestimmt zu erwartende Augenblick der Zukunft wurden immer beängstigender zu einem todesmelancholischen Augenblick tief verankerter Kriegsbereitschaft verschmolzen. Darüber habe der „Führer" in seiner Vorsehung magisch und hypnotisch verfügt.

Tatsächlich hatte der „Führer" sich zwischen 1934 und 1939 die deutsche Jugend mit einem beängstigenden Diktat untertan gemacht: „Wir wollen ein Volk sein, und ihr, meine Jugend, sollt dieses Volk nun werden. Wir wollen einst keine Klassen und keine Stände mehr sehen, und ihr dürft schon in euch diesen Klassendünkel nicht groß werden lassen! Wir wollen einst ein Reich sehen, und ihr müßt euch dafür schon erziehen in einer Organisation! Wir wollen einst,

dass dieses Volk treu ist, und ihr müßt diese Treue lernen! Wir wollen einst, daß dieses Volk gehorsam ist, und ihr müßt euch in Gehorsam üben! [...] Alles, was wir vom Deutschland der Zukunft fordern, das, Jungen und Mädchen, fordern wir von euch! Das müßt ihr üben, und das müßt ihr damit der Zukunft geben. Denn, was immer wir auch heute schaffen und was wir tun, wir werden vergehen. Aber in euch wird Deutschland weiterleben, und wenn von uns nichts mehr übrig sein wird, dann werdet ihr die Fahne, die wir aus dem Nichts hochgezogen haben, in euren Fäusten halten müssen."

Diesen brachialen Impetus, der moralische Einsicht durch imperativische Unterwerfung ersetzt, kommentiert Bertolt Brecht sarkastisch, indem er die Unterwerfung der Jugend unter Hitlers Mörderdiktatur aus seinem Exil her mit einer Persiflage der Hitlerjugendlieder „Kälbermarsch" ins Mark trifft:

Hinter der Trommel her
Trotten die Kälber
Das Fell für die Trommel
Liefern sie selber.

Der Metzger ruft. Die Augen fest geschlossen
Das Kalb marschiert mit ruhig festem Tritt.
Die Kälber, deren Blut im Schlachthof schon geflossen,
Sie ziehn im Geist in seinen Reihen mit.

Hitlers Rede an die deutsche Jugend auf dem Parteitag erstmals in Nürnberg 1934 fand in **Leni Riefenstahls pathetischem Propagandafilm „Triumph des Willens" (unten)** die fulminante mediale Inszenierung von alten und jungen Körpern in Worten und Gesten aus Stein unter „freiem" Himmel.

Sooft es Goebbels für geraten hielt, durch helle Sirenenklänge propagandistisch aufgeladen zu obsiegen, ließen wir uns in unseren noch porösen Seelenlagen widerstandslos den NS-Sermon einhämmern: Das große Thema Vaterland wurde uns solange in mundgerechten kleinen Häppchen einverleibt, bis wir Gläubiger der einen großen Sache geworden waren. Noch heute trägt das Kriegerdenkmal am Hamburger Dammtordamm die letzte Zeile aus „Soldatenabschied", einem Gedicht des regimeergebenen Arbeiterdichters Heinrich Lersch: „Deutschland muss leben, und wenn wir sterben müssen" (1934/36). Diese klare Sentenz war vielen von uns damals in Seele und Gemüt, in Fleisch und Blut übergegangen. Das Verhältnis der Seele zum Körper definierte Aristoteles einst als ein den Körper gestaltendes und zum Handeln befähigendes Lebensprinzip. In einem Wort: Zum Desideratum.

KAPITEL 5

DIE JUGENDFILMSTUNDEN DES JUNGVOLKS UND DER HITLERJUGEND

„Bleibt in Glück und Not mit dieser Fahne untrennbar verbunden. Verteidigt sie, wenn sie angegriffen wird und deckt sie sterbend mit eurem jungen Körper, wenn es sein muss [...]"

Als Adressaten dieses lockeren, todernst gemeinten Schirach-Spruchs waren die Hitlerjungen. Diese in der Garnisonskirche 1934 mit übermütig zynischem Drall hinausposaunten Leitsätze des Reichsjugendführers Baldur von Schirach nahm die „Generation Hitlerjugend" für bare Münze. Deren viele zollten ihren Tribut an die Fahne mit dem ewigen Hakenkreuz am Ende mit dem Leben. Die Fahne war im Dritten Reich ein hochpolitischer sentimentaler Fetisch der Identitätsfindung. Aber wie wir heute auch wissen, schlägt das hehre Banale leicht in extreme Realität um.

Die frühen parteipolitischen Bewegungsplots und Gesinnungsfilme, mit bekannten UFA-Stars besetzt, sollten helfen mit den drei Prototypen „Hitlerjunge Quex", „SA-Mann Brand" und „Hans Westmar", die gleich im Jahr der Machtergreifung 1933 fertiggestellt wurden, den Seelenhaushalt der Bevölkerung mit nationalsozialistischem Gedankengut zu bereichern. Trotz großer emotionaler Wirkung bekamen sie aber keine Nachfolger. Selbst die noch nicht nationalsozialistisch geimpften Volksgenossen sahen damals gern diese Filme, weil ihre populären Lieblingsschauspieler mit von der Partie waren, egal ob sie den von ihnen dargestellten SA-Mann im Film sympathisch fanden oder ob dieser im Film liquidiert wurde.

Große Schauspieler vom Kaliber eines Heinrich George oder Emil Jannings, Erich Ponto oder Ferdinand Marian, Berta Drews oder Heidemarie Hatheyer waren fest unter Vertrag der Goebbels subordinierten UFA- und Terra-Produktionen. Die als füh-

rerfreundlich konnotierten Akteure blieben uns als Sympathie-
träger in plastischer Erinnerung. Das lässt sich plausibel am Plot
von „Hitlerjunge Quex" behaupten: Der Film von Hans Steinhoff knüpft stilistisch an die Tradition des proletarischen Kinos
der Zwanziger Jahre an. Er kontrastiert geschickt die sozialen
Spannungen der Gesellschaft und die Distanz der Generationen: die Verzweiflung arbeitsloser Erwachsener gegen die heile
Welt übriggebliebener Bürgerlichkeit und Geschäftstüchtigkeit.
Der Film thematisiert den angeblich maroden intellektuellen Kir-
mes-Zynismus in der urbanen Lebensweise sozialistischer Jugendlicher gegen den fürsorglich-tugendhaften Idealismus gehor-
samer Hitlerjungen.

Der Film propagierte zugleich Hitlers und von Schirachs Überzeugung, dass aus dem desorientierten sozialistischen Arbeitermilieu besonders treue NS-Jugend-Mitglieder und hingebungsvolle
Eltern zum Aufbau einer klassenlosen Volksgemeinschaft zu rekrutieren seien. Dieser Film galt als Indiz dafür, wie leicht es gelingen kann, mit melodramatischen Effekten und Wendungen den
Sohn eines eingeschworenen Altkommunisten und aufbrausen-
den Hitzkopfs durch nebulöse ideologische Sprachhülsen eines
sympathisch geschminkten Hitlerjugendführers mit Zwieback-
werbungsgesicht zum Nationalsozialisten zu bekehren. Die starke
Persönlichkeit Heinrich Georges hat mich jungen Spund als sper-
riges Vorbild überzeugt: die Rolle als proletarischer, kriegserfah-
rener und arbeitsloser Vater Völker (der Familien-Name sprach
für sich) verbunden mit der Kunst schonungsloser Selbstentblö-
ßung zwischen Depressivität, National-Alkoholismus und hoff-
nungsvollem Aufruhr, der sich in Zukunft einzugliedern hat. Dass
dieser Film dennoch kein kohärentes Porträt, sondern ein Zerr-
bild der Gesellschaft zeichnet, hat bei der Premiere 1933 keiner
als verstecktes Omen des Bösen bemerkt: das aleatorische Um-
steigen des Altkommunisten in die Fußstapfen des Gleichschritts.

Bereits im Vorspann wurde Heini Völker nicht als Jungschau-
spieler Jürgen Ohlsen, sondern gleich typologisch als familienlo-
ser Vorname, direkt unter George und Drews einsortiert: „Heini –
Ein Hitlerjunge". Aus dem historischen Fall des bei einer Berliner
Wahlkampfaktion von linker Seite getöteten Berliner Hitlerjun-

gen Herbert Norkus (1916-1932) wurde sogleich eine Legende für alle jungen und alten Zuschauer geboren. Nach der NS-Legende sollte das Opfer des Sohnes auch Norkus' Vater, ebenso wie die Filmfigur Vater Völker, zutiefst bewegen. Exkommunistische Erwachsene sollten so ganz nebenbei am Beispiel ihres jugendlichen Nachwuchses zum Nationalsozialismus konvertieren.

Heinrich George blieb seiner eigenen Mischung aus Sturm und Drang, Naturalismus und Expressivität, Klassik und epischer Ernüchterung treu und traf den populären Tonfall der Zeit, im Theater wie im Film. Als unabhängiger und doch publikumshöriger Künstler blieb George nur kurz auf Distanz zur neuen Macht. Er ging auf das Angebot von Goebbels ein, unter NS-Bedingungen weiterzuspielen und schließlich das Schiller-Theater zu leiten.

In dem „Offenen Brief an den Schauspieler Heinrich George" warfen Bertolt Brecht und andere ihm im Dezember 1933 (unveröffentlicht) vor, nicht „an den Wandel der Zeiten zu denken" und „so rasch bereit" zu sein, „mitzumachen, allzu fest vertrauend auf den ewigen Bestand der Barbarei und die Unbesiegbarkeit der Schlächter". (Brecht, Bertolt: Berliner und Frankfurter Ausgabe. Bd. 22,1)

Mit diesen populären Propagandaträgern aus einer professionellen deutschen Theaterkultur wurden Wirkungen weit über das ästhetische Erlebnis von erfahrenen Filmzuschauern und gebildeten Theaterbesuchern hinaus erzielt. Denn wer das Kino hat, wird die Welt aushebeln.

Die allsonntäglichen Jugendfilmstunden gehörten ab 1934 zum Pflichtprogramm für Jungvolk und Hitlerjugend. Sie waren bewusst parallel zum Kirchgang gelegt und wurden in Kinos, Schulen oder öffentlichen Gebäuden mit entsprechendem HJ-Ritual abgehalten. Sie verbanden die Vorführung der neusten Wochenschau mit dem anschließenden Erlebnis eines propagandistisch aufgeladenen Spielfilms. Zum Ritual gehörte im Kino die live aus dem Volksempfänger übertragene Sonntagsrede von Goebbels zur Ermunterung, den NS-Tugenden treu zu bleiben. Dann folgte ein Gedichtvortrag eines der aktuellen Nazilyriker, die ich selber einige Male deklamieren durfte, wie das pathetische Schirach-Poem auf den Führer: „Das ist an ihm das Größte, dass er nicht nur unser Führer ist und vieler Held, sondern er selber: grade, fest und schlicht …". Dann folgte die neueste Wochenschau, und nach dem Spielfilm klang die Jugendfilmstunde mit dem gemeinsam gesungenen Hitlerjugend-Fahnenlied aus.

Solange Goebbels es für kontraproduktiv hielt, stramm linientreue Nazifilme über die Leinwand rollen zu lassen, wurden wir vor allem durch die jeweils aktuellste Wochenschau über alles informiert, was wir über das Weltgeschehen wissen durften und verinnerlichen sollten. Die Deutsche Wochenschau als erste sehen zu dürfen, noch bevor der normale Kinogänger sie ab Montag sah, ließ uns bevorrechtigt fühlen. Bald hatten sich uns sämtliche wichtigen, irrlichternden Parteibonzen fest eingeprägt: Hitler sowieso, aber auch Göring, Goebbels, Himmler, Hess, Ley oder von Schirach, unser Reichsjugendführer. Diese erlangten unterschiedliche Wiedererkennungswerte. Da die Riefenstahl nur „Vorbilder" präsentieren wollte, wurden zum Beispiel Hess, Lutze (Stabschef der SA) oder Ley nur marginale Auftritte gegönnt. Die ganze Führermischpoke wurde von Christa Wolf „Arschkriecher" genannt. Die Wochenschau mutierte zu einem endlosen Spielfilm, einer Serie ohne Ende. Und noch erkannten wir nicht, dass sich zu gegebener Zeit die Gattungen Dokumentation und Propaganda, Unterhaltung und Kunst auf perfide Weise neu vermischen oder verzahnen ließen.

Diese Adolf Hitler treu ergebene Phalanx wurde uns naiven Pimpfen als handelnde Personengruppe für ein neues Deutschland präsentiert und im doppelten Wortsinn nahegebracht: in ausgewählten Filmbildern, die sie – soweit dies überhaupt möglich war – sympathisch in Erscheinung treten ließen. Aus heutigem Blickwinkel, waren einige von Hitlers mediokren Hofschranzen ihre eigene unfreiwillige Karikatur. Sooft uns Baldur von Schirach freundlich von der Leinwand herab zuwinkte, konnte er aber des Applauses seiner jungen Komparsen im Parkett gewiss sein. Wir Hitlerjungen haben alle die gleichen Filme gesehen, die gleiche Literatur gelesen und gemeinsam Lieder gesungen, das hat uns unbewusst zur Gemeinschaft zusammengeschweißt. – Mit den immer weiter florierenden Mitgliederzahlen entwickelte sich auch das elementare Interesse am Film.

Zu den wirkungsmächtigen Hilfsmitteln gehörten die Filmstreifen der Reichsstelle für den Unterrichtsfilm (RfdU) und seit 1940 die Reichsanstalt für Film und Bild in Wissenschaft und Unterricht (RWU). Als Reichsminister für Wissenschaft, Erziehung und Volksbildung seit April 1934 hatte Bernhard Rust die umfangreichen Film- und Bild-Sammlungen in 31 Landesbildstellen in Gang gesetzt. Per Ministererlass vom 26. Juni 1934 hatte sich Rust bereits zu befehlen angemaßt, den politischen Film als gleichwertigen Unterrichtstoff ins Curriculum der Schulen aufzunehmen:

„Der nationalsozialistische Staat stellt die deutsche Schule vor neue große Aufgaben. Sollen sie erfüllt werden, so müssen alle pädagogischen und technischen Hilfsmittel für diese Arbeit eingesetzt werden. Zu den bedeutungsvollsten der Hilfsmittel gehört der Unterrichtsfilm [...] Erst der neue Staat hat die psychologischen Hemmungen gegenüber der technischen Errungenschaft des Films völlig überwunden, und er ist gewillt, auch den Film in den Dienst seiner Weltanschauung zu stellen. Das hat besonders in der Schule, und zwar unmittelbar im Klassenunterricht, zu geschehen. Der Film soll als gleichberechtigtes Lernmittel überall dort an die Stelle des Buches treten, wo das bewegte Bild eindringlicher als alles andere zum Kinde spricht." Bis die in 35 mm-Format produzierten Filme in das 16 mm-Format umkopiert wurden und Tausende Projektionsapparate in allen Schulen verfügbar waren, hatten die Jugendfilmstunden schon ihre claqueurende Klientel beisammen.

Um die Zukunft zu gewinnen, sollte nationalsozialistische Gesinnungsbildung bereits in der Kindheit ansetzen. Die totale Einpassung des Einzelnen in die politisch reglementierte neue Gesellschaft sollte in den Aufgabenkanon der Schule fallen. Diese Gesinnungsplanung „vollzieht sich vor und zu einer Zeit, in welcher der junge Mensch eben diese Individualität und die Identität mit sich selbst verstärkt zu gewinnen hofft: in der Pubertät". „Wir brauchen eine neue arische Generation ... oder wir werden die Zukunft verlieren." (Rust) Und: „Wir sind gewillt, den Film in den Dienst unserer Weltanschauung zu stellen ... besonders in der Schule und unmittelbar im Klassenunterricht."

In einer Umfrage „Welche Filme haben Dir am besten gefallen?"
antworteten Oberschüler in absteigender Reihenfolge: „Der große König" (1942) mit 1161 Nennungen, „Die Entlassung" (1942,
es ist die Entlassung Bismarcks durch Wilhelm II.), „Friedrich
Schiller – Triumph eines Genies" (1940), „Ohm Krüger" (1941),
„Andreas Schlüter" (1942), „Robert Koch, der Bekämpfer des Todes" (1939) sowie Kriegsfilme wie „Kampfgeschwader Lützow"
(1941) und weit abgefallen mit nur 92 Punkten „Jud Süß" (1940).
Diese „Gesinnungsplanung" vollzog sich als eine Erziehungsphase
zu einer Zeit, in der die Jugend ihre eigene Identität verstärkt zu
gewinnen hoffte.

Adolf Hitler führte in „Mein Kampf" über eine reduzierte historische Bildung und Erziehung langatmig aus: „Es fehlte unserer
Erziehung die Welt der Kunst, aus dem geschichtlichen Werden
unseres Volkes einige wenige Namen herauszuheben und sie zum
Allgemeingut des gesamten deutschen Volkes zu machen, um so
durch gleiches Wissen und gleiche Begeisterung auch ein gleich-
mäßig verbindendes Band um die ganze Nation zu schlingen.
Man hat es nicht verstanden, die wirklich bedeutsamen Männer
unseres Volkes in den Augen der Gegenwart als überragende
Heroen erscheinen zu lassen, die allgemeine Aufmerksamkeit auf
sie zu konzentrieren und dadurch eine geschlossene Stimmung zu
erzeugen. Man vermochte nicht, aus den verschiedenen Unter-
richtsstoffen das für die Nation Ruhmvolle über das Niveau einer
sachlichen Darstellung zu erheben und an solchen leuchtenden
Beispielen den Nationalstolz zu entflammen."

Umweht vom Hauch des Erhabenen sollten wir in kollektive
Ekstase geraten. An die deutsche Jugend gewandt, schmeichelte
Hitler uns auf dem Parteitag 1934 mit einem Satz an die 52000
Männer des Reichsarbeitsdienstes, aber auch wie fürs Stamm-
buch der Hitlerjugend ausgedacht: „Die Zeit wird kommen, da
kein Deutscher hineinwachsen kann in die Gemeinschaft dieses
Volkes, der nicht erst durch Eure Gemeinschaft gegangen ist.
Und ihr werdet wissen, in diesem Augenblick sehen euch nicht
die Augen der Hunderttausende in Nürnberg, sondern in dem
Augenblick sieht euch zum ersten Mal Deutschland. Und ich
weiss, so wie ihr mit stolzer Ergebenheit diesem Deutschland

Dienst tut, wird heute Deutschland in stolzer Freude seine Söhne in Euch marschieren sehen."

Dass der Dienst am Vaterland sich nicht mehr „zivil", sondern militärisch gestalten würde, dafür gab es so gut wie keinen Spielraum mehr. Die Jugend wandte sich in den tödlichen Ernst, auf den sie im fingierten Spiel vorbereitet worden war. Zur Waffe gerufen wurden bald in letzter Not die Schulklassen in der Heimat der 14- bis 16-jährigen Hitlerjungen, die als sogenannte Flakhelfer wie Frontsoldaten an schweren Flugabwehrgeschützen „die Stellung halten" sollten. Im Juni 1944 standen 5600 Flakhelfer für 50 Pfennig Tageslohn an Flakbatterien als Helfer zur Verfügung. Noch bevor sie sich in der Krisenstimmung eingerichtet hatten, weilten deren nicht wenige am Tag der Befreiung nicht mehr unter den Überlebenden.

Während des Krieges galt die Wochenschau im Kino als das wichtigste audiovisuelle Medium und Instrument einseitiger Information, um den Siegeswillen auch in der Heimat massenhaft zu festigen. Zunächst, 1939 bis 1942, lieferten die Propaganda-Kompanien Foto- und Film-Strecken siegender deutscher Soldaten, von denen scheinbar kein einziger gefallen war. Sogar Ernst Jünger wurde als „Kronzeuge" zitiert, der „Krieg als grandiose Steigerung und Kulmination des Lebens" idealisierte. Er appellierte an die Anpassungsleistung, die schon ein Kind erbringen kann.

In der Winterkrise mit dem Stalingrad-Desaster an der Ostfront, wurde Friedrich Paulus (1890-1957) im Januar 1943 – last minute per Führer-Funk zum Generalfeldmarschall unter selbstmörderischem Durchhaltebefehl befördert – als Zeichen ritueller Erstattung der Loyalität und Dankbarkeit. In der realen Ausweglosigkeit an der Front ließ Paulus sich kurz darauf mit rund 90000 erschöpften Landsern ohne Bevollmächtigung durch Hitler zur Kapitulation von der Übermacht der Sowjetarmee gefangen nehmen. Die handschuhlosen Hände der Landser ließ die Eiseskälte an den Maschinengewehren festfrieren. „Ich stehe hier auf Befehl!" Dies galt auch als Schuldzuweisung an den Oberbefehlshaber Hitler für ein phänomenal gescheitertes heroisches Projekt. „Wirkliche Größe zeigt sich erst in der Niederlage", tröste uns von weither Thomas Mann.

Damit hatte sich das visuelle Medienfenster für Stalingrad, bei
aller propagandistischen Fieberarbeit, vorerst geschlossen. Drei
Tage blieben die Kinoleinwände schwarz. Auch die Radiobe-
richterstattung hatte eine gewaltige Erklärungslücke zu überbrü-
cken. Das Reich verbreitete die Falschmeldung vom Kampf bis
zum letzten Atemzug, bei dem alle Soldaten gefallen seien, und
sendete Trauermusik – um die deutsche Niederlage und das Ende
der Kriegshandlungen im Osten in einem Adagio zu vertuschen,
während sich die Bevölkerung im Reich, in Europa und in der
Welt bei den Feindsendern kundig machte. Wenige Tage darauf
musste die wieder anlaufende Deutsche Wochenschau mit der ge-
schwächten Macht ihrer suggestiven Bilder den Rückzug an allen
Fronten Osteuropas als „siegreiche" Frontbegradigung verkaufen. Spätestens als die Karenz und Verzögerung von Bild und Ton
nicht mehr glaubwürdig rüberkamen und auch noch im Westen
die Schlacht um die Normandie verloren ging, glaubte kaum noch
einer an den befohlenen „Endsieg".

Das elementare Staunen, den semipolitischen Kinderglauben,
den wir als Pimpfe eingeübt und mit unserem sorglosen Medi-
en-Konsum von Ideologie und Unterhaltung verlängert hatten,
war mit meiner Gefangenschaft in der Normandie spätestens zum
Sommerende 1944 vorbei.

Die uns jüngeren letzten Mohikaner nicht nur in den Film-
matineen von Goebbels mit sprühendem Enthusiasmus ins kollektive Gedächtnis eingebläute Ideologie hat sich aus den Hir-
nen der meisten ehemaligen Pimpfe und Hitlerjungen mit ihrem
Sprung in die Freiheit in alle Winde zerstoben. Unser Ethos der
Pflichterfüllung, das im Sinne Ciceros auf kritikfreier Neigung
zu „denen da oben" beruhte, verkehrte sich unter Hitlers mörde-
rischem Druck ins Gegenteil.

KAPITEL 6

DIE MACHT DER PROPAGANDA IM DRITTEN REICH

Mit dem Ende des verlorenen Ersten Weltkrieges verkümmerte Adolf Hitlers dürftiger Lebensunterhalt in einer hakenschlagenden „Karriere".

Der ehemalige Postkarten-Amateurmaler und Arbeitslose in Wien und München versuchte seinen Status als Soldat seit der Mobilmachung im August 1914 möglichst als Nimbus zu halten. Adolf Hitler verblieb weitere zwei Jahre nach Kriegsende 1918 als „böhmischer" Gefreiter im Rock mit Eisernem Kreuz, trotz der freilich schleppend vollzogenen Demobilisierung der Reichsarmee und ihrer verordneten Beschränkung auf 100 000 Mann gemäß der Lex Versaille. Im Kontext der Novemberrevolution, bei dem Soldatenräte leitende Funktionen in Regimentern und in der Politik ergattern konnten, wurde Hitler Vertrauensmann der Propagandaabteilung der neuen bayerischen Staatsregierung unter Kurt Eisner. Nach der Niederschlagung der anschließenden Münchner Räterepublik entwickelte sich Hitler zum Denunzianten gegen die vor den Schranken des Gerichts der Reichswehrverwaltung stehenden revolutionären Vertrauensleute. In der Folge wurde Hitler als V-Mann von der „Reichswehraufklärung" eingesetzt. Trotz seiner in Wien bereits vorpräparierten völkisch-antisemitischen Ideologie und seinen tiefgreifenden Fronterlebnissen erwies sich Hitler als eine flexibel und opportunistisch operierende Figur, die im allgemeinen Kampf um die politische und militärische Macht und die Wiederherstellung einer je nachdem neuen oder alten Ordnung wieselig die Seiten zu wechseln erlernte.

Hitlers Tätigkeit als V-Mann war in seinem Regiment verbunden mit antibolschewistischen Aufklärungskursen zur Spionage in den eigenen Reihen, vorzüglich auch und zur Umerziehung der von linker Ideologie „verseuchten" ehemaligen Frontsoldaten. In diesem Kontext erwies sich Hitler als talentierter und schlagfertiger Redner, provokant mit nationalistischen und rassistisch-antisemitischen Parolen hantierend. Die V-Leute des Propaganda- und Aufklärungskommandos der Reichswehr in München bekamen den Auftrag, Veranstaltungen neuer politischer Gruppierungen zu überwachen.

Aus dieser autistisch ereignislosen Souterrainexistenz führte Hitlers investigative Neugier eines für seine eigene Zukunft schönen Tages ihn auch zur „Deutschen Arbeiterpartei" (DAP). Hier begriff er, dass deren „Gesinnung" weitgehend deckungsgleich war mit seinen subjektiven Vorstellungen. Bevor er diese Zeitarbeit als eine Art Übungsterrain für die eigene Emanzipation entdeckte, trat Hitler im Oktober der DAP bei. Wild entschlossen strebte er schließlich die Führung dieses männlichen Haufens an, der sich gemäß seinen Vorstellungen im Februar 1920 resolut in „Nationalsozialistische Deutsche Arbeiterpartei" umbenannte: Das war die fulminante Sternstunde Hitlers und zugleich die Geburtsurkunde der NSDAP. Das eigentliche Sendungsbewußtsein Hitlers kündigt sich in seinen frei gesprochenen Reden an und in drastisch gestikulierenden Posen.

So konnte Hitler bereits vor seiner Entlassung aus dem Militär am 1. April 1920 von seinen Redehonoraren ziemlich kommod leben; für die Partei suchte er Finanzen in Berlin aufzutreiben. Aber es fehlte noch der entscheidende Schritt: Die Partei sollte sich weder mit konkurrierenden radikalen Organisationen vereinigen noch einen moderaten Reformkurs einschlagen. Vor allem strebte Hitler die absolute diktatorische Macht innerhalb der NSDAP an. Insofern trat Hitler am 11. Juli 1921 wieder aus, um schon am 29. Juli ein weiteres Mal einzutreten, nachdem nämlich eine seinen Vorstellungen gemäße Parteisatzung endlich beschlossen worden war. Hitlers politische Karriere war von Anfang an auf das engste mit dem Medium Propaganda verknüpft: vor allem mit der Werbung für sich selbst als unersetzliches Rede- und Führungstalent. Mit der Propaganda zur Ermächtigung seiner Person als Führungsfigur an der Spitze setzte er das Ausrufezeichen für eine diktatorisch geführte radikale Partei. Hitler trommelte eine kleine Partei aus den Paratypen altgedienter reaktionärer Kameraden zusammen, eine Gruppenstruktur, die sich nach Belieben schmieden und unterwerfen ließ. Er nutzte die Methoden der Truppenpropaganda und Truppenspionage, nun aber völlig zum eigenen Nutzen. Wer dieser Strategie nicht folgte, wurde aus dem Weg geräumt. Diese Art der Instrumentalisierung von Macht, Partei und Politik im Dienst an der eigenen Person erklärt auch den weiteren seltsamen Opportunismus Hitlers zwischen hetzerischer Glut und berechnender Kälte. Hauptsächlich definierte sich seine frühe Truppe durch extrem zugespitzte, aber auch jederzeit kombinierbare Feindbilder: Juden, Kommunisten, Kapitalisten, Mischehen, Homosexuelle, unheilbar Kranke, das „Versailler Schanddiktat" und das „perfide Albion" (Großbritannien), bei denen „fürchterliche Musterung gehalten" werden sollte.

Nach dem „Schanddiktat" von Versailles lautete Hitlers erklärtes Ziel, „Deutschlands Größe" wiederherzustellen. Die für diese Schande verantwortlichen „Novemberverbrecher" (1918) verspricht er bald zur Rechenschaft zu ziehen. Die Speerspitze seines antizipierenden Interesses war auf die Jugend und ihre für Deutschland verplante Zukunft gerichtet. Schon in dieser Phase, Ende Mai 1922, verkündete Hitler im Münchner Bürgerbräukeller die Gründung eines „Jugendbundes" als Quaderstein für seine spätere Hitlerjugend. Dabei sollte es sich auszahlen, dass er als militärisch gelernter Usurpator aus seiner Zeit im Propaganda-Korps Kapital zu schlagen in der Lage war.

Hitler hatte als Weltkriegsgefreiter und Jungveteran sich von dem Odium eines Gelegenheitsarbeiters emanzipiert, indem er seinen Führungsanspruch selbstbewusst als Apriori seines künftigen politischen Handelns einübte: Schon bald war ihm seine Herkunft Hekuba. Die kulturelle Kolonialisierung mit abgepackten Wahrheiten diente der eigenen Herrschaftssicherung und der Unterwerfung anderer. Hitler glaubte wohl in seinem Wahn, wie einst Atlas in der Antike sogar noch den Himmelskörper schultern und ausheben zu können.

Hitler gerierte sich aus Überzeugung nach außen hin als Asket, jedenfalls in ziviler und militärischer Kleidung und in seinem privaten Habitus (wenn man von der Gigantomanie der Architektur einmal absieht, die wie ein Vergrößerungsglas vor seinem Asketismus steht). Anders als Hermann Göring wie ein flamboyanter Bruder Leichtfuß mit seinem operettenhaften Prunkgehabe dauernder Kostümwechsel ließ Hitler sich meist nur im einfachen Braunhemd mit Eisernem Kreuz ablichten. So erweckte er zunächst den ferngesteuerten Eindruck eines nicht korrumpierbaren und unbeirrbaren Politikers, der allein von der Macht und der Mission aufgezehrt wird. Aber das war schon alles an „Positivem", das der „Führer" für seinen Wunsch nach Volksnähe aufzubieten hatte.

Goebbels' Propagandastil hatte eine andere Registratur: Der professionelle und servile Intellektuelle, der in der Phase seines Aufstiegs von der Splitterpartei zur Großpartei im kritischen Umfeld des kommunistischen und sozialistischen Berlins, sein Können in der sprachlichen „Beseelung" und taktischen „Belebung" von Hitlers unbeugsamem Willen unter Beweis gestellt hatte. Immer wieder gelang es ihm zumindest temporär, darin das Bild des „Führers" in seiner „edlen Einfalt und stillen Größe" als klassizistischen Zauber beim Volk aufleuchten zu lassen, um mit der geölten Propagandamaschine ein sympathisches Gesicht und eine überpersonale Gestalt zu verleihen.

Ohne seinen Ziehsohn und Familienersatz Joseph Goebbels, immerfort unmittelbar oder medial dicht an Hitlers Seite, und in seinen fatal effizienten Propagandakünsten dem „Führer" freilich weit voraus, hätte die Nazi-Diktatur keine zwölf Jahre lang die Welt in Atem halten und erschüttern können. Während Hitler die Propaganda schroff als Macht zur Durchsetzung und Unterwerfung auffasste, definierte Goebbels sie als Form der Weckung von Bereitschaft zur völligen Hingabe: „Das Wesen jeder Propaganda besteht darin, Menschen für eine Idee zu gewinnen, so innerlich, so lebendig, daß sie am Ende ihr verfallen sind und nicht mehr davon loskommen."

Ebenso sachte wie konsequent befand dies der infernalische spätere Propagandaminister. Mit „heiligem Ernst" sagte Joseph Goebbels voraus, dass die Menschen „am Ende" dieser Idee, wie bei einer Sucht, ihr „verfallen sind und nicht mehr davon loskommen". Wie weiland Wotan von einem großen Gedanken ergriffen wurde, wollte Goebbels seine Propaganda als einen nicht bekämpfbaren Virus verbreiten.

Aus heutiger Sicht vermitteln Hitlers „harte" und Goebbels „weiche" Definitionen von Propaganda, zwischen unterwerfendem Drill und „symmetrischer" Einflüsterung, aber zwei gleichermaßen gefährliche Gangarten der vertikalen Bewusstseinslenkung und der „horizontalen" Bewusstseinsmanipulation: zwischen appellativ-autoritärer Ansprache (Hitler) und suggestiv-modernisierter Medienwirkung (Goebbels). Bar jeden Selbstzweifels, verfügte Goebbels mit nahezu einschüchternder Sachkenntnis über subversives Reflexionsmaterial, um damit die Medien abzufüttern.

Die Generation Hitlerjugend war nicht „erwachsen" genug, um solcher reaktionär-fortschrittlichen, politisch- und sozial-technologischen Propaganda nicht mit Haut und Haaren auf den Leim zu gehen. Die technische Maxime und zugleich jene psychologische Selbsteinschätzung, Propaganda sei eine Form der hingebungsvollen Fremd- und Selbstbegeisterung, hat Goebbels als bienenfleißiger Propagandaminister geradezu meisterlich eingelöst. Die unzähligen Toten, das waren „Kollateralschäden" eines Parforcerittes. Einmal auf seine Propagandastrecke gelockt, wurden die Adressaten schließlich zu Geiseln, Mittätern, Verbrechern und Opfern.

„Das Wesen der Propaganda aber ist – ich möchte fast sagen: eine Kunst. Und der Propagandist ist im wahrsten Sinne des Wortes ein Künstler der Volkspsychologie. Er muß vor allem die Volksseele kennen. Und die Volksseele kann er nicht kennen, solange er selbst nicht ein Stück dieser Volksseele geworden ist. Seine wichtigste Aufgabe besteht darin, täglich und stündlich sein Ohr an den Herzschlag des Volkes zu legen und zu lauschen, wie es schlägt, und seine Maßnahmen auf den Takt dieses Herzschlages einzurichten. Ich kann einem Volk auch unpopuläre Maßnahmen aufzwingen, ich kann die Gewalt der Waffen dahinterstellen … Es mag vielleicht schön sein, über die Bajonette zu gebieten, aber schöner ist es, über die Herzen zu gebieten!" (Goebbels, Nürnberger Parteitag, 16.09.1935)

Zum Thema Propaganda hatte Hitler schon 1926 in „Mein Kampf" Stichworte für seinen späteren Spießgesellen Goebbels geliefert: „Der Sieg einer Idee wird umso eher möglich sein, je umfassender die Propaganda die Menschen in ihrer Gesamtheit

bearbeitet und je ausschließlicher, straffer und fester die Organisation ist, die den Kampf schließlich durchführt." Propagandaminister Goebbels hat dies als Präfiguration seiner Aufgabe verstanden. Seine Propaganda würde Hitler helfen, dessen Doktrinen
zum Leben zu erwecken. Goebbels hat es obendrein verstanden,
Hitler als Vaterfigur aufzubauen und die kollektive Sehnsucht der
Deutschen nach einer ordnenden Hand zu stimulieren. Goebbels
hat Hitler ex cathedra zum singulären Format eines Staatsmanns
erhoben. Hitler wurde die Botschaft selber.

Für meine Generation ist die mentale Neuorientierung, wie sie
Ernst Robert Curtius in seinem Buch „Deutscher Geist in Gefahr"
aus dem Jahr 1932 für den Aufbau unseres Bildungsbewusstseins
vertritt, zu spät geschrieben worden, um unsere Generation noch
zu erreichen. Die Funktion des Bildungswissens ist es nach Curtius, dem Werden und der Entfaltung junger Menschen zu dienen.

Goebbels' berüchtigte und infame Rede im Berliner Sportpalast
1943 vor einem repräsentativ ausgewählten Publikum dauert un-
gekürzt im Radio und auf Tonträgern eine Stunde und 48 Minuten.
Neben NS-Funktionären, (verwundeten) Soldaten der Ostfront,
Rüstungsarbeitern, verschiedenen Berufsgruppen, waren auch
vorzeigbare prominente Künstler wie Heinrich George und seine
Frau Berta Drews zugegen, ebenso massenhaft Ritterkreuzträger.

Im Sportpalast wollte Goebbels an diesem 18. Februar 1943
den Kriegswillen und die Siegeszuversicht des deutschen Volkes
in der Phalanx zwischen Heimat, Front und Führer „zu einem eisernen Willensblock" zusammenschweißen. Mit medialer Wucht
wollte Goebbels auch für den mitlauschenden Feind die „politische Leidenschaft" erkennen lassen, die „uns immer in den großen Kampfzeiten der Partei und des Staates wie ein ewig bren-
nendes Feuer verzehrte": Gegen die „falsche und scheinheilige
Objektivitätsduselei" dokumentieren, „die der deutschen Nation
in ihrer Geschichte schon so viel Unglück gebracht" habe. Goebbels ging es darum, einer möglichen Kapitulation das Konzept
eines totalen Krieges bis zum bitteren Ende als überzeugendes
Medienplebiszit in einer Kette von zehn Fragen und wohlvor-
bereiteten Reaktionen entgegenzustellen. Dabei hatte das Ende
des Krieges mit der Katastrophe von Stalingrad und den Bom-

bardements der Alliierten auf deutsche Städte schon die düsteren Schatten des Untergangs weit vorausgeworfen.

Auf einer trivialen Ebene versuchte Goebbels, die resignierende „miese" Stimmung im Lande wieder anzuheben. In antithetischer Form ging er auf die krisenhafte Situation ein, um sich selbst oder vom Publikum das Gegenteil bestätigen zu lassen. Mit seinem in mitreißend-leidenschaftlichem Ton vorgetragenen Redefinale in der zum Bersten mit Braunhemden überfüllten Berliner Sporthalle versammelte er die ohnehin Getreuen der Bewegung als applaudierende Statisten. Angeleitet von Chef-Claqueren, putschte er sie zu stürmischen Begeisterungswellen auf. Mit überanstrengter Stimme führte Goebbels den Jubelchor an, der im verkürzten Film der Wochenschau den Anschein eines leicht entfachten hymnischen Sturmes erweckt. In der späteren schriftlichen Redefassung enthaltene Zuschauerreaktionen strotzen nur so von propagandistisch einfältiger Rhetorik: „Die Menge erhebt sich wie ein Mann. Die Begeisterung der Masse entlädt sich in einer Kundgebung nie dagewesenen Ausmaßes. Vieltausendstimmige Sprechchöre brausen durch die Halle: ‚Führer befiehl, wir folgen!' Eine nicht abebbende Woge von Heilrufen auf den Führer braust auf. Wie auf ein Kommando erheben sich nun die Fahnen und Standarten, höchster Ausdruck des weihevollen Augenblicks, in dem die Masse dem Führer huldigt."

Mit seiner absichtlich paradox zugespitzten und doch der tödlichen Wahrheit angenäherten anaphorischen Serie von zehn rhetorischen Fragen mobilisiert Goebbels sein Publikum aus durchschnittlichen Zuhörern zum Koproduzenten eines trotzig-verhärteten Untergangswillens, der sich in der kollektiv heroischen Medien-Pose gefällt.

„Ich frage euch: Wollt ihr den totalen Krieg? Wollt ihr ihn, wenn nötig, totaler und radikaler, als wir ihn uns heute überhaupt noch vorstellen können?" Am Schluss seiner rigorosen Rede reißt er mit dem zupackenden Imperativ die mehreren Tausend von ihren Stühlen hoch: „Nun Volk steh' auf und Sturm brich los!" Dabei handelt es sich aber um eine Variation von Theodor Körners antinapoleonischer Verszeile „Das Volk steht auf, der Sturm bricht los" aus dem Gedicht „Männer und Buben" aus dem Jahr 1813.

Die Tausende Auserwählter und Handverlesener im Saal applaudieren im hypnotischen Ausnahmezustand einer in die Länge gezogenen Rede in widriger Zeit. Zum Anschein für Deutschland und gegen Europa und die Welt applaudieren im Kollektiv alle ihrem eigenen Untergang entgegen.

Hitler glänzte an diesem Tage wie schon seit längerem öfter durch Abwesenheit und „öffentliches" Schweigen. Seinen verwelkenden Ruhmeskranz wollte Goebbels noch einmal durch widerspenstigen Irrsinn rhetorisch auffrischen. Auch viele der vor ihren Volksempfängern lauschenden Volksgenossen daheim oder gemeinsam in Versammlungssälen waren ex abrupto wieder bereit, für den „Endsieg" doch noch ihr Bestes und Allerletztes hinzugeben: ihr Leben.

C.F. von Weizsäcker möchte glauben, „dass die Erfindung des Radios größere Verantwortung mit sich bringe, als die Erfindung der Atombombe. Denn Propaganda greift tiefer als Bomben". Goebbels' virtuose Rede ist ein Paradebeispiel für die steinerweichende Kunst aus Rhetorik und Dialektik, Einfühlsamkeit und Brutalität, die wie ein Sandstrahlgebläse wirkt. Die Rede wurde nach 1945 gern mit Shakespeares kanonisierter Rede des Marc Anton nach der Ermordung von Kaiser Julius Cäsar verglichen:

Marc Anton:

Mitbürger! Freunde! Römer! hört mich an:
Begraben will ich Cäsarn, nicht ihn preisen.
Was Menschen Übles tun, das überlebt sie,
Das Gute wird mit ihnen oft begraben.
So sei es auch mit Cäsarn! Der edle Brutus
Hat euch gesagt, daß er voll Herrschsucht war;
Und war er das, so war's ein schwer Vergehen,
Und schwer hat Cäsar auch dafür gebüßt.
Hier, mit des Brutus Willen und der andern
(Denn Brutus ist ein ehrenwerter Mann,
Das sind sie alle, alle ehrenwert),
Komm ich, bei Cäsars Leichenzug zu reden.
Er war mein Freund, war mir gerecht und treu;
Doch Brutus sagt, daß er voll Herrschsucht war,
Und Brutus ist ein ehrenwerter Mann.

Marc Anton verteidigt den toten Julius Cäsar gegen seine republikanischen Mörder, die Senatoren und das Volk und stellt ihn als den wahrlich tugendhaften ersten Bürger heraus. Goebbels verlangt von der Bevölkerung eine ähnliche Opferleistung. Allerdings befremdet schon die Überlegung, Marc Antons Rede sei als Nekrolog mit Goebbels Ansprache überhaupt vergleichbar. Fast alle großen Ansprachen der NS-Zeit ließen Züge eines Nekrologs mitschwingen, eine Schicksalschronik eines Jahrhunderts der Extreme.

Als Hitler am 1. September 1939 den Weltkrieg entfachte, waren dessen erste Opfer die Wahrheit und die Vernunft. In weniger als zwei Wochen nach der Katastrophe von Stalingrad hat der „Führer" die „SS-Panzerdivision Hitlerjugend" aus dem Boden gestampft. Es ging um den Einsatz einer blutjungen Generation, die nichts anderes als den NS-Staat kannte und auch blindlings bereit war, für den fanatischen Einsatz in den Heldentod zu gehen. Hitlers trotziges „Weiter so, koste es, was es wolle", hat uns am D-Day 1944 die unvermutet schlagkräftigste Invasion der Alliierten in der Normandie beschert. Mit diesem Desaster für die Deutsche Wehrmacht wurde das Ende des Krieges nicht nur mit Hitler als dem großen Verlierer endgültig eingeläutet. Zehntausende energiegeladener trotziger 16- und 17-jähriger Hitlerjungen, alle Jahrgang 1926, von Hitler zum letzten Gefecht beordert mit furchterregenden SS-Runen an ihren Sturmjackenkragen, haben fast alle ihre sinnlose Hingabe an ihren „heißgeliebten Führer" mit der Flüchtigkeit ihres Seins bezahlt. Das Metronom des Todes hatte abrupt und unbarmherzig zu ticken aufgehört.

Goebbels Diktum, dass auf lange Sicht gesehen, die Art von Kriegspropaganda die beste sei, „die ausschließlich der Wahrheit dient", ein Satz noch aus der „Erfolgsphase" des Krieges (Goebbels, Das Reich, NR. 21, 1941), entpuppte sich später als floskelhaft hohles Phrasengedresch. Keine Zeitung, keine Wochenschau und auch das Radio haben über dieses Cannae der blutjungen Hitlerjungen in der Normandie auch nur eine Silbe verloren. Die Wahrheit mit über zehntausend Toten der SS-Hitlerjugend-Panzerdivision und weitere große Verluste wurde einfach unterschlagen, weil die objektive Faktenlage auch nur anzudeuten einen Dominoeffekt hätte auslösen können. Denn „Propaganda wird in dem Moment ineffektiv, wo man sie bemerkt" (Goebbels).

Als wirkungsvollste Medien, nach denen Goebbels in seiner ideologischen Unrast in letzter Not griff, waren neben seinen brillant-suggestiven politischen Redekünsten, die dem Gewächshaus seiner industriellen Fantasie entsprungenen populären Massenmedien: Film, Wochenschau, Radio, Presse und eine selektierte Schulliteratur – allesamt für die jüngeren Generationen. Als Multiplikatoren erwiesen sich auch die weithin ausstrahlenden Reichsparteitage, vor allem zwischen den Jahren 1933 bis 1938, mit ihren einigen tausend geschulten Funktionären als Multiplikatoren. Allesamt eignete ihnen eine Instrumentalisierung des neuen Glaubensbegriffs, der zugleich der Tarnung antichristlicher Ziele diente; eine Art religiös fundierter, neoheidnischer Bewegung. Dieser quasi-religiöse Glaube war eine subtile Form der Selbstüberzeugung und Selbstheilung, der Glaube vor allem an sich selbst. Später dienten sie den jeweils trendigen Zwecken und Zielen und natürlich der alleinigen Deutungshoheit. Vor allem aber dienten sie der Demonstration der Macht, worauf ihr schillerndes „Universum" gründete. Das riesige Netz der Propaganda, verzweigt in Schulungskursen und Zeltlagern oder die Manipulation der vielen überzeugten Volksgenossen als jeweils kleinsten, aber gleichwohl wirkungsvollsten Zellen der Bewegung – all dies stand bereit, um die sogenannte Volksbegeisterung für den Krieg bis zum 8. Mai 1945 qualvoll selbstlos zu verlängern.

Viel Leid wäre der Menschheit wohl erspart geblieben, hätte Goebbels seine Beschwörungsrede, den historisch gewordenen Appell zum Totalen Krieg nicht gehalten. Die kulturelle Basis zum Bellizismus war seit langem gelegt: Das spezielle, den Heldentod verherrlichende NS-Liedgut mit kitschig-lyrischem Drive, der die Sinne und den Verstand betäubt, hat die kampfbereit gemachte Jugend leichtsinnig werden lassen. So wurde das persistierende Leid sowohl der eigenen Bevölkerung als auch der alliierten Kämpfer sinnlos prolongiert.

Theorie und Praxis, Illusionen und reales Schicksal von Abermillionen Menschen sind zwei Schalen auf derselben Goebbels'schen

Schicksalswaage. Die verschiedenen Bewusstseinsströme miteinander geschickt verschränkend, hat der Propagandaminister besonders Hitlers schutzbefohlene Jugend in Form personifizierter Transmissionsriemen heimgesucht und instrumentalisiert. Sein großes Narrativ der Verführung Minderjähriger hat Goebbels in seinen Tagebüchern munter fortgeschrieben.

Um zu erfahren, was eine vaterländische Hymne sei, rät Per Leo, der Autor von „Flut und Boden" (2014), seinen Lesern, doch einmal Hölderlins herrliche „Hymne an den Rhein" zu lesen: „Ein Rätsel ist Reinentsprungenes. Auch der Gesang kaum darf es enthüllen."

Zwischen Nazi-Gesängen, Karnevalsmärschen und zertrümmerten Kirchenliedern, bieten die Leben und Tod sorglos verdichtenden klerikalfaschistischen Songs, wie sie Hans Baumann komponierte, das genaue Gegenteil. Mit drastisch hymnischen Eruptionen und peinlich lyrischem Herzton in grotesk heiterer Biederkeit besingen sie den Opfertod als Bringschuld an den „Führer" und ans „heilig Vaterland in Gefahren", deren Mimikry für uns nicht als bedenklich empfunden wurde:

Nun lasst die Fahnen fliegen
in das große Morgenrot,
das uns zu neuen Siegen
leuchtet oder brennt zum Tod.

Denn mögen wir auch fallen –
wie ein Dom steht unser Staat.
Ein Volk hat hundert Ernten
und geht hundertmal zur Saat.

Mit dieser Art verschrobener Lyrik wurde das Sterben für den „Führer" schöngesungen.

Mit der systematischen Einbeziehung populistisch-plebiszitärer Elemente in den Prozess der vorgetäuschten politischen Willensbildung wollte Goebbels rechtzeitig vor allem die jüngere Generation „beglücken". Das lässt sich heute mit dem Alphabet der eigenen Erfahrung kritisch nachbuchstabieren.

Auf das verstaubte Pressekontrollgesetz anno 1874 aus der Wilhelminischen Kaiserzeit rekurrierend, das die Pressefreiheit im Kriegsfall suspendierte, hat Goebbels seine listige Vollmacht begründet, über die Kreativität der Kameramacht und des Reporters auch im Militärbereich je nach Gefechtslage zu gebieten. Der Minister für Propaganda und Volksaufklärung gängelte das Militär, das doch eigene taktisch-operative Ansprüche in Verbindung mit militärischer Aufklärung und Geheimhaltung vertrat. Volksaufklärung und Kriegsaufklärung fusionierten in kafkaesker Manier. Auch der Volksempfänger war auf die monokausalen Erklärungen von Goebbels geeicht. 1941 waren mit 65 Prozent aller Wohnungen über die Radiowellen mit dem Zentrum der Macht kurzgeschlossen.

Mit Beginn des vom dominanten Machtzirkel des „Führers" herbeigesehnten Zweiten Weltkriegs durften Goebbels und die Wehrmacht die Propagandakompanien grandios erweitern und das Personal für inzwischen sieben Einheiten entsprechend aufstocken: Mit Hilfe des Kameraauges wollte Goebbels die öffentliche Wahrnehmung ganz allgemein zwischen „Krieg" und „Frieden" schulen. Die Wirkung des Films auf das Jungvolk und für jene die Hitlerjugend durchlaufende Generation setzte unseren naiven Glauben voraus, dass die Kamera nicht lügen kann.

Auf dem Zenit dessen, was mit der letzten Etappe schließlich zum Untergang führen wird, war die Anzahl der Kriegsberichterstatter auf 15 000 Köpfe angewachsen: Bis an die Zähne bewaffnet, sollten sie an vorderster Front im Kampf zwischen Information und Desinformation, realem Krieg und Bilderkrieg ihre Brust heroisch in die Bresche werfen. Dies erklärt auch, warum deren so viele als Gefallene zu beklagen waren.

Zur Schauerromantik dieser Propaganda sollten Gedichte beitragen, wie das von dem Verseschmied und astreinen Nationalsozialisten Baumann:

Deutschland, sieh uns, wir weihen
dir den Tod als kleinste Tat,
Grüßt er einst unsre Reihen,
werden wir die große Saat.

Im Versuch, Rauchzeichen der Psyche und der seelischen Verkümmerung mit Hilfe der völkischen Gesellschaftsanalyse und einer lausig-sentimentalen „Lyrik" und Rhetorik zu kurieren, wollte Goebbels der Kultur des herbeikommandierten Todes zur Dominanz verhelfen. Im Geflecht seines Mythenrepertoires erweiterte er eine identitätszentrierte Gedächtniskultur bis zum galligen Überdruss.

Hitlers brauner Katechismus „Mein Kampf" war nichts Geringeres als das große Regelwerk für die Grundlagentexte zur myriadenfachen Auslöschung unschuldiger Menschen. Diese braune „Bibel" wurde uns aufgebürdet als perennierende Erblast des „deutschen Nationalcharakters". In der Zwangsjacke des Nationalsozialismus sollten auch wir Jugendliche uns zum skrupellosen Handeln ermächtigt fühlen, obwohl Goebbels eingestand, dass er persönlich bei „Mein Kampf" nicht jedes Wort auf die Goldwaage lege. Die Dialektik von Sein und Schein beherrschte Goebbels wie ein Jongleur seine kunterbunten Zirkuskeulen. Seine appellativ-einladende Propaganda kompensierte die Autorität abschreckender Befehle. Wie tief wir dabei in das globale Ende des Nationalsozialismus verstrickt wurden, erkannten wir erst bei unserem eigenen „Waterloo" wie Napoleon I. im belgischen Wallonien mit unserem Finale in der Normandie.

In nachholender Vergegenwärtigung war Goebbels für mich die singuläre Gestalt und ubiquitär sichtbare Personifizierung auf der pompösen Bühne des Nazireiches mit all ihren verführerischen Facetten und Verlockungen. Marcel Reif nannte ihn „unter den vielen Arschgeigen Hitlers die Stradivari".

KAPITEL 7

NAZIFILME

„… **A**ls unsere Partei gerade sieben Mann hoch war, sprach sie schon zwei Grundsätze aus: Erstens, sie wollte eine wahrhaftige Weltanschauungspartei sein, und zweitens, sie wollte daher kompromisslos die einzige Macht und die alleinige Macht in Deutschland sein" (Hitler, Reichsparteitag 1934).

Obwohl das Kino als privilegiertes Medium der Affekte gilt, lässt sich die Wirkungsgeschichte der Nazifilme objektiv kritisch erst vom Ende Hitlers her beurteilen, mit heutigem Wissen von ihrem damaligen Zauber und ihren niederen Zwecken, mit ihren Emotionen und Einflüssen auf uns blauäugig gläubige Hitlerjungen mit den bekannten bitteren Folgen: Film als eines der wenigen letzten Allgemeingüter der Menschheit, mit der größten Vielfalt auf engstem Raum. Aber wie Blaise Pascal uns weissagt, ist eine „Einheit, die sich nicht zur Vielfalt gliedert, Tyrannei".

Unter den Argusaugen von Propagandaminister Joseph Goebbels produziert, sucht man in den ab 1934 hergestellten Spielfilmen Wandposter des „Führers" oder aus dem Fenster flatternde Hakenkreuzfahnen im Kino vergebens. Während der Olympiade 1936 sollten auch andere Nazi-Devotionalien oder germanische Heraldik in der Asservatenkammer und daher den Kameraaugen bis auf weiteres vorenthalten bleiben. Auch grüßten die Menschen einander im Film nicht mehr mit dem obligaten „Heil Hitler". Die Leute sollten sich in den Familienstories des Unterhaltungsfilms wohlig privat fühlen und auch einigermaßen geborgen unter dem weitgespannten Weltendach der schönen deutschen Heimat mit ihren viel besungenen Flüssen, Seen und Bergen. Das dezidiert Politische an diesen Filmen war, dass sie vordergründig gänzlich unpolitisch wirken sollten. Propagandaminister Josef Goebbels hatte ein feines Gespür entwickelt für die jeweils wechselnden

Befindlichkeiten und Bedingungen der deutschen Volksgenossen und für die Zeit, die sie sich nach Feierabend in ihrem individuellen Lebenskreis wünschten. Im Kino um die Ecke jedenfalls waren vereinseitigender Hurra-Patriotismus und aufdringliche Propaganda bis zum Kriegsbeginn Tabu. Die von Goebbels domestizierten Filmregisseure haben sich bis zum Kriegsbeginn daran gehalten. Gleichwohl gab es Auftragsfilme, in denen Verbürgtes mit Wahrscheinlichem, historische Fakten mit literarischen Fiktionen arrangiert, keinerlei Argwohn aufkeimen lassen sollten, wie im Paradebeispiel „Ich klage an" (1941). Dieser Film von Wolfgang Liebeneiner war eine Camouflage der Euthanasie im Spielfilmformat zwischen Ehe-Melodram, Arztroman, Wissenschaftsfilm und Gerichtsprozess, im vergeblichen Wettlauf der Serumentwicklung für den aussichtslosen Fall einer multiplen Sklerose: Heidemarie Hatheyer bittet ihren Mann um die noch verbotene aktive Sterbehilfe, die er aus Liebe zu ihr beschaffte. Der Film wurde ein Riesenerfolg als „Unterhaltungsfilm". Liebeneiner gelang es, den entsprechend drastischen Propagandafilm über „unwertes Leben", über Euthanasie in einen gefühligen Liebesfilm umzumünzen.

Goebbels, der Beredsamkeit als Kunst der Seelenführung begriff, und dem eine geradezu seismische Sensorik für die Stimmung des Volkes eignete, hielt es für geraten, keine braunen Uniformen und keine feldgrauen Röcke auf der Kinoleinwand Revue passieren zu lassen. Kritik an Gegnern des Regimes auf der Leinwand könnte als Habitus kontraproduktiv werden. Marika Rökk, Lil Dagover, Paul Henckels, Heinz Rühmann oder Theo Lingen, Hans Albers und Zarah Leander sollten uns statt nationalsozialistischem Alltagsstress ein schönes Leben im herrlichen Reich des „Führers" vorgaukeln, wie weiland in ihren legendären Auftritten aus der UFA-Geschichte vor 1933: In den durch beliebte Stars repräsentierten Parallelwelten der Erinnerung bildeten Harmonie und gute Laune das Grundszenario und die Tektonik der Verführungskünste. Ähnlich sollte auch diese Filmkategorie ein Spiegelbild davon bieten, was als Gefühl fröhlicher Behaglichkeit sollte nachempfunden werden können. Goebbels verleiht dieser Sehnsucht eine verlogene Stimme. Man sah also bis 1939 nur noch Filme, deren visueller Lyrismus als virtueller Balsam für die Massenseele konditioniert war. Nur wir jungen uniformierten Gemüter waren einer ganz anderen Dramaturgie ausgesetzt und sahen im Wiederholungszwang der Jugendfilmstunde immer wieder das gefühlvoll arrangierte Heldensterben von der Art des gleichaltrigen Hitlerjungen Quex mit der Gewissheit nachhaltiger Betroffenheit. Goebbels war ein Meister darin, uns zeitdiagnostisch die visuelle Grammatik der Gesten und Gefühle anzuverwandeln. Für unsere nachwachsende Generation begriff das Dritte Reich sich selbst komplett. Als Film mit uns Pimpfen als Statisten mitten drin. Jedenfalls hat Goebbels in Babelsberg in unseren Kinderköpfen die kinematografische Folie des Dritten Reichs als politisches Szenario erfunden. Für den Propagandaminister sollten Filme helfen, das morsche moralische Gefüge der Weimarer „Systemzeit" einstürzen zu lassen und den eigenen kulturellen Distinktionsgewinn zu erhöhen.

Ab Kriegsbeginn wurden uns in der Jugendfilmstunde Kriegswochenschauen gezeigt, wo auf der Leinwand keine sterbenden deutschen Soldaten unser Mitleid erregten. Es wurden von unbarmherzigen Kameras nur tote GIs oder tote Rotarmisten verewigt. Die Deutsche Wochenschau spiegelte den Krieg an der Front zurück in die Heimat. Neben Märschen als Movens für militärische Fortschritte überhöhten wahlweise aufwühlende Wagnerklänge mit gepanzerten Blechbläsern zum Feuerzauber einer „Walküre" oder der Chromatik aus dem „Tristan". Aber auch schicksalhafte Bruckner-Orgel-Klänge schmeichelten unseren Ohren. Sie alle steigerten den Erregungspegel der Filme ebenso wie jene unterstützenden Rhythmen des Nazibarden Norbert Schultze oder die düster modernisierten Fanfaren des seichteren olympischen Musikillustrators Herbert Windt.

Zunächst überwältigte das große Propaganda-Werk „Feldzug in Polen" (1940) auch mit rein instrumentalen Liedanklängen und chorischen Gesangseinlagen nach dem altbewährten Muster. Ein Konkurrenzprodukt war der Luftwaffen-Film „Feuertaufe" (1940) von Hans Bertram. Hier wird die Eroberung Polens und die Bombardierung und Zerstörung Warschaus vor allem aus der Luft gezeigt. Dieser bombastische Streifen stieß aber beim deutschen Publikum auf ängstliche Reaktionen und lief nur kurze Zeit. Angesichts einer uneinheitlich-penetranten Mischung mit der germanisierenden Adlerperspektive beim Bombenabwurf der Stukas im Tiefflug und der schamlos-demaskierenden Besichtigung des himmelschreienden Desasters am Boden, verstärkte der Film die „Bombenstimmung" im Kino durch einen slawisch anmutenden Chor als Kontrapunkt zur auftrumpfenden Marschrhythmik, die bereits die nächste strategische Mission ankündigten:

> *Hört ihr die Motoren singen:*
> *Ran an den Feind!*
> *Hört ihr's in den Ohren klingen:*
> *Ran an den Feind!*
> *Bomben! Bomben! Bomben auf Engelland!*

Einen neutraleren Anstrich gab sich der OKW-Heeres-Film „Sieg im Westen" (1941), produziert von Fritz Hippler. Zunächst erfolgt eine heimatlich-geographische und geschichtliche Einleitung, zwischen ein träumerisches Violinsolo und Feindbesatzungs-Signale gezwängt, mit der frappanten Gleichsetzung der „politischen Soldaten" der HJ und der NSDAP mit alten Frontkämpfern und neuen Wehrmachtssoldaten in Feldgrau. Der Angriff auf den Westen wird als gerechtfertigt moderiert, eine Dauerkanonade mit Kriegs-O-Ton leitet den Beginn des Überfalles ein und erübrigt so jeden weiteren Kommentar; das Thema der Marseillaise als Erkennungsmotiv für den Gegner, verläppert resignierend. Dann nähert sich die Filmerzählung wieder den vertrauten Kurzformen der Wochenschau und der Kriegsberichterstattung aus deutscher Truppenperspektive. Die errungenen Etappen bis zur Flaggen-Hissung am Eiffelturm werden zu einem leicht historisierenden Unterhaltungsfilm als automatische Siegesserie ohne erkennbares Risiko für unsere Soldaten zusammengeschraubt. Besonders junge Menschen wie wir reagierten positiv und gierig auf einlullende Musik, die Emotionen hervorrufen und dabei auch kanalisieren sollten: Gefühle bieten da Orientierung, wo der Rückgriff auf kognitive Ressourcen kontraproduktiv gewirkt hätte.

Schon Siegfried Kracauer entschlüsselte in seinem Buch „Von Caligari zu Hitler" (1947) die psychologischen Strukturen der

Gesellschaft in den proletarisch-politischen und den populären expressionistischen Nachkriegs-Filmen der Weimarer Republik, also in einer Zeit, die von der Angst der Gesellschaft vor weiterem Krieg und Katastrophen und Inflation geprägt war. Indirekt schien der Wähler nach einer starken Führerfigur mit der latenten Bereitschaft zum bedingungslosen Gehorsam zu verlangen. So wurde Robert Wienes „Das Cabinet des Dr. Caligari" (1920) zum vieldiskutierten Modell einer Anklage von totaler Autorität und Unterwerfung, Befehl und Gehorsam im Zwiespalt von Wahnsinn und Vernunft. Eine geniale Parabel im spätexpressionistischen Stil. Dabei brillierte Werner Krauß als Caligari in doppelter Funktion: als moderner Leiter einer psychiatrischen Klinik und als überlieferter dämonischer Schausteller. Conrad Veidt trat als androgynes Medium der hypnotischen Lenkung im Zwielicht eines Verbrechens in mystischer Erscheinung.

Das Genre des „Proletarischen Films" war in der Weimarer Republik Synonym für zugleich politische und poetische Progressivität, in der Verbindung Dokumentation und Propaganda, wie man sie aus der Literatur eines Hermann Broch beispielsweise schon hätte kennen können, von optisch-realistischer Schärfe mit agitatorischer Verve. Das für den Proletarier Partei ergreifende Filmszenario, wie in „Kuhle Wampe" (1932) wurde auch für „Hitlerjunge Quex" (1933) übernommen. Durch krasse Darstellung seiner Nöte sollte ein, allerdings nach rechts driftendes, Klassenbewusstsein erzeugt werden. Gemeinsame Folie linker wie rechter „Basisfilme" bietet die unverhohlene Sympathie mit dem jeweiligen „Helden" an, wobei man das proletarische Milieu und seine Menschen nun immer stärker in typisierten Figuren verdichtete und als empathiewürdig ins Licht stellte. Requirierung der Stars aus dem Rollenarsenal der UFA waren schlechthin konstitutiv für die Propagandafilme des Regimes. Der Versuch der Nazis, die Linke durch teilweise Übernahme ihrer äußeren Formen und auch ihrer noch brauchbaren Gedankengänge zu kopieren und ihre Klientel so unauffällig zu beeinflussen, ist filmästhetisch belegbar. Inhalte werden ausgetauscht, die Form bleibt meist erhalten. Anstelle der roten Fahne flattern 1933 Hakenkreuzfahnen als „farbige weithin sichtbare Signalzeichen" (Kurt

Tucholsky) für den Aufbruch in eine sogenannte neue Zeit. Das schwarze Hakenkreuz auf weißem Tuch im roten Feld sollte ins Auge springen. Das unschuldige Weiß galt den altgriechischen Philosophen bekanntermaßen aber als ein Zeichen der „Freiheit des Geistes". Die Fahne diente wieder einmal als politisiertes Requisit, das den Zuschauer aus der Düsternis des Jammertals herausführen sollte.

Es hatte schon etwas Apartes, wenn die schwedische „Leihgabe" **Zarah Leander in „La Habanera" (1937, oben)**, mitten im Spanischen Bürgerkrieg im samtigen Kontra-Alt, einem fast männlichen, tief durchseufzenden Orgelton „Der Wind hat mir ein Lied erzählt" singt, so als hätte sie ihren Blick auf ein exzessives Leben gelenkt. Die Kamera öffnet weit die Gefühlsblende, um dem Publikum Tränen der Ergriffenheit über nordischen Heimatverlust abzutrotzen. Mit der Musik schoss die politische Botschaft dann doch wieder unmittelbar in die Sinne. Wie in ihrem erfolgreichsten Ufa-Film „Die große Liebe" (1942), der zum Kultobjekt avancierte, oder in ihrem mit dem Etikett „Film der Nation" ausgezeichneten tränenreichen „Heimat"-Film (1939).

Anteile der alten Identität des Arbeiters und seiner Klassenbedürfnisse werden auch unter der Flagge der neuen Solidarität versprochen und scheinbar eingelöst wie im Referenzbeispiel „Hitlerjunge Quex". „Wo wer' ick also schon hinjehör'n? Zu meine Klassengenossen jehör ick", sagt Vater Völker, der in „Hitlerjunge Quex" von Heinrich George sympathisch und raubeinig gezeichnete arbeitslose Kommunist als Hoffnung versprechendes Leitmotiv des Films, das unser Herz berühren sollte. Aber dieser Klassenbezug mutiert zur nationalsozialistischen Referenz: „in Deutschland, in unserem Deutschland".

Dessen besitzlose Genossen hoffte die NS-Propaganda mit Hilfe solch sentimentaler Filme in ihre Bewegung zu locken. Über

die Parole „Jeder muss wieder Arbeit und Brot haben" geht die
aggressive Titelfigur aus „SA-Mann Brand – ein Lebensbild aus
unseren Tagen" (Regie: Franz Seitz senior, 1933) weit hinaus. Der
Titel-Darsteller Heinz Klingenberg spielt nicht nur den Anwalt
der arbeitslosen Linken und damit den Träger der emotionalen
Substanz. Brand sieht sich fest verankert im Lager der scheinbar
etablierten, zeitweise verbotenen und ein Jahr später von Hitler
selbst kaltgestellten SA-Kämpen, während die politisch noch er-
folgreichere NS-Partei auf dem direkten Weg zur Verkündung
ihrer Machtergreifung ist. Aus Münchener Parteisicht suggeriert
der Film eine bald staatstragende Einheit zwischen SA und NS-
DAP. Die neue klassenlose Klasse der Nationalsozialisten offenbart aber nicht das Ende aller Klassen, sondern nur die Liquidierung des proletarischen Klassenbewusstseins unter der roten
Fahne. Das Rot des Sozialismus war die künftige rot prangende
Fahne des National-Sozialismus, aufgehellt durch eine weiße
Sonnenscheibe mit einem Kraft und Zukunft symbolisierenden
schwarzen Hakenkreuz im Zentrum. Endgültig liquidiert, ver-
teufelten die Nazis den Sowjetstern als Ausdruck missgeleiteter
proletarischer Obsession. Selbst Entlassungen sind in der Film-
handlung am Vorabend der Machtübernahme keine Katastrophen mehr, sondern Mittel im Kampf um die soziale Herrschaft.
Überall taucht plötzlich der Hitler-Gruß auf, um zu signalisieren, bald sämtliche Hürden zu überwinden und alle alten Bastionen zu schleifen. Am Ende erklingt das Horst-Wessel-Lied jetzt
als Melos des Triumphes.

Von den im Dritten Reich hergestellten etwa 1150 Spielfilmen
gelten höchstens fünf Prozent als massive Propaganda-Filme,
und davon gaben sich die meisten entweder als Historienschinken
oder als Kriegsfilme zu erkennen. Das heißt aber nicht, dass die
restlichen Spielfilme keinen propagandistischen Zwecken dienten. Auch die Ikonografie des deutschen historischen Kriegsspiel-
films zeigt exemplarisch, wie die Propaganda noch subtiler die
irrationalen Schichten der deutschen „Volksseele" mit NS-Ge-
dankengut zu nähren hoffte.

Stilbildend waren Filme des kinematischen Tausendsassas Eduard von Borsodys „Wunschkonzert" (1940) unter der scheinbar

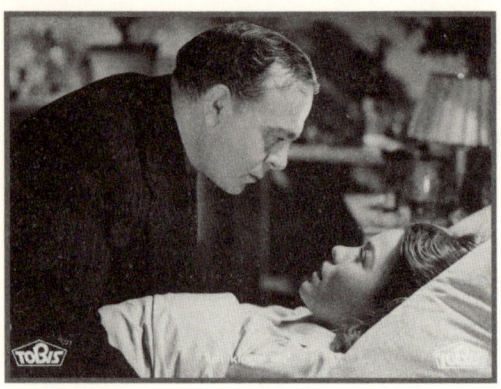

sentimentalen Devise: „Die Front reicht ihrer Heimat jetzt die Hände, die Heimat reicht der Front die Hand." Die Olympischen Spiele in Berlin 1936, der Einsatz der Legion Condor im Spanischen Bürgerkrieg, U-Boot-Krieg, eine Liebesbeziehung, die Trennung durch Kriegseinsatz und Zusammenführung mit Hilfe des Massenmediums Radio und ein gefällig-giftiges Musikpotpourri wurden miteinander vermählt. Dieser Film war nicht nur der Anfang einer Siegesserie, sondern der an der Kasse erfolgreichste Nazifilm überhaupt.

Liebeneiners „Ich klage an" als sentimentaler, die Euthanasie legitimierender Liebesfilm, balsamiert mit seinem hochentzünd-lichen Gefahrenstoff die deutsche Mitleidsseele. Goebbels griff nach dem Duden, der die Euthanasie mit „schöner Tod" euphe-mistisch ins Humane übersetzt. Der Terminus wurde als „Muster für den späteren Massenmord" in speziellen Vernichtungslagern übernommen (Norbert Lammert). Mit dem Eugenik-Thema und der tödlichen Irrlehre von der Reinerhaltung der Rasse und des Blutes, avancierte Liebeneiner 1942 zum Produktionschef der alten Tante UFA. „Alles Schwache muss ausgerottet werden." Dieses Goebbels-Diktum sollte insinuieren, dass auch die Tö-tung alles „unwerten Lebens" durch das Beispiel einer unheilbar kranken Lebenspartnerin (Heidemarie Hatheyer), die ihren Le-bensmut verloren hat und ihr Ende verlangt, durch den Film ab-gesegnet war. Die bittere Bilanz waren siebzigtausend ermordete psychisch Erkrankte und geistig behinderte Menschen.

Für die Spätphase des Krieges wichtige Veit-Harlan-Filme wie „Opfergang" (nach einer Novelle von Rudolf G. Binding, 1944) und sein Opus magnum „Kolberg" (1945) waren doppel-bödig spannende Filme, in denen individuelle Liebesgeschichten um Leben und Tod, Treue und Opferbereitschaft die Zuschauer

in ihren Bann ziehen sollten. Goebbels hoffte, damit vom fort-
schreitenden Verfall des „Führers", seines Regimes und seiner
Kriegsführung abzulenken. Auf der ästhetisch perfekten Linie
von Spielfilm, Unterhaltung und Kunstgenuss konnten ideologische Muster und Subversionen um so unauffälliger eingeschmug-
gelt werden. Scheinbar harmlose Episoden der Liebe beschönigen
in dem *Film „Ich klage an" (links)* den „Gnadentod", darstelle-
risch durchaus gekonnt. Dies war wirkungsvoller als aufdringliche Propagandafilme für Euthanasieverbrechen.

Nach dem Stalingrad-Desaster 1943 orderte Goebbels ein
Aufsehen erregendes Filmwerk in Farbe, das Hitlers kämpfende
Soldaten im Verein mit der deutschen Bevölkerung daheim zum
Durchhalten bis zur letzten Patrone animieren sollte. Und wer
kam dafür infrage? Natürlich „Jud Süß"-Regisseur Veit Harlan.
Goebbels forderte ihn am 1. Juni 1943 schriftlich auf, „einen Groß-
film Kolberg" herzustellen. Aufgabe dieses Films sollte es sein, am
Beispiel jener Stadt, die dem Film den Titel gibt, zu zeigen, „dass
ein in Heimat und Front geeintes Volk jeden Gegner überwindet" (Goebbels). Dieser letzte Film unter Goebbels' Ägide ließ
sich der Propagandaminister 8,8 Millionen Reichsmark kosten:
Ein Aufgebot von sechstausend(!) Pferden und Tausenden von
Statisten, eine Logistik von fast 190000 freigestellten Soldaten
aus Heer und Marine. Die Hauptrollen waren klotzig besetzt
mit Heinrich George als patriotischem und taktisch versierten
Bürgerwehrvertreter Nettelbeck, Horst Kaspar als aufstreben-
dem preußischen Major von Gneisenau und Kristina Söderbaum
als einmal mehr einfühlsamer Bauerstocher. Der immense Einsatz von Potential und Personal war angesichts der miesen militärischen Lage hochumstritten, weshalb die verschwenderische
Produktion zunächst diskret vor der ausgezehrten Bevölkerung
verborgen wurde. Der angestrebte monumentale Gegenwarts-
bezug hatte sich am Tag der Premiere am 30. Januar 1945, nur
für Staatsgäste und schon nicht mehr in den zerbombten großen
Filmpalästen zur bitteren Aktualität gesteigert. Die Volksgenossen konnten das Opus „Kolberg" nur noch unter Lebensgefahr
in den wenigen von Luftangriffen unterbrochenen Kinovorstel-
lungen sehen.

Eine Kopie wurde den im Atlantikha-
fen La Rochelle eingekesselten deutschen
Soldaten zeitgleich zur Berliner Premiere am 30. Januar 1945 per Fallschirm
abgeworfen, vor allem um sie nach inha-
lierter Vorführung zum Weiterkämpfen
zu animieren: Am Ende darf man diesen
Film getrost als Goebbels' Orbit seines
kinematischen Ruhmes und als sein politisches Testament bewerten. Die Leinwand
wurde von beiden Seiten durchlöchert:
im Kino und in der Realität. Dabei fand sich der Propagandaminister im zähen Ringen mit dem Regisseur um die monumentale
Wucht des Filmes im sensationell inszenierten Ausmaß blutiger
Schlachten. Der Film sollte eine Parallele ziehen zu den Bomben
auf Hamburg und Berlin, Dresden und Frankfurt.

Das Drehbuch sollte verstanden werden können als bedingungsloser Imperativ, im totalen Krieg an der Front wie in der Heimat
1944/45 nicht nachzulassen, und die letzten Reserven des Volks-
sturms zu reanimieren und wahrhaft zu entfesseln. Veit Harlan
war keineswegs eine subversive Tendenz zur Demoralisierung der
Zuschauer zu unterstellen, wie Goebbels beargwöhnte. Ein historischer Kriegsspielfilm konnte das katastrophengeschüttelte Publikum aber weder beruhigen noch kriegerisch begeistern.

Der historische Ort Kolberg wurde im Siebenjährigen Krieg
erst von den Russen belagert und kapitulierte schließlich im Jahre 1761. Im Film konnte sich Kolberg 45 Jahre später unter Major Gneisenau und einer wehrhaften Bürgerwehr gegen die Franzosen erfolgreich verteidigen. Die Bevölkerung wurde von ihrem
Anführer Joachim Nettelbeck darauf eingeschworen, die umla-
gerte Festung, auch unter großen eigenen Opfern, zu verteidigen
und sich nicht bequem und kampflos zu ergeben. Als Nettelbeck
vor Kommandant Gneisenau (Horst Kaspar) niederkniete, um
seine Bürgerwehr unter ihm mitkämpfen zu lassen, zog er den
Bittsteller (Heinrich George) mit dem Satz zu sich hoch: „Das
wollt' ich von Ihnen hören, Nettelbeck, jetzt können wir zusammen sterben." Im Kinosaal wurden bei dieser Szene die Augen

feucht. Im Einverneh-
men mit Nettelbeck
übernahm schließlich
Gneisenau die militä-
rische Befehlsgewalt.
Sein Motto lautete:
„Unsere Häuser können
verbrennen, aber unsere
Erde bleibt." Mit einem
dicke Kostenbudget
ausgestattet, sollte *„Kol-

berg" (Bilder oben)* letzte Segel setzen für den zivilen und militärischen Kampfesmut des deutschen Volkes. In den aufwendi-
gen Massenszenen à la Cecil B. DeMille oder Yukania Canutt,
war der Mammutschinken in formalästhetischer Hinsicht glänzend in Szene gesetzt.

Harlans Meisterwerk für die Opferbereitschaft und den
Kampfesmut der in der Festung Kolberg eingeschlossenen Volksgenossen und Soldaten sollte „jeden Gedanken an eine unwürdige Kapitulation" obsolet machen. Wer einen kritischen Blick auf
die Handlung wirft, entdeckt bald, wie Harlan die Geschichte
in einem wesentlichen Aspekt gefälscht hat: der „Friede von Tilsit" war im großen Maßstab kein Sieg für die preußische Fahne.
Er bediente vielmehr ein verzweigtes Abkommen im taktischen
Vertragsgeflecht zwischen den beiden Großmächten Frankreich
und Russland.

Als Goebbels am 25. Oktober 1942 anlässlich der HJ-Film-
stunden der Spielzeit 1942/43 über den „Deutschlandsender" zur
deutschen Jugend sprach, sagte er wenig zum Film, aber viel über
das Heldenethos deutscher Jungen und Mädchen im Kriege. „Ich
möchte die heutige Gelegenheit der Eröffnung der HJ-Filmstun-
den im Kriegswinterhalbjahr 1942/43 dazu benutzen, nicht nur
zur Jugend, sondern auch über die Jugend zu sprechen. Das Ju-
gendproblem ist noch in jedem Krieg von einer besonderen Bedeutung gewesen. Die Erziehungsfaktoren, die im Frieden und
in normalen Zeiten das Werden und Leben der Jugend maßgeblich bestimmen, werden im Kriege, besonders bei seiner längeren

Dauer, zu einem gewissen Teil ausgeschaltet. Der Krieg ist seinem Wesen nach eine Sache der Erwachsenen. Deshalb muß es schon als ein Zeichen von hervorragender Qualität der Jugend eines Volkes angesehen werden, wenn sie trotzdem in einem größeren Umfang an den Aufgaben des Krieges beteiligt werden kann oder sich aus eigenem Antrieb daran beteiligt. Im allgemeinen aber ist zu sagen, daß der Krieg weniger von der Jugend als vielmehr für die Jugend geführt wird." Dies war das Ende vom Lied.

Der Propagandaminister war gerade vom Besuch „einiger dreißig Hitler-Jungen aus den luftbedrohten Gebieten" im Alter zwischen vierzehn und siebzehn Jahren berauscht, die ausnahmslos das Eiserne Kreuz oder das Kriegsverdienstkreuz trugen. Zwei von ihnen hatten in einer Bombennacht je ein englisches Kampfflugzeug vom Himmel geholt und waren dafür auf dieselbe Weise ausgezeichnet worden wie der Soldat an der Front. „Sie waren in den Bombennächten, in denen sie im Volksdienst standen, moralisch um viele Zentimeter gewachsen. Sie hatten sich schon in ihren jungen Jahren ein Ideal der Pflichterfüllung zurechtgelegt, das zwar noch zwischen Kindlichkeit und Männlichkeit hin- und herzuschwanken schien, darum aber fast umso überzeugender wirkte" (Goebbels). Wer unter uns Jungen, die in den Lichtspielhäusern des Reiches Goebbels' heroisierender Rede am Sonntagmorgen lauschte, wäre da nicht gerne mitgewachsen? „Heroismus" ist nach Friedrich Nietzsche, „der gute Wille zum absoluten Selbstuntergang". Heroismus und Ehre sind dem Philosophen nichts als ein gemaltes Schild wie bei Falstaffs Leichenzug.

„Verdun, die Felder der Champagne, Guernica, die Strände der Normandie, Stalingrad, Treblinka und Auschwitz sind die Heiligen Stätten, an denen das 20. Jahrhundert seine metaphysische Frage entdeckte", räsoniert André Glucksmann (Le XIe commandement, 1991/92): „Der unerwartete Enthusiasmus des Krieges in Frankreich markiert das Ende einer Logik der Aufklärung, die selber auf die Scheidung des Guten und Bösen gesetzt hatte." Wer diese Filme und Rührstücke nicht kennt, weiß auch nichts über ihre Wirkungsmacht in einer Diktatur.

Wie subtil und nachhaltig die Propaganda dieser Filme wirksam werden konnte, wird vielleicht am besten in der Tatsache deutlich,

dass nach dem Krieg in einem Münchner Kino über Jahre hinweg jeden Sonntag alle diese NS-schwangeren Filme unter dem
schmucken Serientitel „Sterne, die nie erlöschen" als Hits publikumswirksam vermarktet wurden. Dieses Konvolut wurde „Vor-
behaltsfilme" genannt. Die Lust auf historische Passagen wurde
weiter befriedigt, z.b. mit der tendenziösen Biografie über „Robert Koch" (1939) oder vor allem mit „Ohm Krüger" (1941), mit
Filmen also, mit denen sich Steinhoff zum linientreuesten Starregisseur des Dritten Reiches qualifiziert hatte. Oder die hymnischen Eruptionen in „Opfergang" (1944). Diese Gefühlsausbrüche
werden als Belege für einen „der schönsten und besten Farbfilme
Veit Harlans" angepriesen, als „ein unvergessliches Erlebnis". Johannes Meyers ländliche Beziehungskomödie „Männerwirtschaft"
(1941) ist „ein fröhlicher Film rund um die Liebe, bei dem Sie Ihre
Sorgen vergessen" – genau darum war es Goebbels ja gegangen,
erst recht während des Krieges. Oder der Film „Kopf hoch, Johannes!" (1941) von Viktor de Kowa, in dem die Häutung des
verzärtelten Außenseiters einer Kadettenanstalt namens Johannes
geschildert wird, der hier unter der glühenden Sonne von Hitlers
nationalsozialistischen Erziehungsanstalten (Napola oder NPEA)
auf Vordermann gebracht wird, alles Kaderschmieden und Ordensburgen. Diese Brutstätten sollten das große ABC der konsti-
tutiven Werteskala der NS-Weltanschauung künftigen Parteifüh-
rern hinter die Ohren schreiben. Die damals aus den Geisteslagern
ideologischer Verblendung mitgelieferten Katarakte nostalgischer
Ideologie stören offensichtlich heute ebenso wenig wie damals.

Nicht frei von Larmoyanz, gilt dies auch für den Kassenmag-
neten „Tanz auf dem Vulkan" (1938) mit Gustaf Gründgens, ein
triviales Porträt der Welt des Théatre de funambules. Zu der
Spezies Revue- und Operettenfilm zählen die schmissigen Tanz-
einlagen mit Marika Rökk, von Rökks Gatten Georg Jacoby inszeniert und mit Ohrwürmern zum Mitsingen durchtränkt. Der
Schlager „In der Nacht ist der Mensch nicht gern alleine" gehörte zum Seelen-quid pro quo depressiver Zeiten.

„Mach Dir ein paar schöne Stunden, geh ins Kino!" Mit diesem Spruch war bereits die Verfilmung von Raspes und Bürgers
Lügenbaron „Münchhausen" (Regie: Josef von Báky, 1943),

Hilmar Hoffmann
»Und die Fahne führt uns in die Ewigkeit«
Propaganda im NS-Film
Fischer

dem 6,6 Millionen Reichsmark teuren Agfacolor-Farbfilm pünktlich zum 25. Jubiläum der UFA und wieder einmal mit Hans Albers in der Titelrolle. Von Cagliostro ausgestattet, reitet Hans Albers durch Raum und Zeit mit der genetischen Gabe ewiger Jugend auf einer Kanonenkugel in die türkische Festung Otschakiw und noch viel weiter bis zum Mond. Die geophysikalischen Gesetze des Kosmos schlug Albers grandios buchstäblich in den Wind. Denn „Das kann doch einen Seemann nicht erschüttern" wurde eine Melodie, die zum Gassenhauer verkam (ursprünglich von Heinz Rühmann im Trio in Kurt Hoffmanns „Paradies der Junggesellen" (1939) gesungen). Hitlers beliebteste Charaktermimen Heinrich George und Emil Jannings erfreuten sich seiner huldvollen Gunst.

Es wurde die Chance vertan, das Interesse an den Nazifilmen nach 1945 umzulenken, um im Fokus der Kritik das Vergangene unter dem Desiderat der Aufklärung zu untersuchen. So hätten die Filmreminiszenzen im Abgleich mit aufgearbeiteter Geschichte zur Erkenntnis beitragen können, indem das Unreflektierte ins Heute kritisch transzendiert wird. Über die Filme im Dritten Reich, als Verbund zwischen Propaganda, Dokumentation und Unterhaltung, habe ich deshalb so ausführlich berichtet, um dem Leser zu erleichtern, sich in Verstand und Seele der damaligen Hitlerjungen zu versetzen – die durch diese Filme vernebelt wurden, gerade weil wir glaubten, dass sie zum unvermeidlichen und harmlosen Inventar unseres Bewusstseins gehörten. Die Chance, dieses fehlgeleitete Bewusstsein aus dem Gedächtnis der damals Dabeigewesenen kritisch ans Tageslicht zu heben, wurde in den Münchner Kinos leichtfertig verspielt. Dass Geschichte nach gegenwärtiger Befragung verlangt, wissen wir nicht erst von Pierre Boulez.

In den Filmateliers von Berlin-Babelsberg hat der Propagandaminister das Hitlerreich in den Köpfen der Volksgenossen neu erfunden. Im Medium Film wusste er seine und Hitlers Visionen für jedermann leicht nachvollziehbar umzusetzen. Solange die politische und militärische Situation es Goebbels erlaubte, sollte der Staat, in immer wechselnder Gestalt und nach jeweiligem Bedarf, auch ins Positive gestylt werden. So wie während der Olympiazeit 1936 die ausländischen Gäste ein kernseifensauberes weltläufiges Berliner Stadtbild ohne Hakenkreuzfahnen vor ihre Augen bekamen, ohne rassistische Plakate an den Litfaßsäulen, wie „Juden unerwünscht", die während der Olympia-Spiele vorübergehend aus dem Stadtbild wie von Geisterhand verschwunden waren.

Von den über tausend Nazifilmen entsprach keiner auch nur andeutungsweise der späteren Forderung des Nouvelle Vague-Regisseurs Jean-Luc Gotard, ein Film müsse „24 Mal pro Sekunde die Wahrheit" abbilden. Sein Landsmann Paul Verlaine forderte schon 1892, dass „der Höhepunkt der modernen Kunst der Gipfel ewiger Wahrheit sei, als die vielleicht definitive poetischste Leistung unserer Zeit". *(Im Bild unten H.H. mit Alexander Kluge, Oskar Negt und Volker Schlöndorff während der Römerberggespräche 1977 zum Thema „Sie schlagen uns das Kino tot".)*

KAPITEL 8

HITLERJUNGE QUEX, SA-MANN BRAND, HANS WESTMAR, DER REBELL, KOLBERG

In der Phase der Machtergreifung „galoppierten" eine Reihe begabter Filmleute um die Wette, um dem ideologisch dienlichen und doch künstlerisch wertvollen Nazi-Spielfilm auf die Leinwand und zum kommerziellen Erfolg ganz im Rahmen des gleichgeschalteten Kinos zu verhelfen. Dieses aus der Perspektive der NS-Bewegung verständliche Ziel hatte freilich gleich mehrere Haken und Ösen: Einerseits galt es für die Zeit nach der Machtergreifung und Konsolidierung des Dritten Reiches die Loyalität weitere Kreise der Bevölkerung zu erreichen und zu stabilisieren. Darunter war die Orientierung einer Zweidrittel-Mehrheit von Protestanten weiter zu stabilisieren. Solange mit dem Ausland noch „friedlich" taktiert und verhandelt wurde, blieb so der Anschein einer Normalität aufrechterhalten, die mit der einsetzenden Verfolgung und Inhaftierung von politischen Gegnern, Juden und anderen Minderheiten schon bald keine Normalität mehr war.

Auf diese Weise drängten sich der gelenkten Medien- und Filmproduktion drei Fragen auf: Erstens, inwieweit konnte Freiraum gewährt werden für die latenten Unterhaltungsbedürfnisse der Bevölkerung in der Tradition von Kaiserreich und Weimarer Republik? Zweitens, inwieweit waren politische und propagandistische Filme dafür geeignet, öffentlich als Unterhaltung verbreitet zu werden? Und drittens: In welchem Umfang sollten die Funktionen von Unterhaltung und Politik subversiv, unterschwellig, oder greifbar und vordergründig miteinander liiert werden können?

Vor dem Hintergrund dieser grundsätzlichen Fragestellungen lohnt sich die Mühe, die historische „Dreifaltigkeit" der HJ- und SA-Filme „Hitlerjunge Quex", „SA-Mann Brand" und „Hans Westmar", allesamt Produktionen aus dem Jahr 1933, noch einmal näher zu betrachten und miteinander zu vergleichen. Die Vorstellung von einer homogenen Produktion entpuppt sich hierbei als Illusion. Tatsächlich gab es im Kontext aller drei Filme Spannungen und Widersprüche zwischen „künstlerischem" Spielfilm und strammen Propagandafilm. Während diese bei „Hitlerjunge Quex" von der Regie und den Leistungen eines Laiendarstellers und der bekannten Hauptdarsteller in einer ideologisch halbwegs funktionierenden und kommerziell erfolgreichen Fabel ausgeglichen werden, führte eine ähnliche Problematik bei „SA-Mann Brand" und mehr noch bei „Hans Westmar" zu Einwänden, Kontroversen und Fehlurteilen, die maßgeblich mit der Aversion Goebbels' gegen das ungemilderte Erscheinungsbild der rüpelhaften SA auf der Leinwand zu tun hatten. Als sentimental verjüngtes Propaganda-Spielfilmmodell der älteren SA-Fabeln lief „Hitlerjunge Quex" ihnen eindeutig den Rang ab. Die ahistorische Unschuld des einzelnen jungen Opfers, basierend auf der Biographie des 1932 erstochenen 16-jährigen Herbert Norkus, war für die filmische Darstellung opportuner als die journalistisch bekannten, verworrenen und sich selbst stärker entlarvenden „Erwachsenen"-Geschichten der beiden anderen Filme über die Phase zwischen Kampfzeit und Machtergreifung.

HITLERJUNGE QUEX

Die Fahnenmagie läuft in der Coda des Films auf puren Kitsch hinaus. Die Erweckungshymne: „Vorwärts! Vorwärts! Jugend kennt keine Gefahren!", jene griffige Zeile aus dem von Baldur von Schirach getexteten HJ-Kampf-Lied, wurde gleich nach der Machtergreifung zum Leitmotiv des ersten originären Nazi-Propagandafilms erkoren. Der 1933 von Hans Steinhoff (1882-1945) inszenierte „Hitlerjunge Quex" handelt laut Untertitel vom „Opfergeist der Jugend". Die zur Legende hochstilisierte und verharmloste Kampfzeit und deren jugendlicher Märtyrer Quex sollten als emotionale Verlockung des braunen Regimes auf junge Kinogänger übergreifen. Wir sollten schon als Kinder durch ein Dogma der angeblichen Unschuld und Verantwortungslosigkeit verführt werden, dessen Schreckensfolgen als solche uns gar nicht erkennbar waren. Durch populäre Leinwandidole vom Kaliber Berta Drews, Heinrich George, Hermann Speelmans an der

Seite des hoch aufgeschossenen Laiendarstellers Jürgen Ohlsen
sollte dieser veritable Kinostoff das Nazitum als Jugenderlebnis
salonfähig machen. „Hitlerjunge Quex" erfüllte die Aufgabe, vor
allem jene kindlichen Gemüter mit Nazigut durch „realistische"
Anschauung vertraut zu machen, denn Anschauung ist schon
seit Goethe „der beste Unterricht". Adressaten waren jene Jugendliche, deren Eltern noch zur prinzipiell unpolitischen Masse zählten, die Novalis vorausblickend dem „frappanten Teil der
Nation" zugerechnet hätte. Deren Gesinnungswandel hatte sich
nicht schnell genug vollzogen. Auf Massenloyalität angewiesen,
hofften die Machthaber, über die leichter verführbaren Jungen
und Mädchen auch die Eltern zu überrumpeln.

Der dramaturgische Wendepunkt in diesem ersten, von den
Nationalsozialisten finanzierten Spielfilm wird mit affekt-hei-
schenden Mitteln eingeleitet: Den Druckerlehrling Heini Völker
aus dem Berliner Beussel-Kiez, später respektvoll „Quex" genannt, der vierzehnjährige Sohn eines aus sozialer Verbitterung
zum Kommunisten mutierten arbeitslosen Proletariers, schickt
die Regie auf eine Gratwanderung. Quex verlässt die im Film als
chaotisch vorgeführte kleine Horde der kommunistischen Ju-
gend-Internationale und tritt von ihr angewidert in die Frische
der Nacht hinaus, angeekelt auch vom quasi promiskuösen und
urbanen Verhalten der „kommunistischen Jugendmeute". Als er
anderntags das Hitlerjugend-Kampflied „Vorwärts! Vorwärts!"
hört, ist Heini dermaßen davon fasziniert, dass er, auf der Stelle
tretend, mit dem Rhythmus des Liedes Tritt zu fassen sucht.

In der Romanvorlage von Karl Aloys Schenzinger, die Baldur
von Schirach in Auftrag gab und die ab 1932 zunächst als Serie im Völkischen Beobachter erschien, heißt es an der Stelle,
die schildert, wie Quex heimlich die sakrale Gemeinschaft der
Hitlerjugend bei ihrer Sonnenwendfeier beäugt: „Er wollte mitsingen, aber seine Stimme versagte. Dies war deutscher Boden,
deutscher Wald, dies waren deutsche Jungens, und er sah, dass
er abseits stand, allein, ohne Hilfe, und nicht wusste, wohin mit
diesem großen Gefühl."

Heini Völker alias Quex schaut aus dem Abseits bewundernd
den disziplinierten Braunhemden zu. Die Filmtotale zeigt sie in

Reih und Glied, weihevoll ihre Fahne hissend. Quex' Sehnsucht nach Geborgenheit, Mutter- und Vaterersatz und nach Kameradschaft verbindet der Film mit dem durch Ton und Bild idealisierten Lebensgefühl dieser jungen braunen Gemeinschaft. Das hell lodernde Lagerfeuer der Hitlerjungen und die inmitten der Gruppe flatternde Hakenkreuzfahne verleihen der gefilmten Situation ihre emotionale Komponente. Quex möchte dabei sein, er ist bereit, im Sinne des Liedes mitzumarschieren „für Hitler / Durch Nacht und durch Not / Mit der Fahne der Jugend / Für Freiheit und Brot". Das Lied findet in Quex' Herz einen solchen Widerhall, dass er es am nächsten Morgen in der tristen Wohnküche versonnen vor sich hin trällert, den Text mit Eifer memorierend: „Unsere Fahne flattert uns voran." Seine Stimme dringt durch die dünne Wand ins Nebenzimmer und lässt den Vater aus der Haut fahren: Er glaubt seinen Ohren nicht zu trauen. Unter Anwendung physischer Gewalt zwingt er den Sohn, in die „Internationale" einzustimmen, die er ihm stoßweise vorsingt: „Völker - hört - die - Signale".

Nach dem Selbstmord der Mutter, die mit ihrem Gastod Quex beinahe auf die Reise ins Jenseits mitnimmt, wird die braune Gemeinschaft für Quex Mutterersatz. Bald vollendet sich auch das Schicksal ihres Sohnes, der inzwischen zum mutigen Titelhelden aufgestiegen ist, zum „Hitlerjungen Quex". Als er im „roten" Berliner Beussel-Kiez Flugblätter verteilt, umkreisen ihn im Schutz des Dämmers kommunistische „Meuchelmörder" und stechen ihre Messer in seinen jungen Leib.

Als HJ-Kameraden ihn sterbend auf einem Rummelplatz finden, schweifen in Steinhoffs Überstilisierung die leuchtenden Augen eines Märtyrers verklärt himmelwärts weit über seine irdischen Freunde hinweg. Mit einem kitschig glücklichen Lächeln haucht er in ihren Armen mit den mühsam gestotterten Worten seine Seele aus: „Unsere ... Fahne ... flattert ... uns ... voran."

Welch mythische Symbolkraft bestimmten Topoi wie Fahne, Hakenkreuz, Fotos von Hitler und braunen Uniformen beigemessen wurde, erhellt folgende Passage einer gewagten Hommage des Nazi-Dichters E. W. Möller auf den ermordeten Hitlerjungen: Quex „wurde im weißen Hemd ermordet. Als man das Hemd aber später ansah, da war das Blut braun geworden.

So starb der Junge doch im Braunhemd der Bewegung. Welch unbegreiflich wunderbarer Vorgang." Der Altkommunist, Quex' Vater Völker, ist inzwischen im Stolz auf seinen hingerichteten Sohn selbst vom linken Glauben abgefallen und Nazi geworden. Andere wankelmütige Väter sollen es ihm gefälligst gleichtun, lautet die ungeschriebene Botschaft als Gebrauchsanweisung des Films. Aber damit nicht genug!

Regisseur Hans Steinhoff holt zur melodramatischen Schlussapotheose aus: Aus dem Körper des sterbenden Hitlerjungen Quex rückt eine Armee aus Braunhemden und Fahnen ins Blickfeld, bis das Hakenkreuz einer Fahne als Erlösung signalisierendes Emblem die volle Leinwand füllt. In Mehrfachüberblendungen verschmelzen Marschkolonnen, Fahnen und himmlische Heerscharen samt dem toten Quex mit dem musikalischen Verschnitt des „Vorwärts"-Liedes zur heroischen Kulisse. Eine virtuose Schnitt- und Überblendungstechnik intensiviert den metaphorischen Effekt dieser ins Kollektiv gesteigerten Vision. Sie sollte von der Leinwand ins Parkett übergreifen und die Psyche der Zuschauer in ihren Bann ziehen. Hier oszilliert das räsonierende Ich zwischen Realität und Fiktion zur unauflöslichen Allegorie.

Die mit dem Symbol der Hitlerfahne verbundene Heilslehre vom Opfertod sollte den Nazis jene Kraft zur Erreichung ihrer verwegenen mörderischen Ziele geben. „Der tapfere, kleine Soldat ist den Heldentod gestorben, für seine Sache, für die Kameraden, für die heißgeliebte Fahne und den Führer. Andere deutsche Jungen reißen die Fahne wieder empor, die mit dem Blut eines ihrer Besten geweiht ist." Unter der Überschrift „Die Fahne ist die neue Zeit" schreibt der „Kinematograph" weiter: „die Fahnen rauschen im Winde, das Lied braust auf: ‚Unsere Fahne ist die neue Zeit'".

Und: „Hitlerjunge Quex ist ein deutscher Film, der nicht mit dem Blick auf Konjunktur, sondern der mit echtem Gefühl und tiefer Empfindung gedreht ist, ein Film, der eine Fanfare der deutschen Jugend und damit der deutschen Zukunft ist." Tatsächlich hat der an bestimmten Stellen rührselige Film die gewünschte kollektive jugendliche Inbrunst geweckt, auch bei uns Pimpfen in der Jugendfilmstunde am Sonntagmorgen. Der Film zielte auf die Tränendrüsen, um desto leichter zugleich unser

Denken zu beschlagnahmen. Mit geschwellter Brust sind wir zum Sonntagsbraten nach Hause marschiert, wo wir mit vollem Mund von dem Film schwärmten. Der Film erweckt den Eindruck, als habe das immer wieder eingespielte, Gemüt und Herz einlullende Kampflied von der Fahne, „die der jungen Schicksalsgemeinschaft den Weg weist", bereits 1932 im Jahr der Handlung, junge Herzen froh gestimmt. Der Film ist eine poetisch-politische Ergebenheitsadresse an den „Führer", der nach Schirachs Worten „seine Seele an die Sterne strich" und „doch Mensch blieb, so wie du und ich".

Dieser Film ist ein weiteres Beispiel dafür, wie die feierliche Erhebung eines ästhetisch eher mittelmäßigen Werkes zu dessen Wirkungsgröße beiträgt. Die Hakenkreuzfahne soll im Sog des kämpferischen Marschliedes einer schöneren Zukunft voranflattern. Sie ist ein auch von jungen Menschen schnell zu begreifendes Symbol für Hoffnung und Glaube geworden: Eine Monstranz auf den Wogen der Begeisterung, soll sie zu einem übergeordneten Ziel mitreißen, das sich hinter der Alliteration des Slogans „Für Führer, Volk und Vaterland" verbirgt. Am Grab seines Jungen vollzieht der Vater den entscheidenden Gesinnungswandel: Jetzt denkt er wie sein ermordeter Sohn. Er wurde aus dem Leiden und der Not heraus notdürftig geläutert.

Reichsjugendführer von Schirachs „visionäre" Worte verfließen leicht ins Wolkige: „Wo damals der kleine Hitlerjunge fiel, da steht heute eine Jugendbewegung von eineinhalb Millionen Kämpfern. Jeder einzelne bekennt sich zum Geist des Opfers, der Kameradschaft. [...] Wir wollen weiterkämpfen in einem unbeugsamen Geist."

Regisseur Steinhoff gilt mit seinen späteren Monumentalbustern wie „Ohm Krüger" (1941) und dem Unterwerfungsdrama „Der alte und der junge König" (1935) sowie mit der biografischen Verherrlichung eines deutschen Genies „Robert Koch, der Bekämpfer des Todes" (1939) neben Veit Harlan als der große Naziregisseur des Dritten Reiches, unterstützt durch den Koproduzenten und Stardarsteller Emil Jannings in diesen Filmen. Alle diese Steinhoff-Filme liefern straffe Beiträge zur propagandistischen „Filmerziehung" und Indoktrinierung im Spekt-

rum des politischen, historischen und wissenschaftsgeschicht-
lichen Spielfilms. Dabei erscheint die Form des fast militärisch
durchrhythmisierten Spielfilms selbst als Mittel der erzieheri-
schen Indoktrination. Der im entscheidende Moment blind weg-
schauende Filmschnitt versenkt die Botschaft in den emotio-
nalisierten Zuschauer um so effektiver: Die indirekte, aber
deutlich ideologische Partei-Erziehung von Vater und Sohn aus
dem Arbeitermilieu in „Quex" sind ebensolche Kennzeichen für
Steinhoffs Regiestil wie die parteitreue Ausdünnung und Abs-
traktion von Drehbuch und Schauspiel auf wiedererkennbare
ideologische Muster. Die zensierte Presse und Filmkritik feierte
diesen Stil und begleitete Steinhoffs Filme zum Publikumserfolg.
Die magere Kunstleistung wurde zum Gefäß der wohldosierten
Propaganda, die das Erhabene und das Brisante an den Stoffen
spielfilmförmig im Sinne der Weltanschauung des Dritten Reiches sinnlich zu vermitteln wusste.

DER FILM „HANS WESTMAR"

„Hans Westmar – Einer von vielen – Ein deutsches Schicksal
aus dem Jahre 1929", unter der Leitung von Regisseur Franz
Wenzler 1933, hieß ursprünglich „Horst Wessel. Ein deutsches
Schicksal". Die Struktur des Films ist beides, antikommunistisch
und antisemitisch. Hans Westmar ist Corps-Student und Mitglied der SA. Er soll im Arbeitermilieu von Berlin-Friedrichshain Wähler für die NSDAP anwerben. Außer dem sowjetischen
Emissär Kuprikoff, den Paul Wegener glänzend porträtiert, sind
alle übrigen Namen im Film authentisch. Westmar personifiziert
auch in seinen persönlichen Aussagen gläubig die NS-Ideologie:
Es geht um ganz Deutschland, „dafür müsse man Hand in Hand
gemeinsam mit dem Arbeiter kämpfen".
   Erzählt wird die kurze Lebensgeschichte der Titelfigur als des
„strahlendsten Blutzeugen der deutschen Freiheitsbewegung".
Der Film sollte dem zum Märtyrer idealisierten blutjungen Na-
zi-Recken ein leuchtendes Epitaph setzen. Wir lernen ganz nebenbei: Alle Märtyrer Hitlers sterben früh. Die Arbeiterfäuste
öffnen sich jetzt allegorisch zum Hitlergruß. Am frischen Grab

schallt es Westmar hinterher: „Die Fahne hoch! Und die Fahne wird wieder steigen vom Tode hinauf zum leuchtenden Leben und mit ihr wird dein Geist emporsteigen aus der Gruft, wird eingehen in uns und wird in unseren Reihen mitmarschieren, wenn wir einst die Macht ergreifen für des neuen Reiches Glanz und Herrlichkeit." Dieser hochpathetische Quark hat uns Pimpfe damals begeistert. In dem Prototypen der Bewegung sollten wir jene sittlichen Kräfte spüren, die ihre Bedeutung unter dem Regime Hitlers bald auch für uns Hitlerjungen zur Geltung bringen würden. Alle drei Filme aus dem Jahr 1933 waren rücksichtslos toxische Mixturen des Nationalsozialismus.

Die Titel- und Namensänderung sowie die Rückdatierung auf 1929 deuten bereits den Versuch einer deutlichen Distanzierung an. Der Film sollte vom Partei-Mythos regelrecht abgekoppelt werden. Anscheinend war der Film in bestimmter, häretischer Weise der Heiligen-Ikone Horst Wessel zu nah auf den Leib gerückt, so dass Goebbels wie ein Papst oder Kardinal die Zensur-Bremse zog. Nach der intern gezeigten Aufführung am 6. Oktober 1933 im Berliner „Capitol" verbot Goebbels den Film in seiner ersten Fassung. Noch in der zweiten Version wird an bestimmten Stellen sichtbar, dass professionelles und Laien-Schauspiel, verbale Agitation und Gewaltdarstellung mit damals authentischen SA-Gruppen und SchuPo-Truppen eine politische Rasanz und explizite Härte vorführten. In den gezähmteren Fassungen von „Quex" und „Brand" sollte nur indirekt angedeutet, gemildert, ästhetisch überhöht und sentimental vom Zuschauer zuende gedacht werden.

Schon im Vorfeld gab es erheblichen Streit ausgerechnet um die mediale Auswertung des „strahlendsten Blutzeugen der deutschen Freiheitsbewegung". Der Film basiert auf der von Goebbels im Namen der NSDAP bestellten Romanvorlage „Horst Wessel. Ein deutsches Schicksal" (1932) von Hans Heinz Ewers, einem teils umtriebig-libertären, in vielen Schreibstilen versierten und der NSDAP opportunistisch ergebenen Autors und Filmemachers. Die biographische Recherche und die naturalistische Darstellung der Figur Wessels im kirchlich-christlichen, corps-studentischen und im zwielichtigen Zuhälter-Milieu kolli-

dierten mit den „seriösen" Ansprüchen von Wessels Familie und
der nun regierenden etablierten Partei. Einen geistigen Rowdy
wollte man sich nicht mehr leisten, jetzt war die edle Staatspose
angesagt. Schon die Produktion des Romans nahm eine unge-
liebte Richtung. Der Geist von Ernst Röhm und die Goebbels eigene Berliner Kampfzeit erhielten auch durch den Film ein eher
schiefes und zügelloses Denkmal, an manchen Stellen wie in einem vorweggenommenen Ken-Russell-Film; fermentiert mit vul-
gärem Antisemitismus und Antikommunismus. Es zeichnete sich
ab, dass die im Film dargestellten grellen Verschwörungen und
Agitationsreden, Saalschlachten und Straßenkriegsszenen, sogar
noch in den Trauerzug-Szenen nach der Machtergreifung und
der Kaltstellung der SA durch den sogenannten Röhm-Putsch
bis 1934 nicht mehr opportun waren. Wenn man so will, war dieser Film im besten Sinne des neuen staatstragenden Konformis-
mus von Partei und HJ nicht jugendfrei. Gleichwohl reflektiert
er noch heute seine eigene Intention, eine apokryphe Selbstent-
larvung der kruden Methoden aus der Kampfzeit des NS.

Der ebenso schillernde wie umstrittene Märtyrer der Bewegung wurde als Beispiel für todesmutige Hitler-Treue über den
Tod hinaus zum Nationalheiligen emporstilisiert. Als der junge Nazirecke seinen Geist aushaucht, begleitet ihn die Hakenkreuzfahne auf seiner letzten Reise in die ewigen Jagdgründe.
Der Film überliefert in einem einzigen Wort den allerletzten
Gedanken beim endlichen Heimgang von Westmar/Wessel,
das zugleich für eine ganze Ideologie herhalten soll: „Deutschland!" Damit hat der Film einen aufnahmefähigen Resonanz-
raum geschaffen. Westmar/Wessel diente hier als dramaturgische Beispiel- und Vorbildfigur, deren sympathischer Habitus
dem fiktionalen Geschehen einen realistischen und appellati-
ven Ausdruck im Sinne der HJ-Werbung verleihen sollte. Der
historisch verbürgte Pfarrerssohn Horst Wessel war längst
politisch-rhetorisch als glühender Nazi zum „Blutzeugen der
Bewegung" und der von ihm geschriebene Text des Horst-Wessel-Liedes nach dem Deutschlandlied gar zur zweiten Nationalhymne aufgewertet worden: „Die Fahne hoch, die Reihen
fest geschlossen …"

Am Filmende, nach dem umkämpften Trauerzug und seiner feierlichen Beerdigung marschiert unter den sich tief verneigenden Flaggen, Westmar alias Wessel als geisterhafte, nun endlich politisch korrekte Vision in Uniform samt wild wehender Flagge. Halluzinierend werden sie eins mit dem stürmischen Wolkenhimmel. SA-Kolonnen mit Fackeln ziehen zur Machtergreifung durch das Brandenburger Tor. Zum Horst-Wessel-Lied öffnen die am Straßenrand stehenden roten Arbeiter die geballte Faust, langsam und wie unter Caligari-Hypnose, und entbieten als Beileids-Ensemble den armgestreckten Führergruß. Nicht nur in der Poetik und der Liturgie des Nationalsozialismus klingt dieser gewundene Zusammenhang aus Propaganda, Legende und Geschichte, Machtkampf und Machtübernahme, Sieg und Opfer allzu gespreizt und kitschig.

Susan Sontag bezieht sich in ihrer postmodernen Ästhetik in „Camp" über den traditionellen Zusammenhang vom Guten und Schönen, auf den lustvoll-subversiven „guten schlechten Geschmack" und den repressiven „schlechten guten Geschmack" in Form von Querverbindungen zwischen Hoch- und Popkultur. Entsprechend divergente Verstrebungen sind in Nazi-Film-Welten festzuhalten, zwischen dem angeblich universalen Anspruch des ewig Guten, Schönen und Erhabenen und dem untergründigen Szenario von boshafter Ausgrenzung, Gleichschaltung, Suggestion, Gewalt und Tod.

Im Horst-Wessel-Lied heißt es: „Kameraden, die Rotfront und Reaktion erschossen, marschier'n im Geist in uns'ren Reihen mit." Nach diesem Motto sollten die drei HJ- und SA-Filme aus dem Jahre 1933 in verschiedenen Altersstufen und in unterschiedlich konkretisierter Geschichtlichkeit im Gleichmaß inszeniert werden. Die Filmproduktionen hatten den Auftrag, Kontinuität zu konstruieren, um bestimmte positive Elemente der alten Kampf- und Aufbauzeit in der Phase des Umbruchs und der Machtergreifung in eine Staatsmythologie zu überführen. Beim gleichzeitigen Blick in die Zukunft von „Führer", Partei, Volk und Jugend entsprachen die drei Filme aber ästhetisch-formal nicht in gleichem Eichmaß. Zwar ist in allen drei Filmen die gemeinsame Methode die Allegorie von Kampf und Opfer in emotionalen Wechselbädern. Damit soll die braune Ideologie ins Mythische übersinnlich verklärt werden. Alle drei analogen Schlussapotheosen sind filmsemiotische Beispiele einer NS-Hagiografie.

Die drei Finalverklärungen enthalten nicht nur formale Akzentuierungen. Sie sind auch ganz konkrete Versuche, ideologische Desiderate bildhaft plastisch bewusst zu machen. Das Jungvolk und die Hitlerjungen sollten unter der Herrschaft Hitlers in den jungen virilen Prototypen der Filme bestimmte tiefer wirkende sittliche Kräfte als ihre eigenen erkennen. Doch der direkt aus der sogenannten „Kampfzeit" entlehnte und filmisch ziemlich roh ausgeschlachtete Märtyrerstoff der SA-Figuren, vor allem in „Hans Westmar", hatte zunächst nicht das „künstlerisch kongeniale" Format, das dem von der Partei längst mythologisch überhöhten apostrophierten Helden „Wessel" gemäß ausfiel. Deshalb verbot Goebbels, nach der am 6. Oktober 1933 vor geladenen Gästen veranstalteten Film-Abnahme, die für den 9. Oktober 1933 angekündigte öffentliche Premiere von „Horst Wessel" kurzerhand, um in seinem Sinne nachbessern zu lassen. So wurde aus dem intendierten Horst-Wessel-Film durch Titeländerung und Umschnitt eine Camouflage, die jene ursprüngliche „Krönung" im dritten Anlauf des Films zurücknahm. Goebbels wusste minimalste Oszillationen als Volkswillen wahrzunehmen und zu lenken und eben aber auch ohne großes Brimborium umzusteuern.

Der evangelische Pfarrerssoh Horst Wessel, Student und Corpsmitglied, war Sturmführer im SA-Sturm Nr. 5. Er agierte mit seinen Hasstiraden hauptsächlich in der Hochburg der Kommunisten in Berlin-Friedrichshain. Wessel starb in Wahrheit aber nicht als Märtyrer. Ihm wurde ganz prosaisch von dem eifersüchtigen Zuhälter seiner Freundin aus dem Kiezmilieu in den Mund geschossen. Dies ist ein weiteres Exempel dafür, wie lax Goebbels mit der Wahrheit umzuspringen beliebte.

In seiner zweiten Fassung ging der zensierte und seiner Drastik beraubte Film stärker auf die Suche nach einem vorzeigbaren Märtyrertypus als hehrer Gallionsfigur. Mit diesem Narrativ überschritt Goebbels die biografische Linie und ließ aus den kriminellen Machenschaften zwischen der ärgerlich privaten Eifersuchtstragödie und dem schrägen politischen Konkurrenzdrama

eine mehr als holperige Märtyrermär für seine Propagandalügen
zusammenbasteln.

„Wir Nationalsozialisten legen an sich keinen gesteigerten Wert
darauf, dass unsere SA über die Bühne oder über die Leinwand
marschiert. Ihr Gebiet ist die Straße. Wenn aber jemand an die
Lösung nationalsozialistischer Probleme auf künstlerischem Gebiet herangeht, dann muss er sich darüber klar sein, dass auch in
diesem Falle Kunst nicht von Wollen, sondern von Können her-
kommt. Auch eine ostentativ zur Schau getragene nationalsozialistische Gesinnung ersetzt noch lange nicht den Mangel an wahrer
Kunst. Die nationalsozialistische Regierung hat niemals verlangt,
dass SA-Filme gedreht werden. Im Gegenteil: sie sieht sogar in ihrem Übermaß eine Gefahr. [...] Der Nationalsozialismus bedeutet unter gar keinen Umständen einen Freibrief für künstlerisches
Versagen. Im Gegenteil, je größer die Idee, die zur Gestaltung
kommt, desto höhere künstlerische Ergebnisse." (Goebbels)

Horst Wessel hatte schon im September 1929 in Goebbels
Berliner Leib- und Magen-Blatt „Der Angriff" ein Gedicht veröffentlicht, das in der Vertonung einer eingängigen Melodie eines Matrosenmarsches als Horst-Wessel-Lied dann zu unserer
zweiten Nationalhymne erhoben wurde. Millionen Menschen
im Dritten Reich und nicht nur die weltanschaulich involvier-
ten Zeitgenossen haben aus voller Kehle mitgesungen: „... ja,
die Fahne ist mehr als der Tod". Diese Zeile stammt aus dem
Fahnenlied der Hitlerjugend, das Baldur von Schirach 1933, vier
Jahre nach dem Küren des Horst-Wessel-Liedes zur SA- und
zur NSDAP-Hymne textete. Beide Lieder lassen sich thematisch
problemlos ineinander überblenden, in gerader Linie von Kindheit und Jugend, Bewegung und Partei, Kampf und Tod.

Vorwärts! Vorwärts! Schmettern die Helden-Fanfaren.
Vorwärts! Vorwärts! Jugend kennt keine Gefahren.
Ist das Ziel auch noch so hoch,
Jugend zwingt es doch.

Unsere Fahne flattert uns voran.
In die Zukunft zieh'n wir Mann für Mann.
Wir marschieren für Hitler durch Nacht und durch Not.

Mit der Fahne der Jugend für Freiheit und Brot.
Unsere Fahne flattert uns voran.
Unsere Fahne ist die neue Zeit.
Und die Fahne führt uns in die Ewigkeit.
Ja, die Fahne ist mehr als der Tod!

SA-MANN BRAND

Die Fahne hoch!
Die Reihen fest geschlossen!
SA marschiert
Mit ruhig festem Schritt
|: Kam'raden, die Rotfront und Reaktion erschossen,
Marschier'n im Geist
In unser'n Reihen mit :|

Die Straße frei
Den braunen Bataillonen
Die Straße frei
Dem Sturmabteilungsmann!
|: Es schau'n aufs Hakenkreuz voll Hoffnung schon Millionen
Der Tag für Freiheit
Und für Brot bricht an :|

Zum letzten Mal
Wird Sturmalarm geblasen!
Zum Kampfe steh'n
Wir alle schon bereit!
|: Schon flattern Hitlerfahnen über allen Straßen
Die Knechtschaft dauert
Nur noch kurze Zeit! :|

Schon „Hitlerjunge Quex" antizipiert, was in der propagierten Todessehnsucht fest beschlossen liegt: „Das Ende im Anfang" (Goethe).
„Jetzt gehe ich zu meinem Führer", flüstert im Film „SA-Mann Brand" (von Franz Seitz sen.) der sterbende Hitlerjunge Erich Lohner seinem Freund und Beschützer Fritz Brand hoffärtig

und zugleich berührend hingebungsvoll ins Ohr. „Am Totenbett des armen Jungen schwört" er, „dass auch dieses junge Blut, das für die große deutsche Sache geflossen ist, gerächt werden wird." So prophezeit es der Propagandaminister und mit ihm die propagandistische Anweisung des Illustrierten Filmkuriers. Bei Hitlers mit „heißer Vaterlandsliebe" geheuchelten Reden im Film horchen sogar die Kommunisten auf; und „mit geballten Fäusten fühlen sie die gewaltige heilige Welle" aus dem Lautsprecher, denn er spreche „zu dem Herzen des deutschen Volkes". Schließlich hat das „nationalsozialistische Deutschland den Sieg errungen. SA marschiert, und in ihren Reihen stolz und aufrecht" die überlebensgroße Märtyrerlegende „SA-Mann Brand". „Aus tausend Kehlen" kreischt es „übermächtig": „Die Fahne hoch, die Reihen fest geschlossen, SA marschiert …". „Ein ungeheurer Jubel geht durch ganz Deutschland – Die Morgenröte einer neuen Zeit bricht an … Deutschland ist erwacht" (Ankündigung im Illustrierten Filmkurier).

Nach der Premiere hagelte es bereits für diesen wenig erfolgreichen Film lauter Verrisse. Aber „SA-Mann Brand" leistete ein Stück weit die inszenierte Integration der Generationen und die Verbindung des Quex-Mythos mit der „erwachsenen" SA-Bewegung.

LUIS TRENKERS FILM „DER REBELL"

Der Film „Der Rebell" (1932) des Schweizers Luis Trenker hatte das Konzept des ritualisierten Todeskultes der Nazis vorweggenommen. Das erhellt schlicht und ergreifend Joseph Goebbels' Bemerkung, dass dieser Film geeignet sei, „auch den Nicht-Nationalsozialisten" umzuwerfen. Hitler hat nach Auskunft von Luis Trenker dessen Film „Der Rebell" sogar viermal gesehen und „jedes Mal neue Freude an dem Filmwerk entdeckt". Die drei triumphalen Schlussmetaphern, wie sie in den frühen Gesinnungsfilmen „Hitlerjunge Quex", „Hans Westmar" und „SA-Mann Brand" für den nationalsozialistischen Seelenhaushalt zubereitet wurden, plagiieren aus Luis Trenkers „Der Rebell" (1932) ihr filmemblematisches Vorbild in einer von Gewalt durchwirkten

Welt. Leni Riefenstahls späterer Parteitags-Chef-Kameramann
Sepp Allgeier hat in diesem „Freiheitsfilm aus den Bergen" seine sozusagen präfaschistischen Kameraetüden zur Meisterschaft
entwickelt. In dem üppigen Tiroler Nationalepos füsilieren napo-
leonische Soldaten im Hof der Festung Kufstein den revolutionären Studenten Severin Anderlan (gespielt von Luis Trenker) und
zwei seiner Bergkameraden „wegen Rebellion und Bandenbil-
dung". Als Märtyrer sterben sie selbstverständlich aufrecht mit
pathetischer Heldenmaske, in der ikonografischen Anspielung
an den Gekreuzigten, wenn auch ohne dessen Leidensausdruck.
„Aber den Willen der Sterbenden töten sie nicht! Und wie
Schatten in endlosem Zug erscheinen sie alle, die sich für die
Freiheit opferten. Mit wehenden Fahnen schreiten sie ihrer Zukunft entgegen." Tatsächlich kann es kein natürlicher Tod gewesen sein, denn nach einer Schrecksekunde folgt auf dem Fuße
prompt die Auferstehung des Volkshelden Severin: Mit ungebrochenem patriotischem Elan emporspringend, reißt er wie schon
Rilkes „Cornet" (der Fähnrich), die Fahne vom Boden mit sich
hoch. Magisch beflügelt, erheben sich mit dem „Rebellen" die
beiden hingerichteten Tiroler Bauernsöhne. Nun hasten Heerscharen von Freiheitskämpfern der hoch über den Köpfen flatternden Fahne hinterher, die sich in dräuenden Nebelschwaden
auf wundersame Weise vermehrfacht. Die Toten und die Lebenden entschweben schwerelos schemenhaft, wie auf Oblatenwol-
ken in sphärische Gefilde – in eine luminöse Ewigkeit, angeführt
von vielen wild wehenden Fahnen.

Der gläubige Luis Trenker dürfte diese Metapher von der bildenden Kunst entlehnt haben: Als Muster christlicher Opferto-
poi verwendet er die Kreuzfahne, die Christi Auferstehung pathetisch verklärt. Sie wurde häufig als Ausdruck des Triumphes
über den Tod präsentiert. „Wir wollen heut uns, Mann für Mann,
zum Heldentode mahnen: Auf, fliege, stolzes Siegpanier, voran
den kühnen Reihen! Wir siegen oder sterben hier den süßen Tod
der Freien." Diese Verse aus Ernst Moritz Arndts „Vaterlands-
lied" (1812/13) dürfte Goebbels gelesen und in seine eitle Diktion
transponiert haben. Das Substantiv „Tod" verwendet Goebbels
so glatt geläufig wie ein abundantes Präfix. In der Rückschau

scheinen all diese Filmbeispiele Hitlers euphorischen Höhenflug metaphorisch antizipiert oder begleitet zu haben.

NS-Propagandafilme, die das Heldenopfer als große individuelle oder mehr noch kollektive Tat, ohne Aussicht auf religiös beglaubigte Wiederauferstehung feiern, werden emotional gestützt durch poetisch-kitschige Verklärungen in Lyrik und durch schaurig-morbide Lieder, etwa der folgenden verquasten Qualität, sowie durch „übermenschlich" herausragende Märtyrer-Beispiele, die bis zur letzten Patrone durchhalten, wie echte Männer aus dem Geschlecht der Helden.

VEIT HARLANS KOLBERG-FILM

Auf der Folie der Kampf- und Opfer-Filme lässt sich auch die finale Großproduktion des Dritten Reiches, „Kolberg" deuten. Gut ausgeleuchtet, gleichwohl nicht erhellend, geriet Veit Harlans „Kolberg" (1945) zum kinematografisch übertönten historischen Bilderreigen und nimmt dabei die Verfransung der Zeitebenen billigend in Kauf. Goebbels hatte den Starregisseur des Dritten Reiches Veit Harlan verdonnert, „einen Großfilm herzustellen", dessen Aufgabe es sein sollte, am Beispiel des heldenhaften Kampfes um die Stadt Kolberg zu demonstrieren, wie eine in Heimat und Front zusammengeschweißte politische Kraft jeden Gegner „überwindet" (Brief Goebbels an Harlan vom 1. Juni 1943). Mit unbeschränkten finanziellen Mitteln und einer Armee aus tausenden für den Mammut-Film „Kolberg" vom Frontdienst freigestellte Soldaten als Statisten. Mit der Hand am Abzug auf Pappkameraden zielend mussten sie zwei Monate lang mit Platzpatronen den Heldentod vortäuschen. Anschließend tranken sie in der Filmkantine einen Schnaps darauf, dass sie dem Gevatter Tod ein kinoreifes Schnippchen schlagen durften. Der Kampf von 1806 der westpommerschen Stadtfestung Kolberg gegen die Franzosen von 1806 sollte gegen Kriegsende 1944/45 Kampfmoral und Todesmut des deutschen Heeres als exemplarische Heldentaten ausschmücken. Gleichzeitig sollte „Kolberg" der deutschen Bevölkerung an der Heimatfront Zuversicht vorgaukeln und feige Gedanken an eine „unwürdige Kapitulation" verdrängen

helfen. Historische Fakten wurden zugunsten von Stimmungs-
mache ins Gegenteil gekehrt. Die Kriegsannalen geben aber präzise Auskunft darüber, dass der „Friede von Tilsit" aber nicht von
deutscher Generalität diktiert wurde, sondern von den Franzosen. Preußen musste kapitulieren und größere Gebiete abtreten.
Als der Film „Kolberg" am 30 Januar 1945 in Berlin und in der
U-Boot-Festung La Rochelle Premiere hatte, kam er zu spät, um
noch Schaden anzurichten. Ein weiteres Fallbeispiel für horrende
Realitätsverweigerung des „Feldherrn" Hitler: Großadmiral Karl
Dönitz hatte für die deutsche U-Boot-Waffe in La Rochelle deren bombensichere U-Boot-Basis ausgebaut. Die Mehrzahl der
U-Boote ruhten schon längst mit Mann und Maus auf den Sand-
bänken der Weltmeere. Hitler hatte ab Januar 1944, mit Blick auf
eine mögliche Invasion, alle befestigten Häfen an der französischen
Altlantikküste zu Super-Festungen erklärt, dazu gehörte auch La
Rochelle. Dönitz wurde von Hitler später zur Enttäuschung seiner anderen Paladine, zu dessen Nachfolger auserkoren.

„Kolberg" war ein letztes kinematografisch gigantisches Aufbäu-
men gegen das ultimative Ende von Hitlers Großdeutschem Reich.
Das tausendjährige Reich kollabierte schon nach zwölf Jahren
weit von der Hauptstadt Berlin am äußersten Zipfel der Bretagne
Anfang 1945, ohne Feedback von der zerstörten Heimat.

NEUE INTERNATIONALE FILME
NACH DER SCHRECKENSHERRSCHAFT

Bald nach dem Krieg entwickelte sich das Medium Film in einem sukzessiven Abnabelungsprozess vom Nationalsozialismus
und seiner totalitären Zensur und der Propaganda im politischen
Genre des Unterhaltungsfilms.

Im neuen Medium Fernsehen wie auch im Kino waren nun erstmals andere Filme zu sehen, in denen Unterhaltung, künstlerischer Anspruch und reflektiertes politisches Engagement neue
Verbindungen eingingen. So in „Five Graves to Cairo" (USA
1943) von Billy Wilder. Erich von Stroheim spielte die Paraderolle des differenziert dargestellten „Wüstenfuches" Erwin Rommel. Oder in Wolfgang Staudtes satirischer Abrechnung mit dem

Nationalsozialismus in seinem Film „Der Untertan" (DDR 1951),
nach dem Roman von Heinrich Mann (1914/18). Oder Costa-Ga-
vras' wütend polemischer Politthriller „Z – Anatomie eines politischen Mordes" (Frankreich, Algerien 1969) nach dem Roman von
Vassilis Vassilikos (1966), sowie Bernhard Wickis „Die Brücke"
(Westdeutschland 1959) zum Thema politisch und militärisch
missbrauchter Jugendlicher in Hitlers Kriegen. Diese und einige
andere Filme waren in ihrem riskanten politischem Engagement,
wichtiger als jedes Schulbuch, weil sie die wahre Geschichte der
Hitlerdiktatur kritisch-realistisch aufarbeiteten.

Unter den besonders hervorstechenden Kinobeiträgen zwischen Spielfilm und Dokumentation, die den Genozid und die
NS Verbrechen eindringlich auf recht unterschiedliche Weise
thematisierten, waren „Schindlers Liste" (USA 1993) von Steven Spielberg und „Shoah" (Frankreich 1985, 540 Minuten), der
still-bedrohliche, endlose Interviewfilm mit Tätern und Opfern
von Claude Lanzmann. Im Kino liefen „Das Leben ist schön"
(Italien 1997), eine Tragikomödie von Roberto Benigni, „Nacht
und Nebel" von Alain Resnais (Frankreich 1955), der erste Nach-
kriegsdokumentarfilm über Himmlers Vernichtungslager von
Alain Resnais, „Der Pianist" (Frankreich/GB/Deutschland/Polen
2002), eine beklemmende Schilderung des Untergangs des Warschauer Ghettos von Roman Polanski, oder der wegweisende
Film von Konrad Wolf „Sterne" (DDR 1959).

KAPITEL 9

„DAS WUNSCHKONZERT" (1940)

Zu den am stärksten emotionalen unter den erfolgreichsten Filmen des Nazikinos gehört der Film „Wunschkonzert" (1940) von Eduard von Borsody. Mit 7,6 Millionen Reichsmark Einnahmen war dieser Publikumsrenner einer der kassenträchtigsten Kinostreifen überhaupt. Unter fast gleichem Titel firmierte auch die beliebteste Live-Radiosendung „Wunschkonzert für die Wehrmacht" (zwischen 1939-41) aus Berlin, die Millionen Menschen auch in der Heimat vor dem Volksempfänger vereinte „als magisches Band, das Front und Heimat umschlingt" (Programmzettel). Die Differenz und Verbindung der Titel von Film und Live-Sendung, die Koppelung zwischen Zivilität oder Militärbezug war selbst schon ideologisches Programm in oft verflirrender parabolischer, metaphorischer oder allegorischer Manier.

Im Film flirten ein Fliegeroffizier Herbert Koch (Carl Raddatz) und ein adrettes deutsches Mädel, Inge Wagner (Ilse Werner), drei Tage lang während der Olympischen Sommerspiele 1936. Die Story ist manipulativ angereichert durch teils schon nostalgisch vertonte Zitate aus dem Olympia-Film Leni Riefenstahls mit bekannten Bildmotiven wie der Ankunft Adolf Hitlers aus dem Flugzeughimmel, dem deutschen Gruß aller aufmarschierenden Nationen und des IOC im Berliner Olympiastadion. Die Entzündung des olympischen Feuers wird begleitet von den Klängen der schrillen olympischen Fanfare. Die Beziehung der beiden Protagonisten ist schon so gut wie heiratsreif, als der Krieg den Piloten wieder jäh zurück ins Cockpit ruft, in geheimer Mission der Legion Condor zur verdeckten Unterstützung von Caudillo Franco und des rechten Lagers im Kampf gegen die linke Republik in den Wirren des Spanischen Bürgerkriegs.

Raddatz' / Kochs Auftrag ist mit Nachrichtenstopp und Briefverbot auch gegenüber Freunden und Familie verbunden. Da-

durch werden die zunächst alltäglichen kommunikationsfrommen Optionen im Wunschkonzert per Radio geradezu geheimdienstlich zwischen biedermeierlicher Zivilität und militärischer Strategie aufgeladen. Auch die eingefügten dokumentarischen Bilder heißer Kriegseinsätze und idyllischer Spielfilm-Landser-Szenen werden als zusätzliche *„Wunschkonzert"-Revue (links die Film-Werbung dazu)* mit dem rein musikalischen Programm kontrapunktiert. Einschließlich einer gebeutelten Psyche entsteht so ein „Gesamtkunstwerk" im Goebbels'schen Kunstverständnis.

In tertium comperationis trainiert Ilse Werner im *Film „Wir machen Musik" (1942, rechts mit Viktor de Kowa)* mit einem neuen jüngeren Freund Helmut Winkler im endlosen Trennungsschmerz. „Liebchen ade" heißt es auch hier, die Mission marschiert markig mit im Parademarsch in der privaten Zuneigung der beiden gen Polen 1939. Wie aus einem anderen Film serviert Regisseur von Borsody Bombardements mit „beeindruckenden" Bildern aus der Luft. Die schamlose Plünderung deutscher Kriegs-Wochenschauen durchsiebt die Dramaturgie nicht nur zufällig. Die visuelle Mixtur des Films offenbart die flexiblen Praktiken des Rundfunks zwischen Unterhaltung und Propaganda und ausbeuterischem Spendenaufruf im Modus gezielt gesteuerter Kriegsberichterstattung. Auch das Ausweichen in komödiantische Albernheiten ärgert in seiner puren Absicht. Zwischen politischer Frivolität und possierlichen Schwejkiaden zieht ein Feldzug im verniedlichenden Volkstheaterstil, der den nun offenen Krieg völlig verharmlost. Das Radio ist hier zuvörderst ein Ortungsgerät.

Der Film versucht, auf musikalische und zwischenmenschliche Pirsch zu gehen, um dem alten Menschheitsniveau nachzulauschen. Andererseits handelte es sich hier auch um ein Medium, das die tiefergelegte Ideologie des Films und den totalen Einsatz zwischen Front und Heimat übertüncht und mit ergötzlicher

Unterhaltung die Sinne betäubt. Die glückende Dramaturgie von
Liebe und Trennung, die Logik von Krieg und Abenteuer, Eifersucht und Frontenwechsel, Heimkehr mit Ausleihe der Gattin an
den diensthöheren väterlichen Kameraden, all dies wird nicht fein
säuberlich getrennt, sondern zunehmend ineinander verwirbelt.
Doch das Wiedersehen nach überbestandenen gefährlichen Mili-
täraktionen wird nach einer langen beliebig bebilderten Ferma-
te noch hinausgezögert: Flugzeugabsturz der beiden potentiellen
Liebhaber (befreundeter Vorgesetzter und Untergebener) über
dem Atlantik mit glücklicher U-Boot-Rettung.

Der gesamte Krieg wird als Genretheater zur volkstümlichen
Farce heruntergespielt. Und als die ferngesteuerten Musen ihre
Klänge ertönen lassen, berauscht ein schunkelndes Publikum im
Radiosaal mit Marika Rökks Schlager „In einer Nacht im Mai":
„Seid umschlungen Millionen". Schließlich maunzt der damalige
Tenor vom Dienst Wilhelm Strienz „Gute Nacht, Mutter, gute
Nacht" als sentimentale Durchhalteparole und Einschlafpille auch
für geduldige Senioren und ausdauernde Jungs. Als emotionale
Coda bedeckt die Reichskriegsflagge auf der bald geplanten Fahrt
gegen England ein bloß vermutetes privates Happy End. Die
populären Ufa-Stars Heinz Rühmann, Hans Brausewetter und
Josef Sieber satteln, im Terzett mit dem unverwüstlich munteren

Gassenhauer von Bruno Balz und Michael Jary, noch einen Hit obendrauf: „Und wenn die ganze Erde bebt und die Welt sich aus den Angeln hebt: Das kann doch einen Seemann nicht erschüttern, keine Angst, keine Angst, Rosmarie!" Dies Niveau entsprach perfekt dem persönlichen Geschmacksdiktat des Propagandaministers und erforderte als Voraussetzung keinerlei „denkende Betrachtung". Wort und Wirklichkeit haben sich am Ende voneinander geschieden.

Übertroffen wurden „Wunschkonzert" und „Wir machen Musik" nur noch von Rolf Hansens „Die große Liebe" (1942). Mit 8 Millionen Reichsmark hat der Film ordentlich Kasse gemacht. Zwei Jahre später kopiert dieser Streifen das nämliche Schema einer diffusen Militär-Musik-Heimat-Unterhaltungsfront unter Hinzufügung aufwendiger Revue-Szenen und dem imposanten Auftritt der damaligen prima donna assoluta **Zarah Leander** *(rechts)*, einer sinnlichen Größe als Superstar. Die Tränen fließen, Front und Heimat sind in einer Art unio mystica gebannt. Mit Leanders wuchtiger Grabesstimme im Moll generiert sie Sehnsucht zum schier ausweglosen Lebensgefühl, ein sensuell wuchtiges Organ, das noch den stärksten Eskimo vom Schlitten haut. „Ich weiß, es wird einmal ein Wunder geschehn" singt sie als gothisch verbrämte Zauberblüte vor dem fiepsenden Backgroundchor, gut getimt zwischen geläufigen propagandistischen Rezitativen und ausgestanzten Modulen.

Im Crescendo der Begeisterung war der Film damals der große Heuler der Saison. Mit seinem Hauch von Grandezza verströmte er eine regelrechte Gefühlswelle. Allerdings sind hier Frontflieger-Abenteuer und Varieté-Besuch in Berlin plus Liebesaffäre mit der Diva psychologisch geschickter aufeinander bezogen als in „Wunschkonzert". Dazu bildet auch das eroberte Paris einen schmucken weltläufigen Hintergrund, der den Luftkrieg am Himmel ins halbwegs Erträgliche wenden soll.

Die Künstlerin wird von einem alternden, femininen Komponisten-Freund (Paul Hörbiger) in ihrer Bühnenaura als stimmliche Wunderwaffe verzweifelt geschützt. Aber vom jüngeren Fliegerhelden (Victor Staal) wird sie tiefer in die Propagandaschlacht einer ganz gewöhnlichen faschistischen Kriegsliebe angesichts des ständig drohenden Todes zwischen Himmel und Erde als bildschöne Marginale hineingesogen.  Sein ideologisches Ziel erreicht dieses Machwerk gerade deshalb, weil es seine Message nicht abstrakt oder säbelrasselnd vermittelt, sondern weil die Botschaft in Zarah Leanders Magnetismus eine Gegenkraft findet. Hier ist es die Diva, die männlich-mythische Überfrau, die sich weigert, im Kriegsgetümmel zu verschwinden wie die Flötentöne der Ilse Werner. Und Hans Albers nicht zu vergessen, den Goebbels zum Inbegriff deutscher Männlichkeit aufschminken ließ.

Stets vernehmbar mit ihrer mächtigen Walküren-Intonation versucht Zarah Leander, zur Kriegsmoral aufzuputschen. Und die große Liebe zu ihr ist vor allem eine mythologische bis zur äußersten Gefährdung. Gleichwohl erzeugte „Die große Liebe" ein heftiges Raisonnement auf der höheren Ebene der Militärs, die behauptete, „ein Fliegerleutnant handelt nicht so": ein One-Night-Stand sei nicht standesgemäß. Mit sarkastischer Ätzung notiert Goebbels dazu in seinem Tagebuch am 23. Mai 1942 die unvergrübelte saloppe Meinung Hermann Görings zur Überschreitung von Kavaliersdelikten: „Wenn ein Fliegerleutnant eine solche Gelegenheit nicht ausnutze, sei er kein Fliegerleutnant." Humor ist, wie bei Görings Fehlgriffen öfters, wenn man trotzdem lacht.

Filme eines scheinbar unbeschwerten Lebens wurden nicht nur in der Heimat gern verschlungen. Im mobilen Einsatz für die Truppenbetreuung bespaßen sie begeisterte Landser in unmittelbarer Frontnähe. Im vierten Kriegsjahr 1943, nach dem Desaster von Stalingrad, hatten deutsche Spielfilme aller Genres mit insgesamt einer Milliarde Zuschauer mehr als bloß ihr statistisches Soll erfüllt. Mit der Popularität der Künstler und dem geborgten Glanz ihres Kulissenzaubers sollte von den entsetzlichen Fakten des Krieges abgelenkt werden. Mit ihrer Verschränkung von Kunstraffinement mit einer nicht minder pfiffigen Rezeptionspsychologie sollten die Filme helfen, Naziterror zu bagatellisieren und geistwidrige Reden zu übertünchen. Insgesamt mischt

diese beliebte Unterhaltungsserie im Stil von „Wunschkonzert"
kaum überbietbare Geringfügigkeiten zum flotten Capriccio auf
eine zunehmend kunstvergessene Zivilisation. Als Sedimente einer Dauerkommunikation erfreuen die Volksgenossen die künst-
lich erzeugten ätherischen Sphärenklänge aus einem Himmel
voller Geigen. Instinktiv habe ich schon damals als Pimpf eine eher niedrig
temperierte Empfindung beim Hören von Schnulzen gehegt,
ebenso wie beim deutschen und dann internationalen Gassenhauer „Lili Marleen" (1939), über den John Steinbeck grandios
spottete, dies sei „das einzige Geschenk, das die Nazis der Welt
gemacht hätten". Der Text der Schnulze floss aus der Feder von
Hans Leip, die Musik intonierte Norbert Schultze, von dem
auch die posaunigen Propagandalieder „Bomben auf Engelland",
„Panzer rollen in Afrika vor" sowie die Filmmusik zu „Ich klage an" (1941) und „Kolberg" (1945) stammen. Kurt Tucholskys
Satire saldiert makaber sarkastisch dazu: „Der Mensch ist ein
nützliches Lebewesen, weil er dazu dient, durch den Soldatentod
die Petroleumaktien in die Höhe zu treiben."

KAPITEL 10

LENI RIEFENSTAHLS PARTEITAGSFILME

„Die Propaganda ist in Inhalt und Form auf die breite Masse anzusetzen, und ihre Richtigkeit ist ausschließlich zu messen an ihrem wirksamen Erfolg." (Hitler, „Mein Kampf"). Dies liest sich wie die perfekte Regieanweisung für Leni Riefenstahl, die schon früh erkannt hatte, dass jede glückende Beziehung zwischen Kino und Publikum von stilsicheren und zielgruppengenauen Projektionen lebt. So wurde jeder ihrer Filme Ausdruck einer reflexiven Wirkungspraxis. Ähnlich wie in der Linguistik die oberste Bezugsgröße der Satz als Form der kommunikativen Aussage ist, so ist dies im Film die Sequenz, die sich anstelle von Wörtern und Satzgliedern durch viele Einstellungen addiert, was bei Riefenstahl gut zu besichtigen ist.

Unter konsequenter Ausschaltung traditioneller Elemente gelingt Leni Riefenstahl in den Filmen für das Dritte Reich die Balance zwischen Propaganda und ihrer ästhetischen Überhöhung bis zur Symbiose. Ohne Hilfe eines theoretischen Programms hat Riefenstahl ganz intuitiv schon mit ihrem ersten Parteitagsfilm „Sieg des Glaubens" (1933) die faschistische Filmästhetik begründet, die sie mit „Triumph des Willens" (1934) derart perfektionierte, dass damit bis zum Ende des „Tausendjährigen Reiches" die verbindlichen Maßstäbe gesetzt waren, die bis dahin in Deutschland von niemandem übertroffen worden sind. Schon der englische Dokumentarfilmer Paul Rotha hatte für den NS-Dokumentarfilm konstatiert, dass einer der gravierenden Mängel des Dokumentarfilms immer darin bestanden habe, dass er das Individuum zugunsten eines schnurgeraden Ornaments der Masse aussspare. Im Herdentrieb des Nationalsozialismus existiert der einzelne Mensch nur als diszipliniertes Wesen. Der Einzelne war unter Hitler letztlich bloß eine Zahl. Der große englische Regisseur John Grierson verabschiedete sich nach den Oberhausener

Kurzfilmtagen bei mir mit dem Satz: „Now I'm going to meet
Leni".

Auch der russische Meister der Filmmontage Sergej M. Eisenstein wusste aus Erfahrung, dass „die Masse sich mechanisch
gibt, sie bildet eine nur numerische Größe". Die Glaubensge-
meinschaft wird nun zum puren Bewegungskader degradiert.
Dabei sind Bildkollisionen gewollt, die in den Bewegungsabläu-
fen nach entsprechenden Gestaltungskriterien gelenkt und künstlerisch dirigiert werden. Mit Hilfe der zu Standbildern erstarrten festen Menschenblöcke und in Fahnenkolonnen gebändigten
tableaux vivants, die Leni Riefenstahl als geometrische Muster
ästhetisch vereinnahmt, werden zusätzliche emotionale Räume
geschaffen, die auch den Betrachter im Kino miteinschließen.
Die zu Bewegungseinheiten formalisierten Massen sollen für eine
rhythmusbesessene Regie den physiologischen Gleichschritt in
dessen ästhetischer Überhöhung zum ideologischen Gleichklang
von Führer, Volk und Vaterland versinnbildlichen. Riefenstahls
parforcierter dynamischer Rhythmus, der ihre Bilder mitreißend
vorantreibt, erlaubt dem Betrachter keine Zäsuren zum Erfassen
neuer Vorgänge und Situationen. Keine Zeit zum Nachdenken,
kein Raum zum Atemholen, also keine „Halbsekunden" im Sinne
der Wahrnehmungspsychologie. Der Kinogänger soll durch das
Atemberaubende des nationalsozialistischen Geschehens überrumpelt, durch sein Tempo mitgerissen und die Gemüter gesättigt
werden.

So paradox es klingen mag, mit ihrem ästhetischen Überschuss
feiert die Riefenstahl im Rausch der erhitzten Geometrie den
Gegensatz zur Form der abstrakten Kunst. So zelebriert sie die
Ästhetisierung der Politik in „Sieg des Glaubens" (1933) und
„Triumph des Willens" (1934), wie Walter Benjamin es 1936 formulierte: Ästhetik als Anleitung zum Untergang, als immanente
Entfachung des Weltenbrandes. Die Riefenstahl hat sich immer
gegen den Vorwurf verwahrt, sie habe sich als Magd der Ideologie missbrauchen lassen. Recht hat sie. Sie war schließlich die
Bannerträgerin des faschistischen Films, mit der typischen Neigung zur Selbstverklärung – in Susan Sontags Worten: „Faschistische Kunst glorifiziert die Unterwerfung, feiert den blinden Ge-

horsam, verherrlicht den Tod." Riefenstahls Kunst tat dies mit der Geste souveräner Freiwilligkeit, die in ihrer politischen Dienstleistung den Unterdrückten ein Charisma auslieh, das diese selbst gar nicht besaßen.

Hitler hatte in der Riefenstahl eine kongeniale Choreographin für seine „Bewegung" und für seine Methode im Umgang mit ihr gefunden. So wie sie war er selbst „Regisseur, der die Massen ästhetisch bewegte wie einen Chor". Im Wechselbad der Gefühle waren die Volksgenossen zugleich Darsteller und Komparsen in diesem Gesamtkunstwerk, diesem Aufmarsch im Stil einer der größten Wagner-Opern aller Zeiten. In ihrer unverwechselbaren ästhetischen Struktur wollen die Riefenstahl-Filme aber weniger sich selber feiern; sie sind nicht L'art pour l'art, sondern implizit und explizit Funktionsträger für Propaganda: Sie wollen emotionale Einflussnahme und sind für die eine große Sache mit visuellen und verbalen Botschaften ganz Partei. Kracauers absolutistischer Realitätsbegriff verkennt das, da er das Medium Film ausschließlich unter diesem einseitigen Aspekt würdigt, der die ästhetische Vielfalt und Dynamik gerade des Films bestreitet und nur die stabilen Einstellungen gelten lässt, die jenen „Eindruck von Wirklichkeit hervorruft, der den Zuschauer glauben lässt, Vorgänge zu erblicken, die sich im realen Leben zugetragen haben und an Ort und Stelle fotografiert sein könnten". Dagegen verschweißt Riefenstahl auch in ihrem allein dem Militär gewidmeten dritten Parteitagsfilm „Tag der Freiheit" (1935) in ihrer Montagetechnik materiell und inhaltlich heterogene Segmente bis hin zur „metaphysischen" Einheit und zur mentalen Akzeptanz.

Martin Loiperdinger hat analysiert, was er Kracauers „empathischen Realitätsbegriff" nennt und hat nachgewiesen, dass er diesen „nur für demokratische Realitäten gelten lässt". Loiperdinger vermutet zu Recht, dass Kracauers Theoreme, angefangen von dem einer faschistischen Propaganda unterstellen „fehlenden ‚informativen Charakter' bis hin zur Metamorphose der Realität" Ausdruck für sein Bestreben sind, dem deutschen Faschismus die politische Legitimität dadurch abzusprechen, dass er als „Pseudo-Realität" per se für obsolet erklärt wird. Tatsächlich handelt es sich aber um nichts weniger als um reproduzierte physische Realität.

Hitlers Parteitage waren keine Pseudo-Realität, sondern ein geradezu magnetisches Kraftfeld. Sie waren Erfahrungen einer bitteren Realität und eben nicht ihre „Travestie". Die von Kracauer verbreitete Legende, der Nürnberger Parteitag von 1934 sei von der Riefenstahl organisiert worden, bloß um ihr „als Ausstattung für einen Film zu dienen, der dann den Charakter eines authentischen Dokumentarfilms gewinnen sollte", ist ein auch von vielen Filmhistorikern fortgeschriebener blanker Irrtum.

Die Kunst der Riefenstahl besteht ja gerade darin, mit ästhetischen Mitteln die außerästhetische Wirklichkeit auf jenen Begriff zu bringen, in dem sich die in dieser Realität lebenden Menschen wiedererkennen – als in die Masse eingehender Teil. Die Realität wurde also nicht ästhetisch eingespannt, um sich selbst vorzutäuschen. Die Riefenstahl war auf diese real existierende nationalsozialistische Wirklichkeit gläubig fixiert. Die vielen Gruppen des NS und seiner Nebenagenturen definieren sich über gemeinsame antrainierte Gefühle und Rituale. Dies kann ich aus eigener Anschauung bestätigen, da ich an einem der späteren Nürnberger Parteitage als herangewachsener Jungvolk-Führer teilnehmen „durfte" und erleben konnte, wie der massenhafte Aufmarsch zur Versammlungsarchitektur und zur zeremoniellen Liturgie im Geiste von 1934 umgesetzt und weitergeführt wurde.

Die in Leni Riefenstahls drei Parteitagsfilmen „Sieg des Glaubens", „Triumph des Willens" und „Tag der Freiheit" transportierte Nazi-Ideologie ließ sich kinderleicht in die Gemüter von Hitlers Jugend implantieren – für viele wie auch für mich mit Langzeitwirkung, jedenfalls bis in die ersten Kriegsjahre hinein, solange Marschlieder wie „Siegreich woll'n wir Frankreich schlagen" oder „Bomben auf Engeland" noch in der Realität zu halten schienen, was ihre Lyrik versprach. Vor solch aufwühlender Musik und Choreografie einer wagnertümlichen Inszenierung gab es kein Entrinnen. Um die Faszination und den Einfluss auf Gefühl, Gemüt und Verstand zu begreifen, die das kulturelle Ambiente des Faschismus mit Hilfe spannender Filme, nationalistischem Liedgut und den Werken schöner Künste (Arno Breker, Klimsch, Kolbe und Thorak) auf die Sozialisation meiner Generation ausgeübt hat, habe ich versucht, meine Selbstbeobachtung

zur Aufklärung an einem konkreten komplexen Gegenstand aus-
zuweiten: am Propagandafilm des Dritten Reiches.

In meinen an der neugegründeten Ruhruniversität Bochum ge-
haltenen Vorlesungen in den Jahren 1967 bis 1971 habe ich in
acht Semestern zusammen mit den Studenten in Seminaren die
Wirkungsästhetik des nationalsozialistischen Propagandafilms
untersucht. Später diskutierte ich in Seminaren an den Universitäten Marburg, Tel Aviv und Jerusalem vergleichende Analysen
auch über die intellektuellen Perspektiven und Schablonen in
analogen kinematographischen Propagandamitteln anderer Diktaturen, wie der der Sowjetunion. Von den in zehn Jahren über
tausend Filmstudenten der „Filmklasse" in Tel Aviv zeigten sich
übrigens viele eher subjektiv beeindruckt von der probaten Rie-
fenstahlschen Propaganda-Ästhetik. Sie bewerteten deren Filme als ein affektlenkendes Mittel zum (falschen) Zweck. In der
Tat war es Riefenstahl genialisch gelungen, mit Massen-Effekten
Massen-Affekte und Evidenzerlebnisse zu erzeugen. Der Vorwurf
lautete: Der auf das hermetisch geschlossene Parteitagsgeschehen
fokussierte Kamerablick unterschlägt indirekt die „Banalität des
Bösen" (Hannah Arendt) in der nichtästhetisierten Wirklichkeit
der Kinowelt.

Im Anschluss an Ray Müllers dreistündige Arte/ZDF-Doku-
mentation „Die Macht der Bilder" (1995) über Leni Riefenstahls
Œuvre beteiligte ich mich im Sendestudio Straßburg an einer
Diskussion mit den Filmkritikern Erwin Leiser, Frieda Grafe,
Francis Courtade und Bernard Eisenschitz unter der Leitung von
René Mitterrand. Mein in der Tat nicht sonderlich charmanter
Versuch, im hitzigen Verlauf dieses Diskurses Leni Riefenstahl
als „ideologische Kurtisane Adolf Hitlers" zu charakterisieren,
hat die ZDF-Redaktion auf Druck von Leni Riefenstahls An-
wälten veranlasst, die vier Wochen später terminierte Mainzer
ZDF-Premiere von „Macht der Bilder" ohne die Arte-Diskussion
auszustrahlen.

Die große Karriere von Filmproduzent Luggi Waldleitner hatte
bei der Olympiade 1936 begonnen. Er fing als Kamera-Assistent
von Guzzy Lantscher beim *Olympiafilm der Leni Riefenstahl
(nächste Seite Werbung zum Film)* an. Mit „Leni" ist er ein Le-

ben lang eng befreundet geblieben. Vor Beginn seiner 70. Geburtstagsfeier hatte Luggi Waldleitner mich mit dem Kompliment ausgezeichnet, an seinem Ehrentisch zu sitzen. Vorsichtshalber habe ich sogleich die Tischkärtchen observiert: O Schreck, vis-à-vis würde gleich Leni Riefenstahl Platz nehmen. Um nicht zu riskieren, Leni Riefenstahl die gute Partylaune zu verderben, habe ich mich lieber an den Nebentisch verkrümelt. Schon nach kurzer Weile wurde ich von Leni Riefenstahl mit unnachsichtigem Bannstrahl als jemand fixiert, dem gleich noch Schlimmes bevorstehen werde. Schließlich erhob sich die immer noch imposante Erscheinung, kurvte um beide Tische herum bis hinter meinen Stuhl. Sie tippte mir auf die Schulter, um mich ohne Umschweife lauthals zu fragen: „Sind Sie Hilmar Hoffmann?" Um mich selber nicht zu verleugnen, baute ich meine volle Länge auf und erwiderte die Geste ihrer ausgestreckten Hand mit gebührendem Respekt und einem halbwegs gelungenen Handkuss. „Sie sind mein Feind! Sie verbreiten nur Lügen über mich!" Diese Schelte mit raumgreifender Stentorstimme ließ die ehrenwerte prominente Kino-Gesellschaft sogleich verstummen, um mit anzuhören, was wohl passieren würde. „Gnädige Frau, wollen wir die Geburtstagsfeier unseres gemeinsamen Freundes Luggi durch unsere private Fehde stören? Oder wollen wir unser Rencontre nicht lieber vertagen?" – „Was? Sie sind bereit, sich mit mir zu treffen, um sich die Wahrheit anzuhören?"

Ich habe einem Treffen mit der immerhin legendären Leni Riefenstahl gern zugestimmt. Von Luggi und Angela Waldleitner arrangiert, sind Leni Riefenstahl und ich am 26. März 1996 im vornehmen Münchner „Käfer" einander beim Essen wiederbegegnet. Mit von der Partie war auch Leni Riefenstahls Lebensgefährte Horst Kettner. Nach einer angenehm unbefangenen und freundlichen Begrüßung nahm Leni Riefenstahl neben mir Platz, beide mit dem Rücken zur Wand. Weil sie gerade exotische Fische in der Tiefsee mit ihrer Kamera einzufangen unterwegs war, wollte ich einen exotischen Fisch bestellen, einen Rochen. Doch Leni Riefenstahl reagierte entschieden auf meinen Anbiederungsversuch mit einem: „Nein, bitte nicht, den habe ich doch gerade so schön fotografiert." Mit dem Kameramann Horst Kettner hatte sie in den Gewässern von Papua-Neuguinea Unterwasser-Aufnahmen für ihren letzten Film „Impressionen unter Wasser" gemacht: Entfesselte Schönheiten fließender Bilderwelten, ein Film, in dem es keinen einzigen Filmschnitt zu entdecken gibt: Panta rhei.

Kurz vor Leni Riefenstahls hundertstem Geburtstag rief mich DIE WELT mit der Bitte an, doch aus diesem kalendarischen Anlass ein Interview mit der zwielichtigen Legende zu führen. Ihr Lebensgefährte Horst Kettner bat mich telefonisch, zunächst meine Fragen zu Papier zu bringen. Falls keine diskriminierenden Fragen gestellt würden, könnte er Leni vielleicht überreden, ihren „Intimfeind" zu empfangen. Meine zwei von ihr „inkriminierenden" Fragen habe ich nicht gestellt, aber durch Zitate von Walter Benjamin ersetzt. Also wurde ich zwei Wochen später ein freundlich empfangener Gesprächspartner in ihrer prächtigen Villa in Pöcking am Starnberger See: Erst eine Stunde warming-up bei Kaffee und Kuchen, dann zum Interview in ein höchst modernes Atelier, „aber bitte nicht länger als zwei Stunden." Unverwüstlich rüstig im Kopf, hat sie in fünf Stunden viel mehr beantwortet, als ich gefragt habe. DIE WELT hatte drei volle Seiten für das allerletzte Interview mit der Riefenstahl reserviert. Es enthält in aller Ausführlichkeit jene charakteristische Mischung von zurechtgerückten Erklärungen, Ausflüchten und Einblicken in das Leben und Schaffen der eigenwilligen Parteitags- und Olympia-Dokumentarfilmerin, deren unvergleichliche, oft nachempfundene Kamera- und Montagekünste Legion geworden sind.

„Ironie des Schicksals": Leni Riefenstahl hat ihrem „Intimfeind" ihr buchstäblich schwerwiegendes Fotobuch über die afrikanischen Nuba (2000) per Bahnfracht ins Haus geschickt, mit der schmeichelhaften Widmung: „Lieber Hilmar, in freundschaftlicher Verbundenheit widme ich Dir dieses Buch. Herzlichst Deine Leni". Als Leni Riefenstahl mich während des Interviews dauernd mit Professor angeredet hatte, bat ich Sie, mich doch bitte ohne diesen Titel beim Namen zu nennen. „Dann müssen Sie auch Leni zu mir sagen." Im Verlauf dieser fünf Stunden duzte sie mich schließlich. So bekommt die überraschende Widmung der Hundertjährigen ihre simple Erklärung, die mir gleichwohl geschmeichelt hat.

Kapitel 11

Die filmische Überhöhung der Reichsparteitage

Propagandaminister Joseph Goebbels vertraute seiner hochentwickelten „Kunst" der Massenorganisation mit Hilfe der bezwingenden Rituale der Nürnberger Parteitage mit den Worten: „Auch die Politik ist eine Kunst, vielleicht die höchste und umfassendste, die es gibt. Und wir, die wir die moderne deutsche Politik gestalten, fühlen uns dabei als künstlerische Menschen, denen die verantwortungsvolle Aufgabe anvertraut ist, aus dem rohen Stoff der Masse das feste und gestalthafte Gebilde des Volkes zu formen" (Goebbels, 1933). Wie wir heute wissen, war die Nürnberger Arena eine wirkungsvolle Kulisse eines nationalsozialistischen Verblendungszaubers ohne Vorbild. Mit Goebbels als dem sich selbst bepriesternden Heilsverkünder in jeder Fahnenfalte seines Hirns.

Goebbels' Selbstverständnis als Künstlerpolitiker belegt sein Brief an den Dirigenten Wilhelm Furtwängler im April 1933. In ihrem Briefwechsel geht es um die Fragen von Kunst und Qualität, Hochkultur und Volkskunst. Furtwängler verteidigt den Kunstbegriff der Hochkultur als Qualitätsbegriff, um auch Repräsentanten vom Schlage eines Max Reinhardt, Otto Klemperer oder Bruno Walter, alle mit jüdischem Hintergrund, als vertrauenswürdige Meister mutig in Schutz zu nehmen. Goebbels verallgemeinert den Kunstbegriff über die Kunst hinaus und verbindet ihn mit den stereotypen rassistischen und völkischen Vorurteilen. Dabei wirft er der Hochkultur der klassisch-romantischen Kunst wie den modernistischen Experimenten der Bühnenkultur der Weimarer Republik intellektuelle Entartung vor sowie den Verlust des Kontaktes zur deutschen Volksseele. Die Kunst der Politik wird von Adolf Hitler und dem ihm in manischer Hingabe hörigen Goebbels auf ein scheinbar einfaches Ordnungs-Modell reduziert. Der Politiker als Bildhauer wird unmittelbar an den

Affekten und Impulsen der Volksseele und des Volkskörpers tätig. Eine eigenständige revolutionäre Tätigkeit, im Kontext der Wirklichkeit, wird dem Volk nicht zugestanden, und auch dem Künstler nicht, der als oberstem „Artisten" dem Führer unterstellt bleibt. Das Toben der Signifikanten, die Mehrdeutigkeit der Botschaften und Signale wird wie beim Volksempfänger je nachdem ein- oder abgeschaltet. Hinter dem hermetischen völkischen Kreislauf wird Kunst zum Diktat des „Arischen Heiligen Geistes", wie es Albert Einstein im Vorgriff auf den Nationalsozialismus einst ironisch formuliert hatte. Hinter diesem scheinbar klassizistischen Pygmalion-Motiv lauert die Barbarei in Goebbels' Hirn: als gruppenstabilisierendes Lügenpanorama.

„Es ist nicht nur die Aufgabe der Kunst und des Künstlers, zu verbinden; es ist weit darüber hinaus ihre Aufgabe, zu formen, Gestalt zu geben, Krankes zu beseitigen und Gesundem freie Bahn für ihre Ellenbogen zu schaffen. Ich vermag deshalb als deutscher Politiker nicht lediglich den einen Trennungsstrich anzuerkennen, den Sie [Furtwängler] wahrhaben wollen; den zwischen guter und schlechter Kunst. Die Kunst soll nicht nur gut sein, sie muß auch volksmäßig bedingt erscheinen, oder besser gesagt, lediglich eine Kunst, die aus dem vollen Volkstum selbst schöpft, kann am Ende gut sein und dem Volke, für das sie geschaffen wird, etwas bedeuten. Kunst im absoluten Sinne, so wie der liberale Demokratismus sie kennt, darf es nicht geben." Mit seinem hochfahrenden Text wollte Goebbels um jeden Preis einmal mehr dem „Führer" die geistige Hegemonie zusichern. So hoffte er mit seiner „Ethik", das Lebensgefühl der NS-Zeit möge seinen adäquaten künstlerischen Ausdruck finden.

Vor den deutschen Theaterleitern sprach Goebbels im drakonischen Hitler-Duktus am 8. Mai 1933, als ob das Ende aller möglichen ästhetischen Experimente angebrochen sei: „Die deutsche Kunst des nächsten Jahrzehnts wird heroisch, sie wird stählern-romantisch, sie wird sentimentalitätslos-sachlich, sie wird national mit großem Pathos und sie wird gemeinsam verpflichtend und bindend sein, oder sie wird nicht sein." Diesen „rohen Stoff der Masse" repräsentieren die Reichsparteitage der NSDAP. Sie dienten einem doppelten Zweck: der innerparteilichen Subordination und der Selbstdarstellung nach außen. Die jeder Moral hohnsprechenden Beschlüsse der Parteiführung sollten durch die Abertausende von Teilnehmern bis in die kleinsten Zellen der Partei hinein weitervermittelt werden. Das ideologische Potential sollte helfen, die kämpferischen Energien der Millionen von Betrachtern mit moralischer Bedeutung aufzuladen, um mit der so gewonnenen Schubkraft bis zum jeweils nächsten Mammuttreffen in Nürnberg das begriffliche Instrumentarium zu verdauen. Die Hauptstadt der Parteitage bediente ohne öffentliche Diskussion deren Schwundstufe; sooft Goebbels von einer Suprematie des Volkes fabuliert, war der blanke Sarkasmus sein Souffleur. Populisten, das sind bekanntlich immer die anderen.

Pierre Bourdieu hat erläutert, wie auch in der Körpersprache und im Ornament der Masse beim Nationalsozialismus Kräfte walten und wirksam wurden, die nicht nur den disziplinierten Menschenblöcken dienten: „In allen Gesellschaftsordnungen wird systematisch ausgenutzt, dass Leib und Sprache wie Speicher für bereitgehaltene Gedanken fungieren können." Das lässt sich auch noch funktionalisieren: „Daher die Sorgfalt, die bei der Inszenierung großer Massenfeierlichkeiten nicht nur auf das Bemühen um feierliche Darstellung der Gruppe zurückgeht, sondern auch, wie zahlreiche integrierte visuelle Zitate und Einsatzformen von Tanz und Gesang beweisen, auf die sicher unbestimmte Absicht, Gedanken zu ordnen und durch strikte Regelung der Praktiken, durch regelhafte Aufstellung der Menschenmassen und besonders durch Ausdrucksformen der Gemütsbewegung wie Lachen oder Weinen Gefühle suggerieren." In Abwandlung eines Wortes von Marcel Proust ließe sich folgern, Arme und Beine seien „voller verborgener Imperative". Als eines dieser Mittel, auf „Leib und Glauben" einzuwirken, hat schon früh der Russe Wsewolod Pudowkin voller kinematografischer Euphorie den Film definiert. Er bezeichnet denjenigen als den besten Lehrer, dessen Lehren sich nicht nur ans Gehirn wenden, „sondern an den ganzen Körper" – genauer: Der Propagandafilm ist in diesem Sinne der beste Lehrer. Leni Riefenstahls Kamera erschuf idealisierte Nazi-Figuren, an denen der Mensch sich selber sollte erklären können. Und

Riefenstahl bilanziert Hitlers Parteitage schlichtweg als Ge-
mütszustand des deutschen Volkes, das sich dem Faszinosum
der nationalsozialistischen Propaganda und Liturgie nicht zu
entziehen vermag.

Entscheidend bleibt freilich, dass die filmische Inszenierung
mit ihren abgezirkelten Bewegungen der Parteitage, selbst im
medialen Umbruch vom Stummfilm zum Tonfilm, ihren eigenen
Ausdruck fand und dabei jetzt mit erhöhter Schlagzahl für die
Darstellung der Parteiführung und für die gehorchende Gefolgschaft unterschiedliche Darstellungsweisen fand: Nur mit ihrer
Ästhetik der Verblüffungseffekte konnte sie den absoluten Zusammenhang von Bereitschaft, Befehl und Gefolgschaft als au-
diovisuelles Ereignis zwischen lauten Kommandos und stummer
Regie weiter gelingen lassen. Innerhalb dieser Inszenierung wurde eine mehrfache Nivellierung des Kunst-und-Medien-Begriffs
vorgenommen, der auch in der Kulturpolitik und ihren einzelnen
Sparten weiter wirksam war:

– Die Dominanz des reinen Wortes, die Kanonisierung der
Texte in Hitlers Reden mit dem Vorrang des tragisch-rezitierten
Sprechdramas vor der mimisch-komödiantischen Schauspielerei
und situativ-beweglichen Aktion auf einer Bühne. Hierbei präfi-
gurierte Hitler in seinen Auftritten als Histrione das durch und
durch reglementierte Staatstheater mit seiner endlosen Wiederholung von Klassikerzitaten auf den Bühnen und in der Öffentlichkeit.

– Die Hegemonie von klassizistischer Bildhauerei und Architektur als Bildformat und Formvorgabe für das Erscheinen
der Führungskamarilla und deren Gefolgschaft, in überreal typisierten Skulpturen, Symbolen und Zeichen, die sich in völ-
kisch-rassischer Eintracht zu profilieren hatten. So gehörte das
Hakenkreuz zum allgegenwärtigen Markenkern der Identität
nationalsozialistischer Ideologie: Er wurde zum Fetisch.

– Die minutiöse Kontrolle und Reduktion aller formalen Experimente in Radio und Film, um eine neoklassisch-konservative
Ästhetik zwischen verhaltener Monumentalität und abgestuftem
Realismus umzusetzen. Diese neue Ästhetik sollte den revolutionären Impetus der linken und intellektuellen Weimarer Moderne

im radikalen Spiel mit der Sprengung von Formen ausgrenzen und so ungewollt ihre Belanglosigkeit attestieren.

Die parteihistoriografische Zeitrechnung der Parteitage beginnt mit der „großen Kundgebung unendlicher Kraft und Zuversicht" (Hitler) in München 1923, denn hier in der Hauptstadt der Partei sollte das Grundmuster ein für alle Mal etabliert werden. So wurde schon 1923 das später dann modifizierte Ritual der Standartenweihe konstituiert, das über die Mobilisierung von Emotionen für die entsprechenden Inhalte motivieren sollte. Für die Hakenkreuzfahne und das, wofür sie schnell Symbol geworden war, sollte jeder Parteigenosse sich am Riemen reißen und gefälligst blindlings mit Leib und Leben eintreten: „Ich schwöre dir, unserem Führer, Adolf Hitler, bis zum letzten Tropfen Blut bei meiner Fahne auszuharren", ein idyllisches Phantasma für den jugendfrischen Heldentod.

Diese superlative Formel war die äußere mythologische Version der verschiedenen Führereide, wie bei der Wehrmacht, SS, SA. Aber auch im Hinblick auf Beamte und weitere Gruppierungen, die ihr Treuebekenntnis und ihren Schwur schon seit dem 20. August 1934 zu leisten hatten. Aber „wer in den Superlativ verliebt ist, will mehr als er kann", warnte der Zeit weit voraus Friedrich Nietzsche.

Schon der von den Nazis vereinnahmte Dichter Walter Flex (1887-1917) hatte die Fahne beschworen: „Wer auf die preußische Fahne schwört, hat nichts mehr, was ihm selber gehört"! Von Flex stammt aber auch der sein Zitat relativierende Satz: „Nicht die wahre Geschichte interessiert, sondern die bessere." („Sonne und Schild, Preußischer Fahneneid", 1914)

Weil Gefühle im Kino die Hitlerjugend an den Führer binden sollten, galt es, den in der Fahne immer mitflatternden Mythos Adolf Hitler tief in den Herzen der Gläubigen gleichsam als Panier der Unfehlbarkeit zu verankern: Fürs Flair der Feierlichkeiten diente das Heer der Fahnen mit dem unheilschwangeren schwarzen Hakenkreuz. Das Sakrale zu organisieren war wichtiger als lästige Diskussionen. Die Magie der Fahne und der Feuerzauber als in den Parteitag psychologisch perfekt eingesprengte Rituale erfüllten als magischer Selbstzweck zugleich

Ablenkungsfunktionen. Auf Hitlers Parteitagen fließen zwei Linien aus dem Fundus nationaler Feierlichkeiten des 19. Jahrhunderts und des ausgehenden wilhelminischen Reiches zusammen. Dazu gehören die volkstümlichen Traditionen öffentlicher Feiern, wie sie die bürgerlichen Vereine, Sängervereinigungen, Schützenverbände, Turnerbünde, Bündische Jugend und Arbeiterbewegung mit großem Pomp und imprägnierender Resonanz organisierten, um den intendierten Bewusstseinsstrom gemäß der jeweils eigenen Regeln zu kanalisieren. Leni Riefenstahl hat es verstanden, die Einbindung ihrer ästhetischen Impulse in das soziale Gefüge sogar in einem an sich banalen Parteitag gebührend in Rechnung zu stellen. In ihrem gesamten Oeuvre hat sie Billy Wilders Mantra grandios befolgt: „Du sollst nicht langweilen".

Zum selbstbezüglichen Stil der Feste wie zur Herrschaft des praeter propter der Feiern gehörten ehedem unverzichtbar die Ästhetik der kontrollierten Exzesse: Fahnenweihe, Totenfeier, nächtlicher Umzug im Fackellicht, militärische Repräsentanz, militante Formationen, Standartendefilee, Opferrhetorik sowie Marschmusik und zeitbedingte und überzeitliche jugendbewegte Lieder. Viele dieser altmodischen Traditionen rettete die Partei für ihre vordergründigen Zwecke und aktualisierte sie zum ideologischen Verbrauch. Nicht nur das „Niederländische Dankgebet" wurde für die Emotionalisierung von Hitlers Parteitagen säkularisiert. Alles „was verdrängt war, kehrt zurück" (Freud), auch in neuer Verkleidung, quecksilbrige Begriffe wie die Romantik. Sogar liturgische Bräuche des Christentums wurden zu nationalsozialistischen Symbolen umfunktioniert. Sooft es um die Indoktrination des Symbols für die Aufladung des Alltags ging, lief Goebbels zur Hochform auf. Indem Leni Riefenstahl Hitler überlebensgroß in Erscheinung treten ließ, erschuf sie dessen quasi royale Aura. Auch der verwelkte Charme der blauen Blume der Romantik wurde an Hitlers Lagerfeuern wieder aufgefrischt. Goebbels Boulevardisierung der Kultur nahm ab 1933 ihren fatalen Verlauf.

Im Sinne Walter Benjamins lief die faschistische Propaganda weniger darauf hinaus, die Kunst zu politisieren, als die Politik zu ästhetisieren. Dies konvergierte mit Goebbels' Erklärung und Hitlers eigenem Selbstverständnis vom Politiker als einer ganz anderen Art von Künstler. So blieb es dem Genie der Leni Riefenstahl vorbehalten, deren Zepter die Schönheit ist, das Unmögliche zu realisieren und die negative Ästhetik des Staates mittels einer positiven Ästhetik des Films populär zu machen. So hat sie mit scheinbar moralisch stark aufgeladenen visualisierten Begriffen und überzüchteter suggestiver Ästhetisierung des Faschismus die „Vergewaltigung der Massen" unterstützt, die der Faschismus „im Kult eines Führers zu Boden zwingt". Damit versucht Leni Riefenstahl ihre filmische Apparatur dem Führerkult nutzbar und der Herstellung von neuen Kultwerten dienstbar zu machen. Es gelingt Leni Riefenstahl perfekt, die Rituale eines Parteitagverlaufs mit seinen langweiligen Reden, mit Denkschablonen und gleichförmigen Aufmärschen in eine hedonistische Feier mit geradezu opiatischer Wirkung und in eine gut verkäufliche Kunstware zu verwandeln. Durch ihre glückenden Spannungsmontagen dramatisierte Riefenstahl den Sinnbezug Führer, Individuum und Masse im Geiste einer lautlos aufgeladenen mentalen Architektur mit optischer Schärfe zu spannungsvollen Einschüben. Sie verfügte über den Kosmos romantischer Wagnerklänge, die sie als Kunst des Übergangs mit Marschmusik und Führerdekreten, sie wie vertraute Spruchbänder unserer Jugend wirken ließ. Manch einer glaubte gar, das virtuelle Flackern eines Weltenbrandes wie in der Coda von Richard Wagners „Walküre" und „Götterdämmerung" zu erkennen mit der Aussicht der Übereinstimmung des Lebens mit dem Tod. In seiner kinematografischen Artgenossin fand Hitler die genuine ästhetische Energie, die seine Kernbotschaften auf der Höhe im Einklang mit ihrem eigenen Ehrgeiz in die Konstituierung einer faschistischen Ästhetik umzusetzen fest entschlossen war. Für gesellschaftliche Sublimationen und soziale Extempores blieb darin kein Raum, aber auch wenig Lust auf Differenzierung im Modus schlichter Prosaik.

Riefenstahls überzüchtete Ästhetik korreliert einwandfrei mit Bildenden Künstlerkollegen wie den Kitschisten Josef Thorak, Arno Breker, Fritz Klimsch oder dem Maler Adolf Ziegler. Wie

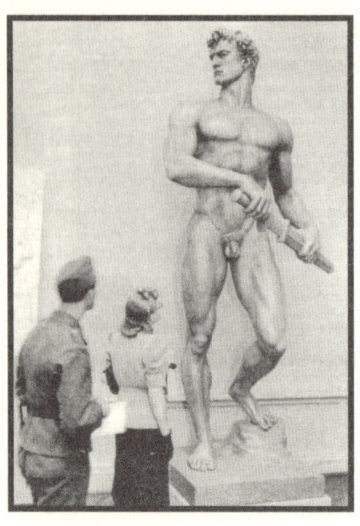

Arno Breker (rechts unten mit Albert Speer, links „Bereitschaft" in einer Ausstellung 1940) borgte sich die Riefenstahl ihre idealen Körpermaße als Maßstab von den hellenischen Skulpturen, die als Adaption bildschöner antiker Reliefs erkennbar waren und mit der Kunst der Überblendung arische Ebenbilder erzeugten, wie es höchst anschaulich zu besichtigen ist im Prolog ihres „Olympia"-Films. Den Filmschnitt beherrschte die Riefenstahl wie ein Chefchirurg sein Besteck. Im Zwielicht mythischer Figuren der Antike erschuf sie Szenen, bei denen jeder zum bildhauernden Voyeur mutierte.

In den geometrischen Formen der monolitischen Marschkolonnen und Fahnenquader wusste Leni Riefenstahl das in den Gleichschritt die Gehorsamsleistung einordnende Prinzip, das sie in mitreißenden dynamischen Zoomeffekten und einprägsamen Bildern sinnfällig zu vermitteln wusste. Der Gleichschritt und die synchron geschwenkten Arme erwiesen sich als eines der wirksamsten Werkzeuge der Massensuggestion; der Propagandaminister zwang Tausende zu den uniformen Bewegungen und Rhythmen in der schier unausdenkbaren dynamischen Fülle der Musik- und Bildeinblendungen.

Mit ihren Parteitagsfilmen hat Leni Riefenstahl den im Mittelalter (1647) ersonnenen Nürnberger Trichter neu erfunden, um noch dem Dümmsten Hitlers Ideen einzuflößen. Leni Riefenstahls progressive künstlerische Technik und ihr außerordentlicher Gestaltungswille „beseelen" die sterilen Massenkolonnen als atmosphärisch dichte Menschentableaus. „Die Gestaltungslinie fordert, dass es den Kinogänger instinktiv und getragen von dem realen Erlebnis Nürnbergs, den einheitlichen, linearen Weg finden lässt, dass er Hörer und Zuschauer von Akt zu Akt, von Eindruck zu Eindruck überwältigend emporreißt" (Riefenstahl). In dieser Bombenstimmung überbordender Gefühle tränkt Riefenstahl ihre Filme. Mit performativer Dramaturgie im Modus eines zentrifugal weitgespannten Wirkungsradius wollte sie im Kinomilieu unsere musische Empfänglichkeit wecken, um möglichst viele Menschen zu überzeugen. Für Goebbels war das Kino der Ort gezielter ideologischer Erfahrung, unterstützt von Riefenstahls emanativem Filmkosmos, ein zukunftsweisender Kompass für die geplante, geistig uniformierte Volksgesellschaft.

Die als Vorprogramm zum Spielfilm zwangsverordneten etwa tausend Dokumentar- und Kulturfilme lassen sich thematisch in ein grobes Raster fassen: Führermythos; Deutschtum; Ahnenkult; Brauchtum; Blut und Boden; Erntedank; Deutscher Wald; Volksgesundheit; Sport; Kunst, Kultur, „Glaube und Schönheit" und „Kraft durch Freude" sowie diverse andere Begriffswolken und atavistische Ehrbegriffe. Reichsparteitage bilanzieren die Erfolge der Partei und der verschiedenen NS-Organisationen: Hitlerjugend, Hitlers Mädel, vormilitärische Ausbildung, Rüstung, der deutsche Soldat im Frieden, Manöver und Krieg, Volk ohne Raum, Weltfeinde und Volksfeinde, Antisemitismus, Erbkrankheiten, Euthanasie. Und ab 1939 Hitlers Kriegsfeldzüge nicht zu vergessen und nicht den fälligen NS-Totenkult: Ohne allegorische Umwege prophezeit Hitler bereits 1932: „dass wir

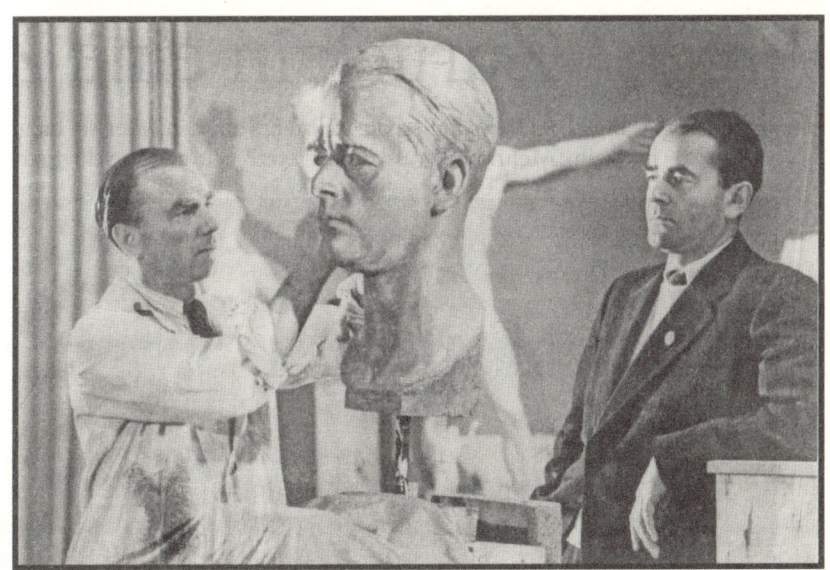

unsere Fahne, unsere Ideale und unsere Idee hochhalten und mit ihr ins Grab gehen werden", wie die unzähligen Blutzeugen ja schon längst im Geiste unter uns hausten. Als Hitler sich weigerte, seine Visionen von der Wirklichkeit zerstören zu lassen, wurde es spätestens jetzt ratsam, sich fest anzuschnallen. Reichsfilmintendant Fritz Hippler hat seinerseits noch einen höheren Gang geschaltet, indem er die Heldentode im deutschen Film zynisch „als nachahmenswert" befand und dabei ein missverstandenes Zitat von Gotthold Ephraim Lessing zu Hilfe nahm, wonach der Tod im Allgemeinen, unabhängig von jeder individuell sterbenden Person, den „Zustand der Ruhe und Unempfindlichkeit" ausdrücke. Also ein nicht besonders besorgniserregender oder schmerzlicher Vorgang und eine eher tröstliche ewige Kondition. Der zur überstürzten Vollmundigkeit neigende NS-Filmwart Fritz Hippler definiert den Tod höchstselbst als schwerelosen Status quo, sofern er denn Sinn mache: „dichtende und darstellende Kunst aber, die nicht den Zustand, sondern den Vorgang des Todes gestalten könne, werden ihn in einen großen Sinnzusammenhang einbeziehen, der ihn aus der sinnlos-tristen Sphäre der Natur in die Welt der Werte und Ideale emporhebt". Es hat schon etwas verwegen Apartes, wenn Hippler den Vorgang des Todes selbst für „unwesentlich" erklärt („das ist nur Sache eines ärztlichen Protokolls"). Hipplers „Einbettung in das ganze Geschehen, das ihm vorhergeht oder folgt, aus dem heraus es notwendig oder in Bezug auf das es fruchtbar wird, das allein ist hier wesentlich." Ja, Hipplers Tote reiten schnell.

Die permanente Präsenz des Todes im NS-Kult zeigt sich in immer wiederkehrenden redundanten Einblendungen sakraler Momente wie Glockengeläut, Kriegerdenkmälern, Märtyrerbildern und spezifischen Nazi-Altären wie der Führerbild-Ikonen und der Hakenkreuzfahnen als sichtbaren Weihrauch und heiligem Panier der Kämpfer. Eingebettet in den medialen Ablauf sind die sphärischen Klänge und pseudoreligiösen Choräle, die musikalische Überhöhungen besorgen. Als Unverdächtiger wird Friedrich Hölderlin zitiert, der den todesmutigen Soldaten in unromantischer Zeit mit romantisch lebensgemuten Versen trösten soll: „Lebe droben, o Vaterland, und zähle nicht die Toten. Dir ist, Liebes, nicht einer zu viel gefallen". Visionär Friedrich Nietzsche fasst im 2. Band von „Menschliches, Allzumenschliches" eine künftige NS-Programmatik in einem kritisch visionären Satz zusammen: „Im eigentlichen Akte des Betrugs unter all den Vorbereitungen, dem Schauerlichen in Stimme, Ausdruck, Gebärden, inmitten der wirkungsvollen Szenerie, überkommt sie der Glaube an sich selbst: dieser ist es, der dann so wundergleich und bezwingend zu den Umgebenden spricht."

Hitlers pompöse Parteitage waren mitnichten ein kohärentes Porträt des deutschen Volkes. Gleichwohl schwärmt Hitler in seiner feurig aufgipfelnden Rede narzisstisch: „Das ist das Wunder unserer Zeit, dass ihr mich gefunden habt, unter so vielen Millionen. Und dass ich Euch gefunden habe, das ist Deutschlands Glück." Unnachahmlich wie Hitler danach den Beifall schroff mit seiner Rechten von der Rostra wischt. Für Millionen Bildungsbürger boten diese Filme die Gelegenheit, mit ihrer Mutation zum Ehrentitel „Volksgenosse" sich selbst zu adeln. Riefenstahls Parteitagsfilme wurden als Ausdruck des damaligen Lebensgefühls einer ganzen Generation empfunden, erst recht von der heranwachsenden Generation Hitlerjugend, deren einer auch ich unter den vielen Millionen einmal war. Das ganze Spektakel atmete den Charakter einer stark parfümierten großen Erzählung. Angesichts der geballten Wucht der Menschenmassen und Menschenseelen im Film saß uns die Angst als authentisches Lebensgefühl irgendwie im Nacken.

Riefenstahls große Kunst (links mit Kamera) besteht auch darin, dass sie ihre Mitteilungen statt durch Texte einzig den Bildern und Geräuschkulissen abverlangt. Die Wahl der die Bilder begleitenden Musik drückt im diffusen Flair alles das aus, was nicht gezeigt werden kann oder darf. „Besonders beeinträchtigt wird die Intelligenz der Menschen auf suggestivem Wege, sobald sie zu Gliedern von Gemeinschaften werden, die psychologische Massenerscheinungen ... darstellen. Solche kommen immer dann zustande, wenn sich infolge der suggestiven Wirkung von Angst und Not, von Begeisterung, Hoffnungen und vielem anderem zunächst einige, dann viele und schließlich Massen von Menschen in Gedanken, Worten und Werken kritiklos nachäffen."

Diesen Text, der erst 2013 wieder ans Licht geholt wurde, hat Karl Marbe noch während der Hitler-Diktatur über das Phänomen der „Psychologie der Massen" geschrieben. Bekannt wurde Marbe hauptsächlich als Gründer des Frankfurter Instituts für Psychologie im Jahre 1905. „In besonderen Fällen kann der geeignete Suggesteur durch sein Auftreten geradezu bezaubernd wirken, so dass sich die beeinflusste Person ihm fast sklavisch unterwirft, und alle Antriebe zu selbständigem Denken und Handeln verliert." (Armin Stock). Diese „Art authentischer Lebensführung" (Sarah Bakewell) stellte sich uns dar als nicht mehr begreifbare Wirklichkeit. Von heute aus reflektiert als perpetum mobile der Gefühle in Realsatire.

Hitlers Reichsparteitage wurden vom Stellvertreter des „Führers", dem eigenschaftslosen Rudolf Hess, jedes Mal mit einem furios geschmetterten dreimaligen „Sieg heil, Sieg heil, Sieg heil!" eröffnet und ebenso schmissig gebrüllt wiederbeendet.

Schon Lessings „Nathan" hatte besorgt angemahnt: „Ihr, die hier eintretet, lasst alle Hoffnung fahren."

Kapitel 12

Der Filmkosmos der Leni Riefenstahl und der Sowjet-Avantgarde

Bei keiner anderen Frau des öffentlichen Interesses habe ich öfter zur Feder gegriffen als bei Leni Riefenstahl mit meinen Versuchen, Werk und Person der bis heute umstrittenen Filmemacherin präziser zu identifizieren. Um es mit Hegels Kernsatz aus seiner „Ästhetik" zu sagen, geht es dabei um die „Entfaltung der Wahrheit", um die Rückbindung des Schönen an Geist und Ungeist, um die maßlose Einflussgröße ihrer Ästhetik zu verstehen. In meinem Buch „Mythos Olympia" hatte ich 1992 versucht, eine Analyse ihres Lebenswerks zu riskieren; in der Balance zwischen der damaligen überzeugten politischen Hingabe an den „Führer" und dem Potential der Begeisterung durch Riefenstahls cineastische Kunst, unsere juvenilen Sinne aufzuschließen für die sinnliche Umsetzung, Gestaltung und Überhöhung des Politischen. Also zwischen Gesinnungsethik und Gesinnungsästhetik eine verbindende Achse zu finden, in der die Regie als eigenständige Partitur die Richtung vorgibt.

Mein Faible für ihre Filme verdankte ich meiner hitlergläubigen Mutter, die mich schon als 9-jährigen Steppke in die Oberhausener „Lichtburg" mitgenommen hatte. Ich war regelrecht begeistert von Riefenstahls Film „Triumph des Willens" (1934), obwohl dieser nur ein einziges großes Thema vorführt: Hitlers alljährliche Krönungsmesse in Nürnberg. Mit imponierender Insistenz auf das Subjekt des Interesses, Hitlers monumentale Reichsparteitagsorgie, hatte Leni Riefenstahl den Film faszinierend und mitreißend gestaltet. Ja, ich wollte auch einmal gern so sein, wie der blonde Trommler oder der imposante Fahnenträger da oben auf der Leinwand. Diesen Film würde ich ein Jahr später noch einmal erleben, jetzt unter meinesgleichen in einem Kino der abgehängten Vorstadt Osterfeld als uniformierter zehnjähriger Pimpf in der großen Gemeinschaft einer Jugendfilmstunde. Diese war im neuen Kollektiv umrahmt

vom gemeinsam gesungenen Fahnenlied. Als Überhöhung der
Matinee folgte eine unsere jungen Gemüter und Grünschnäbel
umschmeichelnde Rede des Reichspropagandaministers Joseph
Goebbels, reichsweit per Radio ausgestrahlt. Fügsam nahmen wir
damals alles für bare Münze. Hier war weniger die Kunst das Ziel,
sondern mit Riefenstahls genialer Beherrschung der technischen
Kunstmittel, war das Ereignis: Hitlers sichtbare „himmlische" Erscheinung verstand Riefenstahl mit dem Hauch eines Messias zu
umhüllen. Wer Goethes feinsinnigen Physiognomik-Begriff auf
Hitler, Himmler, Eichmann e tutti quanti überträgt, kann sich über
deren Sympathiewerte nur wundern. Mit heutigem Blick ernten
diese Visagen nichts als blankes Hohngelächter. Das lupenreine
„arische Ideal" sind Hitler selbst, Himmler, Ley, Goebbels trotz
Ahnenpass prima vista schuldig geblieben.

Der renommierte Filmemacher Hark Bohm (Jg. 1939; Regisseur
von „Nordsee ist Mordsee", 1976), rekurriert in einem Interview
mit der F.A.S. seine Erinnerungen an die Hitlerjahre mit der frei-
mütigen Selbstreflexion zum Kriegsende: „Ich wusste als Sechsjäh-
riger, dass ich der Möglichkeit beraubt wurde, noch Hitler-Junge
zu werden … meine Kindheit ist nicht durch die kritische Aufarbeitung dieser Zeit geprägt worden. Mein Vater … stand dieser ganzen Entwicklung nahe, und für mich beginnt mit der Pubertät ein
mühevoller Prozess, mich davon zu befreien." Bohm skizziert pars
pro toto die ambivalente Gefühlslage seiner Generation seit dem
Ausgang aus seiner eigenen Kindheit, die über Gefühle verführt
wurde: durch das betörende Gift des politisierten Ästhetizismus.

Welche Funktion sich mit dem Begriff „Propaganda" damals verband, hatten wir Teenies nicht begriffen. Von heute aus gesehen,
da wir dieses Wort in seiner umfassenden negativen Bedeutung
fassen, war das aber nichts weniger als die unsere Sozialisation
begleitende große Verführung unter der unausgesprochenen, an
die Hakenkreuzfahne gebundenen Verblendung. Sie sollte in der
Bereitschaft zum Heldentod ihre Vollendung finden. Die Verherrlichung des Todes wie des Sterbens haben wir aus voller Kehle
immer wieder selber mit besungen: „Ja, die Fahne ist mehr als der
Tod". Bis in die entlegensten Winkel der Gesellschaft und in die
Wohnküchen schallte ihr dröhnendes Echo. „Jetzt sind wir hier.

Was geschieht, geschieht uns." (Bertolt Brecht) Eine neue soziale
Bleibe suchten wir im Kollektiv des Jungvolks. Die Welt ist uns
im Wärmestrom des neuen, anheimelnden Lichts erschienen.

Unter konsequenter Ausschaltung rationaler Elemente zwingt
Leni Riefenstahl in den Filmen für das Dritte Reich die Klammer
zwischen Propaganda und deren ästhetischer Überhöhung auf
perfekteste Weise zur Symbiose. Ihr ist, könnte man einräumen,
die Einheit von intellektueller Lust und sinnlicher Vergnügung
gelungen. Ganz intuitiv hat Riefenstahl schon mit ihrem ersten
Parteitagsfilm „Sieg des Glaubens" (1933) die faschistische Filmästhetik begründet, die sie mit „Triumph des Willens" (1934) in
einer Weise perfektionierte, dass mit dieser kaskadischen Trias
(inklusive „Tag der Freiheit! – Unsere Wehrmacht" 1935) bis zum
„Ende des Tausendjährigen Reiches" die im hohen Ton abgeliefer-
ten verbindlichen Maßstäbe für das Verführungsmedium „propa-
gandistischer Dokumentarfilm" gesetzt wurden. Riefenstahl zog
ihre große Wirkung aus der wortlosen Summe ihrer ästhetischen
und ideologischen Teile und ihrer nihilistischen Gesinnung. Für
sie war das Kino der Ort der Erfahrung. Sie wurden von niemandem, auch nicht im Ausland, außer in der Sowjetunion z.B. von
Sergej M. Eisenstein oder Dsiga Wertow übertroffen wurden.

Als Kulturbeauftragter des Berliner Senats (1992/93) für die Bewerbung um die Olympischen Spiele 2000 war ich ex officio vom
Regierenden Bürgermeister Eberhard Diepgen gebeten worden,
mich in Berlin mit Hitlers Instrumentalisierung des Sports und
der Olympischen Idee für die NS-Politik und Ideologie öffentlich und im Dialog mit kritischen Studenten auseinanderzuset-
zen. Schließlich hatteLeni Riefenstahls Olympia-Film damals die
ästhetische Folie dafür geliefert, Hitlerdeutschland in aller Welt
auch noch nach den Spielen als menschenfreundliches, friedlie-
bendes, kulturelles Land und kraftvolle Sportnation im internationalen Wettbewerb zu präsentieren. Alle antijüdischen Plakate
hatte Goebbels 1936 während der Olympischen Spiele aus dem
Verkehr gezogen und von der augenfälligen Bildfläche der Litfaßsäulen verschwinden lassen.

Im Rückblick auf die griechische Antike entsprechen im Vor-
spiel die anmutigen und heroischen Skulpturen der Venus von

Milo oder des Diskuswerfers Myron den klassischen Ideal-
maßen zwischen Schönheit und viriler Kraftentfaltung. Mit der
Eleganz ihres Olympiafilms entfaltete Riefenstahl dessen phänomenale Sogwirkung und subkutane Effizienz. Sie sind für Riefenstahl das ästhetische Urmeter als sinnliches und als versinn-
lichtes Charisma. Im Vorspann ihres zweiteiligen Olympia-Films
repräsentieren sie das platonische Schönheitsideal und spiegeln
die Grundlagen jeder idealistischen Ästhetik und Athletik, die
Augen und Herz bezaubern sollen. Mit Hilfe einer skulpturalen
Überblendungstechnik schält sie aus den archaischen Marmor-
figuren den lebenden arischen Sportler live auf die Bühne rein-
rassiger Vorurteile zugunsten des nordischen Herrenmenschen.
Mit der harmonischen Proportion erzeugt sie Schönheit und
wohl Goethes Traum von einer „idealischen Schönheit" auf ihre
mainstreamgemäße Weise. Leni Riefenstahl verweigert Kants
Einsicht, dass „Schönheit Denken erfordert, sinnliches Vergnügen aber nicht". So erhält dieser von allem Irdischen abgelöste
Wert des Heroischen seine ästhetische Folie und zugleich eine
reale Gestalt als passgenaue Vorlage für den idealen Maßstab
deutscher Olympioniken.

Dieser Film zeigt den Grundtypus der mehrfach codierten
Filmsprache der NS-Filme, nämlich die organische Vermischung
von erlebter und geglaubter Wirklichkeit. Das filmische Œuvre
der Leni Riefenstahl hatte wie kein anderes unmittelbaren Einfluss auch auf meine eigene Biografie. Als folgenreiche Erfahrung meiner Kindheit begründete ihr Werk zunächst ideologisie-
rende Faszination und in der Folge das nachhaltige Interesse des
späteren Kriegsheimkehrers an der nun kritischen Reflexion des
Films im Dritten Reich und deren gefährliche Kraftentfaltung.
Dessen gezielte Ausstrahlung sollte einmal die „Menschheit" beglücken. Die Prämisse dafür sollte das massenhafte Aufgehen
der Individuen in der großen Gemeinschaft erzeugen, im Stre-
ben nach einer gerechteren Welt.

In Oberhausen-Osterfeld sind wir Pimpfe des Fähnleins 36
statt in den sonntäglichen Gottesdienst pflichtgemäß in die Jugendfilmstunde marschiert, mit der flatternden Fahne voran und
dem Fahnenlied der Hitlerjugend auf den Lippen: „... ja, die

Fahne ist mehr als der Tod!" In der Lichtburg sahen wir Leni Riefenstahls Parteitagsfilme und ihren zweiteiligen Olympiafilm „Fest der Schönheit" und „Fest der Völker" (1936-38) in regelmäßigem Wechsel mit propagandistisch aufgeladenen Spielfilmen vom Kaliber „Hitlerjunge Quex" (1933), „Hans Westmar" (1933) oder „SA-Mann Brand" (1933) bis zu den kriegsverherrlichenden Dokumentarfilmen wie „Feldzug in Polen" (1939/40), oder „Sieg im Westen" (1941). Jene die Grenzen der Rücksichtslosigkeit unterschreitenden sowie antisemitischen Hetzfilme seit 1940 zwischen Spielfilm und Dokumentarfilm von einem unsäglichen Hass-Kaliber wie „Jud Süß" (1940) oder „Der ewige Jude" (1940).

Mit der heutigen erkennenden Betrachtung dieser Filme, verbunden mit Erkenntnis und Einsicht, erfüllten sie damals für die adoleszente Bewusstseinsbildung der Generation Hitlerjugend psychologisch mehr oder minder subtil jene Kriterien, die im Englischen „impact" genannt werden – eine die jugendlichen Herzen durchpulsende Emotionalität mit Hilfe ästhetisch blendender Bildsequenzen des „Vorbilds" und angeblicher narrativer „Entlarvungen" wie im „Jud Süss". Den Einmarsch der braunen und der sportlichen Bataillone in ihrem Olympia-Film stilisierte Leni Riefenstahl mit der vollen musikalischen Dröhnung im Geiste von Richard Wagners „Rienzi"-Vorspiel zur Magie des fleischgewordenen Mythos. Hier haben wir ein markantes Beispiel für den Sieg der Ausstattung über das Theater.

Inzwischen hundertjährig, erzählte mir Leni Riefenstahl glaubhaft, dass Goebbels sie gehasst habe, weil er eifersüchtig war auf jeden anderen und jede andere im Dunstkreis von Hitlers Sympathie. Da die attraktive Regisseurin sich Goebbels' eindeutigen Avancen schon zu einer Zeit erwehrt habe, als er noch Gauleiter von Berlin war, also vor 1933, habe ihr Steine in den Weg gelegt, wo immer er sie fand. Schon vor der katastrophalen Entwicklung des Krieges beschwor Goebbels mit Volldampf seine „geistige Kriegsführung" und seine massenpsychologische Virtuosität. Mit der Manipulation der Stimmung und des Durchhaltevermögens des Volkes hat er wesentlich zur Verlängerung des Krieges mit Millionen Toten beigetragen.

Weil mir nicht klar war, warum Leni Riefenstahl nach den fulminanten Werken „Sieg des Glaubens" (1933) und „Triumph des Willens" (1934) noch einen dritten, formal weniger überzeugenden Reichsparteitagsfilm gedreht hatte, „Tag der Freiheit – unsere Wehrmacht", im Jahre 1935, berief sie sich auf eine Demarche von General Walter von Reichenau: Weil die Wehrmacht in „Triumph des Willens" keines Blickes und mit keinem Wort gewürdigt worden war, hatte der Monokelträger sich beim Führer beschwert. Leni Riefenstahl hatte Bilder der Wehrmacht aber aus gutem Grund ausgespart, nämlich „um das Heer nicht im negativen Kontext mit SA und SS zu zeigen". Sie wollte angeblich keine falschen Analogien mit den Notablen der Partei stiften. General von Reichenau war aber geradezu eine Schlüsselfigur im Kampf um die gewaltsame Erhaltung der Vormachtstellung der Reichswehr gegen die emporstrebende SA unter der Leitung des Schismatikers und Raubeins Ernst Röhm. Der Reichsminister Röhm ohne Portefeuille wurde 1934, wie viele andere, kaltblütig in der Haftanstalt Stadelheim von Sepp Dietrich, Generaloberst der Waffen-SS, ermordet. 1941 erhielt er den Orden „Eichenlaub zum Ritterkreuz". 1944 sogar die höchste Stufe „Brillanten zum Ritterkreuz". Reichenau verfolgte die Linie der kompletten Integration des Militärs in den NS-Staat auf Kosten der militärischen Ansprüche der SA. Er propagierte im Eroberungskrieg im Osten Europas die brutalen Liquidationen von Zivilisten als „harte, aber gerechte Sühne am jüdischen Untermenschentum".

Auf den großen Bewunderer Leni Riefenstahls Adolf Hitler hatte unter allen ihren Berg-Filmen *Das blaue Licht" (oben)* aus dem Jahr 1932 „den stärksten Eindruck" gemacht. Mit dieser filmischen Alpenmärchenlyrik (unter Drehbuch-Mitarbeit des später aus dem Vorspann entfernten ungarischen Autors

Béla Balázs, einem kommunistischen Juden) hatte Riefenstahl als Regisseurin debütiert. Umgekehrt nahm ihre Bewunderung für Adolf Hitler erst jetzt, kurz vor der Machtübernahme, ihren fatalen schwärmerischen Anfang: Leni Riefenstahl hatte Hitler Ende Februar 1932 zum ersten Mal als Redner live erlebt. Diese Szene im Berliner Sportpalast „wirkte auf mich faszinierend", und freimütig bekannte die damals 24-jährige enthusiastisch: „Kein Zweifel, ich war infiziert." Mit dem Faszinosum Hitler wollte sie persönlich Bekanntschaft schließen, und so signalisierte sie ihren dringlichen Wunsch 1932 in einem privaten Brief an Hitler. Postwendend hat Hitler sie zum ersten Kennenlernen nach Wilhelmshaven eingeladen, wo er gerade eine Wahlkampftournee absolvierte. Dieses Rendezvous war der Anfang einer von Leni Riefenstahl als „schicksalhaft" apostrophierten Beziehung. Wie sie mir nach 1945 ohne nachträgliches Erschauern erzählte, sprachen die beiden beim Flanieren in der erfrischenden Brise am Nordseestrand über Wagner und Bayreuth, über das nahe Meer und die weite Welt und natürlich über Lenis Bergfilme, aber offensichtlich wohl nicht über deren monumentalistische Leere als Metapher. Hitler schwärmte vom „Schönsten, was ich jemals gesehen habe", und das war für ihn der Tanz der Riefenstahl am Meer in Arnold Fancks „Der Heilige Berg" (1926), eine zum Ende der Stummfilmzeit in der Tat eindrucksvolle Performance in Echtzeit und zur aufbrandenden Gischt in Zeitlupe, in der kristallinen Schönheit des Nordmeeres, dort, wo die Liebe noch Eisberge versetzt – auf einem visionären Walkürefelsen hoch über der Brandung.

Die Metapher des Bergs galt wohl auch dem Mystiker Hitler als uraltes Symbol der Erhebung über das Irdische: Das nationalsozialistische Alpenglühen. Für André Malraux gehörte der Mythos von Weltflucht, illusionärer Selbsterfindung wie Selbstzerstörung zum Dasein des Films wie des Lebens. Was Arnold Gehlen als die „Treuepflicht zu außerrationalen Werten" moralisch gegen die zersetzende Aufklärung einfordert, das erklärt bei Leni Riefenstahl die Langzeitwirkung, die sie mit Hilfe ihrer schrittweise vom Tanz über das Schauspiel bis hin zur Regie aufgebauten Filmästhetik hin zur kollektiven Ekstase inszenierte.

Ein Jahr später kam Hitler an die Macht und Leni Riefenstahl
hat „seine Filme" gemacht. Sie hat Hitlers überpersönliche Bedeutung im Kino mit Glanz aufgeladen, bis er leuchtete, wie ein
neuer Messias. Auf ihren gebohnerten Wegen der Patronage hat
es ihr an Subventionen nie gemangelt.

Ihre Kunstmittel waren für sich genommen nicht spezifisch faschistisch. In gewaltsamen Kontexten erwiesen sie sich aber als
besonders leicht instrumentalisierbar. Das abgefeimte Indoktrinä-
re liegt weniger in den einzelnen Segmenten und Sequenzen als in
deren massiv-propagandistischer Gliederung durch die Montage
am Schneidetisch. Das Kombinatorische verweist auf das Vorfind-
bare. Dabei erwies sich Arnold Fancks Kammeraklammer zwischen Kultur-, Natur-, Berg-, Tanz- und Sportfilm als besonders
eingängige Medienflanke. Aus der sechsfachen Zusammenarbeit
zog Riefenstahl die Konsequenz, den raum-zeitlichen Rhythmus
des theaterförmigen Spielfilms in den imaginären Außen- und In-
nenraum immer weiter zu abstrahieren und zu dynamisieren.

„Ich habe mich immer darauf konzentriert, nur die Bilder und
Bewegungen ineinander zu schneiden" (Riefenstahl). Sie wollte
die Einflüsse der Seele auf den Körper insinuieren, im Röntgen-
blick die Ströme des Kopfes über die Eingeweide bis zur Fuß-
spitze. Eine entfesselte Kamera streift im Schwenk das Fahnen-
meer, aus jeder Falte der Tücher lugt der „Führer" heraus. Ihr
Olympia-Film fand quer durch die Gesellschaft große Resonanz.
Worte und Bilder sind hier Korrelate, die sich suchen und finden. Ja, „Wie sich die Bilder gleichen / Durch verborgene Zeichen," singt Cavaradossi in der Oper „Tosca". Die Hitlerjungen
bekommen zu sehen, was sie erwartet. Montage im Geiste der
Partei ist die Organisation der Bilder im Koordinatensystem der
jeweils anders codierten aktuellen Ziele und Tendenzen. Dabei
erwies sich das Weglassen und Verschweigen als wirkungsvoll:
Operette statt Stalinorgel.

„Die Aufnahmefähigkeit der großen Masse ist nur sehr beschränkt. Das Verständnis ist klein, dafür jedoch die Vergesslich-
keit groß. Aus diesen Tatsachen heraus hat sich jede wirkungsvolle Propaganda auf nur sehr wenige Punkte zu beschränken
und diese schlagwortartig so lange einzuhämmern, bis auch be-

stimmt der Letzte unter einem solchen Worte das Gewollte sich vorzustellen vermag" (Hitler, „Mein Kampf").

Aber auch viele andere Prominente haben für Hitler Kunst geformt und Filme gedreht. Wie sehr die Schriftstellerinnen Agnes Miegel und Ina Seidel anfällig waren gegenüber dem Nationalsozialismus, so war dies erst recht die im buchstäblichen Rampenlicht stehende Filmwelt: Veit Harlan, Wolfgang Liebeneiner, Carl Fröhlich, Arthur Maria Rabenalt, Luis Trenker, Alfred Weidenmann. Warum wurden diese damals privilegierten Regisseure nicht ebenso intensiv auf die Anklagebank gesetzt wie die Riefenstahl? Warum wurden volkaufwiegelnde antisemitische Filme vom Kaliber „Jud Süß" (Regie Veit Harlan, 1940) oder Liebeneiners Euthanasie-Melodram „Ich klage an" von 1941 nicht ebenso eindringlich und ausführlich diskutiert, wie Leni Riefenstahls Eifer für Hitler mit ihren nur vier propagandistischen Dokumentarfilmen? Warum durften ihre schnell entnazifizierten Spielfilmkollegen nach einer kurzen Schamfrist fröhlich UFA-mäßig munter drauflos ihre vergiftenden Kinofilme weiterproduzieren? Warum aber blieb Leni Riefenstahl in Acht und Bann, während sie im Ausland, besonders in Frankreich und sogar den USA, als größtes Dokumentarfilmgenie aller Zeiten gefeiert wird?

Nun, Riefenstahls tragischer Irrtum war, die Welt, einschließlich der parteipolitischen Bühne, durch ästhetisch inszenierte Schönheit verändern zu können, Schönheit verstanden als eine die Welt hinters Licht führende glatte Folie, unter der das Gegenteil nicht mehr wahrgenommen wurde. Theodor W. Adorno, der einer Rettung der nichtkonsumierbaren Transzendenz ins Ästhetische das Wort redet, verwirft andererseits das „selbstgerecht Ästhetische". Schönheit als lauernde Bedeutung. Angesichts der Glätte der Skulpturen berühmt gewordener NS-Bildhauer wie Arno Breker, Josef Thorak oder Georg Kolbe bliebe im Schönen das Schreckliche zu entdecken. So auch bei Leni Riefenstahl. Als dezidiert ausgewählte Artefakte des Visuellen hat sie die filmisch gewordenen Körper aus Ritual, Sport und Tanz in ihr Panorama der kinematografischen Effekte eingespeist und transformiert. Unter der Glocke friedlicher Schönheit läutet aber auch die Gewalt, zwischen Macht und Ohnmacht, Selbstbewusstsein und

Unterwerfung. In ihrer pubertären Gemütslage hat die Hitlerjugend diese Gegensatzpaare nicht begriffen.

Am 7. Januar 2002 hat „Die Welt" auf drei Zeitungsseiten mein
zweistündiges Interview mit der lebhaften Leni Riefenstahl über-
proportional groß aufgemacht. Was die einen irritierte, löste bei
anderen Applaus aus – als handelte es sich um eine Art Wiedergeburt der inzwischen hundertjährigen Filmlegende. Wer das Interview vorurteilsfrei liest, findet meine bisherigen Zweifel unre-
tuschiert in meinen Fragestellungen wieder. Nach dem Sturz ins
Chaos stimmte Riefenstahl mit meinem Fazit immerhin überein,
dass keine einzige Botschaft Hitlers überdauert hat.

Im real existierenden Personenregister von Leni Riefenstahls
Dokumentarfilmen ist das Ideal des schönen Menschen verifi-
zierbar, das Schöne zugleich als Verneinung alles Nichtschönen,
Hässlichen. Sie vereinnahmt zum Beispiel das Schöne um seiner
selbst willen im Sinne der platonischen Dialoge, in denen das
Schöne eben „ansehnlich" ist, „das am meisten Hervorleuchten-
de, Liebenswerteste". Indem sie versucht, ihren Schönheitssinn
mit zeitgeschichtlichem Bewusstsein zu verbinden und das Na-
turschöne mit dem Kunstschönen in ihrem Olympia-Film politisch in Einklang zu bringen, indem sie Körper und Gesichter
jugendlich segmentiert und ebendeshalb idealisiert, macht sie
sich der Instrumentalisierung verdächtig. Athletische Abbilder
aus 49 Ländern werden zu Inbildern stilisiert. Aber nur die aus
4 069 Olympioniken selektierten Vorbild-Menschen aus arischem
Fleisch und Blut sollten unsere Jugend zu Disziplin, Opferbereitschaft und unbedingtem Gehorsam als nacheifernswerten
Tugenden disponieren. Auch wir Pimpfe wollten damals so sein
wie Riefenstahls Modelle von blonden Fahnenträgern: edel, gut
und schön, ein Vorbild, umflattert von tausend Fahnen, Träger
von Hitlers allegorischen unsichtbaren Bedeutungsobjekten. Mit
welch kolossaler Wirkung Leni Riefenstahl die Schönheit auf-
scheinen lässt und wie sich der Olympia-Film damals ins Gemüt
der Zuschauer eingenistet hatte, das bescheinigt uns die Statistik:
Die Zustimmung der Zuschauer für Hitler nach diesem Film im
deutschen Kino war mit 90 Prozent ein Traumergebnis für einen
Diktator. Wenn Goebbels in diesem Kontext von arisch einwand-

freiem „Menschenmaterial" schwärmt, dann hat er Karl Marx nicht gründlich genug studiert. Der Begriff „Menschenmaterial" wurde erstmals in Karl Marx' Hauptwerk „Das Kapital" (1867) bemüht, um nachzuweisen, wie Leben und Arbeit des Menschen im Kapitalismus als bloßes Mittel zum Zweck herabgesetzt werden. In der nationalsozialistischen Terminologie wird die „Verinnerlichung" eines solchen inhumanen Menschenbildes im Hitlerjugendreim ausgedrückt: „Wir sind alle Stahl und Eisen, wir sind prima Material" (HJ-Führer Artur Axmann).

Im Vorgriff auf den hundertsten Geburtstag dieser hautnahen Zeugin einer gespenstischen Zeit wäre allerdings eine Neubewertung ihrer künstlerischen Produktion und Prämissen angesagt. Ihr Beitrag zur „Ästhetisierung der Politik durch den Faschismus" (Walter Benjamin) blieb letztlich auf die Jahre 1933 bis 1935 beschränkt, und wer ihren Olympia-Film mit abrechnen möchte, erweitert ihren Beitrag zur Filmkunst im Dritten Reich auf ganze vier Jahre. In keinem ihrer vier propagandistischen Dokumentarfilme gibt es einen Hitler anhimmelnden Wortkommentar, d.h. sie hat sich explizit zur Naziideologie via Text im Film nicht geäußert. Es waren Wahl und Montage der zu Filmsequenzen verdichteten Bilder, die sich vielmehr selbst kommentieren. Sie wollte nichts sagen, aber viel zeigen.

Die Riefenstahl hat in der Zeit ihres beschleunigten Abgesangs noch im Ultimo der Hitlerdiktatur ihren unvollendeten Spielfilm „Tiefland" abgedreht (1944). Darin hat sie Komparsen aus einem Konzentrationslager „ausgeliehen, um ihnen ein letztes Mal vor ihrer Vergasung etwas Gutes zu tun". Ihren naiven Sarkasmus auf die Spitze zu treiben hat sie nicht gewagt, den Begriff „Henkersmahlzeit" über die Lippen zu bringen.

Die Frage darf nach 65 Jahren erlaubt sein, warum die Protagonisten der Proletarischen Sowjetavantgarde um Wladimir Majakowski und die Regisseure des sowjetischen Propagandafilms von der Weltgeltung eines Dsiga Wertow oder Wsewolod Pudowkin nicht auch unter vergleichbaren Verdacht doktrinärer Ästhetik gestellt sind, unter Stalins Diktatur und seinem menschenverachtenden System mit ihren Agitpropkünsten gedient zu haben. Oder denken wir an Alexander Dowschenkos Filme, wie dem Fünf-Jahres-Plan-Opus „Erde" (1930), die den Kommunismus gar als industrielle und postreligiöse Sachverwalter der Natur und der neuen Besitz- und Produktionsverhältnisse feiern. Und erst Sergej M. Eisenstein: Mit dem weltberühmten Stummfilm „Panzerkreuzer Potemkin" (1925) hat er nicht nur das filmhistorisch berühmteste Stummfilmbeispiel für die Ästhetik der Bildsymbole und der Kunst der Filmmontage geliefert, sondern mit „Streik" (1925), „Oktober" (1928) oder „Die Generallinie" (1929) hat er zugleich auch eindeutige Wirkungsrichtungen der sowjetischen Revolutionsidee aufgebaut. Auf persönliche Anordnung Stalins musste Eisenstein den Schluss von „Die Generallinie" sogar komplett umschreiben. – Auch die genannten sowjetischen Regisseure haben in ihren staatlich finanzierten Filmen das hehre Pathos der ideologisierten Gemeinschaft gefeiert und unter dem roten Sowjetstern metaphysische Schauer erzeugt. Gleichwohl wurde in keiner Kinematografiegeschichte der Welt deren Genie bestritten. Mit welcher Wucht Stalin dagegen auf nonkonforme Künstler zu reagieren pflegte, dafür steht als tragisches Beispiel der jüdische Dichter Ossip Mandelstam, den Stalin wegen nichts als dessen reiner, schöner Poesie und seiner lyrischen Kritik an Unterdrückung und Terror („Wir Leben-den spüren den Boden nicht mehr"), in der Verbannung krepieren ließ. „Ein einzelner Toter ist eine Tragödie", verlautbart der eiserne Diktator Stalin, aber „eine Million Tote sind Statistik". Basta!

Leni Riefenstahl hat mir in ihrem Haus am Starnberger See noch vor der Uraufführung ihren neuesten und letzten Film gezeigt: „Impressionen unter Wasser" (2002), für den Giorgio Moroder den kongenialen Soundtrack komponierte: eine eindrucksvolle Ode auf submarine Schönheiten tief in den Gewässern von Papua-Neuguinea. Mit sensueller Begabung verweist Riefenstahl mit dem Kombinatorischen auf die vorgefundene prachtvolle Fauna und Flora: Im hohen Alter begegnet sie auf ihren Tauchgängen unsäglich vielen exotischen und gewöhnlichen Fischen, einzeln und in Schwärmen. Sie streift bunte Atolle und blühende Korallenbänke mit vielen anderen Kreaturen, Haien und Rochen, zwischen Camouflage und Mimikry. Der dezente, sparsame Schnitt schafft buchstäblich fließende Übergänge in der hier gelingenden Homogenität von Zeit und Raum.

Für die Spitzenorganisation der deutschen Filmwirtschaft (SPIO) verlieh Präsident Steffen Kuchenreuther Leni Riefenstahl anlässlich ihres hundertsten Geburtstages am 22. August 2002 den Preis für ihr Lebenswerk. Es umspannt ein ganzes Jahrhundert und sagt kompetent viel gegen ihre Führerheiligung, aber nichts gegen ihr cineastisches Genie.

Unter polizeilichem Sicherheitsaufwand und in Anwesenheit einer Hundertschaft von Riefenstahlgegnern vor dem Bonner „Haus der Geschichte" habe ich im Dezember 2002 mit einem Vortrag eine Ausstellung eröffnet, die Riefenstahls Lebenswerk kritisch unter die Lupe nahm. Die Ausstellung wollte zeigen, dass damals vieles beileibe nicht so wahr war, wie es die Propaganda versuchte, uns glauben zu machen mit Hilfe ihrer vormundschaftlichen Indoktrination.

Joseph Goebbels hat seine Lieblingsregisseurin Leni Riefenstahl einmal und in bemerkenswerter Weise hintergangen, als er den charismatischen Regie-Star Sergej M. Eisenstein einlud, Dokumentarfilme für das Dritte Reich zu produzieren. Auch Eisensteins Filme versuchten, sich erfolgreich einer bestimmten Wahrheit anzunähern, der sowjetkommunistischen Idee Stalin'scher letaler Fasson. Der hier abgedruckte Antwortbrief vom 22. März 1934 verweist voller Stolz und in hoher Satirekunst auf die Stalin'sche Ideologie als das Nonplusultra auch seiner eigenen Biografie.

ANTWORT VON SERGEJ M. EISENSTEIN AUF EINEN BRIEF VON DR. JOSEF GOEBBELS VOM 22. MÄRZ 1934

Im übrigen – ein wirklich glänzendes Programm. Wir alle wissen, daß nur das echte Leben, die Wahrheit des Lebens und die wahrhaftige Widerspiegelung des Lebens Grundlage echter Kunst sind und sein können.

Und welch ein Meisterwerk könnte ein wahrhaftiger Film über das heutige Deutschland sein!

Zur Realisation Ihres glänzenden Programms bedürfen Sie jedoch eines Ratschlags.

Sie bedürfen seiner unbedingt. Und nicht nur eines.

Sondern vieler, sehr vieler Ratschläge.

Sagen wir es direkt – Der gesamten Sowjetordnung!

Denn in unseren Tagen sind eine große Kunst, eine wahrhaftige Darstellung des Lebens, Lebenswahrheit, ja das Leben selbst nur im Sowjetland möglich, gleich wie es früher hieß. Wahrheit und Nationalsozialismus sind jedoch unvereinbar.

Wer für die Wahrheit eintritt, dessen Wege trennen sich von denen des Nationalsozialismus.

Wer für die Wahrheit ist, der ist gegen Sie!

Wie wagen Sie es überhaupt, vom Leben zu sprechen, wo auch immer es darum geht, Sie, die mit Beil und Maschinengewehr Tod und Exil all dem Lebendigen und Besten bringen, das in Ihrem Lande existiert?

Sie, die die besten Söhne des deutschen Proletariats hinrichten und jene in alle Winde des Erdballs vertreiben, derer sich die wahre deutsche Wissenschaft und Kultur vor der ganzen Welt rühmen kann?

Wie wagen Sie es, Ihren Film zur wahrhaftigen Darstellung des Lebens aufzurufen, ohne daß Sie es nicht zu dessen erster Pflicht gemacht haben, in alle Welt hinauszuschreien, daß Tausende in den unterirdischen Folterkammern Ihrer finstern Kerker schmachten und gepeinigt werden?

Woher nehmen Sie die Unverfrorenheit, von Wahrheit überhaupt zu sprechen nach dem Turmbau zu Babel der Dreistigkeit und Lüge, den Sie in Leipzig aufgerichtet haben? In einem Augenblick, wo Sie ein neues Schafott der Lüge und des Verrats errichten, indem Sie den Prozess gegen Thälmann vorbereiten?

In der Diktion eines guten Hirten fahren Sie in Ihrer Rede fort: „... Wenn ich die Überzeugung habe, daß hinter einem Film eine ehrliche künstlerische Gesinnung steht, werde ich ihn beschützen ..." (Ebenda).

Sie lügen, Herr Goebbels.

Sie wissen natürlich sehr gut, daß ehrlich und künstlerisch bedeutsam nur ein Film sein kann, der konsequent jene Hölle entlarvt, in die der Nationalsozialismus Deutschland gestürzt hat.

Solche Filme würden Sie wohl kaum fördern!

Echte Deutsche Filmkunst wird nur jene sein, die die revolutionären Massen zum Kampf gegen Sie aufruft. Dazu gehört wirklich Mut und Tapferkeit.

Denn trotz aller honigsüßen Weisen Ihrer Reden halten Sie Ihre Kunst und Kultur in den gleichen eisernen Ketten wie die übrigen Tausende Eingekerkerter in Ihren Hunderten Konzentrationslagern.

Überdies entstehen Kunstwerke auch nicht so, wie Sie denken.

Wir beispielsweise wissen und haben es in mancher Hinsicht auch schon bewiesen, daß ein Werk, dem dieses Prädikat zukommt, nur dann entsteht, wenn durch den Künstler die geballte, formulierte willensmäßige Zielrichtung der Klasse ausgedrückt wird. So war es, so ist es, und so wird es immer sein.

Ein echtes Kunstwerk ist das in eine Form geronnene Bestreben einer Klasse, ihren Kampf, ihre Errungenschaften, ihr soziales Profil in unvergänglichen Kunstwerken zu bewahren. Ein Werk ist umso vollkommener, je vollständiger es dem Künstler gelingt, den schöpferischen Elan der Massen zu erfassen, zu fühlen und wiederzugeben.

Ihre Sicht auf die Klasse und die Massen ist eine andere.

Sie sagen: „… Jedes Volk ist das, was man aus ihm macht …" Und es finden sich Idioten, die Ihnen zu diesen Worten „Bravo" zurufen.

Gedulden Sie sich ein wenig. Das Proletariat wird seine Korrektur in Ihrer, mit Verlaub zu sagen, Konzeption vornehmen, Herr Demiurg göttlicher Kraft.

Dann werden Sie erfahren, wer das Subjekt der Geschichte in Wirklichkeit ist.

Sie werden dann erfahren, wer wen macht und was man dann mit Ihnen … aus Ihnen machen wird.

Der Krieg, sagt man, gebiert Helden.

Berge, sagt man, gebären Mäuse.

Kein Goebbels jedoch, der den Anspruch erhebt, ein neues

*Deutschland wie Athene aus seinem Kopf zu erzeugen, ist fähig,
„eine große nationalsozialistische Filmkunst" hervorzubringen.*

Soviel Sie sich auch anstrengen mögen, einen „nationalsozialistischen Realismus" werden Sie nicht schaffen.

Dem Bastard der Lüge, den Sie zeugen werden, wird es soviel an echter Wahrheit und Realismus geben wie im Nationalsozialismus an Sozialismus vorhanden ist. […]

Allein die wirklich sozialistische Ordnung der Sowjetunion ist imstande, eine große realistische Kunst der Zukunft und der Gegenwart zu schaffen.

Davon können Sie nur träumen.

Ja, schon sie zu erraten, fällt Ihnen schwer.

Sie machen es verkehrt und fangen am falschen Ende an.

Und auch die richtigen Karten verwenden Sie nicht. Mit welchen Betrügereien Sie sich auch immer zu helfen suchen.

Planen Sie nur das preußische Himmelblau Ihrer lyrischen Phantasterei. Aber seien Sie gewiss, daß nur der wahre Sozialismus und das Programm der sozialistischen Offensive durch ein schöpferisches Programm aller Kunstarten ein Aufblühen sichern.

Die Funksprüche der Helden auf dem Eisbrecher Cheljuskin bringen uns Kunde, daß sie, eingeschlossen im Eis, neuen Mut und schöpferische Energie aus dem Rechenschaftsbericht des XVII. Parteitages über die Arbeit des ZK der KPdSU(B) schöpfen.

Monatelang schmachteten in Ketten als Ihre Opfer unsere teuren Helden Dimitrow, Tanew und Popow [willkürlich verhaftete bulgarische Kommunisten, die sich im Berliner Reichstagsbrandprozess erfolgreich selbst verteidigten, Anm. H.H.].

Ihnen war jede Verbindung zur Außenwelt untersagt. Es gab einen glücklichen Augenblick, da diese Isolation für einige Tage unterbrochen wurde. Zu ihnen gelangte eine Zeitung. Ihre Seiten enthielten denselben Rechenschaftsbericht. Dieser Augenblick, diese Druckspalten machten all die Monate der Leiden wett. Von Tanew selbst erfuhr ich einen Tag nach seiner Rückkehr, was sie für Ihre Gefangenen bedeutet hatten: Sie erfüllten sie mit neuer Kraft und einem neuen Pathos, den unerbittlichen Kampf fortzusetzen.

Diese Spalten enthielten alles, was der „Soldat der Revolution"

*(Worte des Bürgers der UdSSR Dimitrow) über das voraus-
gegangene Jahr und für viele kommende Jahre wissen muss.
In diesen Spalten finden sich alle Voraussetzungen, auf die der
„Soldat der Kunst der Revolution" das schöpferische Programm
für alle Arten ideologischer Waffen – Literatur, Kunst und Film
– in seinen letzten Gefechten für die klassenlose Gesellschaft
gründen kann.*

Es ist das beste Beispiel des sozialistischen Realismus in Aktion.

*Es ist zugleich das beste Vorbild des sozialistischen Realismus
in allen Bereichen künstlerischen Schaffens.*

Es hat nichts mit der Hohlheit Ihrer Reden zu tun.

*Nachdem Sie Ihren hohen Schutz dem „ehrlichen Kunstschaf-
fenden" im Film versprochen haben, fügen Sie gnädig hinzu:*

*„... Ich verlange aber nicht, daß ein Film mit nationalsozialisti-
schen Parademärschen anfängt und aufhört. Die nationalsozialistischen Parademärsche soll man uns überlassen, das verstehen
wir doch besser ..." (Ebenda.)*

Richtig festgestellt! Richtig!

Begeben Sie sich zu Ihren Trommeln, Herr Obertrommler! ...

*Aber bilden Sie sich nicht ein, daß eine bürokratische Kunst, die
auf all diesen Scheußlichkeiten gewachsen ist, je imstande sein
wird, „durch das Wort die Herzen der Menschen zu entzünden".*

Bevor er diesen Brief erhalten hatte, rühmte Goebbels Sergej
M. Eisensteins „Panzerkreuzer Potemkin" noch als Prototyp
eines wirkungsmächtigen Propagandafilms, dessen politische
Schlagkraft er sich statt mit roten mit braunen Vorzeichen auch
für seine Zwecke wünschte: „Ich bin davon überzeugt, wenn in
irgendeinem Kinopalast hier in Berlin ein Film gegeben würde,
der nun wirklich diese Zeit packte und wirklich ein nationalsozialistischer ‚Panzerkreuzer' wäre, dass das Kino lange Zeit aus-
verkauft wäre." Eisenstein hat unter der Anrede „Herr Doktor"
Goebbels am 22. März 1934 satirisch brillant geantwortet, Wahrheit und Nationalsozialismus seien diametral unvereinbar. „Wer
für die Wahrheit eintritt, dessen Wege trennen sich von denen
des Nationalsozialismus. Wer für Wahrheit ist, der ist gegen Sie!"
Unter der Überschrift: „Keinen Gedanken verschwendet an das

Unabänderbare" dichtet Bertolt Brecht über „Panzerkreuzer Potemkin": „Ich habe erlebt, wie neben mir selbst die Ausbeuter ergriffen wurden von jener Bewegung der Zustimmung angesichts der Tat der revolutionären Matrosen: Auf solche Weise beteiligte sich sogar der Abschaum an der unwiderstehlichen Verführung des Möglichen und den strengen Freuden der Logik."

Goebbels saugte aber auch aus den Montagetheorien der Russen Honig und wusste aus ihren Erkenntnissen seine umgekehrten Schlüsse zu ziehen. Während nach Lenin unter allen Künsten die Filmkunst die wichtigste ist, soll sie nach Stalin in der Kulturrevolution „als ein Mittel umfassender Bildungsarbeit und kommunistischer Propaganda" eine große Rolle spielen, auch „als ein Mittel künstlerischer Erziehung der Massen, ihrer zweckdienlichen Erholung und Zerstreuung". „Das Kino dient der Verbreitung von Ideen", lautet 1922 die bündige Funktionsbestimmung für den sowjetischen Film bei Majakowski. Dies war auch die ab 1933 in die Tat umgesetzte Maxime von Goebbels, der allerdings statt eines mittlerweile langweilenden „Sozialistischen Realismus" seine nationalsozialistischen Ideen in ihrer sinnlichen Veranschaulichung durch hybride Riefenstahlsche Ästhetik unter die Leute zu bringen hoffte. In beiden Systemen geht die Kamera auf Patrouille, um mit jeweils gegenteiligen Urmetern ihre Ordnung zu vermessen. Maxim Gorki hatte den Begriff „sozialistischer Realismus" bereits 1921 formuliert und ihm die Aufgabe zugewiesen, „das durch die Oktoberrevolution Erreichte in der Gegenwart zu festigen und die Ziele der sozialistischen Zukunft entsprechend zu beleuchten".

Formalismus ist nach Wsewolod Pudowkin „ein umfassender Begriff, der alles in sich einschließt, was den Künstler vom realen Volksleben und seinen Bedürfnissen ablenkt". Der Satz könnte auch aus Goebbels Feder fließen.

Jene Dokumentarfilme und Wochenschauen, die Goebbels so beeindruckt hatten, waren wie Wertows „Das Kino-Auge" (1924) oder „Der Mann mit der Kamera" (1929), Produkte zwischen 1924 und 1929, die also vor der Phase des verordneten sozialistischen Realismus entstanden waren. „Ich bin Kinoglaz, ich schaffe einen Menschen, der vollkommener ist als Adam, ich schaffe tausende verschiedener Menschen nach verschiedenen, vorher entworfenen Plänen und Schemata. – Ich bin Kinoglaz. – Von einem nehme ich die stärksten und geschicktesten Hände, von einem anderen die schlankesten und schnellsten Beine, von einem dritten den schönsten und ausdrucksvollsten Kopf und schaffe durch Montage einen neuen, vollkommenen Menschen." (Dziga Wertow)

In Deutschland diente sich Walter Ruttmann, der Experimentalfilmer von „Berlin – die Sinfonie einer Großstadt" (1927) dem Dritten Reich an. Leni Riefenstahl ließ sich von seiner Montagetechnik zu den ihr eigenen Kompositionen und Tempi anregen. Sie arbeitete bei „Triumph des Willens" (1934) mit Ruttmann zeitweise zusammen. Er hat dem NS-Regime wohl seine Mitarbeit, nicht jedoch sein Talent zur Verfügung gestellt, wie in seinem Industrie- und Propagandafilm „Metall des Himmels" oder „Deutsche Panzer" (1940), beide sind braver, technisch perfekt gemachter Standard, eine Flucht in die Form, ohne den Versuch der Sublimation ins Visionäre oder Kritische. Auch in seinem Rüstungsfilm kann er den dialektischen „gordischen Knoten" nicht kappen, den Ernst Jünger in „Feuer und Blut" (1925), jenseits von menschlichem Einsatz und Materialschlacht, „geschürt" hat: „Wir müssen das, was in uns steckt, auf die Maschine übertragen, dazu gehört Abstand und das eiskalte Hirn, das die zuckenden Blitzschläge des Blutes in eine bewusste und folgerichtige Leistung transformiert." Die „Blitzschläge des Blutes" sind für Ernst Jüngers Literatur das, was für einen Gourmet der Safran ist in einer Bouillabaisse.

KAPITEL 13

Denn das wahre Große hebt uns über uns selbst hinaus und leuchtet uns vor wie ein Stern. (Goethe)

SCHULLITERATUR IM DRITTEN REICH

Wie Victor Klemperer möchte ich „Zeugnis ablegen" auch über die Literatur, die uns in der Penne als Pflichtprogramm Mores lehren sollte. Wer über Literatur im Dritten Reich spricht, muss immer auch von Verzerrung und Einfluss von Politik und Geschichte reden, von Goebbels' Vorurteilen und dem Geschmack willkürlicher Vorgaben, die der NS-Kulturpolitik mit ihrer Funktionalisierung der Bildung die geistige Richtschnur vorgeben sollten. Wer kein Organ für Geschichte habe, befindet Hitler schnittig, der sei „wie ein Mensch, der kein Gesicht hat". In Hitlers „Mein Kampf" bekamen die Volksgenossen ein Diktat klarer neurophysiologischer Unterscheidungen zu lesen:

„Ich kenne Menschen, die unendlich viel ‚lesen', und zwar Buch für Buch, Buchstaben um Buchstaben, und die ich doch nicht als ‚belesen' bezeichnen möchte. Sie besitzen freilich eine Unmenge von ‚Wissen', allein ihr Gehirn versteht nicht, eine Einteilung und Registratur dieses in sich aufgenommenen Materials durchzuführen. Es fehlt ihnen die Kunst, im Buche das für sie Wertvolle vom Wertlosen zu sondern, das eine dann im Kopfe zu behalten für immer, das andere, wenn möglich, gar nicht zu sehen, auf jeden Fall aber nicht als zwecklosen Ballast mitzuschleppen. Auch das Lesen ist ja nicht Selbstzweck, sondern Mittel zu einem solchen." (Hitler)

Adolf Hitler galt Literatur nichts als ein von kultureller Firnis dünn überzogener Utilitarismus. Ebenso galt für Joseph Goebbels die Literatur als instrumentalisierbare Schlüsselqualifikation. Auch er hat das Projekt der Aufklärung und der ästhetischen Erziehung im Kontext einer nicht manipulierten Bildung verraten. In der gebeugten Logik des Vereinfachens hat Goebbels mit der skandalösen Bücherverbrennung schon gleich im Jahr der Machtergreifung den roten Doppelknopf der Gleichschaltung und der Ausschaltung bedient. Dass Autoren vom Range eines Thomas Mann und Bertolt Brecht zunächst auf Goebbels' Index-Liste fehlten, war seiner Einbildung geschuldet, vielleicht doch noch ein strategisches Bündnis mit ihnen zu schmieden. Während die Publikationen ihrer deutschen und internationalen Kollegen bereits lichterloh brannten, zeigt dies auch wie weit Goebbels' Zirkelradius von Zynismus und Opportunismus zentrifugal labil war. Brecht reagierte brechtisch: „Und jetzt / Werd ich von euch wie ein Lügner behandelt! Ich befehle euch, / Verbrennt mich!"

Die Produktion, Förderung und Lenkung des Films und des Buches lief einher mit rapider Schrumpfung der Liberalität und des Niveaus, auch in Sachen Bildender Künste, in der bereits die sinnlich präsenten Bücher moderner Visionen rasch ausgemustert und gewinnbringend verramscht wurden. Die staatliche Willkür, nach den subjektiven Vorlieben der keineswegs untereinander einigen Kultur-Despoten zwischen Kunst und Nichtkunst zu entscheiden, nahm ihren unweigerlichen Lauf.

Der an der Wiener Akademie abgewiesene „Kunstmaler" Adolf Hitler wurde, total verarmt, noch als ein Mann ohne Eigenschaften aus dem Männerwohnheim der Wiener Blutgasse von einem jüdischen Buchhändler namens Schlomo Herzl unter dessen fürsorgliche Fittiche genommen. So will es George Taboris mythologische Groteske „Mein Kampf" (1987), die von der Wandlung eines Menschen in ein räuberisches Monster handelt, der Herzl den berühmt-berüchtigten Buchtitel stiehlt.

Den großen Mahner Thomas Mann veranlassten 1933 reaktionäre Proteste in München zu Vortragsreisen durch Europa. Erste Besuche führten ihn in die USA und in die Tschechoslowakei, wo er 1936 die Staatsbürgerschaft erwarb. Schließlich landete Thomas Mann 1938 in den Vereinigten Staaten. In seinem zur zweiten Heimat gewordenen Asyl im Haus 1550 San Remo in Pacific Palisades, wo in nachbarlicher Nähe auch Theodor W. Adorno und Max Horkheimer Zuflucht fanden, hat er seine sprachmächtige Weltliteratur fortgeschrieben.

Auf späteren Radiogeräten wurden Sender wie Moskau und London, seit 1944 auch das alliierte Radio Luxemburg, zum Leidwesen der international ausgerichteten Hersteller auf der Anzeige luxuriöser Geräte gestrichen. Dennoch war prinzipiell das volle Spektrum aller „Ätherwellen" frei empfangbar, eine Art akustisch chaotisches Piscator-Drama.

Wer Thomas Manns tiefgreifende Mahnungen oder andere Meldungen von einem „Feindsender" hören wollte, riskierte „auf Befehl des Führers" im Knast zu landen. Auf der ideologischen Bedienungskarte stand zu lesen: „Denke daran: Das Abhören ausländischer Sender ist ein Verbrechen gegen die nationale Sicherheit unseres Volkes" und „Der Führer hört mit".

Thomas Manns mitreißend seelenbetörendes Opus magnum „Der Zauberberg" (1924) ist vor allem ein großes selbstkritisches Dementi des alten Traums der Aufklärung, der großen Zeitenwende. Noch bis 1934 erschienen von Thomas Mann die beiden ersten Bände seiner Tetralogie „Joseph und seine Brüder" bei S. Fischer, in denen der Autor die Mythen der Bibel, die verwickelte Genealogie des auserwählten Joseph, in eine moderne Progression des Humanen und Künstlerischen umfunktioniert und dabei dialektisch Spiritualität und Materialität, Geist und Trieb, in zivilisatorischer Versöhnung in einer Art Arkanum miteinander verschränkt. Er wollte eindringlich auf der Religion und ihren Ersatzformen innewohnende Gefahr der Abgötterei und Hybris hinweisen: „Der Bund Gottes mit dem in Abram, dem Wanderer, tätigen Menschengeist war ein Bund zum Endzwecke beiderseitiger Heiligung, ein Bund, in welchem menschliche und göttliche Bedürftigkeit sich derart verschränken, dass kaum zu sagen ist, von welcher Seite, der göttlichen oder der menschlichen, die erste Anregung zu einem solchen Zusammenwirken ausgegangen sei [...]. Die Läuterung Gottes aus trüber Tücke zur Heiligkeit schließt, rückwirkend, diejenige des Menschen ein, in welchen sie sich nach Gottes dringlichem Wunsche vollzieht. [...]" (Joseph und seine Brüder, Erster Band, Die Geschichten Jakobs). Bis 1936 hatte Goebbels auf ein Einlenken Thomas Manns und seine Rückkehr ins Dritte Reich vergeblich gehofft.

Eine zwielichtige Rolle haben in der ersten Phase des Dritten Reiches die drei anderen großen Denker Martin Heidegger, Gottfried Benn und Ernst Jünger gespielt. Ernst Jünger hat den Krieg in seiner Schilderung „In Stahlgewittern" (1920) und in „Der Kampf als inneres Erlebnis" (1922) mit sprachlich gestriegelter Intellektualität zunächst heroisch schöngeredet und danach im Sinne der Technik kalt seziert. Sein eindeutiges Bekenntnis zum Kampf „Mann gegen Mann" würdigt er als „die Schlacht als Kunstwerk: wie es Männern Freude macht." Er idealisiert die Tapferkeit vor dem Feind und den Durst nach Blut „als heroischen Realismus", imprägniert gegen jegliches Pazifismus-Ideal der „Systemzeit" der Weimarer Republik. Als Exponent einer hochgemuten intellektuellen Elite und per Selbstdefinition als „Feldherr des Geistes" verkündet er sprachgewaltig seine heroischen Verblendungen. Sein Geschichtsverständnis fasst er in die Worte: „Die Menschen-Ordnung gleicht dem Kosmos darin, dass sie von Zeit zu Zeiten, um sich von neuem zu gebären, ins Feuer tauchen muss" (Jünger).

Ernst Jüngers historische Größe im Dritten Reich war beileibe nicht seine eher passive Hauptmannszeit in einem Wachregiment von Hitlers Armee in der Pariser Etappe. Als Schriftsteller knüpfte er geistig mit seinem epochalen Werk deutscher Literatur an das alte hegemoniale Männlichkeitsbild an, dem Preußens Friedrich der Große diesen Ehrentitel verdankte. Als eiserner Repräsentant von Preußens Frontgeneration im Ersten Weltkrieg hadert Jünger mit dem „feigen Pazifismus" der Weimarer Republik. Außer dessen stupenden Quellenkenntnis schätzte Goebbels die „Erkenntnis" des Pour le Mérite-Trägers, dass „Krieg nicht als Ende, sondern als Auftakt der Gewalt" begriffen werde, quasi als sinnbestimmendes Moment völkischen Lebens.

Während Goebbels die Ästhetik des Krieges und vor allem die unterkühlte soldatische Disziplin und Unabhängigkeit des Autors Ernst Jünger mit sardonischem Aperçu verteufelt, zumal der Propagandaminister sich abfällig über Jüngers Weigerung empörte, 1927 und 1933 ein Reichstagsmandat der NSDAP anzunehmen, rühmt ihn der begeisterte Jünger-Leser Adolf Hitler mit dem ernstgemeinten Imperativ: „Rührt mir den Jünger nicht an!"

Ernst Jünger hatte in der Zeitphase seines Buches „In Stahlgewittern" (1920) sich der kognitiven Phantasie hingegeben, einer

Schützengrabenphilosophie mit ihren „imperialen Horizonten". Jünger versucht in „Stahlgewittern", den Krieg zu einem ewigen Geschehen aufzuspreizen. Er erinnert dabei lapidar an eine Zeit, in der „noch Verlass auf Weltanschauung" war.

Jünger wurde von Historikern als Wegbereiter des Führers verdächtigt, weil die Bejahung des Krieges und die Verachtung der Demokratie ihrem eigenen Denken entsprachen. Größenwahnsinnig sich selber auf gleiche Passhöhe philosophischen Denkens zu heben, hat Hitler den Dichter gar als „Bruder im Geiste" für sich in Anspruch genommen. Dessen Abwehrversuche, sich den Einladungen des Systems immer häufiger zu entziehen, wurden vom System unterschlagen, um die Propagandawirkung von Jüngers Bellizismus aufrechtzuerhalten. Um es in einem Satz zu definieren, zielt Jüngers zwingende Sprache und klarer Stil auf die Philosophie und Ästhetik der Überwältigung bei gleichzeitig nuanciertem Ausdruck. Der Satz von Albert Camus in seinem Roman „Der Fall", in dem das wahre Glück wohl darin läge, sich in seinem eigenen Wesen zu sonnen, ließe sich trefflich auch auf Ernst Jünger anwenden.

Ausgerechnet im liberalen Frankfurt schlugen nur drei der Juroren für die Verleihung des Goethepreises an Ernst Jünger 1982 andere Kandidaten vor. Unter den Gegenstimmen waren mein Votum und die von Gabriele Wohmann und Joachim Fest, aber aus jeweils unterschiedlichen Motiven. Oberbürgermeister Walter Wallmann legte Wert darauf, den Dichter nach der Verleihung des Preises in den Frankfurter Hof höchstselbst zu begleiten. Als er aber sah, dass passionierte Jünger-Gegner Vergnügen daran fanden, vor der Paulskirche den Dichter mit Tomaten und faulen Eiern zu bewerfen, deren einige auch meinen „guten Anzug" streiften **(oben)**, hatte der Oberbürgermeister plötzlich seine Aktentasche im Römer vergessen und fackelte nicht lange, mir seine Begleitung zum Festmahl zu überlassen: In der überfüllten Paulskirche hatte Jünger dann ausdrücklich seinem „letzten Gefechtsläufer aus dem Ersten Weltkrieg" (s. Seite 159) für dessen bejahrte Anwesenheit gedankt. „In Treue fest!"

Der mit dem nationalsozialistischen Denken sympathisierende Philosoph und Rektor der Universität Freiburg Martin Heidegger lehrte noch im Sommer der Machtergreifung 1933, dass die nationalsozialistische Revolution gar nicht zu vergeistigen gewesen sei, weil der Geist bereits mit ihr unmittelbar da sei. Später schied er aus der Hochschulführung aus, wegen Kritik an seinem Nihilismus sowie wegen Übereifer im Einsatz für eine keineswegs herbeigesehnte zentralisierte NS-Dozenten-Schmiede in Berlin. Nach dieser Art Sollbruchstelle in seinem Denken beschränkte er sich auf zunehmend neutrale Lehrveranstaltungen, während die kognitiven Tagebücher, die sogenannten „Schwarzen Hefte" Heideggers (von 1931 bis 1975), lange vergraben, tiefer in die denkerische Verstrickung des Seinsphilosophen mit den Strömungen des Faschismus zwischen Reflexion und Faszination führen.

Nach 1945 wurde Heidegger von der französischen Besatzungsmacht die Lehrerlaubnis bis 1951 entzogen, obwohl oder gerade weil sein Hauptwerk „Sein und Zeit" (1927) von seinen französischen Philosophie-Kollegen hoch geschätzt wurde. Uns Schülern ist die Lektüre Heideggers wohl deshalb erspart geblieben, weil unsere Lehrer selber Mühe hatten, den Zauberstab seiner mit großer literarischer Eleganz verfassten Etymologien und Analogien in seinem ins Überzeitliche gewendeten Werk zu entzaubern. Wir wurden mit den wichtigsten Exzerpten und Zitaten kursorisch abgefertigt. Im Rückblick auf seine Jahre im NS-Staat wird er das 20. Jahrhundert deprimiert „das dunkelste aller bisherigen Jahrhunderte" nennen. In der Tat hatte die Weltliteratur und ihr qualitatives Niveau im Dritten Reich „eine schwache Position", wie Hans Erich Nossack diese bleierne Phase resümiert.

In meinem folgenden Parcours durch diverse Texte unter der Nazidiktatur versuche ich, als damaliger Gymnasiast einer fügsamen Generation, gleichwohl deren damalige Werthaltigkeit herauszufiltern und manchen übereifrigen Paradigmenwechsel zu erklären. Dazwischen gab es auch genuine Qualitäten neu zu entdecken, deren Literatur nicht in jeder Zeile von den NS-Interessen durchtränkt war. Wir lernten zum Beispiel die unkorrumpierbare Sprachmacht jener Klassiker erkennen, die sie zu Klassikern erst werden ließ.

Die staatliche Verdammnis aller nicht ideologiekonformer Autoren und Texte hat ein frühes Datum: Gleich nach der Machtergreifung am 10. Mai 1933 wurde mit der von Goebbels mit Feuereifer organisierten Nacht der Bücherverbrennung in fast allen deutschen Universitätsstädten der schwärzeste Tag in der deutschen Geistesgeschichte eingeleitet. Alle Bücher auf Goebbels' „schwarzer Liste", die als verfemt oder als rassisch gebrandmarkt waren, wurden Raub eines feierlich organisierten Fegefeuers: Albert Einstein, Karl Marx, Sigmund Freud, Alfred Kerr, Kurt Tucholsky und Heinrich Mann, Anna Seghers, Lion Feuchtwanger, Ernst Bloch, Siegfried Kracauer, Erwin Piscator, Heinrich Heine, Carl von Ossietzky, Ludwig Marcuse, Ernest Hemingway und mindestens 200 andere bedeutende literarische Autoren, zierten Goebbels' Index-Liste. Für Goebbels waren sie alles andere als Säulenheilige im Pantheon der Literatur. Ludwig Marcuse nannte später seine Rückkehr nach Deutschland „eine Reise in ein fremdes Land". Aus seiner Feder stammt auch der indolente Satz, in den Gedichten von Baudelaire und Rimbaud läge mehr subversives Potenzial als in Brechts didaktischen Theaterstücken.

Am 1. November 1933 wurde die „Reichsschrifttumskammer" (eine von sieben Kammern) gegründet und die Verordnung zur Durchführung des „Reichskulturkammergesetzes" zur Gleichschaltung von Medien, Presse, Künsten und Wissenschaften sowie der Ächtung sogenannter jüdisch-bolschewistischer Kunst erlassen.

Der Dramatiker Ernst Toller verbüßte wegen der Teilnahme am Aufstand der Münchner Räterepublik eine Haftstrafe zwischen 1920-24, während seine Stücke wie „Masse Mensch" (1919), „Die Maschinenstürmer" (1921) und „Hinkemann" (1922) erfolgreich waren. Er verzichtete auf die ihm angebotene vorzeitige Freilassung als erfolgreicher Dichter in Solidarität mit den anderen Inhaftierten.

Im Prozess warf man Carl von Ossietzky, dem Herausgeber der Wochenzeitschrift „Die Weltbühne" vor, mit anderen in einem

Artikel am 12. März 1929 im pazifistischen Tenor berichtet zu haben, dass Deutschland heimlich an der Wiederaufrüstung seiner Luftwaffe arbeitete. Einerseits war weiterem Geheimnisverrat ein Riegel vorzuschieben, andererseits galt es, für das Ausland den Eindruck zu erwecken, die Rüstungsbeschränkungen des Versailler Vertrages würden weiterhin eingehalten. Die Verurteilung und Inhaftierung von Ossietzky in Berlin-Tegel als Landesverräter stellen einen negativen Markstein auf dem linearen Weg zur NS-Justiz und Kriegspolitik als unberechenbare Geheimdienstdiplomatie dar. Ossietzkys erneute Verhaftung am 28. Februar 1933 und sein zum späteren Tode führender Leidensweg in Gefängnissen und KZs und der 1936 rückwirkend für 1935 verliehene Friedensnobelpreis sind Stationen einer gewaltsam niedergeschlagenen demokratisch-wehrhaften Kultur.

Die Kultur- und Propagandapolitik unter Goebbels führte Zensur auch in der Form der Vorlage wieder ein. Die Liste der verbrannten Bücher 1933 sollte erst der Anfang sein. Seit 1935 wurden Listen mit verbotenen Druckerzeugnissen, ob für Jugendliche oder erwachsene Bürger, stetig erweitert, auf am Ende etwa 12 400 Titel und 150 Autoren.

Der Reichsverband deutscher Schriftsteller sollte sämtliche relevanten Institutionen verdrängen. Im Oktober 1933 wurde der „Schutzverband deutscher Schriftsteller" (SDS) aufgelöst. Dabei hatte er in der Weimarer Zeit, über literarische und politisch-ideologische Verbände hinaus eine zentrale ökonomische Funktion erlangt: Er verfolgte rechtliche, wirtschaftliche und gewerkschaftliche Ziele der angemessenen Honorierung und Entlohnung von Autoren auf dem anwachsenden Buch- und Medienmarkt.

Goebbels gab sich einmal mehr als die Inkarnation des Bösen zu erkennen, als er durch diese Verordnungen die deutschen Schriftsteller in das Prokrustesbett der national-völkischen Literaturprämissen zwang. Die Verfasserin von „Der große Krieg in Deutschland" (1912–14), eines dreibändigen, in vielen Episoden und Charakteren beleuchteten Panoramas des Dreißigjährigen Krieges, die couragierte und in der Schweiz studierende Ricarda Huch, ist am 9. April 1933 aus Protest gegen politische Vereinnahmung aus der preußischen Akademie der Künste ausgetreten. Sie war nicht der opportunistische Typ einer in der Welt der Politik fremdelnden Dichterin. Sie wollte die Phänomene des neuen ästhetischen Zeitgeistes unterlaufen und sich der national-sozialistischen Dressur nicht beugen.

Jene pessimistische Vision Heinrich Heines, „Das war ein Vor-spiel nur, dort wo man Bücher verbrennt, verbrennt man auch am Ende Menschen", sollte sich in unglaublichem Ausmaße schon bald bewahrheiten. „Weil wir die echten, wahren und unerbittli-chen Feinde des Bürgers sind, macht uns seine Verwesung Spaß." (Ernst Jünger). In Anwesenheit vieler systematisch fanatisierter Studenten und Germanistik-Professoren in ihren feierlichen Tala-ren hielt Goebbels auf Berlins Opernplatz am Abend des 10. Ok-tober 1933 seine berüchtigte Brandrede „wider den undeutschen Geist" und „Gegen Dekadenz und moralischen Verfall! Für Zucht und Sitte in Familie und Staat! Ich übergebe der Flamme die Schriften von Heinrich Mann, Ernst Glaeser, Erich Kästner."

Diese Rede hat der Volksempfänger bis in die letzten Winkel der Dörfer hinein verbreitet. Entsprechende Rundschreiben für gleichlautende Rituale ergingen an die Studentenschaften ande-rer Universitätsstädte. 40 000 Lastwagen transportierten inkrimi-nierte Bücher in andere Orte, um auch dort Freudenfeuer damit zu heizen. Allein in Berlin wurden 10 000 Zentner „marxistische Literatur" eingestampft. Dieser Frevel am geistigen Reichtum der Nation sollte gewährleisten, „dass in Deutschland die Nation sich innerlich und äußerlich gereinigt hat". In unserer postfakti-schen Wahrnehmung gleicht diese totale geistige Entmündigung dem, was Aristoteles einst ein wahnsinniges Monstrum nannte.

Die anfänglich den „Führer" willkommen heißende Trias der großen Schriftsteller Martin Heidegger, Ernst Jünger und Gottfried Benn hat sich schon seit der Liquidation missliebiger Parteigenossen, Verbündeter und Gegner im Gegenschlag zum angeblichen „Röhm-Putsch" wieder diskret distanziert oder sich gar nicht mehr in der Öffentlichkeit geräuspert. Die Ermordung des SA-Chefs Ernst Röhm und die Exekutierung seiner angeb-lichen Kamarilla mit militärischen und zivilen Querverbindun-gen war ein Lehrstück Hitlers aus dem Geiste Machiavellis nach der Devise: Du sollst keine weiteren Götter neben mir haben.

Gottfried Benn hatte weniger Hitlers Machtergreifung denn die Entwicklung zum totalitären Staat noch gefeiert, als Versuch heroischer Selbstbehauptung des deutschen Volkes, in Form einer neuen Züchtung der weißen Rasse und als eine Bewegung gegen die intellektuelle Weimarer Kultur. „Die Geschichte verfährt nicht demokratisch, sondern elementar, an ihren Wendepunkten immer elementar. Sie lässt nicht abstimmen, sondern sie schickt den neuen biologischen Typ vor, sie hat keine andere Methode, hier ist er, nun handle und leide, baue die Idee deiner Generation und deiner Art in den Stoff der Zeit, weiche nicht, handle und leide, wie das Gesetz des Lebens es befiehlt." Und Benn weiter: „Es erscheint mir nicht zweifelhaft, dass aus dieser Verwandlung noch einmal ein neuer Mensch in Europa hervorgehen wird, halb aus Mutation und halb aus Züchtung: der deutsche Mensch." Und: „Also gibt es nur eins: Gehirne muss man züchten, große Gehirne, die Deutschland verteidigen, Gehirne mit Eckzähnen, Gebiss aus Donnerkeil."

In seiner Antrittsrede als Mitglied der Berliner Akademie der Künste 1932, rebelliert Gottfried Benn noch voller geistiger Widerstandskraft gegen den rationalistischen Funktionalismus der Moderne, die Ungreifbarkeit von Wirtschaft, Staat und Gesellschaft. In seiner 1933 erschienenen Schrift „Der Staat und die Intellektuellen" bekundet Benn noch seine wilde Loyalität zum Nationalsozialismus. Schon ein Jahr später kündigte er kurz entschlossen seine Sympathien für den „Führer" in Verteidigung des Expressionismus auf. Benn erhielt wohl nicht nur wegen seiner resignativen Skepsis gegenüber dem Nationalsozialismus, sondern auch wegen seiner poetischen Aufsässigkeit schließlich ein knallhartes Veröffentlichungsverbot.

In einem Brief an den surrealistischen Maler Richard Oelze im Künstlerdorf Worpswede am 30. Mai 1937 machte Gottfried Benn sich Luft über die Nazidiktatur: „In möchte in diesem Land sterben ... Wenn dies vorüber ist: – ob Deutschland etwas daraus lernen wird? Ich glaube es nicht mehr." Weiter im Text barmt Benn: „Ein klägliches Vaterland, lieber Herr Oelze!" Benn aber irrte gewaltig, als er in „Der Ptolemäer" (1937-47) allzu stoisch und ästhetizistisch notierte: „Alles ist, wie es sein wird, und das

Ende ist gut." Das „Ich des Lyrikers Gottfried Benn erwuchs aus der Entzweiung mit der Welt.", befindet der Lyriker Joachim Sartorius.

Martin Heidegger bezeichnet die Sprache als „das Haus des Seins" (Über den Humanismus, 1949). Die Nazis verkauften diese Begrifflichkeit als Lob für ihre eigene verhunzte, verschrobene und vergewaltigte Sprache. „Die Philosophen haben die Welt nur verschieden interpretiert, es kömmt drauf an, sie zu verändern." So formulierte Karl Marx 1845 seine revolutionäre Losung in den „Thesen über Feuerbach". Heideggers Entnazifizierungsbescheid lautet kryptisch „Mitläufer, ohne Sühnemaßnahmen". In den Wipfeln der Philosophie war davon kaum ein Hauch zu spüren.

Die von den NS-Bonzen verbrauchte Formel „Blut und Boden" als Grundlage eines neuen Adels stammt aus Oswald Spenglers Bestseller „Der Untergang des Abendlandes" (in zwei Bänden 1918 und 1922), einem die Welt des politischen Denkens verändernden erzählkräftigen zyklischen Kultur-Entwicklungs-und-Verfalls-Epos. Dieses ließ den liberalen und demokratischen Fortschrittsgedanken Mitteleuropas weit hinter sich, trug antisemitische und kosmisch-rassistische Züge und sah mit dem Niedergang Europas Revolutionen und Despotien im religiösen Patchwork-Stil auf allen Kontinenten heraufziehen.

Friedrich Schillers Reiterlied und Chortext: „Wohl auf, Kameraden, aufs Pferd, aufs Pferd! […] Da wird das Herz noch gewogen" und dessen Epitaph „Und setzet ihr nicht das Leben ein, Nie wird euch das Leben gewonnen sein", wurden zuerst von der Bündischen Jugend beim Lagerfeuer ins Abendrot geschmettert und später von der Hitlerjugend annektiert. Ich kenne den Text noch heute auswendig.

Im Unterschied zu Knut Hamsun, Martin Heidegger und Gottfried Benn steht Oswald Spengler von Anfang bis Ende in Distanz zum Nationalsozialismus, da er Benito Mussolinis italienischen Faschismus als Form gegenwärtiger Politik favorisiert. Auch scheitern Versuche, intensivere Verbindungen zwischen Hitler und Spengler anzubahnen. Umgekehrt verstand das NS-Regime allerdings Spengler als einen Visionär und Propheten der eigenen Denkweise.

Spengler agitiert gegen die Idealisierung von reiner „Masse und Rasse", die er angesichts der historischen Vermischungen von Völkern als „kindischen Unsinn" abtut: „Wer zuviel von Rasse spricht, der hat keine mehr." Spenglers Kritik am Nationalsozialismus, so in „Jahre der Entscheidung" (1932/33), impliziert immer noch die pauschale Verteidigung der Bastionen des weißen Mannes im zyklischen Chaos der Geschichte und gegen den Ansturm der unabhängig werdenden Kolonien.

Nicht von ungefähr hatte sich der Konflikt zwischen dem Stabschef der SA Ernst Röhm und Adolf Hitler an Röhms hypertrophischem Machtrausch entzündet. Seine auf 50 000 Mann geschätzte braune Truppe wollte Röhm zu einer Art Milizheer umrüsten. Nicht nur der SS kam er damit in die Quere, vor allem machte er dem Reichsheer das Revier streitig. Bei der von Goebbels so genannten „Nacht der langen Messer" im Jahr 1934 wurde nicht nur Röhm vom Kothurn gestoßen. Liquidiert wurde auch die ihm zugerechnete Kamarilla im Personennetzwerk ohne nachprüfbare Tatsachen und ohne gerichtliche Verfahren wurden brutal beseitigt. Das sogenannte Gesetz über Maßnahmen der Staatsnotwehr des Reichstags vom 3. Juli 1934 legalisierte das teuflische Massaker nachträglich. Fazit der Gegenevidenz: Reichswehr und SS teilten sich seitdem im blinden Komplott das Gewaltmonopol, und marschierten im Gleichschritt auf Führer und NS-Staat zu – wie man heute weiß, eine Gleichung mit vielen Unbekannten.

Bei meiner Nachlese kommen meine damaligen Eindrücke und Urteile zur sogenannten Erlaubnis-Literatur mit der einhergehenden Verflachung der deutschen Sprache meiner heutigen Einschätzung kaum mehr zur Deckung. Wenngleich von minderer Bedeutung für die Avancen von Goebbels, war Hans Carossa, wie Gottfried Benn zugleich Bataillonsarzt und Schriftsteller und berühmt schon vor 1933 mit seinem lange gereiften Roman „Der Arzt Gion". Für seine quinquilierende Feder erhielt Carossa 1938 den Goethepreis der Stadt Frankfurt. Er ließ sich aber nicht von der staatlich gesegneten Kulturpolitik vereinnahmen. Seine geistige Bindung an das Werk Goethes kennzeichnet seine autobiografischen Schriften. Inbegriff eines literarischen Gentleman, versuchte Carossa seiner Lebensüberzeugung entsprechend dem weltlichen

Chaos die sittliche Ordnung entgegenzustellen. Ehrgeizig ließ er sich gleichwohl 1941 zum Präsidenten der nazilastigen Europäischen Schriftsteller-Vereinigung küren. Carossa verstand sich nach eigener Stilisierung als „Vertreter der inneren Emigration".

Eine zwiespältige Rolle spielte Erich Kästner. Sein flüssig geschriebener zeitkritischer Roman „Fabian" fiel den Flammen der Bücherverbrennung zum Opfer. „Fabian" ist die Geschichte eines unmoralischen Moralisten, zwischen Lebenslust, Inflation und Arbeitslosigkeit, literarischem Idealismus und pragmatischer Werbestrategie. Kein Spiegel zwar, aber sehr wohl ein Zerrspiegel. Kästner charakterisiert sich selber als „spinnefeind der unechten ‚Tiefe‘" und zelebriert die neue Sachlichkeit als Kunst der hintergründig getönten Oberfläche. Seine zeitkritischen Gedichte der 1920er Jahre wurden dennoch auch als affirmativ missverstanden. Kästner wohnte der Verbrennung der Bücher bei und wurde dabei erkannt. „Mir wurde unbehaglich zumute, doch es geschah nichts ... Die Bücher flogen weiter ins Feuer."

Zur unerwünschten Person abgestuft, erhält der links tickende Kästner bedingtes Schreibverbot. Im Ausland sind seine Bücher, sogar als Filmvorlage, weiterhin erfolgreich, daher wird auch die Produktion unterhaltsamer Literatur geduldet. Unter Pseudonymen als Berthold Bürger verfasst er Drehbücher, wie für den ersten deutschen Farbfilm „Münchhausen" (1943) oder „Der kleine Grenzverkehr" (1943, nach der Adaption des eigenen Romans 1937/38). Diese Drehbücher und die Unterhaltungs- und Jugendbelletristik waren die exkulpierende Verdrängung und das Arrangement als Tribut für die Gewährung weiterer Schreibarbeit. Nach 1945 wurde er Präsident des Deutschen P.E.N.-Zentrums in der Bundesrepublik (1952-62).

Unter dem großen Mantel des Glaubens an den „Führer" war die Zahl der im Dritten Reich publizierten Bücher Legion, die zur Beweihräucherung des „Führers" die Zensur passierten. Aber nur deren ganz wenige Autoren schafften die Balance zwischen bloßem Artistentum und dem Gebot einer „blutsmäßigen Substanz" (Rosenberg). Mit der niedrigen Mitgliedsnummer 625 der NSDAP hatte sich der Parteiphilosoph Alfred Rosenberg schon lange vor der Machtergreifung des „Führers" als rabiater Publizist

mit antisemitischen Ressentiments angedient und seinen Tiraden
zur „Verfolgung rassefremden Literatentums" einen Ruf als notorischer Judenhasser manifestiert. Sein Hauptwerk „Der Mythus
des zwanzigsten Jahrhunderts" aus dem Jahr 1930 wurde in der
von ihm herausgegebenen Partei-Zeitung „Der völkische Beobachter" immer wieder als Gral der nationalsozialistischen Weltanschauung hochgepriesen. Seine eher mythologisierende Zeit-
diagnose der „seelisch-geistigen Gestaltungskräfte" wurde aber
trotzdem kaum gelesen, auch wenn allein im Jahre 1944 sein „Mythus" eine Auflage von einer Million erreichte. Gleichwohl nicht
empfehlenswert, es am Strand zu lesen. Wir Gymnasiasten blieben
von seiner Lektüre unbehelligt. Mit pathologischer Symptomatik
versuchte Rosenberg in der Sphäre sektiererischer Traktate seine
rassistische Geschichtsdeutung durch wirren Mystizismus religiös
zu überhöhen. Arisch-nordische Rasse, Blut und Seele im apokalyptischen Krieg gegen jüdische Dämonie. Richard Wagners Parsifal und Karfreitagszauber entgleisten im Rassenendkampf. Der
Biologismus des Dritten Reiches erhielt letzte sakrale Weihen, die
den Erlöser vor der Erlösung zu bewahren hatten.

Konsequent in seinen Irrtümern und Wahnvorstellungen war
Rosenberg zuständig für die systematische Organisation der
Ermordung der Juden in Osteuropa und für den organisierten
Raub von Kunstschätzen aus den okkupierten Ländern. Allein
141 800 Waggons mit geraubten Kunstwerken rollten bis zum
Jahr 1944 in die dafür geschaffenen Bunker im Reich, gefolgt von
den 25 Kunstwerken der Cranach-Schule, die nach dem Raub direkt nach „Carinhall" in der Schorfheide in Görings Luxusdatscha
geschafft wurden.

In den Zeitgeist fest verstrickt, wurde das Werk des Vulgär-
faschisten Hans-Ludwig Rosegger (1880-1929), eines österreichischen Schriftstellers. Nach Ausrufung des Großdeutschen
Reiches 1938 von den NS-Kulturinstanzen der Schulen sofort
posthum vereinnahmt. Besonders wegen seiner Verherrlichungs-
literatur über den Ersten Weltkrieg sollte er seine makellose
Prosa uns Pubertierenden in die Hirne bläuen und dort großen
Anklang finden. Sein teils idiomatisch heimatgebundener Atem
des Erzählens strömt bei uns Schülern widerstandslos durch sein

Werk. Seine mit dem damaligen Weltbild kompatiblen faschistoiden Gedanken sollten, literarisch gut verpackt, große Verbreitung finden, obwohl seine Bücher ohne Selbstreflexion jeder erwarteten Wucht ermangelten. Bei einem politischen Schriftsteller wie ihm wohnt das Faktische oft dicht am Fantastischen. „"Wenn die Kerle aneinandergeheftet sind, dann kann sie einer leicht vor sich hertreiben!' sagt der Landwächter Johann Krösel gern, wenn er einen Trupp Zigeuner einzubringen hat", so wie es in Roseggers „Nixnutzig Volk" wörtlich heißt.

Werner Bergengruen hinterlässt ein reiches episches Œuvre mit flüssig verfassten historischen Romanen, darunter sein Werk ersten Ranges „Der Großtyrann und das Gericht" (1935) oder der Erzählband „Der Tod von Reval" (1939) sowie seinen streng gebauten Novellen und geistreichen Anekdoten. Natur und Geschichte hält er für die „großen Erscheinungsformen des organischen Lebens". Enger Freund von Reinold Schneider, auch in der gemeinsamen Ablehnung des Nationalsozialismus, befand Bergengruen die Profession eines Schriftstellers in der Offenbarmachung ewiger Ordnungen. Sein Roman „Der Großtyrann und das Gericht", bereits 1926 begonnen, sollte als verklausulierte Kritik an Hitlers Diktatur gelesen werden. In „Der Tod von Reval" sind inmitten allen Lebens die Toten gegenwärtig: „Wir aber wollen uns nicht vor dem Tode fürchten, sondern getrost nach seiner Vertraulichkeit trachten." In der imaginativen, modellhaften und parabelartigen Realität seiner überaus sinnlichen Prosa blieb der Dichter Bergengruen von Goebbels unangetastet; aufgrund seiner immanenten literarischen Bonität konnte er sich rühmen, die innere Emigration poetisch und publikumswirksam verteidigt zu haben.

Der religiöse Schriftsteller Reinold Schneider versucht in „Las Casas vor Karl V. Szenen aus der Konquistadorenzeit" (1938) historische und aktuelle Geschichte in eine kritische überzeitliche Aussage zwischen christlicher Ethik und imperialer Politik zu überführen. Dabei wird das Geschichtliche in die totale Askese einer mythischen Überzeitlichkeit überführt und die Aussage des Buches neutralisiert. Reinold Schneider rührt mit seiner ins Christentum gehüllten Sprache an wichtige letzte Fragen. Er munitioniert hochtrabende Allgemeinbegriffe, die zur Verschleifung von Signalwörtern und Pointen führen. Schneider rät seinen Lesern, „im Zwielicht zu zögern".

In der Oberstufe wurden uns penetrant auch viele Bücher über das verbohrte Sittenbild des Ersten Weltkrieges aus deutscher Verliererperspektive, so von Paul Coelestin Ettighoffer und Werner Beumelburg, zur Pflichtlektüre empfohlen: Sie sollten besonders bei uns Jugendlichen eine nationale Grundhitze für den anstehenden kollektiven Heldentod erzeugen und die Wirkung von Erich Maria Remarques Antikriegsroman „Im Westen nichts Neues" (1928/29) neutralisieren. Dieser hatte vielschichtig und individuell Leichtsinn, Furcht, Angst und Menschlichkeit, über die nationalen Grenzen und Gräben hinweg, an der militärischen Front und in der zivilen Heimat des Ersten Weltkriegs geschildert.

Nationalistisch gesinnte Autoren waren oft selbst junge Soldaten im Ersten Weltkrieg gewesen, die das tödliche und desillusionierende Frontszenario zunächst historisch beglaubigten und dann Schritt für Schritt im Sinne des Nationalsozialismus ideologisch umschrieben. Sie sollten damit für den anstehenden Zweiten Weltkrieg Mut machen. Beumelburg würdigt die Tugend der Kameradschaft im Krieg in seinem schmucklos engumgrenzten Frontbericht und die volkstümlich-unverwüstlichen deutschen Landsertypen, die polemisch gegen die anmaßende Funktionselite der Offiziere vereint sind. Sie sollen den Feind als Masse wahrnehmen und deren realistisch geschilderte Erlebnisse in einzelnen Höhepunkten mythisch überhöhen.

Das hatte mit Ernst Jüngers singulärem Stahlgewitter-Staccato kaum mehr zu tun. Für Joseph Goebbels, der den deutschen Emigranten „Verräter" hinterherrief, galten Literatur und Film als ideologische Waffe. In seiner Leichtfertigkeit im Gebrauch des Irrealen machte Goebbels von dieser Waffe reichlich Gebrauch. Beumelburg rückte nach der „Säuberung" der Preußischen Akademie als rechter Gesinnungsgenosse nach.

Im Rückblick auf meinen Schulunterricht entlarvt sich das neue Staatsgebaren gleich im ersten Jahr der Diktatur deutlich in der Literatur als Seismograph. Mutatis mutandis lässt sich sagen: In den Schulen des Großdeutschen Reiches galten die dem Nationalsozialismus huldigenden und das Gedankengut des „Führers" spiegelnden Lesestoffe als höchstes Bildungsgut, ebenso die Muster der kumulativen Heroisierung.

Die empfohlenen Lektüren sollten uns ebenso wie die allein seligmachenden „Tugenden" des Führers als das Wahre, Gute und einzig Richtige am Nationalsozialismus schon von Kindesbeinen an ebenso in Fleisch und Blut übergehen wie der mäandernde Moralbegriff der „Ehre". Dieser NS-durchsättigte Lesestoff sollte uns als geistige Wegzehrung neugierig und glücklich machen. Mit dem faschistisch infizierten Material voll von aufgebügelten Banalitäten sollte ein Identifikationsprozess eingeläutet werden, in dem meine Generation dann alternativlos aufgewachsen ist. Verglichen damit waren unsere unantastbaren Klassiker Goethe, Schiller oder Grillparzer geradezu ein geistiges Labsal. Roland Barthes wird später von der Wollust der Sprache und der Lust am Text schwärmen, Phänomene, die auch Ernst Jünger feierte. Für Franz Kafka war, wie auch für Flaubert, seine Sprache und sein Werk „der Felsen, an dem ich hing".

Die ehernen Regeln des Delegativs unterlaufend, hatte ich das große Glück, von unserem beliebten Klassenlehrer „Jüppken" Schäfer, der klassische Dichtung als wichtigen Bildungszuwachs erkannte, jeden Freitagnachmittag mit einer Handvoll Klassenkameraden in seine Villa am Grillopark zu einem „Literatur-Zirkel" eingeladen zu werden. Unter dem Tarnbegriff „Nachsitzen" wollte er uns geistig fester unter die Arme greifen und uns die kanonisierten Klassiker zu Gemüte führen. Dieses „Nachsitzen" begriff er aus heutiger Sicht als eine subtilere Art von Subversion gegenüber der Schulbehörde. Wir lernten hier die großen Dramen-Klassiker kennen: Goethe („Faust", „Iphigenie", aber auch „Dichtung und Wahrheit"), Schillers schwärmerischen Idealismus („Don Carlos" – eine Studie über Verlust von Freiheit und Individualität) mit dem im Theater gestrichenen Satz: „Geben Sie Gedankenfreiheit". Nicht gestrichen wurde das Zitat aus der „Jungfrau von Orleans": „Nichtswürdig ist die Nation, die nicht ihr Alles freudig setzt an ihre Ehre". Wir lernten Lessing lesen („Emilia Galotti", „Minna von Barnhelm" sowie dessen Sinngedichte), aber auch Lyrik von Rilke und Hölderlin. Alle Titel waren als Reclam-Heftchen für 50 Pfennig in der Buchhandlung

Laufen preisgünstig zu erwerben. Aus meiner Schulzeit haben mindestens 50 inzwischen vergilbte Reclam-Hefte insgesamt sieben Umzüge überstanden. Joseph Schäfer hat es verstanden, uns eine Sprachkunst zu vermitteln, die uns das Anregen und Laben unserer Sinne wie auch des Geistes aufzuleuchten möglich machte.

Dem Autor möge diese folgende aus der Zeit gefallene Marginale erlaubt sein: Die Reclam-Büchlein „Faust I" und Hölderlin-Gedichte hatte ich bei Gefangennahme in meinem „Brotbeutel" bis ins Kriegsgefangenenlager im Camp Greeley (Colorado) gerettet. Mangels anderer Lektüren und der Überfülle an Zeit habe ich jede Zeile dieser beiden Reclam-Hefte auswendig gelernt. Im Flieger als Gast von Kanzler Helmut Kohl auf dem Weg nach Johannesburg zu Nelson Mandela, war der Kanzler ganz begeistert, als ich im Duo mit dem Kulturattaché des Auswärtigen Amts Lothar Wittmann (Kohls Klassenkamerad) in seiner Kabine Hölderlin-Lyrik im Duo auswendig vortragen durfte: „Ein Sozi, der meinen Lieblingsdichter auswendig kann, wer hätte das gedacht."

Seit Benn und Heidegger aus der für das Curriculum relevanten Liste der Naziliteratur entfernt wurden, war guter Rat teuer. Das Schrifttum der gern eingesprungenen Nazibarden und -dichter war nicht nur ideologisch verseucht, deren meiste waren in ihrer geistigen Mediokrität auch den literarästhetischen Mindestansprüchen kaum gewachsen. Viele protzten mit der Aneignung abundanter Marksätze des Nationalsozialismus. In der Erscheinungen Flut galten Heinrich Anacker, Hans Baumann, Wilhelm „Will" Decker, Alfred Baeumler, Paul Coelestin Ettighoffer, Werner Beumelburg, Hans Friedrich Blunck oder Edwin Erich Dwinger als NS-konforme Barden und als epische Vasallen des NS-Establishments. Der Philosoph Hegel verwarf den Typus solcher Texte vorausschauend als „Brei des Herzens", während sie in der Checkliste unserer Schule zum festen Repertoire unserer Deutschstunden gehörten. Goebbels bevorzugte diese Autoren ob ihrer einwandfreien Gesinnung und der Ästhetik des volkstümelnd Trivialen, die seinem Kriterienkatalog der völkisch-astreinen weltanschaulichen Nabelschau mehr als konvenierte. So konnte es geschehen, dass nicht wenige Autoren fröhlich weiter oszillierten zwischen Kunst und Kitsch, der manchmal auch reiner Herzens-Schmalz war. Sie sind ‚sans sens éthique', ohne Sinn für Moral.

Schon 1932 veröffentlichte der in nationalistischen Gewässern kreuzende Heinrich Anacker als selbsternannter und früher „Dichter der Bewegung" mit Option für höhere Aufgaben. Sein SA-Gedichtbuch „Die Trommel" verstand er entsprechend kräftig zu rühren. 1939 erhielt er den Ehrenring der „Mannschafts-Frontdichter". Ausbund an Optimismus, verfasste Anacker mit seinem Missionierungseifer im leichten Gedankenflug nationalsozialistische Kampfgedichte. Diese waren Hymnen auf den Führer und natürlich auf seine persönliche Kriegsgeschichte. Den Geist der Frontkameradschaft („Braun ist unser Kampfgewand") im Marschschritt besingend, waren sie damals jedenfalls ganz gut zu ertragen. Gern gesungen wurde auch Baumanns „Gute Nacht Kameraden" oder „Von allen blauen Hügeln". Wilhelm „Will" Decker, Generalarbeitsführer, führte geneigte Leser „Mit dem Spaten durch Polen" (1939). Mit der Schriftenreihe „Volk an die Arbeit" hielt er sich vermittels planer Abbilder der NS-Wirklichkeit und durch sein parvenühaftes Kulturgebaren im Gespräch.

Von herrlicher Herkunft war Rudolf Georg Binding, ein national gesinnter Autor. 1933 stand er angesichts der Popularität seiner Bücher nicht auf dem Index. Er betrieb die Heroisierung männlicher Tugenden wie Heldenmut und Ritterlichkeit, Ehre und Kriegsbegeisterung, die in einer vom Glaubensweihrauch umwölkten Sprache als „Antwort eines Deutschen an die Welt" (1933), um die Ankunft des Dritten Reiches freudig zu begrüßen. Im Dritten Reich schrieb er den Krieg glorifizierende „volknahe" Bücher. Er hegte zwar Vorurteile gegen den „Faschistenpöbel", behielt aber bei elegant abwägender Feder durch seine ästhetische Verklärung des Heroismus einen Stein in Goebbels' Brett. Alle seine Schriften wurden zum Nennwert in die Bibliothek der Naziliteratur übernommen.

In diesem Kontext bliebe noch Hans Friedrich Blunck zu erwähnen, zeitweise Präsident der „Reichsschriftumskammer", der sich mit seinen historisch-mythischen Romanen bei uns Gymnasiasten beliebt gemacht hatte. Sein in der Vergangenheit siedelnder und spannender Roman „König Geiserich" (1936) breitet am Beispiel des Vandalenkrieges ein in Schwermut getränktes Epos „einer neuen Rasse und des germanischen Christentums" aus. Nach dem Krieg ist es Blunck dann in seinem lange gereiften Buch von epischem Zuschnitt, der Autobiographie „Unwegsame Zeiten" (1952), literarisch gekonnt gelungen, sich seine „Führer"-Verehrung wieder abzuschminken.

Albrecht Haushofer, ein „Wahlsohn" von Rudolf Heß, publizierte seine prätentiöse Theorie von der Raumenge Deutschlands (1932), die der Expansionsmanie der Nationalsozialisten sehr zupass kam. Nichtsdestoweniger geriet er nach dem Englandflug von Rudolf Hess, dem offiziellen Stellvertreter des „Führers", in Misskredit. Er wurde weggebissen, weil Rudolf Hess, dieser „Ritter von der traurigen Gestalt", sich schon im Mai 1941 nach London abgesetzt hatte, „um Frieden zu stiften". Als Beteiligter an den Attentatsplänen vom Juli 1944 landete Haushofer im KZ, wo er am 23. Juni von der SS ermordet wurde.

Ricarda Huch galt als prominente Vertreterin der Neuromantik schon lange vor 1933 als eine berühmte Romanautorin. In ihrem archaisierenden Werk verband sie Literatur und Geschichte, wie zum Beispiel in „Die Geschichten von Garibaldi" (1907), „Der große Krieg in Deutschland" (1912-14) und „Wallenstein" (1915). Sie schaffte die Transponierung des literarischen und forschenden Schreibens in den aktuellen Zeitgeist, auch in ihrer historisch angelegten dreibändigen „Deutsche Geschichte" (1934-49), die ebenso kritisch und objektiv mit deutschen Exzessen, wie der Judenverfolgung im 14. Jahrhundert, umging und die Vision eines dezentralen Reichsgedankens gegen den NS-Imperialismus stellte. Für ihre im magischen Fluidum des Erzählens mitreißende Sprache und Argumentation hatte sie auch wohl wegen ihrer apollinisch formenklaren Sprache 1931 den Frankfurter Goethe-Preis erhalten. Als Vorsitzende der Sektion Dichtung der Akademie der Künste Berlin kündigte sie alsbald aber aus Protest gegen die NS-Kulturpolitik des neuen Staates ihre Loyalität auf. Streng kantisch bei der Wahrheit bleibend, begründete sie ihre Kritik gegen die „Zentralisierung der Kultur, gegen den Zwang und die brutalen Methoden, sowie gegen die Diffamierung Andersdenkender und das prahlerische Selbstlob" des Systems – Fazit: „undeutsch und unheilvoll". Zu Recht berühmt und viel gelesen, stand sie aber bestimmt nicht auf Goebbels Gehaltsliste.

Ina Seidel fühlte sich in den nationalsozialistisch zugerichteten Lebensverhältnissen offenbar pudelwohl. Mit ihren hymnischen Versen an Hitler bewertet sie das „Bluterbe" positiv als „Lebensgesetz". Ihre auf den Knien des Herzens verfassten Begriffe und Rituale des „Wähnens" und des „Waltens" verhallten auch nach 1945 nicht, wie in ihrem Edelkitsch-Roman „Das unverwesliche Erbe" (1954). Anna Seghers (1885-1974) hat im französischen Exil ihren berühmten **Roman „Das siebte Kreuz" (1942, unten Film-Still)** geschrieben, womit sie in Erinnerung geblieben ist, ein Manifest gegen das Dritte Reich.

Auf der aufschäumenden Woge des Nationalsozialismus findet Erwin Guido Kolbenheyer seine frühe, geradezu feierlich ausgedehnte Wendung zum „Führer": Er selbst galt als Wegbereiter einer nationalistisch orientierten Literatur mit germanisch-mystischen Tendenzen, die auch Rosenberg beeinflussten. Auch wegen seiner Geschmeidigkeit des Denkens ist der im Dritten Reich viel gelesene Vertreter eines spekulativen Biologismus auch ganz

oben wohlgelitten. Kolbenheyer, der in seiner Philosophie das faustische deutsche Wesen zum sozialdarwinistischen Wettkampf antreten lässt, avanciert als ein Autor, der zu seinen Wurzeln steht, die er bis in die Verästelungen seiner Bücher weiter wachsen lässt, zu einem von der Partei hochgepriesenen Vorzeigeautor und geistigen Pionier. Kolbenheyer war seit 1926 Mitglied der Sektion Dichtkunst der Preußischen Akademie und vertrat die Interessen des rechten Flügels, der nach der Ausgrenzung der linken und liberalen Vertreter 1933 übriggeblieben war. Seit 1928 gehörte er dem Förderkreis des Kampfbundes Deutscher Kultur noch an. Kolbenheyers Bücher waren allesamt symptomatisch vom Ethos des siegreichen Kampfes der germanischen Rasse und von völkischen Bekenntnissen durchtränkt. Die Spaltung der göttlichen Urkräfte in Gut und Böse, die Verteufelung der raum-zeitlichen Realität und die Entsühnung der Welt durch ein Sohn-Opfer: Wahlverwandter konnte die literarische Präfiguration der kommenden Politik kaum sein: „So musste Paracelsus in seinen Teufelsstunden Gottes Fall durch Luzifer peinvoll erleben, jene urböse Stunde Gottes, da er aus sich heraustrat und schuf – schuf und sein Wesen begrenzte, so daß aus Morgen und Abend sieben Tage wurden, die ihn freuten, da er sie wachsen sah, die ihn gereuten, da er sie geschaffen hatte … Und auch ihm blieb nur eine Rettung mehr: das neue Opfer, der Sohn, der Element werden mußte, um das Element zu entteufeln." (Kolbenheyer)

Redselig unterstützte Kolbenheyer in seinem theologisch unterfütterten Werk die nationalsozialistische Ideologie, besonders deutlich in seinem Buch „Arbeitsnot und Wirtschaftskrise volksbiologisch gesehen" (1935). Er geißelt darin die „artfremden Wurzeln des Christentums". Er hatte sich schon vor Hitlers Machtergreifung mit „Die Bauhütte – Grundzüge einer Metaphysik der Gegenwart" (1925), durch die Romantrilogie „Paracelsus" (1917-26) und den Spinoza-Roman „Amor Dei" (1908) einen Namen gemacht. Kolbenheyer erlag der indoktrinierenden Gefahr, indem er die Mythen des Nationalsozialismus als Fundamente des realen Lebens durch dessen pathetische Überhöhung sichtbar machen wollte. Wie ein roter Faden durchzieht seine notorische Propagierung völkisch-nationalsozialistischen Gedankenguts ideologiefromm sein ganzes Werk, das die Stadt Frankfurt 1937 mit dem hochdotierten Goethepreis honorierte.

In seiner bedingungslosen Gefolgschaft trat Kolbenheyer 1940 der längst schon unterstützten NSDAP bei. Kolbenheyer wurde nach dem Kriege besonders wegen seiner Leitartikel im „Völkischen Beobachter" mit Berufsverbot belegt, weil er darin zu Vergeltungsmaßnahmen gegen die alliierten Bombardements zu Felde zog. Er war einer der wenigen, die bis zuallerletzt dabeigeblieben sind. Auch nach Kriegsende köchelte seine rechtsextreme Gesinnung weiter bis zu seinem seligen Ende 1962. Seine Leserfans wollten Kolbenheyers Bücher auch nach 1945 nicht einfach links liegen lassen. Die nach ihm benannte Gesellschaft jubelte ihn nach 1945 gar als einen Autor hoch, „der nicht zu Kreuze kriecht", sondern sich weiterhin zum Nationalsozialismus bekennt.

Quer zur offiziellen Ideologie klassischer oder völkischer Idealisierung hatte Hans Fallada (alias Rudolf Wilhelm Friedrich Ditzen) in neusachlichem Tonfall, wilder Episodik und aus filmisch-packender Perspektive schon 1932 mit seinem wohl bekanntesten Buch „Kleiner Mann, was nun?" die schreckliche Zeit der Weltwirtschaftskrise, seit 1929, systemkritisch unter seine missbilligende Lupe genommen. Gleichwohl durfte ein weiterer Bestseller **„Wer einmal aus dem Blechnapf fraß" (1934; nächste Seite)**, ein Gefängnisroman mit autobiographischen Bezügen aus der Weimarer Zeit erscheinen sowie das Buch „Der eiserne Gustav" (1938), das später weniger erfolgreich auch verfilmt wurde. Fallada soll als Person so ambivalent-faszinierend gewesen sein wie seine Literatur.

In der unmittelbaren Nachkriegszeit zog Fallada nach Ost-Berlin an den Majakowskiring, wo er im Auftrag von Johannes R. Becher, der den Wiederaufbau der ostdeutschen Kulturpolitik leitete, für die „Tägliche Rundschau" schrieb. Hatte er noch unter den Nazis im Alkoholentzug 1944 das Manuskript „Der Trinker" (1950) fertiggestellt, so entstand 1947 sein letzter Roman „Jeder stirbt für sich allein", der auch in Westdeutschland aufmerksam gelesen wurde. An Falladas Werk stellte Rosenbergs Amt für Schrifttumspflege 1938 typische Formen der „Zersetzung der vergangenen Jahre" der Weimarer Zeit fest. Trotzdem ließ Goebbels die Publikation seines Werkes im Rowohlt-Verlag weiter zu, während er das Drehbuch Falladas zu Emil Jannings großem Filmprojekt „Der weite Weg" 1938 als zu pessimistisch ablehnte.

Der geheimnisumwitterte, legendäre Dietrich Eckart (1868-1923) war ein Säulenheiliger, aber ewig schon ohne Portefeuille. Weniger als Publizist hatte er seinen Einfluss auf Hitler und Goebbels geltend gemacht, sondern als Sponsor und philosophischer Kopf und mit seinen geschichtlichen Wurzeln als Ideenstifter für einen rassebewussten nationalen Sozialismus. Als „Lichtgestalt" bekannt geworden ist er beim Marsch auf die Feldherrnhalle 1923. Sein weihevolles Drama „Heinrich der Hohenstaufe" (Heinrich VI.) von 1915 ist im hohlen Pathos versunken. Als Gründer der Zeitschrift „Auf gut deutsch" (1918) veröffentlichte Eckart antisemitische Beiträge gegen die „völkerzersetzende Kraft der jüdischen Weltverschwörung". Sein politischer Hintergrund war ein deutscher Nationalismus im Geiste eines kernigen Preußentums. Obwohl Eckart schon Ende 1923 starb, wurde sein kryptischer Mythos von Goebbels oft beschworen. Ja, er avancierte in der Phase von Hitlers Aufstieg zu dessen von den NS-Granden umschmeichelten heimlichen Mentor.

Seine unvollendete Schrift trägt den Titel „Der Bolschewismus von Moses bis Lenin. Zwiegespräch zwischen Adolf Hitler und

mir" (1924). Der Text hatte sogar eine 2. Auflage und galt als wichtiger Stichwortgeber für Hitlers alte Kameraden und ihre künftigen Adepten, die damals noch in den Windeln des Werdens steckten. Eckart half die Determinanten des Nationalsozialismus zum Sprachgebrauch zurecht zu schneidern und eine Art Kommuniqué für politische Feindbilder aufzubauen. Etwas hausbacken Hehres eignete seinem Signum „Adel der menschlichen Seele", lange bevor Hitler die Macht ergriff und den Führerstaat errichtete. Da grüßte Dietrich Eckart längst schon aus dem Nirwana.

Ernst Wiecherts (1887-1950) Helden flüchten aus der Hektik urbaner Regionen kriegerischer Fronten in die Weite ostpreußischer Wälder oder in die Romantik der Seen und Moore, die er gern zu Seelenlandschaften stilisierte. Vor diesem Horizont schien Wiechert die Riege der „Blut-und-Boden"-Literatur, mit einem bukolisch-sentimentalen Subgenre zu bereichern.

Aber dazu wollte die grüblerische Passionsbereitschaft seiner Figuren und deren Eskapismus und Quietismus, die intensive Friedensverliebtheit seiner imaginären Reisen zurück bis in die Kindheit, nicht so recht passen. Für die enormen Verkaufszahlen seiner Werke sorgte jedoch eine entscheidende emotionale Schicht, aus der dann auch der Widerwille des Autors gegen den immer martialischeren Nationalsozialismus hervorbrach: „Wir sahen zu. Wir wussten von allem. Wir zitterten vor Empörung und Grauen, aber wir sahen zu. Die Schuld ging durch das sterbende Land und rührte jeden einzelnen von uns. Jeden einzelnen, außer denen, die auf dem Schafott oder am Galgen oder im Lager den lieben Tod statt der Schuld wählten. Wir können zu leugnen versuchen, wie es einem feigen Volk zukommt, aber es ist nicht gut, zu leugnen und die Schuld damit zu verdoppeln. Wir sahen auch das Ende, und das Ende riss auch die letzten Masken herunter. Es war des Anfangs wert. Das Ende des ‚Übermenschen', wie er sich in Hüllen und Verkleidungen in die Einöde schlich oder sich in den Selbstmord stahl. Die Phrasen zerbrachen, die Lüge zerbrach, das heroische Pathos zerbrach" (Wiecherts Rede an die deutsche Jugend, 1945). Karl Kraus mochte „zu Hitler nichts mehr einfallen".

Wiecherts populärstes Werk „Die Majorin" signalisierte schon

1934 seine kritische Wende ganz ohne Nationalsozialismus. Bald sah Wiechert die Nation am Abgrund, die wohl „vom ewigen Richter" verurteilt würde. Ja, Wiechert verstieg sich sogar in die Anklage, gerade die Verantwortlichen des Reiches als Verführer und Verderber der Jugend zu brandmarken. Als er 1938 gegen die widerrechtliche Verhaftung des **Pfarrers Martin Niemöller (oben)** als Vertreter der bekennenden Kirche protestiert, wird er einige Monate in Buchenwald bei Weimar weggesperrt; schon länger hattte er unter Gestapo-Beobachtung gestanden.

Wiechert galt nach 1945 als ein couragierter Repräsentant der „inneren Emigration". Nach dem Krieg wurden seine Bücher „Die Majorin" und „Der Totenwald" (1939/1946) zur bevorzugten Jugendliteratur. Sein Buch „Häftling Nr. 7188. Tagebuchnotizen und Briefe" ist 1966 posthum erschienen.

„Ja, es kann wohl sein, daß ein Volk aufhört, Recht und Unrecht zu unterscheiden und daß jeder Kampf im ‚Recht' ist, aber dieses Volk steht schon auf einer jäh sich neigenden Ebene, und das Gesetz seines Unterganges ist ihm schon geschrieben. Es kann auch sein, daß ein Volk aufhört, gut und böse zu unterscheiden. Es kann dann sein, daß es noch Gladiatorenruhm gewinnt und in Kämpfen ein Ethos aufrichtet, das wir ein Boxerethos nennen wollen. Aber die Waage ist schon aufgehoben über diesem Volke und an jener Wand wird die Hand erscheinen, die Buchstaben mit Feuer schreibt." (Wiechert: Der Dichter und seine Zeit, 1935)

Meine lieben Zuhörer, wir wollen uns bei dieser ersten Frage nach dem Begriff der Jugend sowohl vor einer Antwort „im Volkston" hüten, die etwa hieße:

„Schön ist die Jugend … sie kommt nicht mehr …", als auch vor einem visionären Pathos, mit dem ein Berufsekstatiker und Betonethiker Flammenworte schleudert, so dass Sie gebeugt und geschlagen diesen Raum verlassen und draußen aufatmend sagen: „Gott sei Dank … ein paar Sterne stehen noch am Himmel

... er hat sie nicht alle verbraucht ...". (Der Dichter und die Jugend, Wiechert, 1933)

Es geht kaum fehl, wer von der Summe der genannten Buchtitel der Nazi-Barden auf ihre nationalsozialistisch grundierte Ethik unter dem Signum des Hakenkreuzes schließt. Man wird damit nachvollziehen können, in welchem Geist die Generation Hitlerjugend aufgewachsen und sozialisiert worden ist, mit einer gedankenflüchtigen, aber zeichenhaft griffigen Poesie vom Schlage Heinrich Anackers. Dessen mit lyrischer Inbrunst verfasstes Gipfelgedicht gibt Auskunft über die Zertrümmerung des Denkens und Fühlens in den Propagandafloskeln, aus denen letzte pseudolyrische Zuckungen herausfahren:

Fallen müssen viele und in Nacht vergehn,
eh' am letzten Ziele groß die Banner wehn.
Auch die übrig blieben, tragen all' ihr Mal
auf die Stirn geschrieben, flammend' Notfanal
Euch, die nach uns kommen,
hämmern wir es ein:
Was zum Glück soll frommen
muss erblutet sein!

Zeilen mit fadem Beigeschmack im ideologischen Parforceschritt wie diese gerinnen zur mageren Quintessenz der gesamten NS-Poesie.

Anders als zu unserer Jugendzeit fällt es heute schwer, jene himmelwölbenden Rest-Visionen einer lyrischen Anschlagskultur nicht verstörend zu finden, wie die folgenden poetologischen Kunststücke eines Heinrich Anacker.

Wer diesen vergorenen Quark an Opfernarzissmus der literarischen Tagelöhner heute liest, kann sich über Anackers und Baumanns Sympathiewerte nur wundern. Besonders die hymnische Lyrik war auf dürftigste Weise zeit- und zweckgebunden und im tiefsten Kern dumpf-nationalistisch und mitnichten zukunftsoffen. Gottfried Benn fasst das Armutszeugnis der Nazipoesie in klare Worte, als er sagte, nur in der Lyrik sei „das Mittelmäßige schlechthin unerlaubt und unerträglich", sie sollte „entweder exorbitant sein oder gar nicht". Britisch lakonisch befand T.S. Eliot, dass „Lyrik am wenigsten Platz wegnähme", besonders wenn die Leere mit Signaltönen gefüllt wurde, wie bei Marschliedern, die um nichts elender seien, „als ein behaglicher Mensch ohne Arbeit", wie Goethes Fazit lautet.

Der 10. Mai 1933 war der skandalöse Tag der Verbrennung der besseren Bücher. In der Folgezeit wurde die Liste des aktuell Verbotenen immer länger. Nach dem Ende des Krieges urteilt Thomas Mann unerbittlich über die Literatur, die in Deutschland zwischen 1933 und 1945 gedruckt werden durfte: „Es mag Aberglauben sein, aber in meinen Augen sind die Bücher, die zwischen 1933 und 1945 in Deutschland überhaupt gedruckt werden konnten, weniger als wertlos und überhaupt nicht in die Hand zu nehmen. Ein Geruch von Blut und Schande haftet ihnen an. Sie sollten alle eingestampft werden." Mit dieser harten Formulierung suchte sich Thomas Mann einer opportunistischen Nachkriegsverbindung zwischen Exil und innerer Emigration zu entledigen. Dabei musste er auf Ablehnung vor allem in Westdeutschland stoßen, jedenfalls so lange, bis in den Köpfen der ehemaligen Volksgenossen die Zeit der Hitlerdiktatur weitgehend verdrängt worden war.

Kein einziger der genannten Autoren dieser paralysierten Literaturszene gehörte nach dem Kriege der Gruppe 47 an, über deren legendäre Spätphasen-USA-Reise Jörg Magenau ausführlich und amüsant in „Princeton 66" (2016) berichtet: **Die Gruppe 47 (rechts ihre Mitglieder Heinrich Böll, Ilse Aichinger und Günther Eich, 1952)** sei mit dem Anspruch einer selbstorganisierten offenen internen Diskussion über Texte und Werke angetreten, um dann, durchaus absatzfördernd, mit ihrem Autoren- und Literatur-Verständnis an die Öffentlichkeit zu treten, um auf Kritik und Feuilleton, Lesepublikum und Gesellschaft einzuwirken.

Der hinter Hitler mächtigste Spießgeselle mit einer ihm eigenen Niedertracht „gesegnete" Joseph Goebbels war es denn auch, der mit dem Segen des „Messias" Adolf Hitler und seinen Kollaborateuren das alleingültige völkische Eichmaß der Erzählkunst und des Verseschmiedens setzte – damit ausgerechnet für eine Spezies, die nie in Arkadien war. Als Ideologieträger hätten sie dort keine Zuflucht gefunden. Wirkliche Dichter mit einem Füllhorn sprachlicher Visionen, verbaler Strategien und kommunikativer Konzepte und historischer Kontingenz, wie Bertolt Brecht oder Thomas Mann, wirkten nicht nur dank besonderer Werke, sondern auch über ihr auratisches Sein und ihr umfassend produktives Engagement.

Thomas Mann schrieb gegen den deutschen „Amoklauf und gegen alles an, was Menschen bindet und sittigt". Seine aufrüttelnden Plädoyers wider den Zynismus des Schweigens und des lärmenden Triumphs der Zerstörung verhallten ohne Echo im Äther. Auch Bertolt Brecht sendete aus dem Exil seine aufs Äußerste verdichteten poetischen Notate gegen die Hitlerdiktatur. Ebenfalls ohne die erhoffte Resonanz!

Den Verfasser eines Gedichtes, fast im Sinne von Heinrich Heines vielschichtigem Heimweh-, Liebes- und Soldatenlied „Lili Marleen" (1915/1937), den Hamburger Hans Leip, machte der Superhit in der Vertonung von Norbert Schultze seit August 1939 zum Großverdiener. Der Song gefiel der kämpfenden deutschen Truppe besser als das Beste aus dem Sortiment der sogenannten Heeresbetreuung. Dies lag auch an dem friedlichen Timbre der Sängerin und dem subtilen Rubato, mit dem der Marsch aus den Angeln gehoben und im träumerischen Flüstern des Heimwehs zurückgenommen wurde. Der deutsche Besatzungssender „Belgrad" versendete das Lied mit hoher Sendeleistung ab April 1941 in ganz Europa und Nordafrika. Auch in der Heimat war die Resonanz derart riesig, dass der Volksempfänger ab August 1941 jeden Abend pünktlich um 21.45 Uhr den Gassenhauer mit seinem mehr als symbolischen Zapfenstreich und der pazifizierenden Liebesbeziehung mit der libidinösen Stimme von Lale Andersen über den Äther rauschen ließ. „Ästhet" Goebbels geißelte diese „Schnulze mit Totentanzgeruch". Das Lied verselbstständigte sich, es tönte dann aus britischen (Anne Sheldon), französischen (Suzy Solidor) und amerikanischen Kehlen und Sendern.

Lale Andersen erhielt Auftrittsverbot für Radio und Bühne wegen ihrer Weigerung, das Warschauer Ghetto zu besuchen und wegen ihrer Kontakte zu Emigranten und jüdischen Künstlern wie Rolf Liebermann in der Schweiz. Das Verbot musste wieder aufgehoben werden. Denn Goebbels produzierte mehrere, stärker militärische Versionen des Liedes, zwei mit Lale Andersen, in englischer Sprache, die über Sender für Europa, Übersee und besetzte Gebiete ab Januar 1942 gingen. Nach dem Desaster von Stalingrad jedoch war Schluss mit lustig und dieser verquer vertonten Propaganda-Melodie, die nicht dazu angetan sei, die Kampfmoral der kämpfenden Truppe zu stärken und aufzuheizen, während die britischen und französischen Soldaten den Schlager in ihrer jeweiligen Landessprache weiterhin als mentale Anfeuerung zum Mitsingen serviert bekamen.

Der große Exil-Filmstar Marlene Dietrich war sich nicht zu schade, das Lied mit rauchiger Stimme bei den US-Truppen populär zu machen. In der Höllenschlacht um die Normandie war Lili Marleen aber endgültig verstummt. Wie die Dietrich aus Deutschland emigriert, rezitiert die jüdische Schauspielerin Lucie Mannheim (Hitchcocks „Die 39 Stufen", 1935) zur eingängigen Musik folgende Persiflage:

Der Führer ist ein Schinder, das seh'n wir hier genau,
Zu Waisen macht er Kinder, zur Witwe jede Frau.
Und wer an allem schuld ist, den – will ich an der Laterne seh'n.
Hängt ihn an die Laterne! Deine Lili Marleen

Rainer Werner Fassbinder collagierte in seinem Film „Lili Marleen" (1981) die Autobiographie Lale Andersens mit der anheimelnden dunklen Stimme der **Hanna Schygulla (im Film-Still oben)** zum zeitkritisch-ironischen Melodram im konsumierbaren Stil der frühen 1980er Jahre: Das Lied wird zum ideologischen Nazi-

Varieté-Versatzstück mit Mini-Reichsparteitagsästhetik, Wunschkonzert und eingefügter Sam-Peckinpah-„Steiner"-Kriegsaktion verschnitten.

Weil „die Willkür des Dichters kein Gesetz über sich leide" (Friedrich Schlegel), sind Albert Einstein, Thomas Mann, Theodor W. Adorno, Max Horkheimer, Walter Benjamin, Bertolt Brecht, Lion Feuchtwanger und viele andere Geistesgrößen schon früh ins Exil gegangen. Bald nach der Einverleibung Österreichs 1938 emigrierte auch Franz Werfel, dessen stark historisch-religiös geprägtes Werk, wie „Die vierzig Tage des Musa Dagh" (1933), ihn berühmt gemacht hatte. Die darin thematisierte Verteidigung der Armenier gegen den drohenden türkischen Völkermord wurde von jüdischen Rezipienten als Appell verstanden, sich in osteuropäischen Ghettos im Widerstand gegen Repression und Verfolgung zu organisieren. Der Roman wurde 1934 in Deutschland als angeblich öffentliches Sicherheitsrisiko verboten.

Zwei große Denkschulen wie die „Psychoanalyse" und die „Frankfurter Schule", zwischen Philosophie und Soziologie, köchelten im Ausland auf Sparflamme weiter. Auf dem Höhepunkt seiner erfolgreich verbreiteten Individualpsychologie zog es Alfred Adler 1934 aus Wien in die USA, er verstarb allerdings früh auf seiner Reise nach Schottland 1937. Sigmund Freud war der älteste Repräsentant der Wiener Psychoanalyse, der Theoretiker und Individualtherapeut von Ich, Es und Über-Ich, Eros und Todestrieb. Er emigrierte erst nach dem Anschluss Österreichs im Juni 1938 nach London. Schwer von Krebs gezeichnet, verstarb er 1939. Vier seiner Schwestern wurden in Konzentrationslagern ermordet. Freud schloss den radikal gesellschaftskritischen und kommunistischen Wilhelm Reich noch 1934 aus der Internationalen Psychoanalytischen Vereinigung aus, der in „Massenpsychologie des Faschismus" die kollektiv verankerte autoritäre Triebunterdrückung als Grundlage von eigener Uniformisierung und Gewalt gegen andere ansetzte. Die Emigration führte Wilhelm Reich nach Skandinavien und in die USA.

Alexander Mitscherlich näherte sich auf politischen und wissenschaftlichen Umwegen, mitten im Dritten Reich, als Geisteswissenschaftler und Mediziner der Psychoanalyse. Zeitweise in der

Schweiz, promovierte er über synästhetische Wahrnehmung 1941 an der Universität Heidelberg. Die Verstrickung deutscher Medizin und Forschung in die kriminellen Machenschaften der Politik sind Mitscherlich schon damals nicht verborgen geblieben. Unter dem Deckmantel von rassischer Forschung und eugenischem Experiment wurden Patienten und Behinderte missbraucht, sadistisch gefoltert und getötet. Die Daten, Präparate und Beweismittel wurden vernichtet oder unauffällig in wissenschaftlichen Sammlungen versteckt. Als Beobachter der NS-Ärzteprozesse in Nürnberg 1946 dokumentierte Mitscherlich „Das Diktat der Menschenverachtung" (1947), eine Publikation über Verbrechen deutscher Mediziner in Konzentrationslagern. Sein Buch „Wissenschaft ohne Menschlichkeit" (1949) wurde von den westdeutschen Ärztekammern aufgekauft und regelrecht entsorgt. Von 1960-76 leitete Mitscherlich das Sigmund-Freud-Institut in Frankfurt am Main, dem Vorgänger-Institut (1929-33) gehörte auch der Humanist Erich Fromm an, der Seelenerforschung und Gesellschaftskritik erhellend kombinierte und der schon 1934 in die USA emigrierte. Die Psychoanalyse lieferte in Verbindung mit der Soziologie die Instrumente für eine kritische Reflexion der Medizin und ihrer erschreckenden inhumanen Rolle im Dritten Reich. Zusammen mit Margarete Mitscherlich schrieb Alexander Mitscherlich „Die Unfähigkeit zu trauern" (1967): Die Deutschen hätten im Nationalsozialismus auf eine rationale Ich-Entwicklung im Sinne einer anspruchsvoll aufklärerischen Moderne verzichtet und sich dem kollektiven und blinden Ich-Ideal des „Führers" unterstellt. Nachdem diese Ideologie durch den verlorenen Krieg nicht weiter tragbar erschien, hätte man sich im Westen auf den wirtschaftlichen Wiederaufbau zurückgezogen, das Dritte Reich aber als lästige Durchgangsphase verdrängt. Bei der Bücherverbrennung hatte Goebbels Freuds Werke mit den Worten den Flammen übergeben: „Gegen seelenzerfasernde Überschätzung des Trieblebens, für den Adel der menschlichen Seele!"

Als Lordsiegelbewahrer des „Weltdeutschtums" hat Thomas Mann nach West- und Ostdeutschland nicht mehr zurückgefunden. Ab 1952 hat er seinen Wohnsitz in die Schweiz verlegt. Anstatt sich selber einen Reim auf die Welt zu machen, bediente sich Sebastian Haffner in diesem Kontext Goethes Worte aus dem Jahr 1808: „Deutschland ist nichts, aber jeder einzelne Deutsche ist viel, und doch bilden sich letztere gerade das Umgekehrte ein." Verpflanzt, zerstreut, wie die Juden in alle Welt, müssten die Deutschen werden, „um die Masse des Guten ganz und zum Heil aller Nationen zu entwickeln, das in ihnen liegt." Haffners politischer Journalismus generierte wahre Glanzstücke, aber erst seit seiner Emigration nach London 1938, wo er den Berliner Feuilletonisten gegen den zeitdiagnostischen Autor eintauschte, der er auch nach dem Krieg für die Bundesrepublik in voller Popularität geblieben ist.

Der Literaturnobelpreisträger von 1912, Gerhart Hauptmann, galt im wilhelminischen Deutschland als der berühmteste Bühnenautor seiner Zeit. Außer seinen vielgespielten Dramen widmete sich Hauptmann psychologischen und biografischen Themen aus humanistischer und ethischer Grundhaltung. Mit seinen naturalistisch getönten Dramen „Die Weber" (1888-92), „Der Biberpelz" (1892/3), „Florian Geyer" (1891-95), „Fuhrmann Henschel" (1897/8) oder „Rose Bernd" (1903) beglückte er das Oberhausener Stadttheater und uns Schüler, die wir als Klassenausflug ins Theater diese Stücke statt sturem Unterricht gern genossen haben, um geschichtliches Denken anhand historischer Analogien zu lernen. Nicht wenige von uns sind dabei in die Katarakte der Nostalgie geraten. – Wir sahen Schillers „Wilhelm Tell" in unserem Stadttheater mit seiner unverwechselbaren Signatur, das bis 1941 meistgespielte und meistzitierte Stück im Dritten Reich. Auch ein Bergabenteuer-Drama wie „Tell" wurde 1934 in Berlin und an den Originalschauplätzen in der Schweiz als Film produziert mit Hans Marr als Tell und Conrad Veidt als Reichsvogt Gessler (Regie Hans Paul):

Gessler: Das ist Tells Geschoss.
Tell: Du kennst den Schützen, suche keinen andern!
Frei sind die Hütten, sicher ist die Unschuld
Vor dir, du wirst dem Lande nicht mehr schaden.

Unsere Lesebücher waren gespickt mit Auszügen und Kernsätzen aus „Wilhelm Tell". Die Rütli-Szene gehörte zur Liturgie des Führergeburtstages 1933 zwischen Horst-Wessel-Lied und

Deutschland-Hymne. Hitler hatte in seinem „Mein Kampf" das Kapitel 8 mit der Überschrift eines Tell-Zitats überschrieben: „Der Starke ist am mächtigsten allein". Gleichwohl gab es ab 3. Juni 1941 ein Tell-Verbot direkt vom Führer. Minister Rusts Häscher hatten inzwischen Tyrannenmord, Heckenschützenunwesen und reichsfeindlichen Separatismus im Stück entdeckt. Die Absetzung erwies sich als heikel: Theater wurden diskret informiert, das Stück abzusetzen, Schulleiter sollten Deutschlehrer anweisen, das Stück und die Lesebuch-Sprüche, ohne auffällige Begründung, nicht weiter zu behandeln. Das despotische Bildungsverbot wurde von Minister Rust mit einem Geheimerlass betrieben, um kein öffentliches Gerede und keine kritische Diskussion zu entzünden.

Wie durch Weglassen eines unliebsamen Zitats ein Klassiker „bereichert" werden kann, bewies auch die Streichung der Marquis-von-Posa-Forderung an Spaniens König Philipp II.: „Geben Sie Gedankenfreiheit, Sire" in Schillers „Don Carlos". Gerhart Hauptmann war darauf bedacht, dass in seinen Bühnenschicksalen jeder sich selbst erkennen möge.

Jeder nationalsozialistischen Attachierung unverdächtig, hat Gerhart Hauptmann sein distanziertes und kritisches Verhältnis zur Diktatur nicht verleugnet; er hat das Verbot missliebiger Stücke ertragen, aber auch die Instrumentalisierung seiner als Klassiker kanonisierten und weiter gespielten Dramen sowie den Festakt zu seinem 80. Geburtstag 1942 billigend in Kauf genommen. Das war der Grund dafür, weshalb die Häscher um Goebbels es nicht wagten, Konsequenzen zu ziehen. Immerhin hatte Starkritiker Alfred Kerr Gerhart Hauptmann einer „Kumpanei mit den klobigen Gefängniswärtern Deutschlands" verdächtigt. In seinen späteren Werken hat Hauptmann unmissverständlich Diktatur und Nationalismus aufs Korn genommen wie in seiner Autobiographie „Das Abenteuer meiner Jugend" (1937, entstanden schon 1935). Thomas Mann und dessen gleichfalls emigrierte Kollegen sparten nicht mit ihrem Unverständnis darüber, dass Gerhart Hauptmann nach Hitlers Machtergreifung in Nazi-Deutschland auszuharren beliebte. Goebbels nutzte Hauptmanns Ruhm für seine Propagandazwecke. Mit Ausnahme seiner „Atriden-Tetralogie" in den 40er Jahren verstummte der Dichter alsbald, der mit seinem literarischen Schweigen eine eher verhaltene Kritik am Hitler-Regime übte. Er gehörte jetzt zu den aufgehörten Dichtern. Nach der Bombardierung Dresdens beklagte er die Brutalität des von Hitler entflammten Krieges öffentlich. Nach einem schweren Schlaganfall 1946 im riesengebirgischen Agnetendorf hat der große naturalistisch denkende Dichter Leben und Werk vollendet.

Der im nordwestlichen Zipfel des norwegischen Gudbransdal geborene Schriftsteller und Literatur-Nobelpreisträger des Jahres 1920 Knut Hamsun (1859-1952) avancierte im Dritten Reich zum populären Schriftsteller, weil der Norweger das einfache Leben anheimelnd zu beschreiben wusste und seine uferlose literarische Naturverbundenheit mit romanhaften Zügen in keiner Zeile beschwieg. Hamsuns Ausflüge in randständige Sphären hat Goebbels pauschal als Aushängeschild in eine Reihe mit „Blut-und-Boden"-Dichtern eingemeindet und entsprechend hofiert. In all seinen Büchern sind Fingerabdrücke der NS-Ästhetik zuhauf zu finden. Nach seiner kurzen und erfolglosen Amerikaerfahrung (1882-85 und 86-88) witterte Hamsun im Nationalsozialismus eine Hoffnung gegen angelsächsischen Materialismus und Imperialismus. Er stellte sich bereits vor der Invasion und Besatzung Dänemarks und Norwegens 1940-45 zur ideologischen Verfügung, griff verbal Pazifisten wie Carl von Ossietzky und Juden an und verteidigte die Notwendigkeit von Konzentrationslagern. Er engagierte sich auch für die Quislings, eine norwegische Rechtspartei, die mit den deutschen Besatzern kollaborierte. Mit Goebbels und Hitler brachte der 84-jährige Autor 1943 geradezu verbrüdernde Treffen zuwege, überschätzte dabei aber seinen Einfluss, für die Interessen Norwegens einzutreten. Auf der ersten Tagung der Union der nationalen Journalisten-Verbände in Wien im gleichen Jahr legte er unaufgefordert ein antibritisches und pro-nationalsozialistisches Bekenntnis ab.

Hamsun verdankt seinen literarischen Ruhm seinem radikalen Roman „Hunger" (1890) und seinem wohl bedeutendsten und berührenden Werk „Segen der Erde" (1917). „Hunger" ist ein Werk des erst 31-jährigen, der tagebuchartige Bewusstseinsstrom eines verarmten Schriftstellers, der jenseits eines typisierenden Realismus die äußerlich beschreibbaren Erlebnisse und Begegnungen bei seiner Odyssee durch Kristiania (Oslo) mit den Zuständen seiner innerlich gespaltenen Psyche immer weiter zergliedert und seziert. Im Tonfall mitleidlosen und äußerst reservierten Humors wurde das Buch zum Vorbild für viele junge Autoren von Kafka bis Hemingway. Ungebrochener Weltekel, Außenseitertum und Groteske bestimmten hier die Modernität des Erzählflusses. Umgekehrt lobt das Nobelpreiskomitee auf das Jahr 1920 an „Segen der Erde", dem Werk des nun 61-jährigen Hamsun, gerade die einigende Kraft der konservativen Erzählung – mit allem nur denkbaren ideologischen Pomp: „Es ist ein Epos der Arbeit, das Hamsun in einer wahrhaft monumentalen Weise ausgeformt hat. Es ist nicht die zersplitternde Arbeit, die auch die Menschen in sich selbst und von einander spaltet, sondern eine sammelnde Arbeit, die in ihrer reinsten Gestalt den harmonischen Menschen erschafft".

Im biblischen Alter in seiner Heimat Norwegen verachtet und verurteilt, darf die Verteidigungsschrift des 90-jährigen „Auf überwachsenen Pfaden" (1949) als Dokument des völligen Mangels an Einsicht und Urteilskraft gelesen werden. In keiner komfortablen Position nach seiner Rückkehr nach Norwegen, wurde er 1947 zu einer erklecklichen Geldstrafe verdonnert. Der Amerika-Phobiker Goebbels schätzte an Hamsun wahrscheinlich die antiamerikanische Haltung des Autors und die zivilisationsferne Einstellung seiner Romanprotagonisten. Schließlich verspielte der Dichter aus dem hohen Norden seine Gunst bei Goebbels und Hitler aber doch, als er sich erlaubte, öffentlich die Abberufung des Reichskommissars für Norwegen zu fordern.

Der große Dichter Hans Henny Jahnn, ein überzeugter Pazifist und obsessiver Autor mit vortrefflichem Witz und Hang zur Selbstironie, emigrierte erstmals schon 1915 nach Norwegen, um den Wehrdienst zu verweigern. Seit 1933 wurden sein Hamburger Lebenskreis und seine Wohnung immer wieder Bespitzelungen und Hausdurchsuchungen unterzogen. Sein kryptischer Roman „Fluss ohne Ufer", dessen erster Teil „Das Holzschiff" zwischen 1934-47 entstand, wurde erst nach dem Krieg veröffentlicht. Jahnn emigrierte ein zweites Mal, 1934, nun nach

Bornholm in Dänemark, und erst 1950 kehrte er nach Deutschland zurück. Wie Hans Henny Jahnns Roman „Fluss ohne Ufer" ist auch Robert Musils „Mann ohne Eigenschaften" Fragment geblieben.

Der anerkannte Psychiater und Existenz-Philosoph Karl Jaspers reagierte auf Hitlers Machtergreifung zunächst verhalten positiv, sah aber in Besorgnis, Angst und Flucht leichtfertig naiv noch „eine Operette" in der anmaßenden Herrschaft des Führers, und „einen schlechten Spuk". Er blickte zunächst der NS-Bewegung erwartungsvoll entgegen und berief sich in Diskussionen mit der politisch hellsichtigeren Hannah Arendt, die gleich 1933 in die USA emigrierte, auf sein sinnvolles Bleiben im Reich und auf den deutschen Kulturkonservativismus. Er argumentierte dabei aber bereits kritisch gegen den Nationalstaat. Als Jaspers tapfer zu seiner jüdischen Frau hielt, wurde er 1937 in den Ruhestand versetzt. Im folgenden Jahr erhielt er wohl seiner hohen intellektuellen Integrität wegen Publikationsverbot. Die innere Emigration schien unausweichlich.

Vor seiner bereits beschlossenen Deportation bewahrten ihn letztlich die eintreffenden alliierten Truppen in Heidelberg (30.03.1945). Nach dem Krieg setzte Jaspers sich für eine tiefgreifende geistige Erneuerung in Westdeutschland ein, kritisierte die weiter an der Macht verbleibenden Ex-Nazis und wandte sich als Philosoph gegen jene umstrittene These von einer deutschen Kollektivschuld, um zwischen juristischer, politischer, moralischer und metaphysischer Schuld zu differenzieren und an die Verantwortung jedes einzelnen zwischen Eingeständnis oder Vergebung zu appellieren. Jaspers ist auch in schwankenden Zeiten gradlinig und standhaft geblieben.

Dem Nobelpreisträger Werner Heisenberg, für den alle wissenschaftliche Erkenntnis „nur vorläufig" war, verblieb in Deutschland und wurde wegen der Affinität seiner mathematisch-formalen Quantenphysik zur Einsteinschen Relativitätstheorie als „weißer Jude in der Wissenschaft" diffamiert. Rascher als gedacht, sollte sich der spekulative Zusammenhang zwischen Teilchen, Welle und atomarer Energie auch als eine höchst bedrohliche Praxis herausstellen.

Otto Hahn war 1938/39 der aufsehenerregende radiochemische Nachweis der Kernspaltung von Uran und Thorium gelungen. Heisenberg arbeitete mit anderen Wissenschaftlern an der praktischen, zivilen und militärischen Auswertung der Kernspaltung und der Freisetzung von Kernenergie im „Uranprojekt". Sein Ziel war es, die Möglichkeit einer Produktion von Reaktoren und Kernwaffen voranzutreiben. Verschiedene Umstände, wie das behutsam-taktische Vorgehen vieler Wissenschaftler und die Angabe längerfristiger Forschungszeiten an Albert Speer wie auch die mangelnde Koordinierung der zivilen und militärischen Organisation sollten dazu führen, dass dieses Projekt seine unheilvolle Kriegsrelevanz verlor. Eine Bombe in Deutschland zu bauen, wurde so ad calendas graecas vertagt. Auf den Vorschlag einer internationalen Weigerung aller Wissenschaftler zum Bau der Bombe, wie sie Heisenberg im Gespräch mit Niels Bohr in Kopenhagen 1941 vorschlug, reagierte Bohr alarmiert, weil er das Argument für ein Täuschungsmanöver hielt und Heisenbergs Reaktorzeichnung als Bombenentwurf deutete *(unten, Amerikanische Soldaten der Asos-Einheit demontieren 1945 den deutschen Forschungsreaktor bei Haigerloch)*. Bohr kämpfte im Widerstand gegen die Nazis,

stand auf der Seite der USA und sollte in der Folge in Los Alamos wichtige Vorstudien zur ersten Atombombe des Manhattan-Projekts leisten.

Auf gleicher Passhöhe philosophisch-gesellschaftlichen Denkens, wurde nach dem Kriege Heisenberg (zeitweilig) mit dem Atomphysiker Otto Hahn von den Engländern interniert. In der Erklärung der „Göttinger Achtzehn" 1957 wandten sich Heisenberg wie auch Otto Hahn und C. F. von Weizsäcker energisch gegen das Armutszeugnis von Kanzler Konrad Adenauer und Verteidigungsminister Franz-Josef Strauß: die ehrgeizig angestrebte atomare Aufrüstung der 1956 gegründeten Bundeswehr.

Grillparzers düstere Vision im Epigramm von 1849 war bittere Wirklichkeit geworden, der deutsche geschichtliche Weg verliefe „von Humanität durch Nationalität zur Bestialität", zum Zivilisationsbruch. Ernst Jünger hat dagegen gehalten: „Wenn wir uns selbst nicht aufgeben, so wird unsere Mutter, die Erde, uns nicht im Stich lassen."

Dieses Kapitel „Schullektüre" und das Folgekapitel sind deshalb so ausführlich, damit der Leser nachvollziehen kann, mit welch „geistiger" Mitgift die Jugend unter Hitler aufwachsen musste. Es ging nicht nur um das gedruckte, das gesprochene, das gesungene und das deklamierte Wort. Es ging um Verunsicherung und Entzug im Denken wie im Sprechen, in der Logik wie in der Sprache. Es ging um die Schaffung von instrumentalisierbaren Tatbeständen, in denen die Kultur zwischen Klassik und Weimarer Republik zu einem verfügbaren Apparat von einfachsten Vorstellungen und klappernden Begrifflichkeiten komprimiert werden sollte. Dies alles zu begreifen, fehlte uns damals schlicht der erkennende Grips.

Jeder der Autoren ist natürlich ein Fall für sich, zwischen Autonomie und Fremdbestimmung, Anpassung und Widerstand, Mitläufertum und Wegbereitung, Urteilskraft und Selbst-überschätzung, Künstlertum und Propagandawerkzeug. Aus heutiger Sicht ist es für mich keineswegs nur nostalgische Vergegenwärtigung, sondern das damalige fast vergessene Schulwissen mit Autoren und Titeln in seinen kulturpolitischen und propagandistischen Grundlagen aufzuarbeiten.

Jedenfalls hat mich die „Nachlese" dazu einer wichtigen Gewissheit versichert, dass einer immer „nur das lesen soll, was man bewundert", und es mit guten Gründen wertschätzt, wie einst Goethe uns riet. Hans-Georg Gadamer meinte, wenn wir beim Lesen nicht geistig hörten, blieben wir für das dichterische Wort taub.

Der Rekurs auf die alltägliche und die besondere, die zugelassene und die verbotene, die eingekreiste und die übersehene Literatur im Zeitalter der Schüler- und Hitlerjugend läuft heute wie damals auf die Subversion eines Lesens hinaus, das sich seinen Verstehenshorizont nicht einengen lässt. Lesen kann von Haus aus nicht zensiert werden, Sprache und Kommunikation enthalten das Telos freier Verständigung sogar noch im Moment der intendierten Propaganda und Indoktrination. Es geht vielmehr um ein Lesen, das im Akt der Erfassung den Sinn und Gegensinn, die Oberfläche und den Untergrund wahrnimmt und den Text im Sinne von Goethe bis Gadamer als hermeneutische Partitur innerlich belauscht und geistig aushorcht, um die Fülle der Bedeutungen auszuloten. Nur durch den Sinn für die Literatur und die Sprache in ihrer ganzen Breite wird der Geist resistent gegen seine eigene Abschaffung bleiben, die mit den selektierenden Listen ab 1933 und mit der repressiven Sprache der NSDAP ihr furchtbares Werk begann, deren Passwörter damals unser Denken ruinierten. – Um die Bedeutung der Sprache als Fundament eines demokratischen Staatswesens zu beflügeln, habe ich 1990 die „Stiftung Lesen" in der Gutenberg-Stadt Mainz gegründet.

Die in den Kriegsjahren ab 1941 in Frankfurt lebende Marie Luise Kaschnitz, für die ich 1974 die Grabrede halten durfte, schreibt in ihrem Buch „Orte. Aufzeichnungen" (1973): „Frankfurt im Krieg, und worin soll sie denn bestanden haben, unsere sogenannte innere Emigration? Darin, dass wir ausländische Sender abhörten, zusammensaßen und auf die Regierung schalten, ab und zu einem Juden auf der Straße die Hand gaben, auch dann, wenn es jemand sah? ... Nicht heimlich im Keller Flugblätter gedruckt, nicht nachts verteilt, nicht widerständlerischen Bünden angehört ... Lieber überleben, lieber noch da sein, weiterarbeiten, wenn erst der Spuk vorüber war. Wir sind keine Politiker, wir sind keine Helden, wir taten etwas anderes ..."

So verarbeitet Luise Kaschnitz in ihrem Gedicht „Große Wanderschaft" die schreckliche Zeit in der zur Fremdsprache mutierten reinen Lyrik und Poesie, deren Schönheit während der Nazizeit an die Propaganda verraten wurde:

Das Ding zerbricht, das Haus zerfällt,
Das heißt, dass uns kein Arm mehr hält,
Verirrte Schar, verfolgt, gehetzt –
Seit langem sind wir ausgesetzt –

Kaschnitz' Lyrik mit mediterranem Flavour ist Ausdruck einer alten Unschuld. In ihrem Mut zur Moral ankert das Ethos der großen Dichterin tief im Humanismus.

Um zu verdeutlichen, wie einer dem Lebensvollzug im kulturell versunkenen Land unserer Jugend geistig entkommen konnte, wage ich aus eigener Sicht die These, dass wer Adorno nach dem Kriege gelesen hat, anders zu denken lernte. Auch die läuternde Kraft der Suhrkamp-Kultur mit ihren Tausend bunten Bänden in theoriemüder und kunstfeindlicher Zeit hat uns erkenntnishungrige Heimkehrer genügend intellektuellen Proviant geliefert, um das Knäuel der NS-Sprache zu einem Ariadnefaden entwirren zu können, der uns aus dem Labyrinth der eingefleischten Irrtümer heraushalf. – Bertolt Brecht in „Die Bücherverbrennung":

Als das Regime befahl, Bücher mit schädlichem Wissen
Öffentlich zu verbrennen, und allenthalben
Ochsen gezwungen wurden, Karren mit Büchern
Zu den Scheiterhaufen zu ziehen, entdeckte
Ein verjagter Dichter, einer der besten, die Liste der
Verbrannten studierend, entsetzt, dass seine
Bücher vergessen waren. Er eilte zum Schreibtisch
Zornbeflügelt, und schrieb einen Brief an die Machthaber.
Verbrennt mich! schrieb er mit fliegender Feder,
verbrennt mich!
Tut mir das nicht an! Lasst mich nicht übrig! Habe ich nicht
Immer die Wahrheit berichtet in meinen Büchern? Und jetzt
Werd ich von euch wie ein Lügner behandelt! Ich befehle euch:
Verbrennt mich!

Seit meinem Eintritt in das deutsche Jungvolk im Alter von zehn Jahren beflatterte meine ganze Jugendzeit Hitlers Fahnenmythos, bis zur Gefangenschaft in der Normandie. Die schleichende Verwüstung unserer Kinderseelen fand auf allen Ebenen statt. Nazibücher und eine vorsortierte, uniformierte und ausgedünnte Literatur mit den ostinaten Nazitönen Fahne, Ehre, Ruhm, Heldentod in unseren Ohren haben mich aber weniger bewusst überrannt als das bildhafte Denken jener Zeit in der Zwangsernährung durch die tiefer indoktrinierenden Nazifilme, die wir in der jugendlichen Gemeinschaft im Kino sinnlich überwältigt rezipierten.

Um es mit Richard Wagner pathetisch auszudrücken, war Wolfram von Eschenbachs Lied an den holden Abendstern im „Tannhäuser" Ausdruck unserer verlorenen romantischen Sehnsucht. Mit dem Seufzer „Ich kann nicht mehr" hatte der suizidgefährdete Dichter Heinrich von Kleist vergeblich gehofft, in Napoleons königlichem Tross gegen die Engländer an der französischen Kanalküste „den schönen Tod der Schlachten zu sterben". Später wird Kleist mit seinem zeitgenössischen Theaterdrama „Die Hermannschlacht" (1821) versuchen, zum letzten literarischen Gefecht gegen Napoleons zerstörende Angriffsgelüste das Bewusstsein aufzurütteln. Heinrich von Kleist erschoss sich im Winter 1811 am Berliner Wannsee zusammen mit seiner Freundin Henriette Vogel.

Besonders mit seiner patriotischen Lyrik hat er immer wieder versucht, die Frage der staatlichen Gerechtigkeit zu stellen. Fast alle mit dionysischer Leidenschaft getränkte Dramen mit ihren Seelenlandschaften ließen sowohl bei „Jüppken" Schäfer als auch bei seinen Schülern ein nachhaltiges Echo nachhallen.

KAPITEL 14

DEN KRIEG RELATIVIERENDE LITERATUR

Ernst Jüngers den Krieg verherrlichendes Buch „Stahlgewitter"
(1920) würdigt André Gide, selbst zwischen Kommunismus, Kol-
laboration und Widerstand schwankend, als „unstreitig schönstes
Kriegsbuch, das ich kenne", während Jean-Paul Sartre Jüngers
Attitüde von „Geistesaristokratie" zuwider war, nicht aber seine
Nationalität.

Der liberale Klaus Mann schrieb eine in aller Schärfe anerken-
nende Kritik: „Dass er schreiben kann, erst das macht ihn gefährlich [...]", während Gottfried Benn auf der rechtsintellektuellen
Seite, sich selber anpreisend, „enorm viel inneren Kitsch" im literarischen Angriffs-Pathos verortete. In diamantklarer Diktion
und atavistischer Kunst wusste Jünger sogar noch im Kriegs-
jargon literarisch zu brillieren. Gleichwohl ist Ernst Jünger mit
einem hundert Jahre währenden Leben nicht auf dem Parnass
angekommen.

Meine ausführliche kritische Würdigung Jüngers findet der Leser in Kapitel 13 („Schulliteratur im Dritten Reich"). Den hohen literarischen Ansprüchen Jüngers in der dünn gewordenen
intellektuellen und poetischen Luft zu genügen, scheiterten die
meisten in folgender Übersicht genannten Autoren. Aber deren
meiste Bücher haben wir der militärischen Reflexions- und Iden-
tifikationskultur des Heldentums wegen gern gelesen, weil sie
zum Staunen über die heroische Schützengräben-Realität unserer Väter einluden.

Den Autor des Antikriegsromans „Im Westen nichts Neues"
(1928), Erich Maria Remarque, traf überfallartig der Bannstrahl
des Obersten Zensors der Nation, Dr. Joseph Goebbels. Im
Kampf mit dem Virtuosen des Ressentiments erwies sich Remarque nicht erst 1939 in seinem Exil in den USA, wo er höchste
Anerkennung genoss. Remarque wettert mit ungeschminkt spit-

zer Feder und pazifistischem Furor gegen jede Art von Krieg und Gewalt. In neusachlicher, stellenweise expressiver Reportage und fern von jedem nationalistischen und bellizistischen Eifer beschrieb er anhand eigener Erfahrungen und der Montage von Erlebnishöhepunkten zahlreicher Kriegsteilnehmer den Krieg als unheroischen und pathologischen Ausbruch von Gewalt, Wahnsinn und Absurdität. Die Humanität des Menschen zwischen Leben und Überleben, Töten und Dahinsiechen werde brutal ausgetrieben. Remarque war unfreiwillig Soldat geworden, um dann alle Illusionen zu verlieren und für eine Generation zu stehen, die vom Kriege zerstört wurde.

Mit Ernest Hemingway, Jahrgang 1899, traf sich Remarque, Jahrgang 1898, in der kritischen Darstellung der „Lost Generation", der Verlorenen Generation. Gerade der sachliche unheroische Tonfall der direkt auf die Protagonisten zuschießenden aggressiven Todesangst und ihrer reflexhaften Wahrnehmungen und Reaktionen wurde von den Anhängern der heroisch-poetischen Kriegsverklärung völlig ignorant gebrandmarkt. Das schnörkellose Protokoll über das untere Gefühlsstockwerk, das Remarque in seinen Figuren erkundete, galt den Heroikern als tabu.

Remarque musste sich schon bald in der Isolation einrichten. Gewürzt mit dem Pfeffer seiner reichen Erinnerungen und ungeschönten kollektiven Erfahrungen war dieser symptomatische Roman elf Jahre nach dem Ersten Weltkrieg mit 2,5 Millionen Exemplaren in 22 Sprachen das meistgelesene Buch, das gegen den als heroisch gefeierten, dabei banalen Heldentod zu Felde zog, indem er dieses gewalttätige Sterben als sinnloses „elendes Verrecken" kennzeichnet.

Remarques weitausfächerndes Buch war eine meiner ersten kritischen Lektüren, die ich gleich nach meiner Heimkehr aus der Gefangenschaft gelesen habe und das mich bis zur letzten Zeile gefangen nahm. Argumentative Kritik ist in Walter Benjamins Worten vor allem „eine moralische Sache". Die Verlorene Generation wurde zur literarisch nachgeholten Erfahrung.

Wegen „Zersetzung des Volksgeistes" und Magie des Bösen wurde auch der gleichnamige US-Film gescholten: „All Quiet on the Western Front" von Lewis Milestone 1930 (mit drei Millionen US-Dollar Umsatz), eine aufwändige und auch politisch motivierte Produktion von Carl Laemmle Junior, der bei Universal Studios die Nachfolge seines deutschstämmigen Vaters angetreten hatte. Die deutsche Uraufführung in stark gekürzter Fassung (entfernt wurden 53 Minuten, in denen unter anderem ein Vorgesetzter verprügelt wird) im Berliner Mozartsaal des Theaters am Nollendorfplatz im Dezember 1930 wurde mit Stinkbomben, mit ausgesetzten Mäusen und mit Randale von Schlägertrupps zu verhindern versucht, organisiert von Goebbels. Der Kampf gegen den Film wurde zum Übungsfeld der Ikonoklasten einer aufstrebenden NSDAP. Wie die bildende Kunst und das Buch sucht auch der Film seine antiautoritär-respektlose Konfrontation mit Chauvinismus und Hurrapatriotismus. Milestones Film gelingt eine durchaus personifizierte Verteufelung des Ersten Weltkrieges, eine Leistung, die von Faschisten und reaktionären Kreisen verunglimpft und vielfach zensiert und umgeschnitten wurde.

Daneben beschrieb Edwin Erich Dwingers drastisch eine biografisch durchpulste Darstellung seiner doppelte Gefangenschaft als deutscher Soldat in Russland im Ersten Weltkrieg und als Mitkämpfer der Menschewiki gegen die Roten Garden in der Oktoberrevolution. Dieser herzzerreißende Bestseller „Armee hinter Stacheldraht" (1929) mit Bildern grandioser Verlorenheit wurde in zwölf Sprachen übersetzt. Es schlossen sich zwei Folgebände 1930 und 1932 an, die nach zunächst einstimmigem Lob der Kritik eine Wendung gegen die Weimarer Republik erkennen lassen. Obwohl Dwinger sich dem NS-Regime anpasste und im Krieg die neue Kreuzung von Heldenepos und Kriegsberichterstattung direkt aus den Einsätzen an der Front zustande bringen sollte, äußerte er immer wieder auch Kritik an der SS im Vernichtungsfeldzug in Osteuropa, an der Diffamierung der russischen Bevölkerung, denen er die Kraft zur Entbolschewisierung zutraute. Die Vitalität des Buches „Armee hinter Stacheldraht" halte ich für die Krönung seines Gesamtwerks.

Schließlich bleibt der Nietzsche-Exeget und anthropologische Pädagoge Alfred Baeumler zu erwähnen, der Hegels Konzept von Mensch und Weltgeist verdrehte, indem er behauptet: „Hitler ist nicht weniger als die Idee, er ist mehr als die Idee, denn er ist wirklich." In seinem wissenschaftlich verbrämten Werk sah Bäumler im NS-Staat „das höchste Kunstwerk". Er kontrollierte den akademischen Nachwuchs auf dessen ideologische Eignung. Seine Antrittsvorlesung „Wider den undeutschen Geist" hielt er direkt vor der Berliner Bücherverbrennung am 10. Mai 1933. Er selber hätte wohl diesen Test nicht bestanden, denn nach Hitlers Tod beklagte er in seinem im Internierungslager verfassten Buch „Hitler und der Nationalsozialismus" (1945-47) die Ablehnung universaler Ideen im Nationalsozialismus und die Verteufelung autonom denkender Individuen als gravierende politische Irrtümer. In der Schule wurden wir mit seinem Buch „Weltdemokratie und Nationalsozialismus" (1943) behelligt. Ideologisch verbohrt, bargen Bäumlers Bücher alle in fundamentaler Weise nationalsozialistisches Gedankengut, in einer ins Feierliche überhöhten Diktion.

Walter Flex (1887-1917), Kriegsfreiwilliger des Ersten Weltkrieges, gehörte mit seiner vaterländischen Kriegslyrik zum festen Repertoire der Schule im Dritten Reich. Seine gedankenwarmen Dichtungen wurden zum Inbegriff des deutschen Frontsoldaten aufgeschminkt und zur Pflichtlektüre geadelt. Viele seiner kriegsverherrlichenden Gedichte hatte schon die Bündische Jugend gern gesungen, die von uns Pimpfen bald als geläufiges Liedgut gerne in die Nacht hinausgeschmettert wurden: „Wildgänse rauschen durch die Nacht, mit schrillem Schrei nach Norden."

Walter Flex' Gedichte sollten uns schon lange vor Hitlers Kriegsgebaren das heroisierte „Feld der Ehre" als mögliche Endstation der Jugend schmackhaft machen. Seine autobiographisch fundierte Novelle „Der Wanderer zwischen beiden Welten" (1916) hebt die metaphorisch besungene Ehre auf die Ebene der traumatisch erlittenen und überwundenen Realität: Dulce et decorum est pro patria mori, wie es weiland die alten Römer sangen. Ich erinnere noch gut, wie wir von den lyrischen Höhenschwingen dieses Buches ergriffen waren, die sein Werk durchseelte. Flex rundet den Text des populären Marschliedes „Wildgänse rauschen durch die Nacht" im Original so ab: „Und fahr'n wir ohne Wiederkehr, rauscht uns im Herbst ein Amen!"

Als Beispiel für literarischen Bellizismus beschreibt überschwänglich auch Werner Beumelburg die Aura des Heroischen im Ersten Weltkrieg. In seiner patriotischen Kriegsanalyse „Sperrfeuer um Deutschland" (1929) schildert Beumelburg den Krieg schon im Vorgriff den aufkeimenden Nationalsozialismus. Populär geworden ist Beumelburg durch sein preisgekröntes Heldenepos „Die Gruppe Bosemüller" (Der große Roman der Frontsoldaten 1930). Hier dehnt er in Außenperspektive die Strapazierfähigkeit der Kameraden im tobenden Chaos der Materialschlacht bis zum Äußersten. In der kalten und abhärtenden Rationalität seines Romans frönt Beumelburg dem völkischen Reichsgedanken allzu aufdringlich. „Sperrfeuer um Deutschland" (1929) gehörte zur Pflichtlektüre meiner Penne. Ihm gelingt hier eine feine Durchmischung von Wirklichkeit und Fiktion, in der jeder siegreiche Angriff als Apotheose gefeiert wird statt nur die Fakten nüchtern zu analysieren. In anderen populären Werken seiner Illusionsproduktion huldigt er mit sentimentalischen Mythen dem „völkischen Reichsgedanken", der „Umvolkung" und der „Volkwerdung". Mit missionarischem Eifer getränkt sind seine eindringlich historisierenden Bücher über Friedrich II. (1934) oder „Bismarck gründet das Reich" (1932). Mit seiner Sozialromantik traf er vielen Jugendlichen mitten ins Herz ihrer Empfindungen. Wir jungen Pimpfe sollten aus der Geschichte dieser fulminanten Gedankenschmiede so selbstverständlich der zeitlos nationalen Tugend Heldenmut nacheifern wie in der Mathematik dem Pythagoreischen Lehrsatz.

Paul Coelestin Ettighoffer wurde bekannt durch seine fast schon kanonisierten Reportagen und Romane, die zunächst den Krieg im Allgemeinen beklagen, aber doch den Kampf im Besonderen feiern. Sie versuchen, das mechanische Frontgeschehen zu einer massenweisen Addition von freiwilligen Einzelopfern umzudeuten. Der einschlägig chauvinistisch gepolte Topos des Nationalen in seinem Kriegsroman mit dem nur scheinbar noch sozialkritischen Titel „Feldgrau schafft Dividende" (1932) geißelt die Ausbeutung deutscher Kriegsgefangener im französischen Minenfeld, womit er die größtmöglichen Authentifizierungseffekte zu erzielen hoffte. Dieses Buch war weniger Literatur als vom Leben abgeschrieben, scharf gewürzt wie ein gepfefferter Borschtsch.

Ohne Tremolo und Pathos gilt ihm der Krieg als probate Vorlage für massenkompatible aufregende kriegerische Abenteuer, die den Autor explizit zum Jargon der Gewalt verleiten und ins Horrorgenre mit von feindlichen Kanonen produzierten Massengräbern und zerwühlten Friedhöfen führt. Seine Helden werden vorgeführt als vom Fatum gesteuerte Figuren. Ettighoffers „Verdun. Das große Gericht" (1936) war sein größter Erfolg und in unserer Penne Pflichtlektüre. Goebbels wollte Hitlers Erzhass gegen die Franzosen mit solchen Büchern der Permutation des allzu Bekannten schon im Jungvolk-Alter in die Hirne pflanzen: „Siegreich woll'n wir Frankreich schlagen, sterben als ein tapferer Held"; das im Kontext der Befreiung Preußens 1815 und des Krieges 1870/71 textlich mehrfach variierte Lied (zwischen Soldaten, Musketier und Kirmesburschen als „lustge Brüder") ging einer besinnungslosen Hitlerjugend im Gleichschritt mit der Fahne voran fröhlich von der Zunge.

Wir hatten keine Fahnen mehr. Der Grabenkrieg hatte die fliegenden Fahnen verschwinden lassen. Aber die Fahnen unseres Zusammenstehens, das waren die toten Kameraden. Könnten wir je diese unsere Fahnen vergessen? (Ettighoffer).

Ernst von Salomon (1902-1972) begann seine schräge Laufbahn zunächst als Freikorpskämpfer und galt damals bereits als ein altes Schlachtross, das an der Vorbereitung zur Ermordung von Reichsaußenminister Walther Rathenau im Jahre 1922 als Provokation eines Regierungssturzes und Bürgerkriegs durch die rechtsradikale und antisemitische „Organisation Consul" beteiligt war. Er musste dafür fünf Jahre im Zuchthaus seine vorübergehende Schlafstatt finden. Der streitbare Essayist schrieb Artikel im NSDAP-Organ „Der Angriff", um das politische Attentat gegen den liberalen und jüdischen Rathenau zu glorifizieren, und Bücher im kriegerischen Geist und romantisierten Nationalismus. Er versuchte, die Mentalität ehemaliger Freikorpskämpfer und den rechtsextremistischen Terrorismus zu rechtfertigen, wie mit galliger Feder in seinem Buch „Die Geächteten" (1930). Trotz dieses kämpferischen Habitus hielt sich seine Sympathie für den Hitlerismus in bescheidenen Grenzen.

Von dem Augenblick an, wo Rathenau öffentlich in den Dienst
des deutschen Volkes und in den Dienst der deutschen Repub-
lik getreten ist, hatte er nicht nur Feinde, da hatte er Todfeinde
(Paul Löbe, Reichstagspräsident).

Salomon verweigerte die Unterzeichnung des Hitler-Gelöbnisses,
er stand Ernst Röhm und Gregor Strasser nahe (beide Opfer in
Hitlers Säuberungsaktion nach dem „Röhm-Putsch"). Er unterstützte Ernst Rowohlt bei der Umgehung antijüdischer Berufsge-
setze im Verlagswesen, bis zum Berufsverbot des Verlegers 1939
und bis zur Emigration nach Brasilien im Jahr 1939. Deshalb
hatte er wohl mit einem schmählichen Eckplatz der NS-Litera-
turgeschichte vorliebnehmen müssen. Berüchtigt wurde Salomon
auch mit seinem Drehbuch für den verherrlichenden Film über
den deutschen Kolonialisten „Carl Peters" (1942). Berühmt und
erfolgreich wurde er nach dem Krieg mit seinen Drehbüchern zur
Filmtrilogie „08/15" (1954/55) und dem autobiografischen Bestseller „Der Fragebogen" (1951), in dem er das Entnazifizierungs-
verfahren der Alliierten kategorisch hinterfragte.

Schließlich muss der literarische Tagelöhner Heinrich Lersch
(1889-1936) noch einmal genannt werden, dessen „volkhafter" und
oft hilflos ungrammatischer Stil als gesinnungstüchtiger Arbeiter-
dichter sich durch ein pseudo-expressionistisches, dabei allzu gut
verdaubares Sprachniveau auszeichnet wie in seinem parfümierten Buch „Herz! Aufglühe dein Blut!" (1916) oder seine Gedich-
te-Edition „Mensch im Eisen" (1925). Obwohl 1936 verstorben,
wurden seine Bekenntnisse zu Krieg, Arbeit und Legitimation des
Nationalsozialismus für würdig befunden, post mortem die offizielle Literaturliste zu schmücken. Schließlich hatte seine Feder
wie ein roter Faden den „Schicksalsbezug zum gesamten Volk" mit
einem melancholisch getrübten Approach sein Werk durchzogen.
Salbaderisch in Ton und Wortlaut, haben seine Lieder damals unser Gemüt gepackt:

Uns kommt nun der Frühling im Kriegergewand.
Trotz ist sein zorniger Mut,
Blumen und Schwerter in seiner Hand,
die glühen und leuchten von Blut.

Mit seinem Drama „Kampf um die Karawanken" (1938) gelang es Hans Baumann nicht, sich über seine Vergeblichkeit als
Schriftsteller hinwegzutäuschen. Aus dem Schützengraben trällert er uns das folgende Lied des Nazi-Barden mit gewaltigem
Echo und dem Heldentod als ewigem Mantra ins Ohr.

Und werden wir vom Tode
Ins Regiment gestellt,
Dann lassen wir die Herzen
Dem besten Flecken der Welt.
Wenn wir vorm Feinde fallen,
Dann heben wir die Hand,
Dann fällt mit unsern Herzen
Der Herrgott in das Land.

Hier verweigert die Lyrik, sich als moralischer Zuchtmeister der
Poesie missbrauchen zu lassen.

Bis auf den Roman von Remarque dienten alle hier genannten
Werke der literarischen und vor allem ideologischen Erschlie-
ßung und Rechtfertigung des Ersten Weltkrieges. Es ging um die
Formung einer Gedächtniskultur, einer typisierten Ästhetik des
Krieges, die sich radikal als bellizistisches Gebrauchsmedium im
Übergang von der Weimarer Replik zum Dritten Reich empfahl.
Die kulturelle Bedeutung bestimmter Autoren, welche die frei-
werdenden Positionen und Posten der exilierten Poeten einnahmen, wurde weniger durch ihre erfolgreiche Rezeptionsgeschich-
te entfacht als durch eine ihnen immanente und zweckdienliche
Qualität, literarische Propaganda oder propagandistische Literatur vorzubereiten oder aktuell abzuliefern. In der Erinnerung
und Durchleuchtung der NS-Vergangenheit zwischen Indoktrination und Kriegseinsatz beurteile ich unsere Schulliteratur heute
mit anderen Augen. Wie schon Martin Walser, der die im Dritten
Reich entstandene Literatur selegierte in eine die Welt eben nicht
erklärende, sondern als eine die Gegenwart verklärende Welt.

KAPITEL 15

DIE DEUTSCHE WOCHENSCHAU

Die „große Zeit" der Kino-Wochenschau begann erst mit dem Krieg. Bis 1939 hatten noch vier verschiedene Wochenschauen überlebt – „Ufa-Tonwoche", „Deulig-Ton-Woche", „Tobis-Wochenschau" und „Fox' Tönende Wochenschau". Ab dem 21. November 1940 wurden diese Produktionen zusammengelegt und offiziell wurde nur noch eine Wochenschau unter dem Generaltitel produziert: die „Deutsche Wochenschau". Die prägende Sprechstimme zum Erfolg lieh der Deutschen Wochenschau der Kommentator Harry Giese, dessen kernig militante Färbung uns ewig in den Ohren nisten sollte.

Schon ab 1939 wurden die Produktionen der verschiedenen Wochenschau-Firmen in der Wochenschauzentrale unter der Leitung des notorischen Judenhassers Fritz Hippler koordiniert. Die seit 1933 angebahnte Zensur und Lenkung wurde so bis in die Details der Abstimmung weiter „optimiert". Die Berichterstattung sollte nicht unkontrolliert von kritischen Zivilberichterstattern in der Etappe wie im Krieg geleistet werden, sondern von soldatischen Frontberichterstattern (also modern gesprochen von „embedded correspondents"), die als Personen und in ihren Beiträgen von der Heeresleitung und der Propagandaleitung gezielt gesteuert und ausgewählt wurden. Jetzt zahlte sich jene „Kinofreudigkeit" des deutschen Publikums aus, die Goebbels durch eine erhöhte Dosierung der ideologischen Droge in den NS-Filmen gewonnen hatte. Goebbels' Wochenschau war immer parteiisch und ohne die übliche Trennung zwischen Bericht und Kommentar. Die Sachdarstellung wurde zugunsten der heroischen Überhöhung in Bild-und-Ton-Montagen an den Rand gedrängt.

So sollte zunächst der Eindruck erweckt werden, sämtliche im großen Maßstab erfolgreichen Kriegsoperationen seien völlig risikofrei, planmäßig und reibungslos verlaufen. Der Krieg wirkte beinahe wie ein Manöver im Frieden, wie ein abenteuerlicher Ausflug ohne Hindernisse und großen Widerstand. So blieb der Schauwert des Krieges in der Erfolgswelle attraktiv, obwohl Goebbels sich über Durststrecken der Redundanzen mokiert hatte, weil seiner Meinung nach „der Krieg für die Darstellung des Krieges" fehlte. Das Kampfgeschehen schien sich also nicht immer der verordneten Kinoästhetik zu beugen.

Der historisch beglaubigte bellizistische und verlogene Aufschrei des „Führers" behauptete, der Kriegsbeginn, den er zeitgleich in seiner am 1. September 1939 im Radio gesendeten Reichstagsrede vermeldete, sei eine „defensive" Aktion aufgrund eines von eigenen Schergen fingierten Überfalls auf den Sender Gleiwitz: „Seit 5 Uhr 45 wird jetzt zurückgeschossen" (der aktuelle Angriff hatte aber schon pünktlich genau eine Stunde früher begonnen). Ab diesem ersten Tag des längst geplanten Polenfeldzugs nahm Goebbels auch die Wochenschau in Geiselhaft. Von jetzt an funktionierte die Propagandamaschinerie als kinematische Paramnesie des Krieges wie geschmiert. Goebbels' Wochenschau spiegelt nicht die Wirklichkeit wider, sie kontrolliert sie. Was beim Einmarsch in das Rheinland 1936 als Generalprobe erfolgreich geübt worden war, erfuhr in der überschäumenden Kriegsbegeisterung seine Perfektion. Die Wochenschau sollte uns große Augen machen. Gemeinsam mit den deutschen Truppen, die am 1. September 1939 über Polen herfielen, marschierte gleich ein halbes Dutzend Propagandakompanien mit, die der Öffentlichkeit ein packendes, „naturgetreues" Bild von den „Blitzsiegen" auf polnischen Schlachtfeldern vermitteln sollten. Die Morgenröte des Aufbruchs in eine siegesgewisse Zukunft färbte alle Wochenschauen und die Gemüter derer, die dem erbarmungslosen Blitzkrieg im bequemen Kinosessel beiwohnten.

Die mit den Wochenschauen suggerierte heldenhafte Tatkraft demonstrierte die Stärke der Wehrmacht unter der Naziführung. Die Beiträge sollten später selbst dann noch den Eindruck von erfolgreichen Vormärschen vortäuschen, als die deutschen Armeen längst den Rückzug antreten mussten. Wie nachhaltig die Wochenschau seit ihrer Zentralisierung in Goebbels' Propagandaministerium durch die Suggestivkraft der Bilder auf große Publikumsresonanz stieß, erhellt die Statistik. Damals noch ohne Fernsehen, stieg der Kinobesuch im Juni 1940 aufgrund der Neugier auf aktuelle Frontberichterstattung, nicht nur der Eltern von Söhnen an der Front, im Vergleich zum Vorjahr um 90 Prozent. Die Wochenschau war jedem Spielfilm vorgeschaltet, ihre voyeuristische Erzählperspektive sollte die Gemüter in die „richtige Richtung" lenken.

Die thematischen Anteile in der neuausgerichteten deutschen Wochenschau in der Statistik 1935:

Politik	46,8 %
Sport	26,6 %
Wissenschaft und Technik	15,7 %
Feuilleton	6,9 %
„Sensationen"	4,0 %

Während des Krieges schrumpften die nichtpolitischen Themen häufig auf insgesamt fünf Prozent, es dominierten die Politik- und Kriegsberichterstattung. Die Schau- und Unterhaltungswerte sollten nun mehr oder minder erfolgreich als Unterfutter in die Darstellung der strengen Thematik von Politik und Krieg unter Hitlers Kommando selbst eingefüttert werden. Umgekehrt zeigte der Anstieg von Unterhaltungsinhalten im Kriegsrahmen selber an, wie wenig Politik und Militär „mangels" markanter Ereignisse und Erfolge mitzuteilen hatten. Während Wochenschauen nach 1933 von acht auf weit über mindestens elf Minuten ausgedehnt und im erfolgreichen Frankreichfeldzug immer ausführlicher gerieten, fielen längere Kinobeiträge zum Russlandfeldzug ab Sommer 1941 kürzer aus. Die Wochenschau ab Ende 1944 und im Frühjahr 1945 nahm nur noch 10 Minuten in Anspruch.

Während vor dem Krieg von vier Wochenschaufirmen rund 400 Kopien hergestellt wurden, mit Laufzeiten bis zu 16 Wochen, um rund 5500 Lichtspielhäuser zu versorgen, erhöhte sich die Zahl bis 1943 auf 2400 Kopien pro Ausgabe. Damit kletterte auch der Aktualitätswert für die nun rascher versorgten Besucher wieder nach oben.

Ein funkenschlagender Propagandaminister mit seiner raffinierten dialektischen Eloquenz hat die Aufgabe des Films in Hitlers Koordinatensystem ganz vorne eingenordet. „Der Film hat heute

eine staatspolitische Funktion zu erfüllen. Er ist ein Erziehungsmittel des Volkes. Dieses Erziehungsmittel gehört – ob offen oder
getarnt, ist dabei ganz gleichgültig – in die Hände der Staatsführung" (Goebbels).

Die nationalsozialistische Kriegs-Wochenschau vermittelt den
bewusstseinsübermächtigen Eindruck oft unerklärter Faktizität,
deren dramatisierte Bilder den Zuschauer überrollen und in ihren Bann ziehen sollten. Die Aufnahmen sollten glauben machen,
sie seien unmittelbar an vorderster Front unter Todesgefahr aufgenommen worden. Der damalige Exportdirektor der „Tobis",
Kurt Hubert, versicherte im Herbst 1940, dass die Kameramänner „reguläre Soldaten sind, die, immer in den ersten Linien, die
volle Pflicht eines Soldaten erfüllen. Das erklärt die realistischen
Filme, die wir zeigen". Heinrich Roellenbleg, der Chef der Deutschen Wochenschau im Kriege ab 1943, vertrat die Ansicht, der
moderne Krieg fände nicht nur auf dem Schlachtfeld statt, sondern auch in Presse, Rundfunk und Film als Waffen einer „modernen Staatsführung neben die Formationen der Wehrmacht"
gestellt, „um zu ihrem Teil zur Entscheidung beizutragen".

Die Mitglieder der Propagandakompanien waren im Dienst an
der Waffe ausgebildet und wurden in Notfällen oft auch in blei-
haltiger Luft als Frontkämpfer eingesetzt. So hatten PK-Berichter
bei der Luftwaffe im Cockpit bei feindlichen Angriffen auch das
Maschinengewehr zu bedienen. Bis 1943 waren mehr als tausend
von ihnen entweder gefallen, wurden als vermisst gemeldet oder
als verwundet abgeschrieben. Die Luftwaffe unterschied Fern-,
Nah-, Seeaufklärung sowie Wettererkundung, je nach Abstand
zum Kampfgeschehen.

Im Zweifrontenkrieg im Dezember 1944 stand die Sowjetarmee
bereits in Ostpreußen und die Alliierten nach der Höllenschlacht
unter dem Stahlgewitterhimmel der Normandie vor der deutschen Westgrenze. In notorischer Selbsttäuschung verbreitete die
Wochenschau gleichwohl die Mär von der Vorwärtsstrategie, wie
sie etwa in der pathetischen Bildrhetorik in der pars pro toto-Aus-
gabe Nr. 747 von Anfang Januar 1945 zu beobachten war. Ihrem
Bericht zufolge wurden angeblich weiterhin Haus um Haus, Dorf
um Dorf genommen und ganze Panzerbrigaden zerschlagen. Die

aufgenommenen Bilder implizierten aber bereits deutlich Auflö-
sungserscheinungen in der übergeordneten Truppenführung und
auch der Kameradisziplin. Gleichwohl zeigt Joseph Goebbels
sich verwundert darüber, dass das deutsche Volk noch den Mut
aufbringe, überhaupt ins Kino zu gehen. Trotzdem sei es im größten Umfange der Anziehungskraft der Deutschen Wochenschau
gelungen, auf der Suche nach einem Bild der Wirklichkeit das
Publikum ins Kino zu locken, um im Gleichmarsch in die noch
offene Zukunft mitzulaufen. Dieser wohlfeil als beruhigender
Status quo gemeinte Satz datiert vom selben Tag, an dem die allerletzte Ausgabe der Deutschen Wochenschau in die Kinos kam.
Mangels beweiskräftiger Siegesszenen erschöpft sich der Bericht
ohne straffen Spannungsbogen in biederem, rein verbalem Akti-
vismus, wolkig allumfassend.

In der letzten Dezember-Ausgabe des Jahres 1944 (Deutsche
Wochenschau Nr. 746) war noch Goebbels geradezu ubiquitäre
Präsenz hinter jedem Bild tonangebend mit synchron dazu in die
Kamera siegesgewiss lächelnden Landsern. Der Kommentar wird
in seinem heroischen Tenor noch verstärkt durch hehre Wagner-
sche Musikkulisse mit den Donner-und-Blitz-Kaskaden Wotans
sowie mit Flugzeugdröhnung und Flak-Geräuschen: „Feuergar-
ben mähen den Himmel … Auf der Erde aber tobt die Materialschlacht in einem unvorstellbaren Maße. Wände aus Feuer und
Stahl stehen vor und zwischen den Kämpfern auf beiden Seiten
und schaffen eine Zone, die unüberwindlich scheint."

Nach einer kurzen Sendepause zum Ultimo des Deutschen Reiches am 8. Mai 1945 schildert die jetzt von Amerikanern und Engländern gemeinsam in der Münchener Bavaria produzierte „Welt
im Film" bereits zehn Tage später am 18. Mai 1945 die Welt mit
anderen Augen. Allerdings auch mit bebilderten retrospektiven
Schuldzuweisungen, jetzt aus der Perspektive der alliierten Sieger.

Als Rückblende auf den Zenith von Hitlers Siegesrausch im
Frühjahr 1943 hatte die Deutsche Wochenschau in einem Konglomerat von Goebbels' Propagandakünsten noch sich selbst gefeiert. Aufgezählt wurden die Propagandabataillone aller Waffengattungen: 15000 Mann (und eine Frau: Leni Riefenstahl), davon
85 Filmberichterstatter des Heeres, 42 der Kriegsmarine, 46 der

Luftwaffe und allein 46 Filmreporter eigens für Hitlers oberste Kategorie: die Waffen-SS. Goebbels hatte nicht nur Montage und Ton persönlich überwacht. Vor allem die Interaktion zwischen Text und Kontext sollte das Publikum überrumpeln. Seine Generalanweisung ab der furiosen Niederlage von Stalingrad lautet jetzt kriegspsychologisch: Die deutschen Truppen und Panzer durften nun nur noch von links nach rechts über die Leinwand düsen, weil dies nach den Gesetzen der Wahrnehmung psychologisch gesehen eine siegreiche Vorwärtsperspektive insinuiere.

In der letzten Weihnacht unterm Hakenkreuz, am 24. Dezember 1944, verschmilzt Goebbels' triviales Pathos mit jenem Vers aus dem „Vorwärts! Vorwärts!"-Lied, in dem die Fahne in die Ewigkeit zu führen verhieß, jenes Emblem zwischen Kampfgeist und Leichentuch. Dessen heroische Forderungen haben viele dann auch in der Realität mit dem Tod bezahlt. In dieser Ringsendung des Deutschlandsenders verhöhnt Goebbels über die Ätherwellen mehr die gefallenen Helden als er die darum Trauernden tröstet: „Über die Gräber vorwärts!" (Das Losungswort für die Märtyrer-Propaganda seit Horst Wessel). „Die Toten sind stärkere Heere als wir auf dem Lande, als wir auf dem Meere. Sie schreiten uns voran. Im Lärm der Schlachten des Krieges gingen sie von uns. Beim Dröhnen der Glocken eines siegreichen Friedens werden sie zu uns zurückkehren. Mehr als allen Lebenden sind wir Ihnen das Reich schuldig." Da für den unerschöpflichen Goebbels genug immer noch zu wenig war, sattelt er noch einen Doppelsatz drauf: „Das ist die einzige Forderung, die sie uns hinterlassen haben, sie gilt es zu erfüllen. Halten wir dafür unsere Hände und Herzen bereit, dann muss sich bald, wie der Dichter sagt, die Welt erneuern, wie ein junggeboren Kind." Der Chef der Reichsfilmkammer, Hans Weidemann, hatte schon im Frühjahr 1935 der Wochenschau ins Stammbuch diktiert: „Wir wollen in einer künstlerisch geformten Wochenschau die Möglichkeit der staatspolitischen, weltanschaulichen und volkserzieherischen Propaganda nutzen."

Das zynische Tondokument dieser Programmatik wird Hans-Jürgen Syberberg später in seinem zwischen dokumentarischer Erzählung, multipler Collage und theatraler Reinszenierung träumerisch und grotesk hin und her schaltenden Kompilationsfilm „Hitler, ein Film aus Deutschland" (1977/78) mit den Wahnvorstellungen und Schreckensbildern des Dritten Reiches kontrapunktieren.

Die Deutsche Wochenschau Nr. 749 von Mitte Januar 1945 warf ihren letzten Hoffnungsanker aus. Neben eher desolaten Bildern an der heimatlichen Volkssturmfront und sich zurückziehenden Soldatenkampfverbänden erblickt der Kinogänger unter dem musikalischen Walküren-Ritt einen Fernblick auf den Aufstieg einer V2-Rakete, der von Goebbels so apostrophierten Vergeltungswaffe 2, dem Prototyp späterer militärischer und ziviler Trägerraketen. Sie sollte ab Herbst 1944 im ballistischen Kampfeinsatz tatsächlich rund 8 000 Bürgern im Raum London und Antwerpen das Leben kosten.

Auf die Existenz einer solchen, den Krieg doch noch entscheidenden Wunderwaffe war das kriegsmüde deutsche Volk bereits seit Monaten durch gezielte Gerüchte und umherschwirrende Axiome vertröstet worden. Auch bei nachlassender Faszination versuchte Goebbels verzweifelt, noch die magische V-Waffe als voll einsatzfähig darzustellen, obwohl sie mit vielen Problemen hinsichtlich Start, Flugverhalten, Steuerung oder Zielgenauigkeit belastet, nicht hielt, was sie versprach. „Wir bringen die ersten Aufnahmen von V2 auf ihrem Flug nach England. Sie wurden aus Gründen der Geheimhaltung aus größerer Entfernung aufgenommen und geben nur einen schwachen Begriff vom wirklichen Größenverhältnis der V2."

Als Gegenfigur zum intellektuell-manipulativen Goebbels ließ der universell begabte Experte Albert Speer als Rüstungsminister in einem unmissverständlichen Appell energisch darum bitten, gefälligst „Vorsorge dafür zu treffen, dass ... Andeutungen über noch in der Zukunft liegende Erfolge unserer Rüstungsproduktion vermieden werden." Die Moralisten unter den Physikern Otto Hahn, Werner Heisenberg und C. F. von Weizsäcker dachten wohl insgeheim nicht wirklich daran, die Atomzertrümmerung, die Entwicklung der Uranmaschine und des Zyklotrons im Sinne der militärischen Nutzung von Kernenergie voranzutreiben und Hitler ein derartig verheerendes Vernichtungspotential dienstbar zu machen.

Die Deutsche Wochenschau Nr. 754 vom 16. März 1945 verfälscht völlig zerfahren in Raum und Zeit Vorgänge und Berichterstattung. Ich rekurriere auf die neun Sequenzen als pars pro toto maßstäblich für die Strukturen aller Kriegswochenschauen.

Die Nr. 754 kommentiert zunächst in **Sequenz 1 (Streik in Chicago)** ohne klare Zeitangabe wie ein aktuelles Ereignis, blu-

tige und tödlich verlaufende Auseinandersetzungen zwischen Tausenden schlecht bezahlter und streikender Tausenden amerikanischer Stahlarbeiter und Hunderten Chicagoer Polizisten in den USA (authentische, in den USA nicht zugelassene Aufnahmen zurückliegender Ereignisse vom 30.05.1937, dem Memorial Day).

Fast in einem Atemzug behauptet **Sequenz 2 (Westfront)**, deutsche Truppen befänden sich angesichts der schwachen Moral der in ihrem eigenen Heimatland schlecht behandelten Amerikaner noch immer im Vormarsch: „Das sind die Söldlinge eines ehrgeizigen USA-Generals, der abermals dicht an seinem Ziel vorbeiging.

Auch am Rhein sollte ihm ein Cannae gegen die deutschen Truppen nicht gelingen. Wie im Osten kämpfen hier deutsche Soldaten unerschüttert, solange Atem in ihnen ist. Das Gros der deutschen Armeegruppe hat mit allen schweren Waffen den ‚Strom' überschritten". Was der Film verschweigt, ist die Tatsache, dass die deutschen Truppen 1944 den Strom bereits auf ihrem Rückzug überschritten.

In **Sequenz 3 (Wlassow-Armee, links unten)** marschieren „die mit den modernsten Waffen ausgerüsteten Einheiten" des „Befreiungskomitees der Völker Russlands" an General Wlassow vorüber.

In **Sequenz 4 (Kurlandfront, oben)** rennen die Bolschewisten angeblich viermal gegen den Brückenkopf Kurland an, und „viermal wurde ihr Ansturm unter ungeheuren Verlusten an Menschen und Material abgeschlagen"

(wessen Verluste das waren, verschweigt der Kommentar). In **Sequenz 5 (Flüchtlinge in Ostpreußen)** gleiten pittoreske Segelschlitten oder ziehen armselige Trecks, die „von morgens bis abends reichen …", über das zugefrorene Haff „in den Schutz des Reiches". Riesige Viehherden mit gesunden Milchkühen nähmen denselben Weg. In **Sequenz 6 (Skorzeny, SS)**

verbreitet SS-Obersturmbannführer Otto Skorzeny, der damals populäre Volksheld und der Befreier des Duce (am 12.09.1943), zunächst Zuversicht angesichts zerstörter T-34-Panzer, in Form markiger Sätze frei nach Landsknechtsart: „Auch der Iwan ist zu schlagen. Das hat unser Haufen bewiesen."

In **Sequenz 7 (Front an der Lausitz)** überholt die Form den siegestrunkenen Inhalt: „In harten Gefechten wird durch Panzer und Infanterie Straße um

Straße gesäubert. Zwischen den brennenden Häusern arbeiten sich Grenadiere mit Panzerfäusten nach vorn, um die Reste der zurückgehenden Bolschewisten zu erledigen." „Auch im Raum um Görlitz ist wie im Westen der Krieg mehr denn je Sache des ganzen Volkes geworden."

In **Sequenz 8 (Autobahn, Dresden, Görlitz)** werden Kämpfe im Raum Görlitz als „mehr denn je" zur „Sache des ganzen Volkes" erklärt, in Hintergrund werde weiter industriell produziert.

In der **Sequenz 9 (Lauban)** konterkariert die Nachahmung der Befreiung der Stadt Lauban die Realität: „Gegen diesen Ort

vor Görlitz treten in den ersten Märztagen mit starker Schlachtfliegerunterstützung deutsche Panzer und Grenadiere zum Gegenangriff an. Nach tagelangen heißen Gefechten dringen die Deutschen am 6. März 1944 in die Stadt ein." Mehr als hundert T-34-Panzer sowie viele Stalinorgeln seien vernichtet worden. Nur zwei Monate später hat das müde und mürbe gewordene Herz des Dritten Reiches aufgehört zu schlagen. Diese Nachricht hat vielen Volksgenossen ebenso wie Hitlergegnern das Wasser in die Augen schießen lassen.

Die Sonne schmollt, als Dr. Goebbels „auf dem Marktplatz von Lauban" dem extra namentlich genannten 16-jährigen Hitlerjungen Wilhelm Hübner gratuliert, dem „vor wenigen Stunden" das Eiserne Kreuz an die junge Heldenbrust geheftet worden war.

Hübner wird in der Wochenschau 755 von 22.03.1945 noch einmal vor die Kamera gedrängt, um seine Leistung als Meldegänger im heftig umkämpften Lauban selber zu erläutern, anlässlich des Empfangs einer HJ-Abordnung durch den sichtlich schwächelnden Hitler im Garten der Reichskanzlei, in jenem letzten offiziell verbreiteten Kino-Dokument des noch lebenden „Führers".

„Ich habe ja unter anderem auch bei Nacht und Nebel durch das Gelände Meldungen gebracht, und weil ich eben das Gelände so gekannt hab, ist mir das Gott sei Dank verhältnismäßig leichtgefallen. Genau dahinter ist das Wäldchen, wo wir als Kinder gespielt haben. Es war das ideale Kinderspielgelände. Wir haben Krieg gespielt und abends haben wir uns Geschichten erzählt, wie es sein könnte, wenn da Waffen rumliegen. Und 1945 ist dies dann grausame Wahrheit geworden. Da war das hier ein furchtbares Kampfgebiet" (**Hitlerjunge Hübner, links unten**).

Zur medialen Auswertung seiner Heldenrolle beim Besuch in der Berliner Reichskanzlei äußert sich Hübner: „Da war an der Rückseite ein Hof. Hitler ist gekommen, hat jeden der 20 begrüßt, jeder hat Meldung gemacht und sagen müssen, wo er war im Einsatz. Nach meiner Meldung hat er mir so die Wange gestreichelt und hat so ungefähr gesagt, ich kann es jetzt nicht mehr genau wiederholen: ‚Brav, mein Junge'… Im Nachhinein, viel später dann, habe ich im Innern so ungefähr denken müssen, unser Adolf ist ein alter Mann geworden, man hat gesehen, dass er ein gebrochener Mann war."

Das letzte Aufgebot waren Schüler von 13, 14, 15 Jahren, die sogenannte Flakhelfer-Generation, die für eine größenwahnsinnige Ideologie geopfert wurden, für eine Weltanschauung, die in der Ausrottung der Juden und anderer sogenannter nichtgermanischer Rassen und Völker als das „humane" Ziel ihrer Jugend beschwor.

Die flammenden Goebbels-Worte waren die Akkumulation unrealistischer Fantasien eines fanatischen Ideenproduzenten. In seiner unbestrittenen Redekunst lag die Magie, die uns damals überrumpelte und unser Staunen hervorrief. Wie einst die Romantiker verlegt Goebbels die Spur des Volkstümlich-Magischen bis an die Grenzen des Begreifbaren und des Erträglichen. Erst recht hat Goebbels die Jugend mit Hochwertworten geheiligt wie Freiheit und Ehre, Ruhm und Fahne und – besonders großgeschrieben – dem Heldentod.

Verabsolutierte Affekte gehörten als Glanzpunkte einer virtuellen Realität zur Grundausstattung nationalsozialistischer Propaganda. Goebbels ist zu guter Letzt noch ein analoges Zitat aus

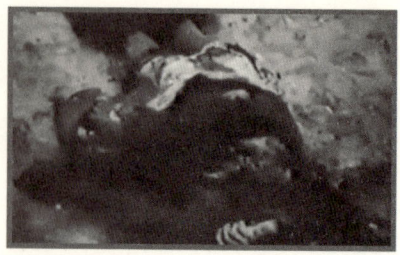

Friedrich Schillers „Jungfrau von Orleans" (1801) beigefallen: „Nichtswürdig ist die Nation, die nicht Ihr alles freudig setzt an ihre Ehre."

In **Sequenz 10 (russische Grausamkeiten)** geht Goebbels mit der Angstfalle hausieren. Durch explizite Schockbilder von toten älteren Zivilisten, vergewaltigten und ermordeten Frauen möchte Goebbels von der eigenen entsetzlichen Gnadenlosigkeit gegenüber Juden, Roma, Sinti und Russen ablenken, indem er ausschließlich Denunziationen des Feindes herbeizerrt. Die Vernichtung der Juden und der Bolschewiken verschwistert sich zuletzt zu einer einzigen Konstante, dem taumelnden Ende von Hitlers Größenwahn, „siegreich" noch bis zum Untergang. Im NS-Jargon ereifert sich Goebbels' Propaganda an der Deadline von Leben und Tod und Staatszusammenbruch in der letzten suggestiv bedrohlichen Wirkung: „Auch in diesem Gebiet haben die bolschewistischen Bestien die schlimmsten Verbrechen begangen. Das viehische Treiben dieser Untermenschen jagt jedem anständigen Deutschen das Blut in die Schläfen. Das sind die Untaten der Verbündeten Roosevelts christlicher Soldaten. Mordtaten von einem grauenhaften Sadismus haben auch hier den deutschen Soldaten gezeigt, dass es gegen diesen Gegner kein Wanken und kein Pardon mehr geben darf."

In Goebbels' Reden kontinuiert der Hass auf den Feind, mit furchtbar einseitig und selbstgerecht projizierten Bildern des Schreckens – ein mit monumentalem Ernst verfasster Anspruch mörderischer Superiorität. Hier wurde Goebbels' Ratschlag aus seinen frühen Kampftagen buchstäblich befolgt: Weil die Maschine „intakt" zu halten ist, „müssen wir jetzt wieder an die primitivsten Masseninstinkte appellieren".

In **Sequenz 11** triumphiert die mit einem Anschein von metaphysisch sanktionierter

Rhetorik des Joseph Goebbels im neurotischen Tonfall ein letztes Mal: Auf die ausgemergelten Gesichter der Rüstungsarbeiter, Funktionäre mit Gattinnen und kampfesmüden Soldaten weiß die Kamera bei entsprechend günstiger Beleuchtung einen letzten kargen Hoffnungsschimmer herbeizuzaubern, während sie der schwächelnd-höflichen Suada des Propagandaministers andächtig, aber auch wie gedankenverloren lauschen (11.03.1945). Von ganz oben im Wolkenkuckucksheim erschlägt er die blessierten Gemüter zur Andachtshaltung, als lebten er und der „Führer" mit ihrer monotonen Botschaft „Durchhalten-bis-zum-Endsieg" nicht in derselben Gegenwart wie wir in dieser zerrütteten Welt.

„Daß unsere Soldaten, wenn sie jetzt an diesem oder an jenem Teil der Ostfront zur Offensive antreten, keinen Pardon mehr kennen und keinen Pardon mehr geben [starker Beifall]. Jene Divisionen, die jetzt schon zu kleinen Offensiven angetreten sind und in den nächsten Wochen und Monaten zu Großoffensiven antreten werden [starker Beifall], werden sie in diesen Kampf hineingehen wie in einen Gottesdienst."

Nach den Bekenntnissen aus dem Seelenhaushalt von Hitlers bestem Agitator und blitzgescheiten Zeloten Joseph Goebbels trompetet dieser völlig aus dem Häuschen der Vernunft geraten ins Mikrophon „Seit an Seit" mit dem abwesenden „Führer": „Und wenn sie ihre Gewehre schultern und ihre Panzerfahrzeuge besteigen, dann haben sie nur ihre erschlagenen Kinder und geschändeten Frauen vor Augen und ein Schrei der Rache wird aus ihren Kehlen emporsteigen, vor dem der Feind erblassen wird [starker Beifall]. So, wie der Führer die Krisen der Vergangenheit bewältigt hat, so wird er diese bewältigen. Er ist fest davon überzeugt. Noch vorgestern sagte er mir: Ich glaube so fest daran, daß wir diese Krise bewältigen werden, und ich glaube so fest daran, daß wenn wir unsere neuen offensiven Armeen hinein werfen, daß wir den Feind schlagen und zurückjagen werden; und ich glaube so fest, daß wir eines Tages den Sieg an unsere Fahnen heften, wie ich je in meinem Leben an etwas fest geglaubt habe [starker Beifall]." Es folgt die Jubel-Anmache eines Funktionärs am Rednerpult: „Unserem Führer Adolf Hitler: Sieg Heil, Sieg Heil, Sieg Heil."

Ja, du musst es dreimal sagen, riet schon Mephisto einst dem
Dr. Faustus. Wie schon zur „Kampfzeit" stilisiert Goebbels auch
in den letzten Zügen der Agonie-Phase des Großdeutschen Reiches den Glauben an Hitlers Unbesiegbarkeit zur Religion des
doch kommenden Erfolges. In seinen Tagebüchern schreibt
Goebbels: „Allzu gescheite Propaganda ist keine Propaganda."
Dies gilt Philologen als Paradebeispiel für klangschwelgerisch
formulierten Phrasensumpf einer missbrauchten Semantik.

Reine Rhetorik, das war für Goebbels: Argument ohne Aufklärung und ohne Seelenführung, oft bis ins Wolkige verfließend.
Das Volk hatte im Vakuum der Verlusterfahrung zu leben gelernt.
Der mit ebenso simpler wie demagogischer Virtuosität gestaltete Wochenschau-Film ist ein historisches Dokument der letzten
siegverheißenden Goebbels-Diabolik, Verleugnung und Agitation am Massengrab des Dritten Reichs wird sicher in späteren
Rhetorik-Seminaren als exemplarisch für verbale, mimische und
gestische Suggestivwirkung analysiert werden. Bei seiner berühmt-berüchtigten Görlitzer Rede steht Goebbels im Zenith der
Selbsttäuschungen und gibt auch noch beredte Auskunft über den
Zustand der deutschen Massenseele im auslaufenden NS-Staat.

Goebbels war ein großer Virtuose darin, mit seinem Reichtum
an flinken Assoziationen das Volk zu tyrannisieren. Der Perspek-
tivenwechsel dieser mit bebendem Enthusiasmus abgesonderten
Rede wird in die Geschichte der Publizistik eingehen als Beispiel
für zügellose Demagogie, die aus jeder Niederlage einen Sieg zu
zaubern versteht und noch die Todeszuckungen als Genesung
und als Wiederauferstehung feiert. Obwohl in Filmen wie „Sieg
im Westen" (1941) Hitlers Truppen tatsächlich siegreich waren,
war Goebbels' damaliger Kommentar weit weniger euphorisch
als der gespenstische Kommentar im letzten Stadium des Untergangs und angesichts der unermesslich vielen Toten und Ver-
letzten. Bis zu 80 Millionen Menschen haben im Hitlerkrieg ihr
Leben, durch Kampf, Gewalt und Verbrechen, verloren!

„Nur dort, im Angesicht des Todes, war es möglich, dass die
germanische Unschuld sich in den Herzen der Besten hielt", beschwor Ernst Jünger schon 1930 jene deutsche Schicksalsstunde,
„die mythische Maße besäße". In diesem Sinne beanspruchte der

Nazistaat protzig, sich selbst zu verwirklichen und zu transzendieren. Obwohl auch die Wochenschau-Leute bereits 1941-45 wussten, was die Stunde geschlagen hatte, fabrizierten sie die Schwundstufe ihres Metiers gleichwohl mit den von Goebbels fabrizierten Texten, als einen höchst disparaten Frontalangriff auf sämtliche Sinne, die man heute für Berichterstattungs-Satire halten könnte. In der schleichenden Dimension der Angst des damaligen Publikums in seinen bittersten Stunden waren diese finalen Botschaften zynisch über die Bande gespielter blanker Hohn. Freilich hat Goebbels die Texte meistens höchstselbst auf das demagogische Niveau gesenkt, indem er die prekäre Relation von Fiktion und Realität als Prinzip konstituierte und nun vollends pervertierte. Er wusste die Stimmungen und Befindlichkeiten wie in einem Prisma zu bündeln. Goebbels ließ sich jede einzelne Wochenschau-Edition im Rohschnitt vorlegen, und korrigierte Tendenz und Kontext, um das Sinnbedürfnis der schlichten und gerade auch der gebildeten Volksgenossen mit einer Dosis Gefühlsschmalz zu sättigen.

Vor allem änderte er die Filmkommentare, bevor er mit dem Feinschnitt begann. Mit der Einspielung passender Musikpassagen versuchte er, den Erscheinungsbildern audiovisuellen Ereignischarakter zuzuschreiben. Mit dem melancholischen Fluidium der Vergeblichkeit getränkt zieht er in seine letzte Schlacht für die Ewigkeit. Als sein naher Blick im ausgebleichten Gesicht sich endwärts neigt, verstummt mit ihm endgültig auch die Suada der Deutschen Wochenschau.

Aus seinem Tagebucheintrag vom 8. Juli 1941 erfahren wir aus Goebbels eigener Feder, wie er die Wochenschau als sein ureigenstes Terrain für sich reklamierte, gerade auch in der Funktion der Schuldzuschiebung an historischen Brennpunkten von außerordentlicher Gewalt. „Abends die Wochenschau bearbeitet. Mit erschütternden Szenen der bolschewistischen Gräueltaten in Lemberg. Ein Furioso! Der Führer ruft an: Das sei die beste Wochenschau, die wir je gemacht hätten. Ich freue mich darüber sehr."

Die tagtäglichen Eintragungen in sein Diarium sind im Lichte heutiger Erkenntnis von geradezu singulärem Wert als quellenreichem Selbstzeugnis für das geölteste Propaganda-Räderwerk der Propaganda der Weltgeschichte. Sie erlauben aus authentischer Eingebung tiefere Einblicke in die Herrschaftsstrukturen des NS-Regimes. Goebbels war einem autosuggestiven Wahn verfallen, so wie wir es aus dem Blickwinkel der Hybris desjenigen erfahren, der gemeinsam mit Hitler das mächtige Hebelwerk der Diktatur bediente. Dessen Schraubenalphabet beherrschte Goebbels aus dem Effeff, um auch noch die Zerstörung Deutschlands und des alten Europas in den Kriegsjahren zu bewerkstelligen.

Die allerletzte Nachricht der im Einheitsprogramm des Großdeutschen Rundfunks zusammengeschlossenen Sender war die Ankündigung von Hitlers letalem Vermächtnis am 3. Mai 1945. Zwei Tage nach dieser mit Heroismusplomb verschleierten Meldung vom so ganz unrühmlichen Selbstmord Hitlers am 30. April hat der hitlerhörige Joseph Goebbels seine Nibelungentreue zum „Führer", seinem großen Vorbild („Adolf Hitler, ich liebe Dich"), in die Tat umgesetzt und mit einem Suizid quittiert. Ja, „gegen die großen Vorzüge eines anderen gibt es kein Rettungsmittel als die Liebe" (Goethe: Wahlverwandtschaften).

Einen Tag nach dem offiziell verschwiegenen Selbstmord von Goebbels, der seine Frau und Kinder in den Tod mit auf die ewige Reise nahm, bringt der Großdeutsche Rundfunk, unmittelbar vor seiner eigenen Abschaltung, die Meldung, fast unfeierlich banal und doch mehrdeutig: „Der Führer ist tot! Es lebe das Reich!"

Die Klangbotschaften Richard Wagners, das Hojotoho der Walküren und der Zaubertrank der Brangäne, der heilige Gral als Symbol einer nihilistischen Hoffnung, das Weltendrama um den „Ring" und der verbrecherische Weltkrieg des „Führers" und seines Herolds Goebbels – diese mörderische Horrorbilanz mit 80 Millionen Toten ist die dunkelste Epoche in der Geschichte des 20. Jahrhunderts.

KAPITEL 16

DAS „SCHICKSAL" DER JUDEN

Wie ein endloser Ariadnefaden zieht sich die Geschichte der Judenverfolgung mit einer ebenso langen Liste ihrer sozialen Diskriminierungen und Entrechtungen durch die Geschichtsbücher Europas. Der jüdische Glaube ist die älteste monotheistische Religion. In der Aufklärung wurde der jüdische Glaube durch Lessing in der Titelfigur „Nathan der Weise" (1779/83) gleichberechtigt und sogar aufklärerisch führend in Sachen Toleranz an die Seite des Islam gestellt, vertreten durch Sultan Saladin. Schauplatz war das Jerusalem des Dritten Kreuzzuges. Der Diskurs fand allerdings auf einer Ebene der späteren Natur- und Vernunftreligion statt, die historische Orthodoxien jeder einzelnen Religion bereits im menschheitlichen Optimismus eines weltbürgerlichen, interkulturellen und interreligiösen Denkens und Handelns überwunden wähnte.

Viele europäische Humanisten beanspruchten ihr Recht, mit der intensiven Rezeption umfangreicher jüdischer Texte die Traditionslinien des Alten und des Neuen Testaments zu vertiefen. Sie traten ein auch für die Toleranz zwischen den Religionen, was von den Kölner Dominikanern und ihrem Inquisitor Jakob van Hoogstraten erbittert bekämpft wurde. Erst die bürgerliche Gleichstellung in den USA 1776 und in Frankreich 1791 erzeugte einen Lichtblick am noch längst nicht repressionsfreien und gewaltlosen Horizont.

Mit wachsendem Einfluss und seiner Identifikation mit dem römischen Imperium oder anderen landesüblichen Staatsmächten hat sich das Christentum mit bewusster Ablösung vom Judentum und in militärischer Konfrontation mit dem Islam im Laufe der Zeiten zunehmend brutalere und systematische Mittel der Verfolgung auf sein Konto gehäuft. Das Ende der Diaspora, in der die Juden ihre kulturelle und religiöse Identität geradezu heroisch bewahrt hatten, wurde mit der Charta der Menschenrechte von

1948 und mit der Gründung des Staates Israel im gleichen Jahr
eingeläutet.

Unter der Einflusssphäre expandierender rassistischer Ideologie
entwickelten sich im 20. Jahrhundert nationalistische Bewegungen besonders in Deutschland mit Adolf Hitler ante portas: Unter
dem gottfernen „Regime" des sogenannten „Führers" hatten schon
seit 1923 viele seiner Anhänger sich bei den Nationalsozialisten
als Mitglieder verdingt, die nach der Wahl Hitlers im Schicksals-
jahr 1933 die Führungskader besetzten wie Ernst Röhm, Robert
Ley, Hermann Göring oder Rudolf Heß. Der spätere Stellvertreter des „Führers" Heß hatte für Hitler die „Interpunktion" für
dessen Buch „Mein Kampf" besorgt. Seit der Veröffentlichung
von „Mein Kampf" (1925), das Hitler im Gefängnis von Lands-

Gesetz zum Schutze des deutschen Blutes und der deutschen Ehre

Durchdrungen von der Erkenntnis, daß die Reinheit des deutschen Blutes die Voraussetzung für den Fortbestand des deutschen Volkes ist, und beseelt von dem unbeugsamen Willen, die deutsche Nation für alle Zukunft zu sichern, hat der Reichstag einstimmig das folgende Gesetz beschlossen, das hiermit verkündet wird.

§ 1

(1) Eheschließungen zwischen Juden und Staatsangehörigen deutschen oder artverwandten Blutes sind verboten. Trotzdem geschlossene Ehen sind nichtig, auch wenn sie zur Umgehung dieses Gesetzes im Auslande geschlossen sind.

(2) Die Nichtigkeitsklage kann nur der Staatsanwalt erheben.

§ 2

Außerehelicher Verkehr zwischen Juden und Staatsangehörigen deutschen oder artverwandten Blutes ist verboten.

§ 3

Juden dürfen weibliche Staatsangehörige deutschen oder artverwandten Blutes unter 45 Jahren nicht in ihrem Haushalt beschäftigen.

§ 4

(1) Juden ist das Hissen der Reichs- und Nationalflagge und das Zeigen der Reichsfarben verboten.

(2) Dagegen ist ihnen das Zeigen der jüdischen Farben gestattet. Die Ausübung dieser Befugnis steht unter staatlichem Schutz.

§ 5

(1) Wer dem Verbot des Paragraphen 1 zuwiderhandelt, wird mit Zuchthaus bestraft.

(2) Der Mann, der dem Verbot des Paragraphen 2 zuwiderhandelt, wird mit Gefängnis oder mit Zuchthaus bestraft.

(3) Wer den Bestimmungen der Paragraphen 3 oder 4 zuwiderhandelt, wird mit Gefängnis bis zu einem Jahr oder mit Geldstrafe oder mit einer dieser Strafen bestraft.

§ 6

Der Reichsminister des Innern erläßt im Einvernehmen mit dem Stellvertreter des Führers und dem Reichsminister der Justiz die zur Durchführung und Ergänzung des Gesetzes erforderlichen Rechts- und Verwaltungsvorschriften.

§ 7

Das Gesetz tritt am Tage nach der Verkündung, § 3 jedoch erst am 1. Januar 1936 in Kraft.

Nürnberg, 15. September 1935.

Der Führer und Reichskanzler.
Der Reichsminister des Innern.
Der Reichsminister der Justiz.
Der Stellvertreter des Führers.

berg am Lech verfasst hatte,
las sich die Lektüre wie eine
eindeutige judenhasserfüllte
große Obsession, deren
schreckliche Konsequenzen
aber niemand für realistisch
genug hielt, um Hitlers Absicht in ihrer menschenverachtenden Bedrohlichkeit
ernst zu nehmen.

Als Hitler am 30. Januar 1933 die Macht in Deutschland an
sich riss, sendete er mit Hilfe der geölten Maschinerie seines Judenhasses sogleich erste Signale aus, was er unter Ausmerzung
jüdischen Einflusses verstand. Mit einem reichsweit von Joseph
Goebbels befeuerten Aplomb wurden in den Großstädten unsägliche Schreckenstage der Bücherverbrennung organisiert, die
Bücher jüdischer Schriftsteller und demokratisch-intellektuel-
ler Autoren wurden ein Raub der Flammen. Damit übernahm
Goebbels imperiale und kirchliche Rituale der Vernichtung von
ketzerischen, häretischen und aufrührerischen Publikationen
wie sie Antike, Mittelalter und Neuzeit erzeugten. Um seiner
Obsession den notwendigen legalen Rahmen zu geben, erließ
Hitler am 15.09.1935 die mit sieben Siegeln versehenen ultimativen *Nürnberger Rassengesetze (links; oben die Frankfurter
Ehrenbürgerin und Auschwitzüberlebende Trude Simonsohn,
mit Salomon Korn, Arno Lustiger, Udo Corts, und H.H.).*
Jetzt war der Judenhass nicht mehr nur sozial erwünscht, die
Judenhatz wurde jetzt legalisiert: Schaufenster jüdischer Ge-
schäftsleute wurden mit Pflastersteinen in einen Scherbenhaufen
verwandelt, während die Polizei mit gezückten Gummiknüppeln
gelassen zuschaute. Antisemitische Plakate an den Litfaßsäulen verunglimpften die Juden im Jargon von Julius Streichers
Hetzblatt „Der Stürmer" als grotesk-alptraumhafte Karikaturen,
als „Untermenschen". Unappetitliche Schmährufe auf offener
Straße gehörten jetzt zum Alltag der Juden und griffen doch,
und damit noch viel schlimmer, alte antijudäische Folklore auf.
Nicht besonders zimperlich machten die feige Steine werfenden

Kolonnen nun vom Recht des Stärkeren Gebrauch, indem sie auch im grellen Tageslicht agierten. Die sogenannten Judengesetze waren der schreckliche Beginn eines staatlich beförderten rechtsfreien Raumes für die Jagd auf jüdische Frauen, Männer und Kinder im deutschen Reich. Wer noch immer nicht von der unaufhaltsamen und mörderischen Konsequenz der Nationalsozialisten überzeugt war, den hätten die schandbaren Ereignisse der „Reichskristallnacht" und das Niederbrennen von Synagogen eines Besseren belehrt haben müssen.

Die von Hitler an Himmler delegierte „Ausmerzung" der jüdischen Rasse wurde dem eisigen Wesen des „Reichsführer SS" zum passionierten Lebenszweck. Geradezu zwanghaft, mit deutscher Gründlichkeit und nihilistischem Zynismus von seiner Mordlust besessen, schickte er unter dem abgefälschten Gütezeichen „Made in Germany" Millionen Juden ins Purgatorium seiner 24 Konzentrations-„Stamm"-Lager und 1000 sogenannten Außenlager. Den Tod geweihten Juden wurden für ihre Reise in den Tod zynisch auch noch 50 Reichsmark Fahrtkosten abverlangt.

Die Orte des finstersten und massenmörderischen Nihilismus haben einen Namen: Buchenwald, Bergen-Belsen, Theresienstadt, Auschwitz, samt und sonders luziferische KZ-Fabriken des Todes. Himmlers Schergen haben in nur vier Jahren ein Drittel aller in Europa registrierten Juden grausam „liquidiert". Himmler zeigte sich mächtig stolz darauf, Hitler den „Vollzug der schwierigen Aufgabe" melden zu können: Sechs Millionen unschuldiger Menschen gehen auf das Konto der beiden „Meister aus Deutschland" (Celan) Hitler und Himmler, die Wotan gleich deren Schicksal bestimmten. Bereits bei ihrer Ankunft in den Konzentrationslagern begann an der berüchtigten Rampe des Todes die Selektion in noch Arbeitsfähige und jene, die kurzerhand als überflüssig stigmatisiert wurden. Viele der vergasten Männer hatten im Ersten Weltkrieg für ihren Kaiser gekämpft, manche trugen für ihre Tapferkeit das Eiserne Kreuz. 12000 Juden haben ihren Fronteinsatz fürs deutsche Vaterland mit ihrem Leben bezahlt. Sie alle hatten sich in der deutschen Kultur einmal zu Hause gefühlt – so sehr, dass am 1.

August 1914 mit Ausbruch von Weltkrieg I, der „Verband der Deutschen Juden" folgenden Aufruf an die deutschen Juden veröffentlicht hatte:

In schicksalernster Stunde ruft das Vaterland seine Söhne unter die Fahnen. Dass jeder deutsche Jude zu den Opfern an Gut und Blut bereit ist, die die Pflicht erheischt, ist selbstverständlich. Glaubensgenossen! Wir rufen Euch auf, über das Maß der Pflicht hinaus Eure Kräfte dem Vaterlande zu widmen! Eilet freiwillig zu den Fahnen!

Der erste Weltkrieg hatte begonnen. Damals wurden gefallene jüdische Soldaten noch mit dem nachhallenden Echo des gesungenen Abschiedsrituals von Philip Friedrich Silcher (1789-1860) gewürdigt:

Ich hatt' einen Kameraden, einen besseren find'st Du nicht.

Heute gehört die Erinnerung an das Purgatorium jüdischer Opfer des Nationalsozialismus zur selbstverständlichen Staatsräson des demokratischen Deutschlands, das die Schrecken von Diktatur, Verfolgung, Ermordung und Krieg nicht verdrängen, sondern als Memento mori dessen bewahren will, was nicht hätte geschehen dürfen. Imre Kertész nannte die zwölf Hitlerjahre eine „unannehmbare Geschichte". Micha Brumlik charakterisierte die Aufarbeitung von Hitlers Völkermord an den Juden Europas als eine „große Erzählung, die weltweit ein Menschenrechtsbewusstsein" generiert habe. Die deutsche Sprache gehörte einst zum festen Bildungsideal des säkularisierten und liberalen jüdischen Bildungsbürgertums der deutschen Juden. Um so mehr gehörte das Wissen um die Shoah zur politischen Bildung zukunftsfähiger Demokraten nach 1945.

Hitlers rabiater Antisemitismus berief sich auf die gefälschten „Protokolle der Weisen von Zion", die Ende des 19. Jahrhunderts in Umlauf gesetzt worden waren. Claus Leggewie nannte diese den „Urtext aller Konspirationen". Verlogen bis ins Mark, wurden darin angebliche Ziele der Juden benannt, wie Pläne für eine Weltherrschaft, um Andersgläubige zu unterjochen. Nichts anderes hatte der Nationalsozialismus selbst vor. Die Erinnerung an die Shoah wird ein essentieller Bestandteil der jüdischen Identität bleiben. Und sie ist ein essentieller Bestandteil jedes ernsthaften demokratischen Bewusstseins. Das Schicksal der Menschheit ist unteilbar.

„Jeder kennt unsere geschichtliche Last, die unvergängliche Schande, kein Tag, an dem sie uns nicht vorgehalten wird. Könnte es sein, dass die Intellektuellen, die sie uns vorhalten, dadurch, dass sie uns die Schande vorhalten, eine Sekunde lang der Illusion verfallen, sie hätten sich, weil sie wieder im grausamen Erinnerungsdienst gearbeitet haben, ein wenig entschuldigt, seien für einen Augenblick sogar näher bei den Opfern als bei den Tätern?"

Martin Walsers Satz aus seiner Friedenspreis-Rede in der Frankfurter Paulskirche 1998 wurde mit „standing ovations" bedacht, auch von Bundespräsident Roman Herzog. Wie ich sah, waren die einzigen, die empört auf ihren Sitzen verharrten, der Vorsitzende des Zentralrats der Juden Ignatz Bubis und seine Frau Ida und ihr Freund Friedrich Schorlemmer. Im Gegensatz zu Günter Grass hat Walser „sein Engagement nie für eine Pflicht des Schriftstellers gehalten" (2017).

Theodor W. Adorno meinte, nach Auschwitz könne man keine Gedichte mehr schreiben, dies sei barbarisch. Das erschütternde Auschwitz-Bühnenstück von Peter Weiss – „Die Ermittlung" (1965) – war eines der ersten wirkungsvollen Bühnenstücke, die nach 1945 versucht haben, die kollektiven Verdrängungsprozesse, zwischen Vergangenheit und Gegenwart, West und Ost, Politik und Theater, Bühne und Zuschauerraum in rigoros sachlichen Perspektiven-Wechseln aufzubrechen. Die „Ermittlung" war „ein Versuch, diesen Abgrund zu überspringen, der sich zwischen dem Wissen und der Erfahrung auftat" (Jörg Magenau).

Nach diesem Weltschmerz, Adornos Diktum bemühend, wonach Auschwitz nicht noch einmal sei, ist die allererste an Erziehung, habe ich in meiner Zeit danach als einer unumstößlichen kulturellen Bezugsgröße großgeschrieben. Konkret: Das erste jüdische Museum in der Bundesrepublik wurde 1988 zu einer wesentlichen Säule unseres Frankfurter Museumsufers.

KAPITEL 17

JUDENVERFOLGUNG IM DRITTEN REICH

EIN EXKURS

Im Rückblick auf die Geschichte ist auch die eigene Vergangenheit im großen Weltschmerz und in kritischer Zerrissenheit konfiguriert, wie im Hinblick auf die leidvolle und wechselhafte Historie des Judentums. Wie ein Ariadnefaden begleiten und kreuzen Verdächtigung, Verfolgung und Demütigung, Verzweiflung, Not und Mord die Wege des jüdischen Volkes. Der Verlauf der Geschichte, der Idee nach eine fortschrittliche Progression, löst die Hoffnung auf eine langfristige Verbesserung der Verhältnisse nicht ein. Erst unter dem Humanitätsideal der Aufklärung Ende des 18. Jahrhunderts erlebte das aufstrebende jüdische Bürgertum eine längere Phase der Anerkennung als geachtete Mitbürger, allerdings blieb auch in diesen Jahren letztlich die Taufe das Eintrittsbillet in die deutsche Gesellschaft. In einigen anderen Ländern mit resistentem Antijudaismus bzw. seiner modernisierten Form, dem Antisemitismus, grassierte dieser zeitübergreifende Virus des Hasses mehr oder weniger latent weiter, wie zum Beispiel antisemitische Haltungen in Frankreich, Deutschland und besonders die latente Judenfeindlichkeit in Polen bis heute belegen.

Die große Zäsur in der Geschichte gegen Ende der Weimarer Republik markiert auch das Schicksalsdatum für die Juden: der 30. Januar 1933, als Adolf Hitler mit dem Segen von Reichspräsident Paul von Hindenburg als Reichskanzler die Macht ergreift. Um den in Nazi-Deutschland doch wieder aufschäumenden Antisemitismus im Prisma von dessen organisierter Kontinuität und rücksichtsloser Fokussierung im Unheil der vom Regime herbeigewünschten und exekutierten „Endlösung" besser nachvollziehen zu können, werden signifikante Faktoren und Eckdaten inhaltlich und zeitkohärent skizziert, um die Logik des Ungeheuerlichen einzukreisen.

In „Mein Kampf" fand Hitler in den Themen Rasse und Lebensraum sein Mantra, und zwar auf materialistisch-biologistischer Ebene. Doch das war nur diese eine Hälfte seiner Ideologie. Seine Phantasmen verbanden sich zu weiterer bösartiger Nahrung. Im breiten Strom des von vielen Vorgängerideologien um 1900 besetzten „Antisemitismus" bestand das kennzeichnende unausrottbare Schlüsselwort, für den auch spirituell, religiös verbrämten Katechismus des neuen Messias Adolf Hitler, den er in seinem teuflischen Regelwerk „Mein Kampf" verlautbarte. Dabei brach der politisierende Biologismus stärker als der politisierende Spiritualismus hervor. Und doch waren beide die Pole einer zwischen vager Biographie und noch vagerer politischer Programmatik schwankenden Selbstüberschätzung. Selbst noch die platteste Propaganda wurde hochstilisiert zur säkularen Offenbarung an die urteilsschwachen Massen, ohne völlig dem religiösen Muster auf den Leim zu gehen, sich aber schamlos bei ihm zu bedienen. Die religiöse Hülle war die gezielte Camouflage seines radikal rassistischen Konzepts, und zugleich war sie der Köder gegenüber einer Mehrheit von deutschen und österreichischen „normalen" Bürgern.

In seiner Gefängniszelle in Landsberg am Lech wurde sein nur scheinbar „wissenschaftlich" systematisierter Judenhass als Ausdruck seines seltsam methodischen Größenwahns vor aller Welt ruchbar. Hitler sah in der ungleich stärker multiethnischen Welt Wiens die Juden nicht als Bürger unter anderen an, sondern als eine rassisch und religiös abgesonderte Volksgruppe. Dabei verwirrt er auf krudeste Weise antijüdische Klischees mit kleinbürgerlich-reaktionären Zivilisations-Abwertungen. Auch der politische Unterschied zwischen dem zionistischen, auf einem eigenen Staat insistierenden orthodoxen Juden und dem etabliert-liberalen sei irrelevant. Schon die Wiener Moderne, ein pralles Füllhorn zwischen Hoch- und Volkskultur, Avantgarde und Tradition, Antisemitismus und klerikalem Austrofaschismus, sei für ihn durch die Presse in den Händen jüdischer Schreiber in eine antinationale und moralisch entfesselte Richtung „entartet" worden. Die Sozialdemokratie habe fast ausnahmslos jüdische Führer und „Apostel" mobilisiert, unter dem Banne des „marxistischen Irrsinns" und der Dialektik als „Zungenfertigkeit" und „Kunst der Lüge". Das plane Idiotische von Hitlers Ausführungen besteht vor allem darin, dass er den Hass als proton pseudos, als irrtumsfreies Grundgefühl und fehlerfreies Okular voraussetzt und instrumentalisiert.

Auch der Gegenpol zum Hass, seine angeblich authentische Liebe zum deutschen und germanischen Volk wird desavouiert. Ausgerechnet aus Hass soll ein Zwang und eine Pflicht zum Vertrauen in Liebe und Fürsorge folgen. Hitler nimmt in seiner verlogenen Seelenzergliederung als wütendes politisches Subjekt bereits die gruselig eindimensionale „Tiefen"-Perspektive des antisemitischen Voyeurismus vorweg, wie in den Propagandastreifen „Jud Süß" und „Der Ewige Jude" vollends erweislich. Hitlers Argumentation hebt sich ab von der relativ langweiligen Wagner-frommen und monumentalen Argumentation Houston Stewart Chamberlains in „Grundlagen des neunzehnten Jahrhunderts" (1899). Danach seien alle positiven Kulturleistungen von mitteleuropäischen Völkern und allbekannten Geistesgrößen aus ihrer Abstammung von rein arischem Geblüt zu erklären. Ja, sogar der Gottessohn Jesus Christus sei als ein nicht-semitisches, rein indogermanisches Prachtexemplar zu verstehen. Hitler wähnt indessen die Konstellation und Differenz von semitischer und germanischer Volkskraft, geistig und biologisch, als ein aggressiv und konfliktuös aufgeladenes Ganzes.

Indem Hitler die archaische und moderne Metaphorik des kulturellen und des biologischen Wirkungskreises kurzschließt, glaubt er, das „Judentum" selbst als Angstquotienten eines potenzierten Antisemitismus verstärken zu können. Die Schablone der Juden und der Moderne verklammert er verschwörungstheoretisch zu einem unheilschwangeren Geschehen. Angesichts dieser Bedrohung könne den Deutschen nur noch der Schutz einer radikalen Partei unter einem noch radikaleren Führer empfohlen werden.

Die Virulenz des Hitler'schen Diskurses besteht gerade darin, Intellektualität und Modernität gegeneinander „auszuspielen", um beide zwischen Biologie und Kultur sowohl politisch als auch wissenschaftlich noch unter seine Kontrolle zu bringen:

Siegt der Jude mit Hilfe seines marxistischen Glaubensbekennt-
nisses über die Völker dieser Welt, dann wird seine Krone der To-
tentanz der Menschheit sein, dann wird dieser Planet wieder wie
einst vor Jahrmillionen menschenleer durch den Äther ziehen.
Die ewige Natur rächt unerbittlich die Übertretung ihrer Ge-
bote.

So glaube ich heute im Sinne des allmächtigen Schöpfers zu
handeln:
Indem ich mich des Juden erwehre, kämpfe ich für das Werk des
Herrn. (Hitler)

Und mit gehobener Banalität, aber durchaus in der Sprache der
Verkündigung antizipiert Hitler schon das kommende Unheil
mit einer Wendung ins Grundsätzliche. Er bezieht sich hier wider besseres Wissens auf die „Protokolle der Weisen von Zion",
jene 1903 in Russland, später international erschienene angebliche „Dokumentation" einer „jüdischen Weltverschwörung".
Dieses Pamphlet wurde bereits 1921 von der Londoner Times
als Fälschung entlarvt. Hitlers Aussage über die „Protokolle der
Weisen von Zion" gilt auch für „Mein Kampf" selbst: „Wenn
dieses Buch erst einmal Gemeingut eines Volkes geworden sein
wird, darf die jüdische Gefahr auch schon als gebrochen gelten."
   Bemerkenswert ist, dass die fiktiven Juden im höchst unseri-
ösen „Zion-Protokoll" in Form einer theatralischen Weltverschwörung wilde Maßnahmen von Propaganda, Verachtung,
Größenwahn, Irreführung und Gewalt diskutieren, die exakt
Hitlers eigenem brachialen Niveau entspricht. In seiner Xeno-
phobie geht Hitler davon aus, dass „Juden" immer Fremde bleiben. Für Hitler sind die Juden eine politische Projektionsfigur
von hoher transformativer Kraft. Sie reicht zurück bis zu den
Horrorvorstellungen des frühen expressionistischen Stumm-
films.
   Parteiideologe Alfred Rosenberg schrieb 1923 einen ausführlichen Kommentar zu den „Protokollen der Weisen von Zion",
in dem er das Pamphlet als echte Dokumentation der geheimen
Beschlüsse eines jüdischen Zionistenkongresses fixierte. Der
Industrielle Henry Ford hatte sich bereits in seinem antisemiti-

schen, gleichwohl international erfolgreichen Buch „The International Jew" (1920-22) auf die „Protokolle" bezogen. Hitlers infernalischer Grundbass des politisch, biologisch und kulturell entfesselten Wahnsinns wäre für seine unsäglichen Verbrechen an den Menschen und speziell an den Juden ein viel zu schmaler Begriff. Vom Fixstern des abgründig verallgemeinerten Judenhasses getrieben, gibt Hitler sich in „Mein Kampf" mit blank geputztem Zynismus untröstlich: „Hätte man zu Kriegsbeginn und während des Krieges einmal zwölf- oder fünfzehntausend dieser hebräischen Volksverderber so unter Giftgas gehalten, wie Hunderttausende unserer allerbesten deutschen Arbeiter aus allen Schichten und Berufen es im Felde erdulden mußten, dann wäre das Millionenopfer der Front nicht vergeblich gewesen."

Schon sechs Wochen nach dem Einzug der Nationalsozialisten in den Reichstag, am 13. März 1933, beantragte deren Fraktion, wenn auch noch erfolglos, denjenigen „wegen Rasseverrat" mit Zuchthaus zu bestrafen, der „durch Vermischung mit Angehörigen der jüdischen Blutsgemeinschaft zur rassischen Verschlechterung und Verletzung des deutschen Volkes beiträgt". Spätestens jetzt hätten die bürgerlichen Parlamentarier wissen müssen, wohin Hitlers Rassenwahn die Juden noch treiben würde. Hitlers antisemitischer Mythos barg viel mehr als nur eine schreckliche Variante, ein Arsenal von Strategien, die allesamt von Goebbels sarkastisch höhnischem Wortschatz bagatellisiert wurden.

Mit welch obsessivem und systematischen Judenhass und biologistischer Gestaltungswut Hitler zu Werke ging, zeigt die Eile, mit der er nur zwei Monate nach seiner Wahl zum Reichskanzler das unheilschwangere „Ermächtigungsgesetz" am 24. März 1933 im Reichstag unter fulminanter Verletzung der Grundrechte und der parlamentarischen und ministeriellen Mitbestimmung durchgepaukt hatte. Damit wurde mit juristisch fein ausbuchstabierten Formeln auch die Verfolgung bzw. Entfernung politisch und religiös Anders-Denkender offiziell legalisiert, wie sie als erstes mit dem auf Hitler eingeschworenen „Gesetz zur Wiederherstellung des Berufsbeamtentums" vom 7. April 1933 rechtliche Wirklichkeit erlangte.

Seitdem lebten Juden, (570000 im Reich, 200000 in Österreich), und nicht nur sie, in Deutschland schon in weniger als im Zeitfenster einer Diaspora. Ihr Leben hing an einem seidenen Faden. Beamtete Juden, Hochschullehrer, Juristen, Künstler, Wissenschaftler, wurden schnurstracks in Pension oder in die Arbeitslosigkeit geschickt. Die Zulassung jüdischer Ärzte und Anwälte wurde suspendiert, die Apotheker verloren ihre Konzession. Zum allgemeinen Judenboykott hat Goebbels offiziell mit Plakaten auf Litfaßsäulen mobil gemacht. Gleichzeitig wurde mit dieser geschürten antisemitischen Gemütslage die bisherige gesellschaftliche Ebenbürtigkeit der Juden oppositionslos aufgekündigt. Bar jeder tiefgründigen Moral als Maß aller Dinge, wurden im Zuge der „Arisierung" durch einen „Grundwertekodex" die jüdischen Mitbürger mit diesem ultimativen Status des ceterum censeo ihrer Menschenwürde beraubt.

Der die Juden stigmatisierende David-Stern musste zunächst 1939 im besetzten Polen, dann ab 1941 im Reich, und in der Folge überall in den besetzten Gebieten als Kainszeichen der Degradierung ihrer Würde im öffentlichen Raum sichtbar zur Schau getragen werden. Nach ihrer Selbstdefinition der sozialen Kennzeichnung betrachteten die Juden sich als „deutsche Staatsbürger jüdischen Glaubens" mit eigenen ethischen und religiösen Vorstellungen.

Mit den skandalösen „Nürnberger Gesetzen", dem „Reichsbürgergesetz und Gesetz zum Schutze des deutschen Blutes und der deutschen Ehre" vom 15. September 1935 wurde für Juden das Ende des Status als gleichberechtigter Staatsbürger in Deutschland lauthals mit Pauken und Trompeten besiegelt. Damit war zugleich die juristisch-rechtliche Schneise für weitere Maßnahmen der Entrechtung, Verfolgung und möglichen Vernichtung gegen jüdische Bürger, und zwar ganz offiziell, juristisch und staatstragend geöffnet. Die massive und grundsätzliche Entrechtung der Juden auf dem Weg zur mitgedachten und mitgefühlten Vernichtung wurde zum gesetzlich ausformulierten Staatsziel. Mit diesem legitimierenden Trend begann die große Stunde der antisemitischen Büchsenspanner, die bald zu einer Exekutionskameraderie inflationieren sollte. Die Ausrottung des jüdischen Volkes entwickelte jetzt ihre eigene Dynamik.

Walter Benjamin stellte die Juden dar „als eine Elite in der Schar des Geistigen". Und Goethe erkannte, dass „das Barbarische das Nichtanerkennen des Vortrefflichen ist" (Goethe), das die Juden und besonders ihre Vertreter in Spitzenpositionen in der etablierten Kultur auszeichnete. „Das Wahre und Bessere in jedem Volk ist wohl vielmehr, was dem Kollektivsubjekt sich nicht einfügt, womöglich ihm widersteht", sagt Theodor W. Adorno.

Auf der Welle des Ressentiments reitend, mit einer weiteren Kautele, wurde das „Gesetz zur Änderung der Gewerbeordnung" vom 6. Juli 1938 durchgepeitscht: Jetzt verloren auch die noch im Land verbliebenen Juden ihr gesamtes Vermögen. Mit dem 5. Oktober 1938 wurden die Reisepässe jüdischer Bürger ungültig. Angesichts der Summe von immer dreisteren Entmutigungen hielt sich das normative emotionale Erregungspotential angesichts lauthals generalisierender Verdächtigungen durch eine deutsche Gesellschaft mit beschränkter Haftung in porösen Grenzen.

Der Warschauer Ghetto-Aufstand 1943, war ein für die Geschichte des Holocaust einmaliger Fall von bewaffnetem Widerstand auf jüdischer Seite. Die SS-Mörder waren es gewöhnt, die Passivität der großen Masse der eintreffenden polnischen und europäischen Juden, zwischen Warschau und Auschwitz, als angebliche parzifistische „Feigheit" hinzustellen und entsprechend ruchbar zu machen.

Der polnische Filmregisseur Jerzy Bossak hat über den fragilen Zustand des Warschauer Ghettos zwischen Wehrlosigkeit und Kampfbereitschaft einen aufwühlenden, ergreifenden Dokumentarfilm collagiert, mit authentischen Bildern von verzweifelten leibhaftigen Einsprüchen des Lebens gegen den Tod: Das ergreifende dokumentarische „Requiem für 500 000" (1963), das in Oberhausen uraufgeführt worden ist, erhielt dort den Großen Preis.

Mit Hitlers Segen wurden die Juden als gesetzlos und vogelfrei der Willkür ausgeliefert. Die antisemitischen Obsessionen des Führers fanden ihre teuflische Resonanz im Ghettoleben. Im Warschauer Ghetto waren seit seiner Errichtung im Oktober 1940 und seiner Ummauerung im November bis zu seiner Auflösung im Juli 1942 in größter Verdichtung über 445000 Personen auf 3,4 Quadratkilometer zu vegetieren verdammt. Numerisch waren das 30 Prozent der „angereicherten" Bevölkerung der Hauptstadt. In den Widersprüchen dieses völlig aufgeblähten Ghettos manifestierte sich die NS-Endlösungs-Politik nahe Treblinka und Auschwitz in der gesamten irrsinnigen Spannbreite zwischen Deportation, Konzentration und einer wie von selbst ablaufenden Vernichtung und Ausrottung jüdischer Bürger. Der Bedarf an kriegswichtigen Einsatzkräften wurde vom NS-Regime später durch Zwangsarbeiter, aber nicht oder ganz selten, von Juden gedeckt. Auschwitz teilte sich auf in ein Konzentrationslager, in ein Vernichtungslager und später wiederum in ein Industrielager. In der Liste, die Eichmann der Wannseekonferenz (20. Januar 1940) zur strategischen Entscheidung über die „Endlösung der Juden" vorlegte, waren bei insgesamt 11 Millionen Juden in Europa, allein für das Generalgouvernement Polen 2284000 jüdische Bürger aufgelistet, für die UdSSR 5 Millionen und die Ukraine 2,9 Millionen, die in Konsequenz manischer Sinnlosigkeit ihr Leben verloren haben.

Für „Requiem für 500000" recherchierte Bossak mit anderen historischen Filmaufnahmen aus dem noch überfüllten Ghetto, die auch von deutschen Soldaten offiziell oder zur privaten Erinnerung fotografiert worden waren. Diese und andere Materialien wurden dramaturgisch rhythmisiert oder auch in gewissen Einstellungen vergrößert, um mit den Fotos von Zwangsbewohnern des Ghettos aus der Anomymität einer abstrakten Inszenierung und der Flüchtigkeit des Lebens herauszureißen. Zumindest, um ihnen filmisch posthum eine eigene menschliche Identität zu geben, die auch kontrastiv zu den Klängen barocker Passions-Musik verstärkt wurde. Bossak gehörte einer Generation an, die nach den heroischen Dokumentar- und Propagandafilmen in politischen Auftragssituationen und künstlerischen Projekten den Neorealismus mitentwickelten: ähnlich wie die Russen Roman Karmen und Yelizavate Svilova, Editorin von Dziga Vertov (beide „Das Gericht der Völker" 1946).

In der mutigen Erhebung von 600 nur schwach bewaffneten jungen Mitgliedern der Jüdischen Kampforganisation im War-

schauer Ghetto ab dem 19. April 1943, gegen die zweite Depor-
tationswelle des SS-Führers Jürgen Stroop, leisteten die Aufständischen erbitterten Widerstand, bis zur völligen Zerstörung
des Ghettos und der Sprengung der Warschauer Synagoge am
16. Mai 1943. Von den restlichen 56000 Bewohnern, die der SS
am Ende in die blutigen Hände fielen, wurden 7000 allein ins
Vernichtungslager Treblinka deportiert.

Mein späterer Freund Jerzy Bossak hat den wehrlosen Bewohnern und wehrhaften Verteidigern des Warschauer Ghettos
mit seinem deprimierenden und ergreifenden Dokumentarfilm
„Requiem für Fünfhunderttausend" (1963) ein würdiges Epitaph gewidmet. In dem Dokumentarfilm „Majdanek, Friedhof
Europas" (August 1944) öffnet Bossak das Tor zu einem Lager,
das soeben erst von den zurückweichenden deutschen Landsern
und SS-Leuten verlassen wurde. In den Öfen der Krematorien
brannten noch die Leichen. Und kraftlose „Muselmänner" (so der
KZ-Lagerjargon für das finale Stadium des Hungertodes) hofften
in letzter Not, dass wenigstens ihre Kinder überleben würden.
Dass 1,5 Millionen jüdische Kinder vergast wurden, dafür hatten
Hitlers und Himmlers Henker perniziös gesorgt.

Außer im Warschauer Ghetto flammten in dem zuletzt auf pol-
nischem Boden errichteten Vernichtungslager Treblinka (August
1943) sowie im Vernichtungslager Sobibor (Oktober 1943) ebenfalls Rebellionen auf, die allen aufständischen Polen, Tschechen
und Russen das Leben kostete.

Am hohen NS-Feiertag, dem 9. November 1938, der an den
legendären Marsch der „alten Kameraden" 1923 auf die Feldherrnhalle erinnern sollte, gab Goebbels im Münchner Alten
Rathaus in seiner mit einem Stich ins schlichtweg Unheimliche
bejubelten judenfeindlichen Hetzrede den Startschuss für exzessive Judenpogrome als „scheinbar spontane Empörung" über die
Ermordung eines deutschen Diplomaten in Paris. Noch in derselben Novembernacht 1938 und am folgenden Tag wurde die
sogenannte „Reichskristallnacht" zu einem weiteren moralischen
Tiefpunkt nationalsozialistischer Verschlagenheit. Anlass war
das Pariser Attentat auf den deutschen Botschaftsrat Ernst vom
Rath durch den 17-jährigen Herschel Grynszpan. Dieser wollte

sich rächen für die widerrechtliche Ausweisung seiner Eltern und 15000 polnischer Juden, die mit Sonderzügen in ein noch nicht angegriffenes Polen deportiert wurden. Die Pogromnacht hätte eigentlich als Alarmzeichen für die Deutschen verstanden werden müssen, einer entmenschlichten, gnadenlosen, verrohten Politik ausgeliefert zu sein. SS und SA demolierten und verwüsteten 7500 jüdische Geschäfte, Schulen, Krankenhäuser und Wohnungen. Sie rühmten sich, weit über 1000 Synagogen in Brand gesetzt und jüdische Friedhöfe zerstört zu haben. Jüdische Bürger wurden gedemütigt und verhaftet: 30000 Männer in Zivil wurden öffentlichkeitswirksam flankiert von SS-Uniformierten, auf ihrem Marsch in die „Schutzhaft" der KZs Dachau, Buchenwald und Sachsenhausen.

Für die materiellen Schäden der „Reichskristallnacht" wurden den betroffenen Juden zwar bürokratisch schnell Entschädigungen gezahlt, die wie zum Hohn die erhaltenen Summen aber postwendend wieder beim staatlichen Fiskus zurückerstatten mussten. In der „Verordnung über eine Sühneleistung der Juden deutscher Staatsangehörigkeit" vom 12. November 1938 heißt es: „Die feindliche Haltung des Judentums gegenüber dem deutschen Volk und Reich, die auch vor feigen Mordtaten nicht zurückschreckt, erfordert entschiedene Abwehr und harte Sühne": „§ 1. Den Juden deutscher Staatsangehörigkeit in ihrer Gesamtheit wird die Zahlung einer Kontribution von 1000000000 Reichsmark an das Deutsche Reich auferlegt." Die jüdischen Mitbürger sollten auch noch die Zeche des Gewaltexzesses bezahlen.

Eine weitere Schikane folgte auf dem Fuße – das Verbot für Juden, Theater, Kino, Konzerte oder Kunstausstellungen und Museen zu besuchen. Goebbels nahm sowohl das Attentat in Paris als auch die Gewalt gegen inländische jüdische Bürger triumphal für Hitlers auch außenpolitisch immer aggressivere Position in Beschlag. Scheinheilig begründete er die weitgehende Zulassung des Unrechts an den Juden in Deutschland mit dem angeblichen Willen aller Deutschen. Dabei war das Bild bei der NSDAP und der breiten Öffentlichkeit eher gespalten. Die Nazi-Partei zählte 1938 immerhin noch fünf Millionen Mitglieder, aber nicht mehr lange.

Nach den Pogromen ist die Zahl der Ausreiseanträge mächtig angestiegen. Von der zeitlich begrenzten „Freiheit" der Juden, die den künftigen Todesfabriken Heinrich Himmlers rechtzeitig vor dem Ultimo noch den Rücken zu kehren gelang, haben allein 120 000 österreichische Juden rettenden Gebrauch gemacht. Insgesamt sind bis 1939 300 000 Juden ausgewandert. Sie alle sind der sich abzeichnenden „Endlösung der Judenfrage" zuvorgekommen. Wenigstens haben sie ihr rechtlos gewordenes Leben und ihre Würde noch rechtzeitig über die Grenze retten können.

Ins Exil vertrieben wurden auch zahlreiche Dichter, Schriftsteller und andere bedeutende Geistesgrößen, die Goebbels mit seiner bösen Intelligenz nicht nur als „gefährliche Brandstifter" verachtete, sondern gar als „Kadaver auf Urlaub" in den Pariser und Prager Emigranten-Cafés verspottete: Anna Seghers, Ernst Toller, Johannes R. Becher, Theodor W. Adorno, Max Horkheimer, Thomas und Heinrich Mann, Stefan Zweig oder Alfred Döblin und hundert andere mehr sind emigriert. Walter Benjamin nahm sich an der französisch-spanischen Grenze aus Angst vor der Festnahme das Leben, auch Ernst Toller und Kurt Tucholsky und Stefan Zweig bevorzugten den Suizid in einem Exil-Hotel in New York, um ihrer Verzweiflung über einen unsicheren Weltenlauf Ausdruck zu verleihen. Der Nobel-Friedenspreisträger Carl von Ossietzky starb an den Folgen seiner KZ-Haft. Frank Thiess ging in die „innere Emigration". Bertolt Brecht, dem wir allein 2 300 Gedichte verdanken, beschreibt das Empfinden der ins Exil verbannten Kollegen 1937 nüchtern und präzise: „Immer fand ich den Namen falsch, den man uns gab: Emigranten. Das heißt doch Auswandrer. Aber wir wanderten doch nicht aus, nach freiem Entschluss wählend ein andres Land. Wanderten wir doch auch nicht Ein in ein Land, dort zu bleiben, womöglich für immer Sondern wir flohen. Vertriebene sind wir, Verbannte. Und kein Heim, ein Exil soll das Land sein, das uns da aufnahm." Exil wurde zu einem großen Narrativ. Herta Müller fordert zu Recht für das Exil einen Erinnerungsort in Deutschland.

Ab dem 20. Mai 1941 gab es schließlich kein Entrinnen mehr. Das von Reinhard Heydrich radikalistisch geführte „Reichssicherungshauptamt" hatte jeglichem Fluchtgedanken jetzt einen dicken Riegel vorgeschoben. Die Deportationen in den Tod liefen ab 1941 mit deutscher Gründlichkeit auf vollen Touren. Den letzten Transport in den Tod ließ die fürchterliche Präsenz von Heinrich Himmler noch sechs Wochen vor Kriegsende am 27. März 1945 in Richtung Theresienstadt, dem Vorhof der Hölle Auschwitz, in verplombten Güterwagons auf die Gleise setzen. Mit dem Stigma kleinbürgerlicher Provinzialität behaftet, kompensierte Himmler sich als Meister der „Endlösung", um sich in die Annalen des Großdeutschen Verbrecherstaates mit blutroter Tinte einzuschreiben.

Viele Züge dampften in Richtung des sogenannten Altersghettos für Juden – Theresienstadt. In Wahrheit war dies aber ein „Endlager" für verlorene Seelen. Offiziell wurde die Internierung in Konzentrationslagern von Hermann Göring als zunächst „vorbeugende Polizeimaßnahme bzw. Schutzhaft gegenüber staatsfeindlichen Elementen" schöngeredet. Dabei wurden alle Juden Schritt für Schritt in die „Vernichtungsmaßnahmen" einbezogen, um im vielfachen Wortsinn „mundtot" gemacht zu werden und um im letzten Sinne keine Zeugen laufen zu lassen. Das NS-Staatswörterbuch wurde von Hitler und Goebbels mit ihren skandalösen Invektiven und Schmähungen und den camouflierten Verbrechen gegen Juden und Bürger geprägt.

Und die Kirche? Sie half nach dem Kriege dem calvinistisch-protestantischen Massenmörder und Vernichtungsbürokraten Adolf Eichmann, über das katholische Kloster Bozen und durch österreichische Größen aus dem Vatikan nach Argentinien zu entkommen. Erst im Frühjahr 1960 hat der israelische Geheimdienst Eichmann aus seinem längst international bekannten Aufenthaltsort in Argentinien entführt, so dass dieser in einem aufsehenerregenden Prozess 1961 in Jerusalem angeklagt und mit Zeugen, darunter vielen Überlebenden des Holocaust, konfrontiert werden konnte. Für schuldig befunden, wurde er zum Tode verurteilt und 1962 gehängt.

Warum hat nicht der Vatikan, warum hat Papst Pius XII. nicht frühzeitig öffentlich gegen die massenhafte Entrechtung und Ermordung jüdischer Bürger protestiert? Diese Frage nach dem versäumten christlich-moralischen Impetus haben sich nicht nur die zum Sterben verurteilten Lagerinsassen gestellt, sondern die ganze Welt. Um die Frage dieser Ungeheuerlichkeit des in Schweigen hingenommenen Geschehens in Deutschland und in den Todesfabriken zu beantworten, muss man in der kurzen Geschichte des NS-Systems tiefer schürfen, bis zurück zu Hitlers „Mein Kampf".

Im Auftrag Hitlers hat der stockkonservative Franz von Papen mit dem damaligen Kardinal Pacelli das sogenannte Reichskonkordat vom 20. Juli 1933 mit dem Heiligen Stuhl ausgehandelt. In diesem Akt salvatorischer Verklausulierung wird die „Freiheit des Bekenntnisses und der öffentlichen Ausübung der katholischen Religion" gewährleistet (Art. 1). Auch wird anerkannt, dass an deutschen Schulen katholischer Religionsunterricht stattfinden kann (Art. 20). Hitler wollte damit einem „Kulturkampf", wie zwischen dem protestantisch-säkularen Reichskanzler Bismarck und Papst Pius IX., sowie einem Kirchenkampf aus dem Wege gehen, wie in der Spaltung der Protestanten zwischen Bekennender Kirche und nationalsozialistisch orientierten „Deutschen Christen". Dem Führer ging es vorzüglich darum, die landeskirchliche Autonomie und Resistenz der Protestanten durch einen Reichsbischof, Ludwig Müller, zu brechen, und zugleich die katholische Kirche, ohne Rückhalt der in der Gleichschaltung 1933 aufgelösten politischen und sozialen Institutionen, ein Stück weit zu vereinnahmen. Öffentliche Auseinandersetzungen wollte Hitler tunlichst vermeiden, er hatte schließlich die vielen Protestanten und Katholiken in ihrer Uniform auch für zukünftige Kriege auf seiner Rechnung. Die endgültige Abrechnung mit der Kirche sollte ganz neuheidnisch nach dem gewonnenen Krieg erfolgen.

Das Konkordat, das aber nicht auch für das zum großdeutschen Reich annektierte Österreich galt (wo die katholische Kirche einen massiven Einfluss auf die staatliche Macht vor 1933 besaß), existiert sogar bis heute, nachdem das Bundesverfassungsgericht am 26. März 1957 entsprechend entschieden hat. Kardinal Pacelli ist als späterer Pabst Pius XII. mit diesem unverzeihlichen Schweigen zum historisch einzigartigen Genozid bis zu seinem seligen Ende die Antwort schuldig geblieben. Stattdessen betrieb

er katholische Realpolitik. Papst Pius' XII. Enzyklika „Mit brennender Sorge" vom 21. März 1937 thematisierte zwar die Bedrohung der Kirche durch Ausschreitungen und Vertragsverletzungen im Dritten Reich, aber ohne so weit zu gehen, das Konkordat
in Frage zu stellen. Diese Form der halb zurückgenommenen,
fast verschluckten Kritik gab auch den Diskurs für eine christliche Mehrheit in Deutschland vor. Da hat wohl der Weihrauch die
Wahrnehmung alles Entsetzlichen vernebelt, wie angesichts der
vielen Orte verlöschenden Lebens.

DIE WANNSEE-KONFERENZ

Die moralisch perfideste Entscheidung in der langen Kette der
NS-Verbrechen und Entwürdigungen jüdischer Menschen
in latenter Lebensgefahr fand am 20. Januar 1942 statt, am so
harmlos anmutenden schönen Berliner Wannsee. Auf der „Wannsee-Konferenz" wurden die organisatorischen Beiträge zur weiteren „Durchführung der angestrebten Endlösung der Judenfrage" in den Koordinaten verschiedener Regierungs-Ressorts
verhandelt. Die selbstverständlich von Hitler längst „angestrebte
Endlösung", die eine militärische Kontur durch den Polen- und
Russlandfeldzug und die dabei vollzogenen Deportationen und
Massenmorde erhielten, hatte nach Ansicht von Saul Friedländer „nichts Zufälliges". Am 20. Januar 1942 rief der wegen seiner Grausamkeit berüchtigte SS-Führer, der mit einer stählernen
Energie ausgestattete Reinhard Heydrich, der Mann mit dem
eisernen Herzen, die für die Durchführung zuständigen hochrangigen Schurken reziprok zusammen: Vertreter von SS, Generalgouvernement, Justizministerium, Rasse- und Siedlungsamt,
Staatsrechtlicher Abteilung der Parteikanzlei, Sicherheitspolizei
und SD, sowie Rosenbergs Ostministerium, Auswärtiges Amt,
Gestapo, Kriegswirtschaftsministerium und Innenministerium.
Die Schlüsselfigur Heydrich teilte dem 15köpfigen Mörderkartell gleich zu Beginn lakonisch mit, er sei von Göring beauftragt
worden, einen Gesamtplan für den Erfolg der Maßnahmen zu
erstellen und die Koordination und weitere Umsetzung zu leiten. Dies alles unter der Federführung von Heinrich Himmler,

Reichsführer SS, und der Deutschen Polizei. „Wannsee" galt künftig als Synonym für den bürokratischen und arbeitsteiligen Massenmord an den europäischen Juden.

Nach einem stärkenden Frühstück wurde am 20. Januar über den „verbleibenden Restbestand" der Juden verhandelt. Juden sollten künftig nicht mehr durch Erschießungen oder langwieriges Ersticken in Gaswagen und Gaskammern mittels Kohlenmonoxid aus laufenden Motoren zu Tode gequält werden. Jetzt sollten sie „unauffälliger, rascher und vor allem kostengünstiger" in Konzentrationslagern durch das Schädlingsvernichtungsmittel Zyklon B hingerichtet werden.

Währenddessen dehnte sich der Bereich von lokaler und weiträumiger Deportation bis auf die Ghettos von Lodz (unbenannt in Litzmannstadt), Minsk, Kowno, Riga, und Reval aus, verbunden mit einem Netz von Dependancen benachbarter Konzentrations- und Arbeitslager. Die mit Hitler paktierende Ukraine hat Heydrich als erste Republik bereits 1942 dem Führer stolz als „judenfrei" gemeldet.

Die Shoah war das grausamste staatlich organisierte Verbrechen der modernen Zeitgeschichte. Ein System aus zahllosen Spuren, die nicht verlöschen dürfen. Eine Vergangenheit, die sich weigert, zu vergehen.

Im März 1941 beauftragte der Reichsführer der SS Heinrich Himmler in Berlin seinen Spießgesellen Rudolf Höß zum Aufbau des KZ Auschwitz-Birkenau. Die Endlösung der Judenfrage sei jetzt die von Hitler ultimativ beschlossene Sache. Angesichts der großen Kapazität der Massendeportationen seien nicht mehr Erschießungen, sondern nur noch Gas als Tötungsinstrument einzusetzen. Unter Höß „testete" SS-Mann Karl Fritzsch erste industrielle Methoden der massenweisen Vergasung mit dem Schädlingsbekämpfungsmittel und Blausäurepräparat Zyklon B in einer Gaskammer. Dabei wurden sowjetische Kriegsgefangene in einem eigens abgedichteten Folterbunker, dem Block 11, ermordet. Die Gas-Methode wurde zunächst in einem steinernen Krematorium im Stammlager Auschwitz konsequent eingesetzt. Nach der Vergasung in entlegenen Bauernhäusern waren ab 1943 vier massive Gebäudekomplexe aus Stein, Stahl und Beton mit teils unterirdischen und teils ebenerdigen Gaskammern, Ventilationsanlagen und zugeordneten Krematorien und „Sammelschornsteinen" im Vernichtungslager Auschwitz-Birkenau fertiggestellt. Das Töten und Vernichten im industriellen Ausmaß nahm seinen Lauf. Primo Levi notierte: „Mit menschlichen Wesen schwer beladene Züge fuhren jeden Tag hinein und alles, was herauskam, war die Asche ihrer Körper, ihre Haare und das Gold ihrer Zähne." (A past we thought would never return, Corriere della Sera, 8. Mai 1974.)

Was öffentlich damals keiner zu sagen wagte, war, dass man allein schon in Himmlers Physiognomie das Abgrundböse hervorscheinen sah. Selbst ich als Pimpfenführer spürte eine instinktive Aversion, wie er mit randloser Brille auf der Kinoleinwand agierte. Mit seinem satanischen Meisterhenker Höß als Lagerkommandant und dem nicht minder mordsüchtigen SS-Schergen Adolf Eichmann waren sie das trio infernale, das mit triefendem Hohn den Tod durch Vergasen mit Zyklon B erfunden hat, um kostensparend die Vernichtung der Menschheit zu beschleunigen und zu „modernisieren".

Himmler betrachtete seine SS über einen vergänglichen Männerbund hinaus als einen Orden von Sippengemeinschaften, in denen genetisch geprüfte Männer und Frauen Lebensbünde für die Ewigkeit der Rasse schlossen. Himmlers SS war nichts weniger als eine genozidale Mordgesellschaft. Allein in dem kurzen Zeitfenster zwischen Mai und Oktober 1944 ließen sie fünfhunderttausend Juden auf grausame Weise allein in Auschwitz ermorden. In seiner unbarmherzigen Rede vor SS-Gruppenführern in Posen 1942 „rechtfertigte" Heinrich Himmler den rassenideologisch motivierten Völkermord als eine „schwere Aufgabe, bei deren Lösung die SS menschlich anständig geblieben sei". Himmler verstieg sich schließlich in die contra dictio in se: „Dies ist ein niemals geschriebenes und niemals zu schreibendes Ruhmesblatt unserer Geschichte".

In seiner skrupellosen Drohrede hatte Hitler mit hoher Signalwirkung zum 30. Januar 1939 herausgestellt, auf dem Pegel seiner nun internationalen Rolle zwischen Krieg und Frieden, seinem pathologischen Judenhass als projektives Steuerungsinstrument hemmungslos folgend, ohne dass mit hellem Entsetzen im politischen Ausland darauf reagiert worden wäre: „Wenn es dem internationalen Finanzjudentum in- und außerhalb Europas gelingen sollte, die Völker noch einmal in einen Weltkrieg zu stürzen, dann würde das Ergebnis nicht die Bolschewisierung der Erde und damit der Sieg des Judentums sein, sondern die Vernichtung der jüdischen Rasse in Europa."

Ohne Zögern und Zaudern wollten Hitlers engste Handlanger, die beiden Hassnaturen Himmler und Eichmann zum „Erfolg der Endlösung" in Form einer Kriegslogistik beitragen, in der Angriff und Eroberung, Ausbeutung und Vernichtung zu einem grausamen Verbrechenszyklus gegen die Menschlichkeit verzahnt wurden.

In der Nachkriegszeit setzte der Film „Nacht und Nebel" (1955) von Alain Resnais über die Judenvernichtung neue Maßstäbe und wurde so zum Gegenstand politischer Kontroversen. Er sollte im Wettbewerb um die Goldene Palme gezeigt werden. In dem erschütternden Filmdokument wurde der apokalyptische Furor der SS und ihrer Kollaborateure durch kühne Bildmontagen mit authentischen Zeugnissen vor aller Welt ausgebreitet; mit stillen Architekturaufnahmen der Spuren in Auschwitz und den poetischen Texten und der Stimme des Widerstandskämpfers und KZ-Überlebenden Jean Cayrol sowie dazu kontrastierende historische Schwarzweißbilder aus dem Machtbereich des Dritten Reiches. Als Jurymitglied der FIPRECI in Cannes habe ich selbst erlebt, wie die deutsche Filmdelegation wie von der Tarantel gestochen den Saal verließ, die deutsche Bundesregierung hatte beim französischen Außenministerium interveniert und verlangte die Absetzung des Films aus dem Programm in Cannes. Der Film wurde abgesetzt, aber überall in Sondervorführungen gezeigt, auch in Cannes und auf der im Sommer folgenden Berlinale 1956. Heftige Proteste und öffentliche Diskussionen engagierter Filmemacher und Autoren führten zu einer Umfrage, in der die Mehrheit der befragten deutschen Zuschauer den Film als wichtigen Beitrag zur Aufklärung wertschätzte.

In den finsteren Zeiten
Wird da auch gesungen werden?
Da wird auch gesungen werden
Von den finsteren Zeiten.

(Bertolt Brecht)

DIE PASSIVE ROLLE DER KIRCHEN

Warum haben die beiden großen Kirchen sich gescheut, den brodelnden Konflikt mit Hitlers Judenverfolgung rechtzeitig öffentlich auszutragen? Spätestens als die Rassegesetze 1935 und das Euthanasieprogramm im Reichstag einstimmig beschlossen wurden, hätte der Heilige Stuhl mit seiner allmächtigen Stimme Protest einlegen müssen, anstatt sich in feiger Ignoranz und parteiischer Berechnung wegzuducken. Gegen die Umsetzung der antisemitischen Theoreme in grausame Wirklichkeit hat die Katholische Kirche nicht deshalb zu opponieren gewagt, um das Konkordat zwischen dem Vatikan und Hitler nicht zu gefährden. Das im Sinne der staatlichen Einhegung vereinbarte Konkordat garantierte der Kirche in Deutschland gewisse Rechte, wie Religionsunterricht oder Kanzelfreiheit. In einer äußerst porösen Fassung des Konkordats wurde damit auch alles nicht schriftlich Vereinbarte indirekt im Voraus gutgeheißen. In diesen Kontext fügt sich die „Haltung" des Erzbischofs von München-Freising Michael Faulhaber, zeitweiliger Kriegsfeldprobst. Er war Befürworter des Konkordats vom November 1939 und entblödete sich nicht, „die wunderbare Errettung des Führers" nach dem Bürgerbräu-Attentat mit Beifall zu befeuern. Gegen Hitlers Judenvernichtung war seine Kanzel immun geblieben. Über diesen Frevel verlor der Oberhirte und Vertreter Gottes auf Erden kein öffentliches Wort. Gott blieb in Auschwitz abwesend.

Nicht die Institution Katholische Kirche, sondern einzelne mutige Gottesmänner wie der **„Löwe von Münster", Bischof Graf von Galen (rechts)** im katholisch geprägten Münsterland, ließen sich nicht mundtot machen. Von Galen hat als individuelle Autorität zwar den Einmarsch deutscher Truppen ins Rheinland 1936 öffentlich begrüßt. Aber 1941 wusste er mit wuchtiger Stimme

die Euthanasieverbrechen öffentlich zu geißeln. In seiner Rede vom 3. August 1941
wider die Euthanasie: „Wenn einmal zugegeben wird, das Recht zu haben, ‚unpro-
duktive‘ Mitmenschen zu töten, … dann
ist der Mord an uns allen, wenn wir alt und
altersschwach und damit unproduktiv werden, freigegeben“. Von Galen verstand sich
als Kronzeuge einer „Hierarchie der Wahrheiten“ des Thomas von Aquin. In diesem
Kontext hat er auch Alfred Rosenbergs

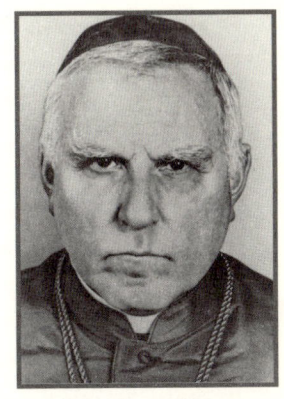

pseudo-philosophisches Werk „Der Mythus des 20. Jahrhunderts“ in seinem Kirchenblatt scharf abgekanzelt. Der Graf blieb
nur deshalb von Repressalien verschont, weil Hitler die Kampfmoral der katholisch gläubigen Soldaten auf russischem Boden
nicht schwächen wollte. Hitler hatte nur ein rein utilitaristisches
Verhältnis zur Kirche. So wurde das Konkordat nach der Annexi-
on Österreichs nicht auch aufs Großdeutsche Reich ausgeweitet.
Auch Konrad Graf von Preysing, Bischof von Berlin, brach aus
der Komplizenschaft mit dem Konkordat aus und wehrte sich mit
seiner Fülle des Wohllauts in Hirtenbriefen, indem er Verletzun-
gen des Konkordats öffentlich anprangerte. In seiner Predigt im
März 1941 polemisierte der Graf gegen Euthanasie-Maßnahmen
und versuchte, in Wort und Schrift die Judendeportationen öffentlich zu geißeln.

Die Evangelische Kirche hatte sich unter dem hitlerhörigen Bischof Ludwig Müller gleich schon im Mai 1933 überstürzt dem
Dritten Reich willfährig angedient. Als Vertreter der Deutschen
Christen propagierte Müller die Angleichung des Christentums
an die NS-Ideologie: nordischer Rassismus, Antisemitismus und
Unterstellung unter das Führerprinzip. Dagegen opponierte
die evangelische Bekennende Kirche, 1934 gegründet, die sich
als Bewahrerin der christlichen Lehre im Geiste der universel-
len Nächstenliebe verstand und weitere Infiltration und Gleichschaltung im Geiste der NS-orientierten „Deutschen Christen“
zu verhindern suchte. Prompt wurde Müller Vorsitzender der
„Deutschen Evangelischen Kirchen“. Im September 1933 wurde

er zum „Reichsbischof" mit dem einschüchternden Titel „Staatsrat" gekürt. Für den „ungläubigen Thomas" Joseph Goebbels ein gefälliger Vasall, der 28 Landeskirchen zu einer Art unio mystica zusammenschloss, die auch in Kenntnis der inhumanen Nürnberger Gesetze Gottes Segen dafür nicht verweigerte. Ab 1935 schrumpfte Müllers Einfluss zur Marginalie. Weil er nicht mehr gebraucht wurde, durfte er in seinem Wolkenkuckucksheim ohne weiteren Einfluss überwintern.

Von einem ganz anderen Kaliber war dagegen der Bischof der Evangelischen Württembergischen Landeskirche, Theophil Wurm. Er hatte im allgemeinen Taumel der Hitlerwahl 1933 zwar „die nationale Erhebung" begrüßt und war an der Gründung einer „Reichskirche" marginal beteiligt. Mit den Landeskirchen Bayern und Hannover widersetzte sich Württemberg auf der Linie der Bekennenden Kirche, im Widerstand gegen die nazifreundlichen Deutschen Christen. Nach seinem kompromisslosen Mentalitätswandel protestierte Wurm, dieser subversive letzte Mohikaner, 1941 energisch von seiner Kanzel „gegen den Judenmord". Im Oktober 1945 verkündete er reuig das „Schuldbekenntnis der Evangelischen Kirche". Die Shoah war für ihn unsäglich infernalischer als Dantes tief dunkle Höllen-Verse.

Einen Bruder im Geistes des Grafen von Galen darf man im gleichen Atemzug Martin Niemöller nennen. Der „unversenkbare" U-Boot-Fahrer im Ersten Weltkrieg und evangelische Pfarrer wurde 1938 von Hitlers „Gerichtsbarkeit" wegen fortgesetzten „Kanzelmissbrauchs" und wegen Verstoßes gegen das „Heimtückegesetz" zu sieben Monaten Gefängnis verurteilt. Danach überlebte Niemöller als „persönlicher Gefangener des Führers" mehrere Konzentrationslager. Andere geistreiche Gegner des NS-Regimes sahen im Totschweigen die einzige Möglichkeit, ihre persönliche Integrität und Amtsmacht zu wahren. Viel zu spät: Erst im Frühjahr 1946, hat Papst Pius XII. Graf von Galen immerhin zum Kardinal ernannt.

Es waren also nicht die kirchenhochamtlichen Institutionen, die sich trauten, Hitlers Größenwahn beim Namen zu nennen, sondern wenige versprengte individuelle tapfere Kirchenmänner, die ex officio, wie die genannten, die Ehre ihrer Kirche und das

Gewissen ihrer Gläubigen retten wollten. Weil man den scharf-züngigen Verstand der deutschen Geistlichen, insbesondere der Jesuiten und deren „gefährliches" Wissen fürchtete, wurden sie für einen Kriegseinsatz nicht für nützlich befunden, um die Reihen der Wehrmacht mit ihrem Wissensschatz nicht zu infizieren.

Gegen Prozesse des Vergessens und zur mahnenden Erinnerung an die Topographie des Terrors wurde in Berlin in der Nachbarschaft des Brandenburger Tores 2005 ein großes Mahnmal eingeweiht. Bundeskanzler Gerhard Schröders verpatzter Hinweis auf das Holocaustdenkmal, „zu dem man gerne hingeht", erzürnte zu Recht nicht nur den Zentralrat der Juden.

Hitler war kein „toller Mensch" im Sinne von Friedrich Nietzsches Parabel, er war kein kühner Gottesmörder, der die Erde von ihrer Sonne abkettete, sondern ein lustloser Plünderer von Geist und Kultur, ein Ausbeuter von Religion und Spiritualität. Und er war der größte Massenmörder der Deutschen Geschichte. Mit seinem Machtgehabe lähmte er Deutschland zwölf qualvolle Jahre lang. Im Ungeiste solch pseudomessianischer Botschaften ist meine Generation aufgewachsen und sozialisiert worden. Erst nach dem Ende der Hitlerdiktatur wurde in öffentlichen Prozessen gegen die Blutschergen des Dritten Reiches Anklage erhoben: im sogenannten Eichmann-Prozess 1961 in Jerusalem, der mit einem Todesurteil des Angeklagten endete. Die Auschwitz-Prozesse, die von dem unbeugsamen Hessischen Generalstaatsanwalt Fritz Bauer in Frankfurt in Gang gesetzt wurden, erregten (ab 1963) weltweite Aufmerksamkeit.

Was im Reich des „Führers" an Ungeheuerlichkeiten und Brutalitäten verschwiegen wurde, kam hier in den Berichten der Überlebenden der Todeslager unerbittlich ans Tageslicht der grausamen Wahrheit. Den vielen Deutschen, die während dieser Diktatur gelebt haben, hat es den Atem verschlagen und sie endlich zum Nachdenken gebracht, soweit sie nicht zu den 2300 Zivilisten in unseren verheerten Städten gehörten, die durch alliierte Bomben ums Leben gekommen sind.

Am Sonntag, dem 19. Oktober 1941 wurden in aller Herrgottsfrühe die ersten Frankfurter Juden überfallartig aus ihren Wohnungen gezerrt und zur „Sammelstelle" an der damaligen Groß-

markthalle verfrachtet. „Also, sie werden zur Arbeit geschickt.
Aber die ist nicht in der Nähe", so die lakonische Auskunft eines
Gestapomannes. Mehr als 1100 Frankfurter Juden wurden von
den Gleisen der Großmarkthalle mit Gleisanschluss zum Ost-
bahnhof direkt in das Ghetto von Lodz verbracht: Schicksalsgleise
in den Tod. Weitere Tausend landeten in Minsk, Wochen später
992 Personen in Litauen. Die in Güterwagen gepferchten Menschen wurden gleich nach ihrer Ankunft am Zielbahnhof erschossen. Später wurden Frankfurter jüdische Mitbürger in verplombten Viehwaggons auf die letzte Reise geschickt bei zugeklebten
Fenstern ohne Tageslicht. Aus der ehemaligen Großmarkthalle im
Ostend am Main ragt heute der Turm der Europäischen Zentral-
bank in den Himmel. Im Keller erinnert eine Gedenkstätte an die
tausenden Frankfurter Schicksale. Im Jahr 2017 verlieh der Ma-
gistrat Frankfurt der ehemaligen KZ-Insassin Trude Simonsohn
(s. Seite 337) endlich die Ehrenbürgerschaft.

Die 1941 nach Frankfurt zurückgekehrte Dichterin **Marie-Luise
Kaschnitz (rechts)** hatte dem Auschwitz-Prozess beigewohnt und
darüber in ihrem Zyklus „Zoon Politikon" (1965) folgendes ergreifende Gedicht in lyrischer Bildlichkeit verfasst:

So werden wir
Du Bruder und ich
Hinübergehen
Schuldig.
Denn freizusprechen ist keiner.
Eine Handvoll Erde
Ein Mundvoll Wein
Unsere Würde ein Kleid
Sie ziehens uns aus am Ende.
Nackt vor der Grube
Woran erinnert dich das?
Zu verstehen ist nichts.
Geh.
Weiter.
Bedenkliches aber
Und aber und abermals

Blechtrommler
Zündplätzchenkriege.
Lacht nur

Lacht nicht.

1942 verurteilte der Nürnberger Hauptkriegsverbrecherprozess die Mehrheit von Hitlers ziemlich besten Freunden als Spießgesellen zum Tode, „Death by hanging". Rudolf Heß erhielt lebenslänglich; Speer und Schirach wurden wegen ihrer klugen Strategie zwischen „mea-maxima-culpa" und gezielter Verdrängung vom Nürnberger Tribunal gnädigst zu nur zwanzig Jahren isolierter Einzelhaft verurteilt.

Erst 1955 hielt die Bundesregierung es für geboten, die UN-Völkermord-Konvention zu ratifizieren und einen entsprechenden Völkermordparagraphen (§ 220) in das Strafgesetzbuch aufzunehmen.

KAPITEL 18

DAS KONKORDAT

Am 20. Juli 1933 wurde das Konkordat zwischen dem Oberhaupt der römisch-katholischen Kirche in einem seit 1929 wieder unabhängigen Vatikanstaat und Hitlerdeutschland geschlossen. Der Vertrag untersagte der Kirche und ihren Verbänden politische Tätigkeiten und bereitete damit das Ende des offiziellen politischen Katholizismus vor. Es ließ aber auch den innerkirchlichen Aktivitäten auf dem Papier einen gewissen Spielraum, wie er noch heute besteht. Faktisch aber hielt sich das Dritte Reich kaum an diesen Konkordattext. Es waren indes mutige Kirchenmänner wie Clemens August Graf von Galen, Bischof von Münster, sowie viele Priester und Gläubige, die ihre Wut im Herzen trugen, aufgerüttelt nicht zuletzt von Galens philosophischen Impulsen. Mit markerschütternder Sprache wusste von Galen Gottes Wort als erhellenden Lichtstrahl zu entzünden.

Ebenfalls 1933 wurde der Deutsche Evangelische Kirchenbund mit 28 Landeskirchen im Dachverband der Deutschen Evangelischen Kirche (DEK) unter einen Hut gebracht. Aus dieser vervielfachten Dimension konnte im Sinne der Nationalsozialisten

und ihrer kirchlichen Sympathisanten, der „Deutschen Christen", eine evangelische Reichskirche aufkeimen. Angesichts der einhergehenden Sanktionen sind Württemberg, Bayern und Hannover resistent geblieben. Die Synthese von Christentum und Nationalsozialismus erwies ihre höchst eigene Sprengkraft. Der sich von Hitlers und eigenen Gnaden zum Landes- und „Reichsbischof" krönende **Ludwig Müller (links)**,

damals eine Leitfigur der „Deutschen Christen" und überzeugtes
NS-Parteimitglied seit 1931, versuchte Gemeinden und Landeskirchen zu entmachten, um seine eigene Dominanz im Episkopat
zu erhalten. Als Hitlers Berater in Kirchenfragen wurde er als Bischof an die Spitze der preußischen Landeskirche katapultiert und
erhielt den einschüchternden Titel „Staatsrat". Mit ungeschlach-
ter Syntax wollte Müller diese dann in den ihm aufoktroyierten
Dachverband überführen. Nun verordnete Müller die Eingliederung der evangelischen Jugend mit 500 000 Mitgliedern in die Hitlerjugend. Über jeden Verdacht erhaben, formierten sich auf der
anderen Seite die kritische Bekennende Kirche mit Exponenten
wie **Dietrich Bonhoeffer (unten, 1945 im KZ Flössenbürg hingerichtet)** und Martin Niemöller: Die Vektoren der öffentlichen
Debatte mochten energisch das evangelische Christentum und die
christliche Ethik in freier Glaubenspraxis nicht durch zentralistische säkulare Kontrolle und durch ein antisemitisch verdrehtes
Christus-Konzept verfälscht sehen. In seinem Radiovortrag kurz
nach Hitlers Machtübernahme unterscheidet Bonhoeffer scharf
zwischen Führungstypen kriterienloser Verführer, die hitlergleich
„verbrecherisch am Geführten wie an sich selbst" handelten. Im
Gegensatz zu Max Weber agierte er aus der „klaren Begrenzung

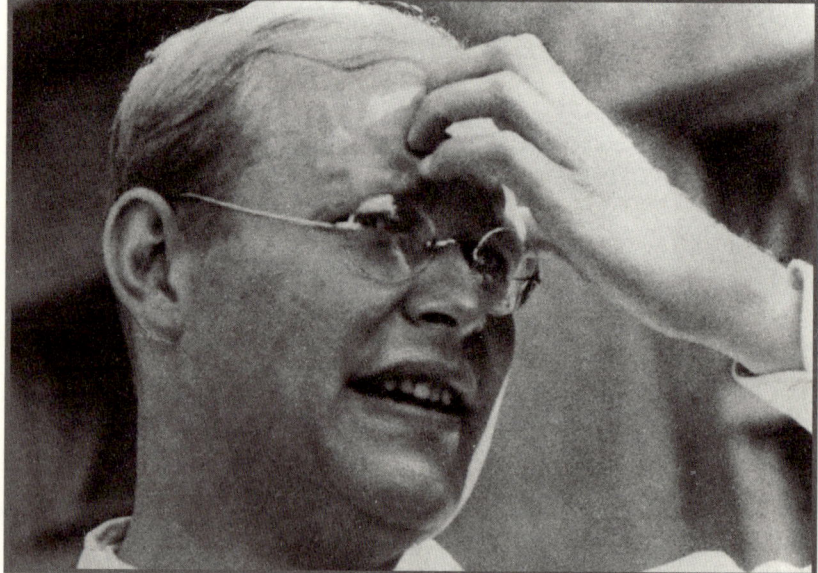

seiner Autorität" durch verantwortungsvolle Selbstreflexion: „Der echte Führer muss jederzeit enttäuschen können. Das gehört zu seiner Verantwortung und Sachlichkeit." (Weber) Dem unbestechlichen Theologen **Karl Barth (rechts)** wurde 1935 die Lehrerlaubnis an der Uni Bonn entzogen und auch als Autor wurde er aussortiert.

Die wissenschaftliche NS-Literatur feierte den gesamten Vorgang ebenso wie Baldur von Schirach als vollendete „Tatsache". (Wilhelm Flitner: Die Jugend im Kampf um Deutschland, 1933). **Martin Niemöller (siehe Seite 290)** („Was würde Jesus dazu sagen?") und **Kurt Gerstein (unten)**, der „umstrittene Christ", hatten mit unbedingtem Glauben an die Macht des Gedankens und ungebrochenem élan vital den Vertragstext ihres Reichsbischofs Ludwig Müller als Teufelswerk Lügen gestraft. Der Suprematismus der Nazis gegen den Klerus, der die Rettung seiner geistlichen Autonomie und deren Zukunftsprinzip des Humanismus einbüßte, konnte nach der großen Kernschmelze der NS-Ideologie sein himmlisches Finale feiern. Klerus, der die Rettung seiner geistlichen Autonomie und deren Zukunftsprinzip des Humanismus, konnte erst nach der großen Kernschmelze der NS-Ideologie sein himmlisches Finale feiern.

Das Schulministerium war durch das Konkordat gedeckt, und im Unterricht wurde das Fach Religion zugelassen. Weil viele Kirchgänger unter der Elternschaft im vorauseilenden Gehorsam aus der Kirche ausgetreten waren, trugen sie in ihren Pässen und Formblättern jetzt als Agnostiker mit dem Paradox „gottgläubig" ein. Beson-

ders in Großstädten ließen agnostisch gepolte Pauker den Religionsunterricht austrocknen: Wir Schüler mussten schließlich
schriftlich erklären, dass wir den Religionsunterricht wirklich
wollten. Während des Krieges fiel aus Mangel an Lehrkräften
grundsätzlich der Religionsunterricht aus. Die Kirchen organisierten bald private Bibelkurse. Im angeschlossenen Österreich
wurde gleich am 29. August 1939 gestattet, dem Religionsunterricht beizuwohnen, jeder Applikant musste aber von seinen Lehrern auf speziellen Listen notiert werden. Wer behielt den Mut,
sich einer solchen gestapomäßigen Kontrolle auszuliefern?

KAPITEL 19

„JUD SÜSS", „DER EWIGE JUDE", „DIE ROTH-
SCHILDS" UND ANDERE ANTISEMITISCHE FILME

Erst mit Kriegseintritt des verhassten „Judenstaates Amerika" (Goebbels) in Hitlers drittem Kriegsjahr 1941 gegen Japan und ein Jahr später auch gegen Deutschland wurden die Hetzfilme gegen das Judentum ungebremst für die von der Hitlerjugend organisierten Jugendfilmstunden mit grotesker Penetranz immer wieder vorgeführt. Diese Filmspecies sollte sowohl für das breite Kinopublikum wie für die uniformierte Jugend nicht ausdrücklich als „antisemitische Propagandafilme" deklariert werden. Diese Filme sollten vielmehr ihre unbewusste Wirkung voll als Unterhaltungsgenre bzw. als „Dokumentarfilm" entfalten („Der Ewige Jude"). Der Antisemitismus sollte gleichsam als „objektiver Tatbestand" in der Spielfilmhandlung oder in den dokumentierten Ereignissen audiovisuell beglaubigt werden. Dass man sich dabei aller möglichen rhetorischen und propagandistischen Tricks und Verfälschungen bedient hat, das versteht sich rückblickend von selbst.

Die antisemitische Stoßrichtung wurde zugleich mit anderen „Feindlinien" verknüpft. Je nach politischer Lage nahm Joseph Goebbels antibritische, antisowjetische oder antiamerikanische Produktionen ins Visier oder entzog ihre Erzeugnisse nach der Premiere vorläufig wieder den Filmtheatern. So im Falle der nationalsozialistischen Gegenproduktion zu Sergej Eisensteins Revolutionsfilm „Panzerkreuzer Potemkin" (1925), mit dem Titel „Panzerkreuzer Sebastopol" (Regie Karl Anton, 1937), einem an der deutschen und amerikanischen Kinokasse erfolgreichen Putsch-Drama. Der deutsche Film nimmt Bezug auf das Revolutionsjahr 1917, in einem sinnlosen Plünderungs-und-Mord-Szenario, das vom politischen Pathos revolutionärer Aufstände aber nichts übrig ließ. Nach der diplomatischen Einigung im Hitler-Stalin-Pakt Ende August 1939 verschwand der Film aus den deutschen Kinos. Mit Beginn des Angriffs auf die Sowjetunion ab dem 22. Juni 1941 lief der Film wieder auf Hochtouren, diesmal unter dem aggressiveren Titel „Rote Bestien".

Der antibritische Film „Titanic" (Regie Werner Klingler), ein Gesellschaftsdrama mit einem frei erfundenen vorbildlichen deutschen Offizier auf dem 1912 zum Untergang geweihten Passagierschiff, war seit 1940 in Planung, es erreichte aber erst 1943 die Kinoleinwände. Der Film war allerdings nur im besetzten Ausland zu würdigen, solange Goebbels glaubte, das Thema Untergang könnte womöglich leicht mit der kritischen Lage des Deutschen Reiches assoziiert werden. Die Schiffskatastrophe verband sich mit dem Thema der Börsenspekulation. Ähnliches wurde in „Die Rothschilds" (1940) ein Jahr später praktiziert unter dem Titel: „Die Rothschilds. Aktien auf Waterloo" (1941). Historisch frühe internationale Bank- und Börsengeschäfte zwischen Frankfurt, Mailand, Paris und London, anlässlich der Finanzierung der alliierten Kriegsparteien gegen den aus dem Exil Elba zurückkehrenden Napoleon. Der Handel mit Ankauf und Verkauf von Goldreserven, Wertpapieren sowie Staatsanleihen, wird auf jene einzige „jüdische Falschmeldung" durch Nathan Rothschild in der Börsenwelt reduziert, Napoleon habe in Waterloo gesiegt (1815), um Kleinanleger, private und staatliche Handelspartner durch diese fingierte Börsenpanik mithilfe von Brieftaubenfunk komplett zu übervorteilen.

Und in dem antijüdischen Film „Leinen aus Irland" von Heinz Helbig (1939) geht es um die nationalen Folgen von Billigimporten für die heimische Produktion. Das jugendliche deutsche Publikum in Uniform reagierte entsprechend emotionalisiert in den Filmtheatern oder Schulen, in denen die Veranstaltungen meist im feierlichen Rahmen große Aufmerksamkeit fanden. Speziell die antisemitischen Filme sind vorsorglich schon 1940 hergestellt worden, um durch ihren zeitnahen gemeinsamen Einsatz mit einer desto größeren Wucht den antisemitischen Wirkungseffekt zu sichern: Der Film von Veit Harlan „Jud Süß" (1940) wurde mit der Premiere auf den Internationalen Festspielen in Venedig am 5. September mit einem Preis bedacht. Der schmähliche Hetzfilm „Die Rothschilds" (Regie Erich Waschneck) feierte im Juli

1941 Premiere. Voller bedrückender Momente, zusammengerafft in einer rassistischen Gesamtaussage, startete „Der ewige Jude" von Fritz Hippler im November 1940, während der scheinbar „harmlose" Spielfilm von Heinz Helbig ein boshaftes Pamphlet zur Unterwanderung nationaler Wirtschaft enthielt.

Nach Adolf Hitlers Worten sollten Bildung und Erziehung im völkischen Staat „den Rassismus und das Rassegefühl instinkt- und verstandesgemäß in Herz und Hirn der ihr anvertrauten Jugend" einbrennen. In welch hohem Maße Hitler sich mit den Botschaften des antisemitischen Films identifizierte, entlarvte bereits die nationalistisch-biologistische Selbstvergewisserung seines Bildungs- und Erziehungsprogramms in „Mein Kampf": „Es soll kein Knabe und kein Mädchen die Schule verlassen, ohne zur letzten Erkenntnis über die Notwendigkeit und das Wesen der Blutreinheit geführt worden zu sein." Heine nannte Deutschland in ahnender Voraussicht als „das Land des Gehorsams". Das war ein Fanal für die Juden, auf der Hut zu sein.

Veit Harlan (1899-1964), einst Meisterschüler von Max Reinhardt und Jürgen Fehling, wechselte rasch zum Film. Er hatte vorausschauend schon gleich 1933 die Machtergreifung der Nationalsozialisten hochgelobt. Harlan avancierte zum erfolgversprechenden Filmregisseur für heikle und heiße Themen, beginnend mit seichten, bereits tendenziösen Streifen wie „Krach im Hinterhaus" (1935). Als fantasiebegabter Regisseur hatte er sich gleich 1937 einen Namen gemacht mit Literatur adaptierenden Filmen wie „Kreutzersonate" (nach Tolstoi, 1937) oder „Der Herrscher" (nach propagandistisch gewendeten Motiven aus Gerhart Hauptmanns Tragödie „Vor Sonnenuntergang", 1937), in dem er die Verstaatlichung eines Stahlkonzerns unter die Lupe nahm. Mit diesen ideologiekonformen Blockbustern als kassenträchtigem Genienachweis wurde er rasch ein Protegé des filmbesessenen Propagandaministers Joseph Goebbels. Kein anderer als Harlan schien ihm politisch, künstlerisch und charakterlich so sehr geeignet, den historisch verbürgten Stoff des „Jud Süß", Joseph Süß Oppenheimer, zu verfilmen. Es gelang ihm wie erhofft, – zwischen Aufklärung und Reaktion, Emanzipation und Protektion, Gleichberechtigung und Überbietung – ‚das

Sujet ganz im Sinne des modus operandi der NS-Propaganda auszuschlachten.

Veit Harlan hat es verstanden, aus verschiedenen Quellen seine Mixtur anzurühren: darunter Wilhelm Hauffs Novelle mit antijüdischen Stereotypen von 1827; sodann Lion Feuchtwangers „Jud Süß" als modernem Versuch eines durch Psychologisierung verfeinerten historischen Romans (1925). Goebbels schielte auf ökonomische Ausbeutung und Verwertung des gesamten Stoffs: Feuchtwangers großartiger und unbequemer Roman war zunächst im angelsächsischen Raum 1926 (unter den Titeln „The Power" in den USA), „Jud Suess" (in England) erfolgreich. Aber auch in Deutschland und Österreich ist aus dem Buch, trotz Bücherverbrennung, ein Bestseller geworden, der schließlich in 56 Sprachen übersetzt wurde.

Die Nazi-Version des Jud-Süß-Originals sollte zu einem nationalen Kinohit werden, als Spielfilm mit eingeschleuster antisemitischer Propaganda. In Lion Feuchtwangers Roman ging es vorzüglich um die Charakterstudie der Hauptperson. Den historischen Stoff assoziiert Feuchtwanger zugleich mit dem Blick auf die Gegenwart. Es ging Feuchtwanger um eine moderne demokratische, postnationale und kosmopolitische Perspektive. Er wollte die Reflexion auf die Tragik von Säkularisation und Assimilation zwischen freiwilliger, geschickter oder erzwungener Anpassung anstiften, um das Risiko der religiösen und kulturellen Selbstverleugnung zu verdeutlichen.

Jud Süß bewahrte seinen jüdischen Stolz, den er sich angesichts jahrhundertelangen Diskriminierungen und Verfolgungen bewahrt hatte, um für sich und sein Volk Alternativen zu eröffnen: Der Weg in die Befreiung. Feuchtwangers Multibegabung erwies ihn zugleich als plastischen Erzähler, Historiker, Dialektiker und moralischen Intellektuellen in einem, der Jud Süß als irrtumsanfällige und verletzliche Person im gesellschaftlich-historischen Kontext darstellte. Sein angestrebter Weg der Befreiung führt aber noch lange nicht heraus aus dem Dickicht der Irrtümer und Vorurteile. Mit Feuchtwangers dramaturgischem Kniff bringt Joseph Süß Oppenheimer am Ende für alle Seiten ein freiwilliges Opfer ganz im jüdischen Geiste, durch die pauschale Schuldübernahme in einem Landesprozess am Kreuzungspunkt höfisch-absolutistischer Intrigen und protestantischen Volkszorns.

Goebbels' zynische Nazi-Version bezog sich auf die britische Feuchtwanger-Verfilmung „Jew Süss" (US-Titel: „Power – Jew Suss", Regie Lothar Mendes). Bereits 1934 fanden Premieren zeitgleich in London, New York und Toronto statt. Als jüdischer Propagandafilm wurde dieser Film in Deutschland und Österreich verboten. Der Impetus des Films galt einer Warnung vor dem Dritten Reich und einer positiven Darstellung des Judentums, die sich im britischen und US-amerikanischen Unterhaltungskino nicht durchsetzen konnte. In der Titelrolle des englischen Films überzeugte dennoch der mittlerweile international gefragte Conrad Veidt, hypnotischer Cesare im Stummfilmklassiker „Das Cabinet des Dr. Caligari", (Robert Wiene, 1920). Veidt trat im gleichen Jahr, 1934, zum letzten Mal in einer deutschen Produktion in Erscheinung, als Reichsvogt Gessler in der „Wilhelm Tell"-Verfilmung von Luis Trenker.

Harlan sollte die stofflichen Möglichkeiten aus der Jud-Süß-Geschichte, insbesondere aus der frühen Dramatisierung und Romanfassung des jüdischen Schriftstellers Lion Feuchtwanger im Sinne der Implantierung der neuen deutschen Rassenpolitik umschreiben und Regie führen. Dies ist, soweit ich mich erinnere, das einzige Mal, dass ein Theaterstück und der Roman eines jüdischen Autors im Dritten Reich verfilmt wurden. Goebbels Hintergedanke war, später frech behaupten zu können: Seht her, sogar ein jüdischer Autor zeichnet den „Jud Süß" so, wie er im ahasvermäßigem Todestrieb und im Selbsthass „leibt und lebt".

Lion Feuchtwanger protestierte 1941 in einem offenen Brief in „Atlantic Monthly": „Sie haben ... aus meinem Roman ‚Jud Süß' mit Hinzufügung von ein bisschen Tosca einen wüst antisemitischen Hetzfilm im Sinne Streichers und seines ‚Stürmers' gemacht."

Er ironisiert das Lob des Völkischen Beobachters für die Schauspielertruppe. Zur mehrfachen Judendarstellung von Werner Krauß: „Dass diese Echtheit unwahrscheinlich ist, glaube ich ohne weiteres."

Eugen Klöpfer, „Sinnbild deutscher Biederkeit"; ein „plumper,

polternder, schlauer Heinrich George", der dem Herzog „die be-
häbig breiten, brutalen Züge eines Genussmenschen" gebe, „nach
außen hin ein Kraftmensch, im Grunde aber ein Schwächling";
ein „versoffener und sich nach allen Seiten windender Albert Flo-
rath" als Obrist Röder; ein „kleiner, höchst wendiger Veit Harlan", der dafür bekannt sei, „dass er historische Stoffe zweideutig
zu gestalten wisse: bald eindeutig nach dieser, bald eindeutig nach
jener Seite offenbar, und diesmal haben Sie, wie Ihr Berichter-
statter hervorhebt, alle Ihre bisherigen Leistungen übertroffen".
Moral ist solange nicht gefordert, wo die Verfassung Algebra bevorzugt.

Während sich in Feuchtwangers Roman Moral und Verantwortung, Schuld und schicksalhafte Folgen auf Vertreter verschiedener politischer, sozialer und religiöser Lager verteilen, verdichtet
Harlans Skript alles Unheil, politisch, privat und religiös-eth-
nisch, in der Überfigur des Jud Süß. Zwischen fassadenhafter
Assimilation und „jüdisch-orthodoxem" Umfeld, ist Süß immer
sprungbereit in Richtung Macht, um die gewachsene politische
Struktur Württembergs zu vernichten.

Das Budget des Films belief sich auf 2 Millionen Reichsmark.
Harlan erhielt für dieses wirkungsvolle Machwerk eine für damalige Verhältnisse extrem hohe Gage von einhunderttausend
Reichsmark. Bis 1943 wurden über 20 Millionen Zuschauer ge-
zählt und die Einnahmen auf dem Konto des Reiches auf 6,5 Millionen Reichsmark hochgerechnet.

Die drastische filmdramaturgische Inszenierung verwandelte alle
später gegen Süß Oppenheimer vorgebrachten Beschuldigungen
zur alptraumartigen Realität eines endlich zur Strecke gebrachten Monsters. Die Sprache einer weltmännischen Galanterie, die
der weitgereiste Süß Oppenheimer neben dem angedeuteten Jid-
disch beherrschte, soll die Stimme des ständigen Betrugs und der
permanenten Täuschung jenseits „urdeutscher Zuverlässigkeit"
verlauten. Jud Süß ist in jedem Moment eine politische, rassistische und sexuelle Projektionsfigur, eben auch ein Wunschbild
für unterdrücktes weibliches Begehren: „Die Frauen, die an dem
Palais in der Seestraße vorübergingen, schielten neugierig und ge-
kitzelt durch die mächtigen Torflügel in die Vorhalle ... Man wis-

se wilde, unheimliche und lüsterne Geschichten von ihm ..." Das war nichts für infantile Geister, machte aber auch allein in den Andeutungen auf der Leinwand die Sensation des Films erst perfekt. Kalkuliert wurden sie dem Wechselbad unterschiedlichster Gefühlszustände ausgesetzt. Unsere jungen Gemüter schoben die uns durch den Film zugefügte Verletzung unserer Moral durch die Szenen der unterstellten Vergewaltigung und den peinlich umgeleiteten Voyeurismus auf eine Figur, die wir in unserer Unerfahrenheit und Kritiklosigkeit für eine reale Bedrohung hielten, statt die propagandistische Pervertierung der eigenen Humanität schon zu erahnen.

Wir Pimpfe glaubten mit ansehen zu müssen, wessen „die Juden fähig sind". Es ging darum, in Sekundenbruchteilen sich als Opfer einer ins eigene Seelenleben eindringenden Macht und Gewalt zu fühlen und dagegen „nationalsozialistische" Abwehrkräfte instinkthaft zu entwickeln. Das scheinbar Reale wie das Imaginäre im Film „Jud Süss" sollten im Kino unseren Solarplexus treffen, an dem wir Jugendlichen verletzlich und fanatisierbar waren. Hier erzeugte der Film quasi aus sich selbst seinen dem breiten Publikum zugänglichen „Realitätsgehalt" einer tiefsitzenden Mobilisierung von blindwütigem Hass.

Von 1733 bis 1737 amtierte Karl Alexander als Herzog im protestantischen Württemberg. Er berief Süss Oppenheimer 1736 als seinen geheimen Rat, Finanzdirektor und politischen Ratgeber im Kreise seiner Fürstengremien nach Stuttgart. Zeitweilig schien der Zeitgeist Zuversicht zu erzeugen.

Die Anstellung von jüdischen Beratern, speziell in Finanzfragen als sogenannte „Hofjuden" in den Dienst von Fürsten, geschah Anfang des 18. Jahrhunderts noch mit Fug und Recht. In Harlans Film wird daraus sogleich der Beginn des Unheils stilisiert. Unter absolutistischen Bedingungen sollte Süss Oppenheimer für Karl Alexander die Finanzen des Landes salvieren und zwischen staatlichem Steuerwesen sowie je nachdem seriösen oder riskanten Finanzgeschäften und habituellen Sonderheiten hinter den Kulissen sorgen. Joseph Süss Oppenheimer hatte das gesamte Spektrum menschlicher Möglichkeiten vor Augen. Er war gewitzt genug, des Herzogs ausschweifenden Lebenswandel und sein riskantes militärisches Projekt mit merkantilistischen Reformen und drastischen Steuereintreibungen zu finanzieren. Der Herzog belohnte ihn für seine glückenden Winkelzüge mit der generellen Aufhebung des allgemeinen Judenbanns, so dass sich zahlreiche Juden erneut in Stuttgart anzusiedeln begannen. In Harlans Film wird Jud Süß als eine dominante, rein profitorientierte und destruktive „Figur augenblicksbezogenen Triebwesens" dargestellt. Mit seinem scharfen Verstand bekommt er den leicht lenkbaren Herzog mit seinen Plänen und Wünschen in seine unsauberen Hände. Die eigene Macht und den eigenen Gewinn baut er gegenüber den Bürgern und politischen Institutionen rücksichtslos aus. Auch das Begehr der Juden, sich in Württemberg wieder fest ansiedeln zu können, wird im Film als Gegenstand eines profitablen Handels zur herzöglichen Heeresfinanzierung und für einen Staatsstreich gegen die Landstände dargestellt. Sofort nach dem überraschenden Tod seinen genusssüchtigen Schutzpatrons Karl Alexander wird Jud Süß als treibende Kraft für den allgemeinen Unfrieden ausgemacht und gefangen genommen. Stellvertretend für den Herzog als illegaler Steuereintreiber und Verfassungsbrecher angeklagt.

Der historische Süß Oppenheimer wurde wegen subversiver Amtsanmaßung, Missachtung der Landstände, Korruption und Münzfrevel sowie zahlloser Delikte aus dem Katalog des Antisemitismus, darunter Schändung der protestantischen Religion und sexueller Umgang mit Christinnen, von einem Gericht für schuldig befunden und den Handwerkskünsten eines professionellen Henkers ausgehändigt.

Die ausufernden Beschuldigungen, die dem informell agierenden Berater, mal übermächtig, mal hinterlistig, jedenfalls ohne ein klar geschnittenes Amt oder eine von allen anerkannte politische Stellung zur Last gelegt wurden, rechtfertigten aber wohl kaum ein Todesurteil. Nach Meinung des damals anerkannten Juristen Johann Daniel Harpprecht hätten viele Anklagepunkte den Herzog belasten müssen. Erst durch die Wiederanwendung eines längst außer Kraft geglaubten Paragraphen erfährt der Prozess im Roman die tödliche und wiederum antisemitische Wendung: „Als man ihn fragte, ob er fleischlichen Umgang mit

Christinnen gehabt habe, schaute er die Richter zunächst verwundert an." Süß Oppenheimer: „Was? Mit dieser alten, rosti-
gen Karnevalswaffe wollte man ihn hinmetzgern, auf solche Nar-
renweise sollte er sterben?" Wurde er aus allein diesem Grunde
zum Tode verurteilt, dann würde das ganze Römische Reich darüber lachen. „Nicht über mich." Der politische Skandal wird
völlig ausgeblendet.

Der Gedanke, dass „der Jude nobler sein sollte als etwa ein
württembergischer Geheimrat" ist für die erbosten Juroren tabu.
Es sollte die Verurteilung zum Tode und die Exekution folgen.
Im Roman wird er sogleich von den Seinen bestattet. Nach der
Überlieferung hing der Todeskäfig mit dem erdrosselten Leichnam noch sechs Jahre hoch über dem Richtplatz, auf dem sich
zum Hinrichtungsspektakel Tausende versammelt hatten. Als
eine der Konsequenzen folgte die Sippenhaft: Alle Juden mussten die Stadt wieder verlassen und ein fliehendes Dasein fristen.

Fest angekoppelt an die NS-Ideologie hat Veit Harlan aus dem
Stoff des Romans „Jud Süß" von Feuchtwanger ein maliziös
„judenfeindliches" Drama herauspräpariert, das Feuchtwangers
psychologischem Porträt des Süß Oppenheimer kaum mehr äh-
nelt. Die Hinterhältigkeit des Drehbuchs entspricht in jeder einzelnen Szene der notorischen Gehässigkeit, mit der die Figur des
Jud Süß als ständige Chiffre der Bedrohung angelegt ist. Feuchtwanger stellt ihn dar als verwundbares Genie, zwischen säkula-
rer Macht, Geld und Gier am Hofe, im Kontext politisch-kirchli-
cher Konflikte und in der eigenen religiösen und aufklärerischen
Wendung zur würdevollen Askese im Finale einer ungerechten
Verurteilung und Hinrichtung. Harlan überzeichnet die Figur
durchgängig als übermächtigen Verführer des Herzogs und diabolischen Gegenspieler für alle Kontrahenten. So wird eine Ver-
gewaltigungsszene mit vibrierender Dramatik eigens für den Film
erfunden, um den Zuschauer moralisch gehörig aufzupeitschen.

Seine Gegenspieler, den Sprecher der Landstände, Johann
Heinrich Sturm (Eugen Klöpfer), und den jungen Karl Faber
(Malte Jaeger) lässt Jud Süß im Film kurzerhand im Namen
des Herzogs und des Kaisers gefangen setzen, um sich Dorothea,
Sturms Tochter und Fabers hübsche frischvermählte Braut, mit

Leib und Seele gefügig zu machen. Ihre Schmerzensschreie
auf dem himmelweißen Traumbett im Echo mit den Schreien
des jungen Karl aus dem rufnahen Folterkeller fokussieren das
Hasspotential des Kinopublikums allein auf den „Juden Süß",
als Figur eines abgebrühten sadistischen Untermenschen und
zynischen Erfolgstypen. Goebbels macht mit Harlans „Süß" die
Personen in sienem Umfeld zu Geiseln seiner jesuitisch-diaboli-
schen Kombinatorik aus Korruption und geborger Gewalt. Der
Film bezog seine „Glaubwürdigkeit" mittels der Medialisierung
berühmter Protagonisten wie Heinrich George als korpulentem
Herzog, der seinen militärischen Verstand auf dem Feld der Politik und am Hofe zu verlieren scheint, und Kristina Söderbaum
als unschuldig bedrohter blonder Braut sowie durch Ferdinand
Marian als geschmeidiger semifiktionaler Figur des „Titelhelden", der in vielschichtiger Gestalt zwischen kalter Egomanie,
charmanter Berechnung und moderner Verfremdung seine dar-
stellerische Brisanz zum Ausdruck bringen darf.

Die verführerische Zirkularität der propagandistisch völlig ver-
einnahmten Darstellerrolle bleibt letztlich unauflösbar. Die Kunst
der dämonischen Ambivalenz aus dem Effeff beherrschend, hat
Erzmime Werner Krauß der mutmaßlichen „Rassenphysiogno-
mie" gemäß gleich vier jüdischen Figuren karikaturistisch Ge-
stalt verliehen (als Rabbi Loew, als Süß Oppenheimers Sekretär
Levy, als Schächter und als Alter am Fenster in der Judengasse).
Nach ihrer Vergewaltigung als junge Braut durch Jud Süß steigt
Kristina Söderbaum angesichts der erlittenen „Schmach" und als
Signal der vom Publikum gefälligst nachzuempfindenden „Ras-
senschande" und „Sünde wider das Blut" in den kühlen Fluss der
Reinheit, um sich und die möglichen Folgen einer Zeugung und
„Bastardisierung" zu ertränken (ein Ritus wie schon in drei ande-
ren Filmen ihres Gatten Harlan).

Die Söderbaum agiert hier ähnlich wie in: „Jugend" (1938, in
der ein fanatischer Kaplan ihre uneheliche Herkunft und ihre unbeschwerte Liebe auf suizidale Mühlen lenkt). In „Die Goldene
Stadt" (Farbfilm, 1942) versinkt sie als Sudetendeutsche schwan-
ger vom untreuen tschechischen Geliebten einsam im Moor. Oder
andeutungsweise in den Reitszenen der unheilbar kranken Aels

(eine sich verleugnende Mutter) am und im Meer, in der Rudolf Binding-Verfilmung „Opfergang" (Farbfilm, 1944). Auch diese Filme entstanden unter der Regie ihres Gatten Harlan. Aufgrund dieser fatalen weiblichen Sehnsucht nach Erlösung auf dem Grunde eines schicksalsschwangeren Sees, Gewässers oder Moores taufte der Volksmund die schöne Söderbaum mit dem Spottnamen „Reichswasserleiche".

Dem Propagandafilm entsprach eine drakonische Realität: Auf die ab 1935 verbotene „Rassenschande" standen zunächst mehrjährige Gefängnisstrafen, nach der „Verordnung gegen Volksschädlinge" vom 5. Sept. 1939, schon wenige Tage nach Kriegsbeginn erlassen, konnten schon eher marginale Delikte beliebig auch mit dem Tode bestraft werden. Unter dem Aspekt der Eingängigkeit erzielte die düstere Fabel „Jud Süß" große Wirkung auf eine normativ denkende Gesellschaft. Dieser musterschülerhafte Spielfilm ebenso wie der auf rassistische Abscheu und Abwehr getrimmte Dokumentarfilm „Der ewige Jude" sollten als Impulsgeber den Nährboden bestellen, der für ein antisemitisch geprägtes Bewusstsein der „Volksgenossen" am besten taugte.

Der Philosoph Arthur Schopenhauer, der noch keine Filme kannte, meinte: „Denn Alles, was wir anschauen, schauen wir als Ursache an, als Ursache empfundener Wirkung, mithin im Verstande." Beide Filme, „Jud Süß" und „Der ewige Jude", hatten die höchste Ausleihbilanz aller deutschen Filme im Dritten Reich, und wurden den SS-Todeskommandos in Osteuropa jeweils am Abend vor ihrem nächsten grausamen „Einsatz" gezeigt, damit sie ihr schäbiges Tötungshandwerk mit einer doppelten Portion Adrenalin noch fanatischer „zur Geltung" bringen sollten.

Diese unser moralisches Bewusstsein marternde „Lektion" mit rasant mitreißenden Szenenwechseln hat sich Goebbels zwei Millionen Reichsmark kosten lassen, für die Heimsuchung unschuldigen jüdischen Lebens auch noch im Kino, untermalt von einer die Sinne peinigenden Musik. Ich erinnere mich daran, wie ich als Pimpf beim Anblick mancher Szenen eine gehörige Gänsehaut bekam.

Tobias Moretti hat in Oskar Roehlers eher skizzenhaftem Film „Jud Süß – Film ohne Gewissen" (2010) der Zerrissenheit Ferdinand Marians zwischen seinem eigenen theatralischen Ansporn,

Goebbels' gnadenloser Zielsetzung und Harlans Opportunismus eine überaus sinnliche, aber seltsam unreflektierte Gestalt geliehen. Marian war 1945 durch einen Autounfall ums Leben gekommen, ein Selbstmord wurde nicht ausgeschlossen. Nach dem Kriege, 1949, wurde der Starregisseur des Dritten Reiches Veit Harlan wegen „Verbrechens gegen die Menschlichkeit" angeklagt. Ohne sogar zu wissen, was Harlan den Juden mit seinem Machwerk angetan hatte, wurde er „mangels an Beweisen" freigesprochen. Er bekannte wie einst Emilia Galotti: „Ich stehe für nichts." Er sei nur ein Werkzeug gewesen. Aber er drückte sich um Lessings wahre Ausführung herum: „Was Gewalt heißt, ist nichts: Verführung ist die wahre Gewalt. – Ich habe Blut, mein Vater, so jugendliches, so warmes Blut als eine. Auch meine Sinne sind Sinne. Ich stehe für nichts. Ich bin für nichts gut." Schon 1947 war Veit Harlan von der Hamburger Strafkammer als „Entlasteter" eingestuft worden. Der Filmhistoriker Dieter Krusche beendete seine Filmrezension über „Jud Süß" mit dem zwielichtigen Satz: „Wenn hier einer zum Jäger geworden ist, dann, weil er es leid war, immer gejagt zu werden." Mit der damaligen Rhetorik der Pflichterfüllung in den Knochen, erschien Harlans Autobiografie „Im Schatten meiner Filme" im Jahre 1966, zwei Jahre nach seinem Tod, mit einem gedrechselten Selbstfreispruch als bequemes Fazit für sein eindeutiges Handeln.

Für uns Pimpfe und Hitlerjungen waren diese antisemitischen Filme prima vista ein unfassbar traumatisches Erlebnis. Aber weil sie uns als ästhetisch-formale „Szenen" und authentisch wirkende „Berichte" präsentiert wurden und weil wir unsere Anschauung des „jüdischen Milieus" an den Vorurteilen des „Führers" gefälligst auszurichten hatten, waren wir zunächst auch beeindruckt von der dazu „fugenlos" eingesetzten „schauspielerischen Kunst" der großen UFA-Stars. Übersät mit Heinrich Himmlers Fingerabdrücken waren diese bewegten und starren Bilder des industriell vorgestanzten Judenhasses in einer großen Gemeinschaft gleichaltriger Jungs rezipierter Filme im Ergebnis das, was die Soziologen heute eine „charakterprägende Gruppenerfahrung" nennen. In Wahrheit war dieser Film „Jud Süß" nichts weniger

als ein genau kalkuliertes niederträchtiges Aufputschmittel. Quasi regieanweisend predigte Hitler laut Georg Schott recht früh: „Bevor nicht die Laternenpfähle [von Juden] vollhängen, wird keine Ruhe sein."
Ähnlich erinnert sich Helmut Schmidt: Es wurde auch in seiner Schule nicht über Antisemitismus diskutiert, weil über die wahre Dimension dieser unfassbaren Tötungspolitik Adolf Hitlers gar nicht als mögliche Konsequenz nachgedacht werden durfte.
In Sabine Pamperriens Buch über „Helmut Schmidt und der Scheißkrieg. Die Biografie von 1918 bis 1945" (2014) gibt Schmidt zu Protokoll: „Ich erinnere mich nicht, dass der jüdische Exodus innerhalb meiner Schulklasse ein Thema gewesen wäre". Der jüdische Pädagoge Manfred Levy riet den Jugendlichen Absolution erteilen zu sollen, „weil ihre Vorurteile gegen Juden solange bestanden haben, bis sie einen lebenden Juden vor sich haben".

DER SCHÄNDLICHSTE FILM ÜBER DAS JUDENTUM

Der gelehrigste und skrupelloseste Adept unter Goebbels linientreuen Filmregisseuren, der noch die disparatesten Filmschnipsel und antagonistischen Thesen zum Triumph einer antisemitisch destruktiven und dialektischen Wirkungsästhetik zu kompilieren wusste, war Fritz Hippler (1909-2002), 1933 Kreisführer des Nationalsozialistischen Deutschen Studentenbundes (NSDStB) für Berlin-Brandenburg und leidenschaftlich leitender Bücherverbrenner. Seit 1936 Assistent von Hans Weidemann bei der Deutschen Wochenschau, wurde er zwei Jahre später SS-Hauptsturmführer. Die „Entjudung des deutschen Kulturlebens" sollte ihm zum eigentlichen Lebenszweck werden. Mit eisiger Seelenkälte durfte er 1940 das moralisch perfideste, abscheuerregendste, intellektuell hinterhältigste und ideologisch perverseste Paradox eines antisemitischen Dokumentarfilms auf die Menschheit loslassen. Dieses Kinowerk präsentierte die äußerste Verfolgung und den extremsten Hass in scheinbar starren Fahndungsbildern, einsortiert in eine völlig absurde Collage von zur Strecke gebrachten Menschen. Ihnen wurde jede Form der Anerkennung, Kultur

und Wertschätzung abgesprochen und im Mixtum compositum
eines Hetzfilms sondergleichen eingesiegelt: „Der ewige Jude"
(1940). Nur eine Kamarilla charakterlichen Abschaums konnte
ein solches Teufelswerk in die Welt setzen. Zusammen mit „Jud
Süß" (1940) und „Die Rothschilds" (1940) sowie den bereits 1937
erschienenen Publikationen von „Der ewige Jude", als Buch und
Broschüre, von Hans Diebow zur gleichnamigen Ausstellung herausgegeben, heizten die Pogromstimmung gegen die Juden bis
zum Siedepunkt des kaum mehr Erträglichen an.

Der Film „Der ewige Jude" lieferte durch die „Dokumentarauf-
nahmen" der Propagandakompanien aus Wehrmacht und Waffen-SS „Anschauungsmaterial" von den in Ghettos zusammen-
getriebenen Verfolgten aus Nah und Fern. Es handelt sich um
exakt lokalisierbare Aufnahmen, die mit dem zeitlos-trügerischen
Titel „'Ewiger' Jude" als mythisch bestrafter Schmäh- und Wan-
derfigur eines Ahasver so viel wie gar nichts zu tun haben. Das
Ghetto Lodz bzw. Litzmannstadt entstand ab 1939, das Wahr-
schauer Ghetto ab 1940. Unter unmenschlichen Bedingungen als
Geiseln ihrer baldigen eigenen Vernichtung am Ort ab 1941/42
zusammengepfercht, sollten die Ghetto-Insassen für den Film genau den zeitlosen Beweis dafür liefern, wie die „wahre Gestalt"
des „osteuropäischen Ursprung des Judentums" in unserer Fantasie in Erscheinung treten sollte. Im Umkehrschluss behauptet
der Filmkommentar zugleich, man erforsche durch den Feldzug
in Polen auch die „Brut-" und „Niststätten" des „wirklichen" Juden, bevor dieser sich, in seinem Wandertrieb rassisch bedingt
auf Tour nach Westen machte. Der Jude verstecke sich „hinter
der Maske des zivilisierten Europäers", also des Repräsentanten
der Weimarer Republik oder des angelsächsischen „Kapitalisten",
aber in bloß äußerlicher Assimilation und Mimikry.

Die Perversion der Bilder und die Behauptung ihres Kon-
textes „Dokumentarfilm" bestand genau darin, dass die Filme
in ihrem Basismaterial audiovisuelle Bekenntnisse zu rassistischen Mordaktionen und Anstiftungen zu weiteren Morden
waren. Die abgelichteten Opfer wurden Zeugen ihrer eigenen
Liquidation, die auch noch zur Kino-Unterhaltung der „Sieger"
für diese absurde Begründung herzuhalten hatten. So ließ das

Echo auf die polnische Premiere von „Der ewige Jude" (1940) im „Casino"-Lichtspielhaus zu Litzmannstadt (Lodz) Anfang Januar 1941 nicht lange auf sich warten. Das Machwerk sollte eine Pogromstimmung sondergleichen erzeugen, an deren Ende zweihunderttausend im dortigen Ghetto zusammengepferchte Juden kaltschnäuzig liquidiert wurden. Dantes Inferno und seine Höllenkreise, hier nicht als Dichtung, sondern in der harten Prosa der Wirklichkeit. Spektakuläres verstand Veit Harlan, der gewissenlose Inszenator des „Jud Süß", mit logischen Mängeln und einer gehörigen Prise selbstgerechter Moral des arischen Herrenmenschen zu würzen.

Unter dem Eindruck dieser unverfrorenen Premiere in Litzmannstadt, „an einer Stätte also, die für dieses Filmwerk gewissermaßen symbolhaft ist, denn hier … wurde ja ein großer Teil dieses Bildstreifens gedreht", wie der Berliner Film-Kurier in seiner Begeisterung notierte: „Durch dies Ghetto wanderte damals, noch ehe die ordnende Hand der deutschen Verwaltung eingriff und diesen Augiasstall ausmistete, die Filmkamera, um ein tatsächliches, ein unverfälschtes Bild jenes stinkenden Pfuhles zu erhalten, von dem aus das Weltjudentum seinen ständig fließenden Zustrom erhielt". Mit Vergnügen an einer lauten Pointe tönt Hippler dem Film hinterher, die Kamera habe hier jene „Typen des Judentums" und jene „wüsten Gesichter" entdeckt, wie sie das Filmwerk zeige. Sie „zogen einst handelnd und schmarotzend durch die Straßen dieser Stadt". Und: „Der Film hinterließ einen sehr starken Eindruck", berichtet Hippler stolz seinem Einpeitscher Joseph Goebbels.

Welch emotionale Ströme des Hasses der Film „Der ewige Jude" tatsächlich freisetzte, beschreibt die Deutsche Allgemeine Zeitung vom 29. November 1940 zustimmend lapidar: „Wenn der Film ausklingt … atmet der Betrachter auf. Aus tiefsten Niederungen kommt er wieder ans Licht." – Bis dahin hatte ich noch keinen Film gesehen, der mein Blut in den Adern gefrieren ließ. Dass Filme Gefühle, Empathie oder das genaue Gegenteil zu verstärken in der Lage sind, hatte Goebbels schon früh erkannt und über dieses Medium die menschenfeindliche NS-Ideologie umso wirkungsvoller „bereichert".

Auch der gleichgeschaltete *Illustrierte Film-Kurier* stößt ins gleiche Propagandahorn: „Im leuchtenden Gegensatz dazu [zu der „Ratten"-Analogie mit Juden] schließt der Film nach diesen furchtbaren Szenen mit Bildern deutscher Menschen und deutscher Ordnung, die den Besucher mit dem Gefühl tiefster Dankbarkeit erfüllen sollen, diesem Volke angehören zu dürfen, dessen Führer das Judenproblem grundlegend löst." Zur Zeit einer oppositionslos „regierenden" NSDAP gab es keine wirksamen Proteste, nicht einmal der beiden Kirchen oder gar vom Papst, der sich mit Verweis auf das mit Hitler geschlossene Konkordat ins buchstäbliche Totschweigen flüchten konnte.

Um bei der Mehrheit der noch „judenfreundlichen" Bevölkerung einen schnelleren Gesinnungswandel zu erzielen, wurden nach Eintritt der USA in den Krieg eine ganze Reihe infamer antisemitisch aufwiegelnder Hetzfilme auf die Menschen losgelassen. Diese waren als Speerspitze des Purgatoriums in ihrer schockierenden Wirkung die niederträchtigsten Beispiele dafür, wie „judenfeindliche" Stimmung und Kriegsbereitschaft mobilisiert wurden. „Der Jude", „die Jüdin" wurden statt wie freundliche Nachbarn jetzt als Boten allen Übels stigmatisiert. Dazu trug auch der Judenstern bei, den alle Juden ab dem 23. November 1939 in Polen und ab 1. September 1941 im Deutschen Reich sichtbar tragen mussten. Viele wechselten die Straßenseite, um „einem Juden" nicht wie bisher freundlich „Guten Tag" zu wünschen. Jetzt waren ihre Lippen verriegelt. Nicht wenige Charakterlose mutierten über Nacht zum Spitzel und verrieten andere Volksgenossen, nur weil sie jüdischen Mitbürgern Asyl gewährt hatten. Der jüdische Schriftsteller Heinrich Heine gab schon viel früher zu bedenken: „Vor seinem Tode ist niemand als Charakter zu preisen."

In einer von Zynismus strotzenden Selbstermächtigung zum Töten hatte Hitlers Reichsführer der SS Heinrich Himmler vielen bis dahin noch ahnungslosen Volksgenossen im Herbst 1943 ein authentisches Zeugnis darüber abgelegt, wessen die oberste Soldateska zu denken und zu handeln fähig ist. Himmler hatte das Morden praktisch zu seiner zweiten Natur entwickelt: „Ob bei dem Bau eines Panzergrabens 10000 russische Weiber an Entkräftung umfallen oder nicht, interessiert mich nur insoweit, als der Panzergraben für Deutschland fertig wird … Wenn nun einer kommt und sagt: ‚Ich kann mit den Kindern oder den Frauen den Panzergraben nicht bauen. Das ist unmenschlich, denn dann sterben sie daran' – dann muss ich sagen: ‚Du bist ein Mörder an deinem eigenen Blut, denn wenn der Panzergraben nicht gebaut wird, dann sterben deutsche Soldaten, und das sind Söhne deutscher Mütter. Das ist unser Blut.'" (Rede Heinrich Himmlers bei der SS-Gruppenführertagung in Posen am 4. Oktober 1943). Diese erbarmungslose Hetzrede glich den Phantasmen aus dem Lehrbuch eines Marquis de Sade. Seinen irrlichternden Zynismus macht jener teuflische Bericht über Himmlers „schwersten Entschluss" deutlich: „Das jüdische Volk von der Erde verschwinden zu lassen". Hitlers Judenhass wurde zum durchgängigen Subtext in Schule, Film, Literatur, Malerei und im Denken eines Großteils der Nation.

SS-Reichsführer Heinrich Himmler schreibt in seinen Verteiler Nr. V vom 30. September 1940: „Ich ersuche Vorsorge zu treffen, dass die gesamte SS und die Polizei im Laufe des Winters den Film „Jud Süß" zu sehen bekommt." Noch im Jahr 1943 haben eine Millionen Besucher den Skandalfilm gesehen. Unter den 1 200 zwischen 1933 und 1945 produzierten Spielfilmen war „Jud Süß" mit 20 Millionen Zuschauern der „erfolgreichste Film". Unter einem weinenden Himmel wollte das Duo Infernale Hitler und Goebbels ihre Saat unbedingt auch ernten. Wie einst Kaiser Nero die Stadt Rom angezündet hatte, hat Hitler ganz Europa in eine Ruinenlandschaft verwandelt. Sein luziferisches Vermächtnis!

Das berühmt gewordene bedrückende Gedicht von Paul Celan ist ein tief beklemmendes Requiem von allerreinster Schwärze auf sechs Millionen ermordeter Juden:

Er ruft spielt süßer den Tod
der Tod ist ein Meister aus Deutschland
Er ruft streicht dunkler die Geigen
dann steigt ihr als Rauch in die Luft
dann habt ihr ein Grab in den Wolken
da liegt man nicht eng
(Paul Celan)

Kapitel 20

Kritische Zusammenfassung
der Hitlerjugend-Jahre

Der Weg in den als Götterdämmerung verbrämten Countdown der Hitler-Diktatur ist unter anderem mit Hilfe des Mediums Film und der bildenden Künste propagandistisch perfekt vorbereitet worden. Nicht nur viele Frontsoldaten, sondern auch die Getreuen in der Heimat haben die gespenstischen Irrwege teils fatalistisch, teils fanatisch beschritten. Der Philosoph Theodor W. Adorno demonstriert am Beispiel von Liedern wie „Volk ans Gewehr", was für ihn faschistische Exhortationen sind, und er kommt zu dem Schluss, dass sich Hochgefühle „bis zur irrationalen Begeisterung über den eigenen Tod" einüben lassen. Die extrem rebellische Lust am eigenen Untergang, eine dem Faschismus immanente heldische Todessehnsucht wurde bis zum Kriegsbeginn aber aus psychologisch-propagandistischen Gründen nur als Konterbande subkutan verabreicht. Zur Konstituierung einer „Sinngebung", die sich der Seele des deutschen Volkes bemächtigen und es zu emotionalen Verhaltensweisen anstiften sollte, hat der Nationalsozialismus im Rückgriff auf altertümelnden Traditionskult besondere Selbstdarstellungsrituale und einen speziellen Feierstil ausgebildet. Beide sollten so etwas wie eine „emotionale Vergewaltigung" der Massen bewirken. Als Beispiel für solche besonders die vielen juvenalen Gemüter einfangende Massenveranstaltungen sei jenes magische Zeremoniell genannt, dessen gravitätischen Vollzug Bannerträger und Standarten-Schwenker begleiteten: Gebündelt im Brennglas der NS-Geschichte findet die Abfolge von Fahnenlied, Fahnenspruch, Fahneneid, Fahnendefilée und der Weihe der zu heiligenden Standarten durch die „Blutfahne" ihren Höhepunkt im kollektiven Absingen von „Die Fahne hoch, die Reihen fest geschlossen …". Als fatales Phantasma bezog der Fahnenkult seine Bedeutung aus einer hemmungslosen Überhöhung durch die Nazi-Propaganda.

Viele symbolische Ausdrucksformen der Nazi-Ideologie orientieren sich, besonders bei Himmlers monströser SS, an angeblich altgermanischem Brauchtum und an teutonischem Mummenschanz. Leni Riefenstahl hat aus dieser obskuren Mixtur aus heidnischen Mythen und magischen Zeichen eine Ästhetik der klassizistisch modernisierten kinematografischen Nazi-Ikonografie entwickelt, der wir Pimpfe, noch wenig zimperlich, nur allzu gern erlagen. Wir gerieten durch die nackte Selbstbestätigung in den Sog einer fest geschlossenen Gemeinschaft der Hitlerjugend. Das deutsche Volk sollte nicht vernünftig denken, sondern gefühlsmäßig handeln und genau dadurch dem „Führer" folgen. Ähnlich irrationalistisch gingen die Blut-und-Boden-Maler zu Werke, die Nazi-Dichter und, etwas „subtiler", die Filmregisseure. Der ungarische Marxist Georg Lukács hatte recht, als er von der „Zerstörung der Vernunft" sprach. Eine totalitäre Propaganda bemächtigte sich gerade über das vom eigenen Ich kontrollierbare Rationale auch der Tiefen des Unbewussten, den Seelengründen junger Menschen. Die abgestorbenen tragenden seelischen und geistigen Kräfte sollten durch die Kassandrarufe einer neuen ideologischen Geistesnahrung ersetzt werden. Der ideale nationalsozialistische Mensch leistete sich keine eigenen Argumente mehr und verzichtete auf kritische Urteile.

Die vorgeprägten Leitbilder und standardisierten Überzeugungen wurden „in Fleisch und Blut" verinnerlicht und handelten dementsprechend kompromisslos und gruppenbezogen, ohne schon mit der „Manifestation des Bösen" und mit dem aufgezwungenen „Schicksal" zu hadern. Diese Begriffe waren mangels erweiterter ethischer Reflexion höchst ambivalent auf die eigene Situation bezogen, sie wurden in den Kontext der Volksgemeinschaft einbezogen, sollten aber auch auf die Lage der Gegner und Feinde anzuwenden sein.

Die Konnotationen des „gnadenlos Bösen" mit der „organisierten Verantwortungslosigkeit" entsprach der fatalen Dualität aus größenwahnsinniger Befehlsvorgabe und erwarteter unterwürfiger Treue und Umsetzung, der Einforderung von sklavischem Vertrauen durch herrenreiterartige Unberechenbarkeit, die beide Seiten nur scheinbar aus der sozialen und politischen Verpflichtung entließ. Über die Folgen der angestrebten Enthumanisierung kritisch nachzudenken, war uns Pimpfen im Kindesalter, aber auch in der Jugend noch nicht erahnbar. Persönlichkeit und Individuum auszuschalten oder erst gar nicht zuzulassen, galt als hehres Ziel der Propaganda und des Gemeinschaftslebens. Der Bodensatz der Gesellschaft war als kollektives Reflexbündel von den Faktoren „Instinkt", „Trieb" und „Rückenmark" her leicht zu manipulieren. Uns ergriff ein Gefühl „großartiger" Erregung und „Erhebung". „Die NS-Propaganda glaubt sich am Schaltbrett der menschlichen Seele" (Hermann Glaser). Es waren deren nur sehr wenige Muttersöhnchen, die wie Peter Pan ungern erwachsen werden wollten.

Aber die martialische Attitüde der Propaganda stiftete keine neue Transzendenz. Sie setzte sich bloß hybrid an ihre Stelle. Um die „Volksseele" besonders meiner jüngeren Generation in der Organisation der Hitlerjungen erfolgreich verführen zu können, hatte Joseph Goebbels eine unterschwellig als methodisches Kalkül wirkende mediale Ästhetik des puren Effekts entworfen. Er hat sie zu tieferliegenden Wirkungen entwickelt und sie vor allem, jenseits der bildenden Künste und der Nazi-Literatur, den von Musik und Theater gespeisten optisch-akustischen Medien von Radio und Film auferlegt: Zwischen den erweiterten Propagandamitteln instrumentalisierter Kunst und weitgefächerter Unterhaltung konnten die politischen Zielsetzungen im Sinne der Handlungsmaximen des Dr. Goebbels mühelos eingebaut werden. Und nicht zuletzt oder zuvörderst waren die Medien die Transmissionsriemen seiner eigenen überrumpelnden Reden als Propagandaminister, der zugleich zuständig war für das Ressort „Volksaufklärung" und für eine gelenkte „Staatskultur". Dokumentarisch gestaltete Filme mit einem Hang zur pompösen Inszenierung schienen ihm für die Volksverführung besonders geeignet, denn damit ließ sich die politische Lüge durch authentisch erscheinende Bilder am überzeugendsten als Wahrheit verkaufen.

Das zentralistische Rundfunkwesen der Weimarer Republik wurde ausgebaut zu einem Instrument der einseitigen, massenweisen Steuerung im geschriebenen und gesprochenen Wort, der manipulativen Bildgestaltung und der Schnittfolge in Film und

Wochenschau. So wurde selbst das „Dokumentarische" zum Lü-
genbotschafter. Die Koordination zwischen der Propaganda-Pro-
duktion von Goebbels' Reichsministerium und den militärischen
Propaganda-Kompanien vervielfältigt die Spannungen und Kom-
binationen zwischen dem, was in Friedens- und Kriegszeiten an
zurechtgefälschter Darstellung des Realen als möglich erschien.
Man hatte mit dem schändlichen Film „Der ewige Jude" begriffen, „dass man nicht besser lügen kann als mit bebilderten, be-
haupteten Tatsachen", bekennt frank und frei Filmregisseur Hans
Richter in seinem Aufsatz „Der politische Film" (1944/1973). Da
der Nazismus keine geistige, sondern nur eine elementarisch irrationale Bewegung war, kann man ihm kaum mit Argumenten
beikommen. Ihre Schlagworte und Vorurteile schwimmen fröhlich im Bassin der totalitären Bedeutungen und Verknüpfungen.

Argumente zeigten nur Wirkung, sofern die NS-Bewegung
selbst durch nachvollziehbare Begründungen groß geworden
wäre. Bestandteil der Massensuggestion war die Kaschierung der
Geistlosigkeit alles dessen, was unter dem Sammelbegriff „Bewegung" zur politischen Heimat der Deutschen deklariert wurde,
die unbedingte Treue zur Heimat und blinde Liebe zum Vaterland. Dieses formale und in vielerlei Hinsicht unausgefüllte Ziel
sollte vor allem durch optisch-ästhetische Mittel und Rituale angereichert werden. Im Gewande der Kunst, der Architektur oder
des propagandistisch gelenkten Films mit kunstvoll drapierten
Wirklichkeiten verstand es die „Bewegung", sich den erhofften
Einfluss zu verschaffen. Nur in diesem Sinne spektakuläre oder
eingängige Werke verdienten nach Goebbels' Geboten das Gütesiegel der neuen „Volksbildung".

Erst post festum wurde mir klar, wie konsequent ein professionelles Symbol-Management zu den methodischen Formen gehörte, mit denen die Nationalsozialisten die Künste mit magischen
Botschaften für uns Pimpfe und Jugendliche instrumentalisiert
hatten. Der Fahnenmythos ist ein prägnantes Beispiel für die
List, die Lüge als die Wahrheit zu verbreiten, oder durch das Ritual die Frage nach Lüge oder Wahrheit einfach zu überspielen.
Die Hakenkreuzfahne bedeutete für den einfachen Volksgenossen und besonders für uns gutgläubige Generation eine unmit-

telbare Gleichsetzung mit dem „Führer", der als Überperson und personifizierte Botschaft sozusagen in jedem Faltenwurf einer Fahne mitflatterte. Dieser Mythos der Nation war kein Abstraktum; er präsentierte sich leibhaftig in allen Bereichen der Lebens- und Arbeitswelt und des Kriegsgeschehens. Als Paradigma war er allgegenwärtig in Wort und Bild und überstieg mit seiner Diffamierungsenergie nicht die Vorstellungskraft der Massen. Die Fahne war Hitlers omnipräsente Stellvertreterin, gleichsam sein Alter Ego. Hitler als der Messias fand in allen Medien ein hagiografisches Da capo. Wer sich mit der Fahne identifizierte, der identifizierte sich mit dem „Führer". Nur aus dieser Identifikation der Massen mit dem Mythos Hitler bezogen wir Pimpfe unsere Selbstoptimierung und die Propaganda ihre Effizienz. Das gebrauchsästhetische Rezept, wie man das Alltägliche zur nationalen und mythologischen Inkarnation überhöht, verdankten die Propagandastrategen vor allem der Filmemacherin Leni Riefenstahl, ebenso wie den heroisierenden Monumentalplastiken von Arno Breker und Josef Thorak oder den Blut-und-Boden-Gemälden von Oscar Martin-Amorbach und Paul Mathias Padua („Der Führer spricht") sowie den naturalistischen Machwerken Adolf Zieglers mit seinen buchstäblich nackten Tatsachen.

Beim Defilée der Fahnen hatte sich jedwede Versammlung von den Plätzen zu erheben und ihnen stellvertretend für den „Führer" gefälligst zu salutieren. Auch sooft eine vereinzelte Fahne eines Fähnleins durch die Gassen getragen wurde, war sie von den Passanten mit dem Hitler-Gruß der ausgestreckten Rechten zu ehren. „Die Fahne kommt, den Hut nimm ab! Der sind wir treu bis an das Grab!" hatte schon Detlev von Liliencron diese Richtung, allerdings noch mit ironischen Unterton, vorgedichtet. „Zu Beginn der Schule nach allen Ferien und zum Schulabschluss vor den Ferien hat eine Flaggenehrung vor der gesamten Schülerschaft durch Hissen bzw. Niederholen der Reichsfahnen unter dem Absingen nur der ersten Strophe der Deutschlandhymne und aller Strophen des Horst-Wessel-Liedes stattfinden" (Baldur von Schirach). Durch diese rituelle Präsentation des mit der Hakenkreuzfahne konnotierten Gedankenguts in Bild und Film und auf der Straße sollte die „Erziehung der Jugend zum Dienst am Volkstum und neuem Staat im nationalsozialistischen Geist" gefördert werden. Wie schrieb Kurt Tucholsky einst so treffend sarkastisch? „Es soll Menschen ohne Leber, ohne Milz und mit halber Lunge geben; Menschen ohne Fahne gibt es nicht."

Im Rückblick ist es kaum möglich, die scheinbar unüberbrückbare Differenz zwischen Ereignis und Erinnerung zu tilgen. „Es gibt ein Verstummen, ein Vergessen alles Daseins, wobei uns ist, als hätten wir alles verloren, eine Nacht unsrer Seele, wo kein Schimmer eines Sterns, wo nicht einmal ein faules Holz uns leuchtet." So Friedrich Hölderlin, der uns aber auch mit der Kunst zu trösten versucht; wonach „alles Getrennte sich wiederfindet." Heinrich Heine schrieb 1838 diese immergrünen Worte: „Kunst ist der Zweck der Kunst, wie die Liebe der Zweck der Liebe, und gar das Leben selbst der Zweck des Lebens ist."

Die Kunst ist ein Instrument der Erfahrung und zur Ausdeutung unserer Seele. Aber erst müssen wir wie Phoenix aus der Asche der Ruinen steigen und durch das Nadelöhr der Normalität hindurch gehen an die frische Luft der individuellen Freiheit. Viel zu spät erkannte unser trügerisches frühkindliches Erinnerungsvermögen in Hitler das Urbild eines Menschenhassers, der noch nicht einmal die asketische Großzügigkeit eines Timon von Athen besaß. Es ist bemerkenswert, wie weit die eigene Wahrnehmung, Erinnerung und angenommene Realität auseinanderdriften können. Julia Shaw nennt das eine synaptische Bereinigung, ein Prozess, in dem Gehirn und Gedächtnis mit wachsendem Umfang an Informationen Erinnerungen verbiegen und verfälschen oder auch löschen.

„Das Anmaßende, das heißt der, welcher mehr bedeuten will, als er ist oder gilt, macht immer eine falsche Rechnung auf. Zwar bucht er den augenblicklichen Erfolg für sich, insofern die Menschen, vor denen er anmaßend ist, ihm gewöhnlich das Maß von Ehre zollen, welches er fordert, aus Angst oder Bequemlichkeit. Aber sie nehmen eine schlimme Rache dafür, insofern sie ebenso viel, als er über das Maß forderte, von dem Werte subtrahieren, den sie ihm bis jetzt beilegten." (Friedrich Nietzsche, Menschliches, Allzumenschliches I, 373). Man wollte uns Hitlerjungen mittels einer Strategie der Umarmung gefügig machen. Wie „treulos" fielen wir erst davon wieder ab, als das bittere Ende nahte.

Gefangen im Fadenknäuel des Schicksals denaturiert die Fahne das Individuum zum Objekt fremden und uneinsehbaren Wollens. In welch tiefe Abgründe die Wahrheit sich zurückgezogen hatte, lässt sich im Spiegel der Buchproduktionen mühelos als Fazit ermessen: Da war kaum eine Literatur, die uns die Welt in ihrer Vielschichtigkeit und Modernität erschloss. Erst der enttäuschende Blick in die Schattenseiten des Regimes eröffnete uns die ganze Wahrheit der ideologischen Überfütterung, als es aber längst schon zu spät war. Auf unsere innere Stimme konnten wir nicht hören, weil sie überlagert wurde von der überlauten Stimme „unseres Führers" und im dröhnenden Marschtritt der rauschenden „Gefolgschaft" mit schmissiger Marschmusik.

Hitler und seine apokalyptischen Reiter Himmler, Bormann und Goebbels hatten 1945 beim Jüngsten Gericht keine guten Karten. Im Nürnberger Justizpalast wurden die überlebenden Gladiatoren des Dritten Reiches vor einem irdischen Gericht zur Verantwortung gezogen.

Kants „ewiger Friede" war weit. Erst nach dem „Zeitalter des Argwohns" (Nathalie Sarraute) und dem „Zeitalter der Angst" (W. H. Auden), im Schwebezustand zwischen einem Noch nicht und einem Schon bald, konnten die Menschenrechte sich nach zwölf Jahren Zwangspause langsam wieder zur vollen Majestät erheben. Vom Fiebertraum unserer Jugend wurden wir aus einer Verbrecherdiktatur in das erlösende Finale einer Freiheit in eine demokratische Republik entlassen.

TEIL 2

KAPITEL 21

DER REICHSARBEITSDIENST UND HITLER
ALS OBERBEFEHLSHABER DER WEHRMACHT

Nach der auch im internationalen Vergleich bedrohlich explodierenden Arbeitslosigkeit (1932 über sechs Millionen) als bitterer Hypothek von Wirtschaftskrise und Inflation sowie einer strengen Sparpolitik hatte der damalige Reichskanzler Heinrich Brüning (Zentrumspartei) mit einer von der SPD tolerierten Minderheitsregierung vergeblich versucht, mit Arbeitsbeschaffungsmaßnahmen die Radikalisierung der Jugend zu bremsen. Als früherer Geschäftsführer des „Deutschen Gewerkschaftsbundes" (ab 1920) und Zentrumsexponent hatte Heinrich Brüning schon Ende 1931 einen „Freiwilligen Arbeitsdienst" durch die Reichsanstalt für Arbeitsvermittlung und Arbeitslosenversicherung ins Leben rufen lassen,

Diese Maßnahme durchliefen bis Dezember 1932 rund 240000 Personen. Bei Nichtteilnahme erlitten die Verweigerer empfindliche Einbußen im Arbeitslosengeld. Sozialstaatliche Unterstützung war ohne „freiwilligen" Arbeitseinsatz damals nicht zu haben.

Der FAD war ein Arbeitsbeschaffungsprogramm, eine Art Arbeitslosenkaschierungs-Aktion. Dies galt aber auch als Ersatzinstitution für die Schulung durch das Heer und war damit ein Zugeständnis an die politische Rechte. Hitler schaltete dieses Programm nach der Machtergreifung durch Ausschluss kirchlicher und sozialer Träger sofort gleich, um sie später in den Reichsarbeitsdienst zu inkorporieren.

Mit Brüning hatte bekanntlich die Phase der Präsidialkabinette begonnen. Sie wurden durch Notverordnungen des 1932 wiedergewählten Reichspräsidenten Paul von Hindenburg gestützt und von den Fraktionen der großen Parteien im Reichstag geduldet. Durch eine Reihe von Reichstagsauflösungen und Neuwahlen verbuchte die NSDAP einen mächtigen Stimmenzuwachs, der um 1930 auf 18,3 Prozent abzuflachen schien, aber im November 1932 auf 33,1 wieder angestiegen war. In der letzten Reichstagswahl am 5. März 1933 holte die NSDAP 43,9 Prozent der Stimmen und hielt mit Hilfe der Deutschnationalen Volkspartei die absolute Mehrheit.

Mit dem Ende der Weimarer Republik, verächtlich von rechter Seite auch „Systemzeit" genannt, wurde eine radikale Zeitenwende eingeläutet: Eines der historischen Daten ist der 30. Januar 1933, als Adolf Hitler zum Reichskanzler in einer Regierungskoalition der NSDAP und der DNVP (Deutschnationale Volkspartei) gewählt wurde.

Am „Tag von Potsdam", einer von Goebbels geplanten, gloriosen Propagandaveranstaltung par excellence, war ein morscher Brückenschlag zwischen konservativem Preußentum und Nationalsozialismus am 21. März 1933. Hitler erhielt den unheiligen Segen von Reichspräsident von Hindenburg, ein Jahr bevor dessen Lebensuhr stehenbleiben würde.

Am 24. März 1933 beschloss der Reichstag gegen die Stimmen der SPD das Ermächtigungsgesetz. Seitdem mussten Hitler und seine Regierung sich in ihren Entscheidungen nicht mehr an die Verfassung halten und er war nicht länger auf parlamentarische Zustimmung angewiesen. Jetzt konnten sie eigenmächtig Gesetze erlassen oder vorhandene zurechtfräsen, die auch nach demokratischen Maßstäben, wie Bürger- und Menschenrechten, sich schon bald bequem unterlaufen ließen. Verfassung und Parlament waren damit so gut wie schachmatt gesetzt und alle künftigen Kapitalverbrechen an der Menschheit durch NS-Funktionsträger und braune Uniformmänner im Voraus sanktioniert. Der Marsch in die Diktatur war eingeleitet. Das kritische Bewusstsein der aufstrebenden Arbeiterklasse war ausgeschaltet, die Kommunisten interniert. Die Gewerkschaften waren aufgelöst worden, das Streikrecht wurde abgeschafft, die Forderungen nach Tarifen, Lohnerhöhungen und sozialen Reformen verhallten in der Beschwichtigung der Deutschen Arbeitsfront (DAF, ab 10. Mai 1933), einem nivellierten Konzept von vermehrter Ausbeutung bei garantierter Stellensicherung und Kraft-durch-Freude-Kompensation mit Verschönerung von Arbeitsplätzen (Schönheit der

Arbeit). Die alten linken Ansprüche, die noch im Strasser-Flügel eine Weile weiterlebten, wurden an der völkisch-militaristischen Leine von Robert Ley kurzgehalten, einem großmäuligen, bornierten Sonderling.

Bevor Brüning in Aktion getreten war, hatte auf private Initiative hin schon seit 1926 ein Volksbildungswesen existiert um mit professionellem pädagogischen Rüstzeug ausgestattet den weiterbildungswilligen Erwachsenen ohne Arbeit eine Chance zu geben. Nach Absolvierung der Lernkurse sollten sie einen Beruf ihrer Wahl ergreifen können. Aufbauend auf den Strukturen dieses Brüningschen „Freiwilligen Arbeitsdienstes" wurde letztendlich mit Datum vom 26. Juni 1935 das Gesetz für den Reichsarbeitsdienst (RAD) erlassen.

Da eine militärische Reaktion Frankreichs auf die widerrechtliche Besetzung des Rheinlandes durch die deutsche Wehrmacht am 7. März 1936 ausblieb, konnte Hitler es sich leisten, seinen expansionistischen Kurs der Remilitarisierung noch zu forcieren. Den Einmarsch deutscher Truppen in das entmilitarisierte Rheinland noch einmal aufzuhalten, hätte den Franzosen die letzte Chance geboten, unterhalb der Schwelle eines größeren Krieges Hitler Einhalt zu gebieten. Damit war der Weg freigemacht für eine doppelgleisige Politik Hitlers: den Einsatz von Arbeitskräften auch ohne angemessenes Entgelt und alles ehrenhalber, unabhängig von der Konsolidierung des Arbeitsmarktes und der Wirtschaft mit Maßnahmen der halbverdeckten Aufrüstung und Remilitarisierung zu verbinden.

Nach abgeschlossener Lehre oder nach dem Abitur war jeder Volksgenosse zwischen 18 bis 24 Jahren vor Hitlers Krieg auf ein halbes Jahr und mit Kriegsbeginn immer kurzfristiger verpflichtet, dem Reichsarbeitsdienst mit Spaten und Schippe zu dienen und der deutschen „Agri-Kulturarbeit" zu frönen, vulgo „Blut und Boden". Die jungen Männer wurden im Sinne der Gleichschaltung des neuen Staates und eines militanten Nationalsozialismus mit dem spärlichen Sold von beispielsweise täglich 1,70 Reichsmark zu absolutem Gehorsam verpflichtet: Als zuverlässiger Teil des RAD wurde das schwankende Bewusstsein in totaler Unterwerfung unter den NS-bestimmten Wertekanon gezogen, der die

Gedankenwelt meiner Generation überformen und beherrschen sollte. Die Arbeitsmänner und die in der Kernfarbe der Nazis braun uniformierten Arbeitsmaiden sollten als mit blitzblanken Spaten bewaffnete Manns- und Weibsbilder beim „Aufbau" und „Neuanfang" „dabei" und „mitten drin" sein.

Schon im Februar 1938 hatte Hitler das Oberkommando der Wehrmacht übernommen. Reichskriegsminister Werner von Blomberg, bis dahin Oberbefehlshaber der Streitkräfte, sowie Freiherr Werner von Fritsch, Oberbefehlshaber des Heeres, wurden aufgrund von niederträchtigen Intrigen Görings und Himmlers „ehrenvoll" entlassen. Damit hatte sich Hitler das Entscheidungszentrum der militärischen Macht einverleibt, das in den folgenden Jahren zum Orientierungspunkt seiner gesamten Politik gemacht wurde.

Nachdem sich Konstantin Hierl bereits als Staatssekretär im Reichsarbeitsministerium und Reichskommissar für den Freiwilligen Arbeitsdienst (FAD), dem „Führer" angedient hatte, stieg er nach seinem Posten als Reichsarbeitsführer ab 1943 bis Kriegsende zum bequemen Altersitz eines Reichsministers ohne Portepee auf.

Da Hierl wie alle hochrangig konturlosen Funktionäre sich nur durch minimale Menschenfreundlichkeit auszeichnete, schon um nicht aus ihrer verordneten Rolle der Seriosität zu fallen, hatte er den „Führer" überzeugt, mit straffer Führung den Arbeitsdienst dem Militär in seinem Gewicht gleichzusetzen. Das bedeutete in der Praxis, dass zwei Jahre vor dem nahenden Ende des Dritten Reiches fast alle Arbeitsmänner zu Rüstungsarbeitern umfunktioniert wurden und dem Ehrgeiz des neuen agilen Rüstungsminister Albert Speer (ab 1942) ausgeliefert waren – neben Goebbels wohl der einzige mit intellektuellem Gewicht in der obersten Regierungsriege. Speer demilitarisierte weitgehend die Rüstungsproduktion und setzte 700 000 Zwangsarbeiter ein. Unbarmherzig mobilisierte er auch noch die wenigen arbeitsfähigen männlichen Insassen aus Himmlers Konzentrationslagern. Bevor Heinrich Himmlers Gaskammern kaltblütig alles jüdische Leben „exterminieren" würde, sollten sie gefälligst noch „nützliche Arbeit" leisten.

Als die Allied Airforces aus ihren 6500 Metern Höhe die Rüstungsindustrie und das Ruhrgebiet sowie die Städte Dresden, Frankfurt, Stuttgart und andere Produktionsorte in Schutt und Asche gebombt hatten und viele der fachspezifischen Arbeiter entweder an der Front ihr Leben riskierten oder schon in Gefangenschaft geraten oder gefallen waren, mussten die Arbeitsmänner die in den Osten verlagerte Kriegsindustrie am Laufen halten. Oder sie dienten vom Nordkap bis zu den Kykladen den sogenannten Verteidigungsstrategen. Sie halfen Betonbunker für

das Westwallprojekt oder Tarnrampen für die V1-Abschussbahnen zu errichten. Oder sie mussten kilometerlange Panzersperren an den potenziellen Landungsstränden an der Atlantikküste oder an der französischen Côte d'Azur in die seichten Badestrände pflanzen.

Selbst *„Arbeitsmann"(oben)* seit dem 17. November 1943, kann ich ein Lied davon singen. Seit unsere Arbeitsdiensteinheit an die Côte d'Azur verlegt worden war, aber eben nicht zur Weinlese, hatten wir als Bevollmächtigte des Augenblicks vielmehr den militärischen Auftrag, an dem von der provençalischen Sonne überfluteten Strand vor Béziers Panzersperren in den Sand zu buddeln. Weit entfernt noch vom Kriegsgetümmel, verbrachten dort nonchalante Südfranzosen, unbekümmert im Laissez-faire ihre Ferien. Uns Arbeitsmänner pointiert zu ignorieren, gehörte irgendwie zu ihrer Urlauslaune, während ihre Kinder uns eine lange Nase machten.

Mit dem Nimbus eines Pädophilen befahl uns unser RAD-Feldmeister eine allmorgendliche kollektive und vorgeblich „gemeinschaftsstiftende" Nackedei-Badekur im Mittelmeer, wohl auch, um als eifriger Hobbyfotograf uns für die Ewigkeit mit aufdringlich schönen Aufnahmen in seinem Album ein Denkmal zu setzen. Die Ewigkeit ließ unseren Arbeitsführer allerdings nicht lan-

ge auf sich warten. Einen Monat später, während seines Heimaturlaubs in Saarbrücken, hatte eine Sprengbombe sein Haus getroffen und ihn samt seiner Fotogalerie *(daraus die Bilder links und rechts)* unter den Trümmern begraben. Als gemeiner Arbeitsmann erhielt ich eines schönen Tages unter Vortäuschung, die französische Sprache zu beherrschen, einen Marschbefehl ins besetzte Paris, um eine versiegelte Art Geheimdepesche beim Obersten Heereskommando persönlich abzuliefern. Dabei lernte ich ein sorglos legeres Etappenleben unserer Generalität kennen, die dort wie der sprichwörtliche Gott in Frankreich der Dinge harrten, die ihr oberster Feldherr Hitler sich noch ausdenken würde. Am Abend in Paris hatte mich ein junger Adjutant ins verruchte „Folies Bergère" mitgenommen, was mir nach meiner Rückkehr schlechterdings keiner so recht glauben mochte.

Nachdem die Arbeitsmänner seit 1935 beim Bau der Reichsautobahn ihre noch halbjährigen Pflichtdienste absolviert hatten, konnte Hitler damals noch einen seiner Programmpunkte als positive Bilanz abhaken: Kaum mehr Arbeitslose. Dass hier ehrenhalber umsonst und paramilitärisch gearbeitet wurde, steht auf einem anderen Blatt.

Nach der Weltwirtschaftskrise von 1929 durch die Folgen der persistierenden Arbeitslosigkeit war es Hitler mit staatlich finanzierten Baumaßnahmen, wie den Reichsautobahnen und dem Atlantikwall, mit der Methode der kostengünstigen patriotischen Zwangsbeschäftigung gelungen, diese Negativ-Quote stark zu dezimieren. Die Planung dieser neuen Verkehrswege fußt aber schon in der Weimarer Republik.

Beim Reichsparteitag in Nürnberg 1934 haben 52 000 uniformierte Arbeitsmänner im vollen Ornat den Weitwinkel von Leni Riefenstahls Kamera mit ihrem Spaten-Ritual und ihren rezitativischen Chorgesängen gesprengt: Ihre tableaux vivants aus zweiundfünfzigtausend braunen Uniformen wirkten wie erstarrte Menschenblöcke neben den als heroische Pose der Über-

macht eingeschnitte-
nen Hitlerbildern. Die
Wucht dieser geome-
trischen Inszenierung
der Macht raubte dem
jungen Publikum im
Kino den Atem. Leni
Riefenstahls die Lein-
wand füllende Men-
schenkarrees, in denen

sich das Individuum in der Masse verlor, beeindruckten durch
die mitreißende Kunst von Riefenstahls Spannungsmontage. Wer
hätte sich in der ersten Euphorie damals nicht gern als dazuge-
hörig empfunden? Mit dem angemaßten Mandat eines Welten-
lenkers salbte Hitler die disziplinierte Masse mit den Worten:
„Durch Eure Schule wird die ganze Nation gehen."

Nach einer Nacht in winzigen Zelten marschierten wir im Stolz
der in Reih' und Glied paradierenden Arbeitsmänner, entsprachen wir in riesigen Marschquadern der metaphorischen Größe
der Bewegung. Sie sollten im Sog von Riefenstahls Filmbildern
mit deren missionarischer Kraft die Welt ins Staunen versetzen.
Die Filmfestspiele in Venedig krönten 1935 Riefenstahls Film
„Triumph des Willens" mit dem Goldenen Löwen. Sogar Hitlers
52 000 braun gekleidete Filmstatisten des RAD sind so auch international preiswürdig geworden. Den Arbeitsfrauen wurde
eine Freiheit für sich versprochen, die aber bloß Option blieb.

Schon mit Kriegsbeginn 1939 waren Deutschlands Frauen in
die Fänge der nationalsozialistischen Menschensammler geraten als sogenannte „Arbeitsmaiden", die schnell lernen mussten,
in Uniform sich trittsicher zu bewegen und sich den Kategorien
des nationalsozialistischen Staatsdenkens zu unterwerfen. Ihre
Dienstzeit betrug zunächst sechs Monate, konnte aber verlängert
werden, und stieg auf 12 und 18 Monate (1941 und 1944), bei
Entfristung gegen Kriegsende. Jetzt sozusagen satisfaktionsfähig
geworden, konnten ihre herkömmlichen Lebensfahrpläne implo-
dieren. Über Nacht wurden sie den Arbeitsmännern gleichge-
stellt, um sie, die bald in den Krieg gezogen wurden, auch noch

zu überbieten. Legionen von Arbeitsmaiden bedienten im Krieg die Schraubstöcke und die Feinmechanik der ausgelagerten Rüstungsindustrie. Die Emanzipation der Frau hatten sie sich wohl lustvoller, lebensfreundlicher und persönlicher vorgestellt. Viele suchten in der Masse des „Menschenmaterials" ebenso sehr verzweifelt wie vergeblich nach einem legitimierenden Narrativ einer heiter hedonistischen Weltsicht. Lebenstüchtigkeit hatten die Frauen in den Jahren der Kriegsnöte ja schon gelernt, als ihr Leben aufs Elementarste reduziert worden war.

Ursprünglich als Mittel zur Bekämpfung der Arbeitslosigkeit gerufen, wurden praktisch alle Formationen des Reichsarbeitsdienstes während des Krieges der Wehrmacht und den etablierten Nomenklaturen eines wohlfeilen Patriotismus subordiniert und der Rüstung dienstbar gemacht. In hochsignifikanter Korrelation mit den Arbeitsmännern gelobten auch die Frauen im Reichsarbeitsdienst im Sprechchor und mit heller Stimme, auf Gedeih und Verderb in Treue fest für Führer, Volk und Vaterland einzustehen. In gleichgeschalteten Hundertschaften sind sie keine autonomen Akteure der gesellschaftlichen Veränderungen geworden. Auch sie wurden Material für die Insinuation eines alles überwölbenden Herrschaftssystems. Hitlers Vorhersage in „Mein Kampf", dass „aus den Tränen des Krieges ... für die Nachwelt das tägliche Brot" erwachse, war ihnen nichts als blanker Zynismus.

Erst nach dem Krieg konnten sie wieder an eine eigene Biografie denken. Was der französische Philosoph Michel Foucault eine beiläufige „Episode in der Geschichte" nannte, trifft bei der Professionalisierung der deutschen Frau im Alltags- und Berufsleben voll ins Schwarze. Das wahre Glück liegt darin, „sich in seinem eigenen Wesen zu sonnen", ergänzt sein französischer Geisteskollege Albert Camus in „Der Fall".

Kapitel 22

Als Fallschirmjäger in der Normandie

Einmusterung

Anfang des Jahres 1943 wurde ich in Gardelegen, Sachsen-Anhalt, zur Einmusterung bei den Fallschirmjägern auf meine Wehrtauglichkeit getestet. Als ein Unteroffizier mit seiner Messlatte meine Größe mit 1,91 m vermaß, meinte er lakonisch: „Junge, kannste gleich wieder nach Hause gehn, wir nehm' keine Riesen, nur welche bis höchstens 1,85." Den Tränen nahe, fiel mir nichts Gescheiteres ein, als riskant mit der Wahrheit rauszurücken: „Dann muss ich ja doch zur Waffen-SS" (!) – die Antwort kam ohne Pause spontan: „Nee, da gehste mir nich hin," und jetzt im Flüsterton: „Geh mal'n bissken inne Knie, weiter, weiter, stop: 1,85." Da war ich irgendwie mordsglücklich. Mit 1,91 m „brillierte" ich in der Welt der Unvorhersehbarkeit als der längste deutsche Fallschirmjäger. So gelangte ich also doch noch als Fahnenjunker ins Fallschirmjäger-Ersatz-und-Ausbildungs-Regiment Nr. 1 des Ritterkreuzträgers Oberst Udo von Kummer. Die als Elitecorps gutbeleumundete Waffengattung hatte nach ihrem Ende keine Kriegsverbrechen auf dem Kerbholz. Neben der U-Boot-Marine wurde die Fallschirmtruppe als einzige Alternative zur Waffen-SS akzeptiert. Um den Fängen der Waffen-SS nicht anheimzufallen, blieb nur die alternative Freiwilligenmeldung zu einer dieser beiden sogenannten „Himmelfahrtskommandos". Aber „Ohne Wohnrecht im Grabe" (Kafka) wollte ich, statt abzusaufen, doch irgendwie lieber vom Himmel herab ins Jenseits springen.

Ein aktuelles Zitat aus dem Jahr der letzten Jahrhundertwende: „Den Ruf einer Eliteeinheit verdankten unsere Fallschirmjäger der harten und strengen Ausbildung. Sie mussten eine außergewöhnliche körperliche und geistige Leistungsfähigkeit unter Beweis stellen. Ihnen wurde nichts geschenkt und die richtige Einstellung und das notwendige Selbstvertrauen mitgegeben." (aus dem Werbebuch für heutige „Fallschirmjäger", 2000.)

HITLERS KRIEGSBEGINN

Als Reichskanzler gab Adolf Hitler am 1. September 1939 den Beginn des Krieges ohne reguläre Kriegserklärung vor einem kurzfristig zusammengetrommelten Reichstag bekannt: „Polen hat heute Nacht zum ersten Mal auf unserem eigenen Territorium auch mit bereits regulären Soldaten geschossen. Seit 5:45 Uhr wird jetzt zurückgeschossen! Und von jetzt ab wird Bombe mit Bombe vergolten!" Hitler irrte in der Uhrzeit, er selbst hatte einen feindlichen Überfall auf den Sender Gleiwitz durch als polnische Kämpfer maskierte, eigene Geheimdienstler, unter Hinterlassung von dafür eigens getöteten KZ-Häftlingen inszenieren lassen. Die Vorbereitungen zu einem Angriffskrieg auf Polen waren jedoch bereits Mitte Juni 1939 so gut wie abgeschlossen.

Hitler hatte entlang der 1900 Kilometer langen polnischen Staatsgrenze 57 Divisionen und 2500 Panzern den Marschbefehl erteilt. Polen ist mit dem brutalen Überfall, mit 1180 Kampfflugzeugen, darunter 290 Ju-87-Stukas und fast 1000 konventionelle Bomber, durch den menschenverachtenden ideologischen Hegemon namens Hitler ohne scheinbar erkennbare militärische Notwendigkeit überrascht worden.

Mit dem Datum des 23. August 1939 war der Hitler-Stalin-Pakt, der deutsch-sowjetische Nichtangriffspakt, geschlossen worden, der durch ein geheimes Zusatzabkommen ergänzt worden war, um unter anderem gemeinsam den Staat Polen zu segmentieren und auszuplündern.

Offiziell ging es schlichtweg um nichts Geringeres, als Einflusssphären zu sichern und die Rohstoffe und Naturalien zwischen Deutschland und Russland aufzuteilen. Inoffiziell ging es Hitler aber vor allem auch darum, alle Juden des gebeutelten Landes aufzuspüren und sie, zusammen mit ihren Glaubensbrüdern und -schwestern aus ganz Europa, in den erst noch zu errichtenden Ghettos und Konzentrationslagern den Henkern der SS auszuliefern. Wie aber passt zu dem Nichtangriffspakt zwischen dem Deutschen Reich und der Sowjetunion, mit der Laufzeit von zehn Jahren, der baldige „Vertragsbruch", der Angriffs- und

Vernichtungskrieg ge-
gen Russland und sei-
ne verbündeten Repu-
bliken im Jahre 1941?
Die vier Staatschefs
Hitler,   Mussolini,
Chamberlain und Da-
ladier hatten am 30.
September 1938 das
berüchtigte „Münch-

ner Abkommen" unterzeichnet. Damit wurde Tschechien zur
Abtretung des Sudetenlandes verpflichtet. Nach dem von Hitler erzwungenen Anschluss Österreichs an das Deutsche Reich
im Jahr 1938 wurde auch das Staatsgebilde Tschechoslowakei
zerschlagen. Der erste große Schritt von Hitlers schon lange ge-
planter Osterweiterung, unter der Option „Volk ohne Raum",
wurde damit formal vollzogen.

England und Frankreich verzichteten mit ihrer Appease-
ment-Politik auf Repressalien gegenüber der deutschen Regierung. Nach dem Treffen Hitlers mit Chamberlain, auf dem Obersalzberg bei Berchtesgaden am 15. September 1938 und noch
einmal am 24. September 1938 dann bei Bad Godesberg, sahen
England und auch Frankreich keine zwingende Notwendigkeit
mehr, wegen dieser „Lappalie" gleich einen Krieg vom Zaun zu
brechen. Der schicksalhafte wunde Punkt dieses Abkommens
war die Tatsache, dass jetzt die Tschechoslowakei als Satellit Hitlers Willkür schutzlos ausgeliefert war.

Der große polnische Regisseur Andrzej Wajda hat das Schicksal seines Volkes zunächst in seinem Film „Kanal" (oben, 1957)
als schwarze Elegie im Untergrund des Warschauer Aufstandes
(von August bis Oktober 1944) und zugleich als nationales Epos
zwischen Hoffnung und Ausweglosigkeit eindrucksvoll gestaltet.
Hier kommt Adornos Erkenntnis zum Ausdruck, dass „Gesellschaft ganz anders, weit unmittelbarer vom Objekt her, in den
Film hineinrage als in avancierter Malerei oder Literatur" oder
auch im Medium Film.

DIE MASSAKER VON KATYN

Im Jahre 1958 spannte **Andrzej Wajda mit „Asche und Diamant "** **(unten und links)**, die Darstellung der politischen Tragödie Polens weiter, indem er die Spaltung des Landes am Kriegsende in Kommunismus und Antikommunismus als inneren, zerrissenen Kampf um die Vorherrschaft ans Tageslicht zerrte. Damit initiierte er einen aufrüttelnden Neubeginn des polnischen Films. Als Vermächtnis schuf der Pole den erschütternden Film „Das Massaker von Katyn" (2007). Dieser thematisiert den zunächst lange verschleierten Massenmord der sowjetischen Geheimpolizei an polnischen Kriegsgefangenen: Gebildeten Elite-Offizieren und Intellektuellen wurde im Wald von Katyn nahe Smolensk zwischen April bis Mai 1940 gnadenlos liquidiert. Dabei brandmarkt Wajda die Instrumentalisierung und Verdrängung von Geschichte und Vergangenheit, gerade auch durch den Nationalsozialismus, als politisches Verbrechen, welches das Unrecht der ausgeübten und erlittenen Gewalt weiter verstärkt. Wajdas antiliterarischer Bildstil, zwischen messerscharfer Dokumentation, verstörender Erinnerung und dramatischer Kollision heterogener Kräfte, verleiht seinen Filmen eine raue, stark beunruhigende Brillanz. Später wird der zeitweise Außenminister im Nachkriegspolen Wła-

dysław Bartoszewski ein faktengenaues Buch über die Implikationen deutscher Massenverbrecher schreiben. In Himmlers „Denkschrift" fasst er seinen Anspruch zusammen, wonach „alle undeutschen Elemente" im sogenannten Generalgouvernement als „Völkerbrei", als „billiges

Arbeitskräftereservoir" zur Verfügung stehen sollen. Eher beiläufig erklärte er, dass deutschen Kindern zu vermitteln sei, „dass es ein göttliches Gebot ist, gehorsam zu sein, ehrlich fleißig und brav". SS-Gruppenführer Heinz Reinefarth, der „Schlächter von Warschau", ließ im August 1944 im Vorort von Warschau Wola 30000 Zivilisten ermorden. Als Herr Reinefarth wurde er nach dem Krieg Bürgermeister von Westerland auf Sylt (1951 bis 1963).

Himmlers Ziel in Polen war „die Bevölkerung in den Zustand der Sklaverei zurückzuversetzen und schließlich die polnische Nation zu vernichten".

Die 1943 von deutschen Truppen unter Hinweisen der Bevölkerung aus ihrem Massengrab exhumierten Opfer von Katyn wurden von Goebbels 1943 propagandistisch dazu benutzt, von den begangenen und laufenden Verbrechen gegen die Menschlichkeit durch das Dritte Reich abzulenken.

Die polnische Exilregierung geriet zwischen die Fronten von Hitlers und Stalins Propaganda. Stalin unterbrach die Kontakte zur polnischen Exilregierung, die USA und Großbritannien spielten Katyn herunter, um die Kriegskoalition mit der UdSSR nicht zu gefährden. Stalin setzte auf ein kommunistisches Nachkriegspolen, auf Kosten der nichtkommunistischen Kräfte. Die Bewohner von Katyn sahen sich im September 1943 bei der Rückeroberung durch die Sowjets mit dem Leiter des Exekutionskommandos aus dem Jahre 1940 und dazu mit drakonischen Umsiedlungsmaßnahmen konfrontiert. Bekanntlich gab erst 1990 Michail Gorbatschow dem Drängen der polnischen Regierung unter Wojciech Jaruzelski nach, überreichte die Exekutionslisten und verurteilte dabei die bestialischen stalinistischen Verbrechen an polnischen Soldaten.

Der russische Regisseur Andrej Tarkowski („Ivans Kindheit" 1962; „Andrej Rubljow", 1966) nannte die Kriegsgeschichte und korrespondierende Filmerzählungen „eine versiegelte Zeit", die es in die Zukunft zu retten galt. Dokumentarische Sujets waren für ihn keine randseitige Kunst, sondern zeitsymbolisch und ikonografisch aufgeladen.

HITLERS VERNICHTUNGSKRIEG

Timothy Snyder hat (unter anderem in seinen historischen Büchern „Bloodlands, Europe between Hitler and Stalin", 2010/11; „Black Earth, The Holocaust as History and Warning", 2015) einen nicht unumstrittenen Ansatz dafür vorgelegt, wie es Hitler 1933 möglich gewesen war, in dem vielleicht doch noch leidlich funktionsfähigen deutschen Staat mitten in Europa die Macht an sich zu reißen. Darin versucht er darzulegen, wie Hitlers politisches Machtstreben und sein antisemitischer Vernichtungswille weitergedacht werden müssten. Er beansprucht, über die bisherige mitteleuropäisch zentrierte Holocaust-Debatte hinauszugehen. Snyder geht dabei von der Annahme aus, dass Hitler den deutschen Staat als, mehr oder minder, funktionierendes Gebilde übernahm und ihn dann als bloßes Mittel für seinen Rassenwahn und die antisemitischen Vernichtungsaktionen benutzen wollte und, wie wir wissen, auch weitgehend genutzt hat. Dabei testete er die Belastbarkeit der staatlichen Strukturen und die Bereitwilligkeit der deutschen Bevölkerung aus. Die Stabilität des Staates und der Macht standen bei seinen Aktionen, angesichts der großen Mehrheit jener Deutschen, die sich weigerten, am Pogrom teilzuhaben, durchaus auf der Kippe. Somit standen und stehen die Bürgerinnen und Bürger damals wie heute grundsätzlich in der Verantwortung, in Falle der Unterdrückung und Entrechtung von Mitbürgern jederzeit Kritik und Widerstand zu leisten, statt bloß passive Zuschauer zu bleiben. Snyder sieht für die Verwirklichung von Hitlers Vernichtungsplänen als pragmatisches

Ventil den Krieg, als gezieltes Instrument der Eroberung und Destabilisierung benachbarter Staaten, um im Sinne einer diabolischen Kolonialpolitik eine entstaatlichte Sphäre zu schaffen, in der die Vernichtung der regionalen und dorthin deportierten europäischen Juden ungehindert Wirklichkeit wurde. Zugleich stellt der Krieg ein Paradigma eines Ausnahmezustandes dar, der destabilisierend auf die Balance der demokratischen Gewaltenteilung zwischen Exekutive, Legislative und Judikative einwirken kann. Der Krieg zeigt ein Erklärungsmuster dafür, die Spielregeln der Demokratie bis auf weiteres außer Kurs zu setzen.

Endlich 1933 an den Hebeln staatlicher Macht, musste Hitler nach Möglichkeiten suchen, „den existierenden konventionellen deutschen Staat und seine eigene Vision vom ewigen Rassenkrieg in Einklang zu bringen" (Snyder). Der erste Punkt der Lösung war der typische faschistische Vorstoß gegen Max Webers Definition des Staates als ein legitimes Gewaltmonopol gewesen. In Hitlers Staat blieben SS und SA eigenständige, nichtstaatliche, aber rassistische Gewaltpotentiale, denen Hitlers Ideologie auf ihre Fahnen geschrieben wurde und die die staatliche Ordnung bei bereits suspendierter Verfassung weiter unterminierten. Entsprechend kann diesem Kontext Hitlers Doppelstrategie zugeordnet werden: einerseits die Wehrmacht gegenüber der SA zu bevorzugen und sie dann über ein direktes OKW-Kommando in seiner Person an sich zu binden. Diese Taktik versetzte Hitler in die Lage, entscheidende Momente von Strategie, Planung und Kriegsführung inklusive der Beachtung oder Missachtung der Genfer Konventionen durch einen Generationswechsel von Offizieren und Soldaten seinem nun ganz illegalen und totalitären Diktat zu unterwerfen. Das Alte stürzt.

Als Hitlers Truppen in die Stadt Łódź einfielen, lebten in dieser multikulturellen Metropole von rund 670 000 Bürgern, darunter 230 000 Juden, so viele wie damals in ganz Deutschland. Die Statistik des deutschen Reichsgebietes verzeichnete 1939, nach Eingliederung des Saarlandes, Österreichs und des Sudetenlandes, 234 000 Juden. Die Zahl der jüdischen Bürger im Reich reduzierte sich rapide, von einer halben Million 1933, so dass im Protokoll der berüchtigten Wannsee-Konferenz im Januar 1942

bereits für die Rubrik „Altreich" nur noch 131 800 Personen angeführt wurden. Allein das seit 1939 kolonial verwaltete „Generalgouvernement für die besetzten polnischen Gebiete" wurde hier
mit 2 284 000 jüdischen Bürgerinnen und Bürger aufgelistet. Die
Zahlen lassen sich somit als eine bereits vororganisierte „Wahrheit" lesen: gewaltige Verschiebungen durch Emigration und Verfolgung sowie die Sammlung von nach Osten zu deportierenden
deutschen und europäischen Juden.

In Łódź, der drittgrößten polnischen Stadt nach Warschau und
Krakau und dem lebendigen Ort multikultureller Zivilisation
und Intelligenz, sollte ein Juden-Ghetto entstehen, das als Basis späterer Massendeportationen aus dem Reich und ab 1941
aus ganz Europa auch „funktionierte". Hitler hatte sich erst im
Frühjahr 1939 entschieden, in einen Krieg gegen das militärisch
weit unterlegene Polen zu ziehen, anstatt den Spieß umzudrehen
und mit Polen gegen die Sowjetunion zu paktieren. Zwischen
September 1939 und Juni 1941 brachte Deutschland die schiere Hälfte des polnischen Vorkriegsterritoriums unter seine satanisch gierige Fittiche. Den Rest Polens reklamierte Stalin für die
Sowjetunion.

HITLERS GÖTTERDÄMMERUNG BEGANN
IN DER SCHLACHT UM DIE NORMANDIE

Abermillionen tote Zivilisten und Soldaten gehen auf Hitlers
Konto. Der völkerrechtswidrige Einmarsch Hitlers in Polen, der
erste sogenannte Blitzkrieg, der in ganz Europa barbarisch geführt wurde, dauerte gut einen Monat, unter dem brutalen Einsatz von beweglichen Armeeeinheiten, Luftstreitkräften und Panzerverbänden, die den Gegner einkesselten und zurückdrängten.
Die Sowjetunion griff am 17. September Polen von Osten her an
und schwächte das Land in seinem Verteidigungskampf gegen
das Deutsche Reich. Polen lag bald in Trümmern und in tiefer
Trauer. Mit dem deutschen Angriff auf die Sowjetunion am 22.
Juni 1941 nahm die Aggression ihren weiteren fatalen Verlauf.
Hitler holte weit aus zum ideologischen Kampf und zwang am
Ende Stalin „den großen Vaterländischen Krieg" auf.

Am 6. Juni 1944 hat der amerikanische Oberbefehlshaber Dwight D. Eisenhower mit den saloppen Worten „Ok, boys. We will go" mit der Operation „Overlord" an den Stränden der seichten Kanalküste in der nördlichen Normandie anzulanden befohlen. Und Winston Churchill schenkte seinen Landsleuten schon 1940 reinen Wein ein mit den Worten: „Ich habe nichts zu bieten als Blut, Mühsal, Tränen und Schweiß." Allein am ersten Tag der größten Invasion der Kriegsgeschichte verloren die alliierten Streitkräfte mindestens 9000 Mann. Nach dem großen Aderlass seiner GIs setzte Eisenhowers Strategie dann weniger auf Manpower als auf materielle Überlegenheit. (1953 wird er zum Dank für seinen Sieg in Europa der 34. Präsident der Vereinigten Staaten.)

Viele alliierte Kämpfer sind schon während der Landung bei stürmischem Seegang mit ihrer bleischweren Kriegsausrüstung am Leibe ertrunken, und zahllose Fallschirmjäger und Luftlandeeinheiten mussten in der Sumpflandschaft der Nordnormandie ihre Knochen herhalten, weil ihre Landkarten diese natürlichen Gefahrenfelder offensichtlich nicht extra für Kriegseinsätze markiert hatten. Dieser Desorientierung verdankten tausende GIs, dass sie fern von ihren eigenen Frontlinien auf französischem Boden in „Feindesland" landeten und viele endeten. So sind sie uns Deutschen hauptsächlich im Nachtschatten in die Quere gekommen, aber auch am hellen Tage, in immer dramatischer werdendem Frontverlauf. Für manche Offiziere auf beiden Seiten wird sich das angefühlt haben, wie inmitten eines Mehrfrontenkrieges, in dem man selber die Orientierung verliert: ein wahrer Teufelskreis, der sich zur komplexen Tragödie ausweiten sollte. Der Auftrag lautete auf beiden Seiten, die Zahl der Gegner gnadenlos zu dezimieren, zumal immer mehr neue Alliierte Streitkräfte auftauchten.

Seit dem Angriff Hitlers auf die Sowjetunion hatte sich Josef Stalin wiederholt an Großbritannien und die erst nach dem japanischen Angriff auf Pearl Harbor im Dezember 1941 in den Krieg ziehenden USA gewandt. Er hatte die Errichtung einer effektiven zweiten Front im Westen zur Entlastung des zunächst keineswegs erfolgreichen Verteidigungskriegs im Osten gefordert. Erst mit der Einstellung der Kriegshandlungen der bei Stalingrad umzingelten deutschen 6. Armee unter General Paulus schlug die

Situation um. Nun gerieten die restlichen deutschen Truppen in die Tentakel einer noch kampffähigen russischen Defensive. Die Gegenoffensive der Roten Armee kam dann im Tauwetter Ende Februar 1943 zunächst zum Stillstand. Eine Invasion in Westeuropa, mit dem Ziel, das Deutsche Reich und Berlin von Westen her mit Bodentruppen in die Knie zu zwingen, wurde angesichts des Bombenkrieges („moral bombing") auf deutsches Territorium weiter verschoben. Konkrete Pläne für die Landung im nordfranzösischen Westen reiften erst 1943.

Inzwischen hatten sich Eisenhower und Churchill mit Briten, Kanadiern, Iren, US-Amerikanern und Franzosen im Süden des Inselreiches versammelt und zu einer gigantisch schlagkräftigen und verschworenen Kriegsunion gegen Hitler vereint. In noch ungewisser Stunde sollten sie ihre Haut in Frankreich zu Markte tragen. Auch wenn die deutsche Generalität das Schlimmste ständig befürchtete, schloss das ja nicht unbedingt aus, dass es trotzdem und vor allem ganz anders als erwartet, geschähe. Jedenfalls wollte Hitler sein virtuelles Labyrinth in der Normandie trotzig zu Ende bauen.

Der einzige „Aufstand der Vernunft" (Zola) mit dem Attentatsversuch auf den Tyrannen Adolf Hitler durch Oberst Graf Schenk von Stauffenberg am 20. Juli 1944 in der Wolfsschanze war misslungen. Die Propaganda erkannte darin die (trügerische) „Gnade der Vorsehung". Der „Führer" überlebte dank dessen, was er den „Auftrag der Vorsehung" nannte und was die Wochenschau „einem gerechten Schicksal" zuschrieb. Die missglückte Ehrenrettung „eines besseren Deutschlands" kostete 5000 Menschen das Leben, die mittelbar mit dem Putsch sympathisiert hatten oder an dessen Logistik in Berlin und anderen Standorten wie Paris beteiligt waren. Darunter waren 200 Offiziere, wie die Hitler-Kritiker Ludwig Beck und Henning von Tresckow, aber auch der an antisemitischen Mordaktionen beteiligte Carl-Heinrich von Stülpnagel. Das Attentat und der anschließende Putschversuch fielen in eine Phase, in der die alliierte Invasion in der Normandie bereits zu einer starken Westfront ausgebaut war. Die verunsicherten deutschen Truppen waren in West und Ost gezwungen, immer weiter zurückzuweichen. Mit dem Ergebnis, dass auch der unaufhaltsame Vorstoß der Sowjets im Osten weiter in Schwung gebracht wurde.

Wir Frischlinge konnten derweil unsere erste Feindberührung kaum erwarten. Mein erster und zugleich letzter Kampfeinsatz begann Mitte Juni 1944, schon gleich mit Beginn der Invasion, dem heute zur Legende erhobenen D-Day. Mit der wahrhaft fulminanten Landung geballter alliierter Truppenverbände an den Stränden Nordfrankreichs startete die letztlich kriegsentscheidende Schlacht um die Normandie. Als Sonnenstrahlen das dunkle Geflecht aus Pulverdampf durchbrach, erinnere ich genau, wie es zu meinem ersten Gegenüber mit dem Feind kam – ein wirklich unvergessliches Erleben: Der Feind in Blicknähe war der Beginn eines Entscheidungskrieges, wie er nicht in den Büchern steht. Bis zuletzt standen wir mit Feldstecheraugen im Feindkontakt. Rückschauend wurden hier die Umrisse einer Topografie militärischen Irrsinns und des Grauens sichtbar. Mit fest entschlossenem Willen, die Deutschen in die Flucht zu schlagen, hatten alliierte Landetruppen, flankiert von amerikanischen Luftlandedivisionen, zwischen Caen und Cherbourg, auf breitem Boden riesige Strandabschnitte erobert. Die Todesorte trugen die Namen Utah, Omaha, Gold, Juno und Sword.

Was wir unerfahrenen Youngsters nach ersten Kämpfen bei der durch alliierte Bomber zerstörten Stadt Saint-Lô und in nur drei Monaten in der Normandie hatten erleben müssen, beschreibt „spiegelverkehrt" authentisch der amerikanische Regisseur Steven Spielberg in seinem furiosen Filmdrama und erfolgreichen Kinoblockbuster über den D-Day unter dem schlichten Titel „Saving Private Ryan", deutsch „Der Soldat James Ryan" (1998).

WAGNERS ERLÖSUNGSOPER „PARSIFAL"
ZU BEGINN DES ERSTEN WELTKRIEGES

Aus der Sicht der historischen Rückschau bis zur Epoche Kaiser Wilhelms II. gilt der Erste Weltkrieg als der große Sündenfall und zugleich als die Urkatastrophe des 20. Jahrhunderts.

Der Abend des Kriegsbeginns 1914 wurde in 60 deutschen Opernhäusern, aber auch vielen internationalen Opernbühnen von Richard Wagners „Parsifal" noch feierlich oder sogar trotzig begleitet. Dies hing ganz prosaisch mit dem Ablauf des damals nur 30 Jahre langen Urheberrechts auf Wagners Werk zusammen. Der Karfreitagszauber sollte nach dem Willen Wagners und seiner Witwe Cosima einzig und allein in Bayreuth stattfinden. Die nationale und die internationale Euphorie für das überall multiplizierte Musikdrama missfiel der reaktionären Verwalterin: Es war Cosima Wagner, die am anderen Ende des Kräfteverhältnisses gewisse Einnahmenverluste für die Festspiele befürchtete sowie die programmatische Verwässerung der Bayreuther Kunstreligion auf den gewöhnlichen Opernbühnen. Tatsächlich mussten die am 22. Juli 1914 eröffneten Festspiele wegen der Mobilisierung der Soldaten abgebrochen werden, nicht unähnlich der Absage des zuletzt geplanten Reichsparteitags des Friedens im Kriegsjahr 1939. Dabei grassierte wieder das Parsifal-Fieber von 1914 im Reich und in Europa. Die Friedenssehnsucht unter den Teilnehmern am Ersten Weltkrieg wurde in den Wind geschlagen. Wagners Bühnenweihfestspiel wollte den durch den Materialismus und den Nihilismus seiner Epoche leergeräumten Thron Gottes neu besetzen. Wo die Religion ihre Kraft verlöre, sollte sich das Haupt der Kunst erheben, um an ihre Stelle zu treten. Allerdings gefror der kämpferische Jugendgedanke im singulären reinen Toren Parsifal angesichts der erstarrten Gralsritter-Runde erheblich.

Friedrich Nietzsche machte sich über die seltsam von außen eintretende Erlösergestalt als „Einfalt vom Lande" und als „Kandidaten der Theologie" lustig, die das Tragische operettenhaft persiflierte. Dieser alles andere als seriöse Erlösungsgedanke wurde nur einige Jahrzehnte darauf von der Kunstreligion auf die Politik transponiert, eine nunmehr theologisierte Politik, die mit messianistischer Gebärde, mit Massenritualen und Fackelzügen als kollektiver Glaubenskult die welthistorische Bühne betrat. Der hell erstrahlende Gral geriet zum Synonym des Deutschtums schlechthin und, nur 15 Jahre nach dem angeblichen „Untergang der Menschheit" im Jahre 1918, zum Stern der Erlösung von allem Kosmopolitischen, vom freilich auch schon bei Wagner dämonisierten Weltjudentum, aber auch vom inter-

nationalen Sozialismus. Was Thomas Mann als das Wesen der
sogenannten „Konservativen Revolution" erkannte: die Affinität
von „Ästhetizismus und Barbarei", hatte schon 1914 Wurzeln
geschlagen und für meine Generation einen anarchischen Reiz
entwickelt.

Die nationalistisch ausgerichtete Sakralisierung des Deutschtums nobilitierte das Heer in der unschlagbaren Allegorie der
Gralsritterschaft. Noch die Dolchstoßlegende nach der Niederlage von 1918 artikulierte sich als Analogon zum heimtückischen
Meuchelmord am blonden Siegfried: Parsifal, als Ausgleich mit
seiner Erlösungsthematik und mit dem Gral als heiligem Symbol.

Heute ist der von Hitler vom Zaun gebrochene Zweite Weltkrieg als die weitaus desaströsere Fortsetzung der anfänglichen
Katastrophe des vergangenen Jahrhunderts in den Kriegsannalen festzuschreiben. Diese war eine „urgewaltige Götterdämmerung", wie sie so nicht in Wagners Notenschatz steht. Die An-
schauungen auf deutscher Seite über Ausmaß und Erfolg des
Riesenunternehmens Krieg spotteten jeder strategischen Logik.
Die an Masochismus grenzende Selbstüberschätzung und Stüm-
perei des Feldherrn Hitler hat sich auch bei der entscheidenden
Gegenoffensive bestens ausgerüsteter Gegner als dilettantisches
Lehrstück der Ratlosigkeit ohne Verstand erwiesen, als reine Tor-
heit und bar jeder praktikablen Militärstrategie. In der Normandie gaben die erfolgreichen Alliierten ihrem Brückenkopf den In-
dianer-Namen „Omaha".

Die Kriegsgegner verheizten auf beiden Seiten ihre naiven
Neuankömmlinge ohne große Ausbildung im Einsatz an den
vordersten Linien des Kampfgeschehens. Die gut ausgebildeten
Soldaten sollten geschont werden, weil sie ihr Kriegshandwerk
besser beherrschten. So zählte auch unsere versprengte Truppe
zu den noch nicht perfekt Ausgebildeten, die noch grün hinter
den Ohren waren. Unsere Ängste waren kaum zu bändigen, aber
keiner wagte es, die Furcht zu thematisieren. Durch permanente
Stahlbäder abgehärtet, war uns keine einzige Stunde sterbens-
langweilig. Das nannte man Nibelungentreue als moralische
Wertzersetzungen für die Front.

DER KAMPF UM STALINGRAD
UND ROMMELS RÜCKZUG AUS AFRIKA

Die Jahreszeiten Herbst 1942 und Winter 1943 haben an allen
Fronten die kriegsentscheidende Wende des Zweiten Weltkrieges
eingeleitet: Nach der Einkesselung Stalingrads durch die Rote
Armee sind ganze Divisionen wie Aprilschnee dahingeschmolzen.
Nach diesem Fiasko nahm diese Inauguration der Topografie des
Grauens ihren finalen Lauf. Mit der schwindenden Einsatzbe-
reitschaft unserer Einheiten in Russland (ohne Winterkleidung!)
und mit der Kapitulation vor Stalingrad und der Gefangennahme
des Befehlshabers der 6. Armee am 2. Februar 1943, Friedrich
Paulus, der rasch noch zum Generalfeldmarschall befördert worden war, um seine Kampfbereitschaft bis in den Tod noch anzustacheln. Den Befehl des „Führers" in den Wind schlagend, zog
mit dem Generalfeldmarschall ein Kontingent von 90 000 Mann
in die russische Gefangenschaft. Für den Feldherrn Adolf Hitler
und sein realitätsfernes strategisches Kalkül konnte die Blamage
nicht größer nicht sein. Der gewiefte Generalfeldmarschall Erich
von Manstein hätte während des Stalingraddebakels als damaliger Oberbefehlshaber der Heeresgruppe Ost die 90 000 Soldaten
für seinen Kampf um Charkow gut verwenden können. Paulus
wurde von Hitler während einer Lagebesprechung unverblümt
mit dem Verdikt „der Feigheit vor dem Feinde" bezichtigt und an
den Pranger der Verachtung gestellt: „Der Mann hat sich totzu-
schießen", ähnlich wie sich ehedem die Feldherren in das Schwert
stürzten, als sie erkannten, dass „ihre" Sache verloren war. Hitlers
Vorwurf: Paulus habe den „Heroismus" vieler gefallener Soldaten „besudelt". Der Rundfunk verschwieg die wahren Vorgänge
der vielleicht auch andere Truppen kontaminierenden Kampfes-
müdigkeit und ließ Trauermelodien für die vermeintlich heldenhaft Verstorbenen oder rätselhaft Verschollenen über den Äther
rauschen. Das Verhalten von Paulus und seinen Soldaten wirkte
wie ein Signal für viele Truppenteile, zu resignieren oder überzu-
laufen. Die Achtung, die Paulus bis dahin genoss, wurde die große Ächtung: seine Degradierung zum Delinquenten. Auch in der
westdeutschen Nachkriegszeit galt Friedrich Paulus, weil er als

Zeuge der Anklage in den Nürnberger Prozessen auftrat, vielen Deutschen noch als Hochverräter. Der Nimbus der Unbesiegbarkeit jedenfalls war in sich zusammengebrochen, was Hitler mehr schmerzte als die vielen gefallenen Landser. Mit eschatologischem Furor hatte Hitler am 11. Dezember 1941 den USA den Krieg erklärt. Das war vier Tage nach dem Angriff der verbündeten Japaner auf den amerikanischen Flottenstützpunkt Pearl Harbor. Ohne Rücksicht auf einen baldigen Zweifrontenkrieg, subordinierte Hitler im Geschwindigkeitsrausch am 19. Dezember 1941 das gesamte deutsche Heer unter sein unmittelbares Kommando als selbsternannter neuer Oberbefehlshaber. Der größenwahnsinnig gewordene „Feldherr" schenkt dem strategischen Planen und Handeln seiner Generäle immer weniger Vertrauen, aber auch umgekehrt: Das Schweigen der Generäle ist ohrenbetäubend.

Als nächstes folgte ein weiteres kriegspsychologisches Dilemma: mit Erwin Rommels Rückzug und mit Hitlers Haltebefehl für den legendären „Wüstenfuchs" und seinem einst gefeierten Deutschen Afrikakorps in El-Alamein am 2. und 3. November 1942. Seinem damals schon überlegenen britischen Gegner General Bernard Montgomery wird Rommel in der heiß umkämpften Normandie wieder gegenüberstehen. Montgomery wird als Befehlshaber die D-Day-Landungseinheiten insgesamt kommandieren. Bei „Philippi" also sahen sich die beiden wieder. Auch die Kapitulation deutsch-italienischer Truppen in Tunesien am 13. Mai 1943 war ein schwerer Prestigeverlust für den „Führer". Die haltlos anmaßenden Eroberungsfeldzüge Hitlers in Nordafrika waren kriegsstrategisch gesehen ohnehin nichts als blankes Säbelrasseln in einer endlosen Wüste gewesen. Die Spirale der Eskalation begann in tragischer Unerbittlichkeit wie ein urplötzliches Naturereignis mit der Maximierung des Minimalen.

DER D-DAY IM SOMMER 1944

Der 6. Juni 1944 wurde zum historischen D-Day der europäischen Kriegsgeschichte, dem Tag X, dem Einsatzpunkt – dies war die größte Armade der Kriegsgeschichte überhaupt.

Am flachen Küstenstrand der Normandie bei Omaha-Beach ereignete sich die größte Invasion aller Zeiten: Die britisch-amerikanischen Invasionstruppen landeten ab 2:00 Uhr im Schutze der Nacht mit zunächst 73000 Amerikanern und 83000 Briten und Kanadiern. Auch mit freien Truppen der Exilregierungen aus Frankreich, Belgien, Holland, Norwegen und Polen, alle aus London übergesetzt, im Schlepptau. Britische Fallschirmspringer und französische Resistancekämpfer sowie Parachutistes der französischen Résistance sorgten im Hinterland des Altlantikwalls für Sprengungen von Straßen, Feldwegen und ganzen Häusern. Am D-Day ertranken 400 Alliierte Soldaten und 230 Panzer versanken im Meer, bevor sie an Land kamen, um ihren tödlichen Auftrag erfüllt zu haben.

Damit schädigten sie die feindliche Logistik und behinderten die rasche Truppenverstärkung der doch relativ schwach besetzten Küstenabschnitte zwischen Paris und der Marne. Zusammen mit der wuchtigen Feuerkraft ihrer Zerstörer und einer schnell gewonnenen Lufthoheit der alliierten Kampfflugzeuge stülpte die anlandende Invasionsarmee eine große militärische Glocke über den Zielstrand mit strategischen Faktoren, die von der deutschen Heeresleitung schlichtweg fehleingeschätzt worden war. Hier irrte Hitler gewaltig, als er die Invasion mit den Worten willkommen hieß: „Jetzt haben wir sie endlich dort, wo wir sie schlagen können."

Ernest Hemingway erlebte den D-Day als Kriegsreporter. Zunächst auf dem Transporter „Dorothea L. Dix" und dann auf einem von hunderten Landungsbooten: „Den ganzen Tag gingen die Granaten über uns hinweg, von anderen Schiffen, und man war niemals sicher vor diesem plötzlichen Knall und Schlag der Schiffsgeschütze. Aber die Kanonen der „Texas" und der „Arkansas" hatten sich angehört, als schmissen sie ganze Güterwaggons in den Himmel. Sie waren weit zurückgefallen, als wir uns der Bucht näherten. Sie gehörten nicht dazu und nicht zu uns, während wir stetig über die graue, weiß-schäumende See hinschossen – dahin, wo vor uns der Tod in kleinen, feinen, akkurat verschnürten Päckchen zu haben war." (Hemingway, Reise in den Sieg, Collier's, 22.07.1944). Hemingways Weg von der Nor-

mandie bis nach Paris war gepflastert mit wilden Anekdoten der
bellizistischen Selbstdarstellung, der Vermengung von Berichterstattung und militärischer Einmischung.

Auf diese Weise wusste Hemingway sich nach seinem Come-
back aus Kuba in den Medien als wieder aufgefrischter Held
lobpreisen zulassen.

In fahrlässiger Fehleinschätzung der Lage gingen Hitler, von
Rundstedt und Rommel noch am Abend des 6. Juni von einem
lediglich kleineren Ablenkungsangriff aus. Mit schließlich ver-
heerender Wirkung fixierten sie ihre Hauptverteidigungskräfte
auf die Kanal-Enge von Calais, Dünkirchen und Boulogne. Für
die deutsche Verteidigung am Strand der Normandie zwischen
Le Havre und Cherbourg sollte sich die imaginierte Gewissheit einer rechtzeitigen Verstärkung und vor allem aus der Luft
schlichtweg als Fata morgana erweisen.

Allein bis zum 11. Juni versorgten die Alliierten mit 326547
Soldaten, 54000 Fahrzeugen und über 100000 Tonnen an Material den mittlerweile eroberten Brückenkopf auf einer Länge von
100 km und 30 km Tiefe landeinwärts. Nur mit dem Bau künst-
licher Mulberry-Häfen und der Einnahme des Tiefwasserhafens
Cherbourg Ende Juni konnte der weitere Nachschub für eine
Weile noch einigermaßen gesichert werden.

Zum Einsatz in der Transportflotte über den Ärmel-Kanal nahmen 4126 Landungs- und Transport-Schiffe, Boote und sonstige Fahrzeuge Fahrt auf. Sie wurden ergänzt durch antriebslose
Glider, (Segelflieger), 1200 Kriegsschiffe sowie 736 Hilfs- und
864 Handels- oder Versorgungsschiffe. Die Normandie wurde
überflogen von 11600 Kriegs- und Transport-Flugzeugen. Gesichert wurde die Landung durch zeppelinförmige Sperrballons,
sogenannte „Blimps", gegen feindliche deutsche Tiefflieger und
Segelgleiter.

Unter explodierender Gewalt binnen der knapp hundert Tage
endete die gesamte deutsche Besatzung Frankreichs mit dieser
Bilanz: 65700 Tote, 155000 Verwundete und 18000 Vermisste
auf alliierter Seite und allein 50000 Tote, 150000 Verwundete
und Vermisste sowie 200000 Kriegsgefangene auf deutscher Seite. Deren einer war ich selber.

Ihrem Generalfeldmarschall Gerd von Rundstedt gehorchten 1500000 Landser. Seine Truppen im französischen Landesinneren waren aber noch nicht mit den mobilen Panzer- und Luftverbänden oder den ziemlich provisorischen und schussfeldbegrenzten Bunkergeschützen am porösen „Atlantikwall" verbunden. Die Erwin Rommel aufgebürdete Befestigung und Bewaffnung einer 2700 Kilometer langen Verteidigungslinie war bei leichter Angreifbarkeit und ohne langfristigen strategischen Wert blanke Fiktion. Rommel hatte noch nicht einmal die Tiefe der Maginot-Linie erreicht. Die Metapher vom „Rommelspargel" als tödlichen Strandhindernissen für alliierte Luftlandetruppen sollte indessen ihre tiefere Wahrheit beweisen.

Der ehemalige Teilnehmer am Ersten Weltkrieg, Adolf Hitler, den von Rundstedt im kleinen Kreis spöttisch den böhmischen Gefreiten nannte, hatte sich mit dem Chaos eines Mehrfrontenkrieges in die Erhabenheit des eigenen Untergangs hineinmanövriert, während er den Entscheidungsspielraum seiner den Krieg immer defensiver abwickelnden Generäle förmlich strangulierte.

Am Himmel der Normandie zog Hitlers eigene Götterdämmerung auf. Nicht nur, als er Rommel zu sich auf den Berghof zitierte und ihn anbrüllte wie einen hilflosen Rekruten, während sich die alliierte Invasion von der Landung am Strand ausdehnte zum Vorstoß ins Küstenhinterland bis in die Höllenschlacht um die strategisch wichtige **Bocage (oben Artillerie während der Kämpfe)**. Rommels Report beim „Führer" wurde zum ersten Schritt in die Katastrophe. Gleichwohl verharmlosten die staatstreue Presse, der hitlerhörige Volksempfänger sowie die deutsche Wochenschau das so offensichtliche Zurückweichen deutscher Truppen als den die „feindlichen Linien begradigenden siegreichen Rückzug aus Frankreich".

Gegen Ende des Ersten Weltkrieges 1918 lautete die letzte Zeile der dürftigen Heeresberichte notorisch und wie im Refrain: „Von den anderen Kriegsschauplätzen nichts Neues." Am 9. November 1918 hieß es damals gar: „An der Westfront ruhiger Tag." Stattdessen gab es genug innenpolitische Turbulenzen: Die erzwungene Abdankung des Kaisers wurde gemeldet, die Oberste Heeresleitung verhielt sich erstmals kleinlaut und das Deutsche Reich manövrierte zwischen ausgerufener Novemberrevolution und sozialdemokratischer Republik hindurch. Berlin meldete außerdem die Verzögerung des unmittelbar bevorstehenden Waffenstillstands zwischen Deutschland und Frankreich, der dann am 11. November 1918 besiegelt wurde.Ende August 1944 hieß es jetzt: „Paris ist befreit." Im Westen gab es allzu rasch viel Neues: die lang ersehnte „Liberté!" für die *Grande Nation*.

Die vorrückenden Alliierten im Westen wie im Osten zeigten derweil kein Interesse, mit einer möglicherweise an die Macht geputschten neuen Deutschen Militärregierung, ohne einen Adolf Hitler und seine Prätorianer, in Waffenstillstands- oder gar Friedensverhandlungen einzutreten. Zumal nachdem der einzige Aufstand der Vernunft im Sinne Zolas, der Attentatsversuch von Graf von Stauffenberg, am 20. Juli 1944 in der Wolfsschanze gescheitert war. Deutschland sollte bis zur bedingungslosen Kapitulation niedergekämpft werden.

Gleich auf den ersten Tag der Landung, dem D-Day, folgte ein zermürbender Stellungskrieg. Wie auf Teufel komm raus folgte ein unsägliches Bombardement der Royal und der US Air Force mit Lancaster- und B-25-Mitchell-Bombern, derweil die restliche deutsche Luftwaffe des als Bruchpilot verspotteten „Renaissance-Menschen" Hermann Göring steil vom Himmel in den „Heldentod" stürzte. Ab jetzt begannen die flächendeckenden Scheußlichkeiten eines unbarmherzigen Krieges für alle Beteiligten im Kampf um Landgewinn versus Landverlust. Schon am 15. Juli 1944 hatte Erwin Rommel schriftlich Hitler auf die wankende Gefechtslage in der Normandie hingewiesen und ihm dringend geraten, den Krieg zu beenden. Von Stund an zählte Rommel zur persona non grata. Damit wurde sein Selbstmord definitiv.

Die mit Rousseauschem Echtheitspathos getränkte stille, satt-

grüne Schönheit des herrlichen Landschaftspanoramas der
Normandie war im kurzen Modus des Kriegsverlaufs passé.
Die schwersten und wohl verlustreichsten Gefechte auf beiden
Seiten waren in der naturbelassenen Bocage die Hölle. Bocage
heißt übersetzt „Gebüsch, Niederholz" und bezeichnet die schier
endlosen hügeligen Heckenlandschaften mit parzellierten, oft auf
mannshohen Erdwällen gepflanzten mauerdicken Büschen. Die
Hecken sollten den riesigen Weizenfeldern der Bocage Wind-
schutz leisten für Saat und Ernte. Sie sind so alt wie die schon im
Mittelalter geschaffenen Departements Orne, Manche und Calvados mit ihren viehzüchtenden Bauern und den riesigen Wei-
zen- und Kornernten.

Die metaphorische Flinte ins Korn zu werfen, kam keinem von
uns in den Sinn. Hecken sind hier von alters her klassische Raum-
trenner, sie vereinigten eine Vielzahl großer Flächen zu einer viele
Kilometer langen Irrgartenlandschaft mit Gehöften und Scheu-
nen und hier befand sich unser letztes Einsatzgelände. Der jeweilige Feind verfluchte den Kampf gegen dieses Bollwerk der Natur
wie auch gegen die tödlichen Sümpfe und Moraste. „Den Feind
schussrecht kommen lassen", diesen militanten Rat unseres alten
Blut- und Eisen-Kanzlers Bismarck hatten die vielen Hecken
verhindert zu befolgen, ebenso auch für den Feind vis-à-vis. Das
Töten um selber nicht getötet zu werden, war ein kampfmoralisch
zu nennender kategorischer Imperativ.

Nur Panzer und Spezialfahrzeuge konnten diese stabil gewach-
senen Mauern durchbrechen. Die so entstandenen Hohlwege
waren für eine nachrückende Infanterie tödliche Gefahrenpunk-
te, weil der Feind dem Feind nur mit Landgewinn den Garaus
machen konnte. Auf der einen Heckenseite die Ranger mit Sher-
man-Panzern und von Paratroopern unterstützt und den bereits
mit Raketen bestückten Hawker-Typhoon-Jagdbombern der Royal Air Force; die deutsche Seite mit einer Division Fallschirmjäger und den vom Feind besonders gefürchteten 88 Millimeter-
kanonen unserer Tigerpanzer. Permanent zum Stellungswechsel
verdonnert, wurden wir dabei durch britische Spitfire-Jäger aus
derer niedriger Höhe im Minutentakt heimgesucht. Die Alliierten
erhielten Unterstützung von 30 km entfernten treffsicheren Ge-

schützen der Schlachtschiffe, Kreuzer und Zerstörer der Navy.
Die Flieger von Görings Luftwaffe glänzten immer häufiger
durch Abwesenheit. Rüstungsminister Albert Speer hatte seit
der verlorenen Luftschlacht um England die industrielle Produktion von Bombern und Langstrecken-Jagdflugzeugen aufzuho-
len verpasst. Pilotentollkühnheit war jetzt nicht mehr alles. Statt
Bomben wurden von deutscher Seite Flugblätter abgeworfen
mit einem kindischen Propagandatext, immerhin auf Englisch,
mit folgendem Schwachsinn: „Was wollt ihr in Europa? Amerika
verteidigen? Für Stalin und die Juden sterben?" Wer sollte damit überredet werden, sich zu ergeben? Das war endgültig kein
durchdachtes Goebbels-Geschoss mehr. „Sie lispeln Englisch,
wenn sie lügen."

MEINE PERSÖNLICHEN ERFAHRUNGEN
BEIM D-DAY UND WÄHREND DER INVASION

Am unteren Ende der Befehlskette war unser Oberfeldwebel Anton Kruss sein eigener nachtaktiver Spähtrupp. So wie die Eule
der Minerva in der Dämmerung ihren Flug beginnt, schlich sich
unser handfester Truppführer todesmutig hinterrücks an feindliche Wachposten heran, um wieder „einen Ami kalt zu machen".
Eiserne Vorbilder mit ihrer Kriegserfahrung bedeuteten vielen
von uns mehr als Befehle von ganz oben. Wir restlichen dreißig
Fahnenjunker konnten in der Gewissheit nachrücken, keine unmittelbar lauernde Gefahr zu gewärtigen. Weibliche Scharfschützen der französischen Résistance waren keine Blaustrümpfe, der
Soldatenmund nannte sie Flintenweiber. Sie verfehlten Gott lob
meistens ihr Ziel. Als einzige Konstante hatten wir „Furchtlosen"
in der Bocage das Fürchten gelernt. Das große Erschrecken er-
fasste jeden von uns und erst recht jedes Mal, wenn sich unaufhaltsame Bombenteppiche über uns ergossen.

Diesen „Höllensturz", wie Ian Kershaw es nennt, hat bis auf
dreißig Kameraden unseres Regiments keiner überlebt. Unter
den Infanteristen hatten sich einige wenige ins Knie, in ihr Bein
oder in die linke Hand geschossen, um der latenten Angst im
Bauch zu entfliehen und mit ihrem „Heimatschuss" im Lazarett

zu überleben. Wie bei Antony Beevor nachzulesen, wurden auch alliierte Neuankömmlinge von den eigenen Kameraden stante pede erschossen, wenn sie nicht weitermarschierten oder weil einer einem zurückgelassenen Verwundeten im dafür ungünstigen Moment letzte Hilfe leisten wollte. „Er sah ihn – und ging vorüber" (IK 10,91). Beide Seiten beziehen ihre Identität prinzipiell aus der Abgrenzung zum Feind. Jetzt galt Darwins „survival of the fittest". Mittendrin im Fegefeuer der Bocage erschien uns der kurze Sommer von schier unendlicher Dauer. Hier war die Hölle ubiquitär für Freund und Feind. Besonders unter diesem „unsäglich freudigen Licht" (Hofmannsthal) in finsterer Gegenwart haben sich unsere versprengten Reihen weiter gelichtet. Auch in meiner unzweifelhaften Erinnerung war die Bocage für uns alle damals der nackte Wahnsinn.

In den drei Monaten Invasion im Sommer 1944 verzeichnete Hitlers Wehrmacht allein in der Normandie nur 50 000 Gefallene sowie viele Verwundete und Vermisste. Zweihunderttausend pflichtgetreue Landser gingen in die Gefangenschaft und ich mit ihnen. Endstation waren für die meisten von uns die USA, wo 155 Gefangenenlager (POW Camps) uns Deutsche am Leben hielten. Die Briten und Kanadier verloren rund 83 000 Soldaten, davon 16 000 Tote, und die US-Amerikaner bezifferten ihre Verluste auf 126 000 Männer, davon über 20 000 Tote. Mindestens 25 000 bis zu 39 000 zivile französische Opfer wurden durch Bombardierungen getötet. Die Allegorien der Apokalypse sind prosaische Realität geworden. Der amerikanische General Patton resümierte in pessimistischer Durchhaltemanier: „Es gibt nur ein angemessenes Ende für einen professionellen Soldaten, die letzte Kugel der letzten Schlacht im letzten Krieg." Für US-General Bradley war dieses Inferno wiederum „a good day to kill Germans".

Sich individuell einzubuddeln in den weichen Morast statt in Mannschaftsschützengräben wie die malträtierten Soldaten im Ersten Weltkrieg an der Somme, war vergeudete Zeit für eine einzige Nacht. Ein französischer General erinnert „die Schlacht des Schlachtens" als „das Schönste für die französische Seele". Kaum hatten wir uns in den geschaufelten Erdlöchern verkrochen, tauchten am Horizont Spitfires und Bomber sogleich aus heiterem Himmel auf, oft im Pulk. Sie bedrohten gnadenlos unser Leben mit ihrer Dynamik aus Bombenhagel, Sturzflug, MG-Beschuss und Adrenalinstößen sondergleichen. Hundert Meter weiter vollzogen wir den nächsten Stellungswechsel, und wie aufgescheuchte Maulwürfe schaufelten wir in Windeseile ständig neue Erdlöcher, um uns unsichtbar zu machen.

Im fahlen Licht der Dämmerung haben wir auf nahen Bauernhöfen sooft es ging ein, zwei Ziegen requiriert: eine für die tägliche Milch, die andere zum Verzehr für die ausgehungerten Kameraden. Da ich der Einzige war, der schon mal in der Kinderlandverschickung bei einem slowakischen Schlachtermeister in Bratislava sechs Wochen lang ausgeholfen hatte, wurde mir dieser unappetitliche Job des Ausweidens und Tranchierens überantwortet. Trinkwasser schöpften wir aus den Wassertränken der dort weidenden Rinder und Pferde.

Noch in der Phase der Ausbildung, waren wir Burschen mächtig stolz darauf gewesen, dass wir noch so jung schon dazu auserkoren wurden, mit unserem Regiment Rommels 21. Panzer-Division des legendären „Wüstenfuchs" des Afrikakorps, aus der Bredouille zu helfen. Die eingetretene Realität hatte aber nur noch wenig mit unseren idealisierenden Kriegsträumereien gemein.

Wir wurden an den unmittelbaren Frontverlauf bei Saint-Lô befohlen. Der Plural „Frontverläufe" wäre treffender, da tausende alliierte Fallschirmjäger und Luftlandetruppen über der halben Normandie Fuß gefasst hatten. Zeit und Raum verschränkend, verlief die Front auf keiner kartographisch markierten Zielgeraden. In der berühmt gewordenen Entscheidungsschlacht in der Bocage wurde das II. Fallschirmjägerkorps von Generalfeldmarschall von Rundstedt eingesetzt, dem auch unser Ausbildungsregiment eingegliedert worden war.

Die Front war zersplittert, sie verlief ubiquitär, allenthalben also auch in unserem Nacken, und links und rechts von unseren versprengten Haufen. Oder schöner von Goethe formuliert: „Man geht nie weiter, als wenn man nicht mehr weiß, wohin man geht." Keine orientierenden Landmarken in einer unendlichen, morastigen Ebene mit Hunderten undurchdringlich hoher Mauern aus

dichtem Heckengeflecht. Der Begriff Heckenschütze hatte für
uns eine ganz neue spürbare Bedeutung angenommen.
Von der Überlegenheit der kanadischen und britischen Luftlandetruppen unter täglich schweren Verlusten sind wir immer
weiter nach Südosten abgedrängt worden. Um im dramatischen
Frontverlauf an der Grenze des massenweisen Todes unter Dauerfeuer aus Panzerrohren, Haubitzen und Flammenwerfern unsere Haut zu retten, waren wir „todesmutigen Fallschirmjäger"
jetzt mehr Gejagte als Jäger, auf ständigen Rückzugsgefechten
vor dem Gevatter Tod.

Gleich zu Beginn wurden wir einem Maximum widersprüchli-
cher Erfahrungen ausgesetzt, einem blutigen Synkretismus, der
den eingebläuten Leichtsinn zur Himmelfahrtsbereitschaft erstar-
ren ließ, in den vielen Momenten eines Gemetzels und Zermal-
mens infernalischen Ausmaßes, einer Ballung von Eindrücken,
die uns allen die Herzen stocken ließ. Dabei ging es um nichts weniger als um die nackte physische Existenz. „Flucht" war damals
ein Unwort, das niemandem über die Lippen kam. In den Liedern
und der Lyrik der Nazibarden war als großer Gestus die uniformierte Poesie der gefühlten Gleichgültigkeit aufgetaucht und als
deren personifiziertes Gattungsmerkmal der Tod als mäandernde
Allegorie, die für uns Hitlerjungen die Angst vor der eigenen Vernichtung hatte obsolet machen sollen. Sie ließ uns zum alternati-
vlosen Opfer werden. Der sogenannte Heldentod, die heroische
Bejahung und Übergipfelung des möglichen eigenen Endes, war
in unser libidinös aufgeladenes, kollektives Bewusstsein siegel-
und nagelfest verankert.

Das von berühmten Malern vom Rang eines Courbet, Delac-
roix, Pissarro in pastosen Farben überlieferte, einst begehrte Ur-
laubsparadies Normandie in einem ozeanischen Klima war bald
kein malerischer Ort mehr: keine unberührte schöne Landschaft.
Allüberall war sie aufgepflügt von Granaten, Bomben und Kra-
tern und notdürftig geschaufelten Gräbern, für den Unbekannten
Soldaten, den Böll den „Unkenntlichen Soldaten" nannte. Im letzten Stadium der Bewohnbarkeit nirgendwo mehr ein Schutzraum.
Der intensivste und größte Moment meines Lebens mit traumatischen Folgen, das war der Höllenschlund „Bocage", der uns das

Fürchten gelehrt und eine Heidenangst beschert hatte – beides Unworte, die in unserem Ausbildungs-ABC getilgt worden waren. Wenn Hermann Görings Flieger über der Bocage nur noch spärlich ihre Schatten warfen und sie vergeblich versuchten, sich einzumischen, sind diese wenigen bald im steilen Absturz mit verglühten Flügeln in den ewigen Jagdgründen gelandet. Nach fieberhaft durchlebten Augenblicken am Abend, nach unaufhörlichem Schusswechsel und Bombenhagel waren wir heilfroh, uns in einer alten Scheune verschanzen zu können und im Stroh die Füße hochzulegen. Endlichmal mal durchatmen und ein wenig zu sich selbst kommen. Ein Irrtum. Der Gegner tauchte bald wieder auf. Am Tage zuvor war von denselben GIs ein furioses Kugelcapriccio ausgegangen, das eine Schneise der Verwüstung hinterlassen hatte. Die anschließende Feuerpause wurde mitternachts durch nachtaktive GIs jäh mit Leuchtraketen und dem Schallkreis eines lautkrächzenden Megaphons unterbrochen, das ein Deutsch radebrechender GI mit dem Ultimatum bediente: „Ergebt Euch! Oder keiner überlebt die Nacht." Es übertreibt niemand, der die Gefühle in dieser ausweglosen Lage als schiere, am Lebensfaden hängende Todesangst erinnert. Angst zwischen Leben und Tod, ohne jedes militärische Dekor, Todesangst, als bald einzige Konstante in der taumelnden Welt eines unausgewogenen Mehrfrontenkrieges.

Aber unser eidestreuer Anführer, ein wortkarger markiger Kerl mit virilem Image, überraschte uns alle in einem völlig unerwarteten Moment der Selbstermächtigung, mit seinem Diktum in fester Kommandostimme: „Alle mal herhören: Wir gehen jetzt diszipliniert und mit erhobenen Händen durchs Scheunentor. Eure Waffen lasst ihr zurück. Ich komm' nach." Weil wir keine weiße Fahne im Gepäck hatten, haben wir diese durch unser „Hände hoch" ersetzt. Der uns sonst gnadenlos an die Kandare nahm, überraschte uns Happy Few mit seinem bisher gut verborgenen Tribut an die Humanität, gerade in seinem allerletzten Kommando, als fabelhafter Menschenfreund. Er war in diesem schicksalsträchtigen Moment vom Saulus zum Paulus mutiert. Sein letzter moralischer Halt war Haltung! In dieser Ordnung sind wir nachhaltig konditioniert worden, eine andere kannten wir nicht.

Nun hatten wir es plötzlich brandeilig, dem Befehl des ehemaligen Kretakämpfers mit Ritterkreuz zu gehorchen. Kaum, dass
wir die gefühlte Frontlinie, den Rubikon, mit erhobenen Händen
überschritten hatten, stand nach einer unsäglichen Salvenkanona-
de der alte Holzschuppen hinter uns lichterloh in Flammen. In unserer Notlage hatten wir uns dem Lauf der Dinge überlassen und
damit unseren Fahneneid um den Preis der „Schande" gebrochen,
unser Leben gerade nicht für „Führer, Volk und Vaterland" weg-
zuwerfen. Hatten wir dabei aber auch unser Gesicht verloren?

Nachdem wir unsere Patronengürtel abgeschnallt hatten, sind
wir im Licht der Vernunft betrachtet, angesichts der Wucht dieser
unfassbaren Materialschlacht am Leben geblieben. Hätte unser
Stoßtruppführer uns befohlen, Widerstand bis zur letzten Patrone
zu leisten, wir wären wie bisher eisern seinem Befehl blindlings gefolgt. Wie rasch sind wir in dieser Schicksalsstunde alle alt geworden. Wenn diese Rettung kein Wunder war, dann gibt es keines.

Unser Oberfeldwebel Anton Kruss sollte uns am Ende alle
tief beschämen: So wie der Kapitän eines havarierten Schiffes
als letzter von Bord geht, exellierte unser charismatischer Stoßtruppführer, indem er in absoluter moralischer Selbstgewissheit
im tödlichen Kugelhagel mit einer gehörigen Infusion Nibelungentreue seine Gehorsamspflicht erfüllte. Nur damit dreißig Ma-
schinengewehre nicht in Feindeshand fallen durften, war Kruss
noch allein in der Scheune geblieben. So hat unser Feldwebel
Hitlers zynischen „Prozess der Selbstausschaltung" eigens unter
tödlichen Beweis gestellt, aber uns vor dem Ende bewahrt. Er hat
Hans Falladas Wort „jeder stirbt für sich allein" heldenhaft eingelöst. Seinen Tod empfanden wir als erhabenen Moment eines
starken Charakters, der unsere Selbstzweifel noch genährt hat.
Wir waren wie so viele an anderen Fronten dem asymmetrischen
Verhältnis zwischen David und einem übermächtigen Goliath
zum Opfer gefallen. Durch die Wirrnisse der sich überschlagen-
den Ereignisse sah sich unsere oberste Führungsebene nur noch
zum planlosen Navigieren verdammt. Von Anfang an hatte es in
Sachen Befehlsstruktur kein Koordinatensystem gegeben. Dieser
strategische Mangel erzeugte so manche unentrinnbare Momente
ohne Schuld der Truppen.

In unserem Fallschirmdress hatten wir insofern Glück, als unsere neuen Bewacher ebenfalls Paratrooper waren. Sie behandelten uns wohl deshalb nicht als „The German Bestie", sondern als soldatisch „ebenbürtig". Dass keinen von uns ein Eisernes Kreuz am Waffenrock zierte, nahmen die Amis das wahrscheinlich als Indiz dafür, dass wir noch keine Gelegenheit gefunden hatten, „Heldentaten" gegen alliierte Soldaten zu vollbringen, die ordensverdächtig gewesen wären.

Jeder von uns bekam eine Dose Cornedbeef, eine Tüte Cornflakes, eine Flasche Coca-Cola, ein Päckchen Camel Zigaretten und eine Packung Chewing Gums in die Hände gedrückt. Wir hatten uns diese erste blickenge Begegnung, Auge in Auge mit dem Feind, wahrlich wesentlich hostiler vorgestellt. Ich erinnere diese beiläufigen Details noch akribisch genau und bestätige damit Warburgs Theorie vom unbewussten Bildgedächtnis der Zivilisation. Wie auch die Amis, schliefen wir auf nassem Weidegrund unterm hohen Sternenzelt, überwölbt wie von einem ästhetischen Schleier. Der klar goldleuchtende Abendstern war, wie einst für Wolfram von Eschenbach im „Tannhäuser", der rettende Wegweiser heraus aus dem Untergang einer romantischen Welt.

Angesichts des Infernos aus Bombenteppichen sowie eines auch am Boden weit überlegenen Gegners empfanden wir die erste Nacht unserer Gefangenschaft als wahrhaftige Erlösung aus Angst und Schrecken und heiliger Not. Als unsere schwarzhäutigen Bewacher aus Alabama oder Oklahoma uns dann in aller Herrgottsfrühe aufscheuchten, hatten wir nichts Arges auf dem Schirm.

LEICHENBERGUNG IM NIEMANDSLAND

Mit der aufgehenden Sonne wurden wir ins Niemandsland zwischen die Fronten transportiert. Erst jetzt ahnten wir nichts Gutes. Die Alliierten des D-Day, die deutsche Pimpfe in SS-Uniform zunächst noch lässig als „Baby Division" gering geschätzt hatten, sollten sich gewaltig geirrt haben: Ihnen standen fanatisierte SS-Einzelkämpfer gegenüber, die auch in noch so aussichtsloser Lage einfach nicht aufgeben wollten. Wir fielen aus allen Wolken, als sich uns tief erschütternde Bilder boten: Die vielen Hitlerjungen, die wir auf dem Blutacker mit offenen Augen liegen sahen, waren haufenweise niedergemäht. Wuchtige Druckwellen von explodierenden Luftminen und Sprengbomben („blockbuster bombs"), hatten sie alle auf einmal dahingerafft und ihre Lungen zerrissen. Wie einem Albtraum entsprungen, hat mich der unfassliche Anblick so vieler lebloser Altersgenossen bewegt und tief traumatisiert. Weil uns die Worte fehlten, herrschte eine beklemmende Kirchenstille über dem Totenacker.

Das war der bis dahin schmerzlichste Augenblick in meinem noch jungen Dasein, sofort am ersten Tag, nach unserem glanzlosen Abgang aus einer Eliteeinheit in die Gefangenschaft der Alliierten – kein Ruhmesblatt in der deutschen Militärgeschichte, keines für uns selbst. In aller Herrgottsfrühe wurde uns befohlen, in dem No-Go-Areal und Niemandsland, im nebligen Morgengrauen zwischen den Fronten, die Leichen gefallener junger deutscher Kriegsfreiwilliger zu bergen: Es war zum Gotterbarmen, als wir die sterblichen Hüllen der jungen Soldaten der SS-Panzer-Division „Hitlerjugend", durchweg Jahrgang 1926, einsammeln mussten. In sengender Sonne, bei Wind und Wetter tagelang der Verwesung ausgesetzt, empfingen uns, über der riesigen Schädelstätte verteilt, stark ausdünstende Leichname. Dieser höllische Hauch des Todes lässt sich nicht beschreiben. Noch aus der Distanz der Zeiten ist denen, die sich erinnern, Schock und Abscheu davor anzumerken. Ein grausiges Szenario einer verheerenden Wirkung, das den Leser an der historischen Dimension des blanken Massakers, das jeder Krieg ist, teilhaben lässt: Die Schulter an Schulter aneinandergeschmiegten Leichen auf den metaphorischen und doch zugleich ganz realen Erntewagen waren kein phantastisches Panoptikum. Jeder von ihnen war ein lebensgeschichtliches Einzelschicksal. Sie waren das getreue Abbild einer von Kriegen heimgesuchten Welt. Die vielen blutjungen Kameraden hatten das NS-Gift mit der Muttermilch aufgesogen – in der Normandie sind sie als Kanonenfutter, strategisch völlig plan- und sinnlos, eingesetzt und einem kalten Akt der Liquidierung anheimgefallen. Die todbringenden Piloten hatten lediglich ihr Pflichtsoll erfüllt. Gewissensbisse waren im Krieg für

Freund und Feind suspendiert. Es war das letzte Aufgebot des Oberkommandos des Heeres: die von Hitler selbst wie aus dem Boden gestampfte 12. SS-Panzer-Division „Hitlerjugend". Für „Führer, Volk und Vaterland" hatten sie blindlings ihren Eid auf Hitler persönlich geschworen und ihn todesgewiss auch befolgt. Die Staatsräson hatte über das helle Entsetzen gesiegt. Der Eid als unauflöslicher Kitt hatte sie bis zum bitteren Ende zusammengeschweißt. Alle Mienen derer, die eine Leichenfuhre nach der nächsten füllen mußten, spiegelten nun den Ausdruck höchster Ergriffenheit.

Das schiere Elend gemahnte an die grausam verzerrt erscheinenden Gesichter der Höllenbilder des Hieronymus Bosch. Diese traurige Pflicht der Leichenbergung auf Erntewagen, die dazu so wenig geeignet waren wie Brechts „Mutter Courages" Thespiskarren zur Beförderung des 30-jährigen Krieges. Wir erwiesen den fast gleichaltrigen Kameraden eine Woche lang den allerletzten Liebesdienst der Bergung als Toten, die wir leicht selber hätten werden können.

Der infernalische Leichenhauch machte nicht nur uns Kriegsgefangenen auch physische Beschwerden, sondern ebenso unseren Bewachern. Gegen den ständigen Brechreiz versorgten sie uns eine Woche lang mit viel Cidre und sich selber mit reichlich Calvados, um empfindsame Nasen und Atemwege zu narkotisieren. Weil einige der GIs zu viel des Guten konsumiert hatten, geriet mit ihrem Gleichgewicht auch ihre Wachsamkeit ins Wanken, weshalb der eine oder andere POW die Gelegenheit zum Türmen ins Ungewisse ergriff. Sämtliche mit tödlichem Ausgang. Dieser Erfahrungsraum, mit Tausenden toter Kameraden der SS-Hitlerjugend vor Augen, war mein prägendstes Erlebnis in einem schaurigen Krieg. Kein anrührendes Kreigsepos wie in Homers „Ilias". Es war ein essentieller Teil dessen, was Max Planck später „das erhaltende Denken in Generationen" nannte.

Mit dieser lastenden Schuld setzte für mich die radikale Bewusstseinsänderung meines noch jungen Lebens ein, die Abkehr von meinem oberflächlichen Glauben an eine Ideologie des Mordens, auch als Zukunftsperspektive der ausschließlich auf Hitler eingeschworenen Jugend. Wofür hatten die 16-jährigen

 ihr blühendes Leben hingege-
ben? Diese Frage mit Fakten
und nicht mit Illusionen zu
beantworten, wurde Teil meines nachfolgenden Lebens-
zwecks.

Die Nemesis blieb jetzt auch
in Westeuropa Hitler dicht
auf den Fersen. Er hatte die höchste Stufe seines Wahnsinns erreicht, indem er gnadenlos befahl, seinen aussichtslosen Krieg in
der Normandie ohne weitere Panzer und ohne Unterstützung aus
der Luft offensiv weiter zu führen, obwohl der Krieg längst nicht
mehr zu gewinnen war. Statt Hilfe von oben gab es Dauerbe-
schuss durch riskant tief fliegende Spitfires dicht über unseren
behelmten Häuptern. Es beschlich uns zuletzt das bittere Gefühl,
unsere Generalität wolle vielleicht das für die Flieger vorgesehene
Benzin ansparen für Hitlers ersehnte große Siegesfeier, von der
bekanntlich nach der Benzin-Verbrennung seiner Selbstmordlei-
che nichts übrigblieb als ein Häufchen Elend. Diesem vorausseil-
enden Nachruf folgte wenig später sein getreuer Paladin Goebbels samt seinen sechs Kindern, allesamt vergiftet, und seine Frau
Magda in die ewigen Jagdgründe.

SOLDATENFRIEDHOF LA CAMBE
UND SPIELBERGS FILM „SAVING PRIVATE RYAN"

Wer in der Normandie die deutsche Kriegsgräberstätte La Cambe zwischen Cherbourg und Caen nahe Bayeux aufsucht, dem
gefriert spätestens beim Lesen der Grab-Inschriften das Blut in
den Adern: Es ist der Jahrgang 1926, der das Geburtsjahr der
meisten hier beerdigten jungen Soldaten datiert. Und bei vielen
wurde am selben Tage, zur selben Stunde, innerhalb von Sekundenbruchteilen, ihr Leben ausgelöscht. So verbindet sie außer
demselben Geburtsjahr auch der gleiche Sterbetag, ganz ohne
klagenden Luther-Ton: »Aus tiefer Not schrei ich zu Dir!"
   Die Mehrheit der heute hier gebetteten Toten fiel zwischen
dem 6. Juni und dem 20. August 1944. Viele im Alter von 16

bis 20 Jahren. Die mittlerweile 21 000 Gräber sind
durch Zusammenfassungen
und Umbettungen aus den
Gemeinden im gesamten ehemaligen Kampfgebiet entstanden. Die Toten, auch jene von
uns Geborgenen, wurden also

bewegt, sie sind in ihre letzte Heimstatt umgezogen. Zunächst
wurden hier in Nachbarschaft zueinander deutsche und amerikanische Gefallene begraben. *La Cambe (oben und links)* war
ursprünglich eine Stätte der Bergung, Identifikation und provisorischen Grablege, ein Reich der Toten aller Nationen am Rande
eines blutigen Schlachtgetümmels. Nach dem Kriegsende wurden zwei Drittel der amerikanischen Toten in die USA überführt,
ein Drittel kam nach Colleville-sur-Mer, auf den Amerikanischen
Soldatenfriedhof am Omaha Beach. Hier, in La Cambe, liegen
vor allem ganz junge Tote.

Als amerikanische Bomberpiloten ungezählte Lumftminen auf
ihre Stellungen abgeworfen hatten, waren ihnen auf einen Schlag
die Lungen und Organe zerfetzt worden. Es ist dieses synchrone
Datum des Sterbens, an ihrem tragischsten Tag, das immer noch
Bilder des Grauens als ein wahrhaftes Inferno assoziiert, das sich
unvergänglich in unser Gedächtnis gebrannt hat. Für jemanden,
der den kaum drei Monate währenden Countdown der Invasion
leibhaftig erlebt und seelich überlebt hat, ist es unmöglich, die einzelnen Phasen des absoluten Ausgeliefertseins in Worte zu fassen.

Da wir keine außergewöhnlichen Soldaten oder heroische Zeugen waren, möchte ich nicht in Schilderungen der schrecklichen
Details unserer schussnahen Kämpfe und unserer Konfrontation
mit der erschlagenden Übermacht an Menschen, Maschinen und
Material den Eindruck des Monströsen, des Schrecklichen oder
vorgeblich Heldenhaften beim Leser erwecken. Der folgende
Bericht über diese „Schlacht der Schlachten" im Film in Gestalt
einer Analyse von Steven Spielbergs Film „Saving Private Ryan"
vermittelt vom blutigen Chaos der Gewalt eine eindrucksvolle
Bildfolge mit surreal erscheinenden Szenen, die auch die reale

Evidenz unserer eigenen damaligen Situation erfassen. Wie unerbittlich die Wirklichkeit auf den Schlachtfeldern der Normandie war, darüber können hunderttausende Soldaten der Deutschen und Alliierten nicht mehr berichten. Deshalb ist Spielbergs Film mehr als nur ein Katalysator der Handlung, den der Regisseur auf unsere Netzhaut brennt. Er ist ein Requiem für alle miteinander verfeindeten Seiten, für die getöteten, indoktrinierten und missbrauchten Soldaten von Hitlers verantwortungslosen Todeskommandos, wie die für die Freiheit geopferten Kämpfer der Alliierten.

Das Filmdokument zeitloser Präsenz über eine Zeit, als die Nächte am tiefsten waren, hat seinen besonderen Platz als Referenzwerk im Gedächtnis des Internationalen Kinos gefunden. Als Grundlagentext für den patriotischen Kampf gegen die ruchlosen Verbrechen und Vernichtungen, die auf Hitlers Konto saldiert werden. Aber auch als Antwort auf die Frage, wie viele individuelle und kollektive Opfer man aufbringen darf, in der Auseinandersetzung mit dem Gegner und dem ausgemachten Bösen. Damit dient der Film der Welt als warnendes Menetekel. Mit einer „wehmütigen Ahnung des Sterbens" (Heine) wurden bei diesem beschleunigten Krieg die anonymen Toten ohne Gewissheit auf einen heroischen Nachruf auf ihre letzte große Reise befohlen.

Von schlichter Geistesart, mit dem Gestus einer trostlos plakativen Überhöhung im verordneten Heldentod, hatte der um Lyrik-Aufträge Klinken putzende Nazibarde Heinrich Anacker gedichtet:

Fallen müssen viele und in Nacht vergehn,
eh am letzten Ziele groß die Banner wehn.
Auch die übrig blieben tragen all ihr Mal
Auf die Stirn geschrieben, flammend Notfanal.

Euch, die nach uns kommen,
hämmern wir es ein:
Was zum Glück soll frommen
muss erblutet sein!

Die Sprache kommt vor der Tat, zu der sie anstiftet!

Viele derer, die in der Normandie gnadenlos verheizt wurden, waren blutjunge Angehörige der streng führerkonnotierten SS-Panzer-Division „Hitlerjugend", viele im Alter unter Siebzehn. Hitlergläubig haben sie ihre uniformierte Jugend in dieser Zeitachse nicht als jene Dressur empfunden, die sie letztlich war. In der Heimat hatten sie noch übermütig die letzte Strophe des HJ-Fahnenliedes laut mitgesungen: „Ja, die Fahne ist mehr als der Tod." Mir kam angesichts dieses Tages bitteren Erdenjammers nicht nur dieser Text wieder in den Sinn, sondern auch von Schirachs zynische „Lyrik", die ich selber einmal bei einer Jugendfilmstunde habe aufsagen müssen: „…und deckt sterbend die Fahne mit Eurem jungen Körper, wenn es sein muss". Auf dem sogenannten „Feld der Ehre" wurde Hitlers exzessive „Gehorsamspflicht bis in den Tod" die millionenfache letale Quintessenz einer Heroisierung des Heldentodes. Außer im Fahnenlied wurde damals von uns Pimpfen der kriegerische Tod als selbstverständliche Ableistung und ehrenvoller Lebensabschluss auch in jugendlicher Frühzeit in vielen anderen Liedern und Gedichten besungen, allen voran mit der ohrwurmträchtigen Verszeile: „Und die Fahne führt uns in die Ewigkeit". Deutsche Mütter von sinnlos geopferten jungen Söhnen gedachten mit verzweifelter Verblendung in den vorformulierten Traueranzeigen der Heimatblätter tapfer „in stolzer Trauer". Sie lieferten gehorsam den Tribut deutscher Mütter an den „Führer", als stillen Salut für die Hierarchie der Mörder. Mütter ab vier „opferbaren" Kindern hatten im Deutschen Reich das Mutterkreuz bekommen.

Die bittere Erkenntnis des Krieges in den „Knochen" und in unserer „Seele" hat uns wachgerüttelt und die einst führergläubige junge Generation über Nacht erwachsen gemacht. Ja, es war dieser hautnahe Anblick so vieler sinnlos geopferte Söhne, der diese spontane Haltung auslöste. Der ungeheure Aderlass von abertausenden Teenagern in den Uniformen von Hitlers Wehrmacht und der Waffen-SS erbrachte unserer Generation die Erfahrung einer ultimativen geistig-moralischen Wende. Sie bedeutete die wild entschlossene radikale Abkehr und den aufkeimenden Abscheu gegenüber den eingebläuten falschen Idealen und verlogenen Heilsversprechen: Das war auch das einzige

Thema von uns Kriegsgefangenen auf unserem dreiwöchigen Transfer mit dem Liberty-Ocean-Liner auf dem Weg von Cherbourg nach Baltimore. Im mehrfachen Wortsinn ging es zu neuen Ufern. Mit der wiedergewonnenen Vernunft nahm die Metamorphose vom begeisterten Jungvolkführer zum skeptischen Pazifisten ihren Lauf. Die Ursachen der Malaise in der Schlacht um die Normandie bekamen eine historische und politische Tiefendimension – nicht abstrakt in den Annalen der Kriegsgeschichte, sondern auch in den Herzen der Erinnerung von uns wenigen überlebenden Hitlerjungen. Mit heutigem Wissen lässt sich die Erinnerung anhand der Erkenntnisprozesse einschlägiger historischer Literatur objektiv abgleichen: „Es bleibt ein unumstößliches Gesetz der Geschichte, dass sie gerade den Zeitgenossen versagt, die großen Bewegungen, die ihre Zeit bestimmen, schon in ihren ersten Anfängen zu erkennen." (Stefan Zweig)

Bis zum Ankerplatz am Kai von Baltimore haben wir miteinander hauptsächlich unsere je eigene Mitverantwortung reflektiert. Mit uns selber ins Gericht gehend, haben wir aber auch darüber hinaus diskutiert, wie sehr uns in einer Diktatur durch die Verweigerung des humanitären Imperativs wie auch des Geistes von Menschlichkeit, Moral und Reflexion das notwendige Wissen über mögliche Alternativen zur verordneten Enteignung des Ich verschlossen geblieben war. Ein älterer Obergefreiter, der einige Jahre vor 1933 seinem Beruf als Architekt nachgegangen war, klärte uns über den Begriff „Demokratie" auf, bis dahin für meinen Jahrgang ein Fremdwort, das im Nazijargon mit negativ konnotierten Schmähworten wie Plutokratie übersetzt oder mit der Verachtung des intellektuellen Judentums gleichgesetzt worden war. „Die Juden, das Jüdische und das Judentum zu vernichten", war als Hitlers kardinales Ziel auf die Fahnen auch der Hitlerjugend geschrieben worden, jenen Hakenkreuzfahnen, denen wir blindlings und fröhlich hinterher marschiert sind. Da wir damals noch über keinerlei Kenntnisse über Himmlers gegen Juden und Oppositionelle errichteten Vernichtungslager und über das höllische Ausmaß der industriellen Massentötungsmaschinerie verfügten, konnte uns die ganze schreckliche Gewissheit der Nazi-Verbrechen noch kein Thema auf unserer dreiwöchigen Reise in die „neue Welt" sein.

Noch jung genug, um von einem Leben nach und ohne Hitler zu träumen, begann unser eigentliches Leben erst mit unserer Repatriierung, als wir im besten Hegelschen Sinne den „Eigensinn des Individuums" wieder entdeckten, um uns reaktivieren oder allererst aktivieren zu können. Uns hatte die Hoffnung begleitet, die Gefangenschaft möge nicht viel länger dauern als der Krieg, um die lange Strecke unserer Sehnsucht nach einer Vergangenheit abzukürzen, die künstlerisch und kulturell noch auf ihre selbstbestimmte Zukunft wartete. Am Rande einer versunkenen Welt mag uns ein Satz der Hoffnung von Walter Benjamin trösten: „Die Zukunft hat ein altes Herz." Mit voller Zuversicht blickten wir in jene Vergangenheit zurück, bevor Hitler als Inbegriff der Unberechenbarkeit und seine mit Prokura zum Töten ermächtigten Handlanger ihr todbringendes Werk begonnen hatte. Für mich waren der Krieg in der Normandie und sein schockierendes Ende die große Schlüsselerfahrung meines Lebens.

Mit der deutschen Kapitulation am 7. bzw. 8. Mai 1945 endete der Zweite Weltkrieg mit einem ungeheuren Blutzoll auf allen Seiten: insgesamt zwischen 70 und 80 Millionen soldatische und zivile Opfer aller Nationen, die durch den Holocaust Ermordeten mindestens sechs Millionen sowie millionenfache weitere Opfer durch Kriegsverbrechen nicht eingerechnet.

Von den Schlachtfeldern Europas sind 27 Millionen auf beiden Seiten nicht wieder in ihre Heimat zurückgekehrt. Bis zu 30 Millionen Zivilisten starben durch Kriegshandlungen. Eine wahrlich grauenerregende Statistik. Im Herbst der Vergänglichkeit wurden viele ungeöffnete Feldpostbriefe aus der Heimat mit dem lakonischen Stempelvermerk ungeöffnet an den Absender zurückgeschickt: „Gefallen für Großdeutschland". Der lange diffuse Weg des arbeitslosen Hitler in Wien glich 1945 an dessen Ende dem, was Aristoteles ein „Monstrum" genannt hatte.

„Über Geschichte", befand einst Goethe in „Wilhelm Meisters Wanderjahre", „über Geschichte kann niemand urteilen, als wer an sich selbst Geschichte erlebt hat."

KAPITEL 23

12. SS-PANZER-DIVISION „HITLERJUGEND"

Die kampfesmüde 6. Armee unter General Friedrich Paulus, eingekesselt und zermürbt von der Roten Armee im Zirkel um Stalingrader Winter 1943, hat sich ohne weiteren Widerstand in ihr Schicksal gefügt. 9000 Mann sind in sowjetischer Gefangenschaft für Jahre verschwunden. Dies war das erste große militärische Desaster für die von Hitler und Himmler eingeforderte heroische und verbrecherische Moral auf ihrem Vernichtungsfeldzug quer durch ein vielsprachiges Europa.

Das Dritte Reich bedachte dieses Ereignis, das aus der Sicht des Diktators einem Totalausfall an Gehorsam, Begeisterung und abverlangter Brutalität gleichkam, zunächst mit Schweigen und Trauermusik und der verbreiteten Fehlmeldung, Paulus und seine stark dezimierte Streitmacht seien im Hexenkessel von Stalingrad „bis zum letzten Atemzug heldenhaft kämpfend" gefallen. Es war Deutschlands Zukunft, die hier auf Adolf Hitlers sogenanntem „Feld der Ehre" sinnlos ihr Leben hingegeben hatte.

Hitlers unverzichtbarer Meinungsmanipulator Joseph Goebbels sah sich herausgefordert, rasch wie die Feuerwehr zu reagieren. Anstelle des aus der öffentlichen Wahrnehmung zurückgezogenen Führers und im Rahmen einer parteitagsähnlichen Veranstaltung, in der die Zuschauer die Nation zu repräsentieren hatten, hielt er am 18.02.1943 im Berliner Sportpalast eine rhetorisch brisante Rede zur deprimierenden Lage der Nation.

In der Phase eines schwindenden Heroismus und schwankenden Vertrauens in die Unfehlbarkeit des „Führers" hat Goebbels seine Chance medienwirksam in neuer Gestalt mitten aus dem handverlesenen Publikum genutzt, sich als Stellvertreterfigur des gesamten Volkes zu empfehlen. In seiner berühmt-berüchtigten Ansprache im Sportpalast bekämpft er bereits das Gespenst der „Kapitulation".

Seine historisch gewordene Schicksalsfrage: „Wollt ihr den totalen Krieg", beantwortete er dem von Braunhemden geschmückten Publikum mit einer nicht enden wollenden enthusiastischen Beifallsorgie. Goebbels, mit seiner Lust am starken Diktum, setzt noch einen Superlativ drauf: „Wollt ihr ihn, wenn nötig, totaler und radikaler, als wir ihn uns heute überhaupt erst vorstellen können?"

Wie von der Tarantel gestochen riss es die Gefolgschaft von den Stühlen hoch, um ihrem eigenen Untergang euphorisch zu applaudieren.

Dieser Startschuss für die Mobilisierung zum allerletzten Gefecht, im Zusammenschluss aller Kräfte in der Heimat und an der stagnierenden oder zurückweichenden Front, datiert den Anfang vom bereits eingestandenen Ende. Endzeitsymptome kündigten sich schon im Februar 1943 an, als der Reichsführer-SS Heinrich Himmler den mörderischen Erlass von Jugendführer Axmann unterschrieben hatte, eine Auslese des Jahrgangs 1926 im Höllentempo für die letzte Kriegsphase zu rekrutieren, und die 12. SS-Panzer-Division „Hitlerjugend" für den fanatischen Kampf bis zum äußersten vorzubereiten. Es galten als besonders qualifiziert für den letzten Intensivkampf und den vorhersehbaren „frühen Heldentod" nur ehemalige Jungvolk- oder Hitler-Jugendführer mit ihrer juvenilen Emphase. Der Historiker Peter Lieb nannte die jungen fanatischen Angehörigen der SS-Panzer-Division „Hitlerjugend" den wohl „am stärksten nationalsozialistisch indoktrinierten Verband der gesamten deutschen Streitkräfte". Diesen Jung-Soldaten war durchaus bewusst, dass jeder Versuch, das Autoritätsprinzip zu unterminieren oder Befehle nicht zu befolgen, auf dem Schafott enden würde. Andere, humanere Optionen kannten sie keine, als die, sich jederzeit verfügbar für den Heldentod zu halten.

Aber Umsturz und Insubordination war ihre Sache nicht. Die SS-Panzer-Division „Hitlerjugend" wurde von Ausbildern der Leibstandarte-SS Adolf Hitler trainiert und indoktriniert. Hitlers Leibstandarte, geeint im blinden Kadavergehorsam, kam immer stärker und machtvoller zum Einsatz. Die Leibstandarte war schon unrühmlich beteiligt gewesen an der Ermordung von Hitlers Gegnern im sogenannten Röhm-Putsch und mit wachsender militärischer Größe an zahlreichen Feldzügen und Kriegsverbrechen in Polen, Frankreich, Italien, Belgien und der Sowjetunion. Hitlers Leibstandarte wurde schon kurz nach der Machtübernahme 1933 gegründet und auf den „Führer" vereidigt. Mit ihr liegt der Nukleus einer außerhalb von legalen Institutionen verquer operierenden Garde nach römisch-kaiserlichem Vorbild vor. Durch Einspeisung immer weiterer Kontingente wuchs hier eine höchst eigentümliche Geheimpolizei heran, sowohl zum stehenden militärischen Verband als auch zur kriegerischen Streitmacht.

Die „Leibstandarte Adolf Hitler" stand gleichermaßen in Rivalität zur SA wie zur späteren Wehrmacht. Die Repräsentanten der Reichswehr befürchteten zunächst die eigene Entmachtung, weil die SA sich als zukünftiges Volksheer begriff. Hitler dagegen suchte die Reichswehr, trotz aller Vorbehalte gegen Ernst Röhm, an sich zu binden. Im Auftrag des Führers erfolgte 1934 die Liquidation der Führungsebene der SA wegen angeblicher Umsturzpläne ihres Stabschefs Ernst Röhm, nächtens feige hingerichtet durch Exekutionskommandos, die sich aus der Leibstandarte und aus Himmlers SS rekrutierten. Wenig später wurde die Reichswehr an Hindenburgs Todestag auf Hitler vereidigt, der nun beide Ämter Kanzler und Reichspräsident in seiner Person verschmolz. Ein Jahr später wurde die reguläre Armee, die Reichswehr, in Deutsche Wehrmacht umgetauft.

Die SS-Panzer-Division „Hitlerjugend" wurde nach dem Misch-Modell im Geist von Leibstandarte und jugendlicher Panzertruppe gestrickt und im variablen Einsatz der Soldaten trainiert. Dadurch wurden die Rekruten der Hitlerjugend, einer Jugend, die keine Alternative zum Dritten Reich kannte, zum militärischen Kampfverband einer „Baby-SS" umfunktioniert und entsprechend hochgerüstet. Dieses Konzept sollte bei erfolgreichem Verlauf des Krieges im großen Stil fortgeführt werden. Als Anschauungsmaterial erhielten die SS-„Hitlerjungen"-Soldaten Erläuterungen aus dem Vernichtungskrieg im Osten, wo man unterschiedslos in Racheaktionen die Bevölkerung, Juden, Kommunisten und Partisanen zusammentrieb und durch Kugeln, Gebäudebrände und Gas liquidierte. Blinder Fanatismus ersetzte

taktisches Denken. Ausbildung und Vorbereitung zum Einsatz litten vor allem unter dem Mangel an erfahrenen Ausbildern und Vorgesetzten. Viele Einheiten der Division wurden von notdürftig geschulten jungen Vorgesetzten nach dem Modell der kruden SS-Indoktrination und der jugendlichen Selbstführung in der HJ geleitet. Schon die ersten Rückschläge in der Schlacht in der Normandie kostete Tausende das Leben. Unter dem Druck der alliierten Gegner zerfiel die junge Division, wie andere Einheiten auch, in lauter Einzelkämpfer und Kleingruppen, ohne große gemeinsame taktische Linie. Mit ihrem vehementen Kampfgeist waren sie weitläufig in guerillaförmige Banden zerstreut. Manche bevorzugten den Opfertod, um keiner „feigen" Gefangennahme durch den amerikanischen Gegner anheimzufallen. Angesichts ausbleibender Zuversicht, war für die SS-Hitlerjugend-Division die Bocage ihr zeitlich begrenzter Aktionsraum und zu guter Letzt final die Endzeit ihres jungen Daseins.

Um es im Militärjargon zu sagen, war die deutsche Reaktion auf den D-Day am 6. Juni 1944 ein strategischer Dilettantismus „unter aller Kanone". Angesichts der zermürbenden Kampfkraft der nicht überall gleich erfolgreich, aber konsequent verfahrenden alliierten Operation, stellten sich massive Mängel in der schwachen Verteidigung und lahmenden Versorgung auf deutscher Seite heraus. Vorausgegangen waren Diskussionen zwischen den Generälen **Erwin Rommel (oben bei einer Inspektion)** und von Rundstedt zum Beispiel über die entscheidende Frage, welchen Abstand die deutschen Truppen und Panzer zur Küste haben sollten. Der überraschende massive Vorstoß der Alliierten enttarnte den unzureichenden Schutz der endlosen Strände und führte zur Zersplitterung der viel zu langsam mobilisierten und nachrückenden Einheiten aus dem Inland. Im Höllentempo wurde darunter auch die „Avantgarde" der ehemaligen Hitlerjungen in SS-Divisionsstärke in die Nähe von Caen für die Schlacht in der nördlichen Normandie mit ihren wenigen Panzern in Stellung gebracht.

Die SS-Panzer-Division „Hitlerjugend" geriet damit in die Kampfzone, der die Invasion auf französischem Boden aber nicht mehr verzögern, geschweige denn verhindern konnte. Diese Kampftruppe ist auch für jene Kriegsverbrechen verantwortlich, wie der Ermordung von französischen Einwohnern und kanadischen Kriegsgefangenen. In Küstennähe operierten sie ab Juni 1944 unter ihrem Ausbilder und SS-Brigadeführer Kurt Meyer („Panzer-Meyer") in der „Panzergruppe West".

Die gefallenen SS-Hitlerjungen, denen ich erstmals nach ihrem schrecklichen Tod auf der Walstatt begegnete, waren hier auf Befehl des „Führers" mit vollem Todesrisiko zum letzten Gefecht angetreten. Sie starben jedoch nicht den Heldentod im Kampf „Mann gegen Mann", wie es Ernst Jünger als Ideal eines Helden vorgab. Die insgesamt 8000 toten 16- bis 17-jährigen waren den Verantwortlichen keine Fußnote wert und Goebbels keinen Nachruf in den Medien! Was Goethe „die Seele der Zuschauer" genannt hat, sollte nicht durch brutal Dahingeraffte junge deutsche Soldaten behelligt werden. Kein Sterbenswörtchen in den Medien war der stumme Nekrolog des Lautsprechers Joseph Goebbels.

„Ich schwöre Adolf Hitler Gehorsam bis in den Tod." – „Befehl ausgeführt!" konnten die Pimpfensoldaten nicht mehr vermelden. Auch der Rest der Hitlerjugend-Division wurde in der nachfolgenden Ardennen-Offensive, dem letzten Überraschungscoup Hitlers, eingesetzt und fast gänzlich aufgerieben. Dies war nur eines der letalen Horror-Beispiele für die reale Umsetzung von Hitlers inhumanem Imperativ, seinem rücksichtslosen Einsatz von Menschenleben bis zum Äußersten. Die viel zu spät in Marsch gesetzten 30 Divisionen aus dem Russlandfeldzug konnten das Bollwerk der Alliierten im Westen nicht mehr ins Wanken bringen, weil sie viel zu spät ihren viele Kilometer weiten Marschbefehl befolgen konnten.

Stilsicher und authentisch setzt der amerikanische Regisseur Steven Spielberg mit „Saving Private Ryan" einer inzwischen versunkenen Erinnerung ein schrecklich ernüchterndes filmi-

sches Denkmal. Die virtuelle Realität des Films, die absurde Mission einer fast aussichtslosen Rettung eines einfachen amerikanischen Fallschirmjägers inmitten der tödlichen Rettungslosigkeit, wird zur krassen Realität. Die letzte Wahrheit darf dem Kinogänger zugemutet werden, schon um daraus für die Zukunft zu lernen.

Manche der SS-Hitlerjungen, die bei der Höllenschlacht bei Caen ihren Treueschwur mit dem Leben bezahlten, hielten sterbend noch ihr MG 42 im Anschlag, oder das Feldtelefon klebte ihnen noch am Ohr. Als Kriegsgefangener zum Bergen der jungen toten Soldaten im Niemandsland befohlen, werde ich nie den Augenblick dieser unvorstellbaren Bilder vergessen, die uns an den Rand des menschlichen Abgrunds führten. Die jungen Menschen lagen darnieder wie arretierte Bilder aus schonungslosen Kriegsfilmen, die nicht aus Hollywoods Kulissenwelt stammen.

Mit Hilfe einer eingebläuten Todesverachtung hatten die SS-Hitlerjungen gleich ihr erstes Himmelfahrtskommando gelingen lassen wollen. Aber ohne Schützenhilfe von oben, ohne ein einziges deutsches Flugzeug am Himmel, verloren sie einen Kampf ohne die geringste Überlebenschance. Für uns überlebende Fallschirmjäger war das die elementare Erfahrung einer heillosen Verlassenheit des Menschen im rücksichtslosen Kriegsgeschehen.

Viele Gefallene der SS-Hitlerjugend-Division haben nach Ende des Krieges auf dem deutschen Soldatenfriedhof La Cambe bei Bayeux in Doppelgräbern ihre letzte Ruhe gefunden. Bis dahin hatten französische Kirchen der Umgebung für die deutschen Gefallenen provisorische Grabstätten bereitet. Für jeden toten Deutschen haben die Franzosen einen Baum gepflanzt, in einer langen Allee des Gedenkens. In das Kondolenzbuch von La Cambe hat ein kleiner deutscher Junge geschrieben: „Lieber Onkel Josef, ich habe Dich überall gesucht, aber leider nicht gefunden."

Die SS-indoktrinierte *Division Hitlerjugend (links Panzergrenadiere der Waffen-SS mit Karabiner und Panzerfaust)* hatte die angeblich spielerische Botschaft ihres Reichsjugendführers, die wird noch im Hinterkopf hatten – „Verteidigt die Fahne und deckt sie sterbend mit eurem jungen Körper, wenn es sein muss" – todernst genommen: Am Ende ihres verlorenen Kampfes haben insgesamt 9000 blutjunge SS-Kindersoldaten ihren Eid auf den „Führer" mit ihrem jungen Leben bezahlt. 1293 SS-Hitlerjungen erhielten für ihre „Tapferkeit vor dem Feinde" das Eiserne Kreuz, fast deren alle post mortem. Für das begehrte Blech konnten sie sich nichts mehr kaufen. Ein Schubertlied aus der „Winterreise", das meine Mutter oft gesungen Hatte, aus dem Liederzyklus „Totengräbers Heimweh" mit der Zeile: „Ich sinke, ich sinke / ihr Lieben, ich komm!" – Diese Heimat „des Friedens der Seligen Land" kommt mir beim Schreiben wieder in den Sinn.

Nahezu eine ganze Generation wurde ausgerottet. Wir wenigen noch einmal Davongekommenen sind mit einem Gefühl der Schuld aus Hitlers Krieg heimgekehrt. Aus meiner Schulklasse bin ich der einzige Überlebende, was mich lange tief beschämte: Meine Erinnerungen als Zeitzeuge sind auch ein ganz persönliches Memento mori einer verratenen Generation. Deshalb wurden wir nach dem Krieg auch die skeptische Generation genannt, weil wir jetzt mit geschärftem Wirklichkeitssinn der Welt der Politik grundsätzlich misstrauten.

Die verzweifelten Kämpfe der SS-Division „Hitlerjugend" des Jahrgangs 1926 zwischen Caen und Yvoir de Meuse und besonders bei den verlustreichen Kämpfen um die Orte Saint-Manvieu-Norrey und Bretteville-l'Orgueilleuse bekamen die Pimpfe der nachfolgenden Jahrgänge in den sonntäglichen Jugendfilmstunden in der zerstörten Heimat in der Wochenschau nicht zu Gesicht. Sie sahen nicht, wie militarisierte Jugendliche sinnlos krepiert auf dem „Feld der Ehre" einfach liegen gelassen wurden. Beim Stürmen oder Türmen hörten sie nicht die Schmerzensschreie der hilflosen Schwerverwundeten, die kein menschliches Echo fanden. „Es ist ein Jammer", kommentierte Generalfeldmarschall von Rundstedt, „dass diese gläubige Jugend in aussichtsloser Lage geopfert wird." Der damalige Obergefreite Heinrich Böll fand es als Soldat in der Normandie „wirklich traurig, wenn man in diese Kindergesichter im grauen Rock sah".

Ein US-Panzerkommandant berichtet in der „Newsreel" (US-Wochenschau) schaudernd, wie in den beiden verzweifelten Gegenoffensiven der Wehrmacht am 6. Juli und am 4. September 1944 die mit SS-Runen gezeichneten „Hitlerjungen", „unsere Sherman-Panzer angesprungen" hätten, „wie Wölfe, bis wir sie gegen unseren Willen erschießen mussten". Ehrliche Wochenschaubilder wären auch kaum möglich gewesen, weil die deutschen Kameramänner keine Chance hatten, diesem „Stahlgewitter" lebend zu entrinnen. Menschliche Verrohung aus Not war aber keine Entschuldigung für verweigerte Erste-Hilfe-Leistung für verwundete Kameraden und Gegner. Die Reste der SS-Division „Hitlerjugend" kämpften nach dem Attentat auf Hitler (20. Juli 1944) unter dem populären Haudegen SS-Gruppenführer Sepp Dietrich, ein Kommandeur nach alter Landsknechtsart. Sie sollten die Alliierten nach der Landung zurückdrängen, kamen aber wegen des komplizierten deutschen Kommandochaos viel zu spät.

Noch nicht wehrpflichtige Pimpfe wurden daheim per Ordre de Mufti ihres neuen Reichsführers Arthur Axmann (1941 mit einer schweren Frontverwundung zum Nachfolger Baldur von Schirachs aufgewertet) mit Panzerfäusten und Tellerminen ausgerüstet in den längst verlorenen Krieg um Berlin befohlen. Noch am 27. Februar 1945 hatten sie standfest ihrem schon wankenden Mythos Adolf Hitler gehorcht, ideologisch aufgeheizt durch ihren neuen Reichsjugendführer jetzt aus der weit entfernten Etappe. Ohne mindeste strategische Grundkenntnisse wurde Hitler schon bald zum Virtuosen des Scheiterns in einem wilden Wespennest der Kommandeure.

Warum diese Generation bis zuletzt gehorsam geblieben war? Das verdankten wir dem Moment der fanatisierenden Prägung; in der engen Kameradschaft einer Elitetruppe war allein schon der bloße Gedanke daran, aufzumucken oder gar zu desertieren, ein innerer Eidesbruch und feiger Vaterlandsverrat.

Die Schlacht um die strategisch wichtige Normandie, besonders um die Bocage, gilt für amerikanische Historiker als Symbol des Durchhaltewillens und des amerikanischen Sieges. Für die deutsche Erinnerungskultur wurde sie ein Symbol des Einknickens und des Todes, von sinnlos geopfertem blutjungen Leben, ohne dass ihre Kommandeure Schaden genommen hätten an ihrer nationalsozialistischen Herzenssache. Ohne dauerhaften Stellungskrieg wie in den Schützengräben von Verdun und Ypern im Ersten Weltkrieg konnte der Vormarsch der Alliierten auch an der Somme-Marne-Linie, wie Hitler noch glaubte, nicht mehr aufgehalten werden. Angesichts des Abwehrkampfes im Osten meldeten die Generäle unrealistischen Personal- und Rüstungsbedarf im Westen an, um zu signalisieren, dass die Gegner nun von beiden Seiten auf das Reich wild entschlossen zumarschierten. Seit der übermächtigen Invasion in der Normandie war der Krieg nicht mehr zu gewinnen.

Im grob fahrlässig geführte Abwehrkrieg um die Normandie haben zehntausend Jünglinge sich bis zum letzten Atemzug an ihren geleisteten Treueeid geklammert: „Ich schwöre Dir, Adolf Hitler, als Führer und Kanzler des Deutschen Reiches, Treue und Tapferkeit. Wir geloben Dir und den von Dir bestimmten Vorgesetzten Gehorsam bis in den Tod. So wahr mir Gott helfe." Dieses „moralische" Gesetz war den Hitlerjungen so gut wie heilig, obwohl weder Krieg noch Sieg etwas „Heiliges" bargen. Der kläglich geschrumpfte Rest der Hitlerjugend-Division hat sich kurz vor Kriegsende bei Enns in Österreich ergeben. Beim Rückblick auf die blutjungen gefallenen Kameraden weht mir beim Schreiben jenes Schiller-Zitat aus dem Schulunterricht in die Erinnerung, von jenem berühmten Wanderer auf dem Weg nach Sparta, welcher der Inschrift der Gefallenen begegnet: „Wanderer, kommst du nach Sparta, verkündige dorten, Du habest uns hier liegen sehn, wie das Gesetz es befahl. Ruhet sanft ihr Geliebten! Von eurem Blute begossen, grünet der Ölbaum."

Hermann Göring missbrauchte die Nibelungen-Treue aus Etzels-Hunnen-Palast und die spartanische Schlacht am Thermopylen-Pass gegen die Perser, um die Einkesselung und Kampfaufgabe in Stalingrad mythologisch zu verbrämen. „In Gefahr und höchster Not" weilte ein sichtlich schwächelnder Hitler weitab vom Kriegsgeschehen in der Normandie auf seinem geschützten Obersalzberg, seinen garantiert reinrassigen deutschen Schäferhund tätschelnd.

Kapitel 24

„Der Soldat James Ryan" und der Krieg in der Normandie

Zu den Klassikern des Filmgenres „Kriegsfilm" zählen die Meilensteine „All Quiet on the Western Front" (USA 1930) von Lewis Milestone und „Westfront 1918" (Deutschland, 1930) von G.W. Pabst, beide über den Ersten Weltkrieg. Diese frühen Filme haben das Grundmuster des Kriegs- und Antikriegsfilms entwickelt. „All Quiet on the Western Front" ist die englische Übertragung von „Im Westen nichts Neues", sowohl für Erich Maria Remarques (1898-1970) gleichnamige Romanvorlage wie für den späteren Film. In der freien Übersetzung des kriegserfahrenen Arthur Wesley Wheen wurde Remarques Buchtitel mit einer weiteren sprichwörtlich ironischen Redewendung assoziiert und angereichert: Während Remarque sich eher zynisch-formal auf den Heeresbericht mit „nichts Neues" bezieht, spiegelt der englische Titel vorrangig die angebliche „Ruhe" an der Front und zwar vor und nach dem Sturm entfesselter Materialschlachten.

Der Kriegsfilm der 1930er Jahre wurde im Zusammenspiel von Buchvorlage, Drehbuch, Fotografie und Filmtechnik zwischen stummen Szenen, Toneinsatz und Dialog, Realismus und expressiver Stilisierung entwickelt. So beruht „Im Westen nichts Neues" („All Quiet on the Western Front") auf Remarques gleichnamigem Roman von 1929. Als Buch und Hollywood-Filmproduktion wurden sie internationale Bestseller. Der Film „Westfront 1918" geht zurück auf Ernst Johannsens Roman „Vier von der Infanterie. Ihre letzten Tage an der Westfront 1918" (1929). War schon die Berliner Premiere der (damals und auch später immer wieder mal gekürzten) Remarque-Verfilmung von den Nazis gestört worden, so wurden beide Filme, weil kriegskritisch, antiautoritär und humanistisch, ab 1933 kurzerhand verboten. Auf das primitive Recht des Stärkeren beruft sich auch noch Mel

Gibson in seinem amerikanischen Heldenfilm „Hacksaw Ridge"
(2016), zehn Jahre nach „Apocalypto" (2006).

Der Kriegsfilm tendierte nach patriotischen US-Nachkriegs-
Produktionen und den kritischen Vietnam-Visionen in den 1970er
und 80er Jahren immer mehr in Richtung hautnaher, positivis-
tischer, darwinistischer Action-Unterhaltung, die sich beliebig
ideologisch instrumentalisieren ließ. Eine der Hauptfiguren als
Action-Darsteller und Regisseur, Mel Gibson, kehrte das Schema von Soldatenehre und Kriegsdienstverweigerung um, in der
Biographie des aufopfernden Front-Sanitäters Desmond Doss in
„Hacksaw Ridge" (2016), rund zwanzig Jahre nach einer Palette
von Werken: seinem historischen schottisch-englischen Schlach-
tengemälde „Braveheart" (1995), der antisemitisch getönten
„Passion Christi" (2004) und dem brutalistischen Maya-Drama
„Apocalypto" (2006). Gibson glorifiziert in diesem düsteren Meis-
terwerk den Heldentod jedenfalls nicht als elendes Verrecken.

Die Goldene Palme von Cannes erhielt Francis Ford Coppola für
sein hartgesottenes, rigoroses Antikriegsepos „Apocalypse Now"
(1979), mit dem auf ARTE ausgestrahlten „Directors' cut"; mit 50
Minuten zusätzlichen Szenen hat der Film damit seine dramatur-
gischen Spannungsbögen selbstvernichtend unterlaufen.

Nach dem Drehbuch von Harold Pinter inszenierte Joseph Lo-
sey die durable Realität der Schützengräbenkämpfe im Ersten
Weltkrieg. Loseys Film „Für König und Vaterland" (1964) macht
die Unmenschlichkeit der militärisch-schmissigen Kommandos
bewusst, ohne dass ein Schuss fällt.

Der frühe Kriegsfilm der 1930er Jahre verfuhr anders: Alle Figuren sind radikale Prototypen, letztlich gegen den Krieg, es sind
Menschen, die an der Front zwischen Leben und Tod kämpfen
und leiden, und in der Heimat enttäuscht werden oder sich darin
nicht mehr zurechtfinden, spiegelt das psychologisch einfühlsa-
me, aber nie mitleidige Theater der Gesten und Worte. Mal auf
die Front bezogen, mal ihr weit entrückt, unterscheidet sie von
Kampfmaschinen, so wie sie heute ihren Auftrag auf der Leinwand erfüllen. Sie stellen ein Gegenbild dar zum idealisierten Soldaten oder zum heroischen Kampfmuster sowohl der Nazizeit als
auch des Computerzeitalters.

Die Ausbeutung durch den Kriegseinsatz der blutjungen Generation, sowohl in der Hitlerjugend und Wehrmacht als auch in den Truppen der Alliierten, ist gleichfalls filmisches Thema geworden: Diese Werke sind in starker Erinnerung haften geblieben. So in **Bernhard Wickis „Die Brücke" (Deutschland 1959, unten)**, nach dem autobiografischen Roman von Gregor Dorfmeister, oder Steven Spielbergs „Saving Private Ryan" (USA 1998).

Beide den Krieg auf spezifische Weise ikonisierenden Filme nehmen Partei aus der Sicht engagierter Autoren, und eben nicht aus der Sicht eines finanzierenden Auftraggebers. „Film ist das sichtbare Gedächtnis unserer Nation", befindet Monika Grütters im Jahre 2017 und handelt demgemäß, indem sie die Digitalisierung des Filmerbes finanziell fördert. Schließlich sind Filme zugleich auch mentalitätsgeschichtlich komplexe Quellen.

Während in Wickis „Die Brücke" junge Kindersoldaten sich mutig gegen die heranrückenden Amerikaner im aussichtslosen Kampf stellen und sehenden Auges in den Tod gehen, wird in Spielbergs „Saving Private Ryan" das wuchtige und gewaltige Kriegsgeschehen der Invasion im Sommer 1944 zur Errettung eines einzigen jungen Soldaten aus der Frontgefehr umfunktioniert, weil dessen Eltern bereits mehrere Söhne hatten opfern müssen.

Alle angeführten Filme nehmen Partei, nicht aus dem Blickwinkel eines bellizistischen Staates, der Krieg als unvermeidliche

Pflicht und Schuldigkeit oder als eigentliche Norm und heroisches Abenteuer begreift. Spielberg wählt den moralischen Fokus des autonomen Regisseurs, des literarischen Erzählers, aber auch der betroffenen Soldaten, in der doppelten Perspektive zwischen Krieg und zivilem Leben. Für Spielbergs filmische Allegorien der Apokalypse gilt die Grundregel: „Ein Toter ist schon einer zu viel." Diese Filme haben mit der Herzenskühle eines Ernst Jünger nichts gemein.

Der D-Day und die dadurch ausgelösten Höllenschlachten haben die Normandie auf die Landkarte der Welt gezeichnet! Auf der Suche nach meiner „verlorenen Zeit" hat mir Steven Spielbergs Film „Der Soldat James Ryan" Spuren gelegt, die ich in meinen eigenen Kriegserinnerungen nachzuspüren und abzugleichen hatte. Spielbergs schockierende Bilder sind nicht primär von außen leicht zu erfassende ästhetische Objekte und Subjekte. Sie sind vielmehr aus ihren je eigenen Energien zu begreifen. Der einfache Soldat James Ryan, ein unbekannter amerikanischer Fallschirmjäger, sollte nicht auch noch wie seine drei anderen Brüder mit seinem Blut fremde Erde tränken: Die Brüder Sean, Peter und Daniel Ryan starben, den Meldungen zufolge, an den normannischen Stränden Omaha und Utah, sowie in Neu Guinea.

Zu seinem Rückruf aus den zerklüfteten Frontlinien der Normandie sollte ein Himmelfahrtskommando aus sieben Elitekämpfer unter der Leitung von Captain Miller, dargestellt von Tom Hanks, nach dem Soldaten James Ryan fahnden. Mitten im tödlichen Kriegsgewimmel unter einer dichten Wolkendecke aus Pulverdampf, perforiert vom Kugel- und Granatenhagel deutscher MGs, Kanonen und Nebelwerfer, den gesuchten GI James Francis Ryan zu finden, war ein Todeskommando. Auf der Suche nach der sprichwörtlichen Stecknadel soll Ryan aber nicht deshalb dringend gefunden werden, als handele es sich um das gefährdete Leben eines mächtigen Multi-Millionärs. Die Order stellt eine Form residualer Zivilität wieder her, aber mit militärischen Mitteln, um andere für einen einzigen GI in der allgemeinen Gefahr zu opfern. Der Auftrag ist beides, ehrenvoll und doch absurd. Der einfache Soldat Ryan soll lebendigen Lei-

bes als letzter Spross seiner in Pennsylvania auf seine Rückkehr
hoffenden Mutter unversehrt endlich wieder in deren Arme fallen dürfen. Die Gleichung seiner Rettung: ein Soldat gegen das
Leben von acht anderen Todesmutigen des Sonderkommandos,
zeigt jedoch an, dass das Unternehmen solange nicht nur für
Soldaten paradox und widersprüchlich bleibt, wie hier mit der
Logik des Krieges argumentiert wird. Die Gefallenen, die Überlebenden und die Nachkommen; Politiker, Militärs und Bürger
stehen in einem Verantwortungszusammenhang für das Gelingen und Scheitern von Frieden.

Der eigentliche Auftrag in „Saving Private Ryan" ist legitimiert
mit einem historischen Brief von Abraham Lincoln an Mrs. Bi-
xby in Boston, die damals ihre fünf Söhne auf dem Altar der
„Freiheit" geopfert habe. Lincoln konnte nur noch durch ein anrührendes Gebet um die Linderung erlittener Schmerzen bitten:

Dear Madam,
I have been shown in the files of the War Department a sta-
tement of the Adjutant General of Massachusetts that you are
the mother of five sons who have died gloriously on the field of
battle. I feel how weak and fruitless must be any word of mine
which should attempt to beguile you from the grief of a loss so
overwhelming. But I cannot refrain from tendering you the con-
solation that may be found in the thanks of the republic they
died to save. I pray that our Heavenly Father may assuage the
anguish of your bereavement, and leave you only the cherished
memory of the loved and lost, and the solemn pride that must be
yours to have laid so costly a sacrifice upon the altar of freedom.
Yours very sincerely and respectfully,
A. Lincoln
[21. November 1864 aus Washington]

In Steven Spielbergs entfesselter Bilderwelt soll der Krieg als
bewaffnete Massen-Vernichtungs-Aktion wahrgenommen werden, als ein Ritual zwischen allgewaltiger Tötungs-Technik und
schutzlosen Körpern. Walter Benjamin bezeichnet dies als „eine
der Apparatur besonders entgegenkommende Form des menschlichen Verhaltens" und als die höchste Stufe des Horrors. Als ein

moderner „Höllensturz der Verdammten", in dem Mensch und
Monster, Verfolger und Verfolgte, Licht und Schatten sich tief
ineinander verknäulen, wie auf dem gleichnamigen Rubens-Ge-
mälde zum Dreißigjährigen Krieg (1620), das in der Alten Pi-
nakothek in München hängt. Mit erschreckend aufwühlenden
Bildern im Handgemenge des Sterbens in ständig wechselnden
Kriegsschauplätzen und Frontperspektiven, auf dem Strand oder
den Anhöhen und den weiten Weideflächen der Ebene hat der
Film in seinen größten Momenten meine eigenen Ängste von damals als eines ebenfalls gemeinen Soldaten in den fast identischen
Gemarkungen und Querfronten der Normandie reaktiviert. Im
Film freilich aus amerikanischer Perspektive und aus der Sicht
einer furiosen Kamera von Janusz Kamiński. Sie verleihen durch
ständiges Travelling und durch eine brillante Handkamera dem
Film eine fast unnahbare Ubiquität. Die Handkamera hatte der
Altmeister der Kinematographie Abel Gance schon im Jahr 1925
in seinem berühmt gewordenen Antikriegsfilm „Napoleon" entwickelt. Aber es gibt auch die Gegenbewegung, die personale Perspektive: vorsichtige Einfühlung, Mitleiden und Erbarmen steuern
den zurückhaltend humanisierenden Blick seiner Kamera.

Das bewegte Objektiv vollzieht die Metamorphose von Raum
und Zeit, die allenthalben beschleunigte Vergänglichkeit und
die Zersplitterung der klassischen Einheit von Ort, Zeit und
Handlung. In synchron-optischen Bildern einer traumatischen
Situation rhythmisiert Spielberg durch flinke Bildwechsel und
synkopische Schnittfolgen den Aufbau einer fast unerträglichen
Spannung nach dem Echtheitsprinzip eines sensuellen Bombardements von Kinoeindrücken: Filmszenen larger than life! Ein
in schrecklichen Perspektiven sichtbar gemachter Krieg, ähnlich
wie in Francis Coppolas Film „Apocalypse now" von 1979.

Der 1998 ins deutsche Kino gekommene Film ist als eindrucks-
volles Plädoyer gegen den Krieg genial gelungen. Spielbergs eindeutige Quintessenz des Films lautet: Jeder Tod eines einfachen
Soldaten ist – ob Freund oder Feind – einer zu viel. Aber diese
elementare moralische Botschaft wird auf dem Fluss der Toten
und Sterbenden wie ein vom Untergang bedrohter Kahn Cha-
rons ausgesetzt. Und die Sachlichkeit der Hölle erträgt fast keine

Mitmenschlichkeit, auch nicht im Prozess dieser verordneten und doch so gefährdeten Rettung.

Noch näher als mit dieser eindrucksvollen visuellen Evidenz wird man der Hölle am D-Day wohl kaum kommen als eben in Spielbergs veristischem Film über das Unsägliche, in dem auch dem Zuschauer die Granaten um die Ohren zu fliegen scheinen. Hier soll das Publikum dem unterkühlten Pathos einmal getrost erliegen, das Spielberg sich leisten darf: mit dem leinwandfüllenden Panorama des amerikanischen Sternenbanners als aufdringliche symbolische Klammer zum Auftakt und zur Coda des Films. Fahnen generell, egal ob mit „Stars and Stripes" oder Hakenkreuz und anderen Symbolen, dürfen niemandem „mehr" „als der Tod" verheißen, wie es der Imperativ des HJ-Fahnen-Liedes uns Hitlerjungen immer wieder in eine ungewisse Aussicht voranflatterte. Steven Spielberg bringt das leinwandfüllende Panorama des amerikanischen Sternenbanners als symbolische Klammer des Films. Er missbraucht sie aber nicht als eine mythologisch überhöhende Metapher. Die im Gegenlicht porös erscheinende Fahne wird zur bohrenden Frage angesichts der unzähligen Soldatenkreuze und auch jüdischen Gräbern mit dem Davidstern auf dem US-amerikanischen Friedhof bei Colleville-sur-Mer, den der geradezu unwahrscheinlich Gerettete James Ryan als gealterter Kriegsveteran mit seiner Familie besucht. Das Verhältnis von Gerettetem und Gefallenen bleibt disproportional und abstrakt, wie später im Verlauf des Films auch die Relation zwischen den Hauptprotagonisten, den Kameraden und den Feinden.

Über diese epochale Apokalypse mit den Lavaströmen der in den „Bildern eingefangenen Erfahrung" (Susan Sontag) in Steven Spielbergs Film schrieb „Die Welt": „Es waltet ein unbeschreibliches Chaos von Angst, Terror und Konfusion, wobei es von zerfetzten Leichen und stöhnenden Verwundeten nur so wimmelt. Da werden kurze Blicke auf herausquellende Gedärme, abgerissene Gliedmaßen, brennende Körper, grässliche Schusswunden und erbärmlich zum Torso reduzierte Kämpfer erfasst. Das geschieht ohne Sensationslust, sondern wirkt durch die zum Großteil mit handgehaltener, verwackelter Kamera im Stile von authentischer Kriegsberichterstattung aufgenommenen Bilder äußerst echt und damit umso verstörender. Der düster-deprimierende Effekt wird unterstrichen von subtil entfärbten Aufnahmen, bei denen schmutzig-verwaschenes Grau und Grün dominieren, die vom Rot des Blutes konstrastiert werden. Durchgehend tragen auch die brillanten Soundeffekte – zischende Kugeln treffen auf Metall und menschliches Fleisch, herannahende Panzer bringen dumpf-grollend die Erde zum Beben, subjektive Impressionen von Isolation und Verwirrtheit werden mit Geräuschverzerrungen untermalt – zur alldurchdringenden Atmosphäre der Unmenschlichkeit und Barbarei des Krieges bei." Ein gewaltiges niederschmetterndes Tableau des Sterbens, das spiegelnd sich steigert und vergrößert, ohne das Elend ins Heldenhafte zu überhöhen. Wie Goethe nach der Schlacht von Waterloo darf ich sagen, „und ich bin dabei gewesen".

Sehen ist für Spielberg nicht bloß ein rezeptiver Akt, sehen ist Wahrnehmung als aktive Inbesitznahme. Bis zur Selbstaufgabe angepasst, hat der Film mir spiegelbildlich noch einmal vor Augen geführt, was für uns damals Dabeigewesene ähnlich panische Gefühle des Apokalyptischen erzeugt, des gnadenlosen Ausgeliefertseins. Statt als hehres Heldenepos begreift Spielberg mit diesem Film Krieg grundsätzlich und unmissverständlich als unmittelbare physische und psychische Hölle, über die der seelische Ausdruck der Soldaten und Zivilisten merkwürdig heimatlos hinweggleitet.

Spielbergs Blick ist keiner vom Feldherrnhügel. Er erfasst vielmehr mitreißende anonyme Einzelschicksale und Segmente, welche die Vergänglichkeit und die Vergangenheit aufwühlend vergegenwärtigen. Sein Film ist ein verzweifelter Schrei des Lebens gegen den Tod. Film als Seismograf ungeheuerlichen kriegerischen Grausens und Entsetzens. Die verwundbaren „Helden" des Films werden Teil unserer eigenen Identität, nur spiegelverkehrt aus der Perspektive der Alliierten. In dieser nachholenden Vergegenwärtigung leben die bitteren Erfahrungen der blanken Angst meiner Kriegsgeneration posttraumatisch wieder auf, aber zugleich auch das Trauma, als ein Fluch der negativen Erinnerung.

Spielbergs Film hat in der Ikonografie des Kinos den Markstein für die Kategorie Kriegsfilm gesetzt. Als damals einfacher Soldat nach einem halben Jahrhundert erneut konfrontiert mit den eigenen analogen Erlebnissen im Schützengraben, mit uner-

quicklichen Mückenschwärmen über den vielen Moorgräben im
Nebelgrau der flachen Landschaft der Normandie, erinnerte ich
plötzlich beim Schreiben wieder die bis dahin verdrängten gnadenlosen Momente von Verzweiflung und Todesangst. Mich hat
außer Bernhard Wickis Antikriegsfilm „Die Brücke" (1959) kein
anderer mit derart bezwingender Spannung aufgeladene Film so
sehr gepackt und erschüttert wie *„Saving Private Ryan" (unten*
ein Filmstill). Auch Wickis Bilder transportierten eine Botschaft.
Sie ist explizit ein flammendes antibellizistisches Plädoyer. Das
Problem fast aller Kriegsfilme ist die Doppelbödigkeit von Geschichtsschreibung und ihre Reflexion darüber, bei Wicki auch
über die letal erprobte Nutzlosigkeit von Heldenmut.

Die Erinnerung an die vielen Orte, an denen das Zufällige meistens über das Planmäßige obsiegte, wie bei Leo Tolstoi in „Krieg
und Frieden", wo die verlustreiche Schlacht bei Borodino aus
verschiedenen Perspektiven von außen geschildert wird, gelingt
Spielberg in seinem großen Normandiefilm in den Sekunden-
phasen des dauernd wechselnden Stellungskrieges, was mich an
meine eigenen Empfindungen damals stark erinnert: Da waren
jene entsetzlichen Schmerzensschreie und Hilferufe der schwer
verwundeten Kameraden, die wir weiterstürmend zurücklas-
sen mussten, um die eigene Haut im Weiterkämpfen zu retten.

Die stark an die Nieren gehenden Verzweiflungsschreie von so vielen ganz sich selbst über- und hilflos zurückgelassenen Soldaten auf beiden Seiten werden alle, die dabei gewesen sind, nie mehr aus den Ohren kriegen. Die meisten zählten weniger als 20 Jahre. Die Todgeweihten mitzuschleppen war nicht nur der lauernden Scharfschützen wegen unmöglich – wohin denn auch hätten wir sie bringen können? Und wer zurückblieb, um zu helfen, wurde auf deutscher Seite wegen vermeintlich versuchter Fahnenflucht sofort erschossen. Weit und breit kein Rotes-Kreuz in Sicht. Gleichwohl marterte uns unser Gewissen, das schlechteste Gewissen, angesichts der verweigerten letzten Hilfe, moralisch schuldig geworden zu sein. Binnen weniger Sekunden konnte jeder von uns der Nächste gewesen sein, der dran glauben musste. Es ging nicht mehr ums „freudige" Heldentum, nicht um eine aktive Ausübung einer soldatischen Rolle im Sog der Kämpfe, uns ging es vielmehr darum, unseren Fahneneid nicht zu brechen und zur Not opferbereit dafür bereit zu stehen, als nächster in die Schusslinie zu geraten. Als meine auf dreißig Mann geschrumpfte Einheit in Gefangenschaft geriet, wurde das als Rettung und existentielle Bejahung des Lebens empfunden – jenseits aller drakonisch verordneten Kampfmoral, jenseits der Fixierung auf eine Führerfigur und jenseits der Einteilung der Welt in Freund und Feind. Die fürchterliche Logik von Sieg und Opfer war über Nacht abgestreift. Aber welchen Regeln und welchen Umständen wir diese Rettung des Lebens zu verdanken hatten, war uns noch lange nicht wirklich bewusst.

Die Worte Friedrich Hölderlins pervertierend: „Lebe droben, o Vaterland, Und zähle nicht die Toten! Dir ist, Liebes! nicht Einer zu viel gefallen" seien „eine harte und tapfere Lehre des Krieges, die erst in einem höheren Sinne Trost und Stärke geben kann", beschwichtigte Josef Goebbels das Ausmaß der Gefallenen durch die vergeblich alles aufwiegende Ideologie von Sieg und Heldentod. Nach seiner lyrisierenden Weihnachtsrede noch vom 24. Dezember 1942 waren sie Opfer seines blanken Hohns. Die Schlacht um die Normandie wird in ihrer Dimension oft verglichen mit der Materialschlacht um Verdun von 1916. Nicht nur gemessen am chronikalischen Maßstab und einer damals 700 Kilometer langen Front dauerte die Blutmühle von Verdun östlich der Maas elf Monate. Die Normandiekämpfe von 1944 umfassten ein Zeitfenster von „nur" elf Wochen. In der Normandie herrschte ein Bewegungskrieg mit ständig wechselnden Fronten, Verdun war dagegen in eine Schützengrabenlandschaft fixierter zermürbender ewiger Stellungskrieg – ein mit Gasgranaten und Flammenwerfern ausgestattetes Schlachthaus. Die Schmerzensschreie der Verwundeten auf beiden Seiten wurden an der Marne vom Kanonendonner übertönt. Das Gleichgewicht der Kräfte bei Verdun steht im krassen Gegensatz zur Überlegenheit der Alliierten vom Sommer 1944. Mit einem nie dagewesenen militärischen Aufwand und mit gehorsamem Patriotismus im Bauch sind bei Verdun 150000 deutsche Soldaten gefallen, auf französischer Seite 167000 Mann. Im Kampf um Verdun ging es schließlich nicht mehr um Bodengewinn, sondern vorzüglich um das Töten von möglichst vielen „Erzfeinden" beiderseits der Front.

Mit einer Tonne Sprengstoff pro Quadratmeter der Schützengräben wurde Verdun von Joseph Goebbels immer wieder zum Mythos verklärt und uns als vorbildliches Heldentum und leuchtendes Beispiel kämpfender deutscher Landser aufgedrängt. Allerdings verblasste schon mit Stalingrad der Mythos von Verdun und schuf sein eigenes mythisiertes Narrativ. Über den Massengräbern des grausigen Beinhauses von Douaumont nahe Verdun haben François Mitterand und Helmut Kohl am 25. September 1984 einander unter strömendem Regen die Hände gereicht, eine anrührende schöne Geste. Auf den deutschen Soldatenfriedhof in La Cambe im Departement Calvados hat noch kein deutscher Staatsmann seine Füße gesetzt, um den Tausenden blutjunger Hitlerjungen Reverenz zu erweisen, nur weil die dort begrabenen Hitlerjungen des Jahrgangs 1926 auf persönliches Geheiß von **Hitler (links 1918 im Lazarett Pasewalk)** in die viel zu großen Stiefel und SS-Uniformen gezwängt worden waren.

Verdun ist von vielen Schriftstellern als Blaupause verwendet worden, um das hohe Lied auf Patriotismus und Heldentod zu singen und an nachfolgende Generationen als verpflichtendes Ethos weiterzureichen. „Nur dort, im Angesicht des Todes, war es möglich, dass die germanische Unschuld sich in den Herzen der Besten hielt." („Die totale Mobilmachung"). Für diesen Meister der deutschen Sprache und ewig kriegerischen Patrioten Ernst Jünger galt schon in seinem frühen Werk „Der Kampf als inneres Erlebnis" von 1922 die Fähigkeit zum Krieg als vitaler Nerv der Kultur.

Ein Letztes empfahl auch Ernst Jünger noch über den Begriff „Extase" zu bedenken: „Dieser Zustand des Heiligen, des großen Dichters und der großen Liebe ist auch dem großen Mute vergönnt. ... Das ist ein Rausch über allen Räuschen, eine Entfesselung, die alle Bande sprengt. ... Da ist der Mensch wie der brausende Sturm, das tosende Meer und der brüllende Donner. Dann ist er verschmolzen ins All, er rast den dunklen Toren des Todes zu wie ein Geschoss dem Ziel. Und schlagen die schwarzen Wellen über ihm zusammen, so fehlt ihm längst das Bewusstsein des Übergangs. Es ist als gleite eine Woge ins flutende Meer zurück." Jünger zelebrierte den Krieg schließlich als sexuelles Erlebnis: „Und die Stunde kam für jeden, wo es aufbraute, dunkel, unbestimmt aus der Tiefe, gerade wenn man am wenigsten daran gedacht. Wenn die Felder leer waren, wie an hohen Festtagen, und doch ganz anders. Wenn das Blut durch Hirn und Adern wirbelte wie vor einer ersehnten Liebesnacht und noch viel heißer und toller."

Der Krieg ist für Ernst Jünger vorzüglich ein kulturelles Ereignis. Was er hier martialisch beschreibt, ist eine alte sozial-darwinistische Grundannahme: Die kulturelle Höherstellung des Siegers, die erhebende Einheit von Sieg, Macht und Kultur. Jüngers Essay „Der Kampf als inneres Erlebnis" lebt von der Verherrlichung des Kampfes in diesem mäandernden heroisierenden Stil.

Nach Michel Foucault hat der Nationalsozialismus die Techniken der staatlichen Macht zur Verfügung von Leben und Tod durch Ausschließung und Kriminalisierung des Anderen und der Minderheiten, durch Disziplinierung und Normalisierung

des Inhumanen immer weiter pointiert: Als Subjekt des vorweggenommenen Kriegsdienstes und Ausnahmezustands. Auf diese
Weise bot das Dritte Reich seinen Bürgern ein Stück Macht über
sich und andere an, eine Ideologie, an der bis zum endlichen Zusammenbruch Anfang Mai 1945 weitgehend festgehalten wurde.
Es war dieses Moment des Bösen, das Goebbels zur verlogenen
Magie des Guten mit den magischen Mitteln der instrumentali-
sierten Kunst zu verzaubern verstand. Goebbels vertraute auf die
„segensreiche" Wirkung heldenmütiger Mythen. In der Deutschen Wochenschau erinnert ein borniert Propagandaminister an jenen tapferen, aus einem brennenden Panzer gezogenen
Hitlerjungen, „der noch atmete, meist ohne Bewusstsein". Drei
Tage lang lebte er „ohne ein Wort der Klage über seine Lippen
zu bringen", um dann mit dem hingehauchten letzten Seufzer an
den „Führer" sein Leben hinzugeben. Das war das endgültige
Ende vom hohen Lied heroischen Sterbens.

History bei Spielberg gerät in „Private Ryan" nicht zur Story.
Pathetisch gesagt, birgt der Film die kollektive Seele der Soldaten, die für sogenannte höhere Zwecke ihr Leben hingaben.
Wir ehemalige Hitlerjungen sind in der Normandie endlich reif
geworden für die bittere Realität, wie Spielberg sie in seinem
Film authentisch beschreibt. Die deprimierende und berühmt
gewordene „Küstenmetzelszene" (Dietmar Dath) gehört nicht
zu meinen eigenen Kriegserfahrungen. Bevor die GIs französischen Boden erreichten, hatten viele ihr Golgatha schon hinter
sich gebracht.

Als berühmte Klassiker der Kategorie Kriegsfilm gelten die Old-
timer „All Quiet on the Western Front" (USA 1930) von Lewis Milestone, „Westfront 1918" (Deutschland 1930) von G.W.
Pabst und „The Big Parade" (USA 1925) von King Vidor. Sie
alle sind „körperliches Kino" und Seelendrama zugleich. Sie beschreiben die Leiden des Frontkrieges mitreißend und gehören
zur Liga der Antikriegsfilme vor der Machtergreifung der Nazis. In seinen vielen Hollywoodfilmen hat Frank Capra mit der
Macht der schlichten Ehrlichkeit und des Individualismus in
meisterlicher Filmtechnik große Erfolge gefeiert. Mit seiner Auf-

tragsserie „Why we Fight" hat er zwischen 1942 und 1945 (im
Rang eines Majors) Propagandafilme gemacht, die den Krieg in
Westeuropa und besonders in der Normandie in authentischen
Bildern überlieferte und weiter überliefert, um den bezwingen-
den Geist des Faschismus auszurotten. Die Bilder der Vergan-
genheit wieder hochspielend, wurde mit Steven Spielbergs „The
Private James Ryan" 1998 im Hochspannungsbogen zwischen
Kunst und Wirklichkeit, Realismus und Zerstörung ein wirklich
neues Kapitel der filmästhetischen Kategorie „Kriegsfilm" aufge-
schlagen.

Der Invasions-Krieg in der Normandie wird mit seinen ult-
ra-brutalen Collagen als Faszinosum zum monumentalen mobilen
Daten-, Bilder- und Bewegungsstrom. Darin sind schicksalhaft
die Individuen inkorporiert. Nur gelegentlich können sie noch
ihre persönliche Identität und Biographie andeuten. Spielbergs
Prinzip der Naheinstellungen erlaubt der Dramaturgie keine
Spiegelung von Truppenbewegungen. Auch die absurd-parado-
xe Rettungsaktion des letzten noch lebenden Sohnes Ryan durch
einen speziellen Suchtrupp wird ins Dauerfeuer der Sensationen
als wichtiges Leidensepos eingeschmolzen. Retter müssen stürzen, um einen Kameraden aus der Hölle ins Leben zurückzu-

schicken. Große Ernte hält der Tod in Spielbergs genialischem Dokument; für alle Dabeigewesenen eine lebensbejahende Obsession. Ihre Seelen tragen tiefe Wunden.

„Im Kino gewesen. Geweint!" (Franz Kafka)

CHRISTOPHER NOLANS „DUNKIRK" (2017)

Es soll hier nicht vergessen werden, dass all dies einen kriegsgeschichtlichen Vorläufer sowie einen großen filmischen Nachfolger hatte:

Der erste riskante Großversuch eines Britischen Expeditionskorps war unter der Bezeichnung „Dynamo" in den Gefilden rund um die Somme-Mündung nahe der belgischen Grenze Ende Mai 1940 grandios gescheitert, vier Jahre vor dem berühmt gewordenen D-Day. Etwa 215000 britische Soldaten und 123000 Franzosen konnten sich unter Zurücklassung ihres gewichtigen Kriegsgeräts dorthin zurückflüchten, woher sie kamen, aufs britische Eiland bei Kent. Der amerikanische Filmregisseur Christopher Nolan hat 2017 einen authentischen Film im 70-Millimeter-Format mit Imax-Kameras unter dem Titel *„Dunkirk" (links ein Szenenfoto)* zum Kinoereignis gemacht. Das Publikum hat sich Presseberichten zufolge „von den dramatischen Bildern Tod und Rettung überwältigen lassen". Darüber, warum Hitler nicht versucht hat, die über dreihunderttausend Alliierten mit seinen Panzern und Bombern zu vernichten, bleiben die Geschichtsbücher die Antwort schuldig.

KAPITEL 25

Die Apotheose des Hitlerkrieges hatte einen naturschönen Namen – „Die Bocage"

Die lange befürchtete große Invasion der alliierten Streitkräfte hatte in ihrer kolossalen Wucht gleichwohl die deutschen Militärstrategen kalt erwischt. Geheimhaltung und Täuschungsmanöver der Alliierten verbargen den anrollenden Angriff von ungeheurer industrieller Violenz. Obwohl Goebbels über die Ätherwellen seinen Volksgenossen versprochen hatte: Wir werden in diese Schlacht „hineingehen wie in einen Gottesdienst", geriet dieses bigotte „Gelübde" zur letalen Höllenfahrt für abertausende Soldaten beiderseits der Frontlinien. Deutsche Aufklärung in der Luft und auf See versagte, Verteidigungskonzepte scheiterten grandios. Ein unglaublicher Wirrwarr von Kompetenzen zwischen den Befehlshabern von Heer und Artillerie, verschiedenen Panzereinheiten, Luftwaffe und Fallschirmjägern, ein „interner Krieg" zwischen Wehrmacht und Waffen-SS, zwischen Führerhauptquartier Berlin und Heeresgruppe West in Paris, mit dem „Führer" abgehoben auf dem Berchtesgadener Hochsitz, ließen die Alarmglocken läuten und die Telefondrähte glühen. Die Landung der Alliierten an der Atlantikküste war kriegsentscheidend geworden. Mit seiner Faszination für das Böse hochgestiegen, wird der „Führer" schon bald abgrundtief ins ewige Nichts stürzen.

Mit den allfälligen Machtspielen und Gemengelagen hinter all diesen Einheiten, Instanzen und Lagern haben wir ein Beispiel für die Simultaneität ungleicher Ereignisse und Personen, für die eklatante Diskrepanz zwischen schwindendem Sachverstand bei immer weiter anwachsender Komplexität und poröser Entscheidungsgewalt. Die Generäle und Feldmarschälle handelten dysfunktional planlos und letztlich jeder auf eigene Faust zwischen letztem Sich-Zusammenraufen, Resignation und offener Kritik. Die einzige Konstante im System war die Unübersichtlichkeit mit ständigem Richtungs- und Personalwechsel, die Gier nach letzter, blinder Loyalität, als babylonischer Irrsinn. Bedingt durch das Karussell von Verwundung und Tod im Einsatz oder per Absetzung wegen angeblicher Renitenz angesichts der offen ausgesprochenen Aussichtslosigkeit der Lage. Mit den Worten: „Ihr, die Ihr eintretet, lasst alle Hoffnung fahren", antizipiert Dante im 7. Jahrhundert den Eingang zum Inferno. Dantes Spruch galt auch für diejenigen, die in der Schlacht um die Normandie die falsche Richtung vorgaben, und für diejenigen, die dadurch ihr Leben verloren. Nie von Selbstzweifeln erfüllt, bekam der „Führer" die desolate Lage nicht mehr in den Griff, nahm sie kaum wahr. Um erste Schattierungen seines Wahns zu kaschieren, ließ Joseph Goebbels seinen abgehärmten „Führer" immer seltener in der Deutschen Wochenschau und Öffentlichkeit in Erscheinung treten.

Eine Dekoration mit Ritterkreuz mit Schnörkeln im Blick, beharrten die hohen Militärs eifersüchtig auf ihrer je eigenen Strategie, in der sich längst Rückzug und Zersplitterung angedeutet hatten, auf eingebildeter Eigendynamik und blinder Intuition. Ohne sich auf ein aussichtsreiches Gesamtkonzept von kommunizierenden Röhren noch einigen zu können, die alle Entscheidungsbefugte kausal miteinander verbunden hätten, lief vieles aus dem Ruder. Stattdessen ereignete sich eine fatale Verinselung der Kommunikation als Beispiel für Dilettantismus von vermeintlich professionellen Strategen. Die unitarischen Schrauben gegen konzeptloses Improvisieren anzuziehen, sollte Adolf Hitler in seinem finalen Cäsarenwahn und in unbarmherziger Logik aber misslingen. In der Normandie lief sein Allmachtsanspruch entweder ins Leere oder sein Bannstrahl traf mit fernschweifendem Blick vom hohen Obersalzberggipfel die Falschen. Als angemaßte „Figur im Feld der Macht" (Bourdieu) war Hitler selten bis nie an den kämpfenden Fronten gesichtet worden.

Einerseits gab es die von Rommel favorisierten Pläne vom Typ 1, die an der Küste gelandeten alliierten Truppen sofort und kraftvoll zu bekämpfen und ins Wasser zurückzujagen. Verspätet gab Hitler den Einsatzbefehl an seine erst an den präzisierten Invasionsküstenabschnitt anrollenden Truppen aus, während andere Chancen inzwischen obsolet geworden waren. Stattdessen erwies sich der Atlantikwall als Flickwerk aus Artilleriestellungen mit erbeutetem Kanonen-Material und aus zusammengestückelten Personal aus Truppen aus dem Russlandfeldzug sowie aus ausgedünnten deutschen Reserveeinheiten. Der Traum einer massiven architektonischen und militärischen Abwehrlinie und die Erwartung einer rasch aus Osteuropa hinzustoßenden und noch starken deutschen Militärmacht mit Infanterie, Panzerverbänden und Artillerie, war nichts als eine Illusion und ein fluider Mythos angesichts der Versorgungsprobleme eines Mehrfrontenkrieges mit hohen Ausfällen und Verlusten.

Andererseits wurde man nach dem realistischeren Plan 2 eine spätere Auseinandersetzung an wichtigen Punkten landeinwärts erwogen, durch angemessenen Vormarsch der zunächst per Führerbefehl im Stillstand verharrenden deutschen Truppen, um die Invasoren im Vorstoß in Gefechte zu verwickeln, zu segmentieren und günstigenfalls einzukesseln. Dies war Gerd von Rundstedts Position. Durch Hitlers wankelmütige Entscheidung wurden die motorisierten Verbände je zur Hälfte zwischen Rommel und von Rundstedt aufgeteilt. Aber auch diese Option hätte nur bei genauer Kenntnis von Beginn, Ort und Stärke der gelandeten und noch anlandenden Einheiten sowie bei planvoll koordinierter Gegenwehr mit ausreichenden eigenen Kräften funktioniert. Woher sollten diese aber kommen, angesichts der defensiven Lage an der Ostfront und dem permanenten Notstand an Mensch und Material, – und das im Vergleich zu einer heranrollen geballten Streitmacht? Und wie sollten die entfernten Einheiten ihr Einsatzgebiet rechtzeitig erreichen, angesichts der Sabotage und Zerstörung von Schienen, Straßen und Brücken durch die Résistance und dem fortgesetzten Beschuss und der Dauerbombardierung der alliierten Luftwaffe? Allein für die Verlegung der vergleichsweise gut ausgerüsteten und personal stark besetzten 12. SS-Panzer-Division „Hitlerjugend" mit ihren Panzern wären 84 Eisenbahnzüge erforderlich gewesen. Während Rommels Überlegungen bei allem strategischen Können mit der leidvollen Erfahrung britischer Luftüberlegenheit im Wüstenkrieg einhergingen, war von Rundstedts Vorhaben noch

von der Parität der militärischen Gegner am operationsfreund-
lichen Boden geprägt, eine altbackene Annahme, die sich als trü-
gerisch und fataler Irrtum erweisen sollte.

Generalfeldmarschall von Rundstedt in Paris befahl in Abstimmung mit Hitler völlig verspätet den Einsatz der zusätzlichen
Panzerverbände der Heeresgruppe West der Wehrmacht und
der SS zur Verstärkung der bereits aktivierten Verteidigung. Die
strategisch wichtige Stadt Caen sollte gegen die britischen und
kanadischen Invasionseinheiten, allen voran die 3. Infanterie-
division, die 1940 aus Dünkirchen noch über den Kanal gerettet
wurde, gehalten werden. Die 21. Panzer-Division war der einzige mobile Großverband, der bereits direkt südlich von Caen unterhalb der Linie des östlichsten britischen Invasionsabschnitts
Sword platziert war.

Die Briten kamen zunächst nur zäh voran und mehrere Versuche Caen einzunehmen, waren gescheitert. Bomber der Royal
Air Force bombten die Stadt in Schutt und Asche, um den Preis
von 3000 toten französischen Einwohnern. Hier wurden deutsche Kräfte immerhin gebunden. Nach ihren hohen Landungs-
verlusten räumte dies den Amerikanern einen „Mordsvorteil" ein
beim erfolgreichen Vordringen in Richtung Saint-Lô, befreit am
20. Juli. Auch unser Fallschirmjäger-Ausbildungsregiment hatte
hier noch ohne jede Felderfahrung ihres ersten Nahkampfbefehls
geharrt.

Die Briten formierten einen zähen Sperrriegel im normannischen Osten, während die Amerikaner durch ihr Ausholen im
Westen die gemeinsam aufgebaute Front insgesamt in größere
Bewegung versetzten. Dadurch verwickelte die Britische Armee mit ihren kanadischen Verbündeten unter dem Bombenhagel ihrer Luftflotte die später eintreffenden deutschen Einheiten
in verlustreiche Kämpfe: die 12. SS-Panzer-Division „Hitlerjugend", die Panzer-Lehr-Division, die 21. Panzer-Division, die 1.
SS. Panzer-Division „Adolf Hitler", die SS-Panzer-Divisionen
9 und 10 und die 2. SS-Panzer-Division „Das Reich" sowie die
716th Infanterie Division mit altgedienten deutschen und ukrainischen Soldaten mit einem Arsenal erbeuteter schwerer Waffen. So entstand ein Flicken-Teppich aus zahllosen Gefechten

und Scharmützeln und tödlichen Verlusten auf beiden Seiten. Zeitweise übernahm der General der I. SS-Panzer-Division „Leibstandarte Adolf Hitler", Josef „Sepp" Dietrich, die provisorische Führung über die Panzer-Einheiten der Wehrmacht und der SS. Sie wurden ab dem 5. August in der 5. Panzerarmee zusammengefasst.

Die Lage der Deutschen Truppen in der Normandie glich einer Notoperation am offenen Herzen, ohne die geringste Kenntnis einer vivifizierenden Anatomie. Auch angesichts der vielen Toten und noch kämpfenden Überlebenden gehörte Dankbarkeit nicht zu Hitlers vornehmsten Tugenden. Wie am Dilemma von Erwin Rommel erweislich, hatte ein cholerischer Hitler sich seine Satiren selbst geschrieben. Wir dachten, wer wie Rommel den das atemberaubende Höllenfeuer am eigenen Leib gespürt habe, den könne keiner, auch nicht der „Führer" selbst, umwerfen. Als Schuldzuweisung zu verstehen war von Rundstedts plötzliche Ablösung als Oberbefehlshaber West durch Hans Günther von Kluge, nachdem jener den kritischen Frontbericht Geyr von Schweppenburgs unterstützt und dies dem Hitler-ergebenen OKW-Chef Wilhelm Keitel mitgeteilt hatte. Der gleichfalls inkriminierte „Wüstenfuchs" Erwin Rommel blieb aus Popularitätsgründen vorerst noch unbehelligt. Aber Rommels Nimbus der Unbesiegbarkeit war verblasst.

Selbstsüchtig hatte Generalfeldmarschall Hans Günther von Kluge sich angemaßt, Rommel in dessen Hauptquartier in La Roche-Guyon mal tüchtig Mores zu lehren. Der im Senkrechtstart zu persönlichen Höhenflügen angetretene Offizier erlaubte sich eine ungehörige Selbstüberschätzung, als er, sich im Hochgefühl vermeintlicher Superiorität sonnend, es frischweg wagte, eine Persönlichkeit vom Kaliber Erwin Rommels seine Meinung zu geigen: Hellhörig machend, drang die Buschtrommel bis zu uns einfachen Soldaten durch. Mit „kalten Augen" raunzte von Kluge den beliebtesten deutschen Soldaten Rommel im rüden Kommandoton an: „Von jetzt an werden auch Sie, Generalfeldmarschall Rommel, uneingeschränkt gehorchen müssen. Ich rate Ihnen gut!" Der „kluge Hans" wird schon einen Monat später bei Metz Selbstmord begehen. Rommels angeblich ketzerische

Warnungen und realistische Einwände waren angesichts des
Zusammenbruchs der Westarmee nicht mehr von der Hand zu
weisen. Hitlers Intervention erschien der höheren Offizierskaste
nur noch als bloße Setzungen.

Die Demütigung Rommels durch von Kluge vor versammelter Mannschaft war von kurzer Dauer. Rommel hatte Kluge im
schneidenden Ton empfohlen, erst einmal an der Front sich selbst
ein Bild zu machen und erst danach die Situation gemeinsam in
der Führungsriege zu besprechen, statt Hitlers fanatische Haltung aus seiner Adlerperspektive im fernen Obersalzberg blind
zu übernehmen. Rommel lehnte es ab, vor den Ohren der Truppe eine immer unglaubwürdigere Propaganda zu unterstützen.
Wenig später musste von Kluge Rommels Einschätzung in der
Sache bestätigen. Hitler hatte den Sinn für die Realität komplett
verloren, nicht nur für die Ost-, sondern auch für die Westfront
– und auch überhaupt.

Rommel wurde am 17. Juli 1944 im Departement Calvados bei
einem Tieffliegerangriff im offenen Wagen von zwei britischen
Spitfires angegriffen, herausgeschleudert und am Schädel schwer
verletzt. Der kanadische Pilot Charley Fox reklamierte stolz diesen Treffer für sich, ausgerechnet nahe einem Dorf, das Sain-
te-Foy-de-Montgommery hieß und damit den Anklang an den
Namen von Rommels großem Gegenspieler aus Nordafrika trug.
Drei Tage später detonierte von Stauffenbergs Bombe im Führerhauptquartier Wolfsschanze, ohne freilich Hitler lebensgefährlich
aus dem Verkehr zu bomben.

Rommel starb, wie von Hitler als ceterum censeo ultimativ
perfide vorgeschlagen, gehorsamst am 14. Oktober 1944 durch
eigene Hand, diskret mit dargereichtem Gift und nach außen als
tragischer Held der Geschichte. Obwohl sein dissidentes Denken und seine Verbindungen zum Widerstand des 20. Juli eher
distanziert waren, erhielt er während seiner Genesung daheim in
Herrlingen, nahe Ulm, Besuch von der Generalität im Auftrag
des „Führers". Für Hitlers finale Angstspirale hätte jeder noch so
minimale Verdacht ausgereicht, auch den Zusammenbruch seiner Macht in der schwindenden irrationalen Ergebenheit seiner
Gefolgsleute zu beobachten und rücksichtslos zu bestrafen.

Weil Rommel statt durch Kugeln von Hitlers Füsilieren nach einem angedrohten Schauprozess lieber durch diskret verabreichtes Gift seinen vorzeitigen Abschied aus der Fülle seines Lebens nahm, erhielt Rommel unter der unwürdigen Kautele öffentlicher Verschleierung ein verlogen-pompöses und mit allen Insignien der Macht ausstaffiertes Staatsbegräbnis (mit garantierter Pensionsberechtigung für die Ehefrau). Die Wochenschau meldete eher lakonisch seinen Tod, die spektakulären Bilder des alten Wüstenfuchs-Ruhmes wurden dabei gleichwohl „reloaded". Damit die Fallhöhe eines populären Helden vom Nimbus eines Rommel auch stimme, wurde dem deutschen Volk von Goebbels die infame Mär aufgetischt, er sei als einer „der tapfersten Generäle" im Kampf um die Bocage den Heldentod gestorben.

Auch autochtonen Diktatoren läuten zu ihrer Zeit die Totenglocken. Hitler hatte selbst die Maßstäbe hervorgebracht, unter denen er selber scheitern würde. Dabei war jedes Jahr bis zu seinem eigenen Untergang ein verlorenes Jahr für den Rest der Welt. Goebbels hatte ihm mit seinen diabolischen Propagandakünsten dabei geholfen, die Diktatur auch in der finalen Krise zusammenbrechender Fronten noch um ein schreckliches Jahr zu verlängern und damit den Menschen in ganz Europa unermessliches Leid zu bereiten.

So hat Hitlers letztes Jahr als kriegsversessener und verlustverblendeter Diktator immer noch Abermillionen Menschen das Leben gekostet. Erst im Heldentod waren Freund und Feind gleichberechtigt.

Als loyaler Hitlergänger wird Generaloberst Alfred Jodl am 7. Mai 1945 in Reims die Kapitulationsurkunde unterzeichnen. Da hatte Hitler schon eine Woche zuvor sich seiner Verantwortung für den Tod so vieler Millionen Menschen durch Selbstmord entzogen. Hitlers Logbuch des Todes hinterließ ein wahrlich schändliches Vermächtnis: 85 Millionen getöteten Soldaten und zivilen Bürgern.

Das „tausendjährige Reich Gottes" hatte nach zwölf Jahren aufgehört zu sein. Bundespräsident Richard von Weizsäcker wird in seiner berühmten Rede zum 8. Mai dieses historische

Datum für eine kritischer mit der eigenen Geschichte umgehende Bundesrepublik nicht als Ende des Krieges bezeichnen, sondern treffsicher als „Tag der Befreiung".

KAPITEL 26

DIE HÖLLE VON BABI JAR

Mit dem Bruch des „Hitler-Stalin-Paktes" (24. August 1939) durch den Angriff auf die Sowjetunion am 22. Juni 1941 wurden auch die zuvor unter Moskaus Hegemonie gestellten baltischen Staaten, darunter Litauen, von den Deutschen besetzt: Die deutsche Besatzungsmacht ermordete mit Hilfe von Kollaborateuren allein in Litauen zehntausende Juden, Sinti und Roma, insgesamt 200000 Opfer bis 1944.

An dieser barbarischen Tat hat sich auch das Außenministerium unter von Ribbentrop als nützlicher Idiot der SS erwiesen, indem sein Amt Beihilfe bei der Ermordung zehntausender unschuldiger Menschen leistete. So konnten Himmler und von Ribbentrop jetzt Litauen als „judenrein" und „besenrein" dem „Führer" vermelden. Aber das diplomatische Geflecht der angeblichen Kriegsvermeidung zwischen Deutschland und der Sowjetunion war eine Illusion von nur kurzer Dauer.

Der deutsch-sowjetische Grenzvertrag vom 28. März 1939 hatte damals ohne plausible Begründung eine willkürliche Grenze durch ganz Polen gezogen. In ihrer Hybris hatten Deutschland und die Sowjetunion, diese beiden skrupellosen Koalitionäre auf Zeit, sich selbst ermächtigt, um von Polen aus mit ihrem Expansionsstreben in unwägbare weltgeschichtliche Dimensionen vorzustoßen.

Vor 76 Jahren war es diesmal nicht allein die Waffen-SS, sondern auch die besonders übel beleumundeten Sicherheitsdienste (SD) des Reichsführers der SS, die Ordnungs- und Feldpolizei, die Deutsche Wehrmacht sowie ukrainische Milizen, die in der Schlucht von Babi Jar bei Kiew ihr Unwesen trieben: mit 33771 ukrainische Juden wurde mit ihren Maschinengewehren und Pistolen kurzer Prozess gemacht. In einem offenen Massengrab stapelten sie in endlosen Schichten die Leichenberge.

Babi Jar wurde am 29./30. September 1941 nicht nur zum Massengrab für die Kiewer Juden, die von zwei Polizeiregimentern füsiliert worden waren. Auch das Leben von Zehntausenden sowjetischen Kriegsgefangenen, von psychisch Kranken, Sinti und Roma sowie Angehörigen der ukrainischen Nationalbewegung wurden kaltblütig ausgelöscht. Der verantwortliche deutsche SS-Kommandeur Paul Blobel wurde im Ohlendorf-Prozess 1948 zum Tode verurteilt. „Wir sprechen von unermesslichem Leid und wir Deutschen von unaussprechlicher Schuld, wenn wir vor dem Abgrund der Shoah stehen." (Frank-Walter Steinmeier).

Der russische Schriftsteller und Schwiegersohn Stalins Jewgeni Jewtuschenko, zeitweilig vom Hof gejagt, gedachte der Toten in der Schlucht von Babi Jar mit einem herzbewegenden Poem:

Babij Jar

Über Babij Jar, da steht keinerlei Denkmal.
Ein schroffer Hang – der eine unbehauene Grabstein.
Mir ist angst.
Ich bin alt heute,
so alt wie das jüdische Volk.
Ich glaube, ich bin jetzt
ein Jude.
[…]
Ich glaube, ich bin jetzt sie:
Anne Frank.
Licht-
durchwoben, ein Zweig
im April.
Ich liebe,
Und brauche nicht Worte und Phrasen.
Und brauche:
dass du mich anschaust, dass ich dich anschau.
Wenig Sichtbares noch,
wenig Greifbares!
Die Blätter – verboten.
Der Himmel – verboten.

Aber einander umarmen, leise,
das dürfen, das können wir noch.
Sie kommen?
Fürchte dich nicht, was da kommt, ist der Frühling.
Er ist so laut, er ist unterwegs, hierher.
[...]
Über Babij Jar, da redet der Wildwuchs, das Gras.
Streng, so sieht dich der Baum an,
mit Richter-Augen.
Das Schweigen rings schreit.
Ich nehme die Mütze vom Kopf, ich fühle,
ich werde
grau.
Und bin – bin selbst
ein einziger Schrei ohne Stimme
über tausend und aber
tausend Begrabene hin.
Jeder hier erschossene Greis – :
ich.
Jedes hier erschossene Kind – :
ich.
Nichts, keine Faser in mir,
vergisst das je!

(übersetzt von Paul Celan, Auszug)

KAPITEL 27

KRIEGSGEFANGENE

Die Geschichte der Kriegsgefangenen liest sich als krasse Entwürdigung von vielen Millionen Menschen. Dem in Kriegszeiten grassierenden Irrsinn galten Gefangene nur als lästige hinderliche Trophäen. Hunderttausende waren den Heimsuchungen des Horrors gnadenlos ausgeliefert. Von den zunächst 46 Staaten, die das „Genfer Abkommen über die Behandlung von Kriegsgefangenen" am 27. Juli 1929 unterzeichnet hatten, waren es im Zweiten Weltkrieg die westlichen Alliierten, die sich im großen Ganzen an die moralischen Grundwerte der Konvention gehalten haben. Die Genfer Konvention, 1949 dann überarbeitet und erweitert, verbot in der Kriegsführung insgesamt „Verstümmelung, Folter, Geiselnahme und Verletzung der Menschenwürde". Sie verlangte eine weitgehend humanitäre und auf rechtlichen Verfahren basierende Behandlung von Kriegsgefangenen. Auch die Haager Landkriegsordnung (HLKO) von 1907 enthielt ähnliche Regularien und wurde von den USA ziemlich strikt in der Praxis ihrer Kriegsführung angewendet. In meinem Lager in Colorado hatten wir keinerlei irrationale Handlungen zu gewärtigen. Das russische Zarenreich hatte die Haager Konferenz wesentlich mitinitiiert, um ein Gegenventil gegen den Rüstungswettlauf mit Deutschland und England zu schmieden. Der Bedarf an humanitären Regelungen stand der Unmenschlichkeit der modernen Massenvernichtungsmittel und der propagandistischen Härte der Kriegsführung diametral entgegen.

Von der Relativität völkerrechtlicher Normen machte pragmatischen, und meist moribunden Gebrauch: das Kaiserliche Deutsche Heer mit Gaseinsätzen im Ersten Weltkrieg; die Wehrmacht im ideologischen Vernichtungskrieg in den Schützengräben bei Verdun, und die Sowjets im Vaterländischen Krieg. Auffällig war in den USA die teilweise Internierung von Japanern und japanstämmigen Bürgern zwischen 1942-45 als rassistisch

motivierte Reaktion auf den Krieg mit dem Kaiserreich Japan: Die glich dem erbarmungslosen Verfahren politischer Geiselnahme, das für die Behandlung ganzer Bevölkerungsgruppen in totalitären Staaten wie Deutschland mit seiner Rassenpolitik in den Ghettos und KZs und wie dies auch in der Sowjetunion mit ihren Umsiedlungsaktionen und Filtrationslagern gang und gäbe war. Auch jene Fragen gehören in diesen Kontext: ob im Krieg Gefangene geschont oder sofort liquidiert werden und ob dies nicht nur in Ausnahmefällen systematische Praxis wurde. Ob sie in der Folge dann fair behandelt wurden oder ob sie der indirekten Vernichtung durch Unterversorgung, Hygienemängel, Hunger und Gewaltmärsche unterzogen worden waren und ob dies gerichtsnotorisch als Kriegsverbrechen zu bewerten wäre, bleibt eine erklärungsbedürftige Frage.

Fast 18 Millionen Soldaten aus vier Generationen dienten im Zweiten Weltkrieg in der Wehrmacht. Von den 5,3 Mio. Landsern starben 2,7 Mio. an der Ostfront, 45 Prozent allein im Jahr 1944. Die Abwehrschlachten in Ost und West bilanzierten einen Aderlass von bis zu 29 Prozent der Truppen. Die fanatisch geschulte Waffen-SS mit ihrer Personalgröße von 314 000 Soldaten verlor 70 Prozent allein in den letzten 16 Kriegsmonaten. Dies war eine zynische Quote der letalen Leistungsausbeute, als ob sich Hitler und seine Paladine insgesamt auch von der Wehrmacht dieses grausame Fazit erhofft hätten, um eine Quote von zwölf Millionen militärischen Toten als Zielmarke zu erreichen, von den bitteren Folgen für eigene und fremde Zivilisten ganz zu schweigen *(oben ein Foto von Kolonnen in die Gefangenschaft marschierender deutscher Soldaten)*.

In deutscher Kriegsgefangenschaft erlebten ausländische Soldaten aus Ost und West deutlich asymmetrische Schicksale: Von den 5,7 Mio. festgenommenen sowjetischen Soldaten verloren 3,3

Mio. danach noch ihr Leben. Bis zu einer halben Million als militärische Vorgesetzte, ob Juden oder als politische Funktionäre identifizierte Opfer überlebten nicht die Durchgangslager und KZs; sie wurden entweder erschossen oder vergast: Allein 2,8 Mio. erlitten, vor allem im Juni 1941 bis Januar 1942, den Tod durch Aushungern, Krankheit und Misshandlung durch Wachpersonal, das mit menschenwürdiger Moral nicht viel im Sinn hatte. Damit sind 57 Prozent der sowjetischen Gefangenen vorzeitig vor ihren Schöpfer getreten. Die 1,6 Mio. russischen Rückkehrer wurden unter dem Stalinismus als Versager oder Saboteure behandelt und per Zwangsarbeit unterjocht. Die Zahl der westlichen alliierten POWs belief sich auf insgesamt 232 000 Soldaten, davon verstarben 8 348. Ihre Behandlung galt als weitaus humaner als bei den Sowjets. Bereits anhand dieser Diskrepanzen zwischen West und Ost lässt sich ermessen, wie aggressiv auch in der Kriegsgefangenschaft der ideologische Krieg zwischen dem Dritten Reich und Stalin sich weiter austobte. Die mit psychischen Problemen gepeinigten kriegstraumatisierten Gefangenen erhielten keinerlei Hilfen. Der Zerfall ihrer letzten Hoffnungen in sibirischen Lagern galt als nicht behandelbare „Ausrede".

Rund 3,6 Mio. deutsche Soldaten gerieten in britische Kriegsgefangenschaft, meist in England und Europa; 3,1 Mio. in US-Lagern, davon 371 000 überseeisch in den USA; fast eine Million in Frankreich. Ab Mitte Mai 1945 begann die Entlassung durch die USA, Gefangenenkontingente wurden aber auch als Zwangsarbeiter an europäische Alliierte weitergereicht wie beispielsweise ich selbst nach Schottland. Erst Ende 1948 wanderten alle POWs der Westalliierten gesund wieder auf freiem Fuß in ihrer Heimat.

Die Sowjetunion hatte das Genfer Abkommen nicht ratifiziert und annullierte kurzerhand die für sie aus der Zeit gefallene zaristische Anerkennung der Haager Landkriegs-Ordnung. Mitglied des Völkerbundes seit 1926, ist gleich nach Hitlers Machtergreifung 1933 das Deutsche Reich mit einem finalen Affront aus dem Völkerbund ausgetreten. So ließen sich Auflagen des Versailler Vertrages und der Genfer Abrüstungskonferenz umso leichter ignorieren. Der massiven Aufrüstung folgte der weltanschaulich geprägte Angriffs-, Eroberungs- und Vernichtungskrieg Hitlers

gegen Polen, Westeuropa und die Sowjetunion mit allen erdenk-
lichen, systematischen Unrechtsvergehen und Gräueltaten. Als
die Rote Armee im Gegenzug 1943 die Oberhand gewann und
die deutsche Wehrmacht erstmals einkesselte und zurückdrängte,
wurde an vielen deutschen Soldaten an der Ostfront und in sowjetischer Gefangenschaft Vergeltung verübt. Gegen alle Prinzipien
der Genfer Konvention verstießen beide, das Dritte Reich und die
Rote Armee, mit der fadenscheinigen Begründung, die Kämpfe im
Osten seien nicht als „Krieg zweier Staaten" zu definieren, sondern als „Krieg zweier Weltanschauungen" – nichts als ein fauler
Kampfbegriff.

Nach dem friedlich beschwichtigenden Appeasement von Pre-
mierminister Neville Chamberlain hatte sein Nachfolger als
Kriegspremier, Winston Churchill, sein Volk ehrlich auf das eingestellt, was Britanniens citizens unter dem Motto „Blut, Mühsal,
Tränen, Schweiß" als eine Art Generalbass durch Höhen und Tiefen eines Krieges zu gewärtigen hatten. Mit fanatischem Feuereifer hat die Rote Armee gleich nach den ersten Feindberührungen
viele gefangene deutsche Soldaten kurzerhand erschossen.

Von deutscher Seite gab es den (extra nur mündlich weiterge-
reichten) ausdrücklichen „Kommissarbefehl" Adolf Hitlers vom
6. Juni 1941, der die sofortige Hinrichtung aller gefangen genommenen Politkommissare der Roten Armee, aber auch Intellektueller und Juden sowie „rassisch auffälliger Personen" verfügt hatte.
Diese seien nicht als reguläre Soldaten oder als Kriegsgefangene
zu würdigen. Sie seien Teil der ideologischen Beeinflussungskam-
pagnen des Gegners. Kriegsgefangenen- und Durchgangslager
seien entsprechend als Stationen der Selektion zu nutzen.

Dieser eklatant völkerrechtswidrige Befehl wurde erst Anfang
Mai 1942 nach einer Intervention von General Alfred Jodl durch
Hitler höchst selbst relativiert, aber nicht offiziell aufgehoben.
Dabei ging es weniger um humanitäre Motive, als um strategische Zweckmäßigkeit im Einzelfall. General Jodl erhoffte sich,
dadurch bei den Rotarmisten die latente Neigung zum Überlau-
fen zu begünstigen. Studien bestätigen, dass der Liquidierungs-
befehl in 50 bis 60 Prozent der deutschen Divisionen routinemä-
ßig umgesetzt worden ist und dass nicht nur militärische, sondern

auch als zivile Funktionäre entsprechend tätige jüdische Bürger getötet oder deportiert wurden. Bei den Nürnberger Prozessen 1945/46 war der Kommissar-Befehl der Hauptgrund für die Verurteilung hoher Militärs vom Schlage eines Wilhelm Keitel, Alfred Jodl und Ernst Kaltenbrunner zum Tode. Trotz objektiv kognitive Intelligenz galt dieses hassenswerte Trio infernale als voll verantwortliche Mordgesellen. Damit wurde die durchlässige Nahtstelle zwischen Krieg und Holocaust beschrieben.

Auf Empörung stieß der Aufruf des tonangebenden russischen Schriftstellers Ilja Grigorjewitsch Ehrenburg, dessen satirischer Kriegs- und Revolutions-Roman „Die ungewöhnlichen Abenteuer des Julio Jurenito" 1922 zunächst auf Deutsch erschienen war. Durch seine appellative Botschaft mit barbarischer Konsequenz fühlten sich die apokalyptischen Reiter ermächtigt, in ihre Steigbügel zu steigen und die russischen Soldaten „moralisch" zu motivieren, um mit deutschen Landsern kurzen Prozess zu machen.

Die Sehnsucht nach dem verlorenen Ich im deutschen Heer haben Tausende deutscher Kriegsgefangener mit in russische Massengräber genommen. In systembedingter Missachtung des Völkerrechts fühlten sich beide Seiten auf eine verquere Art zu inhumanen Affekten sonder Zahl legitimiert. Die ethische Grammatik ist im Krieg zugunsten einer schreienden Unbarmherzigkeit von Waffen-SS, Wehrmacht und Roter Armee suspendiert worden. Beide Seiten haben bei den vom europäischen Himmel geholten Piloten, die mit ihren Bomben Häuser, Fabriken und Städte in Schutt und Asche gelegt hatten, kurzerhand zur Lynchjustiz gegriffen. Auch britische „Helden der Lüfte" waren mit ihren Bomben Massen-Killer deutscher Zivilisten.

Die Zerstörungskräfte beider Kriegsparteien waren unaufhaltsame Selbstläufer der tödlichen Kausalität von Angriff und Vergeltung. Deckungsgleich kämpften beide Seiten für möglichst viele tote Gegner als heroischem Triumph einer letalen Mathematik für die jeweiligen Strategen am großen Kartentisch der Weltkriege, die Thomas Mann im „Zauberberg" als „Weltfest des Todes" beschreibt.

Die in sowjetischer Gefangenschaft angstgeplagt überlebenden deutschen Landser bezeichneten ihr Leben hinter russischem

Stacheldraht als katastrophal. Ihre signifikant hohe Sterblichkeitsrate war Hunger und Eiseskälte geschuldet, aber auch der mangelnden Hygiene und vor allem dem Defizit an medizinischer Versorgung. Es ist schwer, das heutige Wissen vom Krieg mit seinen eigenen Erinnerungen als selber betroffenes Subjekt objektiv abzugleichen. Jede Differenzierung bedeutet hier zugleich Relativierung. Jedenfalls das ethische und politische Postulat der Menschenwürde erlaubt keinerlei Abwägungen.

Blutige Pogrome gegen die jüdische Bevölkerung hatten schon im Zarenreich zwischen 1881 bis 1914 für eine Auswanderungswelle von 2 Millionen Juden nach Amerika und Palästina gesorgt.

Ian Kershaw widmet sich in seinem neuesten Buch, „Höllensturz" (2016) der Thematik von Genozid und Kriegsverbrechen als Folgen eines selbstmörderischen Programms, mit dem Europa seine humanistisch-demokratische Tradition in Krieg und Frieden hinterging, um die Schleusen der nationalistischen Barbarei zwischen Hass, Gleichgültigkeit und kriegerischer Komplizenschaft weit zu öffnen: „Als die deutsche Armee zu Beginn des ‚Unternehmens Barbarossa' in die baltischen Länder einfiel, hatte sie keine Schwierigkeiten, unter litauischen, lettischen und estnischen Nationalisten willige Helfer zu finden, die die Deutschen als Befreier vom Joch der Sowjetherrschaft begrüßten. Zehntausende Bürger waren in den Gulag geschickt worden, nachdem die Sowjets 1940 ihre Länder annektiert hatten. [...] Juden waren in der sowjetischen Verwaltung und Polizei prominent vertreten. Und so waren viele Menschen in den baltischen Ländern bereit zu glauben, dass kein Unterschied zwischen Juden und Bolschewiki zu machen sei, dass die Juden für ihre Leiden unter der sowjetischen Besatzung verantwortlich seien." Bis Ende 1941 wurden 229052 allein im Baltikum getötete Juden registriert.

Auch weit im Süden wurden in der Ukraine Juden in großer Zahl ermordet. „Im Unterschied zum Baltikum jedoch wurden auch nichtjüdische Ukrainer von den deutschen Besatzern schonungslos behandelt, sie galten als ‚minderwertige' Slawen." „Nur ausgemachte Idiotie", so Kershaw weiter, konnte den „Hass auf die Sowjets in noch größeren Hass auf die Deutschen verwandeln." So verlor Berlin einen strategischen Bündnispartner. Diese

Idiotie rührte aus Hitlers Rassenideologie und Heinrich Himmlers nicht mehr verwirklichten, brutalengermanischem Siedlungskonzept nach dem „Generalplan Ost", der die Liquidierung von über 30 Millionen Menschen als Ziel hochschrieb.

Allein von den 1941/42 kassierten deutschen Kriegsgefangenen an den endlosen Fronten des Sowjetreiches sind 90 Prozent in panischer Geschwindigkeit stante pede liquidiert worden. Die lakonisch verlautbarte Militärstatistik belegt die Sterberate deutscher Soldaten an den russischen Frontlinien allein für das Jahr 1943 mit 60 Prozent, für 1944 mit 30 Prozent und für 1945 mit 25 Prozent. Von den 3,15 Millionen deutscher Kriegsgefangener auf dem Territorium der sowjetischen Hemisphäre sind 1 094 250 in den diversen sowjetischen Lagern aus dem Leben gerissen worden, die insgesamt die Grausamkeit der berüchtigten Lagerkultur des Gulag sichtbar machten.

Noch verbliebene arbeitsfähige Landser wurden bis Ende 1950 weiterhin als Zwangsarbeiter ausgebeutet. Nach Berechnungen deutscher Militärstatistiker hätten gleichwohl noch 130 000 bis zum endlichen Ende des russischen Gewahrsams weiter dahinvegetieren können – mit schwelenden Gedanken an eine endliche Freiheit. Tatsächlich konnten sie mit einem letzten Fünkchen Glück im Unglück zu ihren Familien heimkehren. Unter dieser klassischen Abwärtsspirale waren viele Menschenkinder unserer dezimierten Generation Hitlerjugend, die den letalen Trugschlüssen der Kriegspolitik zum Opfer gefallen waren.

Im Sturmlauf von Hitlers Vernichtungsfeldzug im Osten Europas auf die Würde des Menschen sind von den 5,4 Millionen gefangenen Rotarmisten 3,3 Millionen gefallen oder ermordet worden. Von den deutschen Landsern in russischer Gefangenschaft zählte der kalte Rigorismus einer grausamen Statistik 1 094 250 ums Leben gekommene deutsche Soldaten. Die sowjetischen und osteuropäischen Kriegsgefangenen sollten nach alliierter Vereinbarung bis 1948 zurückkehren. Doch Josef Stalin und seine sowjetischen Verbündeten verzögerten bewusst die „Heimkehr". Deren Kriegsgefangene wurden möglichst lange als unfreiwillige „Gastarbeiter" beim Wiederaufbau eingesetzt. Erst ab 1949 wurde entschieden, ob ein Prozess oder blanke Willkür die Freilassung der Kriegsverbrecher blockierte. Insgesamt kehrten aus Osteuropa allmählich rund zwei Millionen Gefangene nach Ost- und Westdeutschland sowie nach Österreich zurück. Erst nach einer energischen Intervention von Bundeskanzler Konrad Adenauer im September 1955 erlaubte Nikita Chruschtschow, auch „die restlichen kriminellen Elemente" für einen Rückflug in die Bundesrepublik freizugeben. Erst damit war auch der Weg für die Aufnahme diplomatischer Beziehungen geebnet.

Noch zu Beginn des 21. Jahrhunderts war das Schicksal von 1,5 Millionen vermissten deutschen Soldaten und Zivilisten unaufgeklärt. Weil deutsche Kriegsgefangene im Westen wussten, dass Briten und Amerikaner die Genfer Konvention respektierten, bestärkte dies deutsche Landser in den ersten Stunden der Schlacht an der normannischen Küste in ihrem Entschluss, die Waffen nicht vorzeitig zu strecken.

Im Gegensatz zu den deutschen Soldaten an der Ostfront wurden wir Wehrmachtsangehörige an der Westfront wie auch ich selber in amerikanischer Kriegsgefangenschaft menschenwürdig und ohne Willkür inszenierter Verwerfungen gut behandelt. Gleichwohl darf „Würde" hier aber nicht im philosophischen Sinne Ciceros missverstanden werden als „Dignitas". Es war ein großer Trost, dass unser Heimweh die Sinne scharf hielt, weil sie in der Freiheit als einem wichtigen Impuls für das zukünftige Gelingen des Wiederaufbaus noch gebraucht wurden.

Bis zum bitteren Ende des Krieges waren über elf Millionen deutsche Soldaten in Kriegsgefangenschaft geraten. Ich selber verbrachte als POW zweieinhalb Jahre hinter Gittern in coloradischer Schwerelosigkeit sowie nahe den schottischen Highlands, der Welt eines Robert Burns: „Should auld acquaintance be forgot/And never brought to mind?" Zum Weiterleben nach einer Epoche der tödlichen Extreme, zunächst hinter den Stäben einer Umzäunung, vertröstete uns „Der Panther" von Rainer Maria Rilke auf die Ankunft der Senboten aus freieren Sphären:

Sein Blick ist vom Vorübergehen der Stäbe
So müd geworden, dass er nichts mehr hält
Ihm ist, als ob es tausend Stäbe gäbe
Und hinter tausend Stäben keine Welt.

KAPITEL 28

MEINE GEFANGENSCHAFT IN DEN USA

Damals, im letzten Jahrhundert, sind wir ehemaligen Hitlerjungen nach unserem ruhmlosen Ende als deutsche Fallschirmjäger in der Schlacht um die Normandie im Sommer 1944 endlich aufgewacht aus langer Kriegspsychose. Die Schicksalswillkür hat uns Kriegsgefangene in die Vereinigten Staaten von Amerika verschlagen, in die damals sogenannte Neue Welt. In Baltimore endlich von Bord gegangen, fanden wir uns nach diesem Panthersprung aus dem Krieg in einer penibel organisierten Quarantänestation wieder. Buchstäblich hautnah erfuhren wir, was die Amerikaner damals hysterisch unter Hygiene und Desinfizierung verstanden: Eine Woche täglich vom Scheitel bis zur Sohle abgesprüht, sollten wir trotz Lux-Seife und Frotteehandtüchern die desinfizierende Chemie nicht aus der Nase kriegen. Diese fast schon sakrosankt zu nennende Prozedur gegen gefährliche Keime aus Europas Schädelstätte ist mir bis heute gegenwärtig geblieben. Oder wollten uns „die Amis" nur vom giftigen Bazillus nationalsozialistischer Ideologien mit Chemie reinwaschen?

Endlich bestiegen wir statt stinkender Güterwagen, wie noch wenige Monate zuvor die Kriegsgefangenen der Deutschen Wehrmacht, moderne weichgepolsterte Pullman-Züge. Auf unserer langen Reise nach Colorado ließen wir mit bezwingenden Blicken die wechselnden Landschaftspanoramen passieren: Von den horizontweiten Ackerflächen, öden Wüstenlandschaften und gigantischen Gebirgen, entlang an Gewässern und Flüssen und den ersten Wolkenkratzern, die wir nur aus Abbildungen kannten, ließen wir uns mächtig beeindrucken. Die Reise aus der Diktatur in eine nicht ideologisch konsenspflichtige Gefangenschaft hatten wir uns finsterer vorgestellt.

Als wir die Grenzen zum Kordillerenstaat endlich passierten, wurde per Lautsprecher auf Deutsch die nahende Ankunft am

Zielbahnhof Denver, der Hauptstadt Colorados, bekanntgegeben. Das durch Colorados gleißende Dauersonne aufgeheizte Aroma unterhalb der majestätischen Rocky Mountains war auf der Zunge zu schmecken. Außerhalb der Bahnstation wartete schon eine riesige Kolonne von Lastwagen – die uns an den langen Stacheldrahtzaun mit den vier Wachtürmen des zehntausend Mann starken Megacamp bei Denver kutschierten. Im POW-Camp Nr. 16 in Greeley / Colorado begann jetzt unser zweites Leben!

Umzäunte Endstation für mehr als zwei lange Jahre fern der zerbombten hungernden Heimat. Da wir so viele waren, die das gleiche Schicksal teilten, war unsere unbenennbare Sehnsucht nach Freiheit und Heimat geteiltes Leid und relativ komfortabel zu ertragen. Die Vergangenheit des unheilschwangeren Nationalsozialismus, dessen Personal ihre Lassos auf die deutsche Jugend ausgeworfen hatte und der wir Pimpfe unsere blinde Aufmerksamkeit geschenkt hatten, meldete sich mit der Zeit immer weniger zu Wort. Nichts ist unvermeidlich, bevor es passiert. Was wir hier gelernt haben: das Verfließen der Zeit als conditio sine qua non zu begreifen, optimistisch als Lebensbejahung. Es galt, die verlorenen Jahre für die Regeneration der Sinne zu nutzen. Wichtig war, die Aktivierung eines kritischen Bewusstseins für unsere Zeit danach zurückzugewinnen.

Insgesamt bezifferte sich allein der sündhaft teure Transfer von Kriegsgefangenen als Zwangsarbeiter in die USA auf etwa 1,2 Millionen Dollar „Reisekosten". Lange bevor wir Kriegsgefangene aus der Normandie die noch freien Betten des Camps belegten, war schon der große geschlagene Rest des legendären Rommelschen Afrikacorps in Greeley heimisch geworden. Die übrigen der Tausenden von Gefangenen wurden auf den Schlachtfeldern Westeuropas eingefangen oder auf den Weltmeeren aus dem Wasser gefischt und vorm Ertrinken gerettet. Sie alle waren einmal Hitlers Elitesoldaten, wie die vielen Matrosen der havarierten Dönitzschen U-Boot-Flotte oder die Piloten abgeschossener Kampfflugzeuge. Außerdem fanden sich hier viele junge Offiziersanwärter aller Waffengattungen unter relativ laxer Observation. Für SS-Angehörige gab es spezielle Camps mit erhöhter Sicherheitsstufe in Europa. Für uns junge Kriegsgefangene ließ sich die kollektive Befindlichkeit in Greeley als einigermaßen kommod bezeichnen.

Die Pflichtlektüre unserer Penne, wie jene Bestseller über den Ersten Weltkrieg von Paul Ettighoffer oder Werner Beumelburg noch im Hinterkopf, haben wir schnell den Kontrastwert buchstabengetreuer amerikanischer Befolgung der „Genfer Konvention" zu schätzen gelernt: Statt auf Stroh kampierten wir auf weißen Bettlaken, die weiche Matratzen auf Sprungfedern bedeckten. Anstatt mit Kernseife duschten wir täglich mit Lux-Seife, wir hatten je eigene Frottee-Handtücher, Zahnbürsten und Zahnputzgläser. Zum Frühstück gab es Cornflakes, helles Weißbrot, Marmelade und kalorienreiche Erdnussbutter, eine frische Flasche Milch, Obst und leckere Donuts. Sonntagmorgens gab es Spiegeleier, für einen Kriegsgefangenen in abgelegter Naziuniform ein halbwegs paradiesisches Leben hinter Stacheldraht. Kaserniert in einer riesigen Barackenstadt mit Sportplatz, mit Kino, Kirche und Klinik. Die vier Hauptstraßen waren trotzig ausgeschildert mit großen Namen unserer Militärs wie Göring, Dönitz oder Rommel. Bis auf Rommel entsprachen sie nicht der Order unserer Herzen, aber der Logik des Rechts der Genfer Konvention. Im Einklang damit hatte im Lager das Kommando über 10 000 Mann ausgerechnet ein deutscher Feldwebel, im Afrikafeldzug mit Ritterkreuz dekoriert, war er einer der wohl wenigen, der partout bis zum bitteren Ende standhaft führergläubig bleiben wollte.

Im Lager blieb nur am Sonntag Zeit, Sport zu treiben auf einem riesigen begrünten Sportplatz. Die meisten sind wie ich lieber öfter ins Kino gegangen als zur Andacht in die kleine Kapelle. Ich erinnere mich noch an die Filmtitel zwischen Musical und Comedy: „Anything Goes" (1936), „Holiday Inn" oder „Road to Morocco" (1942) mit Bing Crosby. Wir sahen Western oder Propagandafilme gegen Hitler-Deutschland wie „Hitler's Madman" (1943) mit Alan Curtis. An den übrigen sechs Tagen waren wir im harten Ernteeinsatz. Auf kilometerweiten Äckern bis zum Horizont und noch viel weiter. Wir pflückten Obst, Tomaten oder Bohnen. Oder wir buddelten Kartoffeln und Runkelrüben ans Sonnenlicht oder flämmten abgeerntete Getreidefelder. Dies war wahrlich kein Zuckerschlecken, aber es trainierte in frischer Luft wenigstens unsere Muskeln. Auf einer stacheldrahtumzäunten Fläche von zwanzig Fußballplätzen verräumlichte sich unsere Zeit. Die Farmer waren zumeist deutscher oder japanischer Herkunft. Besser als von unseren ehemaligen Landsleuten wurden wir mit unprätentiöser Herzlichkeit von den Nipponesen behandelt. Deren Herkunftsland befand sich mit den USA seit 1941 ebenfalls im Krieg. Sie brachten uns mittags anständiges Essen und reichlich gekühltes Wasser und Wassermelonen als Labsal gegen die sengende Hitze.

Einmal ist mir bei der Feldarbeit, wie man damals salopp sagte, der Arsch auf Grundeis gegangen, ich dachte, mein letztes Stündlein habe doch noch geschlagen: Bei einer der tagtäglichen Routine-Ernten hatte ich mir mit zwei Kameraden gegen Abend ein Ruhepäuschen unter dem Dach von fünf gegeneinander gestellten Kornballen gegönnt und beim lauten Palaver hatten wir das Signal zur Rückfahrt überhört. Dass man uns vermisste, wurde uns erst bewusst, als unsere Bewacher voll Rohr ihre Maschinenpistolen auf alle aufgestellten Korngaben schossen. Sofort sind wir mit hoch erhobenen Händen in letzter Sekunde dem sicheren Tod von der Schippe gesprungen. Das war mehr als das, was man einen Schreck in der Abendstunde nennt.

Bevor ich zum Erntehelfer abgerichtet wurde, hatte ich schon drei Monate lang in den luftigen Höhen der herrlichen Rocky Mountains als Holzfällergehilfe gearbeitet, freilich ohne Axt und Kettensäge, alles Werkzeuge, die wir ja gegen unsere Aufpasser hätten aktivieren können. Aber aus den felsigen Klippen der Rockies zu türmen, das wäre purer Selbstmord gewesen. Als im Hauptlager ein Abiturkurs ausgeschrieben wurde, habe ich mich sofort ins Basiscamp zurückgemeldet. Hier versammelten sich in Abendkursen aber nur an die fünfzig Kriegsgefangene, alle mit einem Notabitur, um es nach der Rückkehr leichter zu haben, das normale Abi nachzuholen. Ich belegte vorzüglich meine beiden Minusfächer **Mathematik und Latein (Zeugnis nächste Doppelseite).** In dieser klassischen Sprache wurden wir von einem holländischen Jesuitenpater namens Georg Degenhard vom

Collegium Damianeum in Nijmegen unterrichtet; er war von der
Wehrmacht als Seelsorger für den Feldgottesdienst zwangsrekru-
tiert worden.

In vielen Zwiegesprächen über zwei Jahre hin habe ich trotz
meiner ungenauen agnostischen Existenz, tiefgründige Lebens-
weisheiten vom Pater gelernt. Als erstes riet er mir, den NS-Phra-
sensumpf in mir trocken zu legen und duch den mir noch unbekannten dreifaltigen Moralkodex der französischen Aufklärung
zu ersetzen und zum Lebensprinzip zu machen. Mit der Französischen Revolution vor 250 Jahren hatte die Menschheit zu hoffen begonnen, in die Geschichte eingreifen zu können. Bis dahin
hatte ich keinen blassen Schimmer davon, was Aufklärung im
philosophischen Sinne überhaupt bedeutete. Als das höchste
seiner Güter nannte der Pater das Gespräch mit dem Ziele der
Übereinstimmung mit anderen, also mit anderen Worten genau
das, worin Hegel die Natur der Humanität erkannte und Humboldt „die kognitive Erschließung der Welt". Der Jesuitenpater
hat mir viele Wege zur Selbsterkenntnis gewiesen und Horizon-
te der Emanzipation eröffnet, um mich endlich meiner Sozialisation im Dritten Reich entledigen zu können. Weltzugewandt,
hatte mein zum väterlichen Freund gewordener Jesuitenpater
mich in das Füllhorn seines geistigen Universums aufgenommen.
Es war für mich eine Art Studium generale und philosophisches
Propädeutikum. Was Friedrich Schiller „die bessere Natur zu
entwickeln und zu vollenden" nannte, das war auch für Degenhard „das große Projekt der Aufklärung". Es ging darum, die
Kunst zu erlernen, für sich selbst die richtigen Fragen zu stellen, um festgefahrene Ansichten zu verflüssigen und versteckte
Probleme aufzudecken sowie mögliche Antworten, gemeinsam
mit anderen, zu entwickeln. Degenhards „Befragungen" waren
im Sinne von Pierre Boulez, der zur Aufführungspraxis auch
in Bayreuth, der Kultstätte Wagners, empfahl, weiterführende
Fragen zur Erhellung der Inhalte zu stellen. Der Pater gab mir
statt esoterischen Geschwurbels eine wichtige Lektion für die
nachhaltige Dauer meines ferneren langen Lebens. Nein, ich
bin nicht konvertiert, aber: Ich bin Georg Degenhard dankbar
geblieben.

LFD. NR.	DAUER VON	BIS	LEHRGANG	WOCH STUN
	15.IV.46		**LAGER 16** ABITURKURS A STAND DER KLASSE 8	
1.	15/IV./46	31/VII/46	Latein Formenlehre Plinius ad Trai anum, Traianus Plinio Cicero, de orat. I, 61, 249 Valerius Max. IV, 4 init. Selecta (Macrobius Sat V, Seneca, de ben. IV, 27, . de ira III. 40) Caesar, Bell. Gall. I, 1-8	2
2.	15.4.46	31.11.46	Geographie Europa: Kaukasus, Kaspisch. Meer, ... Schwarzes Meer, Marmara Meer, Ägäis, Jonisches Meer, Adria, Tyrrhe- nisches Meer, Ligurisches Meer, Golf de ... Pyrenäen halbinsel, Frankreich ...	1
3	15.4.46	21.11.46	Deutsch: Faust I. Lessings Werke. Grundzüge der deutschen Literaturgeschichte (Merseburger Zaubersprüche bis Gottfried)	2
3 a			... Roman Zeit bis 1800	1
3 b			...	
4	15.4.46	31/11.46	Mathematik: ... der 8. Klasse	2

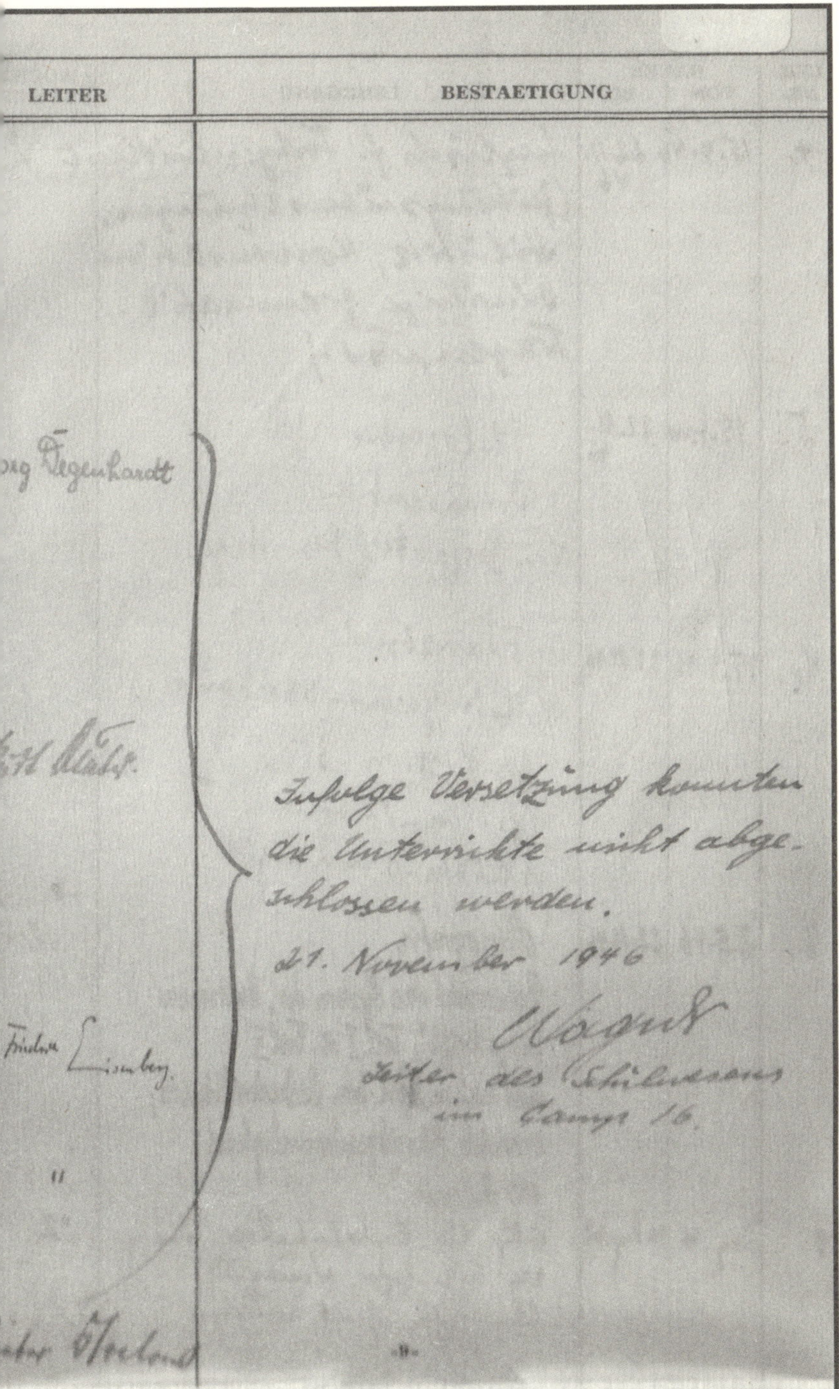

LEITER	BESTAETIGUNG

g Degenhardt

_ Stahl._

Friedr. Eisenberg.

"

iter Oberland

Infolge Versetzung konnten
die Unterrichte nicht abgeschlossen werden.
21. November 1946

Wagner
Leiter des Schulwesens
im Camp 16.

Wir erhielten von professionellen Lehrern mit entsprechender Fakultas auch Unterricht in Geografie, Deutsch mit Goethe und Lessings Werken oder mit Grundzügen der Literaturgeschichte sowie Mathematik und Kunstgeschichte. In meiner spärlichen Freizeit nach einer 8-Stunden-Maloche plus Hin- und Rückfahrt von oft zwei Stunden Dauer habe ich mangels alternativer Lektüre die Texte meiner beiden Reclam-Hefte auswendig gelernt, die ich neben meinem Soldbuch bei der Gefangennahme statt eines sprichwörtlichen Marschallstabes im „Gepäck" hatte: „Faust I" und Gedichte von Hölderlin. Damit bin ich als „Rezitator" in „Sonntagsmatineen" durch viele Baracken getingelt und traf meistens auf ein „full house". So habe ich beiläufig gelernt, auch vor hundert Zuhörern meine Hemmungen abzustreifen. Der Briefkontakt zu meiner Mutter, die in Oberhausen-Osterfeld ein Waisenhaus leitete, lief statt über „Feldpost" jetzt mit Luftpost aus einem fernen amerikanischen Megacamp mit weit besseren Versorgungsverhältnissen als mit leerem Magen in der zerstörten Heimat trotz Bezugsscheinmarken. Ich habe oft an sie denken müssen und beiläufig gelernt, dass die Sehnsucht die schönste Form der Entbehrung ist.

Auch in seiner neuen Rolle war unser Lagerältester Feldwebel Grunewald ein affirmativer Parteigenosse geblieben. Deshalb hielt er es wohl für konsequent, am 20. April 1945, nur wenige Tage vor Kriegsende, im drakonischen Tonfall folgenden Tagesbefehl durchs Camp-Megaphon zu gellen: „Am heutigen Führers-Geburtstag wird gestreikt! Sieg heil, Sieg heil, Sieg heil!" Aber das Sprichwort sagt, „wer dreimal lügt, dem glaubt man nicht". Auf ihn passte William Faulkners Wort: „Das Vergangene ist nicht tot; es ist nicht einmal vergangen." Gleichwohl genossen wir zehntausend Erntehelfer mal diesen einen Tag Pause, ohne ständig gebeugten Rücken, ohne aber deshalb des „Führers" feierlich zu gedenken. Vielmehr spekulierten viele von uns darüber, wie es nach diesem Eklat wohl weitergehen werde. Die Strafaktion folgte denn auch auf dem Fuße: Wegen dieses Massenaufstands wurde das Vorzeigelager Camp Greely sofort aufgelöst und wir POWs wurden schon zwei Tage danach auf alle möglichen Lager der Staaten zentrifugiert. Den zuständigen

Viersterngeneral hatte es besonders genervt, dass am Fahnenmast draußen vor dem Tore statt des stolzen Sternenbanners zu Ehren Hitlers eine Hakenkreuzfahne trotzig im Winde wehte. Das Corpus delicti war deshalb so lange am Mast hängen geblieben, bis der kommandierende General das munter im Winde flatternde Hakenkreuz höchst selbst in zornigen Augenschein genommen hatte. Ein übergeschnappter renitenter Landser aus Hitlers geschlagener Armee hatte die Hakenkreuzfahne selber aus Zuckersäcken angefertigt und es irgendwie geschafft, mit dem Tuch am amerikanischen Fahnenmast „Flagge zu zeigen". Dieses aufsässige Flaggezeigen löste bei mir einen gehörigen Wahrnehmungssprung darüber aus, wie der schon dem Tod geweihte „Führer" mit seiner zerfließenden Allmacht nur noch bei unserem Campleader ein nachzitterndes Echo fand.

Folgenden Tags schon landete ich im POW-Camp Fort Meade oberhalb von Washington D.C. im Staate Maryland. Wieder standen hier meine Sterne günstig: Ich bekam den begehrten Job eines Verkäufers in einem „Sales Commissary" genannten Lebensmittelshop. Hier befriedigten die in Washington vorübergehend stationierten Angehörigen der in Europa kämpfenden GIs ihre Kauflust. Ich trug einen weißen Verkäuferkittel, der sich von dem der amerikanischen Verkäuferinnen nur durch ein schwarzes POW auf dem Rücken unterschied. Angedötschte Konservendosen durfte ich mit ins Lager nehmen. Kurzwaren wie Socken und Underware requirierte ich für eigene Zwecke, um mir den täglichen Waschgang zu ersparen. Da fast nur Frauen im Laden beschäftigt waren, während ihre männlichen Kollegen in Europa ihr Leben aufs Spiel setzten, hatte ich bei der Geschäftsführerin einen Stein im Brett. Sie kutschierte mich nach Feierabend bis vor das Lagertor und holte mich am nächsten Morgen dort wieder ab. Als grundsätzlich freundlichen Typ hatte sich auch die Kundschaft bald an mich gewöhnt, die mir viele „Tips" zugesteckt hat. Von dem Trinkgeld habe ich mir Werke von Yeats oder von Walt Whitman gekauft, „to brush up my English".

Im März 1946 war meine Uhr in den Vereinigten Staaten von Amerika abgelaufen. Auf einem Sammelplatz am Kai von Baltimore wurden Tausende POWs nach Europa eingeschifft, ohne

schon zu wissen, wo wir Anker schlagen würden. Wir hofften in
Bremerhaven oder in Hamburg. Bevor wir abermals die Gang-
way eines Liberty-Liners hochstiegen, wurden wir alphabetisch
sortiert. Ordnung muss sein. Als ich mich in der Sippe der Hoff-
männer wiederfand, die mit den Vornamen Adalbert, Albert, Anton, Arthur usw. begann und erst beim hundertsten Hoffmann
mit Xaver endete, hatte ich mir geschworen, meinem Namen ir-
gendeine hübsche Distinktion hinzuzufügen, um mich von der
Sippe zu unterscheiden. „Hoffmann-Osterfeld“, das klang doch
gar nicht schlecht. Aus Osterfeld war ich schließlich in den Krieg
gezogen. Aber bis meine Mutter mit ihrem wiedergefundenen
Sohn darüber diskutieren konnte, sollten noch 15 volle Monate
verstreichen. Sie war übrigens der Meinung, der „schöne Vorname“ Hilmar reiche aus als Distinktionsnachweis, und konstatiert mir so meine „Unverwechselbarkeit“.

Anstatt einen deutschen Hafen anzulaufen, landeten wir in
Belgien – vom Regen in die Traufe. In diesem offenen, das heißt
unbedachten Obdach, war unser Feind nicht das wetterwendi-
sche Wetter, sondern eine unangenehme polnische Bewachung.
Hier vegetierten wir bei Regen und Wind auf einer riesigen,
platschnassen Weidefläche. Die Nächte waren kalt und nahmen
kein Ende. Vierzehn Tage unbehaust, waren wir schließlich heilfroh, wieder solide Bohlen eines Schiffes zu besteigen, egal wohin,
nur weg aus dieser belgischen „Vor-Hölle“. Kein Ende eines Zeit-
horizonts in Sicht.

Aus heutiger, wissender Perspektive hätte ich durchaus Verständnis für das aggressive Verhalten der uns bewachenden polnischen Aufseher haben und den Hintergrund erkennen müssen:
die schauerlichen Kriegsverbrechen der deutschen Wehrmacht
und Reinhard Heydrichs Waffen-SS, die in nur drei Wochen
mehr als fünfhundert polnische Städte und kleinere Orte systematisch planvoll zertrümmert haben. Allein die Auflösung des
Warschauer Ghettos bedeutete die Tötung von 500 000 jüdischen
Menschen. Jerzy Bossak hat in seinem ergreifenden Dokumentarfilm „Requiem für 500 000“ (1963) ein uns Deutsche tief be-
schämendes Denkmal überliefert. Die überlebenden Polen führten „nur noch ein Leben als ob“ (Kazimierz Wyka). Als ich Jahre

später in den Fernsehnachrichten Willy Brandt sah, wie er in Demut vor einem Ort des Gedenkens für die Abermillionen von der deutschen Wehrmacht getöteter Polen niederkniete, befiel mich ein gewisser Stolz auf unseren Kanzler. „Die Pfade gehn entferter hin", tröstete ich mich mit Friedrich Hölderlins lebens-metaphysischer Überhöhung der Jahreszeit „Sommer".

Hölderlin, das wurde für mich das schönste Wort deutscher Sprache. „... *uns ist gegeben, auf keiner Stätte zu ruhn*".

Kapitel 29

Noch einmal Gefangenschaft – in Schottland

Nachdem die Fähre aus Belgien zum Ufer unserer vermeintlich letzten Etappe volle Fahrt aufgenommen hatte, wünschte uns POWs (Prisoners of War) der Kapitän per Lautsprecher eine gute Überfahrt nach Schottland. Mein Gott, das war eine Nachricht, die uns mitten ins Sonnengeflecht traf, eine Nachricht, an der wir nicht gern teilhaben mochten. Goethe hätte fein gedrechselt gesagt, „ich war mir solches nicht vermutend". Was sollten wir in Schottlands High- oder Lowlands? Ähnlich wie in den USA herrschte auch in Großbritannien ein riesiger Mangel an männlichen Erntehelfern, die temporär zu ersetzen wir auserkoren waren. Ich weiß nicht mehr, welchen Hafen unsere Fähre angesteuert hatte. Jdenfalls wurden wir freundlich im POW-Hostel Camp Ninewells unweit der Tweed-Mündung in Chirneside von zwei locker uniformierten irischen Sergeanten freundlich empfangen. Hier nahe der englisch-schottischen Grenze, blieben wir aber nur so lange, bis aus dem benachbarten Örtchen Coldstream on Tweed die italienischen Kriegsgefangenen der Mussolini-Diktatur repatriiert worden waren. Wieder war Fortuna an meiner Seite: Die hundert deutschen Kriegsgefangenen unseres Hostels wählten mich zu ihrem Lagerführer. Mit einem Dreieinhalbtonner kutschierte ich die Kameraden dann in dichter Nebelfrühe jedes beginnenden Tages zu ihren diversen Arbeitsplätzen, und abends im Schatten der Bergtäler sammelte ich sie wieder ein. Jedes Mal war ich wieder emotional angetan von der herrlichen Landschaft mit ihren smaragdgrünen morgenbetauten Weideflächen, die ich durchfuhr. Ganz im Geiste von Burns lernte ich seine balladeske Volkserzählung „Tam o'Shanter" von 1790 schätzen sowie seine zarte herzbewegende Liebeslyrik sowie Burns' literarische weltenspiegelnde Naturpoesie: „My Heart 's in the Highlands" war von melancholischer

Schönheit durchtränkt und wärmte manchmal wie Rilke die Seele. Burns' Faszination angesichts des Zaubers schottischer Highlands, wie sie im nicht enden wollenden „Farewell to the mountains" zum Ausdruck kam, war eine ansteckende Lektüre. Sie lud
ein zur romantischen Imagination, in der wir förmlich das Gras
wachsen hörten.

Mir zur Seite standen als Bewacher zwei Sergeanten aus Nord-
irland *(Bild unten)*, zwei zwielichtige Gesellen, die alles verscher-
belten, was nicht niet- und nagelfest war. Weil das Hostel für 120
italienische Gefangene ausgelegt gewesen war, verhökerten sie
die jetzt nicht weiter verwendeten 20 Bettgestelle und Bettbe-
züge, 20 überflüssige Stühle und ein paar Tische dazu, die ich
mit meinem Laster auch noch abtransportieren musste. So sollte
ich am Ende meiner POW-Zeit noch zum Hehler mutieren. Als
wir dann aber feststellten, dass die beiden bauernschlauen Iren
noch die von uns in der Freizeit liebevoll angepflanzten Rosen
geköpft und Tomaten geklaut hatten, um sich selbst die Natur
unter den Nagel zu reißen und auf dem Wochenmarkt in Bargeld
zu verwandeln, musste ich gegen meine beiden „Vorgesetzten"
einschreiten. Da wir sie als ertappte Diebe in der Hand hatten,
sollte sich das für uns als kollektive Hehlerschaft und schließlich
als eine Art Liberalisierung des rigiden Ordnungssystems eines

POW-Lagers bestens amortisieren. Die beiden Iren entpuppten sich jetzt für uns als jolly good fellows. Im legeren Umgang ließen sie unsere Jungs unbehelligt nach dem abendlichen pro forma Zapfenstreich in die milden Nächte hinausschleichen, um auf die Pirsch zu gehen nach den von den Italienern hinterlassenen hübschen Bräuten im nahen Rhododendrenhain, dem größten auf der ganzen Insel. Mit „My heart's in the Highlands, a-chasing the deer ... and following the roe", hat Robert Burns' anmutige Poesie die Natur neu geformt und uns den Weg gewiesen, „wherever I go". Das berühmte berührende Burns-Poem hatten wir schon in unserer Penne kennengelernt.

Mit dem Pfarrer der Anglikanischen Kirche hatte ich verabredet, dass unsere Hostel-Insassen quasi als Freigänger zum höheren Ruhme Gottes gern am Gottesdienst teilnehmen möchten. Wir waren deshalb immer etwas früher erschienen, damit die frommen Schotten stets unsere POW-Initialen auf den Rücken in den ersten Reihen als ästhetisches Ärgernis vor Augen hatten. Es war kaum verwunderlich, dass deren Sprecher beim Pfarrer Protest anmeldete. Der Seelsorger legte mir daraufhin nahe, meine „Schützlinge" sollten doch bitte auf den hinteren Bänken ihren Platz suchen. Ich konterte mit gespieltem Verdacht, er wolle im Angesicht des Herrn doch wohl keiner Zweiklassengesellschaft Gottes Wort reden, und schlug ihm deshalb vor, von seiner Kanzel herab unter „Verschiedenes" seine Gläubigen zu bitten, uns zivile Klamotten zu stiften. So konnten wir POWs uns als solche unerkannt ganz ökumenisch zwischen die Gemeindemitglieder mischen und mit uns selbstoptimierendem zivilen Outfit unseren Selbstwert bewahren. Wie sehr durch diesen status vivendi die Kommunikation zwischen „Freund und Feind" befördert wurde, fand sich an der Vielzahl der schottischen Familien bestätigt, die viele von uns nun in Zivil mit unverhoffter Herzlichkeit zum nahen Osterfest oder zu Geburtstagsfeiern in die schottische Gastfreundschaft zu sich nach Hause eingeladen haben. Der gelassen liberale Habitus dieses soignierten Pfarrers hat mich beeindruckt.

Sprachtechnisch mussten wir vom amerikanischen Slang auf ein schauerliches Schottisch umschalten; das war ein noch größerer Unterschied als in Deutschland zwischen Bayrisch und Säch-

sisch. Während meine Kameraden malochten, führte ich mir in der Privatbibliothek des Pfarrers H.G. Wells' Wälzer „Der Krieg der Welten" oder die anschaulich schöne Lyrik von Robert Burns zu Gemüte. Mir gefiel besonders dessen poetische Folklore. Das schottische Ambiente mit seinen herzlichen Menschen wird mir als angenehmer „Ferienort" in Erinnerung bleiben.

Mit den beiden letztlich ganz sympathischen irren Iren waren wir bald per Du und wir nannten uns alle beim Vornamen. Sie genehmigten mir sogar drei Tage Urlaub, damit ich mit unserem Dreieinhalbtonner an der University in Glasgow vorfahren konnte, um im Juni 1947 mein „English Diploma" zu absolvieren, eine Mitgift, die ich nach meiner Rückkehr nach Oberhausen gut sollte verwenden können. Soweit mir aus der Literatur bekannt ist, gab es sonst kein Gefangenenlager mit einer derart liberalen Komfortzone ohne Stacheldrahtzäune. Ende gut, alles gut? Mit diesem „English Certificate" wurde ich an der IHK Düsseldorf ohne weitere Kursnachweise im Mai 1948 zur Dolmetscherprüfung zugelassen.

Am Tag unseres ersehnten Heimflugs aus den schönen Gefilden blanker Natur am 11. November 1947 in einer schrottreifen Militärmaschine in die Morgenröte einer demokratischen Republik gab es viele heiße Tränen der hinterlassenen schottischen „Bräute". Von unseren Irrtümern distanziert, landeten wir ehemaligen Weltkriegsrekruten sicher auf dem Kölner Flughafen und unser aller Wege trennten sich. Endlich konnte ich per Bahn nach Oberhausen ins ruinierte Ruhrgebiet reisen: nach vierjähriger Abwesenheit konnte ich meine hochbetagte Mutter wieder in meine Arme schließen **(Bild oben)**. In Tageszeitungen hat sie sogleich Stellenangebote für Dolmetscher angekreuzt, so konnte ich schon vierzehn Tage später als Dolmetscher bei der Britischen Rheinarmee anheuern.

TEIL 3

KAPITEL 30

LÄUTERUNG VOM FASCHISMUS

Im Bannkreis des Nationalsozialismus sozialisiert, hat meine schrittweise Loslösung und Abkehr vom totalitären Gedankenwust des „Führers" und seiner ideologischen Kamarilla nicht erst mit der „Fahnenflucht" Hitlers am 30. April 1945 begonnen. Das Todesdatum von Hitler und Goebbels und auch die Kategorie der „Fahnenflucht" sind semantische Bezugspunkte geworden. Diese selbst entstammen jener Symbolwelt, deren endlos letale Repetitionen auf uns lebenslustige Kinder und abenteuerlich gestrickte Jugendliche einhämmerten. Die Loslösung hat zunächst eher mit dem Gestus der ständigen heroischen Überbietung bis zu deren Erschöpfung zu tun. Aber ebenso waren Widersprüchlichkeit, Verlogenheit und Lächerlichkeit Teil des diabolischen Spiels, womit sich das NS-System zunächst pompös inszenieren konnte, um dabei bald auch die grausamen und brutalen Seiten zu zeigen, die politische, ethnische und religiöse Minderheiten erleiden mussten. Diese Phänomene wurden uns im Pimpfenalter zunächst unbewusst eingetrichtert. Wir wurden Opfer eines Programms auch der seelischen Ertüchtigung und mentalen Aufrüstung, ohne unsere Sozialisation als psychopathologische Zumutung schon begreifen zu können.

Als mutterfixierter vaterloser Sohn, zwischen NS-Begeisterung, Kunst-Enthusiasmus und nationalsozialistischer Gesellschaftskritik heranwachsender Jugendlicher bewahrte ich mir unbewusst einen Freiraum gerade in der schul-sprengenden Rollenübernahme des Jungvolk-Führers, der dennoch zwischen den Institutionen, Interessengruppen und Ansprüchen meiner Altersgenossen in atemlosen Zeiten zwischen Eltern und Lehrern zu lavieren und zu vermitteln versuchte. Keineswegs entschuldbar waren die lange geistige Latenz, die ästhetische Passivität und die Kritiklosigkeit gegenüber dem System und dessen schimärischen Botschaften. Vor allem war das Ausweichen der Propaganda auf die Unterhaltung im Film, die Vermengung von Kino, Kunst, Entertainment und Manipulation zu einer bedrohlichen Mischung der Selbstbetäubung und der Anpassung geworden. Damit einher ging die stufenweise Boulevardisierung auch der klassischen Kultur.

Auch in Momenten der sich anbahnenden Diskussion über unsere Zweifel oder alternative Wahrnehmungen und die oft als Drohung geschürte Annahme, das Dritte Reich könne von irgendeiner Seite empfindlich gefährdet sein, verdeckte die Bewusstseinsindustrie rasch wieder aufkeimende eigenständige Gedanken mit Ritualen und Phrasen. Wie verquert die Darstellung war, dass eine Gefährdung Deutschlands nicht allein von außen kam, sondern aus dem hassdurchtränkten Inneren des NS-Reiches selbst, lag uns fern zu erkennen, da wir als Mitläufer und Mitmacher unter den Jugendlichen relativ privilegiert auf der zunächst friedlich bleibenden Komfortwelle des Nationalsozialismus mitschwammen. Dies darf allerdings keineswegs als Ausrede missverstanden werden. Die Verantwortung lässt sich auch nicht verschieben, teilen oder camouflieren. Sie ist kein „Fake", sie ist auch dann vorhanden, wenn keiner sich für verantwortlich hält, oder wenn die Mehrheit den totalen Paradigmawechsel aktiv duldet, dass Minderheiten, sogar von Staats wegen, verfolgt und ermordet werden. Verantwortung bleibt auch bestehen, wenn alle den einen, den „Führer" und seine rivalisierenden Stellvertreter allein für verantwortlich halten.

Die Loslösung und Abkehr vom Faschismus geschah unter uns eifrigen Mitläufern in Phasen, Schocks und Spiralen, affektiv und erst später kognitiv, von denen für mich das Normandie-Erlebnis mit der Bergung von Hunderten Toter aus der SS-Panzer-Division-„Hitlerjugend" nur das äußerste und extremste Beispiel der Konfrontation mit der mörderischen Kraft von Nationalsozialismus, Jugendindoktrination und moderner Kriegsführung darstellt, von Bewusstseinsunterdrückung und Massenvernichtung. Den Mangel der persönlichen Begegnung mit jüdischen Bekannten und Freunden rechne ich meiner frühen Biographie als starkes Defizit an. In der Stadt meiner Sozialisation, der Bergarbeitermetropole im Ruhrrevier Oberhausen, lebten nur sehr wenige Juden. Wir im Pimpfenalter hatten keine blasse Ahnung, dass den Juden ihr pures Lebensrecht abgesprochen wurde und ihre Rechtlosigkeit legalisiert worden war. Juden wurden auch dafür missbraucht, zu definieren, was ein Arier ist. Jetzt in der ganz unmittelbaren Nachkriegszeit galt es als erstes, uns die vermeintlich wasserdichten Nazibegriffe aus dem Wörterbuch des Unmenschen endlich wieder vom Hals zu schaffen.

Das unverschämte Glück, als einziger Junge meiner Klasse Jahrgang 1925 den Krieg überlebt zu haben, und die „Gnade" der eher zivilen Kriegsgefangenschaft – nicht von der Roten Armee, sondern von US-amerikanischen und britischen Soldaten gefangen genommen worden zu sein –, dies alles sind lebensgeschichtliche Faktoren, die vielleicht ein Stück weit erklären, warum ich dann als 19jähriger in meinem Leben eine Möglichkeit der Wende und des Wandels erblicken konnte, den andere, wie beispielsweise auch meine älteren Brüder, jedenfalls nicht einmal in Reichweite vermuteten. Auch das große Glück, einer privilegierten Re-education im südenglischen Wilton Park und einem Übergang zum gleichberechtigten politischen Dialog teilhaftig zu werden, ist den meisten anderen versagt geblieben.

Fritz Langs' amerikanischer Film über den Faschismus „Hangmen Also Die" (1943) ist ein packender cineastischer Kommentar zum Faschismus. Dies ist zugleich aber auch einer der viel zu seltenen Versuche deutscher Emigranten geblieben, realistische und packende Spielfilme über und gegen die Nazidiktatur und ihre existentiellen Auswirkungen auf die Bürger, Opfer und Täter zu machen – und zwar für das internationale Kino. In Fritz Langs Film über die Atmosphäre der Angst im Faschismus figuriert der beinharte SS-Führer Reinhard Heydrich als Nachfolger von Dr. Mabuse. Die Frage nach der Legitimation und dem Nutzen eines Tyrannenmordes wurde hier im Film eindringlich gestellt, aber von der Realität weniger eindringlich mit Taten beantwortet. – An der Story von „Hangmen Also Die" hat übrigens auch Exilant Bertolt Brecht mitgeschrieben. Die Pointe des Films liefert jene absurde Dürrenmattsche Lösung, wonach die wahren Schuldigen nur durch das Mittel willkürlicher Denunziation bestraft werden können.

Für die Auseinandersetzung mit der Entwicklung zwischen meinem damaligen und meinem erst später ermöglichten Selbst musste ich eine lange und verwickelte Zeitreise durchlaufen. Oft waren Eindrücke, Szenen und epochale Phasen in widerspruchsvoller Spannung einander entgegen zu setzen. Auf der Suche nach einer kritischen Selbstfindung bleibt die volle Spannbreite zwischen Ich-Verlust und Ich-Bergung zu konstatieren. Ich habe versucht, die abgründigen Umstände meines sukzessiven Abnabelungsprozesses vom Hitlerkult stufenweise an einigen markanten Stellen und Nachklängen historischer Wendepunkte darzustellen.

Der erste Markstein, der aus den Fassaden der aufoktroyierten NS-Normalität herausbrach, war auf meinen Wegen in der militärischen Erlebniswelt der erschütternde Anblick des mit lauter 16- bis 17-jährigen Hitlerjungen bedeckten Totenackers in der Normandie. Wir gerade erst gefangen genommene Fallschirmjäger waren abkommandiert worden, in dem No-Go-Niemandsland Hunderte von gefallenen Hitlerjungen zu bergen und ihre Leichen ausgerechnet auf Erntewagen zu stapeln wie sonst abgeerntete Strohballen. Es war ewig lange her, dass ich jenem straffen Diktum nicht gefolgt war, „ein Hitlerjunge weint nicht".

Die endgültige und drastische Abkehr von unserem sogenannten Führer und seinen unbarmherzigen SS-Todesschwadronen brachte die letzten Zweifel zerstreuende, unvergessliche Konfrontation mit den unfassbar satanischen Verbrechen in Hitlers Konzentrationslagern. Im amerikanischen POW-Camp nördlich von Washington D.C. wurde uns das desillusionierende und schockierende Filmdokument „Nazi Concentration Camps" (1945) vor Augen geführt. Das schonungslose Filmdokument wurde im Auftrag von General Eisenhower von John Ford und seinem Team um George Stevens produziert. Wir mochten unseren ahnungslosen Augen nicht trauen, als wir auf der Leinwand die authentischen und nüchtern von der Kamera erfassten Schreckensbilder aus den Konzentrationslagern bei Leipzig und Hannover und den Nebenlagern erstmals zu Gesicht bekamen: Penig, Ohrdruf, Hadamar, Breendonck, Arnstadt, Nordhausen, Buchenwald und Bergen-Belsen. Durch diesen Schock der langen einfühlsamen Einstellungen über die wenigen zum Skelett abgemagerten Lebenden und die grausam ermordeten Vielen erfuhren wir zum ersten Mal die unwiderlegbare Gewissheit dessen, was Hitler und sein Hohepriester der Judenverfolgung Heinrich Himmler höhnisch unter dem Begriff „Endlösung" eisern bedingungslos verstanden. Amerikanische Kriegsreporter hatten nach der Befreiung die wenigen Überlebenden gefilmt, zur Sicherung der noch nicht aufgeräumten Tatorte der massenweisen Verbrechen. Ohne künstlerische Überhöhung wurden die Atmosphäre der Hölle und der vernichtenden „Behandlung" der Juden, Homosexuellen, Behinderten als Deutschlands moralisches Verbrechen gegen die Menschlichkeit dokumentiert.

Keiner von uns POWs hatte je in der Lebensschulung durch die HJ von der unvorstellbaren Dimension dieser Gräuel etwas gehört oder geahnt, die bei dem Kürzel KZ mitzudenken gewesen wären. Wir hatten der Propaganda blind geglaubt, dass es sich bei den Insassen im KZ um Feinde des Regimes handele, die nur bis zu Hitlers Endsieg in Gewahrsam gehalten würden, um Sabotageakten vorzubeugen. Dass in Wahrheit sechs Millionen unschuldige Menschenleben mit der barbarischen industriellen Tötungsmaschinerie von Hitlers und Himmlers Schergen ermordet worden waren – dieses Nachbeben der Gewissheit des Genozids verschlug uns die Sprache. Für mich war diese bittere Gewissheit das definitive Ende meiner einst noch naiven Verirrung als idealistischer „Pimpfenführer". „Ich bin zu Ende mit allen Träumen", singt es piano in Franz Schuberts „Winterreise".

Der Erste, der über die Konzentrationslager akribisch detailversessen und mit ergreifender Feder geschrieben hat, war die Koryphäe der NS-Deutung Eugen Kogon. Gleich ein Jahr nach der Katastrophe und damit nach der endlichen Befreiung im Jahre 1946 verfasst, war „Der SS-Staat" ein Buch, das ich nach meiner Heimkehr mit größter Beklemmung gelesen habe. Mir fielen Schuppen von den Augen, als ich das Undenkliche als schändliche bittere Realität Zeile um Zeile mit dem Gefühl der „Schande" für Deutschland verinnerlicht habe. Dass „Schande" immer noch ein äußerlicher nationalpatriotischer Begriff ist, der an die moralische und zivilisatorische Tiefendimension der industriellen Vernichtung von deutschen und europäischen Bürgerinnen und

Bürgern keineswegs heranreicht, war mir damals noch nicht im vollen Umfang bewusst. Hier hatte ich einen historischen Erinnerungsposten für die vielen, die Hitlers bösartiger Irrealität gefolgt waren, die ihnen zur schrecklichen Realität geworden war. Wer sich auf Kogons bitteren Leidensweg der Juden und der anderen Verfolgten einlässt, in den schlägt es seine Widerhaken. Auf eine andere, dokumentarisch-bilderfreie Weise geht Claude Lanzmann 1985 in dem subtil erschütternden Film „Shoah" vor, indem er Zeitzeugen, Überlebende, Widerstandskämpfer, Täter, Juristen und Historiker zum Kontext der beiden osteuropäischen Ghettos Lodz und Auschwitz in elfjähriger Interviewarbeit jeweils vor Ort befragt.

Eine breite deutsche Öffentlichkeit reagierte ergriffen auf die US-TV-Serie „Holocaust" (1978). Diesem einfühlsamen Fernsehspiel zur tragischen Wirklichkeit über die Judenvernichtung am Beispiel der Familie Weiss ist es gelungen, die Deutschen aus ihrer Selbstzufriedenheit und politischen Indifferenz aufzuschrecken und ihnen emotional begreiflich zu machen, wer ihr „Führer" wirklich war *(unten Kinder im KZ Buchenwald)*.

Keinen Protest gab es gegen Hitlers „Endlösung" auch von den

Kirchen! Nicht einmal gab es einen permissiven Protest vom Heiligen Vater Papst Pius. Die Gegenwehr fand, wenn überhaupt, im Schutzraum der Kirche und vorrangig im eigenen Interesse statt. Die erste hörbare gesellschaftliche Empörung erlebte Westdeutschland 1963 auf einer Theaterbühne: in Rolf Hochhuths Drama „Der Stellvertreter". Zeitgleich begannen die Auschwitzprozesse unter Generalstaatsanwalt Fritz Bauer in Frankfurt am Main, die ein vergessliches und lethargisches Bewusstsein wachrüttelten *(unten ein Foto vom Nürnberger Gericht)*. Jetzt protestierte die katholische Kirche aber gegen eine den Pontifex anklagende Theateraufführung.

Im Vergleich zum Bolschewismus galt dem Papst der Nationalsozialismus als „das kleinere Übel". Seit September 1933 evangelischer Reichsbischof, hatte Ludwig Müller versucht, gegen den Einspruch der 28 evangelischen Landeskirchen eine reichseinheitliche Evangelische Kirche zu schmieden, damit das Führerprinzip und die Judengesetze ihre Gültigkeit sollten behalten dürfen.

Seit ich in der Gefangenschaft Gelegenheit fand, ein von einem Mitgefangenen irgendwie eingeschmuggeltes Exemplar von

Hitlers „Mein Kampf" in die Hand zu bekommen, hatte ich eine instinktiv gefühlte Abneigung gegen den totalitären Gedankenwust in Hitlers vom Judenhass gesättigtes Buch gehegt. Diese Art fanatisch und ressentimenthaft zuspitzender Argumentation war meinem Naturell schlicht zuwider. Auch die auf den Mythos des „reinen Blutes" bezogenen Wertsetzungen, die seine Scharfmacher mit ihrer unbeschreiblichen Gewaltbereitschaft zur bitteren Realität angestiftet hat, waren für mich eher irreale Geschichten mit höchst unplausiblen Herleitungen. Erst die bald auftauchenden Erinnerungen an mein kurzes Soldatenleben förderten grausame Eindrücke und Fakten zutage, wie sie in keiner Gebrauchsanweisung für professionelle Schwerverbrecher zu finden wären.

Die Generation Hitlerjugend wurde in nie dagewesenem Ausmaß erst verführt und dann im ansaugenden Trichter des untergehenden Dritten Reiches verschluckt und regelrecht entsorgt. Über die Geschichte der verführten Generation Hitlerjugend dürfte wohl niemand authentisch urteilen, „als wer an sich selbst Geschichte erlebt hat" (Goethe).

Nicht besser wissend, haben auch wir, immer noch wie geistig verdrehte Pimpfe, damals den von Hitler geforderten Kadavergehorsam nicht als Ausschaltung unseres eigenen Willens begriffen. Damals hatten wir die jesuitisch-barocke Vokabel „cadaver" im Lateinunterricht nicht zu übersetzen gelernt, ein Wort, das einen Leichnam bezeichnet, einen gefügigen Corpus, eine absolut bewegliche Marionette des Todes. So paradox es klingen mag, erst als vom Stacheldraht umzäunte Kriegsgefangene wurde uns der Gegensatz zur menschenverachtenden Diktatur tagtäglich bewusst gemacht, in der Begegnung bei der Arbeit mit amerikanischen Farmern und deren Familien, die uns mittags bewirteten. Wir haben dabei gelernt, dass in einer freien Gesellschaft Meinungsfreiheit, verbunden mit Verstand, Toleranz, Freundlichkeit und Offenheit, deren gelebtes konstitutives Element ist. Mit ihren offenen Optionen ist Meinungsfreiheit, gegen sich selbst und gegen andere, ein aufklärerischer Impetus für jedermann und alle gemeinsam. Erst ein Gewissen mit Vernunft erlaubt eine reflexive, eigenständige Ethik. Sie ist letztlich auch die hohe kulturelle

Leistung einer Moral, die sich nicht anpasst und die den konstruktiven Widerspruch und Wandel vorzieht und Anpassung und Verhärtung der Verhältnisse bekämpft.

„Da Kriege im Geist der Menschen entstehen, muss auch der Frieden im Geist der Menschen verankert werden." (UNESCO-Resolution vom November 1945). Ein modernes Existenzgefühl durchwirkte als humane Anmutung die freie Gesellschaft. Erst wer in der Lage ist, alles demokratisch auch in Frage zu stellen, weiß zu schätzen, was Freiheit bedeutet. Erst jetzt begannen wir zu begreifen, dass die Idee einer in der Gefangenschaft so sehr entbehrten Kunst, wie Theodor W. Adorno sagte, „ein Refugium darstellen kann". Nach unserer im Hitlerreich zerstörten geistigen Bastille wollten wir jetzt das große historische Massiv der Moderne entkellern und zum lebensdienlichen geistigen Besitz eines besseren und glücklicheren Lebens ans Tageslicht holen. Gemeinsam mit der Kunst ist die Philosophie ein elementarer Beitrag für das Gewinnen von Zukunft. Zukunft ist ein großes lebensdienlich kulturelles Projekt. Letztlich bleibt die Sprache, diese unerschöpfliche Wunderkammer unserer Fantasie und des brückenschlagenden Dialogs, neu zu entdecken. In ein inklusives Lebensszenario gehörten Ethik und Ästhetik unabdingbar zum Leben jedes Individuums ebenso selbstverständlich dazu wie unser tägliches Wasser und Brot.

„Durch was sonst", fragt Friedrich Schiller, „ist ein Staat groß und ehrwürdig, als durch die Kräfte seiner Individuen?" Für sie wäre ein Leben ohne Theater, ohne Musik, ohne Film und Bücher, ohne regen und freien Gedankenaustausch ein dürftiges Leben ohne Höhepunkte und ohne eigene Gestaltungsmacht. Wir ehemaligen Hitlerjungen konnten unsere habituelle Vor-Prägung erst in den Jahren nach der Gefangenschaft erfahren und ausloten, nachdem wir als erstes nach unserer Repatriierung damit begannen, allen NS-Theorien endgültig abzuschwören. Es galt, unser Bewusstsein von allen größenwahnsinnigen Utopien zu entschlacken. Unsere Trauerarbeit wird lange währen.

Die Pflicht des Individuums gegen sich selbst besteht nach Immanuel Kant darin, „dass der Mensch die Würde der Menschlichkeit in seiner Person bewahre". Dies war auf meiner Identitätssuche und Entwicklungsreise eine Maxime, die aus heutiger Sicht eine gesicherte Erkenntnis ist, die aber in der Epoche meiner Jugend millionenfach verlacht, übergangen und mit Füßen getreten wurde.

Entsprechend lautet der erste Satz in unserem Grundgesetz: „Die Würde des Menschen ist unantastbar." Nehmen wir diesen Satz weiterhin bitterernst, für uns selber und gegenüber anderen.

Kapitel 31

Nach meiner Repatriierung – Dolmetscher bei der Britischen Rheinarmee

Nach dem glücklichen Ende einer endlos langen Reise von Cherbourg, nach Baltimore und von dort nach Denver im „Wilden Westen"; zweieinhalb Jahre später zurück über die Überseeroute nach Belgien und zum Schluss in die schottischen Low- und Highlands lautete die Frage: Was wird aus unserer Generation Hitlerjugend, wenn die Sektgläser zur Feier der Befreiung gespült sind? Wie wird unsere geistige und humane Verlustrechnung aussehen, die wir aus dem Zerrspiegel der NS-Zeit zu bilanzieren hatten?

Nach Adolf Hitlers schmählichem Ende kam es zum Schwur. Nach den Schrecknissen der Diktatur und nach der radikalen Zäsur des Krieges, der schließlich zum Untergang des Dritten Reiches führte, haben die meisten von uns jetzt die leergeräumte Bühne ihres früheren Lebens betreten. Endlich hatten wir die Gewissheit, dass die Freiheit ein für allemal mehr ist als der Tod und die Gestaltung eines menschenwürdigen Lebens bedeutet. Die ersehnte Freiheit musste aber auch individuell erobert werden. Nach 1945 waren Personen mit Ideen und Organisationstalent und Menschen mit einer Ader für die Künste der Improvisation gefragte Leute.

Im Herbst 1947 hatte ich mich als erste selbstbestimmte Handlung im Einwohnermeldeamt von Oberhausen zurückgemeldet. Erst mit dieser Formalie war ich wieder ganz daheim. Ich wollte endlich eine amtlich registrierte deutsche Adresse haben. Meine Mutter hatte ihren Stuhl als Leiterin eines Waisenhauses in Oberhausen-Osterfeld räumen müssen. Um zu überleben, ging sie jetzt stempeln. Mir war klar, dass ich so schnell wie möglich einen Job bekommen musste, um uns beide durchzubringen.

Als registrierter Staatsbürger des vom Naziterror befreiten Deutschland bat ich um einen Termin beim britischen Konsulat, um das begehrte „Clearance Certificate" zu bestehen, das dem Applikanten per Stempel bescheinigt, als ehemaliger Soldat und Kriegsgefangener eine reine Weste bewahrt zu haben, quasi eine Art Persilschein gleich am 29.01.1948. Zum Frühstück las meine Mutter statt wie früher den „Völkischen Beobachter" jetzt die WAZ (Westdeutsche Allgemeine Zeitung), die NRZ (Neue Ruhr Zeitung) und die Ruhrwacht. Mich interessierten zunächst besonders die Stellenanzeigen. Als ich in der WAZ las, dass die Britische Rheinarmee die Stelle eines Chefdolmetschers ausgeschrieben hatte, habe ich noch am gleichen Tag, meinen Bewerbungsbrief abgeschickt. Eine Woche später bekam ich einen Vorstellungstermin. Mit pochendem Herzen klopfte ich an die Pforte meiner Verheißung: Ein sympathischer Colonel P.L.F. Lloyd fand irgendwie Gefallen an meiner Person und machte mich, nach einer kurzen Karenzzeit bei der Britischen Car-Unit, zu seinem persönlichen Dolmetscher. Siegesgewiss hatte meine Mutter schon eine Flasche Champagner kaltgestellt, schließlich hatte das Engagement geklappt. Bald wollte ich meinen inzwischen 75-jährigen Klassenlehrer Jüppken Schäfer besuchen, dem ich so viel zu verdanken hatte. Als ich ihn am Ende des Gesprächs fragte, ob er nicht Lust habe, seine ehemalige Klasse zum Wiedersehen einzuladen, sagte er mit tränenumflortem Blick, dass ich der einzige Schüler der Klasse sei, der den Krieg heil überstanden hatte. Das war das sprachlose Ende meiner Wiedersehensfreude.

Wie gesagt, war das Einzige, was ich einigermaßen gut beherrschte, die englische Sprache, leicht verdorben durch Einflüsse des „southern accent". Mit diesem einzigen Pfund meines geringen Kenntnishorizonts, gleichwohl aber bis in die letzten Fasern mit frischer Energie geladen, habe ich mich gleich auf die Socken gemacht, um mein Englisch zu kapitalisieren. Unbürokratisch schnell erhielt ich bei der Industrie- und Handelskammer Düsseldorf ein Dolmetscher-Diplom, das ich meiner Bewerbung bei der Britischen Rheinarmee nachträglich hinzufügen konnte. Im kargen Büroambiente einer siegreichen Besatzungsmacht half mir mein neuer Chef, der baumlange, altgediente **Colonel P.L.F. Lloyd (rechts)** in Mülheim an der Ruhr mit seinem Charme und seiner Empathie, mich schnell zu akklimatisieren. Mit diesem

Spitzenjob gleich als Chefdolmet-
scher konnte ich mich endlich bei
meiner alten Mutter als dankbarer
Sohn für eine solide „Kinderstube" erweisen, die man damals noch
ungeniert so nannte. Sie lebte jetzt
mit mir in einer Wohnung mitten
im hektischen Geschehen einer sich
neu erfindenden Ruhrgebietsstadt.

Den Wendepunkt zweier Systeme
erlebten meine beiden Brüder als
inzwischen brotlos gewordene Berufsoffiziere wie einen Sturz in den
Abgrund. Raus aus den Schusslini-
en, fühlten sich beide wie ausgesetz-
te Kriegsteilnehmer. Quo vadis? Wie so viele in ähnlicher Lage
versuchten sie, sich recht und schlecht durch die Fährnisse des
wiedergefundenen zivilen Lebens zu schlagen, um sich einzu-
hausen. Sie erlebten Adornos Kernthese am eigenen Leibe, dass
nicht alles zu allen Zeiten möglich ist. So war mein Bruder Felix
vom hohen Rang eines Oberst besonders tief gefallen: Er musste
sich skurrilerweise jener Rhetorik bedienen, mit der er versuchte, eine bestimmte Marke Schuhcreme in entsprechenden Fach-
geschäften anzupreisen. Der andere Bruder, Joachim, hatte mit
dem Verkauf von Registrierkassen mehr Glück. Er wurde sogar
als „Verkäufer des Jahres" ausgezeichnet, allerdings keine richtige Laufbahn für einen Ordenersatz, den man sich anstelle des
Eisernen Kreuzes ans Revers hätte heften können. Wie meine
Brüder mussten sich viele Heimkehrer mit intellektuellen Defizi-
ten und ohne berufliche Vorqualifikation durch ihr neues Leben
peitschen. Kein Rabatt für Tapferkeit im Kriege. Jetzt, in einer
individualisiert denkenden Wettbewerbsgesellschaft, mussten
manche unter ihrer Würde tapfer Klinken putzen, um ihre Bröt-
chen zu verdienen.

Viele Heimkehrer hatten mehr Vergangenheit als Zukunft. Im
Lauf der Zeiten war es damals keine Schande, dem neuen Zeitgeist zu entsprechen und das Beste aus der neu gewonnenen Frei-

heit zu machen. Die Nachkriegsphase erlebten viele als einen ihr Leben völlig verändernden Traditionsbruch. Ich selber war heilfroh, bei den Briten abends keine Überstunden machen zu müssen, um so in Abendkursen mein Kriegsabitur durch ein „richtiges" zu ersetzen, das ich später aber niemals irgendwo vorzeigen musste. Für den Wiederaufbau meines Bildungsbewusstseins war die ganze Mühe gleichwohl nicht umsonst. Mit neuem Wissen konnte ich ganz von vorn beginnen und weiter durchstarten.

Als mich Colonel Lloyd eines Abends in ein Restaurant am Biebricher Rheinufer zum Essen eingeladen hatte, war ich gespannt, worum es ging. Gehaltserhöhung? Versetzung in eine andere Unit? P.L.F. Lloyd, jeder Zoll ein Gentleman, stieß mit einem Whisky on the rocks mit mir an und teilte mir in seinem lakonischen Understatement mit, er habe mich für einen sechswöchigen Kurs für ehemalige Kriegsgefangene nach *Wilton Park (rechts, H.H. zweiter von rechts, mittlere Reihe)* einladen lassen. Da Wilton Park vom Hörensagen für uns ehemalige POWs ein freundlicher Begriff war, schlug mein Herz bis zum Hals vor Freude. Das war für mich genau das, was die alten Griechen Kairos nennen, der glücklichste Augenblick. Irgendwie ahnte ich, dort erwarte mich mein Ticket in die Zukunft. Bevor ich meinem wegebahnenden Mittler spontan danken konnte, erklärte er mir mit Eifer, die tiefere Idee Wilton Parks stamme von keinem Geringeren als von Winston Churchill, die er schon mitten im Krieg 1944 vorgedacht hatte. Churchill wollte eine staatliche Instanz, mit deren Know-how ausgewählte deutsche ehemalige Kriegsgefangene sich rechtzeitig Gedanken machen konnten über den politischen und sozialen Wiederaufbau aus Ruinen, zuallererst durch Einschätzung und Erwerb der notwendigen Kenntnisse über die Grundbildung einer Demokratie britischer Prägung. Mit den während der Diktatur aus ihrer individuellen Welt ausgebürgerten ehemaligen Soldaten hofften die Briten, mit unseren je individuellen oder kollektiven Beiträgen an das geistige und kulturelle Erbe eines besseren Deutschlands wieder anzuknüpfen, um der mörderischen Gruft der jüngsten Geschichte zu entrinnen. In der Sehnsucht nach unseren Residuen einer ursprünglichen Verwurzelung in humanistischer Kultur und klassischer Bildung, mit dem Ziel, die generativen Kräfte der Kunst und des Lebens in ein menschenwürdiges Dasein überführen zu können.

Zu P.F.L. Lloyd hatte ich eine affektive Beziehung aufgebaut. Um sein Verdienst meiner Einladung nach Wilton Park nicht unter den Scheffel zu stellen, legte der Colonel Wert auf die von ihm lancierte Beurteilung als „ein integrer Charakter", eine vorausgesetzte Eignung der auszuwählenden „participants". In Wilton Park im südenglischen Buckinghamshire mussten wir uns auf unsere Eignung hin testen lassen, ob wir geistig, charakterlich und politisch qualifiziert genug waren, einen liberalen freiheitlichen und pazifistisch orientierten Staat demokratischer Verfassung aufbauen zu helfen. An diesem besonderen, mein „Schicksal" wendenden Abend habe ich vor lauter Glück noch einige Gin Tonic zu viel in mich hineingeschüttet, so dass ich nicht wie üblich meinen Colonel nach Hause zu chauffieren in der Lage war.

Lloyd hatte mir mehrere Highbrow Wissenschaftler, Politiker, Schriftsteller und Journalisten vom Rang eines Bertrand Russell genannt, die mit Vorträgen und Diskussionen das Seminar spannend machten und uns intellektuell bereichern würden. Mit dem von meinem Mentor vorgelegten Elfmeter bekam ich die einmali-

ge Chance, mich beim Aufbau eines liberalen, freiheitlich-demo-
kratischen neuen Staates nützlich zu machen. Das war in meiner
damaligen Gemütslage und Verfassung wie ein Gottesgeschenk.
In säkularisierter, von trügerischen Weltanschauungen und engen Ligaturen entbundener Zeit, sollte Wilton Park meiner Zukunft ein Ziel geben. Neben republikanischen Sollwerten galt es,
den Rekurs mit aufklärerischen Volten die Nazi-Ideologie auszumerzen und ad absurdum zu führen. In Wilton Park galt es,
die in Frankreich geborene Aufklärung im Sinne von Lessings
in der Aufklärung gipfelnder Toleranzbotschaft als ein europäisches Ereignis zu bedenken, nachdem alte „Gewissheiten" der
Diktatur kassiert und wir den Zwängen des Prokrustesbettes der
seitherigen eigenen Biografie entkommen waren. Als Wegwei-
sung wurde uns ans Herz gelegt, „kommunikative Kompetenz"
zu entwickeln, lange bevor Jürgen Habermas diese These zur
lebensdienlichen Maxime erhob. Wessen Charakter sich im wei-
testen Sinn als kommunikabel erwies, der hatte damals den syn-
ergetischen Mehrwert von Wilton Parks Währung im Sein der
neuen Zeit schon die halbe Miete. In Wilton Park sollte nicht nur
unser Hirn, sondern auch unser Gefühl und unser ganzes Sein
geformt werden. Die ehedem sakrosankte, hermetische Sprache
der vergangenen Epoche durch die frische Sprache des öffentlichen Dialogs zu ersetzen, war eine der Voraussetzungen für eine
gelingende Identitätssuche unter der Sonne der Freiheit.

Ja, die eigene „Geschichte war ein Albtraum, aus dem ich zu
erwachen suchte", Worte die James Joyce in seinem Roman
„Ulysses" dem Dedalus in den Mund legte.

KAPITEL 32

ALS EHEMALIGER DEUTSCHER KRIEGSGEFANGENER
IN WILTON PARK, BUCKINGHAMSHIRE

Während ich erst 1947 aus Schottland repatriiert worden war, hatten meine beiden Brüder schon kurz nach Kriegsende wieder zivile Anzüge getragen. Zwar waren beider Lebensfäden dünn geworden und sie fristeten ihren Unterhalt nun als Handelsvertreter, da sie außer Soldatentum hatten sie ja nichts gelernt, wie die meisten Berufssoldaten. Sie waren aber noch lange nicht in einem Alter, wo ihre beste Zeit schon hinter ihnen läge.

In kaum schon begriffener Freiheit war mein eigenes Anfangskapital für einen ersten Job mein gutes Englisch, von der Universität Edinburgh mit einem „Certificate" bescheinigt. Ich hatte mich von den zwölf vergeudeten Jahren und der Epoche der Extreme schnell und gründlich abgenabelt, die ich weit hinter mir ließ, um meinen Kopf frei zu bekommen. Dabei hat Wilton Park mir die notwendigen Perspektiven eröffnet.

Der britische Colonel P.L.F. Lloyd als mein oberster Chef sollte schon bald auch mein heimlicher Mentor werden. Sooft ich ihn nach Feierabend in seine Villa am Baldeneysee kutschierte, unterhielt er sich mit mir als seinem „Fahrer" als ebenbürtig. Auch in seinem Office bei einer cup of tea, machte er sich Sorgen, wie ich denn einmal mein Brot verdienen wolle, wenn die Besatzungsmacht sich eines Tages aus Deutschland aus dem Staube machte. Damals galt meine Option noch vage dem Journalismus, dem ich später eher nebenbei, aber bis ins hohe Alter mit Leidenschaft gefrönt habe.

Nachdem P.L.F. mich noch einmal über Sinn und Zweck von Wilton Park aufgeklärt hatte, bin ich voller Hoffnung zu einem verheißungsvollen Lernprozess in Richtung White House, einem alten weißen Kasten, Herrenhaus genannt, in Buckinghamshire gereist. Es war für mich ein erhabener Moment, die Schwelle von Wilton Park zu überschreiten. Hier traf ich auf etwa einhundert

ehemalige deutsche Kriegsgefangene, die nach der endlichen Tilgung einer verquasten Nazi-Ideologie von den Engländern ausgesucht worden waren. Mit offenem Blick und offenem Geist mochten wir vielleicht schon bald nützliche Garanten dafür werden, Deutschland zu neuer Blüte aus den Ruinen zu verhelfen. Vorzüglich aber sollten wir beim Aufbau einer liberalen und an eine konstruktive Verfassung gebundenen Demokratie im Konzert der europäischen Partner mitwirken. „Demokratie konkret" wurde hier auch verstanden als Wettstreit der Ideen. Hier lernten wir, Meinungsfreiheit und Meinungsfreude als Determinanten der Demokratie zu schätzen.

Insgesamt dürften im Zeitraum Januar 1946 und August 1948 etwa viertausend ehemalige deutsche Landser und Offiziere die Sechswochen-Seminare absolviert haben, eine dissonante Polyphonie individueller Schicksale, die mit ihrer feldgrauen Uniform auch das uniformierte Denken abgelegt hatten. Unter so bedeutenden Vortragenden wie **Bertrand Russell (oben)** oder William Baron Beveridge of Tuggal mit ihrer einzigartigen Subtilität der Gedanken und der „zermalmenden Kraft der Beredsamkeit" (Hegel) eröffnete sich uns ein Universum des Wissens und der Gedankenabenteuer, ein Diskurskosmos sondergleichen. Die Begriffe und Worte kamen in Fluss, sie entzündeten sich aneinander in immer neuen Perspektiven und Dimensionen. Das Herz der Gedanken begann heftig zu schlagen. Die Kraft des Dialoges schlug seine Wellen und zog unser propagandageschädigtes Denken in Bann. Anhand von Praxisbeispielen lernten wir die Definition der Kardinaltugend Gerechtigkeit kennen.

In bequemen Sesseln sitzend, erfuhren wir von Kapazitäten wie dem Historiker Arnold Toynbee, Edward Heath und Sefton Delmer alles über Citizenship, Politics and Common European Problems. Vorzüglich als Option für die künftige Demokratie in Deutschland sollten wir ein Bewusstsein dafür erwerben, was für die Entwicklung demokratischer Prozesse vorausgesetzt wird. Als potentielle Führungskräfte eines neuen, demokratischen Deutschlands sollten wir mit vorsichtigem Vertrauen in die Lage versetzt werden, dieses Bewusstsein an die deutsche Bevölkerung als mündigen Staatsbürgern weiterzuvermitteln.

Als Nobody war ich vom Gesprächspartner Bertrand Russell, dieser imponierenden geistigen Figur von Weltrang, derart beeindruckt, dass ich beim Nachmittagstee vorerst lieber die Klappe gehalten habe. Bewundert an unseren britischen Gesprächspartnern habe ich deren Neigung zum Esprit des Understatements und der Gabe, locker mit oft wohltemperierter Ironie Wahrheiten und Einsichten zu überdenken.

So erlernten wir in sechs Wochen alles über das Begriffsterrain „the British way of life" und über die englischen Staats- und Gesellschaftsstrukturen. Auch wurden wir über ihre sonderbare Mischung aus Traditionen und Visionen sowie über die Tiefengrammatik der zivilisatorischen Grundwerte informiert. Wir sollten uns aber auch eigenständige Gedanken darüber machen, welche Items auf Deutschland übertragbar seien und welche warum nicht. Diese tief prägenden Begegnungen mit Bertrand Russell haben meinen Lebensweg rechtzeitig gekreuzt und meiner Zukunft die Richtung vorgegeben. Russell hat 1966, unter anderem mit Jean-Paul Sartre, auch das berühmte und unbequeme Vietnam-Tribunal ins Leben gerufen. 1950 erhielt er den Nobelpreis für Literatur.

Ohne zu ermatten, fühlte ich mich zugleich wie in einem philosophischen Proseminar oder wie in einem diplomatischen Zirkel. Ich war ein wissbegieriger Famulus in einem weit vorausblickenden politischen Gremium, in einer nach allen Seiten offenen Welt der argumentativ diskutierbaren Vorstellungen. Wir lebten in einer Sphäre, in der das Vermächtnis der Aufklärung kein unvollendetes Ende, sondern eine gelungene Fortsetzung finden mochte.

Wir Teilnehmer wurden zusammengebracht, nicht um gehorchend zu applaudieren, sondern geradezu im Gegenteil, um uns beherzt auf anspruchsvollem Niveau miteinander zu beraten und zu bereden. Zwischen Kontroverse und Konsens: „to disagree, often violently, by patient, outspoken discussion of their conflicting views and assumptions, to reconcile rivals and enemies in re-

cognition of their common humanity, their shared problems and their joint hopes of peace", wie **Richard Mayne (links)** es formuliert. Mit der Formel „to turn ignorance into understanding, prejudice into appreciation, suspicion and hatred into respect and trust" hat der britische Europa-Verfechter Mayne die Grundidee von Wilton Park prägnant auf den Begriff gebracht. Demokratie und Diplomatie, verstanden als institutionelles und freies Miteinander, im kontroversen und jubilatorischen Austausch und in der luziden Klärung all dessen, was uns politisch betrifft und auf eine überzeugende Lösung in Theorie und Praxis wartet. Weil im Widerspruch die Wahrheit erstarkt, haben viele von uns von Ludwig Börnes Weisheit Gebrauch gemacht. Mayne hoffte, dass ein in Wilton Park gefundenes neues philosophisches Bewusstsein dermaleinst ein geistiges Kernstück im Mosaik unserer je besonderen Begabung auch in der neuen Demokratie in Deutschland und damit in ganz Europa von Nutzen werde.

Das Wilton Park Re-Education-Programm bot ehemaligen Kriegsgefangenen und baldigen Partnern, die aufgrund „ihres Charakters, ihrer Intelligenz und ihrer potentiellen Bedeutung für Umerziehungsprozesse" ausgewählt wurden, in einem sechswöchigen Kursus alles andere als eine biedere und abschreckende Schulung oder gar eine Demonstration der insularen Eitelkeit an. Dieses Curriculum sollte der Regeneration von Geist und Sinnen dienen, im Strudel der neugewonnenen Ereignisse, Erfahrungen und Erkenntnisse mitten am Puls der noch jungen Nachkriegszeit, als das eigentliche konstitutive Moment eines neuen Universalismus.

Zur Eröffnung der „Studienkurse für ehemalige deutsche Kriegsgefangene" hielt Generalmajor Kenneth William Dobson Strong, der Generaldirektor „Political Intelligence Department" im Foreign Office, eine beeindruckende Rede von hohem Erkenntniswert auf Deutsch **(rechts oben)**, deren Wortlaut hier auszugsweise erstmals abgedruckt wird:

Hier wird es möglich sein, an vieles anzuknüpfen, was Sie in Ihren Vorlesungen über deutsche Probleme erörtern werden. Ich glaube, viele werden mir zustimmen, wenn ich erkläre, dass im allgemeinen Deutsche keine Gelegenheit hatten, sich diese Beziehungen zwischen dem Einzelnen und dem Staat anders vorzustellen, als in dem Staat eine Maschine für die Erteilung von Befehlen an den Einzelnen zu sehen.

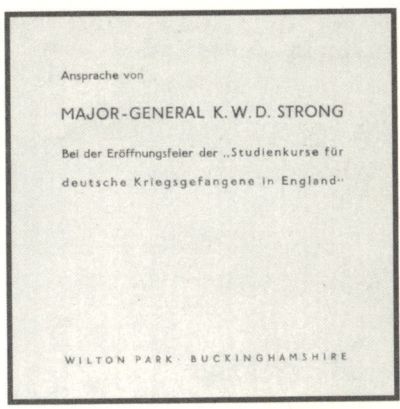

Ansprache von

MAJOR-GENERAL K. W. D. STRONG

Bei der Eröffnungsfeier der „Studienkurse für deutsche Kriegsgefangene in England"

WILTON PARK · BUCKINGHAMSHIRE

Vielleicht liegt hier das Grundproblem für den Aufbau Deutschlands und seine Eingliederung in Europa. Die Aufgaben des Einzelnen gegenüber der nationalen und der internationalen Gemeinschaft, seine Stellung zum Recht und zur Verwaltung, all dies klar zu stellen, wird zumindest eine Voraussetzung für den Erfolg Ihrer Arbeit sein.

Die Grundtatsache kann natürlich hier nicht geändert werden: nämlich, dass Sie Kriegsgefangene in England sind. Aber darüber hinaus liegt der Geist, der Wilton Park erfüllen wird, in ihrer eigenen Haltung. Wir schufen dieses Training Centre nach dem Vorbild der englischen Residential Colleges, also Einrichtungen, in denen Menschen, die eine gemeinsame intellektuelle Arbeit vor sich haben, auch gemeinsam wohnen und wirken. Es ist das die Kunst, eine freie Gemeinschaft zu schaffen, harmonisch zusammen zu leben und zusammen zu arbeiten, ohne die Zuchtlosigkeit des unverantwortlichen Einzelgängers. Wir halten in England viel von dieser Eigenschaft, die wir „team spirit" nennen … Es ist das ganz verschieden von dem Marschieren „im gleichen Schritt und Tritt"! Der Unterschied tritt besonders deutlich hervor in den Ansprüchen, die an die Initiative des Einzelnen gestellt werden. Denn die gottgegebene Grundlage ist nun einmal die menschliche Persönlichkeit. Die Persönlichkeit voll zu entwickeln zu eigener Selbsterfüllung und zum Nutzen der Gesellschaft ist die Aufgabe, die uns allen gestellt ist …

Ich will enden mit dieser Feststellung:

Wir sind uns klar über die Grenzen dessen, was wir hier erreichen können. Wir können Ihnen bestenfalls nur Werkzeuge geben für Ihre spätere Arbeit in Deutschland. Der Antrieb zu dieser Arbeit hängt nicht von diesen Werkzeugen ab. Es sind moralische Faktoren, die hier entscheiden. Moralische Faktoren aber kann man Erwachsenen nicht durch Vorlesungen beibringen; sie müssen sie selbst entwickeln.

Als einer von im Laufe der Zeit insgesamt viertausend Teilnehmern, die nach ihrer Gefangenschaft im Reeducation-Camp Wilton Park in einem aberwitzigen Tempo von sechs Wochen auf ihre Eignung hin getestet wurden, in Westdeutschland eine demokratische, freiheitlich friedfertige Republik aufbauen zu helfen, gehörten u. a. die folgenden erst später bekannt gewordenen Persönlichkeiten an, deren Namen der Biograf Thomas Kendrick aufgetrieben hat:

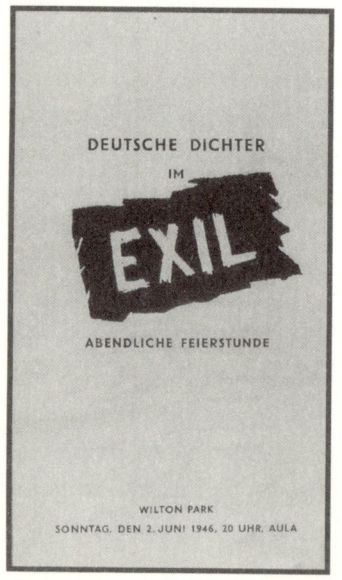

Heinrich Albertz – Regierender
 Bürgermeister von Berlin
Wolfgang Abendroth – *Philosoph*
 Universität Marburg (nächste Seite)
Rainer Barzel – Kanzlerkandidat
Willy Brundert – Oberbürgermeister
von Frankfurt am Main (rechts)
Ralf Dahrendorf – Professor,
 Politiker und Publizist
Gerhard Richter – bedeutender Maler
Helmut Schmidt – Bundeskanzler
Hilmar Hoffmann – Präsident des Goethe-Instituts
Iring Fetscher – Professor Universität Frankfurt a.M.
 und Autor (links)
Wilhelm Kaisen – Bürgermeister von Bremen
Waldemar von Knoeringen – SPD-Kulturpolitiker
Hermann Höcherl – Bundesinnenminister
Hans-Jochen Vogel – Regierender Bürgermeister von Berlin
 und Oberbürgermeister von München
Karl Weishäupl – Staatssekretär in Bayern
Willy Weyer – stellv. Ministerpräsident in NRW

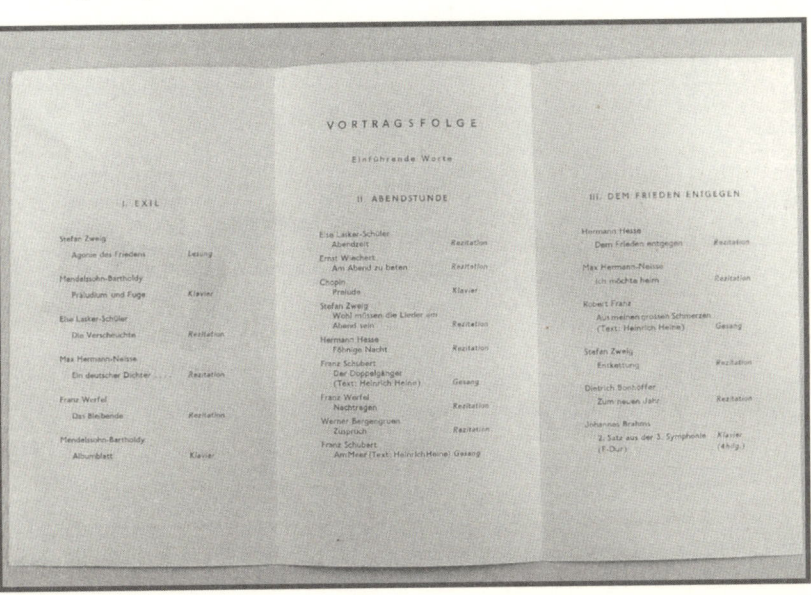

Alle genannten Absolventen haben in der komprimierten Geschichte von Wilton Park nichts voneinander gewusst. Ihre Namen wurden erst viel später bekannt. Nach einem auch existentiellen Erkenntnisprozess haben wohl alle in Wilton Park das Flair der Freiheit geschätzt, hier in säkularisierter, von Weltanschauungen und Gruppierungen entbundener Zeit neue optimistische Perspektiven für offenes Denken und Handeln gewonnen zu haben. Russell war der festen Meinung, dass dank unserer wiedergewonnenen Freiheit wir unsere „eigene Notwendigkeit unter Beweis stellen" müssten. Ich bin im April 1975 ein zweites Mal nach Wilton Park, Sussex, eingeladen worden, jetzt um Bericht zu erstatten, was aus uns geworden war. Ich habe über meine schöne Zeit als Leiter der britischen BRÜCKE in Oberhausen berichtet.

Hans-Jochen Vogel (rechts) berichtet: „Ich erinnere mich voll Dankbarkeit an meinen Aufenthalt in Wilton Park im Januar 1955. Ich habe manches erfahren, was für mein späteres politi-

sches Wirken wichtig war. So gewann ich einen Eindruck vom Funktionieren der Demokratie in deren Ursprungsland, von der Arbeit des britischen Parlaments und vom wechselseitigen Umgang der Politik und der Medien. Für einen damals neunundzwanzig Jahre jungen Deutschen war knapp zehn Jahre nach Kriegsende vieles

neu. Auch konnte ich mein zeitgeschichtliches Wissen erweitern und die Beurteilung der damaligen politischen Situation und insbesondere der deutschen Zukunftsperspektiven aus britischer Sicht kennenlernen. Was bleibt ist die Erinnerung an den wichtigen Beitrag, den Wilton Park für die Festigung der Demokratie in Deutschland und für die Entwicklung der deutsch-britischen Beziehungen nach der Katastrophe des Zweiten Weltkrieges geleistet hat. Eine Erinnerung, mit der sich ein Gefühl fortdauernder Dankbarkeit verbindet." (Hans-Jochen Vogel, ein Auszug aus der Rede des ehemaligen Ersten Bürgermeisters von Berlin über die Bedeutung von Wilton Park am 2. März 2012). Vogels Text kann zwischen den Zeilen auch gelesen werden als ein subtiler Hinweis, sich nicht auf den Holzweg einer womöglich sozialistischen Zukunft ziehen zu lassen.

Englischen Geistesgrößen hautnah begegnen zu dürfen, haben wir ehemalige Kriegsgefangene aus der britischen Besatzungszone als zunächst unverdiente Auszeichnung empfunden. Doch diese mit Bescheidenheit maskierte Abwehrhaltung konnten viele rechtzeitig durch Eintritt in den Dialog und die Teamarbeit überwinden. Auch die von highbrow political personalities oft stark wissenschaftlich unterfütterten Texte haben dazu beigetragen, uns für den Aufbau der jungen Demokratie in Deutschland zu qualifizieren. Mit dem Gütesiegel „bewegliche Intelligenz" wurde ich nach sechs Wochen offensichtlich optimistisch in eine noch ungewisse Zukunft aus dem *Denkgebäude Wilton Park (links)* entlassen.

Bestärkt durch Berater und Organisatoren in London, wie den deutsch-jüdischen Emigranten Heinz Koeppler, wurde der

Moment eingekreist, an dem Sieg, Gefangennahme, Geheimdienstarbeit, Überprüfung, Qualifikation und Re-education sich im Wendepunkt eines offenen und freien Dialoges mit zukünftig verlässlichen Partnern bündeln konnten. Koeppler vertrat den Dialog-Gedanken sogar vehement gegen die Vorstellung einer kontrollierten Re-education, die er als unhaltbar arroganten und ignoranten Standpunkt der USA und der Briten verurteilte.

Churchill (oben links neben Roosevelt und Stalin), der in weiser Voraussicht schon 1944 die Idee von Wilton Park entwickelt hatte, damit nicht nur der materielle Wiederaufbau aus Kriegstrümmern gewährleistet werde, sondern auch jenes verschüttete geistige Erbe wieder gehoben würde, das vom Nationalsozialismus als entartet oder jüdisch versippt gebrandmarkt worden war. Churchill schwebte schon damals eine Art „Vereinigte Staaten von Europa vor" (1946). Vorzüglich sollten mit den vom Nationalsozialismus vorgeprägten ehemaligen Volksgenossen am Beispiel britischer Demokratieerfahrung politisch-liberale und demokratische Strukturen „eingeübt" werden, mit einem Wort: ein neuer Universalismus des Denkens in einer bildungsbasierten Civil Society. Wir hatten auch begriffen, dass in einer Welt von Logik und Gegenlogik der vorerst begründete Kompromiss der Beteiligten das Wesen der Demokratie ausmacht. Gleich im Jahr 1945 enthronte Clement Attlee den verdienstvollen Churchill als Premier.

Wir Absolventen sollten als überzeugte Demokraten nach der Rückkehr in die Heimat als Multiplikatoren am Aufbau eines friedlichen, liberal gesinnten und demokratisch strukturierten Deutschland mitwirken. Der englische Historiker David Welch gab allerdings gewisse Zweifel an der Erfolgsaussicht bzw. Voraussagbarkeit der Wirkungen zu bedenken: Wilton Park's „impact on German life and the political elites of West Germany has been incalculable."

Als einer unter vielen ehemaligen Absolventen formulierte der spätere Bundeskanzler Helmut Schmidt seine Wilton-Park-Erfahrung positiv: „Das Deutschlandbild fast einer ganzen Generation deutscher Politiker erhielt in Wilton Park klare Umrisse." Diese eher typisch ergebnisorientierte Aussage deckt sich auch mit meinem auf das dynamische Verfahren bezogenen Kommentar für die „Rheinische Post", wonach zwischen self-education und re-education dort die Balance eines neu gewonnenen Bewusstseins ausgebildet wurde, um in der Spanne zwischen eigener Verfasstheit und notwendiger autonomer Selbstfindung auch die eigene Autorität hinzu zu gewinnen, um unsere spätere Vermittlungsarbeit überzeugend und legitim bewältigen zu können. Wir hatten als Grundannahme gelernt, selbstbewusst Vertrauen in die Kraft des Gesprächs zu setzen.

Die geringe Freizeit war in Wilton Park College keine vergeigte Muße, sondern gelebte „kommunikative Kompetenz" im Sinne von Jürgen Habermas. Dementsprechend dienten diese Stunden dazu, im Verzicht auf Diskurslametta, mit anderen Teilnehmern Gedanken darüber auszutauschen und zu wägen, was uns von den Rednern an Diskussionsstoff angeboten wurde und was uns davon weiterbeschäftigen sollte. Das galt insbesondere für die reiche Gedankenwelt Russells, dem paradoxen Paradedenker zwischen mathematischem Formalismus und politischem Sozialismus. Der deutsche Philosoph Richard David Precht nannte Russells „Philosophie des Abendlandes" einen fulminanten Klassiker; Russell sei der Spagat zwischen der Poesie des Herzens und der Prosa der Verhältnisse hervorragend gelungen.

Bertrand Russell betonte so ganz nebenbei, anstatt nostalgische Urteile zu fällen, lieber zu einer theoretischen Fundierung des Urteilens zu kommen. Er wollte, eingedenk der Selbsterforschung und Bewertung unserer im Hitlerreich erworbenen oder eingenommenen Haltungen, dass wir als zu uns selber gekommene selbstbestimmte Individuen entlassen werden, als potentielle „Ideenproduzenten". Er definierte die von heute auf morgen abzuschließende, langfristig aber geduldig zu fördernde geistige Wiedergeburt Deutschlands als Kernauftrag der Westmächte. Wilton Park, das war ein einzigartiger Glücksfall für den Beginn der deutschen Demokratiegeschichte nach 1945.

Tatsächlich erinnere ich mich am deutlichsten an die brillanten Auftritte von Bertrand Russell in Wilton Park White House. Doch seine Vorliebe für das Gespräch im Gleichstand des Wissens und der Argumentation konnten die meisten von uns noch nicht erwidern. Aber die vielen anderen Geistesheroen und Administratoren Großbritanniens halfen uns mit ihrer argumentativen Schärfe dabei, den begrenzten Horizont und die noch unflexible Argumentation angesichts unserer Sozialisation im Hitlerreich mit neuem Wissen über dessen dunkle ideologische Materie und über die Ideale und Verfahren einer Demokratie zu erweitern, um nachfolgend andere darüber in partizipatorischer Form aufklären zu können. Eher salopp mit unterhaltsamen Understatements versuchten die Gesprächspartner uns in Teepausen oder nach des Tages Mühen im Salon in lockere Gespräche zu verwickeln, die in ihrem pragmatischen Mix aus „Accuracy and Precision, Mind-Flow and Flexibility" für uns gedankenschwere Prinzipienreiter meist noch wichtiger waren als ihr gelegentlich gouvernantenhaftes Kathederwissen. Russells 1945 erschienenes und humorvoll sozialgeschichtlich orientiertes Werk „History of Western Philosophy" halte ich noch heute in meinem alten Forsthaus im Frankfurter Scheerwald in bester Erinnerung. Wir Kursteilnehmer fühlten uns wie unverdient Privilegierte, die für sechs Wochen im White House beherbergt und geistig bereichert wurden, um daheim das Gelernte unter Beweis zu stellen.

Sich „aufrüsten" zu lassen für den Aufbau einer liberalen deutschen Demokratie nach britischer Tradition war für die meisten von uns, darunter viele ehemalige Jungvolk- oder Hitlerjugendführer, wie eine radikale Revision alles dessen, woran wir einmal fest zu glauben hatten, – die Rücknahme eines wahrlich desaströsen Irrglaubens, der Millionen Menschen den viel zu frühen Tod gekostet hatte. Die Chance, englischen Intellektuellen really face to face zu begegnen, auch wenn wir die Passhöhe ihres philosophischen Denkens oder ihrer pragmatischen Kombinatorik nicht voll ausloten konnten, geschweige denn erreichten, haben wir alle als höchst anspornende Auszeichnung und erfrischende Inspiration empfunden. Auch andere brillante Köpfe des ehemaligen Kriegs-gegners haben wesentlich geholfen, uns für die Konstruktion und Vermittlung einer deutschen Demokratie von und für Bürger und Europäer zu qualifizieren. Ich habe gelernt, ästhetische, kulturelle und zeithistorische Umstände zusammenzudenken. Das „sapere aude", aus Immanuel Kants Definition der Aufklärung als phantasievollen Mut zum eigenen, freien, selbstkritischen und verantwortungsvollen Denken, haben wir uns weiterführend in unserer Arbeit – auch zur Selbstermutigung – zu eigen zu machen versucht. Und von Walter Benjamin kann einer lernen, wie gefährlich jedes Denken sein kann, das eine historische Entwicklung leugnet und sich selbst als übergeschichtliche Architektur ausgibt.

In meinem jungen Alter noch auf der Suche nach einem eigenen Lebenslauf, war Wilton Park für mich ein Erweckungserlebnis und auch eine glückliche Fügung als wichtige Station meiner Selbstfindung. Meine Wilton-Park-Teilnahme sollte schon einige Wochen später konkrete berufliche Auswirkungen generieren. Das Foreign Office der Britischen Krone hatte ausgerechnet mich ausgewählt, im Alter von damals 22 Jahren das Abenteuer einzugehen, ein British Information Centre DIE BRÜCKE in Oberhausen zu gründen, und bis zu dessen Schließung drei Jahre später auch zu leiten. Wilton Park hatte also auch meiner Zukunft ein berufliches Ziel gegeben und meine zukünftigen beruflichen Zielsetzungen beeinflusst. Wir Absolventen hatten die Position von Bertolt Brechts Galileo Galilei begriffen, wonach jede wachsame Wissenschaft das Ziel verfolge, die „Mühseligkeit der menschlichen Existenz zu erleichtern", und zwar ohne Einschüchterung „durch selbstsüchtige Machthaber". Für den Germanisten Walter Müller-Seidel wird daher jede Wissenschaft geschichtsbewusste „Humanwissenschaft" sein, „oder sie wird nicht sein".

Wilton Park war so etwas wie eine schöne gemeinschaftsstiftende Bürde einer von allen getragenen Politik mitten aus der unsäglichen Weltkatastrophe, deren Erblast wir ehemalige Soldaten nach unserer Rückkehr aus der Gefangenschaft abzutragen hatten. Im Lichte der zwanglosen internationalen Begegnung nach

den Jahren existentieller Unsicherheit und verdummender Ab-
schottung wurden wir durch ein neues Selbstbewusstsein beflügelt, das uns zwischen Vergangenheit und Zukunft in Bewegung
hielt. Aus dieser Grundeinstellung haben wir ein tiefes Misstrau-
en gegen jede Art von Ideologie entwickelt und in eine immense Energie verwandelt, „die schier unbegreifliche intellektuelle
Spitzenleistungen hervorgebracht" hat (Jürgen Kaube). Wilton
Park war für mich die entscheidende Scharnierstelle für mein berufliches Fortkommen mit der Botschaft, zur Veränderung der
Welt beizutragen. Es war Wilton Park, das mir den Königsweg
gewiesen hat.

Nach dem 31. Seminar („Session") ist Wilton Park 1951 aus der
Abgeschiedenheit des Estate in Buckinghamshire ins stille **Wis-
ton House in West Sussex (unten)** umgezogen. In den folgenden Jahrzehnten bis heute entwickelte sich die Institution zunehmend zu einem internationalen Forum, das die jeweils aktuellen
Themen und Brennpunkte globaler Politik erörtert.

Mit der Leitung des British Information Centre DIE BRÜCKE
in der Ruhrgebietsstadt Oberhausen musste ich einen gehörigen Anlauf nehmen, um ins kalte Wasser zu springen: noch ohne
Hochschulabschluss und noch ohne Erfahrung in einer Leitungs-
funktion. DIE BRÜCKE wurde 1949 in Oberhausen durch den

Britischen Botschafter *General Brian Robertson (unten mit General Pierre König, Frankreich, und General Lucius D. Clay, USA, bei Abfassung des Genehmigungsschreibens zum Grundgesetzes am 12.05.1949 in Frankfurt am Main)*, noch in der Funktion des High Commissioner, eröffnet. Er hatte den Begriff Pluralismus als Grundmuster der BRÜCKE vorgegeben. Was Norman Mailer noch eine „virtuelle Realität" nannte, war für mich zur Wirklichkeit geworden. Bis zur Schließung der BRÜCKE im August 1951 aus Budgetgründen habe ich das Institut drei Jahre geleitet. DIE BRÜCKE entsprach in ihrer völkerverbindenden Tendenz und humanistisch-ethischen Überzeugung dem Amerikahaus oder dem Institut français oder dem Goethe-Institut. DIE BRÜCKE hat sich mit einem stark musischen Programm schnell zu einem Publikumsmagneten gemausert, mit Lesungen berühmter Literaten aus ihren Werken, mit Vorträgen von Philosophen, Germanisten und Politikern, mit Liederabenden, Klavierkonzerten oder Rezitationen, ganz im Sinne Max Webers, der Kultur als spezifisch subjektive „Wertung" und symbolische Prägung, als „mit Sinn und Bedeutung" aufgeladenes Ereignis der Rezipienten definierte. Damals noch ohne Konkurrenz einer städtischen Volkshochschule, hatten wir viele starke Augenblicke auch mit einer weitgespannten intellektuellen Szene, von Martin Heidegger über Gabriel Marcel, Reinhold Schneider bis zu Theodor W. Adorno

und Jürgen Habermas, die alle in Oberhausen zu Gast waren. Goethe wusste wovon er sprach, als er denjenigen als glücklichsten Menschen erkannte, „der das Ende seines Lebens mit dem Anfang in Verbindung setzen kann". Die BRÜCKE und das Goethe-Institut, beides weltweit wirksame Institute der Völkerverständigung. Dies waren die beiden Pole meines Wirkens. Und dazwischen 60 lange Jahre Arbeit in Institutionen mit kulturellem Pioniergeist der Nachkriegszeit, die der Vermittlung von liberalen, humanen, freiheitlichen und kulturell-geistigen Kategorien dienten: Veränderung des Bewusstseins durch Institutionen – und der Veränderung der Institutionen durch das Bewusstsein. Es war Karl Jaspers, der als einer der ersten deutschen Denker nach dem Kriege diesen tiefgreifenden Wandel des Bewusstseins eingefordert hatte.

Nicht ohne Stolz habe ich DIE BRÜCKE bis zur Schließung in einem geläuterten Deutschland drei Jahre lang geleitet: „Und weil wir dies Land verbessern/Lieben und beschirmen wir's/Und das liebste mag's uns scheinen/So wie andern Völkern ihrs/Anmut sparet nicht noch Mühe/Leidenschaft nicht noch Verstand/Daß ein gutes Deutschland blühe/Wie ein andres gutes Land." (Bertolt Brecht). Eine gute Nation ohne Nationalismus.

Das gut besuchte Institut habe ich dann fugenlos in eine städtische Volkshochschule umgewandelt und als kommunales Bildungsinstitut bis 1965 geleitet. Danach begann mein linearer Werdegang als Kulturdezernent: Ab 1965 zuerst in Oberhausen und anschließend von 1970 bis 1990 in Frankfurt am Main. Anschließend, schon im gesetzten Alter, beteiligte ich mich an der Gründung und Pionierarbeit der „Stiftung Lesen" 1988 in Mainz, und mein kulturpolitisches Engagement beendete ich als Präsident des Goethe-Instituts in München von 1993 bis 2002. **(Bild oben mit Johannes Rau bei der Verabschiedung als Goethe-Präsident.)**

KAPITEL 33

GRÜNDUNG DES BRITISH INFORMATION CENTRE DIE BRÜCKE IN OBERHAUSEN

In der ersten Phase des Hinübergleitens in eine Zeit der noch unbegriffener Freiheit am Anfang der Gründerjahre unserer jungen Bundesrepublik, konnten ausländische Kulturinstitutionen wie das Amerika-Haus, das Institut Français oder DIE BRÜCKE der Engländer zur wichtigen Aufgabe der Völkerverständigung in nachhaltiger Form beitragen.

Dieses hohe pädagogische Ziel war nur mit Hilfe der Künste und der Kultur zu erreichen, mit der sich die Vergegenwärtigung des Vergangenen und die Vorwegnahme des Zukünftigen erreichen ließ. Die Nazivergangenheit durfte als Epoche nicht im nostalgischen Verharren nachdauern.

Die aus Rumänien stammende Schriftstellerin Herta Müller befürchtete sogar, dass unsere Geschichte in ihren dunklen Seiten noch nicht zu Ende geschrieben sei. Nur auf dem Humus der Künste und der intellektuellen Kritik gedeihen die fruchtbaren Keime des Besseren, wie zuvörderst die elementaren Standards der Menschenwürde und des Rechts. Dieser Aufbruch in eine der je eigenen Erfahrung zugängliche Offenheit der Welt war für mich das nachhaltige große Projekt von Wilton Park.

Das positive Resonanz von Wilton Park war für mich persönlich sechs Wochen später ein versiegeltes Schreiben aus heiterem Himmel vom Foreign Office der Britischen Krone in London mit einer großen Überraschung: Ich war auserkoren worden in Oberhausen ein „British Information Centre DIE BRÜCKE" aufzubauen und zu leiten. Diese schmeichelhafte Offerte empfand ich im Alter von 22 Jahren und noch ohne formales Studium als eine ehrenvolle Berufung.

Dieses Abenteuer war für mich ein großer Vertrauensvorschuss, verbunden mit einer Herausforderung und einmaligen Chance für meinen weiteren Lebensweg. Bei der Aufgabe, der geistigen Stag-

nation und der sich anbahnenden Restauration einer nachglühenden NS-Ideologie entgegenzuwirken, sollte DIE BRÜCKE helfen, in den Ruinenlandschaften eines vom Faschismus geläuterten Deutschland als funktionsfähige Zivilgesellschaft in die große Gemeinschaft der Nationen wiedereinzugliedern. Jetzt im Spiel der freien und autonomen Kräfte konnten sich DIE BRÜCKE-Häuser in Oberhausen, Hamburg oder Köln schon bald behaupten und zu überwältigenden Publikumsmagneten ausgebaut werden. Die sukzessive Einlösung meines Projektes „Kultur für alle" sollte mein lebnslanges Vademecum werden.

Für die Re-education im Oberhausener Institut war die Vertiefung und Erweiterung des Kulturbegriffs ein wichtiges Instrument für die Leidenschaft des Denkens, um mit Lesungen berühmter Literaten aus ihren Werken, mit Vorträgen von Philosophen, die mit Bezug auf Hölderlin einmal „génies incommensurables" genannt wurden. Darunter Philosophen wie Martin Heidegger, Theodor W. Adorno oder Gabriel Marcel, mit Anglisten, Germanisten und Politikern. Damit große Persönlichkeiten nicht nur eine Art höhere Fiktion blieben, beantworteten sie im leibhaftigen vis-à-vis freundlich die Fragen eines so neugierig gemachten Publikums. Statt alte Verheißungen und ideologisches Nachrumoren in neuer Legierung wollten wir Hannah Arendts „Denken ohne Geländer" ermöglichen helfen und auf ein kritisches historisches Denken anstoßen. Allein eine reflexive Bildung kann dissidentes Denken generieren. Aber auch mit Liederabenden, Klavierkonzerten oder Rezitationen für eine musisch interessierte Klientel wurde der Zirkel des Programmangebots weit gezogen. Damals noch ohne eine städtische Volkshochschule, war DIE BRÜCKE ein konkurrenzloser kultureller Faktor einer Großstadt wie Oberhausen, in einer entstehenden Megalopolis Ruhrgebiet. Nach dem Aus der BRÜCKE drei Jahre später, schlug ich der **Oberbürgermeisterin Luise Albertz (oben)** vor, DIE BRÜCKE als Volkshochschule weiterzuführen, aber dann mit zusätzlichen Inhalten und mit diversen Kursen entsprechender Dozenten.

Die 250000 Einwohner zählende Ruhrstadt hatte es sträflich versäumt, eine städtische Volkshochschule zu errichten. Ich argumentierte im Stadtparlament, das Personal der „Brücke" könne übernommen und durch Dozenten mit relevanter Fakultas ergänzt und als autonome Bildungsstätte weitergeführt werden. Das Programm hatte längst die spontane Zustimmung der Oberbürgermeisterin und des Stadtparlaments gefunden. So avancierte ich, 26 Jahre jung, zum jüngsten Direktor einer städtischen Volkshochschule in Deutschland. Luise Albertz (SPD) und ihr Oberstadtdirektor Anton Schmitz (CDU) beauftragten mich zunächst aber nur mit der kommissarischen Leitung. Den Direktorentitel durfte ich mir erst ans Revers stecken, als ich 1955 mit einem Hochschul-Diplom der heutigen Folkwang-Universität Essen die formale Bestätigung meiner Eignung nachreichen konnte. Diese einzigartige Erfahrung des Gelingens hat mich dauermotiviert.

In statu nascendi eines Kulturmanagers ließ ich mich bei der damaligen Folkwanghochschule für Musik und Theater in Essen-Werden immatrikulieren. Bald entfaltete die Volkshochschule als ein Ort ihrer eigenen Erfüllung phänomenale Sogwirkung: „Kultur für alle" hatte Konjunktur. Der Optimismus des Neubeginns verlängerte sich in ein langfristiges „work in progress".

Mein Studium von 1951 bis 1955 war deshalb eine kommode Bildungsstrecke, weil ich eine Zeit lang der einzige Kommilitone war, der Regie als Hauptfach belegt hatte, und ich aus Zwiegesprächen mit meinen Professoren mehr gelernt habe als durch langatmiges Kathederwissen. Bei meinen Dozenten Carl Mandelarzt, Moje Forbach und Heinz Dietrich Kenter genoss ich quasi den Status eines Privatschülers. Nach dreieinhalb Jahren beendete ich diese Tour d'horizon mit einem Regie-Diplom, nachdem ich an den Städtischen Bühnen Essen bei zwei Opern und drei Schauspielaufführungen als Regieassistent tiefere Einsichten in die innere Theaterstruktur gewonnen hatte. Bei den Seifenopern „Csárdásfürstin" und der „Lustigen Witwe" (Regie Kurt Pscherer, Intendant des Gärtnerplatz Theaters München) habe ich so um die dreißig Mal für 15 Mark Abendregie geführt. Diese Erfahrungen vor allem auch „hinter den Kulissen" sollten mir später als Kulturdezernent noch nützlich werden. Die „Lustige Witwe" war übrigens die Lieblingsoperette von Kafka und Hitler. Außer dass beide auch noch Vegetarier waren, hatten sie weiß Gott keine weiteren Gemeinsamkeiten.

Um die befreite Sehnsucht nach autonomer Kunst und Kultur zu stillen, musste mit der grundlegenden gesellschaftlichen Transformation erst einmal dieses unverstellte Verlangen danach geweckt und gestillt werden: Also die Lehre vom richtigen und selbstbestimmten Leben von Epikur über Goethe und Schillers Briefen zur Ästhetischen Erziehung des Menschen und der kantischen Interessenfreiheit bis zu Adornos Minima Moralia. Das ehrgeizige Ziel war, mit Hilfe der Kultur das gesellschaftliche Bewusstsein zu verändern, um die Selbstbegegnung, die Wahrnehmungs- und Kritikfähigkeit der Menschen mit Hilfe der Künste ermöglichen zu helfen. Zuallererst galt es, die Denkbedürfnisse der Besucher zu wecken und zu aktivieren. Die damalige Ikone der deutschen Theatergeschichte Carl Mandelarzt hatte damit an Lessings „Hamburgische Dramaturgie" angeknüpft: Lessing und Schlegel waren die Echokammern aus der im Dritten Reich ertränkten Gedanken der sittlichen Vernunft: Ich wollte daraus schöpfen können.

In der von Fördertürmen und Hochöfen, Stahlwerken und Aschehalden geprägten Silhouette der Stadt Oberhausen gab es damals nicht nur keine Volkshochschule. Auch ein Filmclub wartete noch darauf, endlich gegründet zu werden. Während des „Tausendjährigen Reichs" ohne jede geringste Chance, ausländische Filme aus Hollywood oder Paris, Polen oder England zu sehen, gab es nun einen großen Nachholbedarf zu befriedigen. Also gründete ich 1951 den ersten Filmclub im Ruhrgebiet: zur Eröffnung lief der Helmut Käutner-Film „Der Apfel ist ab" (1948), ein skuriler kabarettistischer Zeitkommentar mit subversivem Blick, der viele Bürger ins Kino lockte.

Auf der Suche nach einem Filmreferenten für den Deutschen Volkshochschul-Verband, legte mir dessen Präsident Hellmut Becker nahe, mich doch für dieses neue Ehrenamt zu begeistern. Weil ich Beckers hilfreiche Patronage denn auch nicht enttäuschen wollte, organisierte ich eine große Filmretrospektive für jene vielen Volkshochschuldozenten, die schon Filmarbeit geleistet hatten und die mir deshalb für die Bildungsarbeit am Film besonders relevant erschienen. Diese Vorführungen in der „Lichtburg" waren auch für die Oberhausener Bevölkerung und für die vielen Filmclubmitglieder zugänglich. Da in den Feuilletons auch der überregionalen Blätter die Resonanz ermunternd positiv war, habe ich deren Anregung aufgenommen, und aus dem gelungenen Anfang 1954 ein bis heute gut besuchtes Internationales Kurzfilmfestival weiterentwickelt, das 2014 immer noch putzmunter ein 60-jähriges Jubiläum feierte. Die Festreden hielten NRW-Chefin Hannelore Kraft und die neue Staatsministerin für Kultur und Medien im Kanzleramt Monika Grütters, die als Fünfte in diesem Spitzenamt die bisher effektivste Konstante geworden ist.

GASTAUFTRITTE IN „DIE BRÜCKE" UND DER SPÄTEREN MUSISCHEN VOLKSHOCHSCHULE OBERHAUSEN BIS 1965 (ZUSAMMENGESTELLT VON GÜNTER HAMPEL)

Autoren: Gabriel Marcel, Uwe Johnson, Siegfried Lenz, Martin Walser, Stefan Andres, Reinhold Schneider, Peter Handke, Günter Eich, Ina Seidel, Max Brod, Eugen Roth, Werner Bergengruen, Rudolf Hagelstange, Manfred Hausmann, Walter Dirks, James Krüss, Walter Jens, Albrecht Goes, Ernst Meister, Paul Schallück, Max von der Grün, Robert Jungk, Erich Kuby und natürlich die moralischen Instanzen der ersten Stunde der Nachkriegsjahre Günter Grass, Heinrich Böll, Hans Magnus Enzensberger von der Gruppe 47.

Professoren: Carlo Schmid, Martin Heidegger, Helmut Schelsky, Wolf Leonhard, Oswald von Nell-Breuning, Benno von Wiese, Pascual Jourdan, Max Bense, Alexander Mitscherlich, Theodor W. Adorno, Jürgen Habermas, Iring Fetscher, Herbert Marcuse.

Politiker: Willy Brandt, Paul Mikat, Johannes Rau, Rainer Barzel, Fritz Erler, Hildegard Hamm-Brücher, Heinz Kühn, Alex Möller.

Intendanten: Saladin Schmitt, Hans Schalla, Heinz Hilpert, Günter Rennert, Otto Burrmeister, Ernst Schnabel, Harry Buckwitz.

Sonstige Redner: Ruhrbischof Franz Hengsbach, Werner Höfer, Felix Graf von Luckner.

Rezitatoren: Antje Weisgerber, Mathias Wieman, Will Quadflieg, O. E. Hasse, Joanna Maria Gorvin, Günther Lüders, Jürgen von Manger, Hardy Krüger.

Liederabende: Martha Mödl, Grace Bumbry, Kim Borg, Rudolf Schock, Hermann Prey, Rita Streich, Karl Schmitt-Walter, Fritz Wunderlich, Fritz Uhl, Irmgard Seefried, Waldemar Kmentt (alle Bayreuth-Sänger, die bis dahin noch nie einen Liederabend gegeben hatten, aber ohne Befürchtung auftraten, dass die Liederabende vielleicht verrissen würden), wagten hier den Sprung ins kalte Wasser. Hoffmann hatte die Stars entweder in ihrer Garderobe oder in der Künstlerkneipe „Die Eule" überredet. Die berühmte „Schwarze Venus" Grace Bumbry für nur 1 000 D-Mark.

Klavierabende: Elly Ney, Shura Cherkassky, Eduard Erdmann, Wilhelm Kempff, Martha Argerich, Monique de la Bruchollerie, Rosl Schmid, das Duo Aloys und Alfons Kontarsky, Eveline Trenkner. – „Als eine Art klingendes Esperanto", hat H.H. einmal gesagt, „wird Musik überall in der Welt als lebensbegleitendes Element verstanden."

Und im **Studio „Das Zeitgenössische Schauspiel"** in Oberhausen kamen in der Zeit auf die Bühne: T. S. Eliot: „Mord im Dom", Jean-Paul Sartre: „Die Fliegen", Gabriel Marcel: „Die Wacht am Sein", Karl Kraus: „Die letzten Tage der Menschheit" (Auszüge), Jean Anouilh: „Antigone", Albert Camus: „Die Gerechten", Jean Cocteau: „La voix humaine", Robert Musil: „Die Schwärmer", Tennessee Williams: „Endstation Sehnsucht", Reinhold Schneider: „Der große Verzicht", Max Frisch: „Graf Öderland", Gottfried Benn: „Die Stimme hinter dem Vorhang", Bertolt Brecht: „Die heilige Johanna der Schlachthöfe".

Kapitel 34

Internationale Kurzfilmtage Oberhausen und der Kampf mit der Zensur

Die Internationalen Kurzfilmtage Oberhausen haben nicht nur mit cineastischen Höhepunkten wie dem berühmt gewordenen „Oberhausener Manifest" (1962) auf sich aufmerksam gemacht. Auch politisch haben sie Geschichte mitgeschrieben. Als der damalige Bundesinnenminister Hermann Höcherl (CSU), zuständig für die Filmförderung, den Kurzfilmtagen (1965) einen Bundeszuschuss mit der Begründung verweigerte, Oberhausen sei ein „Rotes Festival" und unterstützte mit seinem hohen Anteil von Filmen aus dem „Ostblock" die Ostpolitik von Willy Brandt, fand diese Verleumdungskampagne seitens eines Politikers von nur mäßig gebliebener Bedeutung gleichwohl ein internationales Presse-Echo. Bei den jeweils folgenden Pressekonferenzen zum Auftakt des Kurzfilmfestivals habe ich alle Filme mit Titel und den Namen der Regisseure öffentlich gemacht, die das damalige westdeutsche Zensurorgan unter dem camouflierenden Titel „Interministerieller Ausschuss" mit Sitz in Frankfurt am Main nicht zur Aufführung beim Festival zugelassen hatte.

Alle derart inkriminierten Regisseure habe ich telefonisch gebeten, eine zweite Kopie in ihrem Wäschekoffer auf den Weg nach Oberhausen dabei zu haben, weil die Originalkopie ja beschlagnahmt worden war. Obwohl die Aufführung dieser „Contrebande" contra legem war, hat kein Staatsanwalt je dagegen gekräht.

Die Eröffnung der Kurzfilmtage 1969 mit dem kubanischen Agitationsfilm „L.B.J." des Kubaners Santiago Alvarez hatte die spektakuläre Absage des US-amerikanischen Botschafters zur Folge. George Crews McGhee hatte von uns verlangt, diesen in der Tat polemischen Film aus dem Programm zu nehmen. Da Zensur von wem auch immer in Oberhausen aber ein Fremdwort bleiben sollte, haben wir lieber auf die künftige Anwesenheit Seiner Exzellenz verzichtet, um statt Filme aus den offiziellen

Quellen der USA dafür andere Filme aus der freien Wildbahn der
Staaten zu zeigen. Aus der Not sollte dann bald eine erfolgreiche Tugend werden, indem wir nur noch Filme aus Nordamerika
zeigten, die das Label „independent" schmückten: Underground,
Free Cinema oder Off-Hollywood!

Gleichwohl sollte erstmals aber doch ein Zensurversuch das
Festival tief erschüttern, als ein Oberstaatsanwalt den Film von
Hellmuth Costard mit dem ironischen Titel „Besonders wertvoll" 1968 indizierte. Dabei ging es um die satirische Kritik an
der Filmbewertung, deren Prädikate die Lage der maroden deutschen Filmwirtschaft keineswegs verbesserten. Costards Film
war der erste, der in drastischer Großaufnahme eine Ejakulation
zeigte. Obwohl der Film von der Auswahlkommission mit 5 zu 5
als abgelehnt galt, hatte ich als deren Vorsitzender bei einem Patt
das Recht, meine Stimme doppelt zählen zu lassen. Wohlwissend,
dass dieser Film die Sprengkraft einer Bombe hatte, wollte ich
unser staatstreues Prinzip „eine Zensur findet nicht statt", auch
dieses Mal nicht selber außer Kraft setzen. Nachdem der Staatsanwalt den Film konfisziert hatte, ergab sich als bittere Folge, dass
auch der „Ältestenrat" der Stadt einstimmig die Indizierung des
Films beschloss. Als ich daraufhin meinen Rücktritt angekündigt
hatte, forderte mich mein Intimfeind Wilhelm „Willi" Meinecke
als starker Mann der SPD mit dem Charme eines Dorfältesten
in seiner schmucklosen derben Sprache auf, „wenn schon, dann
gehst'e gefälligst auch als Kulturdezernent". Zu seiner Überraschung lautete meine Antwort: „Okay, Herr Meinecke". Dem
Genossen wollte ich mit der Anrede „Herr" meiner Verachtung
freien Lauf lassen und ihn noch mehr auf die Palme bringen, von
wo ihn Luise Albertz mit Stentorstimme aber schnell wieder he-
runterholte: „Seid ihr denn von allen guten Geistern verlassen?
Hilmars Weggang besiegelt doch das endgültige Aus des Festi-
vals." Und dann forderte sie mich auf, einen vertretbaren Kompromiss zu formulieren, einen sogenannten Modus Vivendi. So
konnte ich mit dem Angebot einer „erweiterten" Pressekonferenz
den Film zeigen, um wenigstens der Presse Gelegenheit zu geben,
sich eine eigene Meinung von der Tendenz des corpus delicti zu
verschaffen. Ich habe den Begriff „erweiterte Pressekonferenz"

dann quantitativ sehr weit ausgelegt und so viele Festivalteilneh-
mer reingelassen, wie der Saal des Kammerspiels Plätze hatte:
Dreihundert. Die enttäuschten siebenhundert anderen Festival-
spielgäste besetzten darauf das Festival. Bis auf Werner Herzog,
der später mit seinem Film „Fitzcarraldo" (1982) Weltruhm er-
langen sollte, haben alle bundesdeutschen Filmemacher ihre Beiträge aus Protest gegen das staatsanwaltliche Verbot des Films
„Besonders wertvoll" zurückgezogen. Was tun? Um im stürmischen Jahr 68 den gordischen Knoten zu kappen, galt es die Wut
jener 700 zu dämpfen, die über Costards Film mangels eigener
Anschauung mitzureden nicht in der Lage waren. Also ließ ich
diese „Kritische Masse" kurzerhand in gecharterten Bussen über
die B1 nach Bochum-Querenburg karren. Als an der Ruhr-Uni-
versität ausgewiesener Dozent für Filmwissenschaft habe ich
nach einer kurzen „Vorlesung" über Zensur im Film am Beispiel
von „Besonders wertvoll" in voller Länge gezeigt. Diese elf Minuten reichten für einen Riesenskandal. Der von mir „als Gast"
auch eingeladene Oberstaatsanwalt hatte innerhalb der Gemarkungen der Wissenschaft sein Recht verloren. Die Kosten dieses
Ausflugs mit Bussen an die Nordhänge des Ruhrtals zu zahlen,
hat die Stadt Oberhausen sich geweigert. Als mir die Rechnung
nach Frankfurt hinterhergeschickt wurde, ist ein guter Geist der
Deutschen Bank mit einer Spende hilfreich eingesprungen.

Die Besetzung des Festspielhauses hatte so jedenfalls ihr schnel-
les Ende gefunden. Weil ich fürchtete, die internationalen Kurzfilmtage würden ohne Filme aus der Bundesrepublikanischen
Produktion ihrer Reputation als die Nummer 1 unter ihresgleichen der Welt verlustig gehen, hatte ich Werner Herzog hände-
ringend gebeten, aus der Phalanx der Boykotteure mit seinem
Kurzfilm „Letzte Worte" auszuscheren. Diese Freundschafts-
geste werde ich ihm nicht vergessen. Herzogs Argument: „Wir
dürfen doch nicht unser eigenes Festival kaputtmachen, das uns
alle groß gemacht hat." Auch alle übrigen deutschen Filmemacher fühlten sich daraufhin insofern solidarisch mit Oberhausen,
als sie alle samt und sonders bis zuletzt dabeigeblieben sind, um
die über hundert Filme ihrer ausländischen Kollegen durch Anschauung zu würdigen.

Unser dauerhaftes Problem war, wie die Filme aus dem anderen Teil Deutschlands im Programm firmieren sollten. Anfangs stand hinter ihren Filmtiteln in Klammern jeweils DEFA. Da uns ein staatliches Dekret verbot, die DDR ohne Anführungszeichen beim Namen zu nennen, glaubten wir mit der folgenden Formulierung ein sibyllinisches Meisterstück ausgeklügelt zu haben: Filme des „Clubs der Filmschaffenden der DDR". Der Trick hat nur einmal funktioniert. Ohne Einigung darüber, wie die DEFA-Filme im Folgejahr anzukündigen waren, ergab sich die Konsequenz, dass keine Filme aus der „Sowjetischen Besatzungszone" eingereicht wurden. Auch der gesamte Ostblock hat konsequent solidarisch seine Filme zurückgezogen, leider eben auch Meisterwerke aus der ČSSR, Polen und Ungarn. Damit schien das Ende von Oberhausen besiegelt. Ohne Luise Albertz diesmal in meinen Alleingang einzuweihen, haben wir künftig die Filme der DEFA kurzerhand als DDR ohne Anführungsstriche angekündigt. Diese unsere Selbstermächtigung hat endlich zu einer sich selber mäßigenden Revolte von „drüben" geführt. Da die Bundesregierung dem „Roten Festival" ohnehin keinen Zuschuss zu zahlen bereit war, sollte mein Vabanquespiel ohne materielle Folgen bleiben. Außer der Springerpresse haben die meisten Feuilletons unsere eigenmächtige Sprachregelung in ihrer Berichterstattung übernommen. Michel Foucault fällt dazu ein, dass ein Emblem auch verschwinden kann, „wie am Meeresufer ein Gesicht im Sand".

In meinem letzten Oberhausener Jahr 1969 klagten die DDR-Oberen die Gleichbehandlung unter allen Nationen auch beim Hissen der Nationalfahnen ein. Mein zugegeben billiger Einwand, wir hätten gar keine DDR-Fahne zur Hand, parierten die Gesprächspartner von „drüben" mit dem gelassenen Gegenargument, „Unsere Fahne bringen wir Dir am Vorabend mal kurz vorbei." Als wir die Fahne des Arbeiter- und Bauernstaates im Büro entrollten, stellten wir fest, dass dieses „rote" Tuch doppelt so groß war wie das der normalen Fahnen-DIN-Formate aller übrigen 20 Nationen. Weil wir glaubten, das Beste aus dieser Situation zu machen, wurde guter Rat deshalb aber nicht teuer, nachdem meine Sekretärin Monika Gollost sich bereit erklärte, über Nacht das Emblem von der DDR-Flagge zu filetieren, um damit eine bundesdeutsche Fahne in eine DDR-Flagge umzuschminken. Ungeachtet dessen, dass das DDR-Emblem immer noch übergebührlich groß war und fast das ganze Format der bundesdeutschen Fahne beschlagnahmte, haben wir am nächsten Tag das zurechtgeflickte Unikum einfach zwischen den übrigen Flaggen flattern lassen. Teuer war das Experiment nur insofern, als wir den spekulativen „Fremdkörper" Tag und Nacht bewachen lassen mussten. Ein Diebstahl hätte ungeahnte politische Konsequenzen beschert. Übrigens erhielten wir energische Demarchen diesmal von beiden deutschen Regierungen, die sich in diesem einen Punkt sogar mal einig waren, dass diese Art der dreisten Vermählung beider Staaten in Sachen Kultur als blankes Bubenstück und schlimmer noch als Sakrileg gebrandmarkt wurde. Beim folgenden Festival 1970 war ich dann schon über alle Berge bis ans rettende Ufer des Mains in Frankfurt.

KAPITEL 35

MEINE ZWEITE AMERIKA-REISE

Das US State Department, das Außenministerium der Vereinigten Staaten, hat schon bald nach Kriegsende ein „Program
for advancing young German Fellows" aufgelegt, das potentielle Partner und Multiplikatoren in die Lage versetzen sollte,
nach ihrer Rückkehr ein objektives und selbsterlebtes Ameri-
kabild weiter zu vermitteln. Nicht organisiert in einer Gruppe,
sollte ich aus meiner eigenen individuellen Perspektive die Neue
Welt erleben. Sechs Wochen lang durfte ich durch Städte meiner Wahl und historisch gewordene Orte je nach individueller
Neugier reisen. Ich fühlte mich dabei in der Rolle eines glücklichen Benjaminischen Passagengängers versetzt. Vor Ort gab es
jeweils gastfreundliche Familien der Upper Class, die den Gast
nicht nur beherbergten, sondern auch zu ihren Mahlzeiten einluden, um miteinander wechselseitig wissbegierige Gespräche
zu führen. Als kenntnisreiche „Ciceronen" begleiteten sie mich
dabei in ihren Cadillacs, mein Staunen mit Erkenntnisgewinn
verbindend.

In New York besuchte ich außer dem Metropolitan-Museum
das Guggenheim und das MoMA, sowie die alte Metropolitan
Opera noch in ihrem urtümlichen Gemäuer. Hier durfte ich noch
Elisabeth Schwarzkopf als Marschallin im „Rosenkavalier" erleben. Auch in Washington habe ich im Smithsonian Institute
mit seinen Forschungseinrichtungen, Museen und Bibliotheken,
viele davon an der National Mall situiert, und der berühmten
Library of Congress gewinnbringende Gespräche mit den Ku-
stoden und Bibliothekaren von frappierendem Sachwissen
Kenntniszuwachs genossen. Das Schlendern durch Manhat-
tans urbanen Geflecht aus Wolkenkratzern und tiefen Straßen-
schluchten und die Wall Street in der Upper Westside von New
York mit der Börse und den Kreditinstituten haben mich tief

beeindruckt, lange bevor Frankfurt am Main von einer ähnlich imposanten Skyline nur träumen konnte.

Mein nostalgisches Bedürfnis, auch den Ort meiner demütigenden Stacheldrahtumzäunung bei Greeley, Colorado, aufzusuchen, geriet zum unerwarteten Medienrummel mit dem Auftritt eines Viersterne-Generals und den von ihm angeheuerten Fernsehkameras: „Hilmar Hoffmann is the only German guy who voluntarily came back. Welcome in peace!" Angesichts einer kleinen Stadt jetzt aus modernen Einfamilienhäusern war die Erinnerung kaum mehr konkret nachvollziehbar. Lediglich eine in den Bürgersteig eingefugte nichtssagende Bronze-Erinnerungstafel gab statistische Auskünfte, über die täglich Tausende von hastigen Füßen interesseloser Bürger hinweg huschten. Erinnerungen an mein Gefangenenlager am Fuße der Rocky Mountains waren keine historisch resonanten Räume, kein historisch belegbares Narrativ.

Allen Ginsberg fasst die amerikanische Mentalität in klingende Worte: „This land is your land, this land is my land/From California to New York Island/This land was made for you and us". Ginsberg hymnische Gedanken eines neuen Lebensgefühls haben Millionen Amerikaner singend vervielfacht.

Aber auch das andere Amerika lernte ich auf meiner Reise im liberalistischen, bunten Las Vegas kennen, sowie die großen Filmstudios in Los Angeles verbunden mit der Begegnung einiger Filmstars in den Kantinen Hollywoods. Besonders auch diese im Baedeker verzeichneten Stätten und Events gehörten für den dankbaren Gast aus dem Ruhrpott zum großen Universum der Neuen Welt.

KAPITEL 36

STUDIUM AN DER FOLKWANG-HOCHSCHULE
IN ESSEN-WERDEN

Nachdem mir 1954 mit der Umwandlung des Britischen Kulturzentrums „DIE BRÜCKE" in eine städtische Volkshochschule
der entscheidende Panthersprung in die Zukunft gelungen war,
hat Oberbürgermeisterin Luise Albertz mir die kommissarische
Leitung des Instituts anvertraut. Dies sollte mein „Kairos" werden, der glückliche Augenblick: Es war der Beginn, meine kulturpolitischen Fähigkeiten und Möglichkeiten zu erproben, damit
zugleich die Chance, mein Leben glücken zu lassen. Jetzt galt es
nur noch, Autorität aus eigenem Recht aufzubauen.

Mit einer gehörigen Portion unverbrauchten Elans bin ich Hals
über Kopf ins kalte Wasser gesprungen und habe mich bei der
Folkwangschule für Musik, Tanz, Theater und Sprechen (ab 1963
Folkwang Hochschule) in Essen-Werden immatrikulieren lassen,
wohl wissend, dass mir drei Jahre lang keine freie Minute mehr
bleiben würde. Weil der Präsident der Schule Professor Heinz
Dietrich Kenter, kulanterweise fast alle meine Fächer auf den
Nachmittag gelegt hatte, konnte ich morgens und abends die Be-
lange der Volkshochschule Oberhausen pflichtgerecht erledigen.
Die Folkwangschule war mit ihrer sympathischen Unbeschwert-
heit noch kein normativer akademischer Ort, aber doch von einem Hauch kritischer Weltläufigkeit umgeben.

Gemeinsam mit vielen jungen Kommilitonen hat mir das Studium großen Spaß gemacht. Ich kann mich noch gut an viele Ein-
zelheiten erinnern, wie zum Beispiel an den universal gebildeten
Schöngeist Carl Mandelartz, der mir als Dozent die ideen- und
literaturgeschichtlichen Wurzeln der Theatergeschichte freileg-
te. Mandelarzt verdanke ich zum Beispiel meine vertiefende Beschäftigung mit der noch heute lesenswerten „Hamburgischen
Dramaturgie" (1769) von Gotthold Ephraim Lessing und mit
dessen Reflexionen über das Wesen von Tragödie und Komödie.

Mit Lessings Rekurs auf die aristotelische Gattungslehre schreitet Mandelarzt am Beispiel Shakespeares den großen Kreis der Theater-Weltliteratur aus. Dabei darf die Wegbereitung Lessings für die „Sturm- und Drang-Epoche" als Genese der Entwicklung unserer einzigartigen deutschen Theaterlandschaft gelesen werden. Das Zuhören war für den Hochschullehrer nicht nur ein rezeptiver Akt, sondern zugleich auch aktive Inbesitznahme des Gesprächspartners. Nur durch Aneignung fremder Schätze entstehe „ein großes Ganzes" (Goethe). Mit dem von der Folkwangschule vermittelten Wissen, lernte ich auch, in die Theorie der ästhetischen Wahrnehmung und in die Varianten der performativen Darstellung tiefer vorzudringen. Mir wurde Max Weber ans Herz gelegt, besonders dessen Gedanken der methodischen Grundlagen der Sozial- und Kulturwissenschaften, die sich in der Differenzierung der Vielfalt kultureller Kompetenzen als Erkenntnismittel idealtypischer Betrachtungsweisen bedienten.

Ich erinnere mich aber auch mit Schrecken daran, als ich in der Rolle des „Wetter Graf vom Strahl" in Kleists gefühlsstarkem vaterländischen Drama „Käthchen von Heilbronn" auf der Bühne stand und mit lyrischer Inbrunst der bemerkenswert charmefreien Titelheldin „Mein liebes Käthchen" ins Ohr säuseln sollte, Kleists schönen Liebestext. Oder als ich mich als Regisseur der 3. Szene aus Bertolt Brechts „Mutter Courage" auf gewagtes Minenfeld großer Regie-Vorbilder wie Harry Buckwitz begab und fürchtete, meine Abschlussprüfung zu versieben. Aber die freundlichen Claqueure unter meinen Kommilitonen hatten mich vor dem Schlimmsten bewahrt. Mit der Selbstvergewisserung eines Hochschuldiploms war ich dann nicht mehr länger auf der Suche nach einem Lebenslauf *(rechts Folkwang-Kommilitonen 1954)*.

Jegliches hat seine Zeit. So wurde ich schon eine Woche nach Aushändigung meines Diploms der heutigen Folkwang-Universität zum VHS-Direktor bestellt. 1965, dann bereits Kulturdezernent der Stadt Oberhausen geworden, wurde ich auch für das Städtische Theater zuständig. Gleich im ersten Jahr als Beigeordneter habe ich im Parlament die Schließung der Oper durchgesetzt. Richard Strauss' letztes Werk, „Capriccio" wurde mit einem nur 28 Orchestermitglieder zählenden Klangkörper, statt mit über 90 unter, auf und hinter der Bühne vorgesehenen Instrumenten, total vergeigt. „Es war zum Steinerweichen" (Die Welt). Die durch die Schließung der Oper eingesparten Millionen haben wir voll ins Schauspiel investiert, das unter dem Regisseur Günther Büch und mit Hilfe von Peter Handke zur bundesweit gepriesenen Blüte als Experimentierbühne neu erwachte. Später als Kulturdezernent in Frankfurt (1970-1990) holte ich mit Peter Palitzsch auch den Folkwang-Absolventen Hans Neuenfels an die inzwischen selbstbestimmende Bühne nach Frankfurt am Main. In Frankfurt erinnert man sich noch heute an Hans Neuenfels' singuläre „Aida"-Inszenierung, die über einhundert Mal gespielt wurde. Oder an seine umstrittene „Medea" nach Euripides. Hans Neuenfels galt als deutsches Theaterwunder, aber manchem Abonnenten auch als genialischer Theaterschreck.

Mit den beiden Dioskuren Palitzsch und Neuenfels und einem glänzenden Ensemble in der Erprobung der ersten Mitbestimmung per Magistratsbeschluss (!) wurde einstimmig auf Erfolg gesetzt. Rien ne va plus.

Noch ohne akademische Titel konnte ich schon viele der kulturellen Defizite der Arbeiterstadt Oberhausen begleichen, wie

den Ausbau der Volkshochschule zum Kommunikationszentrum. Hier hatte ich auch einen Filmclub gegründet und die Internationalen Kurzfilmtage ins Leben gerufen sowie die Lesebühne „zeitgenössischen Theaters". Auch das Studio 99 und eine Verwaltungsakademie wurden gegründet. Das wichtigste und teuerste Projekt habe ich gleich nach meiner Festanstellung mitangestoßen: die Errichtung des Luise-Albertz-Zentrums. Diese Stadthalle wurde vor allem als eigenes Haus für die inzwischen „bedeutendsten Kurzfilmfestivals der Welt" (F.A.Z.) genutzt. Aber auch das berühmt-berüchtigte „Oberhausener Manifest" unter dem Motto „Papas Kino ist tot" wurde von 26 „alternativen" Filmemachern 1962 in „meiner" Volkshochschule verkündet. Die wegen Überfüllung fröhlich auf dem Schleifparkett hockende Luise Albertz (MdB) hatte diesem scharfen Affront gegen die restaurative Bundesfilmpolitik ihre verwegene Aufmerksamkeit bekundet. Bald darauf war „Papas Kino" wirklich am Ende. Der großen Politikerin Luise Albertz habe ich als meiner ersten Mentorin sehr viel zu verdanken, vor allem aber auch wie man mit anderen Menschen gleich welcher Profession und Bildungsgrades menschenfreundlich verkehrt: Kultur für alle!

Zusammen mit Günter Grass und Willy Brandt *(oben mit H.H. bei dessen 60. GEburtstag im der Bonner Parteizentrale 1985)* haben wir drei 1965 für Luise Albertz Wahlkampf im Ruhrpott gemacht; das war ich ihr schuldig! Dass Willy Brandt mich danach höchstpersönlich in die SPD aufgenommen hat, hatte mich stolz gemacht. Als 1970 Willy Brandts sichtlich spontaner Kniefall am Warschauer Ehrenmal für die von Hitlers Schergen ermordeten polnischen Menschen in den Gazetten sah, war ich ihm so fern wie doch so nah, wie keinem Politiker vor und nach ihm.

KAPITEL 37

DER FRANKFURTER HISTORIKER-STREIT

Warum Bolschewismus und Faschismus nicht gegenseitig aufzurechnen seien, um Gewalt, Verbrechen und Massenmord zu relativieren, war das Thema des Historikerstreits von 1986/87, der von den Frankfurter Römerberggesprächen zum Thema „Politische Kultur – heute?" ausging. Nachdem der Historiker Ernst Nolte seinen Vortrag „Die Vergangenheit, die nicht vergehen will" zur Eröffnung der Römerberggespräche brüsk abgesagt hatte, erschien sein Elaborat am selben Tag, dem 6. Juni 1986, in der F.A.Z. Mit seinem Attentat auf die Logik, durch die Rechtfertigung von Hitlers Antisemitismus als Defensivstrategie gegen Stalin, begann der weltweit ausstrahlende Historikerstreit, den Nolte mit kühnen Pointen ausgelöst hatte: Der Holocaust sei eine bloße Reaktion und vielleicht sogar nur eine technische Neuerung für eine noch effektivere Liquidierung angesichts der bereits umfangreichen Verbrechen des Bolschewismus gewesen, wie der Politik der großen Säuberungen und des Gulag. Dies war der vergiftete Vergleich Noltes, der weiter angereichert wurde durch dessen hanebüchene Idee, Hitler sei „auf höherer Ebene ein glückloser Verteidiger der europäischen Vielfalt" gewesen. Der nationale und internationale, der politische und scheinbar unpolitische Gebrauch der Geschichtsschreibung stand auf dem Prüfstand einer heftigen Diskussion.

Ich höre noch Jürgen Habermas' empörte Replik im Frankfurter Kaisersaal, als er die Singularität der NS-Verbrechen und des Holocaust als Basis einer kritisch-selbstreflexiven Geschichtsschreibung mit dezidiert demokratischer Zielsetzung herausstellte und Noltes Position eine klare Abfuhr erteilte. Karl Heinz Bohrer erkannte in Habermas eine Art „Modus des zukünftigen experimentierenden, neugierigen Forschens und Denkens". Die deutsche Schuld und Verantwortung ließen sich nicht durch Apologie und Revisionismus in einer neokonservativ saturierten Bundesrepublik einfach entsorgen.

EPILOG DES VERLAGES

In der Annahme, dass wohl nicht alle Leser dieses Buches über Hilmar Hoffmanns Sozialisation in der Hitlerdiktatur seine Zeit „danach" kennen, habe ich Günter Hampel gebeten, in kursorischer Kürze die wichtigsten kulturellen Gründungen in den Jahren nach seiner allerersten beruflichen Leitung des Britischen Kulturzentrums „DIE BRÜCKE", also ab 1952 bis zur Präsidentschaft des Goethe-Instituts in München 2002 aufzuzeichnen. Er hat sich dabei nur auf die vielen Neugründungen kultureller Highlights beschränkt.

I. IN OBERHAUSEN (1950-1970)

Gründung des British Information Centre DIE BRÜCKE
   Oberhausen
Städtische Volkshochschule
Erster Filmclub in Nordrhein-Westfalen
Internationales Kurzfilmfestival Oberhausen
Internationales Sportfilm-Festival
Theater-Studio 99
Lesebühne „das zeitgenössische Schauspiel"
Jugendmusikschule
Galerie im Schloss Oberhausen
Mitinitiator für den Bau der Luise-Albertz-Stadthalle
   für das jährliche Kurzfilmfestival
Wirtschaftsakademie Oberhausen
Neues erweitertes Domizil für die Stadtbücherei
In der „Galerie Schloss Oberhausen" erste Ausstellung
   in Westdeutschland über DDR-Kunst
Erstes westdeutsches Gastspiel der Oberhausener Bühnen
   mit der „Dreigroschenoper" in Dresden
Zweite Reise in die USA – Einladung des State Departments

II. IN FRANKFURT AM MAIN (1970-1990)

Erstes Kommunales Kino in Deutschland
Das Frankfurter Museumsufer:
Deutsches Filmmuseum (das erste in Deutschland)
Deutsches Institut für Filmkunde von Wiesbaden abgeworben
  als konstitutiver Teil des Filmmuseums
Deutsches Architekturmuseum (das erste in Deutschland)
Jüdisches Museum (das erste in Deutschland)
Dependance Jüdisches Museum am jüdischen Friedhof
Ikonen Museum
Museum für angewandte Kunst
Historisches Museum
Kindermuseum (das erste in Deutschland)
Museum für Moderne Kunst
Erwerb der Ströher-Sammlung mit 70 Werken
  der amerikanischen Pop-Art der 60er Jahre
Der Porticus in der Ruine der Alten Stadtbücherei
Großes Magazin für Institut für Stadtgeschichte
Große Anbauten ans Städel, an die Städelschule
  und an das Liebighaus
Erwerb der Naxos-Halle, ursprünglich
  für ein Industriemuseum, jetzt Spielort für Praml-Theater
Wiederaufbau der Oper nach Brand am Willy-Brandt-Platz
Renovierung der Ratgeb-Fresken im Karmeliterkloster
Künstlerhaus Mousonturm
Literaturhaus Frankfurt (Bockenheimer Landstraße)
Zusätzliche acht neue Stadtteilbibliotheken
Bockenheimer Depot für Experimentierkünste
  und für Oper und Theater
Zehn Bürgerhäuser u. a. in Bornheim, Oberrad,
  Affentor-Häuser, Südbahnhof, Pferdestall
Zwei große Gewächshäuser im Palmengarten
Umbau des Zoo-Theaters
Bau des 24-Stunden-Hauses „Grzimek" im Zoo

Mitgründer der Deutschen Kulturpolitischen Gesellschaft
in der Fasanerie Frankfurt
Kostenloser Eintritt in die Frankfurter Museen
Spielparks Scheerwald und Schwanheim

III. In Mainz als Geschäftsführer der Stiftung Lesen (1990-1993)

Umwandlung der Lesegesellschaft in die Stiftung Lesen
120 Leseclubs in Deutschland
Sechs Bundesländer als Beitragszahler, Kanzler Kohl
sorgte für eine 9 Millionen Anschubfinanzierung
Große Werbeaktion an allen Litfaß-Säulen in ganz Deutschland
Stiftung Lesen mit Bundespräsident Richard von Weizsäcker
als Schirmherr

IV. In München, Goethe-Institut (1993-2002)

Eingliederung von InterNationes (Bonn) in das Goethe-Institut
Neugründungen als Präsident:
Weimar
Dresden
St. Petersburg
Johannisburg
Krakau
Jerusalem
Ramallah
Seoul
Kulturprogramm im Rahmen der Berliner Bewerbung
für die Olympischen Spiele 2000 im Auftrag von
Ministerpräsident Gerhard Schröder
Für das Goethe-Institut 44 Millionen Sponsorengelder
gesammelt für kulturelle Zwecke, nachdem die
Schröder/Joschka Fischer-Regierung das Goethe-Institut
auf das Niveau von Sprachvermittlung meinte reduzieren
zu dürfen

V. AUSZEICHNUNGEN

Unter den vielen Ehrungen seien nur die wichtigsten genannt:
Goldener Ehrenring der Stadt Oberhausen
Verdienstorden des Landes Nordrhein-Westfalen
Verdienstorden des Landes Hessen
Leuschner-Medaille des Landes Hessen
Goethe-Plakette Land Hessen
Hessischer Kulturpreis 2013
Wartburgpreis für europäisches Engagement
Großes Bundesverdienstkreuz mit Stern
Helmut-Käutner-Preis Düsseldorf
Goldenes Filmband der Berliner Filmfestspiele
Goldenes Ehrenzeichen der Deutschen Bühnengenossenschaft
Ehrenpreis der SPIO (Spitzenverband
  der deutschen Filmwirtschaft)
Honorarprofessor der Universität Marburg
Ehrensenator der Universität Frankfurt
Ehrenbürger der Universität Tel Aviv
Ehrendoktor der Universität Bamberg
Ehrendoktor der Universität Hildesheim
Ehrenmitglied der Bayrischen Akademie
  der Schönen Künste (München)
Ehrenmitglied der European Academy of Arts
  and Science (Salzburg)
Ehrenmitglied der Kulturpolitischen Gesellschaft (Bonn)
Ehrenmitglied der Deutschen Filmakademie (Berlin)
Gastprofessor an der Universität Tel Aviv (10 Jahre)
Einladungen, Kultursenator in Hamburg unter
  Klaus von Dohnany und in Berlin unter Hans-Jochen Vogel
  zu werden, hat Hoffmann ebenso ausgeschlagen wie
  Eberhard Diepkens Avancen, die Leitung der Berlinale
  zu übernehmen.

ANHANG

LITERATURVERZEICHNIS

Abels, Norbert (Hrsg.): Welterlösung. Richard Wagners Bühnenweihfestspiel Parsifal. axel dielmann – verlag, Frankfurt am Main 2013.

Abendroth, Elisabeth: Wolfgang Abendroth, in: Sozialismus, Heft 10/2016

Abendroth, Wolfgang: Brief aus Wilton Park vom 18.10.1946

Abendroth, Wolfgang: Ein Leben in der Arbeiterbewegung. Gespräche. Aufgez. und hrsg. von Barbara Dietrich und Jochim Perels. Edition Suhrkamp, Frankfurt am Main 1976.

Adler, Hans Günther: Der verwaltete Mensch – Studien zur Deportation der Juden aus Deutschland. Mohr-Verlag, Tübingen 1974.

Adler, Hans Günther: Theresienstadt 1941-1945. Das Antlitz einer Zwangsgemeinschaft. Wallstein Verlag, Göttingen 2005.

Adler, Jeremy: Das absolut Böse lässt sich nicht neutralisieren. Kritischer Kommentar zur kommentierten Ausgabe von Hitlers „Mein Kampf". In: Süddeutsche Zeitung, 05./06.01.2017.

Adorno, Theodor W.: Minima Moralia – Reflexionen aus dem beschädigten Leben. Suhrkamp, Frankfurt am Main 1951.

Alt, Dirk: Was ist das Gedächtnis der Nation? Dokumente der Zeitgeschichte bewahren. In: FAZ, 08.12.2016.

Aly, Götz: Europa gegen die Juden. 1880-1945. S. Fischer, Frankfurt am Main 2017.

Anacker, Heinrich: Brüder was bleibt von unserer Zeit. Gedichte. In: Das schwarze Korps, Zeitung der SS und der NSDAP. Franz-Eher, München 14.08.1935.

Anacker, Heinrich: Fallen müssen viele. 1934. In: Großer Gott, wir loben dich. Weimar 1941. (Gesangbuch der Deutschen Christen) Nr. 187. Musik: Paul Schwadtke. Zitiert nach: Biermann, Mathias: „Das Wort sie sollen lassen stahn ..." Das Kirchenlied im „Kirchenkampf" der evangelischen Kirche 1933-1945. Vandenhoeck & Ruprecht, Göttingen 2011. S. 296 („Kirchenkampf" und neues Lied).

Antelme, Robert: L'Espèce humaine. Gallimard 1947, 1957, 1999. Das Menschengeschlecht. Übers. von Eugen Helmlé. Diaphanes-Verlag, Zürich 2016.

Arendt, Hannah: Eichmann in Jerusalem. A Report on the Banality of Evil. Mehrteilige Reportage zum Prozess 1961. In: The New Yorker 1963.

Arendt, Hannah: On Revolution. New York 1963.

Arendt, Hannah: The Origins of Totalitarianism. New York 1951.

Augstein, Jakob/Walser, Martin: Das Leben wortwörtlich. Ein Gespräch, Rowohlt, 2017

Assheuer, Thomas: Donald Trump. Der Dealer als Leader. In: Die ZEIT, 01.12.2016.

Baeumler, Alfred: Männerbund und Wissenschaft, Junker und Dünnhaupt, Berlin 1934.

Baeumler, Alfred: Wider den undeutschen Geist, Antrittsvorlesung, Berlin 1933.

Bahners, Patrick: Der Lehrer der Bonner Republik. Nachruf auf Karl Dietrich Bracher. In: FAZ, 20.09.2016.

Bahners, Patrick: Schlafwandler gab es überall. Zu Ian Kershaws „Höllensturz. Europa 1914 bis 1945". In: FAZ, 14.10.2016.

Bahners, Patrick: Was lest ihr eigentlich in der Schule? Zur Edition von „Mein Kampf". In: FAZ, 30.12.2012.

Balázs, Belá: Der Geist des Films, Halle 1930. Suhrkamp, Frankfurt am Main 2001.

Bauers, Philip: Wilton Park 1946 bis 1948. Eine Bildungseinrichtung für Deutschland zwischen Selbsterziehung und Umerziehung. München 1999.

Bawden, Liz-Anne (Hrsg.): rororo Filmlexikon, Hamburg 1978.

Beevor, Antony: Ardennes 1944. Hitler's last gamble. Viking, London 2016.

Beevor, Antony: D-Day – Die Schlacht um die Normandie. Übers. von H. Ettinger. C. Bertelsmann, München 2011.

Bender, Niklas: Bildung als deutsche Universaldisziplin. Rezension zu E. R. Curtius. Elemente der Bildung 1932. In: FAZ, 12.05.2017.

Bender, Niklas: Lesen als Akt nobler Faulheit. Nachruf auf Michel Butor. In: FAZ, 26.08.2016.

Benz, Wolfgang: Eine erschöpfende Lektüre. Kritik an der kommentierten Neuausgabe von Hitlers „Mein Kampf". In: Der Tagesspiegel, Berlin, 06.10.2012.

Benzer, Sabine (Hrsg.): Kultur für alle. Gespräche über Verteilungsgerechtigkeit und Demokratie in Kunst und Kultur. Folio Verlag, Wien 2016.

Böhmer, Otto A.: Spiel auf Zeit. Der Zuspruch der Erinnerungen ist lebenswichtig. Marcel Prousts „Auf der Suche nach der verlorenen Zeit" in neuer Übersetzung von O. Kistenmacher. In: Frankfurter Rundschau, 24.11.2015.

Böll, Heinrich: Briefe aus dem Krieg. Hrsg. und komm. von J. Schubert. Bd. 2. Kiepenheuer und Witsch, Köln 2001.

Bourdieu, Pierre: La noblesse d'état. Grandes écoles et esprit de corps. Les Éditions de Minuit, Paris 1989.

Bourdieu, Pierre: Sozialer Sinn. Kritik der theoretischen Vernunft. Übers. von Günter Seib. Suhrkamp, Frankfurt am Main 1987.

Brandenburg, Hans-Christian: Die Geschichte der HJ. Wege und Irrwege einer Generation. Verlag Wissenschaft und Politik, Köln 1968.

Brändle, Stefan: Geste über Gräbern. In: Frankfurter Rundschau, 20.02.2016.

Brecht, Bertolt: Gesammelte Werke in 20 Bänden. Frankfurt am Main 1967.

Bredekamp, Horst: Antikensehnsucht und Maschinenglauben. Die Geschichte der Kunstkammer und die Zukunft der Kunstgeschichte. Wagenbach, Berlin 2000.

Brinkemper, Peter V.: Adorno – Musikalischer Widerstand als Circe der kritischen Theorie. Telepolis, Onlinemagazin, München, 11.09.2003.

Brinkemper, Peter V.: Denkverbot im NS-Themenpark. Wird aus dem Fall Riefenstahl ein Fall Hilmar Hoffmann? Telepolis, Onlinemagazin, München, 20.12.2002.

Broszat, Martin: Der Staat Hitlers. Grundlegung und Entwicklung seiner inneren Verfassung, 1969. (Édition rencontre, Lausanne 1969). dtv, München 1969.

Broszat, Martin: Die Machtergreifung. Der Aufstieg der NSDAP und die Zerstörung der Weimarer Republik. Dtv, München 1984.

Brumlik, Micha: Globales Gedächtnis und Menschenrechtsbildung. In: Aus Politik und Zeitgeschichte. Ausgabe 3-4/2016. Bonn, 18.01.2016.

Buddrus, Michael: War es möglich, ohne eigenes Zutun Mitglied der NSDAP zu werden? In: Gutachten des Instituts für Zeitgeschichte. München 2003.

Bullock, Allan: Hitler. Eine Studie über Tyrannei. Übers. von Wilhelm Pferdekamp und Modeste Zur Nedden. Droste, Düsseldorf 1953.

Burgmer, Anne: Eine verführte Generation. In: Kölner Stadt-Anzeiger, 16.09.2016.

Butler, Rupert: SS-Hitlerjugend. The History of the Twelve SS Division 1943-45. Spellmount, Stapelhurst 2001.

Canetti, Elias: Masse und Macht. Fischer, Frankfurt am Main 1980.

Celan, Paul: Der Sand aus den Urnen. In: „Mohn und Gedächtnis", DVA, Stuttgart 1952.

Celan, Paul: Todesfuge. Gedichte. In: „Mohn und Gedächtnis". DVA, Stuttgart 2012, S. 37-39.

Christoforow, Wassili St.; Makarow, Wladimir G.; Uhl, Matthias: Verhört. Die

Befragungen deutscher Generale und Offiziere durch die sowjetischen Geheimdienste 1945-1952. De Gruyter Oldenbourg, Berlin 2016.

Craig, Gordon A.: Deutsche Geschichte 1866-1945. Vom norddeutschen Bund bis zum Ende des Dritten Reiches. Übers. von Karl Heinz Siber. C. H. Beck, München 1966.

Curtius, Ernst Robert: Deutscher Geist in Gefahr. DVA, Stuttgart 1932 (letztes veröffentlichtes Buch vor dem Dritten Reich von Curtius).

Curtius, Ernst Robert: Elemente der Bildung. 1932 (nicht mehr im Dritten Reich publiziert). Hrsg. von Wieckenberg, Ernst-Peter; Picht, Barbara. C. H. Beck, München 2017.

Darnstädt, Thomas: Der Prozess. Urteile im Nürnberg vor 70 Jahren. In: Der Spiegel Nr. 40/2016.

Der Kinematograph (1907-1933): Die Fahne ist die neue Zeit, Berlin 12.09.1933.

Dettke, Julia: Die überschätzte Gefahr. In: Süddeutsche Zeitung, 22.07.2017.

Dieckmann, Christoph: Kritik an Timothy Snyders „Black Earth". Ein Kommentar. In: Bulletin 16 des Fritz Bauer-Instituts, Frankfurt am Main 2016.

Dillmann, Claudia (Hrsg.): Beloved and rejected, Cinema in the Young Federal Republic of Germany from 1949 to 1963. Deutsches Filminstitut, Frankfurt am Main 2016.

Dillmann, Claudia: Frankfurt denkt seit jeher an den Film. In: FAZ 13.08.2016.

Diner, Dan: Sind wir wieder im 19. Jahrhundert? In: FAZ, 15.09.2016.

Distelmeyer, Jan: Der Soldat James Ryan (Steven Spielberg). In: epd film, Frankfurt am Main Oktoberheft 1998.

Doerry, Martin: Das Genie des Falken. Rezension zu Ian Kershaws „Höllensturz". In: Der Spiegel Nr. 36, 03.09.2016.

Doerry, Martin: Empörung und Melancholie. Der Historiker Saul Friedländer blickt zurück auf eine Karriere als Wissenschaftler – und auf ein von den Nazis dauerhaft beschädigtes Leben. In: Spiegel-Literatur Oktober 2016.

Doerry, Martin: Schöne Tage in Havanna. Zur ZDF-Verfilmung von Ursula Krechels Romans „Landgericht" (2012). In: Der Spiegel Nr. 4/2017, 23.01.2017.

Donner, Wolf: Der gute Onkel von Bayreuth. In: DIE ZEIT, 18.07.1975.

Dorfmeister, Gregor (Pseudonym: Gregor, Manfred): Die Brücke. Roman. DVA, Stuttgart 2005.

Dörhöfer, Pamela: Wie die Deutschen sich von Hitler verführen ließen. Als erster Wissenschaftler beschrieb Karl Marbe während der Nazidiktatur das

Phänomen der Psychologie der Massen – jetzt ist sein Werk wieder aufgetaucht. In: Frankfurter Rundschau, 26.08.2016, S. 28f.

Dörr, Margarete: „Der Krieg hat uns geprägt". Wie Kinder den Zweiten Weltkrieg erlebten. 2 Bde. Campus, Frankfurt am Main 2007.

Eisenstein, Sergej M.: Ausgewählte Aufsätze. Übers. von Lothar Fahlbusch. Henschel, Berlin Ost 1960.

Eisenstein, Sergej M.: Über den Faschismus. Offener Brief an den deutschen Propagandaminister Dr. Goebbels. In: Ders.: Schriften, 4 Bände. Hrsg. Von H.- J. Schlegel, München 1974-1984. Original: Eisenstein to Goebbels, An Open Letter on Fascism and German Film Art. In: Literaturnaya Gazeta. 22. März 1934. The New Masses. June 5, New York 1934. Page 29. URL: http://www.unz.org/Pub/NewMasses-1934jun05-00029.

Erpel, Simone: SA-Mann Brand. Film. Deutschland 1933. Regie Fritz Seitz senior. Historisch-kritische Einführungsrede im Deutschen Historischen Museum München, 16. November und 1. Dezember 2011. Im Rahmen der Reihe: Unter Vorbehalt.

Fest, Joachim C.: Hitler. Eine Biographie. Frankfurt am Main, Propyläen 1973.

Fest, Joachim C.: Hitler. Speer. Eine Biographie. Alexander-Fest-Verlag, Berlin 1999.

Fest, Joachim C.; Herrendoerfer, Christian: Hitler – Eine Karriere, Dokumentarfilm, der dem Wochenschau- und Propagandamaterial viel inszenatorischen Spielraum lässt. Auf der Basis von J. C. Fest: Hitler. Eine Biographie. D 1977, 153 Minuten. Uraufführung: Berlinale 1977, TV-Erstsendung: 4. Januar 1987.

Fetscher, Iring: Toleranz – Von der Unentbehrlichkeit einer kleinen Tugend für die Demokratie. Historische Rückblicke und aktuelle Phänomene. Radius, Stuttgart 1990.

Feuchtwanger, Lion: Jud Süß. Roman. Gesammelte Werke in Einzelbänden. 1. Bd. Drei Masken-Verlag, München 1925. 2., durchgesehene Aufl. Aufbau Verlag, Berlin 2009. – Berlin 2016.

Flessau, Kurt-Ingo: Schule der Diktatur. Lehrpläne und Schulbücher des Nationalsozialismus. Fischer, Frankfurt/M. 1984.

Foreign Office (ed.) Instructions for British Servicemen in Germany 1944. Bodleian Library Oxford. Reprint 2007. Leitfaden für britische Soldaten in Deutschland 1944. Übers. v. K. Modick. 7. Auflage. Kiepenheuer & Witsch, Köln 2014/2015.

Foucault, Michel: Surveiller et punir: Naissance de la prison. Paris 1975. Überwachen und Strafen: Die Geburt des Gefängnisses. Übers. von W. Seitter. Frankfurt/M. 1976.

Frei, Norbert: Hitler-Junge Jahrgang 1926. Hat der Historiker Martin Broszat seine NSDAP-Mitgliedschaft verschwiegen – oder hat er nichts davon gewusst? DIE ZEIT, 11.09.2003.

Friedländer, Saul: Nazi Germany and the Jews. The Years of Persecution 1933-1939. The Years of Extermination 1939-1945. HarperCollins, New York 1998 bzw. 2007. — Das Dritte Reich und die Juden. Die Jahre der Verfolgung 1933–1939. Die Jahre der Vernichtung 1939–1945. 2 Bände. C.H. Beck, München 1998/2007 bzw. 2006.

Friedländer, Saul: Der Holocaust zwischen Erinnerung und Geschichte. In: Hilmar Hoffmann/Heinrich Klotz: Die Kultur unseres Jahrhunderts. 3. Bd . 1933-45. Econ, Düsseldorf 1991.

Friedländer, Saul: Kitsch und Tod. Der Widerschein des Nazismus. Übers. von M. Grendacher. Hanser, München 1984. Erweiterte Neuausgabe Fischer, Frankfurt/M. 1999.

Friedländer, Saul: Where Memory Leads. My Life, Other Press, New York, 2016. – Wohin die Erinnerung führt. Übers. von Ruth Keen & Erhard Stölting. C.H.Beck, München 2016.

Fröhlich-Broszat, Elke: Goebbels. In: Biographisches Lexikon zum Dritten Reich. Hrsg. von Hermann Weiß. S. Fischer, Frankfurt/M. 1988.

Fröhlich-Broszat, Elke: Goebbels. In: Personenlexikon 1933-45. Hrsg. von Hermann Weiß. S. Fischer, Frankfurt/M. 1998.

Gerlach, Christian: The Extermination of the European Jews. Cambridge University Press, Cambridge 2016. – Der Mord an den europäischen Juden: Ursachen, Ereignisse, Dimensionen. Übers. von Martin Richter. C.H.Beck, München 2017.

Gerwarth, Robert: The Vanquished. Why the First World War Failed to End, 1917-1923. Allen Lane, London 2016. – Die Besiegten. Das blutige Erbe des Ersten Weltkriegs. Übers. von Alexander Weber. Siedler, München 2016.

Giesecke, Hermann: Hitlers Pädagogen. Theorie und Praxis nationalsozialistischer Erziehung. Beltz, Juventa, Weinheim, München 1993, 2. Aufl. 1999.

Glaser, Hermann: 1945-1948: Zwischen Kapitulation und Währungsreform. In: Die Kulturgeschichte der Bundesrepublik Deutschland. 1945-1989. 1. Bd. Hanser, München 1985.

Glaser, Hermann: Hitlers Hetzschrift „Mein Kampf". Ein Beitrag zur Mentalitätsgeschichte des Nationalsozialismus. Allitera, München 2014.

Glaser, Hermann: Zur Mentalitätsgeschichte des Nationalsozialismus. In: Politik und Zeitgeschichte, Heft 43-45, Bonn Oktober 2015.

Goebbels, Joseph: Der totale Krieg. In: Goebbels: Der steile Aufstieg. Reden und Aufsätze aus den Jahren 1942/43. Eher, München 1944, S. 121-129.

Goebbels, Joseph: Die Tagebücher 1923-1945. 3 Teile. Teil 1: Aufzeichnungen 1923-1941. Teil 2: Diktate 1941-1945. Teil 3: Register. Hrsg. von Elke Fröhlich. Institut für Zeitgeschichte, K.G. Sauer, München 1993-2008.

Goebbels, Joseph: Nun, Volk, steh auf und Sturm brich los! Rede im Berliner Sportpalast. 18.02.1943. In: Goebbels: Der steile Aufstieg. Reden und Aufsätze aus den Jahren 1942/43. Eher, München 1944, S. 167-204.

Goebbels, Joseph: Rede zur Eröffnung der Reichskulturkammer in der Philharmonie am 15. November 1933 (mit den Schlagworten „totaler Revolution" und „stählerner Romantik"). In: Völkischer Beobachter, 16.11.1933.

Goldhagen, Daniel: Hitler's Willing Executioners. Ordinary Germans and The Holocaust. Alfred A. Knopf, New York 1996. – Hitlers willige Vollstrecker. Ganz gewöhnliche Deutsche und der Holocaust. Übers. von Klaus Kochmann. 1996.

Goldhagen, Daniel: The Devil That Never Dies: The Rise and Threat of Global Antisemitism. New York, Boston, London, Back Bay Books, Little, Brown and Company, April 2013.

Göpfert, Claus-Jürgen: Das Lachen nicht verlernen. In: Frankfurter Rundschau, 16.02.2016.

Göpfert, Claus-Jürgen: Der Kulturpolitiker. Hilmar Hoffmann, Leben und Werk. Hrsg. von Claudia Dillmann. Deutsches Filminstitut, Frankfurt/M. August 2015.

Göpfert, Claus-Jürgen: Der Sadismus der Täter. In: Frankfurter Rundschau, 16.02.2016.

Gottfried Benn: Der Ptolemäer. Berliner Novelle. Klett-Cotta, Stuttgart 1947/9; 1988.

Gregor, Neil: „Mein Kampf" lesen, 70 Jahre später – Essay. In: Politik und Zeitgeschichte, Heft 43-45, Bonn 16. Oktober 2015.

Gross, Raphael; Semmelroth, Felix (Hgg.): Erinnerungsstätte an der Frankfurter Großmarkthalle. Die Deportation der Juden 1941-1945. M. Kaiser und T. Katz (Konzept), N. Miguletz (Fotodokumentation). Prestel, München, London, New York 2015.

Grünbein, Durs: Die Jahre im Zoo. Ein Kaleidoskop. Suhrkamp Verlag, Berlin 2015.

Habermas, Jürgen: Eine Art Schadensabwicklung. Die apologetischen Tendenzen in der deutschen Zeitgeschichtsschreibung. In: DIE ZEIT, 11.07.1986.

Habermas, Jürgen: Strukturwandel der Öffentlichkeit. Untersuchungen zu einer Kategorie der bürgerlichen Gesellschaft. Luchterhand, Neuwied, 5. Auflage 1971 [1962]. Neuauflage, Suhrkamp, Frankfurt/M. 1990.

Habermas, Jürgen: Wolfgang Abendroth zum 100. Geburtstag, 2006. Grußworte zur Konferenz „Arbeiterbewegung – Wissenschaft – Demokratie". literaturkritik.de, Nr. 5, Mai 2006.

Häcker, W.: Der Aufstieg der Jugendfilmarbeit. In: Das junge Deutschland, vol. 10, Berlin 1943.

Hartmann, Christian u. a. (Hgg.): Hitler. Mein Kampf. Eigenverlag des Instituts für Zeitgeschichte, München 2016.

Hartwig, Ina: Das Geheimfach ist offen. Über Literatur. S. Fischer, Frankfurt/M. 2012.

Haverkampf, Hans-Erhard: Benjamin in Frankfurt. Die zentralen Jahre 1923-1932. Societätsverlag 2016.

Heidtmann, Horst: Erwin G. Kolbenheyer. In: Das große Lexikon des Dritten Reiches. Hrsg. von Chr. Zentner u. F. Bedürftig. Südwest, Augsburg 1985.

Heine, Heinrich: Gedanken und Einfälle. Werke in fünf Bänden. 4. Bd. Aufbau Verlag, Berlin 1974.

Held, Renate: Wilton Park – Die „Krone der Umerziehung". In: Kriegsgefangenschaft in Großbritannien. Deutsche Soldaten des Zweiten Weltkriegs in Britischem Gewahrsam. R. Oldenbourg, München 2008, S. 202-213.

Hemingway, Ernest: Reise in den Sieg. Collier's, 22.07.1944 (zur Landung in der Normandie). In: 49 Depeschen. Ausgewählte Zeitungsberichte und Reportagen aus den Jahren 1920-1956. 11. Aufl. Rowohlt Taschenbuchverlag 2008.

Herbert, Ulrich: Das Dritte Reich. Geschichte einer Diktatur. C. H. Beck, München 2016.

Herwig, Malte: Die Flakhelfer. Eine gebrochene Generation. DVA, München 2013; Pantheon, Random House, 2014.

Herwig, Malte: Neue Namen in NSDAP-Mitgliederpartei. Deutsche Vergangenheitsbewältigung. In: Der Stern, Pressemitteilung und Berichterstattung. 08./09.06.2011.

Hettling, Manfred: Die Zumutung des Solidaritätsempfindens. Zur Flüchtlingsdebatte und zur Kritik an „kultureller Diversität". In: FAZ, 20.10.2015.

Hilberg, Raul: Anatomie des Holocaust. Essays und Erinnerungen. Hrsg. von Walter H. Pehle u. René Schlott. Übers. von Petra Post u. Andrea von Struve. S. Fischer, Frankfurt/M. 2016.

Hilberg, Raul: The Destruction of the European Jews. Quadrangle, Chicago 1961. — Die Vernichtung der europäischen Juden. Hrsg. von Ulf Wolter. Übers. von Christian Seeger u. a. Olle & Wolter, Berlin 1982. – 11., durchges. u. erw. Auflage. Fischer, Frankfurt am Main, 2010.

Hilgers, Anja: Geschichte, Struktur und Funktion der Hitlerjugend. In: Schule und Bildung im Wandel. Anthologie historischer und aktueller Perspektiven. Hrsg. von W. Helsper, Chr. Hillbrandt und T. Schwarz. VS Wiesbaden, Springer 2009, S. 53-72.

Hinck, Walter: „Mund hat keine Mündung, Bleistift verschiesst kein Blei". Schriftsteller im Kontext. URL: http://www.via-regia.org/bibliothek/pdf/heft2829/hinck_mund.pdf (Kulturroute des Europarates).

Hippler, Fritz: Betrachtungen zum Filmschaffen. Max Hesse, Berlin 1943.

Hippler, Fritz: Der Tod in Kunst und Film. In: Der Deutsche Film, Heft 6/7, Berlin 1941.

Hitler, Adolf: Brief vom 16.09.1919 an Carl Schmitt. In: Eberhard Jäckel; Axel Kuhn (Hrsg.): Hitler. Sämtliche Aufzeichnungen 1905-1924, Stuttgart 1980.

Hitler, Adolf: Mein Kampf. Franz Eher Nachfolger, München 1936. – Nach den Erstausgaben von Teil I „Eine Abrechnung" und II „Die nationalsozialistische Bewegung", 1925 u. 1926, erschienen: die einbändige „bibelförmige" Volksausgabe, zwei Bände in einem Band, ungekürzte Ausgabe, ab 1930; die „Jubiläumsausgabe" 1939; die Dünndruckausgabe 1940. Die letzte Publikation der Volksausgabe 1944 erreichte die 1027-1031. Auflage. Die Franz Eher Nachfolger GmbH erwarb den 1901 gegründeten Franz Eher Verlag, München 1920. Damit wurde das Stammhaus der NS-Presse gegründet, das bis 1945 rund 70 bis 80 Prozent der ideologisch gleichgeschalteten Deutschen Presse auch ökonomisch unter sich konzentrierte. Die Diktatur machte Geschäfte. „Mein Kampf" wurde in 16 Sprachen übersetzt. – Vgl. dazu: Thomas Vordermayer: Hitlers „Mein Kampf" als wissenschaftliche Edition. In: Christian Kuchler (Hg.): NS-Propaganda im 21. Jahrhundert. Zwischen Verbot und öffentlicher Auseinandersetzung. Köln, Weimar, Wien 2014, S. 61-78.

Hitler, Adolf: Mein Kampf. Eine kritische Edition – 2 Bände. Hrsg. von Hartmann, Christian; Vordermayer, Thomas; Plöckinger, Othmar; Töppel, Roman. Institut für Zeitgeschichte. München, Berlin 2016.

Höffe, Ottfried: Geschichte des politischen Denkens, C.H. Beck 2016.

Hoffmann, Hilmar: „Triumph des Willens". In: Rheinischer Merkur, Bonn, 29.05.1997.

Hoffmann, Hilmar: „Und die Fahne führt uns in die Ewigkeit". Propaganda im NS-Film, Fischer, Frankfurt/M., 1988.

Hoffmann, Hilmar: Gegen den Versuch, Vergangenheit zu verbiegen. Ein Diskussion um politische Kultur in der Bundesrepublik aus Anlass der Frankfurter Römerberggespräche 1986. Mit Beiträgen von Augstein, Boehlich, Broszat, Craig, Demski, Drewitz, Habermas, Hoffmann, Kramer, H. Mommsen, W.J. Mommsen, Semprún. Athenäum, Frankfurt 1987.

Hoffmann, Hilmar: Ihr naht Euch wieder, schwankende Gestalten, Hoffmann und Campe, Hamburg, 1999. – Suhrkamp, Frankfurt/M., 2003.

Hoffmann, Hilmar: Interview mit Leni Riefenstahl zum 100. Geburtstag, in: Die Welt, 07.01.2002. – Link für Teil 1 von 3 Teilen: https://www.welt.de/print-welt/article367111/Zum-100-mein-neuer-Film-I.html

Hoffmann, Hilmar: Marginalien zu einer Theorie der Filmmontage. Universitätsverlag, Bochum 1969

Hoffmann, Hilmar: Mythos Olympia. Autonomie und Unterwerfung von Sport und Kultur. Aufbau, Berlin 1993.

Hoffmann, Kai: Deine Freiheit, deine Gelassenheit. Zeitlose Pfade zum inneren Frieden. Springer, Wiesbaden 2017

Hoffmann, Katrin: Selbstfindung durch Kitsch. In: „Münchner Feuilleton", Januar-Ausgabe 2017

Horkheimer, Max; Adorno, Theodor W. (1944/47/69): Dialektik der Aufklärung. Philosophische Fragmente. Erstausgabe, New York 1944. Querido, Amsterdam 1947. – S. Fischer, Frankfurt 1969.

Imdahl, Georg: Der Mensch im entfesselten Zustand. Zu: Otto Dix – Der böse Blick. Ausstellung Kunstsammlung NRW, Düsseldorf. FAZ, 16.02.2017

Ingendaay, Paul: Rückschau bringt Dämonen hervor. Zur Debatte um Hans Robert Jauß. in: FAZ, 16.06.2016

Ingendaay, Paul: Und denkt daran, was sie litten – Kann man noch etwas Neues über die Konzentrationslager erfahren? Zu Nikolaus Wachsmann: „kl – die Geschichte der Nationalsozialistischen Konzentrationslager. München 2016". In: FAZ, 21.04.2016

Jäger, Lorenz: Die Urfassung des Buches der Katastrophe (Stalingrad). In: FAZ., 12.03.2016. Buchbesprechung zu: Heinrich Gerlach: „Durchbruch bei Stalingrad". Roman, hrsg. v. Carsten Gansel, Galiani Verlag, Berlin 2016.

Dokumente und Analysen. Diedrichs, Düsseldorf 1982. Verlagsgesellschaft Köln, 2008.

Kluge, Alexander: Schlachtbeschreibung, Walter, Olten/Freiburg im Breisgau 1964. – Suhrkamp, Frankfurt am Main 1993 (erw. Neuausgabe).

Knappertsbusch, Mann. S. Fischer, Frankfurt/Main 2017

Knopp, Guido (Regie); Schlosshan, Ricarda u.a. (Realisation): Hitlers Kinder. Jugendliche im NS-Staat. Fünf Teile. Verführung, Hingabe, Zucht, Krieg, Opferung. D 2000. In der Reihe: Guido Knopp: History. DVD/TV-Dokumentation. Erstausstrahlung: Arte, 09.02.2000. – Phoenix, 04.03.2017.

Knopp, Guido; in Zusammenarbeit mit Alexander Berkel. Red.: Mario Sporn: Die Gefangenen, Bertelsmann, München, 2003.

Koch, Bettina: Der Soldat James Ryan. Vom Sinn des Grauens. In: Spiegel Online Kultur, 05.10.1998

Kogon, Eugen: Der SS-Staat. Das System der deutschen Konzentrationslager. Verlag Karl Alber, München 1946. – Heyne, München 2015.

Kolnay, Aurel: Der Krieg gegen den Westen. Hrsg. v. Wolfgang Bialas. Vandenburg & Ruprecht, Göttingen 2015.

Koop, Volker: Warum Hitler King Kong liebte, aber den Deutschen Micky Maus verbot. be.bra Verlag 2016.

Kracauer, Siegfried: Theorie des Films. Die Errettung der äußeren Wirklichkeit. Bd.3 der Gesamtausgabe. Suhrkamp, Frankfurt/M., Berlin 2008.

Kracauer, Siegfried: Von Caligari zu Hitler. Eine psychologische Geschichte des deutschen Films. Übersetzt v. Ruth Baumgarten u. Karsten Witte. Suhrkamp, Frankfurt/M., 1979. Bd. 2 der Schriften. – Erstausgabe: From Caligari to Hitler. A Psychological History of the German Film. Princeton University Press 1947.

Krämer, Claus und Krämer, Jörg-Wolf: Der Heilige Gral. Wahres, Wahrscheinliches, Wundersames. Regionalia, Rheinbach 2015

Kramer, Dieter: Konsumwelten des Alltags und die Krise der Wachstumsgesellschaft, Jonas Verlag, Marburg 2016

Krieck, Ernst: Völkischer Gesamtstaat und nationale Erziehung. Bündischer Verlag, Heidelberg 1932.

Kröncke, Gerd: Die Stunde der Veteranen. D-Day-Jahrestag. In: Süddeutsche Zeitung, 19.05.2010

Kurowski, Ulrich: Lexikon Film. 100 mal Geschichte, Technik, Namen, Daten, Fakten. Hanser Verlag, München 1972

Lammert, Norbert: Rede zum zehnjährigen Jubiläum der Bundeskulturstiftung, Halle, 22.06.2012

Lammert, Norbert: Zwischenrufe. Politische Reden über Geschichte und Kultur, Religion und Demokratie, Berlin University Press, 2008

Lanzmann, Claude: Das Grab des göttlichen Tauchers, Ausgewählte Werke, Rowohlt Verlag Reinbek bei Hamburg, 2015

Lanzmann, Claude: Shoah. – Éd. Fayard, Paris, 1985. – Shoah. Mit einem Vorwort von Simone de Beauvoir. Aus dem Französischen übers. von Nina Börnsen und Anna Kamp. Claasen, Düsseldorf 1986. Rowohlt Verlag Reinbek bei Hamburg, 2011.

Laqueur, Walter: Die deutsche Jugendbewegung, Verlag Wissenschaft und Politik, Köln 1962

Levi, Primo: Cosi fu Auschwitz. Testimonianze 1945-1986. Con Leonardo De Benedetti, a cura di Domenico Scarpa, Collana SuperET, Einaudi, Torino, 2015. – So war Auschwitz. Zeugnisse 1945–1986. Mit Leonardo De Benedetti, übers. v. Barbara Kleiner. Hanser, München 2017.

Lewis, Brenda R.: Die Geschichte der Hitlerjugend 1922-1945, Tosa, Wien 2003.

Lewis, Brenda R.: Hitler Youth. The Hitlerjugend In War And Peace 1933-1945. Amber Books Ltd, London, 2016.

Lewis, Brenda R.: Illustrierte Geschichte der Hitlerjugend 1922-1945, Tosa, Wien 2000.

Lieb, Peter: Konventioneller Krieg oder Weltanschauungskrieg?, Oldenbourg, München, 2007

Loiperdinger, Martin: Rituale der Mobilmachung. Der Parteitagsfilm „Triumph des Willens" von Leni Riefenstahl. Leske und Budrich, Opladen 1987.

Longerich, Peter: Hitler. Biographie. Siedler, München 2015

Longerich, Peter: Hitler. Biographie. Siedler, München 2015.

Mackay, Nandini and https://www.wiltonpark.org.uk/partnerships/ (Wilton Park 2017)

Magenau, Jörg: Princeton 66. Die abenteuerliche Reise der Gruppe 47. Klett-Cotta, Stuttgart 2016

Mann, Thomas: Ästhetizistische Politik, Überschrift des letzten Kapitels, in: Betrachtungen eines Unpolitischen (verfasst 1915-18). Erstausgabe S. Fischer, Berlin 1918. – Fischer, Frankfurt/M., 1983

Mann, Thomas: Doktor Faustus, Das Leben des deutschen Tonsetzers Adrian Leverkühn, erzählt von einem Freunde (verfasst 1943-47). Erstausgabe in

Europa, Bermann-Fischer, Stockholm 1947. Frankfurt/M. 1967.

Mann, Thomas: Joseph und seine Brüder, Erster Band, Die Geschichten Jaakobs, Sechstes Hauptstück, Von Gottes Eifersucht. Erstausgabe Oktober 1933, S. Fischer, Berlin.

Mannheim, Karl: Ideologie und Utopie. Friedrich Cohen, Bonn 1929. – Schulte-Bulmke, Frankfurt 1952-1978. – Mit einer Einleitung von Jürgen Kaube. Vittorio Klostermann, Frankfurt 1985

Mayne, Richard: In Victory, Magnanimity, in Peace, Goodwill. A History of Wilton Park. Frank Cass Publishers, London, 2003

McNab, Chris: Fallschirmjäger: Die Geschichte der Luftlandetruppen im Zweiten Weltkrieg. Klagenfurt, 2008 und 2010.

Mentzer, Alf; Sarkowicz, Hans: Schriftsteller im Nationalsozialismus. Ein Lexikon. Insel, Berlin 2011

Mika, Bascha/Festerling, Arnd (Hrsg.): Freiheit. Wo unsere Freiheit beginnt und wer sie bedroht. – Societäts Verlag/Frankfurter Rundschau, 2016.

Minkmar, Nils: Ein kleines Licht, eigentlich. Der Spiegel, Nr. 19, 07.05.2016. – Rezension zu: Thomas Weber: Wie Adolf Hitler zum Nazi wurde. Propyläen Verlag, Berlin 2016.

Mommsen, Hans: Aufstieg und Untergang der Republik von Weimar. 1918-1933. Ullstein, Berlin 1998,

Mommsen, Hans: Das NS-Regime und die Auslöschung des Judentums in Europa. Wallstein, Göttingen 2014

Mommsen, Hans: Der Nationalsozialismus und die deutsche Gesellschaft. Ausgewählte Aufsätze. Reinbek bei Hamburg 1991

Mommsen, Hans: Die verspielte Freiheit. Der Weg der Republik von Weimar in den Untergang 1918 bis 1933. Propyläen, Berlin 1990.

Mommsen, Hans: Von Weimar nach Auschwitz. Zur Geschichte Deutschlands in der Weltkriegsepoche. Ausgewählte Aufsätze. DVA, Stuttgart 1999,

Müller, Burkhard: Meine Feinde. Über Martin Walsers Lebensresümee: Statt etwas oder Der letzte Rank. (Rowohlt, Reinbek 2017) In: Süddeutsche Zeitung, 04./05.01.2017

Müller, Herta: Essay „Herzwort und Kopfwort". Dieses Land trieb Hunderttausende ins Exil. Wir sollten uns daran erinnern. In: Der Spiegel, 21.01.2013

Musil, Robert: Der Mann ohne Eigenschaften. Bd. 1: Rowohlt, Berlin 1930 (1074 S.); Bd. 2: Rowohlt, Berlin 1933 (605 S.); Bd. 3: Rowohlt, Lausanne 1943 (462 S.). – Der Mann ohne Eigenschaften. In: Gesammelte Werke, Bd. 1. Hrsg. von Adolf Frisé. Rowohlt, Reinbek bei Hamburg 1978.

N24 DOKU (TV): Geheimeinsatz am D-Day. Spezialkommandos im Zweiten Weltkrieg. GB 2016. 21. Mai 2017

Nagel, Wolfgang: Ein Kind für den Heldentod, in: Zeitmagazin Nr. 19, 3. Mai 1985

Nagel, Wolfgang: Ein Kind lebt für den Heldentod. In: Zeitmagazin Nr. 19, 03.05.1985

Nagel, Wolfgang: Walter, geboren 1926 – gefallen 1945. In: ZEITmagazin, Nr. 19, 03.05.1985

Newsticker Report (Deutsche Presse Agentur, Süddeutsche Zeitung): Gedenken in der Normandie, 06.06.2014

Nietzsche, Friedrich: Menschliches, Allzumenschliches. Ein Buch für freie Geister. Erster Band 1878. Um den zweiten Band erweiterte zweite Auflage 1886. In Nietzsches Kritische Studienausgabe (KSA), De Gruyter Berlin 1980. 15 Bände, Bd. 2.

Nolte, Ernst: Historische Existenz. Zwischen Anfang und Ende der Geschichte? Piper, München 1998. Das Vorwort nimmt Bezug auf: – Ernst Nolte: „Vergangenheit, die nicht vergehen will". In: FAZ, 06.06.1986.

Ohler, Norman: Droge Neun für die letzte Schlacht. Zu Antony Beevors „Die Ardennen-Offensive 1944". In: FAS, 05.02.2017.

Ortner, Helmut: Kult um Hitler. Hitler und kein Ende. In: Frankfurter Rundschau, 04.12.2015.

Pelger, Gregor: Kampf an zwei Fronten. Patriotismus ohne Dank – jüdische Soldaten im 1. Weltkrieg. In: Kalonymos, Heft 3, 19. Jahrgang, 2016.

Pemperrien, Sabine: Helmut Schmidt und der Scheißkrieg. Die Biografie 1918 bis 1945. Piper Verlag, München 2014.

Platonow, Andrej: Котлован. 1930. Pushkin House, St. Petersburg 1987. – Die Baugrube. Roman. Übers. von Gabriele Leupold. Suhrkamp, Berlin 2016.

Platthaus, Andreas: Dresden, Dresden sei's gewesen. Rezension zu Durs Grünbein: Die Jahre im Zoo. In: FAZ, 11.12.2015.

Platthaus, Andreas: Nur nicht vergessen, nur nicht schweigen. Rezension zu Primo Levi: So war Auschwitz. In: Frankfurter Allgemeine Zeitung, 11.04.2017.

Potthoff, Silke: Zeichen des Bösen – Die Runen der SS, ZDF-Info-Doku, 04.03.2017.

Precht, Richard David: Erkenne die Welt. Geschichte der Philosophie. Band 1. Goldmann Verlag München 2015.

Proust, Marcel: Auf der Suche nach der verlorenen Zeit. Frankfurter Ausgabe.

Übersetzt von Eva Rechel-Mertens. Revidiert von Luzius Keller. 7 Bände. Frankfurter Ausgabe. Suhrkamp, Frankfurt am Main 1994–2001. – Original-ausgabe: Marcel Proust: A la recherche du temps perdu. 1913-1927.

Pudowkin, Wsewolod: Die grundlegenden Etappen in der Entwicklung des sowjetischen Films, 1949. In: W. Pudowkin, Romm u. a.: Der sowjetische Film. Eine Vortragsreihe. Aus dem Russischen übertragen von Erich Salewski. Berlin (Ost): Dietz Verlag 1953, S. 16.

Pulver, Tina: Die Hitlerjugend, Studienarbeit, e-book, PDF Universität Dresden 2010.

Rauschning, Hermann: Gespräche mit Hitler (1932-34), Ersterscheinung in Französisch 1939. In deutscher Sprache, Zürich, 1940. – Später als nicht zitierfähige Fälschung entlarvt, übte das Buch erhebliche Wirkung in der internationalen Publikation als Warnung gegen Hitler aus.

Reichsjugendführung (Hrsg.): Pimpf im Dienst. Ein Handbuch für das Deutsche Jungvolk in der HJ, Ludwig Voggenreiter, Potsdam 1938.

Riebsamen, Hans: Hollywood im Auftrag von Goebbels. Rezension zu Rüdiger Suchslands Dokumentar-Film „Hitlers Hollywood. – Das deutsche Kino im Zeitalter der Propaganda 1933 bis 1945". In: FAZ, 14.01.2017.

Riebsamen, Hans: Monopoly des Todes, in: Frankfurter Allgemeine Zeitung, 15. Februar 2015.

Riebsamen, Hans: Raus aus dem Museum und rein ins Leben. In: FAZ, 30.06.2017.

Riefenstahl, Leni: Memoiren. Albrecht Knaus, München, Hamburg 1987.

Riefenstahl, Leni; Hoffmann Hilmar: „Zum 100. mein neuer Film." Ihr Werk, ihr Verhältnis zu Hitler, ihr Tauchprojekt: Leni Riefenstahl spricht mit Hilmar Hoffmann. In: DIE WELT, Hamburg, 07.01.2002.

Ritter, Henning: Die neue Wunderkammer. In: FAZ, 5. August 2008.

Ritter, Henning: Die neue Wunderkammer. Über Kunst und Künstler. Hanser Berlin 2014.

Rosenberg, Alfred: Der Mythus des 20. Jahrhunderts. Eine Wertung der seelisch-geistigen Gestaltenkämpfe unserer Zeit. –Hoheneichen, München 1930.

Russell, Bertrand: Sieg ohne Waffen (Unarmed Victory), George Allen & Unwin, London 1963.

Safranski, Rüdiger: Die schöne Anarchie. Abdruck der Rede Safranskis zur Verleihung des Ludwig-Börne-Preises. FAZ, 29.03.2017.

Sarkowicz, Hans: Geheime Sender. Der Rundfunk im Widerstand gegen Hitler. Ein Hörbuch.HR2, Kultur. Mit Beiträgen von Thomas Mann und Golo

Mann, Lotte Lenya, Friedelind Wagner u. v. a. Regie: Hans Sarkowicz und Christiane Kreiner. – Redaktion: Dorothee Meyer-Kahrweg. Produktion: Hess. Rundfunk in Zusammenarb. mit d. Deutschen Rundfunkarchiv 2016. 8 Audio CDs. Der Hörverlag, München 2016.

Schmidt, Helmut und Hannelore (Loki), sowie andere: Kindheit und Jugend unter Hitler. Siedler Verlag, Berlin, 1994 Pantheon Verlag, 2014. Darin: Politischer Rückblick auf eine unpolitische Jugend. A.a.O., S. 209-282.

Schmidt, Helmut: Vortrag über Wilton Park anlässlich von dessen 25. Jubiläums, am 22. Juni 1971.

Scholtz, Harald: Erziehung und Unterricht unterm Hakenkreuz. in: Vandenhoeck & Ruprecht, Göttingen 1985, 2009.

Schulz, Matthias: Können Steine schuldig sein? (Zum umstrittenen Wiederaufbau der Potsdamer Garnisonkirche). In: Der Spiegel, Nr. 22, 27.05.2017(S. 100).

Schumann, Gerhard: Politische Kunst. In: Der SA-Mann. Kampfblatt der obersten SA-Führung der NSDAP. München 1937.

Schwering, Markus: Jenseits des Vernichtungswillen war nichts, in: FAZ, 29.11.2015.

Seibt, Gustav: Unerhörte Ereignisse. Nachruf auf Ernst Schulin. In: Süddeutsche Zeitung, 15.02.2017.

Shaw, Julia: The Memory Illusion: Remembering, Forgetting, and the Science of False Memory. Random House, 2016. – Das trügerische Gedächtnis. Wie unser Gehirn Erinnerungen fälscht. Hanser, München 2016 (Übersetzung: Broermann, Christa).

Siemons, Mark: Ist Hitler nun endlich erledigt? Zur kommentierten Neuausgabe von „Mein Kampf". In: FAS, 10.01.2016.

Simonsohn, Trude, mit Abendroth, Elisabeth: Noch ein Glück. Erinnerungen. Wallstein, Göttingen 2013.

Sina, Kai: Susan Sontag und Thomas Mann. Wallstein, Göttingen 2017.

Snyder, Timothy: „Bloodlands, Europe between Hitler und Stalin", 2010/11, The Holocaust as History and Warning", 2015.

Snyder, Timothy: „Commemorative Causality". In: Modernism/Modernity, Vol. 20 (6. Juni 2013) (online-Fassung: www.eurozine.com/articles/2013-06-06-snyder-en.htlm) (Zur Kritik nationaler Geschichtsaufarbeitung u. einseitiger Erinnerungskultur als Blockade für eine transnationale, mikropolitische und lokal flexible Geschichtsforschung in Europa).

Snyder, Timothy: Black Earth: The Holocaust as History and Warning. Tim

Duggan Books, New York City 2015. – Black Earth. Der Holocaust und warum er sich wiederholen kann. Übersetzung aus dem Englischen von Ulla Höber, Karl Heinz Siber, Andreas Wirthensohn. C. H. Beck, München 2015.

Snyder, Timothy: Bloodlands. Europe between Hitler and Stalin. Basic Books, New York 2010. – Bloodlands. Europa zwischen Hitler und Stalin. Übers. von Martin Richter. C.H. Beck, München 2011.

Snyder, Timothy: On Tyranny: Twenty Lessons from the Twentieth Century. Tim Duggan Books, New York 2017. – Über Tyrannei. Zwanzig Lektionen für den Widerstand. Übersetzung aus dem Amerikanischen von Andreas Wirthensohn. C. H. Beck, München 2017.

Sontag, Susan: Die Ekstase der Gemeinschaft. Leni Riefenstahl oder die anhaltende Faszination faschistischer Kunst. Die Zeit, 9. Mai 1975. Übers. von Mark W. Rien. – Englischer Titel: Fascinating Fascism. Farrar, Straus & Giroux, Inc., New York 1975.

Sontag, Susan: Die Ekstase der Gemeinschaft. Leni Riefenstahl oder die anhaltende Faszination faschistischer Kunst. In: Die Zeit. 9. Mai 1975. – http://www.zeit.de/1975/20/die-ekstase-der-gemeinschaft.

Sontag, Susan: In Zeichen des Saturn. Essays, Hanser, München, Wien 1981, 2003. Fischer, Frankfurt/M. 1983, 2009. (Übers. von Mark W. Rien u.a.) – Dies.: Under the sign of Saturn. – Farrar, Straus & Giroux Inc., New York 1980.

Sontag, Susan: Verzückt von den Primitiven. Leni Riefenstahl oder die bleibende Faszination faschistischer Kunst. Die Zeit, 2. Mai 1975. Übers. von Mark W. Rien. – Englischer Titel: Fascinating Fascism. Farrar, Straus & Giroux, Inc., New York 1975.

Später, Jörg: Siegfried Kracauer. Eine Biographie. Suhrkamp, Berlin 2016.

Spiegel, Hubert: Eine Form für das Unfassbare. In: FAZ, 26.01.2017.

Stadelmaier, Gerhard: Eine große Nachtmusik oder Trilogie des Farbensehens. Zu Georg Trakl. FAZ, 18.06.2016.

Stadelmaier, Gerhard: Schnell fertig mit dem Wort oder Ihr wisst, auf unseren deutschen Bühnen parliert ein jeder wie er mag : ein paar Anmerkungen zur Sprach- und Sprechverhunzung im Theater. Dankrede zur Verleihung des Deutschen Sprachpreises der Henning-Kaufmann-Stiftung zur Pflege der Reinheit der deutschen Sprache. 2016/ Gerhard Stadelmaier; herausgegeben von Helmut Glück. – Paderborn: IFB Verlag Deutsche Sprache, [2017]. – Jahrbuch / Henning-Kaufmann-Stiftung; 2016

Stargardt, Nicholas: Der deutsche Krieg 1939-1945, Aus dem Engl. von Ulrike Bischoff. S. Fischer, Frankfurt/M. 2015.

Stark, Florian: Die Wahrheit hinter dem Film ‚Soldat James Ryan', Die Welt, 03.09.2014.

Steinbach, Peter: Nach Auschwitz. Die Konfrontation der Deutschen mit der Judenvernichtung, Dietz-Verlag Nachf. Bonn 2015.

Stock, Armin (Hg.): Karl Marbe: Zeitgemäße populäre Betrachtungen für die kultivierte Welt. Aus dem Nachlass eines deutschen Gelehrten. Peter Lang Verlag, Frankfurt/M., Berlin, Bern, Bruxelles, New York, Oxford, Wien 2016.

Streim, Alfred: Judenverfolgung, in: Christian Zentner und Friedemann Bedürftig: Das große Lexikon des Dritten Reiches, Südwest Verlag, Augsburg, 1985, S. 289 ff.

Striegnitz, Torsten; Dobmeier, Simone (Regie): Die Akte Zarah Leander. Dokumentation/Dokudrama, D 52 bzw. 45 Minuten. Erstsendung auf Phoenix, 23. Oktober 2013; auf Arte, 29.07.2016 (im Rahmen der Serie: Kulturakte, von Christian Beetz in Koproduktion mit Arte/ZDF/RBB/WDR/SWR).

Strigl, Daniela: Teufel der Zettel. In: Frankfurter Allgemeine Zeitung, 04.06.2016.

Strong, K.W.D.: Rede zur Eröffnungsfeier von Wilton Park, 1947. Vgl. dazu: Mayne, Richard: In Victory, Magnanimity, in Peace, Goodwill. A History of Wilton Park. Frank Cass Publ., London, 2003, S. 32 ff.

Tessin, Georg: Verbände und Truppen der deutschen Wehrmacht und Waffen-SS im Zweiten Weltkrieg, Bd. 3. Die Landstreitkräfte 6-14, Biblio Verlag, Osnabrück 1974.

Thomann, Jörg: Warum eigentlich nicht? Zur ersten deutschen Serie über Hitler von Niki Stein und Hark Bohm. In: FAS, 31.01.2016.

Timms, Edward: Karl Kraus, apocalyptic satirist : the post-war crisis and the rise of the Swastika. New Haven : Yale University Press, 2013. – Karl Kraus. Die Krise der Nachkriegszeit und der Aufstieg des Hakenkreuzes. Übers. von Brigitte Stocker. Weitra, Bibliothek der Provinz 2016. – 2. Teil der Karl-Kraus-Biographie von Timms.

Tolstoi, Leo: Krieg und Frieden, 1868/69. – Übers. von Barbara Conrad, Hanser, München 2010.

Trommer, Isabell: Albert Speer – Meister der Rechtfertigung, in: Süddeutsche Zeitung, München, 15. Februar 2015

Tübingen, Mohr Siebeck, 1955. – Wallstein, Göttingen 2005. – Wiss. Buchges.

Darmstadt 2012. – Theresienstadt 1941-1945. The Face of a Coerced Community. Cambridge University Press, New York 2017. Übers. von Belinda Cooper. Hrsg. von Amy Loewenhaar-Blauweiss. Nachwort von Jeremy Adler.

Ueberschär, Gerd R. (Hrsg): NS-Verbrechen und der militärische Widerstand gegen Hitler, Primus-Verlag, Darmstadt 2000

Ulrich Hermann (Hrsg.), „Die Formung des Volksgenossen." Der Erziehungsstaat des Dritten Reiches. Beltz, Weinheim, Basel 1985.

Updike, John: Selbst-Bewusstein – Erinnerungen. Dt. von Maria Carlsson. Rowohlt, Reinbek bei Hamburg, 1995

Vaget, Hans Rudolf: „Wehvolles Erbe": Richard Wagner in Deutschland.

Vercamer, Arvo L.: 12. SS-Panzer-Division Hitlerjugend, in: Axis History. Published 22.12.2010 , Updated 10.08.2013 (http://www.axishistory.com).

Virilio, Paul: Krieg und Kino. Logistik der Wahrnehmung. Übers. von Frieda Grafe und Enno Patalas. Hanser, München 1986. – Original: Ders.: Guerre et cinéma. Band 1: Logistique de la perception (= Cahiers du Cinéma. Essais. 3). Éditions de l'Étoile, Paris 1984.

Vetter, Johannes: Transport in den Tod. Vor 75 Jahren verschleppten Nazis die ersten Frankfurter Juden. Am 19. Oktober gibt es eine Gedenkveranstaltung im Westend. In: Frankfurter Rundschau, 18.10.2016.

Vogel, Hans-Jochen: Bemerkungen zur Förderung von Wilton Park, München, 02.03.2002.

Vogel, Hans-Jochen: Brief aus München an Hilmar Hoffmann vom 27.11.2015.

Vogel, Hans-Jochen: Wilton Park – persönliche Betrachtungen, Vortrag am 14.03.2003, in Wilton Park.

Von Schirach, Baldur: Die Fahne der Verfolgten. Zeitgeschichte Verlag, Berlin, ab 1932/33.

Von Schirach, Baldur: Goethe in unserer Zeit. Weimar 1937. – In: Ders.: Revolution der Erziehung. Reden aus den Jahren des Aufbaus. Franz Eher Nachf., München 1938, 3. Aufl. 1942, S. 170-180.

Von Schirach, Baldur: Goethe in unserer Zeit. Weimar 1937. – In: Ders.: Revolution der Erziehung. Reden aus den Jahren des Aufbaus. Franz Eher Nachf., München 1938.

Von Schirach, Baldur: Gruß an deutsche Jugend in der Ferne, 1934. In: Ders.: Revolution der Erziehung. Reden aus den Jahren des Aufbaus. Franz Eher Nachf., München, 1938.

Von Schirach, Baldur: Ich glaubte an Hitler, Mosaik Verlag, Hamburg 1967.

Von Schirach, Baldur: Revolution der Erziehung. Reden aus den Jahren des Aufbaus. Eher, München 1938.

Von Schirach, Baldur: Über die Einheit der Erziehung. Rede 1938. In: Ders.: Die Revolution der Erziehung, Zentralverlag der NSDAP, Franz Eher Nachf. München, 1938.

Von Weizsäcker, Carl Friedrich: Wohin führt uns die Wissenschaft? Festvortrag, Max-Planck-Gesellschaft, Köln 1950.

Vondung, Klaus: Literatur, in: Christian Zentner und Friedemann Bedürftig: Das große Lexikon des Dritten Reiches, Südwest Verlag, Augsburg, 1985.

Wachsmann, Nikolaus: KL: A History of the Nazi Concentration Camps. Farrar, Straus & Giroux, New York, London 2015. – KL: Die Geschichte der nationalsozialistischen Konzentrationslager, München: Siedler Verlag, 2016.

Wackwitz, Stephan: Ein sehr seltsamer Serienmörder, in: FAZ, 03.11.2017.

Wagner, Gottfried: Du sollst keine anderen Götter haben neben mir. Richard Wagner – ein Minenfeld, Propyläen, Berlin 2013

Wagner, Thomas: „Zum Sterben für Deutschland geboren". Die Hitlerjugend in Südbayern und ihre Hochlandlager. München 2013 (Quelle: Thomas Wagner u.a.: Werdenfelser Bündnis gegen Rechtsextremismus. http://www.werdenfelserbuendnis.de/Aktuelles/Jahr_2013/Fahrradexkursion/Rad-Exkursion_2013.pdf).

Wagner, Thomas: „Zum Sterben für Deutschland geboren". Quelle: Thomas Wagner u.a.: Werdenfelser Bündnis gegen Rechtsextremismus.

Wagner, Thomas: „Zum Sterben für Deutschland geboren". Die Hitlerjugend in Südbayern und ihre Hochlandlager. Allitera, München 2013.

Walser, Martin: Dankesrede zur Verleihung des Friedenspreises des Deutschen Buchhandels in der Frankfurter Paulskirche am 11.Oktober 1998. Vgl. dazu Reden aller Preisträger: http://www.friedenspreis-des-deutschen-buchhandels.de/445651.

Watt, D.C.: Britain Looks to Germany. British Opinion and Policy towards Germany since 1945. Verlag Oswald Wolff, 1965

Weber, Thomas: Wie Adolf Hitler zum Nazi wurde. Vom unpolitischen Soldaten zum Autor von „Mein Kampf". Propyläen Verlag, Berlin 2016.

Wedel, Carola (Hg.): Die neue Museumsinsel: Der Mythos. Der Plan. Die Vision, Nicolaische Verlagsbuchhandlung, Berlin 2002.

Wehler, Hans-Ulrich: Deutsche Gesellschaftsgeschichte. Fünf Bände. Band 4: Vom Beginn des Ersten Weltkriegs bis zur Gründung der beiden deutschen Staaten 1914–1949. Beck, München 2003.

Weidermann, Volker: Die Bücher unserer Zeit. Der Epochenumbruch 1989 und seine Bedeutung für Welt, Leben, Politik und Kultur. Der Spiegel, 42/2016.

Welch, David: Priming the Pump of German Democracy. British „Re-education" Policy in Germany after the Second World War. In: Ian D. Turner (Hrsg.), Reconstruction in Post-War Germany. British Occupation Policy and the Western Zones, 1945-1955, Oxford, New York, München, S. 215-238.

Widmann, Arno: Der Tod des Kriegers. Zur Materialschlacht in Verdun vor 100 Jahren. In: Frankfurter Rundschau, 19.02.2016.

Widmann, Arno: Untergang statt Weltblitzkrieg. Vor 75 Jahren begann „Unternehmen Barbarossa", der Angriff auf die Sowjetunion. – In: Frankfurter Rundschau, 22.06.2016.

Widmann, Arno: Zwischen den Weltbürgerkriegen. Zum Tod von Ernst Nolte. In: Berliner Zeitung, 19.08.2016.

Wiechert, Ernst: Der Dichter und die Jugend (1933). Der Dichter und seine Zeit (1935). Reden. In: Ders.: Sämtliche Werke. 10 Bde. Desch, München, Wien, Basel 1957. Bd. 10. S. 349-367; 368-380.

Wiechert, Ernst: Der Dichter und seine Zeit. Hektographiertes Manuskript, München 1935.

Wilke, Jürgen: Instrumentalisierung der Medien in Kriegen. Ein historischer Streifzug, in: Konfliktzonen, Reflexionen über die Kriegs- und Krisenberichterstattung. Hrsg. von Markus Behmer und Michael Schröder, LIT-Verlag Berlin, Münster, Wien, Zürich London 2016, S. 23 ff. – MARkierungen. Beiträge des Münchner Arbeitskreises öffentlicher Rundfunk. Hrsg. von Werner Hömberg.

Willms, Johannes: Warum kaufen sich, bitte, jetzt alle Leute Hitlers „Mein Kampf"?, FAS, Mai 2016.

Wulf, Joseph: Kultur im Dritten Reich. Literatur und Dichtung im Dritten Reich. Eine Dokumentation. Reinbek, Hamburg, 1966 – Später Band 2 der fünfbändigen Ausgabe: Wulf, Joseph: Kultur im Dritten Reich, Ullstein, Frankfurt/M. 1989.

Zweig, Stefan: Die Welt von Gestern. Erinnerungen eines Europäers, Insel, Berlin 2013.

NAMENSREGISTER

BILDNACHWEISE

Autor und Verlag bedanken sich herzlich bei den Rechteinhabern der Abbildungen, die wir in diesem Band auf den folgenden Seiten abdrucken durften:

24, 26, 28, 29, 30, 31, 32, 35, 121, 126, 134, 244, 337, 401, 402, 403, 446, 480, 492/493, 500, 502, 517, 519, 525, 526, 527, 535, 538, 539, 553 und Cover-Abbildung links Familien-Archiv Hilmar Hoffmann

25 © Verein der Freunde des Overbeck-Museums e.V. Bremen

27 © Verlag Haus am Weyerberg GmbH Worpswede

44 © pa/Mary Evans Picture Library / Deutscher Bundestag Berlin

49, 161, 294, 297 © Die Welt

76, 111, 113, 118, 139, 142 o., 146, 147, 148, 149, 151, 152, 156, 158 o., 158 u., 159 u., 164, 165, 245, 534 © Wikipedia

77, 135, 444, 460 © GettyImages

79, 91, 529 © Stiftung Haus der Geschichte der Bundesrepublik Deutland

80 © Mémoires de Guerre

84, 88, 125 © Bundesarchiv / Wikipedia

85 © Deutsches Historisches Museum

95 © Jüdische Allgemeine

97 © Bilderarchiv Austria

99 www.roberthjackson.org

102 © United States Holocaust Memorial Museum

116 © Archiv axel dielmann – verlag KG Frankfurt am Main

118 © Die Zeit Hamburg

128 © NewYorkTimes

137, 138 © Historisches Lexikon Bayerns

143, 336, 359 © Deutsches Historisches Museum Berlin

144, 153, 154, 166 © UFA GmbH Potsdam

145 o., 145 u., 224, 254 © „Film Kurier" / Deutsche Kinemathek Berlin

157 © Bildarchiv Preußischer Kulturbesitz

159 o. www.thefamouspeople.com

162 © Wikiwand

163 www.rarehistoricalphoto.com

187, 202, 203, 273, 363, 504, 510, 536, 554 © Goethe-Institut München

194, 196, 189, 199, 407, 408, 409 © DFI Deutsches Filminstitut Frankfurt a. M.

Hier weise ich gerne auf einige Titel meines Verlagsprogrammes hin, die in der thematischen Nachbarschaft zu Hilmar Hoffmanns Buch liegen:

Der Roman *„Zu blau der Himmel im Februar"* von Jutta Schubert erzählt die letzten Fluchttage von Alexander Schmorell (s. hier S. 124 und folgende), dem Weggefährten von Sophie und Hans Scholl, bevor er von den Nazis gefangen und innerhalb eines Tages abgeurteilt und hingerichtet wurde; ein eindrücklicher zeitgeschichtlicher Roman. 168 Seiten zu 16 Euro.

In seinem dritten Roman hat Siegfried Schröpf unter dem Titel *„Breslauer Schatten"* seine Hauptfigur Thomas Schöngeist in die Aufdeckung eines Verbrechens geworfen, dessen Spur in den Zweiten Weltkrieg und nach Breslau führen – und von hier aus folgt Schröpf der „Rattenlinie", der Fluchtwege etlicher Nazi-Größen nach Südamerika. 308 Seiten zu 12 Euro.

Das Buch *„Wir Nachkriegskinder"* erzählt aus das Kriegsende aus der Erinnerung einer Abiturientenklasse Jahrgang 1937 bis 39, eine Serie von seltenen Dokumenten, herausgegeben von Manfred Rossa (†) und Dieter Frankenberg, die nach dem Krieg aus allen Teilen des „Reiches" in Frankfurt zusammengekommen waren und die über ihr gemeinsames Abitur 1956 hinaus eine lebenslängliche Freundschaft verband. 352 Seiten zu 15,80 Euro.

Christina Callori hat in unserem Tochterverlag, der Frankfurt Academic Press, den Band *„Von der Teilung zur Einheit"* vorgelegt: Sie erzählt mit viel historischem Material und genauem Einfühlungsvermögen den Beginn der deutschen Teilung unter Adenauer und Chruschtschow sowie deren Ende unter den Regierungen von Helmut Kohl und Mikael Gorbatschow nach. 192 Seiten zu 19 Euro.

Über mein literarisches Programm insgesamt informieren Sie sich gerne auf **www.dielmann-verlag.de**

oder schreiben Sie uns an neugier@dielmann-verlag.de – meine Mitarbeiter und ich halten Sie gerne informiert, auch zu anstehenden Publikationen aus Ihren persönlichen Interessensfeldern. – Bleiben Sie neugierig!

Ihr Axel Dielmann